„Die Rache ist Mein allein“

Dina Porat

„Die Rache ist Mein allein“

Vergeltung für die Schoa: Abba Kovners Organisation Nakam

Aus dem Hebräischen von
Helene Seidler

BRILL | Ferdinand Schöningh

Umschlagabbildung: Die Worte „Juden" (auf Jiddisch) und „Rache" (auf Hebräisch), beide in hebräischer Schrift, an der Wand einer Wohnung im Ghetto von Slowodka, einem Vorort von Kaunas (Litauen). Der Aufruf zur Rache wurde am 28. Oktober 1941 während eines Pogroms mit dem Blut eines der Opfer geschrieben. Fotograf: Zvi Kadushin (später George Kadish).

Das vorliegende Buch wurde im Jahr 2018 mit dem Bahat-Preis für hervorragende akademische Manuskripte ausgezeichnet.

Das Original erschien 2019 unter dem Titel *Li nakam w'schilem* mit Unterstützung von Dr. Axel Strawski, NewYork, und Dr. Michael (Mickey) Margalit, Tel Aviv.

Beim Zusammentragen der Dokumente und Aussagen leistete Hava Zexer wertvolle Hilfe.

Die Übersetzung ins Deutsche wurde mit einem Stipendium des Deutschen Übersetzerfonds gefördert.

Bibliografische Information der Deutschen Nationalbibliothek

Die Deutsche Nationalbibliothek verzeichnet diese Publikation in der Deutschen Nationalbibliografie; detaillierte bibliografische Daten sind im Internet über http://dnb.d-nb.de abrufbar.

www.schoeningh.de

Einbandgestaltung: Nora Krull, Hamburg
Herstellung: Brill Deutschland GmbH, Paderborn

ISBN 978-3-506-79112-2 (hardback)
ISBN 978-3-657-79112-5 (e-book)

„Mein ist die Rache, die Vergeltung,
für dann, da wankend wird ihr Fuß,
denn nah ist ihres Unheils Tag."

(Deuteronomium 32,35)

„Vor uns liegt nur ein Weg ins Leben: der Weg konstruktiver Rache."

Aus einem 1943 auf dem Gipfel von Massada während der Chanukka-Wanderung der Jugendbewegung *HaMachanot HaOlim* unter der Führung von Nahum Sarig und Azaria Alon verlesenen Text. Alon trug auf seinem Rücken einen großen Felsblock mit der Inschrift: „Vergesse ich dich, Diaspora, dann soll meine rechte Hand ihre Geschicklichkeit vergessen."[1]

„Euer reines Blut wird für immer als Schandmal auf Hitlers Deutschland liegen. Ruht in Frieden, dort wo ihr liegt. Wir, der überlebende Rest, werden euer Blut rächen, es ist unser Blut."

Aus den jiddischen, russischen und hebräischen Schriften, von Überlebenden 1944 auf das Massengrab von dreiundzwanzigtausend Rovnoer Juden gelegt, die am 7. und 8. November 1941 gefoltert und ermordet worden waren.[2]

Inhalt

Geleitwort

An Edom!

Ein Jahrtausend schon und länger,
Dulden wir uns brüderlich,
Du, du duldest, daß ich atme,
Daß du rasest, dulde Ich.

Manchmal nur, in dunkeln Zeiten,
Ward dir wunderlich zu Mut,
Und die liebefrommen Tätzchen
Färbtest du mit meinem Blut!

Jetzt wird unsre Freundschaft fester,
Und noch täglich nimmt sie zu;
Denn ich selbst begann zu rasen,
Und ich werde fast wie Du.

Als Heinrich Heine diese Zeilen in einem Brief an seinen Freund Moses Moser am 25. Oktober 1824 schrieb, hatte er die antijüdischen „Hep-Hep"-Pogrome aus dem Jahr 1819 noch allzu gut in Erinnerung.[1] Was, wenn die Juden sich gegen die Gewalt durch Christen („Edom") wehren? Was gar, wenn sie sich für Jahrhunderte lang erlittenes Unrecht rächen? Heine wusste aber auch, dass dies nicht geschehen würde und dass er Bürger zweiter Klasse bleiben würde, falls er sich nicht christlich taufen lassen oder ins benachbarte Frankreich auswandern sollte. Er tat beides.

Sieben Jahrzehnte später dichtete Theodor Herzl:

Wann erscheint mir als gelungen
Mein Bemüh'n auf dieser Erden?
Wenn aus armen Judenjungen
Stolze junge Juden werden

Der Begründer der zionistischen Bewegung hatte sein ursprüngliches Ideal, als deutschsprachiger Schriftsteller in seiner Umwelt aufzugehen, fallenlassen, nachdem er zur Erkenntnis kam, man würde die Juden nie in Ruhe lassen. Auch er hatte zunächst erwogen, sich christlich taufen zu lassen, doch in einer

Zeit des rassisch begründeten Antisemitismus nützte dies nichts mehr. So entschied er, nur ein eigener Staat kann die Juden retten. Ein Staat, in dem sie sich selbst verteidigen können. Das Wort vom „Muskeljudentum" machte die Runde, es entstanden jüdische Sportklubs und paramilitärische Organisationen in Palästina. Stolze junge Juden ließen sich nichts mehr gefallen, setzten sich gegen Angriffe zur Wehr und rächten notfalls das Unrecht, das ihnen geschah.

Weder Heine noch Herzl konnten die Verbrechen voraussehen, die den Juden in der Mitte des 20. Jahrhunderts widerfahren sollten. Die Schoa war nicht zu vergleichen mit den Hep-Hep-Ausschreitungen zur Zeit Heines oder den russischen Pogromen zu Herzls Lebzeiten. Die Geschichte des Antisemitismus, aber auch die Geschichte der Völkermorde nahm mit dem nationalsozialistischen Judenmord eine neue Dimension an. Millionen von Männern, Frauen und Kindern wurden durch Massenerschießungen oder in Gaskammern getötet. Ein ganzer Kontinent wurde systematisch durchkämmt, um Menschen jüdischer Abstammung zu finden, hunderte oder tausende Kilometer durch Europa zu transportieren und dann umzubringen. Die wenigen Überlebenden hatten nicht nur ihre Eltern, Großeltern und Geschwister verloren, sondern sehr häufig auch ihre Ehepartner und Kinder. Europa war für sie nach dem Krieg nichts als ein großer jüdischer Friedhof, sie nannten es die blutbefleckte Erde.

Gleich nach Kriegsende drückte der Sprecher der befreiten Juden in der amerikanischen Zone des besetzten Deutschland, Samuel Gringauz, unmissverständlich aus, wofür Europa in der Vorstellungswelt der wenigen Überlebenden nunmehr stand: nicht etwa für Westminster Abbey oder Versailles, nicht für den Straßburger Münster oder die Kunstschätze von Florenz, sondern für die mittelalterlichen Kreuzzüge, die spanische Inquisition, die Pogrome in Russland und die Gaskammern von Auschwitz. Eindeutig rief er die überlebenden Juden dazu auf, dem ganzen Kontinent den Rücken zu kehren. „Adieu Europa!" lautete sein Motto.

Doch damit allein konnten sich nicht alle zufrieden geben. Europa einfach hinter sich zu lassen, als ob nichts geschehen wäre, das hätten – so argumentierte eine Minderheit – arme Judenjungen gemacht. Aber stolze Juden hatten sich schon während die Mordmaschine lief zur Wehr gesetzt – und nun würden sie sich an den Tätern rächen. So dachte Abba Kovner, der bereits im Getto von Wilna und später in den litauischen Wäldern den bewaffneten Aufstand gegen die deutschen Besatzer führte und mit dem Ruf, „Lasst Euch nicht wie Schafe zur Schlachtbank führen" zum Widerstand aufrief.

Rasend vor Zorn sahen er und die Mitglieder seiner Gruppe sich nach der Befreiung mit dem Ausmaß der Katastrophe konfrontiert. Wie konnte man danach ein normales Leben führen? Wie konnte man diese in der Geschichte einzigartigen Verbrechen vergessen und vergeben? Der Antisemitismus war ja mit dem 8. Mai 1945 nicht verschwunden. In Polen wurden nach dem Krieg noch Hunderte von Juden umgebracht. Im besetzten Deutschland wurden die Hauptverbrecher zwar in den Nürnberger Prozessen vor Gericht gestellt, aber die Millionen am Mord beteiligten Menschen liefen zumeist frei herum, planten neue Karrieren, setzten einfach ihre alten fort oder flohen mit Hilfe der Alliierten und des Vatikan nach Argentinien oder Ägypten. Bolek Ben-Ja'akov, ein Nakam-Mitglied aus Częstochowa, fasste die Auffassung seiner Mitkämpfer zusammen, wenn er feststellte: „Wenn auf einen Massenmord wie die Schoa keine Reaktion erfolgt und die Deutschen meinen, wir hätten uns beruhigt, war das Massaker dann vielleicht gerechtfertigt und sollte zu Ende geführt werden?"

Und Hanoch Bartov gab die Sehnsucht vieler Mitgliedern der Jüdischen Brigade, die kurz vor Kriegsende als Teil der britischen Armee nach Italien aufbrachen, wieder. Sie sehnten sich „nach einer einzigen großen jüdischen Rache. Nur einmal sein wie die Tataren. Wie die Ukrainer. Wie die Deutschen. Alle von uns, alle, denen das Herz blutet, [...] wir alle zusammen gehen in eine Stadt und brennen sie nieder, eine Straße nach der anderen, ein Haus nach dem anderen, ein Deutscher nach dem anderen." Es war die von Heinrich Heine ausgedrückte Sehnsucht, einmal so zu sein wie Edom. Und wie bei Heine blieb sie auch hier Fiktion.

Die Gefahr, dass eine Geschichte wie diese von antisemitischer Seite heute aufgegriffen wird, um alte Vorurteile von jüdischer Rachsucht und Brunnenvergiftung wieder aufzuwärmen, kann man leider nicht ausschließen. Man kann solchen Stimmen nur empfehlen, sich die Berichte über die unzähligen Untaten genau anzusehen, die diese kleine Gruppe von verzweifelten Menschen dazu führte, ihre Pläne zu entwickeln. Der Unterschied liegt nicht nur darin, welche Verbrechen zuerst geplant wurden, sondern dass die Verbrechen an den Juden unter der Beteiligung von Millionen Deutscher und anderer Europäer über Jahre hinweg tatsächlich ausgeführt wurden, während die Vergeltungspläne nie die Zustimmung der politisch Verantwortlichen fanden und am Ende recht unspektakulär im Sande verliefen.

Das Überraschende an der Reaktion der überlebenden Juden war ja nicht, dass es Rachegedanken gegenüber den Deutschen gab, dass eine Gruppe wie Nakam (Rache) existierte oder dass sogar eine – am Ende dilettantisch ausgeführte – Racheaktion gegen deutsche Kriegsgefangene stattfand. Das Überraschende ist, wie schon oftmals in der Forschung gesagt, die Tatsache, dass es bei allem verständlichen Vergeltungsbedürfnis so wenige Racheaktionen gab. Aus der Sicht der Heutigen betrachtet, sind die geplanten Aktionen von Abba Kovner und seiner Gruppe irrsinnig, verbrecherisch und mit der jüdischen Ethik unvereinbar – und waren es gemäß der jüdischen Führungsriegen in Palästina und weltweit auch damals schon. Das bedeutet aber nicht, dass Historiker sie ad acta legen sollten. Wie Dina Porat in diesem Buch schreibt, besteht das Wesen der Geschichtsforschung darin, „die Motivationen der Handelnden zu ergründen, sich in die Menschen einer bestimmten Periode, die nicht die unsere ist, hineinzuversetzen und sich vorzustellen, was sie empfanden und wie sie auf das Zeitgeschehen reagierten."

Dies ist Professor Dina Porat in diesem Buch hervorragend gelungen. So schwer es uns fallen mag, wir versetzen uns bei der Lektüre ihres Buches für einen Moment in die Verzweiflung von Menschen, die ihre Heimat, ihre gesamten Familien und letztlich auch ihren Sinn zum Weiterleben verloren hatten. Die hier akribisch aus Archivmaterialien und zahlreichen Interviews unternommene Rekonstruktion der historischen Vorgänge um die Gruppe der Nokdim (Rächer) liest sich wie eine Detektivgeschichte. Man mag mitunter vergessen, dass es sich um die wahre Geschichte eben dem Tode entronnener und verzweifelter Menschen handelte. Für sie gab es keine Alternative zu einer zumindest symbolischen Vergeltung des unermesslichen Unrechts. Diese lag für sie so klar auf der Hand, dass einer ihrer Mitglieder, Jitzchak (Pascha) Avidov später feststellte: „Selbst Jesus hätte zur Nakam-Gruppe gehört, wenn er die Schoa erlebt hätte."

Michael Brenner

An meine deutschen Leserinnen und Leser

Ich wende mich an Sie mit einer Befürchtung und mit einer Hoffnung. Im Buch, das Sie jetzt in der Hand halten, beschreibe ich Ereignisse, die sich unmittelbar nach dem Ende des Zweiten Weltkriegs zugetragen haben. Es kreist um junge Überlebende, die die Schoa mit knapper Not zumeist als Partisanen und Untergrundkämpfer überstanden hatten. Nach dem Krieg schlossen sie sich zu einer Gruppe zusammen mit dem Ziel, den Mord an sechs Millionen ihrer Brüder mit dem Tod von sechs Millionen Deutschen zu vergelten, und sie hielten alle Deutschen für schuldig. Ein solches Ansinnen ist eigentlich nur vor dem Hintergrund der im Nachkriegseuropa herrschenden Verhältnisse zu verstehen.

Vermutlich wird die Lektüre meines Buches Ihnen nicht leicht fallen. Es spricht vom unbändigen Zorn der Juden, die ihre Familien und ihre ganze Welt verloren hatten, die erniedrigt und unsäglich gequält worden waren, die man als Untermenschen herab qualifiziert hatte. Es spricht vom Wunsch nach Vergeltung, der nicht nur in den Herzen dieser jungen Leute brannte, sondern in den Herzen all der Millionen, die unter der Knute der Deutschen zu leiden gehabt hatten.

Ich schreibe Ihnen, weil ich befürchte, das Geschehen der Schoa könnte heute, fünfundsiebzig Jahre, drei Generationen später, in der Erinnerung verblasst sein. Wer aber nicht genau weiß, was damals geschah, dem wird es schwerfallen, das Rachebegehren zu verstehen, das die Gruppenmitglieder umtrieb.

Ich schreibe Ihnen, weil ich darauf hinweisen möchte, dass es sehr schwierig sein kann, bestimmte beladene Begriffe präzise aus dem Hebräischen ins Deutsche zu übertragen. Sie wissen vielleicht, dass das heute in Israel gesprochene *Iwrith* die Sprache der Hebräischen Bibel ist. Mindestens zweitausendfünfhundert Jahre, nachdem deren Buchstaben das erste Mal in Stein gemeißelt wurden, bedienen wir uns ihrer im Alltag der modernen Welt immer noch. Der biblische Ausdruck *nakam* wurde von Martin Luther mit *Rache* ins Deutsche übersetzt. Wer Rache fordert, wird von loderndem Zorn geleitet und ist bereit, auch außerhalb der gesellschaftlichen Rahmen zu handeln. Daneben gibt es in beiden Sprachen zusätzliche Ausdrücke wie ‚Maß um Maß', ‚Schuld und Sühne', ‚Buße für eine böse Tat', ‚Heimzahlung' oder ‚verdiente Strafe', mit deren Hilfe wir Vergeltungsmaßnahmen benennen können.

Ich schreibe Ihnen, weil es im Verlauf der Geschichte Juden gegenüber immer wieder Ausbrüche offener Feindseligkeit gegeben hat. Ihre Gegner beschrieben jüdische Eigenschaften und Bestrebungen nicht wie sie der

Wirklichkeit entsprachen, sondern wie man sie sich vorstellte und ausmalte. (Was übrigens immer noch geschieht.) Es steht also zu befürchten, dass Extremisten aller Art, die vielleicht schon vergessen haben, wohin Extremismus zu führen droht, die hier präsentierte Geschichte benutzen, um alle möglichen Ängste zu schüren.

Aber ich schreibe Ihnen auch voller Hoffnung, denn tatsächlich unterhalten Deutschland und Israel seit vielen Jahren enge Beziehungen auf allen Gebieten des Lebens. Die Vergangenheit ist keineswegs vergeben und vergessen; sie hat sich jedem Juden eingeprägt. Es vergeht kein Tag, ohne dass die israelischen Medien uns die Schoa zumindest einmal ins Gedächtnis rufen. Die Erinnerung ist keine Verpflichtung, sie ist die Wirklichkeit, die uns immerzu begleitet. Die Gegenwart und das tägliche Leben aber besitzen eine starke, auf die Zukunft gerichtete Schubkraft, und in dieser Zukunft werden es die Angehörigen der zweiten und dritten Generation beider Länder sein, die die gegenseitigen Beziehungen nach ihren Vorstellungen gestalten.

Dies ist möglich geworden, weil die wenigen Menschen, die die Schoa überlebten, im Verein mit der damaligen zionistischen Führungsriege im Land Israel nach dem Krieg eine schicksalhafte Wahl trafen: Sie wählten den Weg des Lebens. Sie gründeten abermals Familien, sie schufen neue Gemeinschaften, sie lebten unter Juden, sie kämpften für Aufbau und Fortbestand eines jüdischen Staates. Somit hat die Judenheit als Ganze niemals Vergeltung geübt. Sie hat auf die Zukunft gesetzt, nicht auf die Vergangenheit. In dieser Wahl zeigen sich Weitsicht und moralisch-geistige Größe.

Abschließend erlauben Sie mir bitte einige Bemerkungen zum Titel *Die Rache ist Mein allein*. Ich habe versucht, die Beweggründe und Argumente der Nakam-Gruppe nachzuvollziehen, die eine klar erkennbare Racheaktion riesigen Ausmaßes plante, um den notorischen Anschlägen auf Juden ein für alle Mal ein Ende zu bereiten. Ich habe die Mitglieder persönlich kennengelernt und mich mit ihnen angefreundet. Aber niemals habe ich ihrem schrecklichen Vorhaben, sechs Millionen Menschen wahllos zu töten, zustimmen können. Ich danke Gott, dass es ihnen nicht gelungen ist. Die Hebräische Bibel legt die Rache nicht in die Hände der Menschen, sie überlässt sie dem Allmächtigen. Dementsprechend trägt mein Buch den Titel *Die Rache ist Mein allein*. Sein allein.

Ich danke Helene Seidler, Michael Brenner, Armin Lange, Ferdinand von Trauttmansdorff, Martin Illert und Diethard Sawicki, für Ihre Unterstützung bei der Publikation der deutschen Ausgabe meines Buches.

Dina Porat
Ramat HaScharon, Israel
Im Februar 2021

Vorwort

Dieses Buch verdankt seine Geburt einem Versprechen. Nach dem Erscheinen meiner Biografie über den Dichter Abba Kovner[1], der im Zweiten Weltkrieg als Partisan in Polen gekämpft hatte, rief Jitzchak ‚Pascha' Avidov (geboren als Reichmann), ein enger Freund Kovners, mich zu sich, um mich zu tadeln: „Da hast du nun ein dickes Buch geschrieben und die von Abba befehligte Nakam-Gruppe wird auf einer einzigen Seite abgehandelt? Eine Seite für ein ganzes Jahr!" Ich erklärte ihm, dass es in der Biografie um Kovner persönlich ging, und der war die meiste Zeit jenes Jahres, vom Sommer 1945 bis zum Sommer 1946, von den Mitgliedern seiner Gruppe getrennt gewesen. Pascha Avidov hatte Kovner damals vertreten und das Kommando übernommen.

Erst als ich Pascha per Handschlag versprach, ein neues Buch ausschließlich der Nakam-Gruppe zu widmen, der Gruppe der Rächer, in dem ich ihre Erfahrungen und Aktivitäten nach bestem Wissen beschreiben und analysieren würde, ließ sein Ärger ein wenig nach. Ich habe dieses Versprechen als Verpflichtung empfunden, und ich bin Jitzchak Pascha Avidov für diesen Anstoß sehr dankbar. Dass er den Abschluss der Arbeit nicht mehr erlebt hat, schmerzt mich zutiefst.

Auch andere Mitglieder der Gruppe, zu denen ich seit der Arbeit an Kovners Biografie Kontakt gehalten hatte, äußerten ein gewisses Unbehagen. Vierzig Jahre lang, seit dem Ende des Zweiten Weltkriegs, hatten sie ihr Geheimnis gehütet, bis sie in der Mitte der 1980er Jahre allmählich zustimmten, sich interviewen und fotografieren zu lassen, auf Anschuldigungen zu reagieren, sich zu treffen und ihre Unterhaltungen aufzuzeichnen, all das unter vielfachem Zögern und mit großen Bedenken. Sie befürchteten, und befürchten immer noch, dass in der Gegenwart weder die Idee, die ihrer Operation zugrunde lag, noch die dabei verwendeten Methoden auf Verständnis stoßen würden.

Sie wollten als moralische Wesen mit jüdischen und allgemein menschlichen Werten erinnert werden und liefen nun Gefahr, von der Geschichtsschreibung als junge Leute betrachtet zu werden, die nach rückhaltloser Rache strebten und „angefüllt waren mit rebellischem Gedankengut [...], das Minderwertigkeitskomplexen entsprang", wie Schaul Meirov (später Avigur) es formulierte.[2] Meirov war zu jener Zeit Leiter einer Einrichtung für die illegale Einwanderung von Juden nach Palästina, dem *Mossad für die Alija B*, und seine Worte werden im *Buch der Geschichte der Hagana* zitiert. Die Hagana war eine paramilitärische Untergrundorganisation in Palästina während des britischen Mandats, und sie arbeitete ebenfalls mit dem *Mossad für die Alija B* zusammen.

Bisher ist die Geschichte der Nakam-Gruppe in erster Linie von Journalisten in Zeitungen und im Fernsehen erzählt worden, dazu taucht sie in sehr kurzen Kapiteln in zwei Fachbüchern und in einem umfassenderen Artikel in einer Zeitschrift auf[3], niemals aber ist das gesamte vorhandene Material gründlich erforscht und ausgewertet worden. Heute sind die ehemaligen noch lebenden Mitglieder alle über neunzig Jahre alt, und sie wünschten sich, ihre Geschichte möge endlich einmal zusammenhängend erzählt werden. Aus Schubladen und Bücherregalen zogen sie geheim gehaltene Tagebücher, Briefe und Notizen hervor, verblichene, auf Polnisch, Litauisch, Deutsch und Russisch, Jiddisch und Hebräisch beschriebene Seiten, und sie empfingen mich freundlich zu langen Interviewsitzungen in ihren Häusern. Vitka Kempner-Kovner, die Witwe Abba Kovners, holte einen Ordner aus einem Metallschrank in Kovners Arbeitszimmer hervor und meinte mit der für sie typischen Direktheit: „Hier, nimm das!“ Er enthielt seit Kovners Tod nicht mehr angetastete Dokumente über die Nakam-Gruppe. Das Herz einer Historikerin schlägt höher, wenn sie vergilbte Papiere in Händen hält, die über Jahre hinweg zu ihr sprechen.

Das vorliegende Buch ist also die Erfüllung meines Versprechens, die Geschichte der jungen Frauen und Männer aufzuschreiben, die Willenskraft und Energien investierten und wenn nötig auch ihr Leben geopfert hätten, um nach der Schoa an den Deutschen Rache zu üben. Gleichzeitig ist es auch ein Versuch, die Frage zu beantworten, die bis heute an ihnen nagt: Woran lag es genau, dass die Racheaktionen in dem von ihnen anvisierten Ausmaß schließlich scheiterten? Was – oder womöglich wer – hat sie verhindert? Sie hatten Monate um Monate unter schwierigen Bedingungen an den Plänen gearbeitet. Sie waren mit der Motivation, dem Können und der Entschlossenheit, die sie in den Jahren der Schoa und des Krieges bereits bewiesen hatten, ans Werk gegangen. Und dennoch gelang es ihnen nicht, die selbst auferlegte Mission erfolgreich zu beenden. Auf diese Frage lassen sich Antworten finden, und sie werden zunehmend klarer, wenn man die Erinnerungen der Teilnehmer, das bei ihnen zu Hause aufbewahrte Material, das Archivmaterial und Gespräche mit Menschen außerhalb des engen Kreises der Betroffenen nebeneinander stellt.

Neben dem eingangs erwähnten Versprechen und dem Bedürfnis, bisher offen gebliebene Fragen zu beantworten, gab es für das Schreiben noch einen dritten Beweggrund: Ich wollte verstehen, wie ein so furchtbarer Racheplan mit den Charakteren der einzelnen Mitglieder und der Gruppe insgesamt zu vereinbaren war. Während der Gespräche mit ihnen und während des Schreibens wuchsen meine Bewunderung und meine Achtung für die Kraft, die ein jeder von ihnen ausstrahlte, für die Entschlossenheit, das scharfe Gedächtnis, die lebhaften, selbst nach so langer Zeit noch nicht abgestumpften Gefühle; für die Hingabe an die einmal übernommene, wenn letztlich auch nicht verwirklichte Aufgabe. Sie halten die Erinnerung an diese Mission wach, an die Familien und an Freunde, die nicht mehr sind, und verfügen dabei trotz allem über einen unerschöpflichen Sinn für Humor und über echte Lebensfreude. Bewundernswert ist auch die Freundschaft, die sie alle verbindet, obwohl es Meinungsverschiedenheiten gegeben hat und bis heute gibt. In erster Linie aber erstaunte mich ihre tiefe tägliche Sorge um das Schicksal des jüdischen Volkes und des Landes, da die klare Warnung: Vergreift euch nie wieder an Juden! ihrer Meinung nach ausgeblieben ist. Einige der Mitglieder leben in unmittelbarer Nähe zueinander und helfen sich gegenseitig wenn nötig. Alle telefonieren oft miteinander und wissen genau, wie es einem jeden geht. Wer sich mit wem getroffen hat und worüber dabei gesprochen wurde, darüber halten sie einander auf dem Laufenden, und natürlich warnen sie sich gegenseitig vor anreisenden Journalisten mit Kameras und stimmen ihre Positionen untereinander ab.

Mein tiefempfundener Dank geht an Hava Zexer, die einmal meine Studentin war und heute meine Freundin ist. Gemeinsam kutschierten wir über Israels Straßen, sie mit ihrer Kamera und einem Stativ, ich mit dem Ordner der bisher zusammengetragenen Aussagen. Hava saß am Steuer und ich beugte mich über die Straßenkarte auf meinen Knien und führte sie auf den Wegen um Haifa und Jerusalem, Michmoret und Schoham, Ein HaChoresch und vor allem in Ramat Gan und Givatajim nicht selten in die Irre. Hava, die mit Liebenswürdigkeit und einem scharfen Verstand gesegnet ist, wusste bei den Interviews die richtigen Fragen zu stellen und kam dann zu hilfreichen Rückschlüssen. Zusammen brachten wir Ordnung ins Gewimmel ähnlich klingender Namen wie Poldek, Julek, Manek, Jaschek, Kaschik, Idek. Sie bestanden auf weiteren Interviews, um ihrer bereits verstorbenen Kameraden wie Bartek, Willek und Schimik zu gedenken. Und dann waren da natürlich noch die Frauen: Lenka, Vitka, Mirka und Cheska seligen Angedenkens. Und Haschka und Rochke und ihre Kameraden, denen wir ein langes Leben wünschen.

Wir sind diesem Kreis faszinierender Menschen für Vertrauen und Gastfreundschaft, für die vielen uns gewidmeten Stunden, für das reichhaltige aufbewahrte Material, das sie hervorsuchten und uns anvertrauten, für die Ehre der engen Bekanntschaft, die wir genießen durften, zu großem Dank verpflichtet. Besonders viele Materialien fanden sich im Haus von Rachel (Rochke) Galperin-Gliksman, der „Historikerin" der Gruppe. Sie hat über lange Jahre hinweg Bücher, Zeugenaussagen, Briefe und Broschüren zusammengetragen und sie mit großer Liebe und Sorgfalt geordnet. Wir danken ihr hiermit für das freundliche Lächeln und die gute Laune, mit der sie uns ihre Sammlung zur Verfügung stellte. Weiteres Material fanden wir in Archiven, besonders im Archiv „Moreschet“ in Givat Chaviva, dem Familie Kovner den größten Teil des Nachlasses von Abba Kovner übergab. Unser Dank geht ebenfalls an Josefa Pecher, die die Dokumente katalogisierte; an Daniella Ossatski-Lazar, die sich aus eigenem Antrieb auf die Suche begab und wahre Schätze ausgrub; an Ariella Carmi, die uns die Mitschnitte des ersten Treffens der Nakam-Gruppe erläuterte. Dankende Grüße gehen an die Mitarbeiter des Archivs im Haus der „Lochamei HaGettaot“, besonders an den Direktor Jossi Shavit, für die bereitwillige Hilfe; an Roni Azati, den Leiter des Archivs von „Yad Tabenkin“; an Eldad Haruvi, den Leiter des Palmach-Hauses; an Michael Laks vom IDF-Archiv; an Boaz Tal, den Archivar von Massua. Ein Dank geht auch an den inzwischen leider verstorbenen Levi Arieh Sarid, der uns wertvolles Material großzügig zur Verfügung stellte, und an Schlomo Nakdimon, der als erster einige der Gruppenmitglieder interviewte und einen Pressebericht über deren Geschichte publizierte. Schlomo fand in seinen Ordnern siebzig Jahre altes Material und überließ es mir. Ich danke auch Orly Levy und Dorit Herman von den Archiven der Hagana und ganz besonders Neri Arieli aus Ein Gedi, die in ihrem Kibbuz noch wichtiges Material fand; ich danke meiner Studentin Rachel Hadaio für die Kopien der Kassetten mit den von ihr geführten Interviews, und Louise Fisher vom Israelischen Staatsarchiv, Devorah Stavi vom Gnazim Institut, Adi Portghes vom Ben-Gurion-Heritage-Center in Sde Boker, Yarin Kimor, der die Gruppe für einen von ihm produzierten Film interviewte, Aron Heller, einem Korrespondenten der Associated Press in Israel, und dem Historiker Randy Herschaft, der mir Material aus den National Archives in Washington DC besorgte. Ich danke Meirav Segal, der Direktorin des Weizmann-Archivs, ich danke Sima Borkovski für die Fotos der Gruppenmitglieder und Itzik Nir für die Transkription der Aussagen von Jitzchak „Antek“ Zuckerman. Avidovs Sohn Avi versorgte uns mit einigen Kisten voller Überraschungen und ermutigte uns weiterzumachen. Yonat Rotbein, die Tochter von Ruzka Korczak, stand uns mit gutem Rat zur Seite und wies uns auf Material hin, das in Aufnahmen von Treffen aus den 1980er und vor allem aus den 1990er Jahren zu finden war. Besonders dankbar bin ich dem inzwischen verstorbenen Dichter Elisha Porat aus Ein HaChoresch (wir sind nicht verwandt), der viele Stunden im Privatgespräch mit Kovner verbrachte, und dem sehr an der Veröffentlichung dieses Buch gelegen war. Elisha hat uns beraten und Material zugeschickt. Wir bedauern seinen Verlust sehr.

In den Archiven befinden sich Aussagen von vierunddreißig Gruppenmitgliedern, von denen einige sich im Lauf der Jahre mehrmals geäußert haben. Aus der Gruppe von insgesamt fünfzig Frauen und Männern repräsentieren sie die Mehrheit der aktivsten und wichtigsten Mitglieder. Ich danke ihnen für ihre Aussagen, und ich danke ebenfalls allen ihren Töchtern und Söhnen, der zweiten Generation, und auch den Angehörigen der dritten Generation für das Material das sie in ihren Häusern und in den Häusern ihrer Eltern gesucht und gefunden haben, sowie für das große Interesse, dass sie dem Entstehen dieses Buches entgegengebracht haben. Besonderer Dank geht an Dr. Axel Strawski aus New York und an Dr. Michael (Mickey) Margalit aus Tel Aviv für ihre Unterstützung der Forschungsarbeit und der Publikation dieses Buchs.

Dank gebührt ebenfalls meinem Studenten Dr. Schlomo Kron, der Material aus jüdischen Quellen zusammengetragen und analysiert hat, meiner engagierten Studentin Tal Cohen, die mir bei der Materialsammlung während des Schreibens half, und Talia Naamat, deren Hilfe stets wertvoll ist.

Von Herzen danke ich Rama Zuta, der Lektorin des hebräischen Textes, für ihre elegante Sprache und ihre Kenntnis der Landesgeschichte, sowie der Hebräisch-Korrektorin Daphna Schweppe, die ein scharfes Auge auf den Text warf und produktive Ideen einbrachte.

Vielen Dank an Prof. Daphana Erdinast-Vulcan, die Chefredakteurin der Haifa University Press, an Sharon Hanuka Ben-Shimol, an Shoshi Leber, die Sekretärin, an die Jury des Bahat-Preises und an die beiden Lektoren, deren Namen mir vor der Veröffentlichung des Buches nicht bekannt waren.

Einige der Treffen mit den einzelnen Gruppenmitgliedern und mit der Gruppe als Ganzes sind fotografiert und auf Tonband aufgenommen worden, doch nach dem Lesen Dutzender von Interviews, nach dem Anschauen der Filme und dem Anhören der Mitschnitte kann festgestellt werden, dass es trotz all der Medien, insbesondere Kameras und Mikrophone, die dem Historiker heute zur Verfügung stehen, keinen Ersatz gibt für ein Gespräch unter vier Augen zwischen dem Forscher und dem Zeitzeugen, ganz ohne aufdringliche Kamera, ohne mithörendes Mikrophon. Allein das sich zwischen zwei Menschen aufbauende Vertrauen und die Stille zwischen den Worten führen zu den ehrlichsten und einprägsamsten Gesprächen. Unterhaltungen dieser Art waren mir eine unerschöpfliche Quelle von Informationen und von Einsichten. Es kam vor, aber tatsächlich nur ganz selten, dass Aussagen sich widersprachen. Dort stieß der Beruf an eine Grenze, denn eine endgültige Einschätzung war unmöglich. Das Buch stellt die Geschichten in all ihren Aspekten dar und vermeidet es, definitive Schlüsse zu ziehen.

Direkte Zitate aus Gesprächen mit den Gruppenmitgliedern stehen natürlich in Anführungszeichen und sind mit einer Quellenangabe versehen. Der Kürze wegen und um Wiederholungen zu vermeiden, habe ich in einigen Fällen Zitate zusammengefasst, dabei blieben aber die Einstellung des Sprechers und sein Tonfall erhalten. Sie sind nicht mit Anführungszeichen gekennzeichnet, aber die Quelle ist angeführt. Die Gruppenmitglieder benutzten, bis auf eine Ausnahme, die Spitznamen ihrer Kameraden aus den alten Tagen, aber in den Quellenangaben erscheinen beim ersten Auftauchen die vollen Namen. Diejenigen, die ihre Namen inzwischen hebraisiert haben, erscheinen in meinem Buch unter ihren hebräischen Namen, da sie unter diesen Namen der israelischen Öffentlichkeit bekannt sind, vor allem der nach dem Krieg geborenen. Aber auch sie werden bei ihrem ersten Erscheinen mit den vollen ursprünglichen Namen vorgestellt.

Dina Porat
Ramat HaScharon, Israel
Dezember 2018

Einführung

„Noch niemand hat in jener Angelegenheit die ganze Wahrheit gesagt, und keiner weiß alles darüber. Wer diese Dinge bis ins kleinste Detail aufklären will, ist nicht zu beneiden. Es wurden so viele seltsame Geschichten in die Welt gesetzt, dass sogar einige von uns sie inzwischen glauben. Da könnten Symbole, Tabus und Wahrzeichen ins Wanken geraten …“ – so äußerte sich ein Mann, der im Auftrag des Jischuws, wie die im britischen Mandatsgebiet Palästina lebende jüdische Bevölkerung genannt wurde, die Aktivitäten der Nakam-Gruppe aus der Nähe verfolgte.[1]

Trotz solcher Entmutigung muss eine Historikerin, die gehört hat, dass eine bestimmte Gruppe an gewissen Ereignissen beteiligt war, sich fragen, ob sie die Erforschung dieser Angelegenheit ablehnen sollte, nur weil die Atmosphäre und die Werte sich seitdem gewandelt haben und weil die zu erzählende Geschichte in der Gegenwart womöglich gar nicht mehr nachzuvollziehen ist. Richtet sie etwa Schaden an, weil sie an ein Thema rührt, das in der jüdischen Tradition tausend Beschränkungen unterliegt? Oder ist eher das Gegenteil der Fall: Kann eine Historikerin, die weiß, dass bestimmte Ereignisse sich tatsächlich zugetragen haben, überhaupt noch zurück, darf sie das Material einfach in der Versenkung verschwinden lassen?

Ich meine, die Geschichtsforscherin hat die Pflicht, die Vorgänge zu erkunden, die Zusammenhänge darzulegen, zu analysieren und dann an die Öffentlichkeit zu bringen. Über das oben im ersten Satz zitierte Wort „Wahrheit“, im Hebräischen *„Emet“* (geschrieben *aleph, mem, taw*) sagt der Midrasch: *Emet* beginnt mit dem ersten Buchstaben des hebräischen Alphabets, dem *Aleph*; in der Mitte steht das *Mem*, der mittlere Buchstabe des hebräischen Alphabets, und am Ende der letzte Buchstabe, das *Taw*. Demnach verlangt die Suche nach Wahrheit, dass man den ganzen Weg vom Anfang bis zum Ende geht und Legenden und Symbole einmal genau unter die Lupe nimmt.

Das vorliegende Buch beschäftigt sich mit der Nakam-Gruppe, der Gruppe der Rächer, gegründet vom Dichter Abba Kovner, der den Zweiten Weltkrieg und die Schoa als Partisan in polnischen Wäldern überlebte. In der Nakam-Gruppe fanden sich etwa fünfzig junge Frauen und Männer wieder, die die Schrecken der Schoa überlebt hatten und nun entschlossen waren, zur Vergeltung sechs Millionen Deutsche in den Tod zu schicken.

Das Buch handelt nicht von den zahllosen Racheakten, die Juden, vor allem aber Nicht-Juden, an Deutschen verübten, noch bevor die Kämpfe zum Erliegen kamen, und anschließend erst recht. Es konzentriert sich vielmehr auf die Nakam-Gruppe, die einen öffentlichen Vergeltungsschlag plante, der dem

 | DOI:10.30965/9783657791125_002

Ausmaß der Schoa-Verbrechen entsprechen und so etwas wie eine nationale Reaktion des ermordeten Volkes gegen das Volk der Mörder darstellen sollte. Man dachte an eine Rache, die in der ganzen Welt Aufsehen erregen und somit auch anderen Nationen eine Lektion erteilen würde: Jüdisches Blut wird nicht wieder ungesühnt fließen; es gibt ein Recht und einen Richter! Wer seine Macht durch den Mord an Juden beweisen will, muss damit rechnen, dass er mit dem Leben bezahlt.

Die Frage der Bestrafung besaß für die Gruppe zudem eine metaphysische Dimension, die an die Wurzeln der Weltentstehung und der Weltordnung rührte. Mit dem moralischen Bankrott der Schoa war die Welt an ihr Ende gelangt. Nur eine angemessene Vergeltung könnte die Rechnung begleichen und die Ordnung wieder herstellen. Der Hebräischen Bibel zufolge befahl Gott Moses, sich an den Midianitern für den Mord an Israeliten zu rächen. „Danach wirst du zu deinen Stammesbrüdern versammelt werden." (Numeri 31,1) Und in den Gebeten zum Jom Kippur heißt es: „Unser Vater, unser König, nimm vor unseren Augen Rache für das vergossene Blut deiner Getreuen." Vor unseren Augen, das bedeutet: vor den Augen der ganzen Welt.

Die Vorstellung einer solchen Vergeltung brannte im Innern der Gruppenmitglieder und ließ ihnen keine Ruhe. Sie wollten den Deutschen in gleicher Münze und in gleichem Ausmaß heimzahlen, sechs Millionen gegen sechs Millionen, „Auge um Auge, Zahn um Zahn", wie es in Exodus 21,24 heißt. Unvermittelt und ohne Vorwarnung, ohne Untersuchungshaft, ohne Gerichtsverhandlung. Denn was wäre von einem regulären Prozess zu erwarten gewesen? Weder nationale noch internationale Gesetze gaben auf die unerhörten Verbrechen der Nationalsozialisten eine angemessene Antwort, da noch kein Gesetz in keinem Land jemals Ungeheuerlichkeiten dieses Ausmaßes erfasst hatte. Eine neue Gesetzgebung war erforderlich, doch wie viel Zeit würde vergehen, bis man entschieden hätte, wer die neuen Gesetze abfassen sollte? Wann wären sie so weit gediehen, dass es zu Anklagen kommen könnte? Und wer würde die Identität der Richter bestimmen? Welchen Status hätten sie in einem derart beispiellosen Prozess? Auf welche Präzedenzfälle könnten sie sich bei der Abwägung des Strafmaßes berufen? Die Mitglieder der Gruppe, die sich an die Nazi-Gesetze noch gut erinnerten, bezweifelten den Wert eines solchen Verfahrens, wenn es denn stattfinden sollte. Da die Richter vermutlich keine Juden sein und auch nicht zum Kreis der Überlebenden gehören würden, wären sie wohl kaum in der Lage, sich ein realistisches Bild zu machen und ein gerechtes Urteil zu fällen.

„Wenn ich die Augen schließe und an das denke, was war", sagte Dichter-Partisan Abba Kovner, „dann frage ich mich: Ist es möglich, dass das, was geschah, wirklich geschehen ist?"[2] Viele der Überlebenden, unter ihnen auch die Nakam-Mitglieder, betrachteten es nicht als ihre Aufgabe, nach einer allumfassenden, offiziellen Definition der Schoa zu suchen, aber sie wussten natürlich, dass viele Historiker und Philosophen sich bemühen würden, das Wesen der Schoa und dessen, „was geschah", zu ergründen.

Die Schoa war ein beispielloser Vorgang, wie ihn die Menschheit noch niemals erlebt hatte. In ihrem Verlauf wurden auf systematische Art und Weise, in Gaskammern, durch Erschießen und durch todbringende Lebensbedingungen fast sechs Millionen Juden, Männer, Frauen und Kinder, ermordet. Die deutschen Nationalsozialisten und ihre Kollaborateure zerstörten Tausende jüdischer Gemeinden – und mit ihnen deren materielle und geistige Schätze. Darüber hinaus brachten die Nationalsozialisten und ihre Helfershelfer von der Machtergreifung 1933 bis zur deutschen Kapitulation 1945 weitere Millionen Menschen anderer Ethnien und Überzeugungen um.

Die Schoa der Juden, von den Deutschen „Endlösung" genannt, unterschied sich von der Auslöschung anderer Gruppen durch die rassistische Sicht der Nationalsozialisten auf das Judentum, die folgende Merkmale aufwies: Totalität (man wollte jeden Juden ermorden); Universalität (wo immer er sich aufhielt); blinder Antisemitismus; das Fehlen eines Konflikts (vor der Schoa hatte es keine konkreten Auseinandersetzungen zwischen Deutschen und Juden gegeben); industriell abgewickelter Mord; Darstellung des jüdischen Volkes als das absolute Böse.[3]

Aus der Sicht der Überlebenden zogen sich die traumatischen Ereignisse über lange Jahre hin, in denen ihr Leben bis auf den Grund zerstört wurde. Sie verloren ihre persönliche Existenz, ihre Familien, ihre Häuser und Wohnungen, sämtliches Eigentum, ihre Gemeinden, das Stetl. Das Leben, wie sie es bisher gekannt hatten, wurde jählings beendet; an seine Stelle traten überraschende Transporte ins Unbekannte, Hunger, Folter, Zwangsarbeit, Krankheit. Von einem Augenblick zum nächsten mussten Entscheidungen getroffen werden, in denen es um Leben und Tod ging. Der Wechsel vollzog sich schlagartig und mit unerbittlicher Grausamkeit: Aus eigenständigen menschlichen Wesen wurden hilflose, verfolgte Kreaturen, unfähig, die nächsten Angehörigen zu retten, hin und her geworfen von anonymen Mächten und Mechanismen, denen sie ohnmächtig ausgeliefert waren. Jeder Angehörige einer vermeintlich seit ewigen Zeiten unreinen und gefährlichen Ethnie stand am Pranger, und die Unmöglichkeit einer Gegenreaktion löste das Gefühl äußerster persönlicher und nationaler Erniedrigung aus.

In seinen Reden später im Land Israel hob Abba Kovner immer wieder hervor, dass das, was vor dem Massenmord geschah und diesem den Boden bereitete, schrecklicher war als das Sterben selbst. Wenn das Ausmaß der Schoa erst einmal bekannt wird, „werdet ihr die Zahl der Ermordeten kennen, aber den tiefen Abgrund, der **davor lag**, den werdet ihr niemals ermessen können. [...] Das Schlimmste war das Leben vor dem Tod, war die Demütigung eines ganzen Volkes, war das Zusehenmüssen, wie eine Kultur und ihre Angehörigen in Staub und Asche endeten, wie alles Heilige zerbrach und zerfiel."[4]

Die andauernde Erniedrigung und die Hilflosigkeit lösten brennende Rachegelüste aus. Man wollte es den Plünderern, Räubern und Mördern heimzahlen, ihnen zeigen, dass sie besiegbar waren, dass Ohnmacht sich überwinden ließ; dass die Rächer nicht nur ebenbürtig, sondern erhabener waren, dass sie imstande waren zu strafen. Das Racheverlangen von Juden und Nichtjuden ist nur zu verstehen, wenn man sich klarmacht, was die Nationalsozialisten während der Schoa und des Zweiten Weltkrieges angerichtet haben, auch wenn es kaum erträglich ist, die Schilderungen zu lesen und zu analysieren. Tatsächlich zeichnet sich in den letzten Jahrzehnten die Tendenz ab, von konkreten Darstellungen der zügellosen Verbrechen abzusehen und leichter erträglichen Beschreibungen zu publizieren. So verblassen die wahren Gräuel des letzten Krieges im Bewusstsein der Welt, auch wenn bestimmte Spielfilme, Gedichte und Unterhaltungsliteratur an sie erinnern, aber diese Werke entfernen sich naturgemäß von der unbeschreiblich grausamen Realität.[5] Die Gefühle der Opfer jener Zeit, ob Juden oder Nichtjuden, im Nachhinein in ihrer ganzen Tiefe nachzuempfinden, ist unmöglich. Diese Menschen mussten mit ansehen, wie Babyschädel zerschmettert, Opfer lebendig begraben, Dörfer und Städte über ihren Bewohnern angezündet wurden, wie Brüder und Freunde zu wandelnden Skeletten abmagerten – und diese Szenarien haben sich ihren Seelen unauslöschlich eingeprägt.

Rache der Nichtjuden

Georgi K. Schukow, der berühmte, mit Orden geschmückte sowjetische Oberbefehlshaber, gab im Januar 1945 den Tagesbefehl aus: „Wehe dem Land der Mörder! Wir werden uns rächen für alles, was uns angetan worden ist, und unsere Rache wird fürchterlich sein."[6] In seinem Buch „'45. Die Welt am Wendepunkt" widmet der Historiker Ian Buruma den schweren Vergeltungsakten jenes Jahres ein langes Kapitel. Zunächst beschäftigt er sich mit den Sowjetsoldaten, die den Tagesbefehl Schukows beflissen befolgten, denn die Zerstörung und die Verluste, die ihr Land erlitten hatte, waren in der Tat unermesslich. Mehr als acht Millionen sowjetische Soldaten waren gefallen und von den mehr als fünf Millionen, die in deutsche Gefangenschaft gerieten, wurden mehr als drei Millionen auf grausame Art systematisch umgebracht. Auch unter der Zivilbevölkerung hatten die Deutschen gewütet, denn sie hielten die Slawen für eine minderwertige Gruppe, die auf der untersten Stufe ihrer vermeintlichen Rassenleiter stand. Durch Hunger, die Politik der verbrannten Erde und jahrelang anhaltende Belagerungen fanden sechzehn Millionen Zivilisten den Tod.

Schukows Racheformel war unmissverständlich. Die Soldaten der Roten Armee erhielten die klare Anweisung, auf deutschem Boden so grausam wie möglich vorzugehen. Schilder an der Grenze verkündeten: „Soldat, du bist jetzt in Deutschland. Räche dich an den Volksgenossen Hitlers!“[7] Die Plünderungen, die Morde und besonders die vielen brutalen Vergewaltigungen, die die russischen Soldaten verübten, bis nach einigen Wochen der Befehl erging, die Untaten einzustellen, haben sich tief in das Gedächtnis der Europäer und insbesondere der Deutschen eingegraben.[8]

Doch nicht nur die Sowjets rächten sich. Buruma berichtet von einem KZ für deutsche Gefangene in der Tschechoslowakei, über dessen Tor im Sommer 1945 ein Schild mit der Aufschrift „Auge um Auge, Zahn um Zahn“ angebracht wurde. Die tschechischen Aufseher machten mit den Deutschen, was die Deutschen mit KZ-Gefangenen gemacht hatten. Womöglich waren sie noch grausamer, nachdem der Präsident der Tschechoslowakei Edvard Beneš verkündet hatte: „Das Schicksal der Deutschen wird dreimal so bitter sein. Wir werden euch auslöschen.“ Drei Millionen Deutsche wurden aus dem Sudetenland vertrieben, dreißigtausend von ihnen starben an den harten Bedingungen der Vertreibung.[9] In Polen entstanden ähnliche Lager. Hier wurden zweihunderttausend Deutsche festgehalten, etwa dreißigtausend fanden den Tod.

Ein Buch mit dem Titel „Auge um Auge“ stellt die Frage, welchen Anteil die vom kommunistischen Regime eingesetzten jüdischen Aufseher an den Racheakten und Gewalttaten hatten.[10] Zumindest in einem dieser Lager wurden Tausende von Deutschen ermordet, darunter auch Hunderte von Kindern.[11] Amerikanische Offiziere und Soldaten waren Buruma zufolge dermaßen entsetzt über die offenbaren Beweise der deutschen Niedertracht, dass sie in Dachau einfach zusahen, wie befreite Gefangene ihre SS-Wächter einen nach dem anderen brutal lynchten. Ein amerikanischer Offizier, der vor dem offenen Krematorium zur Verbrennung bestimmte Leichen erblickte, befahl, dreihundert deutsche Wachleute durch Erschießen hinzurichten.[12] Die Amerikaner begannen mit der Umsetzung des Morgenthau-Plans, der eine allgemeine Vergeltung am deutschen Volk vorsah: Demilitarisierung, Demontage der Industrie und die Entnazifizierung der Gesellschaft. Diese Maßnahmen sollten verhindern, dass die Deutschen einen weiteren Weltkrieg anstifteten. Doch, wie die Sowjetunion, besann sich auch die amerikanische Besatzungsmacht eines besseren, denn dieser Plan war schwer durchzusetzen und zudem befürchtete man, ein völlig ausgeplündertes Deutschland würde am Ende der amerikanischen Wirtschaft zur Last fallen.[13]

„Es ist kaum vorstellbar, dass ein Krieg von so furchtbarer Brutalität ohne furchtbare Racheakte zu Ende gehen konnte", stellt Antony Beevor gegen Ende seines Monumentalwerks „Der Zweite Weltkrieg" fest; ähnlich äußert sich Timothy Snyder in „Bloodlands". Ethnische Säuberungen, wie sie Stalin von Anfang an gewollt hatte, waren in vollem Gange. Die Soldaten der Ersten und Zweiten polnischen Armee vertrieben Deutsche aus ihren Häusern und jagten sie über die Oder, drängten sie in Viehwaggons und eigneten sich ihren Besitz an. In Ostpreußen beispielsweise blieben von zwei Millionen Deutschen weniger als zweihunderttausend zurück, sechshunderttausend wurden zur Zwangsarbeit in die Sowjetunion geschickt. Frauen mit Kindern an der Hand wanderten zu Fuß Richtung Deutschland, manchmal Hunderte von Kilometern.[14] Die Aufzählung ethnischer Säuberungen und haarsträubender Racheakte ließe sich weiter fortsetzen: Es gab sie in allen europäischen Ländern, vor allem aber auf deutschem Boden. Aus den Lagern befreite Griechen, Ukrainer, Slowaken, Franzosen, Italiener und Ungarn weigerten sich, in ihre Länder heimzukehren, bevor sie sich nicht gerächt hatten.[15]

Rache von jüdischer Seite

Nichtjuden vollzogen also Vergeltungsmaßnahmen in großem Umfang und fanden somit ein Ventil für ihre Gefühle. Buruma stellte jedoch fest: „Während noch in ganz Europa Vergeltung geübt wurde [...], zeigten ausgerechnet die Menschen, die am meisten gelitten hatten, außerordentliche Zurückhaltung." Diese Äußerung ist allerdings etwas zu allgemein gehalten, denn Juden in der Roten Armee und aus den Partisaneneinheiten beteiligten sich während des Vorrückens der Roten Armee gemeinsam mit ihren Waffenbrüdern sehr wohl an den Racheaktionen, vor allem, wenn es um die Ermordung von Kollaborateuren, Einzelpersonen und ganzen Gruppen, aus den Reihen der Ukrainer, Letten und Polen ging. In Rovno zum Beispiel schworen die Partisanen, sobald sie sich aus ihren Verstecken und aus den Wäldern hervorwagen konnten, am Massengrab der Juden Rovnos, dass sie deren Blut rächen würden. Des Weiteren machten sie Hunderten von Kollaborateuren aus der ukrainischen Bevölkerung den Prozess; sie brachten Zeugenaussagen gegen sie vor und richteten am Ende etwa sechshundert von ihnen hin.[16] Einzelne Juden, die außerhalb militärischer Verbände verloren herumirrten, schlossen sich zu Hinrichtungskommandos zusammen. Die Waffenbeschaffung stellte in jenen chaotischen Tagen nach dem Erliegen der Kämpfe überhaupt kein Problem dar.[17]

Nicht nur in Osteuropa, auch in Mitteleuropa bildeten sich jüdische Rachegruppen. „Unsere Gruppe (Nasza Grupa)“ bestand aus Mitgliedern der „Zionistischen Jugend“ in Bendin, die es im Sommer 1943 schafften, die Slowakei und von dort Ungarn zu erreichen. Sie hatten sich vorgenommen, Vergeltung an den Deutschen zu üben und die ungarischen Juden auf das vorzubereiten, was sie erwartete. Emil Brieg, der später im israelischen Unabhängigkeitskrieg zum Helden werden sollte, berichtete: „Wir hatten nichts zu verlieren, [...] wir wollten nichts als uns rächen. Junge Frauen und Männer, glühend vor Racheverlangen, die in der Welt nichts mehr besaßen außer dem ungeheuerlichen Wunsch, Nationalsozialisten zu töten und alle Kollaborateure ins Jenseits zu befördern.“[18] Einige dieser zur Rache Entschlossenen wurden später in die Rote Armee integriert und kamen somit in die Lage, Vergeltungsaktionen durchführen zu können, allerdings nicht als Juden, wie sie es gewollt hatten, und nicht auf eine Art, die das ganze jüdische Volk den Deutschen gegenüber vertrat. Die meisten Mitglieder wanderten, als der Krieg zu Ende war, nach Israel ein, doch ein Teil blieb in Österreich zurück, um die Vergeltung fortzusetzen. Manos Diamant, einer von ihnen, besuchte unmittelbar nach Kriegsende das Lager Auschwitz-Birkenau und entdeckte in einer der Folterkammern die in die Wand geritzte Aufforderung: Juden, rächt euch! Diese Worte sollten seinen weiteren Weg begleiten.

Manos und sein Freund Alex Gadmon standen an der Spitze einer Gruppe, die Täter, deren Schuld bewiesen war, hinrichtete. Die Gruppenmitglieder fühlten sich als Richter ohne schwarze Robe, als Ausnahmerichter mit der Befugnis, Urteile auf der Stelle zu vollstrecken. Sie fesselten die Beschuldigten, verschlossen ihnen den Mund und hielten für jeden einen nur wenige Minuten dauernden Prozess ab, bei dem sie eine Anklageschrift verlasen. Die Angeklagten, nicht nur SS-Leute, hatten in Gettos und Konzentrationslagern eigenhändig Menschen ermordet und waren von mindestens zwei Zeugen eindeutig identifiziert worden. „Kein Gericht der Welt hätte ein anderes Urteil gefällt, denn die Angeklagten waren ohne jedes Verhör von sich aus geständig.“ Die Gruppe jagte speziell Kriegsverbrecher, die von alliierten Richtern freigelassen worden waren, und brachte an den Leichen ein Schreiben an, aus dem die Welt erfuhr, dass es Juden waren, die sich hier und jetzt gerächt hatten. Die ungerechtfertigte Freilassung von Kriegsverbrechern durch die Alliierten empörte sie zutiefst, denn sie waren, wie Manos Diamant aussagte, sicher gewesen, „dass die Welle der Rache ganz Europa erfasst hatte“.[19]

Gegen Ende des Jahres 1945 wurde Asher Ben-Natan nach Wien entsandt. Ben-Natan gehörte zu den Organisatoren der „Bricha“, einer Untergrundbewegung, die zwischen 1944 und 1948 Juden aus Polen, Ungarn, der

Tschechoslowakei, Rumänien, Jugoslawien und der Sowjetunion die Flucht über Österreich und Italien und die illegale Einwanderung nach Palästina ermöglichte. Später wurde Ben-Natan zum ersten Botschafter Israels in Deutschland ernannt. Einige der Gruppe, so auch Diamant und Gadmon, schlossen sich seinen Aktivitäten an. Sie begründeten ein Dokumentationszentrum, das eine lange, detaillierte Liste von Kriegsverbrechern zusammenstellte. „Meine Anweisungen waren eindeutig", schrieb Ben-Natan, und er meinte damit die Anweisungen aus dem Jischuw. „Wir sind keine Richter, und wir dürfen die Verbrecher nicht selbst richten. Wir müssen sie vielmehr der österreichischen Justiz oder den Behörden der Alliierten übergeben, damit sie die verdiente Strafe erhalten." In den meisten Ländern fielen diese Strafen sehr schwer aus, man verhängte die Todesstrafe oder lange Haftstrafen, die oft in Sibirien abzuleisten waren. Dementsprechend verbot Ben-Natan der Gruppe die Fortsetzung ihrer bisherigen Vergeltungsaktionen. Einige der nach Israel Eingewanderten kehrten allerdings 1949 nach Europa zurück, um die Racheakte wieder aufzunehmen, da sie mit dem Vorgehen Ben-Natans nicht einverstanden waren. Sie bemühten sich, die bekanntesten der zahlreichen von den Alliierten freigelassenen Kriegsverbrecher aufzuspüren und hinzurichten, was ihnen aber trotz hohem Einsatz und sorgfältiger Vorbereitungen nicht gelang. Mehrere Gruppenmitglieder setzten diese Suche fort, bis in Wien eine israelische Botschaft eröffnet wurde. Im Jahr 1950 befolgten sie die Anweisung, ihre Aktivitäten einzustellen, denn inzwischen waren sie mit israelischen Pässen ausgestattete israelische Staatsbürger. Bis zu ihrem letzten Tag haben diese Männer ihrer Enttäuschung über die Behörden des jungen israelischen Staates Luft gemacht, der dem Rachebegehren nicht die nötige Zeit und Mühe widmete und die entschlossenen Überlebenden davon abhielt, das zu tun, was sie für richtig hielten. „Anstelle von Jossele hätte man Mengele herbeischaffen sollen", spotteten sie – eine Anspielung auf den Fall des Jungen Jossele Schuhmacher, der Anfang der 1960er Jahre von seinem ultraorthodoxen Großvater entführt, daraufhin vom Mossad unter großem Einsatz gesucht und schließlich seinen nichtreligiösen Eltern zurückgebracht wurde.[20]

Man weiß von Überlebenden, die monatelang nach einem bestimmten Mörder ihrer Angehörigen suchten, um auch ihn umzubringen, und von anderen, die sich, wenn die Umstände es erlaubten, an denen rächten, die ihnen gerade in die Quere kamen. So entwendeten beispielsweise vier aus den Lagern Landsberg/ Kaufering bei München befreite Jugendliche ein paar Jeeps, fuhren damit in die nächste deutsche Kleinstadt und veranstalteten vier, fünf Stunden lang einen privaten Pogrom, bei dem sie wild drauflos prügelten. Einer von ihnen sagte aus: „Wir zertrümmerten Fenster und schlugen auch auf Kinder und Alte ein, wir empfanden ungeheuren Hass, eine unbändige Wut."

Die Soldaten der Jüdischen Brigade vertrieben die Entfesselten schließlich und untersagten weitere derartige Überfälle. Wie oft Überlebende auf eigene Faust, allein oder mit Gefährten, nach Vergeltung suchten, ist schwer abzuschätzen. Die Erforschung privater Racheakte steht noch aus.[21]

Mit all diesen Fällen also befasst das Buch sich nicht im Detail, abgesehen von einem Kapitel, das u. a. von Vergeltungsaktionen der Jüdischen Brigade berichtet. Weder die Racheakte der Nichtjuden noch die Vergeltungstaten von Partisanen oder jüdischen Soldaten in Osteuropa, weder die Entstehung spontaner Gruppen, noch die Taten Einzelner sind unser Thema, nicht einmal die Frage, ob Überlebende der Konzentrationslager, die durch die sieben Stufen der Hölle gegangen waren, überhaupt noch die Kraft aufbrachten, Racheakte zu organisieren oder sich an ihnen zu beteiligen. Diese Vorgänge sollen uns hier nicht beschäftigen, doch dass es sie gegeben hat, beweist, dass der Wunsch nach Rache unter Juden und Nichtjuden während des Krieges und in den ersten Jahren danach in ganz Europa anzutreffen war. Mit anderen Worten: Kovner und seine Gruppe waren nicht die einzigen, die nach Rache dürsteten. Sie brachten ein Verlangen zum Ausdruck, das viele teilten, das aber für die meisten unerfüllt blieb und im Laufe der Jahre dem Vergessen anheimfiel.

Zum Begriff der Rache

Die Nakam-Gruppe hat ihren Namen von dem hebräischen Wort für Rache, *nakam,* abgeleitet. *Nakam* bedeutet, wie fast jedes hebräische Wörterbuch erklärt, Vergeltung für eine böse Tat, Ausübung der Vergeltung nach dem Prinzip Maß um Maß, Auge um Auge, eine Missetat als Ausgleich für eine andere. Wer sich rächt, hegt tiefen Groll und zahlt es dem Missetäter, der seinen Hass ausgelöst hat, in gleicher Münze heim, er erteilt dem eine Niederlage, der ihm eine Niederlage erteilt hat, vergilt Übel mit Übel, schlägt zurück und hält damit den Konflikt am Leben, verlangt nach Rache für eine Erniedrigung und versucht, die ausstehende Gerechtigkeit herzustellen. Einem hebräischen Wörterbuch zufolge fordert der Rächer Rache für das Volk Israel, stellt sich die Vergeltung vor oder beobachtet als Zeuge das Unheil, das über den Feind kommt. Auch von Bestrafung ist in diesem Zusammenhang die Rede, insbesondere vom Prinzip Bestrafung und Belohnung, aber nur kurz und mit dem Hinweis, dies sei insofern ein anderes Thema, als es die Möglichkeit der finanziellen Entschädigung der verletzten Partei erwäge, wie es in der Auslegung des Gebots „Auge um Auge" im Buch Exodus 21,24 vorgeschlagen wird. Die hebräischen Wörterbücher führen für den Begriff der Rache eine Reihe von Beispielen aus dem gesamten jüdischen Schrifttum und seinen Zusätzen an, beginnend im Buch Genesis 4, 15 („ So soll denn, wer immer Kain erschlägt, siebenfältig Rache leiden.") bis hin zu Chaim Nachman Bialiks Gedicht „Auf der Schlachtbank" ("Verflucht sei, wer ‚Rache' sagt! [...] Denn eine Rache für das Blut kleiner Kinder hat der Teufel noch nicht erfunden.")[22] Lexikalische Erklärungen in anderen Sprachen unterscheiden sich nicht wesentlich von den hebräischen. Neben den Grunddefinitionen, die sich überall gleichen, werden manchmal bestimmte Aspekte hervorgehoben, insbesondere solche, die mit den Gefühlen zu tun haben, die Rache begleiten, die „Raserei der Rache", wie Bialik es formulierte. Rache entspringt dem Zorn, sie verschont niemanden und befriedigt die Rachelust, wie es in einem englischen Wörterbuch heißt. Ein anderes Wörterbuch bemerkt, dass Rache mit einem extremen Maß an Kraft und Entschlossenheit durchgeführt wird. Ein spanisches Wörterbuch verweist ebenfalls auf Gewalt und Übermaß. Rache wird zur Sünde, wenn sie von der Norm der Gerechtigkeit abweicht, wenn sich in den Zorn Neid, Stolz, Hass, Ehrgeiz und Grausamkeit mischen, so ein katholisches Werk. Ein deutsches Lexikon stellt fest, dass Rache, gerechtfertigt oder nicht, anders als Strafe immer auf einer persönlichen Einschätzung und Entscheidung beruht.[23]

Der renommierte Gelehrte und Denker Jeschajahu Leibowitz erstellte eine detaillierte Analyse aller biblischen Aussagen über die Rache – der Begriff taucht in unterschiedlichen Formen achtzigmal auf – und zog daraus einige Schlüsse über das Konzept der Rache im Allgemeinen. Über Ausdrücke, die das Wort „Blut" enthalten und sich auf Rache für einen Mord beziehen, schreibt er, eine solche Tat begleiche nicht nur die Rechnung zwischen dem Rächer und dem Mörder, sie sorge zudem für die Aufrechterhaltung der Gesetzlichkeit: „Wer Menschenblut vergießt, dessen Blut soll auch durch Menschen vergossen werden" (Genesis 9,6). Der Ausdruck „Erlösung des Blutes" (nicht Blutrache) kommt ohne Rache und die sie begleitenden Emotionen aus, ist aber sowohl ein Recht wie auch eine Pflicht und bringt das Blut des Opfers über das Haupt des Täters. Der biblische Begriff *nakam* beinhaltet neben dem Akt der Heimzahlung auch die subjektive Erfüllung der Rachsucht, einer Sucht, die destruktive Regungen und Grausamkeit weckt. In der Bibel taucht *nakam* im Zusammenhang mit Emotionen wie Zorn, Wut, übermächtigem Ärger und wildem Eifer auf und impliziert Brutalität, Übel sowie unbegründeten Hass (*sinat chinam*). Die Folgen der Rache, auch der nur angedrohten Rache, können Einzelpersonen, der Gemeinschaft oder der ganzen Nation Schaden zufügen und Tod und Zerstörung über sie bringen, bis hin zur Auslöschung von Nationen und Königreichen, wobei nicht immer zwischen Schuldigen und Unschuldigen unterschieden wird. Dabei kommt es vor, dass die Vergeltung die angemessene Reaktion auf eine einzelne Tat oder auf einen Zustand überschreitet, der dem Rächer oder seinem engeren Umkreis Leid und Demütigung zugefügt hat. Deswegen ist Rache unter Einzelpersonen, und erst recht unter Juden, ausdrücklich verboten: „Du sollst dich nicht rächen, auch nicht den Angehörigen deines Volkes etwas nachtragen!" (Levitikus 19,18) Demgegenüber ist die Rache einer Nation an ihren Feinden besonders in Kriegszeit geboten, so auch die Rache Gottes, die erfleht wird. Der eifernde Gott rächt das Blut seiner Getreuen. „Möge Gott ihr Blut rächen" ist eine bis heute gebräuchliche Formel, die in einer Abkürzung hinter die Namen ungerächter Opfer gesetzt wird. Die Bibel stellt eine solche Rache als lobenswert hin, wohingegen die Rache an einem Mitmenschen getadelt wird. Wie ist es zu erklären, dass ein Betragen im interpersonalen Bereich als unerwünscht oder sogar als verboten gilt, auf nationaler Ebene aber dem Lob des Schöpfers dient? Leibowitz hat über diese Frage nachgedacht und ist zu folgendem Ergebnis gekommen: Wo göttliche Rache an den Feinden der Nation in der Bibel erwähnt wird, dort ist sie zumeist als eine in die Zukunft projizierte Rache gemeint, ist sie Teil einer endzeitlichen Erlösungsvision, angeführt vom Ewigen in furchterregender Majestät. Die gläubige Nation betet zu Gott und erwartet, dass er für sie kämpft, Rache übt und die Erniedrigung, die auch eine Erniedrigung Gottes ist, auslöscht.[24]

Viele Untersuchungen wären erforderlich, wollte man alle Zusammenhänge erforschen, in denen jüdische Quellen von Rache sprechen, sie sind, so der Prophet Jesaja (11,9) „wie Wasser, die das Meer bedecken." Rache steht mit jedem Aspekt der Beziehung zwischen Individuen und zwischen der Gemeinschaft und ihrem Gott in Verbindung. Dies ist nicht der Ort für eine solche Erörterung, doch die Worte von Leibowitz könnten ihr als Grundlage dienen, denn erstens erweitern sie die lexikalen Definitionen und zweitens wissen wir, dass Abba Kovner, der führende Kopf der Nakam-Gruppe, sich zeitlebens in die Quellen des Judentums vertiefte, was seinen Gesprächen anzumerken war und sich in seinen Werken widerspiegelt. Kovner und seine Kameraden, von der Weltanschauung her säkulare Zionisten, waren von einem Sendungsbewusstsein erfüllt, das ein Gefühl der Verantwortung dem jüdischen Volk und seiner Geschichte gegenüber einschloss. Diese Geschichte war der Ausgangspunkt ihres Handelns und muss gleichfalls der Ausgangspunkt sein für unseren Versuch, diese jungen Menschen zu verstehen, die vor dem Krieg in einem jüdischen Erziehungssystem herangewachsen waren. Leibowitz' Feststellung wirft eben jene Fragen auf, mit denen die Mitglieder der Nakam-Gruppe sich ebenfalls auseinandersetzten und auf die sie eine Antwort suchten: Gibt es eine Verpflichtung zur Ausübung von Rache, um die Ordnung der Dinge wiederherzustellen? Wie ist ‚vernünftige Vergeltung' zu definieren? Durften sie die Schädigung Unschuldiger in Kauf nehmen? Hatte die Schoa ihnen eine Verpflichtung auferlegt? Alle diese Fragen bilden den Kern unseres Themas.

Literatur und Forschungsliteratur

Helfen die Auslegungen des Rachebegriffs der Forschungsliteratur bei der Überprüfung verschiedener Ansätze und bei der Beantwortung sich daraus ergebender Fragen? Die erste Frage stellt sich bereits bei der Durchsicht des einschlägigen Materials und sie lautet: Warum wurde dem Thema der Rache so wenig Raum gewidmet? Die zweite Frage fällt in den Bereich von Ethik, Recht und Strafrecht: Widerspricht die Rache, so wie sie definiert wurde, den gültigen Gesetzen und ist sie dennoch zu rechtfertigen? Die dritte Frage: Erstreckt sich der Rachebegriff in einem weiteren Sinn auch auf Handlungs- und Lebensweisen, die von denen, die sie gewählt haben, oder von Forschern als eine Spielart der Rache betrachtet werden können?

Der deutsch-israelische Historiker Walter Zwi Bacharach stellte fest: „Es ist merkwürdig, dass die Fachliteratur sich nur so wenig mit der Vergeltung beschäftigt, denn das unbeschreibliche Leid [gemeint das den Judenwährend der Schoa zugefügte Leid] hätte doch eigentlich den bitteren kollektiven Schrei nach Rache gerechtfertigt." Auch der Philosoph Berel Lang äußerte Verwunderung: „Der auffallendste Aspekt der Rache nach der Schoa ist ihr Ausbleiben [...] Weder wurden Racheakte diskutiert, noch sprach man über ihr Ausbleiben. Die Rache hätte eigentlich augenfälliger sein müssen, und müsste es immer noch sein."[25] In der Tat: Warum beschäftigen sich so wenige Forschungsarbeiten und so wenige literarische Werke mit einer dem jüdischen Volk, diesem kleinen Volk, dem ein ungeheures Unrecht geschah, überaus vertrauten Regung, die in seinen heiligen Schriften, wie nachgewiesen, ausführlich behandelt wird? Wurde über die Rache so wenig geschrieben, weil sie, wie die Begriffsklärung gezeigt hat, nichts ist, auf das man stolz sein könnte, weil sie Unbehagen auslöst und weil unsere Grundsätze besagen, es sei besser, den Weg der geordneten Gerichtsbarkeit zu wählen? Oder wurde so wenig über dieses Thema geschrieben, weil unser Volk der Auffassung anhängt, das Recht des Richtens sei dem himmlischen Richter vorbehalten und dürfe nicht Teil der irdischen Verdorbenheit sein? Möglicherweise gibt es auch eine historische Erklärung: Ein kleines Volk, das im Verlauf seiner Geschichte viel zu leiden hatte, träumt zwar von der Rache, übt sie aber nicht aus: Nicht nur, weil es zu schwach ist, sondern auch, weil seine Kultur es ihm untersagt. Die Rache gehört nicht zur DNA der Juden, ist ihrer Mentalität fremd. Das kollektive jüdische

Ethos kenne die Rache nicht, erklärte der Schriftsteller Aharon Appelfeld, der als Kind in einem Land des Schreckens wie Transnistrien überlebte. Rabbiner Mosche Zvi Neria, Oberhaupt der Akiwa-Bewegung, schrieb: „Der Begriff der Rache oder der Blutrache ist im Lexikon des praktischen jüdischen Lebens nicht enthalten." Diese kategrorischeAussage schließt all jene aus, die meinen, sie könnten die Rache Gottes in ihrem Sinn auslegen und die sich zur Ausübung berufen fühlen, wie jene anmaßenden Herrscher, die im Verlauf der Geschichte ihre Anhänger im Namen Gottes aufmarschieren ließen und zu grauenhaften Racheakten anstifteten.[26]

Auf die Frage, warum sowohl Historiker als auch Schriftsteller sich über die jüdische Vergeltung zumeist ausschwiegen, erhalten wir vielleicht eine Antwort, wenn wir verschiedene Fassungen des Welterfolges „Nacht" von Elie Wiesel miteinander vergleichen, immerhin eines der bekanntesten und am häufigsten zitierten Werke über die Schoa, in dem der Autor sein Leben in Auschwitz beschreibt. Die erste Fassung schrieb Wiesel in jiddischer Sprache, und sie wurde Mitte der 1950er Jahre in Buenos Aires unter dem Titel „Un die velt hot geshvign" (Und die Welt hat geschwiegen) veröffentlicht. Wiesel klagt Gott, die Welt und die Menschen an, die einen Ort wie Auschwitz zugelassen haben. Gegen Ende beschreibt er den Tag seiner Befreiung aus dem KZ Buchenwald, an dem die Geretteten zunächst einmal den nagenden Hunger zu stillen suchten und niemand an Rache dachte. Am nächsten Tag stürmten zwar einige junge Männer in die Stadt Weimar, um sich Kartoffeln und Kleidung zu besorgen und deutsche Mädchen zu vergewaltigen, doch die Beschreibung endet mit den Worten: „Das historische Gebot, sich zu rächen, wurde nicht erfüllt."[27] Einige Jahre darauf erschien in Paris eine bearbeitete und gekürzte Version des Buches mit einem Vorwort von Francois Mauriac, damals einer der bekanntesten französischen Schriftsteller. Der Titel war geändert worden in „Die Nacht", die Anklage gegen den Gott des jüdischen Volkes blieb erhalten, die darauffolgenden Worte fehlten jedoch ebenso wie die Erwähnung des historischen Rachegebots. So trat das Buch seinen Weg um die Welt an, ohne die nichtjüdische Welt und ihren Gott anzuklagen und ohne vom Gebot der Rache an den Tätern zu sprechen. Wiesel erzählte seinen Lesern die Geschichte eines jüdischen Jugendlichen in Auschwitz auf eine Art, die sie aufnehmen konnten, ohne sich schuldig fühlen zu müssen. Die französische Version seines Buches ist eines der meist übersetzten und gelesenen Werke über die Schoa. Die Übersetzung ins Hebräische besorgte der renommierte Dichter Haim Gouri.[28] Noch vor dem Tod Wiesels wurde in seinem umfangreichen Archiv eine weitere Version in hebräischer Sprache gefunden, die sich als weitaus krasser, deutlicher und anklagender herausstellte als ihre beiden Vorgängerinnen, doch sie ist niemals veröffentlicht worden und Haim Gouri hat von ihrer Existenz nichts gewusst. Sie spricht von einer ungeheuren Wut auf Gott und auf die Juden, die sich immer noch verführen ließen, an ihn und an ihre eventuelle Rettung zu glauben; von einer ungeheuren Wut auf jene, die die Juden hätten warnen können und es nicht taten; auf die Oberhäupter der jüdischen Gemeinden in der freien Welt, auch in Palästina; auf die ganze Welt, die schwieg, und nicht zuletzt auch auf die ungarischen Nachbarn, die auf der Straße standen und sich über das Unglück der Vertriebenen freuten. Wiesel klagt über „das wahre Gesicht des ungarischen Menschen, die Fratze eines brutalen Tieres“, und bereut, damals nicht gleich in seine Heimat zurückgekehrt zu sein, um sich zu rächen, als Rache noch möglich war. Er schreibt von jungen Paaren, die aneinander gepresst in der Finsternis des Viehwaggons standen, der sie in den Tod transportierte, und vom brennenden Hass auf die Deutschen, der sich seiner im Lager bemächtigte. All das kommt in der sehr viel milderen französischen Fassung nicht vor und dementsprechend auch nicht in den Übersetzungen[29]. Wiesel weigerte sich zu verraten, für wen die offenbar gegen Ende der 1950er Jahre entstandene hebräische Version gedacht war und weswegen er sie im Archiv verbarg. Auf die Frage, warum die Erwähnung der Rache in der französischen Fassung fehlte, antwortete er, er sei zu der Schlussfolgerung gelangt, dass Rache nicht der Weg des Judentums sei. Wiesel hat des Öfteren darauf hingewiesen, dass die Juden das damals von allen geteilte Verlangen nach Rache nicht befriedigten, doch sei das nicht als Versagen zu betrachten, sondern als Sieg der Moral. Unter sich hätten Juden oft von Rache gesprochen, ganz gewiss in den ersten Jahren nach dem Krieg, aber sie hätten diese Diskussionen für sich behalten und Nichtjuden, in deren Umgebung sie schließlich weiterhin leben mussten, ausgeschlossen. Der Zeitfaktor hat bei diesem Thema ebenfalls eine Rolle gespielt: Im Verlauf der Zeit wurden die jüdischen Stimmen, die nach Vergeltung riefen, allmählich leiser und man begann sich zu fragen, wie realistisch ein solches Vorhaben sei und ob es sich überhaupt mit der jüdischen Ethik vereinbaren ließe. „Wenn der Hass eine Lösung gewesen wäre, dann hätten die Überlebenden nach ihrer Befreiung aus den Lagern die ganze Welt verbrennen müssen“, schrieb Wiesel.[30]

Zwi Walter Bacharach, ein Überlebender wie Wiesel und Appelfeld, unterschied zwischen der Forderung nach Rache und dem Racheakt selbst: „Zwar gelten Racheakte in der jüdischen Tradition wie auch in der menschlichen Kultur im Allgemeinen als unmoralisch, dennoch können wir die verzweifelten Forderungen der sterbenden Opfer nach Rache nicht verurteilen. Erstens: So wie die beispiellose Grausamkeit der Nationalsozialisten alle Verhaltensnormen überschritt, so dürfen auch die Rufe nach Rache nicht mit heute gültigen Moralmaßstäben gemessen werden. Zweitens: Je schwerer die Verletzung des Opfers, desto größer auch sein Schmerz. Und wenn der Schmerz das menschliche Fassungsvermögen übersteigt, wer wagt dann diejenigen zu verurteilen, die auf Vergeltung drangen?", fragt Bacharach.[31]

Bereits im Juni 1943 sprach ein Artikel mit dem Titel „Rache wird es nicht geben" in der Tageszeitung *Davar* eine Art Warnung gegen das Verlangen nach Rache aus, denn „die höchste europäisch-jüdische Moral definiert die Rache als niederen Instinkt, den aus dem Herzen zu entfernen Pflicht ist." Aber der Verfasser, F. (Falk) Heilperin, ein angesehener Journalist und produktiver Schriftsteller, unterscheidet im Weiteren zwischen der Rache wegen eines einmaligen Vorfalls, die zu unterdrücken sei, und der Rache wegen fortgesetzten, „Tag und Nacht, Stunde um Stunde andauernden Leidens", da dessen Folgen nie mehr auszulöschen seien und seine Grausamkeit jede noch so erhabene menschliche Moralvorstellung übersteige. Heilperin weist auf die Spannung hin zwischen der Auffassung, das Verlangen nach Rache sei ein niederer Instinkt, und der Rechtfertigung dieses Verlangens infolge von permanent zugefügtem, schwerem Leid.[32]

Der britische Historiker Mark Roseman wundert sich über die panische Angst der Deutschen vor einer jüdischen Vergeltung großen Maßstabs unmittelbar nach dem Krieg einerseits und dem Ausbleiben solcher Akte wie auch dem Ausbleiben einer öffentlichen Diskussion dieses Themas anderseits. Israelische Historiker, unter ihnen der herausragende Holocaustforscher Israel Gutman, haben jahrelang darauf aufmerksam gemacht, dass etliche ihrer Kollegen Ausmaß und Intensität jüdischer Forderungen nachVergeltung noch während der Schoa nur unzureichend wahrgenommen hätten. Dabei muss differenziert werden zwischen Tagebüchern und Briefen, die noch während der Gräuel geschrieben wurden, insbesondere letzte Briefe, die eine Art Testament darstellten und Rachewünsche eindeutig zum Ausdruck brachten, und zwischen Aussagen von Geretteten und ihren Memoiren, die nach den Ereignissen verfasst wurden. In den letzteren taucht der Rachegedanke seltener auf, und wenn, dann in erster Linie als innerer Wunsch, an den man sich später bei der Niederschrift erinnert, aber nicht mehr als direktes Verlangen, das auf Ausübung drängt. In Memoiren und Zeugenaussagen begegnet uns zumeist das innerjüdische Bedürfnis nach Abrechnung, und die Deutschen erscheinen lediglich als diejenigen, die die teuflische Maschinerie in Gang gesetzt haben, selbst aber außen vor blieben, fern und kaum erkenntlich, eine Art Deus ex Machina, nicht mehr als ein Teil des Leidens und der Zerstörung.

In den Jahren nach dem Krieg trat der Nationalsozialismus von der Bühne ab, und an seiner Stelle regierten die alliierten Siegermächte. Gab es vielleicht mehr Racheüberlegungen als bekannt, weil man sie vor der Nachkriegswelt verbarg? Oder gab es weniger, weil die Überlebenden zu schwach waren, um sie in die Tat umzusetzen? Oder hatte man das ganze Ausmaß der Gräuel einfach noch nicht erfasst? Scheuten die Juden vielleicht vor einer schonungslosen Beschreibung des Schreckens zurück, weil sie meinten, man würde ihnen nicht glauben, insbesondere Nichtjuden würden ihnen nicht glauben? Wenn aber die Beschreibungen das Schreckliche nicht angemessen darstellten, dann waren auch die Gründe, nach Vergeltung zu rufen, nicht unbedingt offensichtlich. Möglicherweise war auch der hohe moralische Status, den erhält, wer nicht auf Rache besteht und Selbstbeherrschung und Zurückhaltung zeigt, ein Anlass für das öffentliche Verschweigen. Roseman folgert: Wenn es so war, dann hat die Art des Verbrechens, des Verbrechens der Schoa, spontan Rachegefühle geweckt, aber sie dann auch wieder gemindert und das Racheverlangen und seine Verwirklichung eingeschränkt.[33]

Appelfelds und Nerias Einschätzung, die jüdische Mentalität stehe dem Vollzug der Rache entgegen, Wiesels Bearbeitung seines Buches, in dem nun Anklage und Rachegelüste fehlen, Bacharachs und Heilperins Hinweise auf den Abgrund, der zwischen Aussprechen und Ausführen klafft, sowie die Erkenntnis Rosemans, dass die Natur der Schoaverbrechen Rachegedanken und ihre Diskussion behinderte – sie alle versuchen, jeder auf seine Art, zu erklären, warum, gemessen am Umfang der Untaten, nicht mehr Racheakte an Deutschen verübt wurden, warum man sich nicht um tiefere Ergründung dieses Phänomens bemühte und warum schließlich Vergeltungsschläge und ihre Diskussion mit einem Tabu belegt wurden, obwohl sie doch eigentlich die natürliche Reaktion der in diesem Ausmaß Geschädigten gewesen wären. Alle diese Fragen werden im folgenden noch zur Sprache kommen.

Nun zur zweiten Frage, die Diskussion über den Widerspruch zwischen Rache einerseits und einem gesetzlichen Strafverfahren andererseits betreffend. Warum haben sich so wenige Historiker aus universeller Perspektive mit diesem Thema beschäftigt, und warum vermitteln jene, die das getan haben, das Gefühl, sie müssten sich dafür entschuldigen? So zum Beispiel die amerikanische Autorin Susan Jacoby, die den Titel ihrer Studie „Wild Justice“ offenbar dem Ende des 16. Jahrhunderts verfassten Essay „Über die Rache“ des englischen Universalgelehrten Sir Francis Bacon entnommen hat. Jacoby erörtert die Rache auf allen Gebieten des Lebens, doch bereits im ersten Kapitel mit der Überschrift „Tabu“ verweist sie auf die Restriktionen, mit welchen die universelle menschliche (nicht speziell die jüdische) Kultur Racheakte belegt hat. „Die Vorstellung zu vergeben und zu vergessen, wie unrealistisch auch immer sie sein mag, ist uns angenehmer als die Vorstellung privater oder öffentlicher Rache, bei der immer auch ein Echo des Wilden und Primitiven mitschwingt, das uns unvermeidlich an die Fragilität der menschlichen Ordnung erinnert. Im modernen zivilisierten Verhaltenscode ist Gerechtigkeit ein legitimes Konzept, die Rache dagegen ist es nicht. […] Rache und Gerechtigkeit haben nichts miteinander gemein." Im Weiteren behauptet Jacoby, dass Menschen, die nach Rache streben, die öffentliche Ordnung störten und dass allein das Wort Rache bereits negative Assoziationen auslöse. Dennoch stellt die Autorin eine fundamentale Frage: Sind Rache und Gerechtigkeit wirklich zwei verschiedene Begriffe? Sie kommt zu dem Ergebnis, eine der wichtigsten Aufgaben der Zivilisation sei es, ein Gleichgewicht herzustellen zwischen ungezügelter Rachsucht, die danach strebt, Unrecht zu vergelten, und der Selbstbeherrschung, die ein menschlicheres Zusammenleben überhaupt erst ermöglicht. Das Opfer drängt auf Bestrafung des Angreifers, nicht nur als Mittel der Abschreckung, sondern auch als Mittel zur Wiederherstellung der persönlichen Identität und der öffentlichen Ordnung. Wenn eine Gesellschaft ihre Mitglieder nicht davon überzeugen kann, dass sie in der Lage ist, begangenes Unrecht auszugleichen, dann könnten geschädigte Menschen zu drastischen Schritten greifen, um das, was sie für Gerechtigkeit halten, selbst herbeizuführen. Niemand hat ein Recht auf Blutrache, doch ein jeder darf erwarten, dass die Strafe, die der Schuldige erhält, in ihrer Schärfe der erlittenen Beeinträchtigung entspricht. Wenn dies nicht gegeben ist, und wenn es keinen Ausgleich und keine angemessene Bestrafung gibt, dann, so Jacoby, besteht die Gefahr, dass das Tabu, mit dem die Rache behaftet ist, einer Regression der gesellschaftlichen Ordnung Tür und Tor öffnet. Deswegen erscheint eine „legalisierte Rache" erstrebenswert, eine Rache, die nicht barbarisch und hemmungslos ist, die von Kontrollmaßnahmen begleitet wird und somit einen integralen Teil des Justizwesens darstellt.[34]

Auch hierin folgt Jacoby Francis Bacon, der die Rache mit einer Reihe wohlbedachter Argumente ablehnte und bezweifelte, ob ein Racheakt aus moralischer oder juristischer Sicht überhaupt zu rechtfertigen sei. Am Beispiel des Shakespeareschen Hamlet erläutert Bacon, es sei besser, der Lehre Jesu gemäß auch noch die andere Wange hinzuhalten und die Rache Gott allein zu überlassen. Bacon unterschied deutlich zwischen Rache und Gesetz. Die Rache bezeichnete er als „eine Art barbarischer Gerechtigkeit", fügte aber hinzu: „Die erträglichste Art der Rache ist die, die wegen einer Untat ausgeübt wird, auf die das Gesetz keine Antwort hat."[35]

Hannah Arendt trifft in ihrem Buch „Vita activa" eine weitere Unterscheidung, nämlich die zwischen Rache und Vergebung, die ihrer Meinung nach zwei einander widersprechende Begriffe sind. Durch einen Racheakt wird das ursprüngliche Übel fortgesetzt, aus der Welt geschafft ist es aber damit nicht, vielmehr setzt anschließend eine nicht enden wollende Kettenreaktion ein. Die Vergebung aber befreit den Vergebenden wie auch denjenigen, dem vergeben wird, von den Folgen der Untat. Die Freiheit, die eine Vergebung schenkt, besteht in der Befreiung von der Rache. Das entspricht den Lehren

Jesu, aus denen Hannah Arendt ausführlich zitiert. Doch wie Bacon betont auch sie, dass Menschen nicht vergeben können, was sie nicht bestrafen können, und sie können nicht angemessen bestrafen, was sich als unverzeihlich herausstellt.[36] Das heißt, der Geschädigte wird erst zur Ruhe kommen, wenn die Rechnung Maß um Maß beglichen worden ist.

Berel Lang, der sich über das Fehlen des Rachethemas im Holocaustdiskurs wunderte, folgt ebenfalls der Linie, die die Rache als Gegensatz zu Gesetzlichkeit und Vergebung sieht, denn im Vergleich zu diesen beiden Prinzipien ist die Rache ein Ruhestörer, der vom rechten Weg abweicht; ein Rachesuchender handelt auf eigene Faust außerhalb der gesellschaftlichen Normen. Wie Bacon und Jacoby ist aber auch Lang der Meinung, ein Racheakt sei gerechtfertigt und sogar notwendig, wenn keine Aussicht auf Erlangung von Gerechtigkeit bestehe. Dabei muss allerdings gewährt sein, dass die Racheübenden sich selbst Grenzen setzen und dass das Maß der Rache dem Maß des auslösenden Verbrechens entspricht. Hier gesteht Lang der Rache sogar einen erstaunlichen Vorzug zu: Während die Vergebung das Gewesene auslöscht und den Konflikt beendet, bewahrt die Rache die Vergangenheit, weil sie dauerhafte Folgen hat, insbesondere, wenn es zu Kettenreaktionen kommt. So bleibt das früher zugefügte Leid lebendig, die Rache enthält ein Element des Gedenkens, das sogar identitätsstiftend wirken kann – ein seltsamer Bund, wie Lang selbst zugibt. In einer vollkommenen Welt, in der Übeltäter bestraft werden und alle wissen, dass sie mit Strafe zu rechnen haben, hat die Rache keinen Raum. Sie ist nur dann zu rechtfertigen, wenn sie alternativlos ist. Gibt es aber eine Alternative, dann sind Recht und Ordnung unbedingt vorzuziehen. Der Rache kann eine Aufgabe in der Geschichte zukommen, das sei anerkannt, allerdings ohne sie rechtfertigen oder gar empfehlen zu wollen.[37]

Einige Jahre nach Jacobys Buch erschien ein weiteres der Rache gewidmetes Werk: „Payback – The Case for Revenge". Der Autor, Thane Rosenbaum kommt zu demselben Schluss wie seine Vorgänger, verfeinert aber die Begründung, warum und wann Rache notwendig ist, und klärt ab, welche Aufgabe sie in der Gesellschaft erfüllt. Rache und Gerechtigkeit seien keine entgegengesetzten Pole, schreibt er, die eine sei vielmehr das Spiegelbild der anderen. Solange die Opfer sich nicht gerächt fühlen, gibt es keine Gerechtigkeit, und Rache, die der Untat nicht entspricht, ist nicht gerecht. Gerechtigkeit entbehrt nicht aller Gefühle, wie das Justizwesen uns glauben machen will, und Rache nicht aller Logik, wie man uns gelehrt hat.

Die Überschrift des ersten Kapitels lautet „Die Flucht vor der Rache", und in ihm legt der Autor dar, dass er das Argument, es sei unehrenhaft, für die Ehre aufzustehen, für von der heutigen Gesellschaft auferlegte Hypokrisie hält, desgleichen die Art, in der Geschädigte und sogar Überlebende in großer Zahl sich bemüßigt fühlten zu erklären, sie suchten Gerechtigkeit und keine Rache. Gerechtigkeit und Rache erwecken dieselben Gefühle und entstammen derselben moralischen Notwendigkeit. Eine gerechte und gerecht ausgeübte Rache vermittelt das Gefühl moralischer Gerechtigkeit, denn sie ist einer der Wege, auf dem Menschen ihr Bedürfnis nach moralischer Ordnung und gerechtem Verhalten demonstrieren können. (Nicht ohne Grund liegt die Betonung auf dem hier oft wiederholten Wort Gerechtigkeit.) Die Rache hat die Menschheit im Verlauf ihrer langen Geschichte begleitet, wie Generationen vor uns sehr wohl verstanden haben; sie gehört zur DNA des Menschen. Aber auch Rosenbaum sucht nach dem „gerechten Rächer", der mit Selbstbeherrschung vorgeht und sich Grenzen setzt, der weiß, wann er einzuhalten hat, der das gerechte Maß nicht überschreitet und der nur dann handelt, wenn das Justizwesen gescheitert und Vergeltung auf keinem anderen Weg zu erlangen ist. Erst dann kann behauptet werden, die Rache sei gerechtfertigt.[38]

Schriftsteller und Denker, die die Schoa am eigenen Leib erfahren haben oder Zeugen ihrer Folgen geworden sind und denen dieses Thema keine Ruhe mehr ließ, haben das Hin- und Hergerissensein beschrieben zwischen dem Drang zu handeln und dem Gefühl, Racheakte seien nicht der richtige Weg. In seinem Buch „Die Atempause" schildert Primo Levi die acht Monate dauernde Irrfahrt in Begleitung einiger Gefährten von der Befreiung aus Auschwitz am 27. Januar 1945 bis zur Heimkehr nach Turin Mitte Oktober. Gegen Ende machte das Grüppchen im zerstörten München Halt. Levi hatte das Gefühl, jeder Deutsche, der ihm über den Weg lief, sei ihm etwas schuldig und weigere sich, diese Schuld zu bezahlen. Er suchte unter ihnen nach denjenigen, „die nicht umhin konnten zu wissen, sich zu erinnern, zu reagieren, suchte nach dem, der befahl, nach dem, der gehorchte, mordete, erniedrigte, zerstörte." Doch die Deutschen gingen auf die Herausforderung überhaupt nicht ein: „Taub, blind und stumm, in sich gekehrt […], in gewolltem Nichtwissen […], immer noch fähig zu hassen und zu verachten […], gefangen in Hochmut und Schuld."[39] In Levis Buch „Das periodische System" heißt es: „Jeder Deutsche hat sich der Schuld von Auschwitz zu stellen."[40] Im Buch „Ertrinkende und Gerettete" allerdings schreibt er an seinen deutschen Verleger: „Nie habe ich Hass für das deutsche Volk empfunden, und hätte ich das getan, dann wäre ich jetzt von ihm geheilt gewesen, nachdem ich Sie kennengelernt habe. Es bleibt mir unbegreiflich, wieso ein Mensch nicht nach dem beurteilt wird, was er ist, sondern nach der Gruppe, der er zufälligerweise angehört."[41] Widerspricht Primo Levi hier nicht seinen eigenen Worten? Einerseits sieht er die Deutschen als Einheit, in der jeder in seinem Hochmut und seiner Trägheit eingeschlossen ist und sich der Auschwitz-Schuld zu stellen hat, andererseits fordert er, dass jeder, der zu dieser Einheit gehört, nach seinen Taten beurteilt werden soll, da es eine Kollektivschuld nicht gibt.

Michael Elkins, ein jüdisch-amerikanischer Journalist, der nach Israel einwanderte und sich mit Kovner anfreundete, schrieb einige in mystischem Ton gemachte Äußerungen des Dichters auf. Elkins ist der Meinung, dass die Mitglieder der Nakam-Gruppe sich als Delegierte des ganzen jüdischen Volkes sahen. Sie wussten, dass die Mörder ihrer Angehörigen noch viele weitere Menschen auf dem Gewissen hatten. Insofern war ihre Rache identisch mit der Gerechtigkeit, die das ganze jüdische Volk forderte, und deswegen beschränkten sie ihre Rache nicht auf diejenigen, die ihnen persönlich Schreckliches angetan hatten. „Das deutsche Volk selbst hat das Konzept der persönlichen Schuld exiliert", denn Hunderttausende von Deutschen waren direkt an der Ermordung europäischer Juden beteiligt. Aus diesem Grund wiegt ihre Schuld so schwer, dass die Vergeltung dem Ausmaß der Verbrechen entsprechen muss. Und nicht nur das: Da die Deutschen keine einzige jüdische Familie ungeschoren ließen, dürfte eigentlich auch keine einzige deutsche Familie ungeschoren davonkommen. Elkins verweist auf die Konsequenz dieser Auffassung: Das Töten und Morden würde nie ein Ende nehmen, wie Hannah Arendt ebenfalls vermutete. Und doch wäre das alles kaum mehr als ein Steinwurf in das unendliche Meer der mit Gleichgültigkeit getragenen deutschen Schuld, jener Abgestumpftheit, der auch Primo Levi begegnete und auf die es keine eindeutige Antwort gab.[42]

Haim Ben-Asher war einer der intellektuellen Köpfe der Jüdischen Brigade und gehörte zu den Herausgebern einer ihrer Zeitschriften. Als die Brigade die Grenze nach Deutschland überquerte, schrieb er an seine Frau über das Dilemma, mit dem die Soldaten sich auseinanderzusetzen hatten:

> „Uns kann keine Rache genügen. Doch ist es nicht an uns, den mythologischen Befehl der Rache gegen Amalek von Generation zu Generation auszuführen. [...] Denn eine Rache für das Blut kleiner Kinder hat der Teufel noch nicht erfunden, wie der Dichter Bialik unwissentlich prophezeite. Die legendäre Verantwortung Amaleks für die Samen seines Samens, den die Väter sauer aßen und von dem ihre Zähne stumpf wurden, die praktischen Bedingungen einer solchen Verantwortung lassen mir keine Ruhe. [...] Sollen wegen der Verbrechen Hitlers, der unsere Säuglinge zum Tod durch Gas und Feuer verurteilte, noch mehr Säuglinge ermordet werden? [...] Humanismus zu praktizieren, ist nicht einfach. [...] Wäre das nicht eine Abschwächung des Verlangens, eine Million Kinder zu rächen, die Nachkommen unseres Vaters Abraham?

> Was würden Engländer und Amerikaner tun, wenn eine Million ihrer Kinder ein solches Schicksal erlitten hätten? Ist „Kind um Kind" eine Verpflichtung oder ein barbarischer Trieb? Tätig werden oder nicht, das ist für mich eine Frage des persönlichen Gewissens. [...] Ich weiß wirklich nicht, wo die Wahrheit liegt. Und da die Wahrheit, der verpflichtende Akt der Erlösung durch das Vergießen von Blut, insbesondere das Blut kleiner Kinder, sehr schwer zu finden ist für einen Mann, der im Glauben an die Heiligkeit des Lebens erzogen wurde, an die persönliche Verantwortung des Menschen für jede seiner Taten, an den Widerstand gegen die Todesstrafe und an Bialiks göttlicher Ablösung der Blutrache durch tätige Liebe, so kann ich in meinem Herzen keine feste Grundlage und keinen gültigen Maßstab für eine Gewissensentscheidung entdecken."[43]

Simon Wiesenthal zählte zu denen, die in der Frage der Rache eindeutig Stellung bezogen. „Keine Rache – Gerechtigkeit", so nannte er sein Buch. Wiesenthal war in etlichen Konzentrationslagern durch die sieben Kreise der Hölle gegangen. Sein späteres, zumeist in Österreich verbrachtes Leben widmete er dem Aufspüren von Kriegsverbrechern, um sie vor Gericht zu bringen. Dennoch stand er in Österreich im Ruf eines gnadenlosen Rächers. Dabei hat er oft dargestellt, dass sein Motiv nicht die Rache war, sondern dass er vielmehr einem Bedürfnis nach Gerechtigkeit folgte. Seiner Auffassung nach ließ Gerechtigkeit keine Vergebung zu, doch könnte Vergebung durch eine angemessene Restitution erlangt werden. Diese Art der Vergebung zu akzeptieren, fiel ihm nicht leicht, doch sprach er sich strikt gegen eine kollektive Bestrafung aus, da ihm ausgerechnet zwei Nationalsozialisten das Leben gerettet hatten.[44] Unmittelbar nach dem Krieg nahmen mehrere Gruppen junger Juden, darunter auch die Mitglieder der bereits erwähnten Gadmon/Diamant-Gruppe, Kontakt zu Wiesenthal auf. Sie baten ihn eindringlich um Herausgabe von Namen und Adressen gesuchter Kriegsverbrecher, und den Rest würden sie erledigen. Wiesenthal aber weigerte sich. Er lehnte das Prinzip „Auge um Auge, Zahn um Zahn" strikt ab und meinte, allein ordentliche Gerichte seien befugt zu strafen, und deren Urteile müssten angenommen werden, auch wenn man ihnen nicht zustimme. Wer Rache suchte, schien ihm wie die Nationalsozialisten vorgehen zu wollen, die sich das Recht zu morden angemaßt hatten. Demzufolge schlug Wiesenthal die Zusammenarbeit mit den Gruppen aus, die sich an ihn wandten, auch wenn sie ihm versicherten, sie würden nur einige hundert Schuldige hinrichten, wohingegen die Nationalsozialisten doch Millionen Unschuldiger umgebracht hätten.[45]

Die dritte Frage, mit der sich Forscher und Denker in ihren Schriften zum Thema der Rache an den Deutschen und ihren Kollaborateuren beschäftigten, lautete: Wenn Rache unmöglich erschien, unmöglich vor allem in einem dem Verbrechen angemessenem Umfang, fanden die Überlebenden dann andere Handlungs- oder Sichtweisen, um die Rache zu ersetzen, ersannen sie ein „model of replacement", wie es in der Fachliteratur heißt, ein Modell der Verschiebung, der Umleitung in andere Kanäle?[46] Der jüdische Theologe Emil Fackenheim fügte den 613 jüdischen Geboten ein weiteres, das 614, hinzu: Das Gebot zu überleben, damit die jüdische Kultur überlebt. Denn sonst hätte Hitler, sein Same sei ausgelöscht, doch noch gesiegt. Fackenheim umgeht den Begriff „Rache", er weist vielmehr auf einen würdigeren Weg hin, einen weiteren Triumph Hitlers zu vermeiden, einen Weg, den zu beschreiten jede Jüdin, jeder Jude aufgefordert ist, ob er nun die Schoa überlebt hat oder zu den später Geborenen gehörte.[47]

Atina Grossmann, Autorin einer umfassenden Studie über die Begegnung von Juden, Deutschen und Alliierten, dem „historischen Dreieck", wie sie es nennt, auf deutschem Boden nach dem Krieg, prägte, angeregt von jener zusätzlichen Mizwa, den Satz „Rache finden im bloßen Dasein". Sie sammelte eine Reihe von praktischen Äquivalenten zur Rache: Allein die Anwesenheit von Juden auf deutschem Boden, wenn auch überwiegend in DP-Lagern, bildete einen frappierenden Widerspruch zum deutschen Streben nach einem „judenreinen" Land; jüdische Fahnen und Schilder prangten an offiziellen Gebäuden, die einmal Treffpunkte der NSDAP gewesen waren; Veranstaltungen von DPs fanden an eben jenen Stätten statt, die für die Deutschen Symbolcharakter besaßen, wie beispielsweise im Münchner Bierkeller, in dem Hitler seine Laufbahn begann; zionistische Demonstranten zogen durch die Straßen der Städte und riefen: Wir haben nicht nur überlebt, wir werden auch eine Zukunft haben; Hochzeiten und Geburten ereigneten sich in schwindelerregendem Tempo, Familien wurden gegründet als Nachfolger der verlorenen Angehörigen und bezeugten das Weiterleben des Volkes, dem die Ausrottung bestimmt worden war; viele Zeugen machten präzise Angaben, damit Material zusammengetragen werden konnte, um die Verbrecher vor Gericht zu stellen; Freude angesichts der deutschen Wut über die den Juden wohlgesonnene Politik der Amerikaner und deren negative Haltung den Deutschen gegenüber. Die Deutschen bezweifelten nicht, dass hinter dieser Haltung rachsüchtige Juden standen. „Vergeltung bedeutete nicht nur, Deutsche zu töten. Vergeltung bestand auch im Anblick Deutscher, die zu ‚Holzfällern und Wasserträgern' geworden waren, Deutscher, die Gebäude reinigten, in denen Juden untergebracht waren, Deutscher, die Zigaretten kauften und mit dem von uns gestohlenen Gold bezahlten. Zur Vergeltung gehörte auch das Zusammenleben mit deutschen Frauen."[48]

Berel Lang, der Antworten auf die Frage suchte, warum die Rache als Reaktion auf die Schoa nicht weiter verbreitet war und warum ihr Ausbleiben nicht ausführlicher diskutiert wurde, kam zu dem Schluss, dass die Rache, möglicherweise wegen des mit ihr verbundenen moralischen Problems, das eine direkte physische Ausübung verhinderte, weniger direkte Formen annahm und andere Richtungen einschlug. Berel Lang führt eine ganze Reihe von Beispielen für indirekte Formen an, die unter Aufsicht der Alliierten vollzogen wurden und Elemente der Rache aufweisen: Die Verwandlung Deutschlands in ein Agrarland ohne Industrie und ohne Armee, das keinen Schaden mehr anrichten konnte; die Ausrottung des Nationalsozialismus; die Teilung Deutschlands in Ost und West, die viele Deutsche als Rache der Alliierten empfanden; die Aktivitäten von Nazijägern wie Simon Wiesenthal und Beate und Serge Klarsfeld, die Nationalsozialisten aufspürten und vor Gericht stellen wollten, selbst keine direkte Rache ausübten, aber dafür sorgten, dass Kriegsverbrecher beständig auf der Flucht sein und in Verstecken leben mussten, was letztlich ebenfalls auf eine Art der Rache hinauslief; Vermeidung von Reisen nach Deutschland und des Kaufs deutscher Produkte, eine persönliche Rache in kleinem Maßstab; die Verbannung der Werke Wagners, den Hitler als seinen Lehrer verehrte, von den Bühnen; die heftige Debatte, die in Israel über die Annahme der deutschen Reparationen ausbrach, was bedeutete, dass die kollektive Verantwortung für die Verbrechen des alten Deutschlands auf das heutige Deutschland übertragen wurde, das somit eine permanente moralische Verpflichtung für Israel und die jüdische Welt übernahm. Lang zufolge stellen die Reparationen eine Strafe und eine permanente Anklage dar, die keine zeitliche oder quantitative Begrenzung kennt. Auch der Eichmann-Prozess und seine Folgen verminderten das Bedürfnis nach direkter Rache. Ist vielleicht die Übertragung des Rachewunsches auf die arabische Welt auch eine Art verkappter Rache? Lang beantwortet die von ihm aufgeworfene Frage positiv, da sich auf diese Weise der Wunsch der Juden erfülle, die Hilflosigkeit abzulegen, der sie jahrhundertelang ausgeliefert waren und die sich in der Schoa in besonderem Maße gezeigt hatte.[49]

Abschließend sei Jean Améry zitiert, ein Schoa-Überlebender, der durch eindringliche Beschreibungen seines in mehreren Lagern erfahrenen Leids bekannt wurde: „Noch weniger hätte irgendein Vollsinniger unter uns sich je in die moralische Denkunmöglichkeit verstiegen,es sollten vier bis sechs Millionen Deutsche gewaltsam vom Leben zum Tode geführt werden. Nirgendwo anders könnte das jus talionis weniger geschichtlich-moralische Vernunft haben als in diesem Falle. Weder kann es sich um Rache auf der einen Seite handeln, noch um eine problematische, nur theologisch sinnvolle und darum für mich gar nicht relevante Sühne auf der anderen Seite, und selbstverständlich um keinerlei ohnehin historisch undenkbare Bereinigung mit Brachialmitteln."[50] Zwar lehnt Améry den Rachegedanken als historisch und moralisch verwerflich ab, doch lässt sich aus seiner Äußerung schließen, dass mancher Überlebender sich mit diesem Gedanken trug, denn sonst hätte Améry wohl kaum darüber geschrieben. In diesem Geist beschäftigt sich das vorliegende Buch mit einer Gruppe von Überlebenden, die sehr wohl der Ansicht waren, dass sie sechs Millionen Deutsche zu Tode bringen sollten, ja, dass sie zu einer solchen Tat aus historischer und moralischer Sicht geradezu verpflichtet wären. Ihrer Meinung nach reichten die Instrumente, die dem nationalen und internationalen Rechtswesen zur Verfügung standen, nicht aus, um angemessene Strafen zu verhängen. Ohne Bestrafung aber könne die Welt nicht geheilt werden und ein Neuanfang sei undenkbar. Das Ausbleiben einer Strafe stelle selbst eine Verletzung der gesellschaftlichen Ordnung dar. Friedrich Nietzsche schrieb, die Rache sei mit einem Ring der Gerechtigkeit zu umgeben.[51]

TEIL I

Die Idee und die Vorbereitung

KAPITEL 1

Januar 1942 – Mai 1945: Stimmen aus dem Jischuw zur Rache an Deutschland

Noch bevor das Ausmaß des Mordens an den Juden seit dem deutschen Einmarsch in die Sowjetunion im Juni 1941 überhaupt bekannt geworden war, schrieb der Journalist und Schriftsteller Ezriel Carlebach zu Beginn des Jahres 1942 in seiner Kolumne *Wöchentlicher Kriegsbericht* einen aufwühlenden Artikel mit der Überschrift: „Mein ist die Rache, die Vergeltung, für dann, da wanken wird ihr Fuß" (Deuteronomium 32,35). Die Kolumne erschien einige Tage nach der Konferenz der siebzehn gegen den Nationalsozialismus kämpfenden alliierten Staaten, die am 13. Januar im St. James Palace in London getagt und sich mit den Nazi-Verbrechen an der europäischen Zivilgesellschaft und deren Sichtbarmachung in der Öffentlichkeit beschäftigt hatten.

Carlebach betonte zweierlei: Zum einen den Ruf nach Rache, den er aus dem St. James Palace vernommen zu haben glaubte: „Die Stimme der unterdrückten und geknechteten, in ihrem Blut liegenden Völker, die Stimme, die schwört, die Gräueltaten zu rächen, wenn der Tag kommt." Der Autor meinte, in diesem Schwur Anzeichen dafür zu erkennen, dass die Vorstellung der Rache an den Nationalsozialisten sich weltweit verbreitete, immer mehr Anhänger fand und bereits Hunderte Millionen Europäer ergriffen hatte, bis vor dem Krieg noch zufriedene Bürger, die von Rache nichts gewusst hatten „... und sich niemals im Leben hätten träumen lassen, dass sie einmal nach Rache schreien und nach Blutvergießen dürsten würden." Dass die Verfolgung der Juden bei der Konferenz nur wie nebenbei erwähnt worden war, berichtete Carlebach seinen Lesern nicht; die Rache war für ihn eine universelle menschliche Regung: „Auf Millionen von Strohsäcken, auf Hunderttausenden dreckiger Böden liegen zur Zeit Abermillionen, Frauen, Säuglinge, Alte, und stellen sich vor, wie sie diejenigen foltern werden, die sie jetzt noch verfolgen, wie sie sie bei lebendigem Leib zerreißen, wie sie sie verbrennen und mit Hundert Toden erschlagen werden. [...] Ohne Aussicht auf den Tag der Rache hätten viele schon längst Zuflucht beim Selbstmord gesucht. Allein wegen dieses Tages lohnt es sich, noch zu leben und zu leiden, zu warten und zu hoffen."[1] Aus Carlebachs Kolumne wird hier so ausführlich zitiert, weil sie einen allgemeinmenschlichen Bezugsrahmen herstellt, der über die allein von Juden gesuchte Vergeltung hinausgeht.

 | DOI:10.30965/9783657791125_003

Carlebachs zweiter Punkt: Die Bürger, die sich am Tag der Abrechnung erheben, um mitleidlos zu zerschlagen, zu morden und zu töten, werden die Gerechten unter den besten Europäern sein und dürfen keinesfalls verurteilt werden, denn diese Rachegelüste hat Hitler geweckt und verschuldet, er war es, der unbeschreibliches Leid über sie gebracht hat, seinetwegen sehnen sie sich nach unbeschreiblicher Vergeltung. Hitlers Unterwanderung aller moralischen Werte hat in den Herzen seiner Opfer Leidenschaften und Begehren geweckt, die nun ihrerseits zerstörerisch sind. Nur gut, sagt Carlebach, dass keine Repräsentanten des jüdischen Volkes nach London eingeladen wurden, denn der jüdischen Tradition zufolge ist es nicht am Menschen, Rache zu üben; dies ist vielmehr Gott allein überlassen, der gesagt hat: „Mein ist die Rache, die Vergeltung, für dann, da wankend wird ihr Fuß" (Deuteronomium 32,35). Die Teilnehmer der Konferenz verkündeten, sie würden den Tag der Vergeltung herbeibringen, und die kämpfenden Alliierten verpflichteten sich, die Nazi-Verbrecher vor Gericht zu stellen.[2]

Bis gegen Ende des Jahres 1942, in dem immer mehr Nachrichten über die Schoa eintrafen, war in der erezisraelischen Presse nicht viel über die Rache an Deutschen zu lesen gewesen. Eine Ausnahme bildete der in der Einführung bereits erwähnte Artikel von Falk Heilperin, der feststellte, die höchste europäische Moral erkläre die Rachelust zu einem niedrigen Instinkt, den man sich aus dem Herzen reißen müsse. Dieser Artikel erschien allerdings im Juni. In diesem Monat häuften sich, auch bereits in den vorangegangenen, furchtbare Nachrichten, die aus vertrauenswürdigen Quellen kamen, über das Ansteigen der Transporte, die Auslöschung ganzer Gemeinden und unfassbare Gräueltaten. „Trete, Rache, aus deinem Gefängnis heraus und bringe der leidenden Seele Erlösung", forderte Heilperin, denn beim Hören dieser Nachrichten ließe sich der Rachedurst nicht mehr zurückhalten. Dennoch, fährt der Verfasser fort, sei die Möglichkeit der Rache verwehrt, es fehle an Kraft und außerdem könne keinerlei Rache dem zugefügten Übel gerecht werden. Wir werden von euch keine Racheakte verlangen, sagt er seinen jüdischen Brüdern, aber Vergebung wird es ebenso wenig geben.[3]

So also sahen die ersten Reaktionen aus. Die Forderung nach Rache an den Deutschen in jeder Form und in jeder Art wurde in Erez Israel erst später laut, gegen Ende November, nachdem die Jewish Agency offiziell Nachrichten von der systematischen Auslöschung bekanntgegeben hatte. Unmittelbar darauf erklärte der Jüdische Nationalrat drei Aktionstage „Alarm, Protest und Aufschrei"[4]. Viele Menschen im Jischuw hatten sich erst wenige Jahre vor dem Ausbruch des Krieges aus Europa retten können und Freunde, Verwandte, Kameraden und ihre Gemeinden zurücklassen müssen, um deren Schicksal sie nun bangten. Jetzt füllten sich die Zeitungen im Land mit Artikeln und Briefen, die forderten, auf der Stelle alles zu unternehmen, um das Morden zu beenden und sich an den Kriegsverbrechern zu rächen. „Der jüdische Jischuw darf nicht schweigen!", „Jede Hand in Israel zur Rache!", „Protest, Rettung, Rache!" „Verwandelt Trauer in Rachedurst!", „Weder Trauer noch Tränen: Rache!", „Die Rache wird unweigerlich kommen, wie es heißt: Auge um Auge, Zahn um Zahn!" Diese und ähnliche Aufrufe erschienen Ende November/Anfang Dezember 1942 in Riesenschlagzeilen fast täglich in den Zeitungen und bezeugen den Aufruhr, der den Jischuw inzwischen erfasst hatte. Soldaten sandten Briefe an die Redaktionen, Freiwillige erschienen in den Rekrutierungszentren und drängten auf Kampfeinsatz.

„Rache" schrie die Schlagzeile einer Zeitung für Soldaten, die in einer Transporteinheit der Jüdischen Brigade in der westlichen Wüste Nordafrikas dienten. Der dazugehörige Artikel widersprach der Antwort des Jischuws, der sich letztlich mit Beten, Fasten und Alarmaufrufen begnügte, und forderte eine allgemeine Mobilmachung, Kampf und Rache, wie es die Gettos von Warschau und Radon forderten, um die widerwärtige Bestie zu erschlagen. Rache ohne Gnade! Und wer vor dieser Art der Rache zurückschreckte, dem antwortete der Autor: „Noch niemals hat ein Jude seine Hand gegen Frauen, Kinder, Alte und Kranke erhoben", und deswegen sei die Schädigung Unschuldiger nicht zu befürchten. Soldaten, die noch im Land festsaßen, drangen darauf, sofort an die Front geschickt zu werden, um die Nationalsozialisten zur Rechenschaft zu ziehen. Forderungen dieser Art wurden im ganzen Verlauf des Jahres 1943 laut. Sogar britische Generäle sahen ein, dass in der Frage, ob Juden aus Erez Israel in britischer Uniform in den Reihen der britischen Armee mitkämpfen sollten, auch der moralische Aspekt zu berücksichtigen sei und dass es keinerlei Grund gäbe, ihnen das Recht zu verweigern, diejenigen zu bekämpfen, die ihr Volk ausrotten wollten, vor allem auch in Anbetracht der Tatsache, dass die Alliierten nichts unternahmen, um den Massenmord an den Juden zu verhindern.[5]

Immer wieder wurden Racherufe laut, wenn Überlebende wie Ruzka Korczak im Land eintrafen, die die Gräuel bezeugen konnten. Ruzka, Mitglied des Schomer HaZa'ir, war im Untergrund des Gettos Wilna sowie als Partisanin in den Wäldern von Rudniki aktiv gewesen. Sie traf im Dezember 1944 aus dem befreiten Wilna ein und sprach auf verschiedenen Versammlungen im Jischuw, zu denen die Menschen strömten, um die Partisanin und Kämpferin zu hören. Ruzka wiederholte stets: „Das einzige Verlangen, das in unseren Herzen brannte, [...] war die Rache am deutschen Volk."[6]

Gegen Ende des Krieges und unmittelbar darauf, als Ausmaß und Systematik des Massenmordens nach und nach bekannt wurden, verstärkten sich auch im Jischuw die Rufe nach Rache. Die Medien berichteten ausführlich über die Verwüstung, die die Befreiungsarmeen vorfanden. Briefe von Soldaten der Jüdischen Brigade oder von britischen Soldaten überhaupt vertieften die Niedergeschlagenheit. Der Schriftsteller und Aktivist Rabbiner Benjamin und der Psychologe Prof. Fischel, beide Mitglieder der Gruppe *Al-Domi*, erklärten, die Forderung nach Rache sei Teil des kollektiven Gedächtnisses und ein Schutzwall gegen das Vergessen.[7] Der Historikerin Neima Barzel zufolge stellten die Medien die Rache als tiefsten Herzenswunsch dar, als einzige mögliche Reaktion auf die grausamen Verbrechen, als Entschädigung für die geschändete Ehre, als Auftrag der Opfer und dementsprechend als moralische, religionsgesetzliche Verpflichtung jedes auf Gerechtigkeit bedachten Juden. Das ganze Volk, nicht nur die Führungsriege, würde für schuldig befunden, weswegen man sich an ihm als Ganzem, als Kollektiv rächen müsse. Das Racheprinzip wurde zu einer moralischen Forderung a priori und zu einem notwendigen Akt der Gerechtigkeit erhoben. Deutsche Geschichte, deutsche Kultur, die gesellschaftlichen und politischen Strukturen in Deutschland wurden als Ursachen angeprangert, die in einem unaufhaltbaren Abstieg schließlich zum Massenmord führten. Jede Beziehung zum Abscheulichen, Unreinen sei unbedingt zu vermeiden. Man wurde sich darüber klar, dass eine normale Rechtsprechung mit ihren niedergeschriebenen Bedenken und Einschränkungen keinesfalls genügen würde und dass man sich mit den Deutschen nicht auf prozessuale Abläufe einlassen könne. Die Verbrechen übertrafen alles bisher Dagewesene, was alle bekannten Verfahren als Instrumente der Rechtsprechung ausschloss. Angemessene Instrumente stünden überhaupt nicht zur Verfügung und man brauche sie auch nicht, denn die Vergeltung würde ebenfalls jede dagewesene Strafe übertreffen müssen. Diese emotionale Reaktion verstärkte sich in den ersten Jahren nach der Schoa, in den Jahren des Ringens um den neuzugründenden Staat Israel.[8]

Gleichzeitig fanden auch andere Ansichten ihren Weg in den Jischuw, so dass sich ein komplexes Gesamtbild ergab. Etliche Fragen stellten sich: Sollte die Rache durch Menschenhand erfolgen? Besaßen Menschen überhaupt das Recht, sich ohne Gerichtsverfahren zu rächen? War eine Person aus dem Jischuw, ein Mitglied in einer Organisation, die der Jischuw-Verwaltung unterstand, berechtigt, ohne Beschluss der Verwaltung nach eigenem Gutdünken vorzugehen? Welche Positionen fanden sich in den jüdischen Schriften, insbesondere im Tanach, zum Thema der Rache? Wenn wirklich das ganze deutsche Volk sich schuldig gemacht und eine historisch-moralische Schuld auf sich geladen hatte, sollte man dann nur diejenigen bestrafen, die direkt an den Morden und Grausamkeiten beteiligt waren, also die Verantwortlichen aussondern und bestrafen? Und was sollte mit den Kollaborateuren aus der europäischen Bevölkerung geschehen, die ebenfalls gemordet hatten, manchmal ohne Dabeisein der Deutschen? Wie sollten die Mörder eindeutig identifiziert werden? Wie würden die Rachemaßnahmen praktisch aussehen? Was wäre die verdiente Strafe? Wären Gerichtsprozesse und die Zahlung von Reparationen eine mögliche Lösung? Es sei daran erinnert, dass die Alliierten, insbesondere seit ihrer Konferenz vom 17. Dezember 1942 in London, immer wieder verkündet hatten, sie hätten die Absicht, die Kriegsverbrecher mit aller Schärfe des Gesetzes zu bestrafen. Die Auseinandersetzungen über das Strafmaß, den Charakter der Strafe, die Anwendbarkeit des gerichtlichen Instrumentariums, die Identität der zu Bestrafenden etc. wurden also nicht nur auf lokaler, sondern auch auf internationaler Ebene ausgetragen.[9]

Erezisraelische Dichter und Schriftsteller, die sich in jener Zeit stark am öffentlichen Leben beteiligten, erhoben ihre Stimmen ebenfalls, vor allem nach der öffentlichen Bekanntgabe von 1942 über die systematische Ausrottung des jüdischen Volkes. Manche riefen in ihren Werken nach der Rache Gottes ("Du Gott des Rächens, Ewiger, du Gott des Rächens, erscheine!" 94. Psalm, 1), des eifernden und rächenden Gottes, der der furchtbaren Verletzung seines Volkes Einhalt gebieten möge, und klagten bitterlich darüber, dass er die an ihn gerichteten Bitten nicht erhörte. Andere schrieben von Rache durch Menschenhand, in erster Linie durch die dreißigtausend jungen Frauen und Männer aus dem Jischuw, die in die britische Armee eingetreten waren und sich nichts weiter wünschten als von Angesicht zu Angesicht auf Deutsche zu treffen, um ihnen ihre Verbrechen heimzuzahlen. Die für diese jungen Menschen und die Kämpfer der Jüdischen Brigade geschriebenen Prosastücke, Anthologien, Gedichte und Liedtexte enthielten bewegende Schreie nach kompromissloser Rache und feuerten die in den Kampf Ziehenden an, und das war auch von militärischer Bedeutung, riefen sie doch zur Vernichtung Deutschlands und seiner Verbündeten auf. Gleichzeitig aber, und vielleicht in noch stärkerem Maß, besaß dieser Kampf auch nationale Bedeutung, denn er sollte die zertretene Ehre wieder herstellen und die Deutschen zur Rechenschaft ziehen. Das Zentralkomitee der hebräischen Schriftsteller rief dazu auf, entschlossen jeden zum Kampf befähigten Arm zu entsenden, „um Rache für die Opfer unter uns zu üben."

Die großen Lyriker schrieben Gedichte, die zu Rachetaten aufforderten, verfluchten Deutschland als Ganzes bis in die dritte und vierte Generation und segneten das Andenken der Toten auf ewig. Zu ihnen zählten Abraham Broides: „Rache über Rache!", Jakob Fichman: „Tag und Nacht erstarkt, Fäuste der Rächer!", Jitzchak Lamdan: „Gebet um Rache" und viele andere. Das Gedicht „Gelöbnis" von Avraham Shlonsky, einem der einflussreichsten Literaten seiner Zeit, der dieses Werk, das zu einem herausragenden Symbol jener Epoche werden sollte, unmittelbar nach dem Bekanntwerden des Aufstands im Getto

Warschau schrieb, fordert allerdings nicht zur Rache auf (das Wort erscheint kein einziges Mal),sondern bringt seine Sorge um das Vergessen dieser Ereignisse zum Ausdruck. Zwei Monate vor dem Erscheinen von „Gelöbnis“ hatte Shlonsky in seiner Kolumne in der Tageszeitung *Haaretz* voller Ironie über diejenigen geschrieben, die pathetisch nach Rache riefen: „Oh, wie viele haben sich erhoben, um hasserfüllt das Gebot der Rache herauszuschreien. Vollmundig und von ganzem Herzen und ohne Gewissensbisse soll die Erinnerung an Amalek ausgemerzt werden etc. […].“[10] Am Tag der Veröffentlichung von „Gelöbnis“ sah Shlonsky sich gezwungen, in seiner Kolumne die Umstände der Entstehung des Gedichts zu erläutern. In einem Kibbuz versammelte Schriftsteller hatten während einer Auseinandersetzung Shlonsky um seine Meinung über die Außenseiterrolle und die Vereinsamung der Juden (nicht unbedingt in Bezug auf Rache) gebeten. Das veranlasste ihn, in seinem Gedicht das Wort Rache zu vermeiden.[11]

In seinem erschütterndsten Werk aus der Zeit des Krieges „Die Ägyptischen Plagen“ schrieb Nathan Alterman, ein Leben um ein Leben genüge nicht, es gelte vielmehr „Haut gegen Haut“ zu nehmen, „Augenlid um Augenlid / jeder Finger wird zurückgefordert / jeder Zahn, jedes Haar.“ Doch gleichzeitig warnte er in unsterblichen Zeilen: „Gerecht ist das Urteil des Schwertes, doch immer, wenn es bluttriefend vorüberzieht, lässt es wie Salzgeschmack die Tränen der Unschuldigen zurück.“[12] Lea Goldberg schrieb in ihrem Kommentar zu diesem Werk Altermans: „Jeder einzelne auf Erden, wer immer er auch sei, ist ein lebendiger Mensch.“ Die Publizistin Rachel Katzenelson-Shasar sprach von der „Befriedigung, die in der Rache liegt, und der Trauer, die in der Rache liegt.“[13]

Nur wenige Tage nach dem Bericht der Jewish Agency wütete der Schriftsteller Gershom Schoffman gegen die Gegner des Rachegedankens: „Hier und dort ist in unserer Presse zu hören, man dürfe aus Rachsucht kein allzu strenges Strafgericht über *sie* verhängen. Hebräische Schriftsteller flehen förmlich: ‚Gerechtigkeit und keine Rache‘ und ‚Verfahret glimpflich mit dem jungen Mann‘.“ (II. Samuel 18,5). Den größten Zorn hegte Schoffman offensichtlich gegen die aus Deutschland geflüchteten Einwanderer. „Anhänger des Deutschkults“ nannte er sie und „die, die sich mit ihrem Deutschtum schmücken.“ Auch gegen andere Juden in Palästina zog er zu Felde, die, seinen Worten zufolge, des Nachts vor Angst, *sie* würden zu hart bestraft, nicht mehr schlafen können.[14] Er selbst vermochte die Deutschen oder Nationalsozialisten nicht einmal mehr beim Namen zu nennen und benutzte stattdessen die Pronomen *ihr* und *sie*.

Damit begann die Auseinandersetzung, ob die Einwanderer aus Deutschland und alle, die ihrer Kultur verbunden waren, im Deutschland vor Hitler das wahre Deutschland sehen durften, die Wiege der Dichtung, der Musik, der Philosophie, in der sie aufgewachsen waren, und den Nationalsozialismus als

Unfall betrachten konnten, der zu reparieren sei, oder ob der Nationalsozialismus nur das folgerichtige Glied in einer Kette sei, die zur Krise des Humanismus führen musste. Parallel dazu entflammte die Diskussion über die Art der Rache und über die Frage, ob Rache und Gerechtigkeit sich gegenseitig ausschlossen. Es begann mit dem Aufruf des World Jewish Congress im Sommer 1942 „Recht und Gesetz, keine Rache!"[15] Im Oktober desselben Jahres veröffentlichte Jehuda Gotthelf, einer der Vorsitzenden der Partei *Achdut HaAvoda* (Vereinigung der Arbeit) einen Artikel mit der Überschrift „Gerechtigkeit oder Rache", der noch einmal fragte, ob Rache denn überhaupt legitim sei. Gotthelf schlug vor, die Deutschen sollten während des Krieges und danach als Ausgleich für den Raub jüdischen Besitzes mit der Konfiskation ihres Eigentums bestraft werden, und unterstützte damit praktisch die Position des World Jewish Congress.[16]

Der Disput beruhigte sich nicht, das bezeugen die lebhaften Auseinandersetzungen auf den Seiten von *HaOlam*, der Publikation der World Zionist Organisation. Die jüdische Forderung nach Rache weitete sich zu einer internationalen Frage aus. In jenen stürmischen Tagen von Ende November bis Ende Dezember 1942 erschien in *HaOlam* ein Artikel von Apollinaire Hartglas, dem letzten Vorsitzenden der polnischen Abteilung des World Zionist Congress vor der Ausrottung. Hartglas verlangte einen Akt sofortiger spürbarer *echter Rache*, wobei er die letzten beiden Worte hervorhob. Er legte einen detaillierten Plan vor: Jedes Mal, wenn die Nationalsozialisten einen Juden töteten, sollte in einem Land der Alliierten ein sich dort aufhaltendes Mitglied der deutschen Nationalsozialistischen Partei hart bestraft werden. Auch andere Nationen hätten Interesse daran, sich für ihre Leiden zu rächen und die Deutschen von der Fortsetzung der Zerstörung abzuhalten, so behauptete er. Deswegen: Auge um Auge, Zahn um Zahn, und zwar auf der Stelle, damit die Abschreckung ihre Wirkung entfalten könne. Keinesfalls wollte Hartglas, dass unter dem Schutz internationaler Gesetze stehende Kriegsgefangene zu Schaden kämen, sondern nur ausgewiesene Mitglieder jener Partei, für deren Taten sie mitverantwortlich seien. Jene Partei bezeichnete der Autor als ‚Bande', die Rechenschaft abzulegen habe. Es gehe dabei nicht um die Frage der Humanität oder der Rache ohne Gerichtsverfahren, vielmehr handele es sich um die humanste Strafe, da sie abschreckend wirken und viele Leben retten würde. Man müsse ihre Umsetzung in aller Dringlichkeit von den Alliierten einfordern, ebenso wie die Zusammenführung der jüdischen Flüchtlinge, denen erlaubt werden müsse, aus den von Deutschland besetzten Ländern auszureisen.[17]

Der Artikel rief etliche Reaktionen hervor, die *HaOlam* ebenfalls publizierte. Unter ihnen befand sich der Brief eines englischen Soldaten, der Hartglas' Forderungen heftig angriff. Wieso sollten die Alliierten soweit herabsinken und

Unschuldige für die Verbrechen ihrer Landsleute bestrafen? Das sei „Shylock, der Jude, in seiner schlimmsten Ausprägung", schrieb der junge Mann. Die Deutschen hätten außerdem unzählige Kriegsgefangene in ihrer Gewalt, um deren Leben man fürchten müsse. Was würde wohl geschehen, fragte der Briefschreiber, wenn Juden mit solchen Ansichten, die mit dem Judentum eigentlich nicht zu vereinbaren seien, einen eigenen Staat bekämen?[18] Er schickte seinen Brief ebenfalls an große Zeitungen wie die *Times*, den *Jewish Chronicle* und den *Manchester Guardian*. Auch das allgemein zionistische Blatt HaBoker druckte ihn ab. Wegen der weiten Verbreitung des Artikels von Hartglas und der zahlreichen Antworten auf ihn, fühlte Moshe Kleinman, der Chefredakteur von *HaOlam*, sich verpflichtet, sich von Hartglas zu distanzieren und die Position seiner Zeitung, die immerhin die World Zionist Organisation repräsentierte, zu erklären. Obwohl Kleinman eine öffentliche Diskussion befürchtete, in deren Verlauf ein anklagender Zeigefinger gegen die ganze Organisation gerichtet werden könnte, hielt er es für nötig, dem Soldaten und allen, die dachten wie er, zu antworten.

Kleinmans Artikel „Das Problem der Rache" nahm die ganze erste Seite ein und begann an mit einer an den Soldaten gerichteten Erläuterung. Die Rache sei wie jede andere menschliche Regung ein heiliges und kein spezifisch jüdisches Gefühl. Im Gegenteil. Zwar sei in der jüdischen Literatur und in den heiligen Schriften häufig von Rache die Rede, dem Soldaten seien die Psalmen doch sicherlich bekannt, aber in all diesen Texten würde niemals von konkreter Racheausübung gesprochen, sie seien lediglich verzweifelte Schreie ohnmächtiger Opfer, die eine solche Rache niemals ausüben, sondern sie höchstens imaginieren könnten. Zu den Rufen nach Rache, „die hier und da in unserer Presse geäußert werden", bemerkte Kleinman, in ihnen sei ebenfalls etwas von dieser Art Imagination anzutreffen. Und selbst wenn die praktische Ausübung der Rache gegeben sei, „so lässt sich mit völliger Sicherheit sagen, das sich unter uns, selbst unter denen, die nach Rache schreien, kein einziger Mensch finden ließe, der imstande wäre, persönlich einen Schädel einzuschlagen, auf Babys oder Alte einzudreschen oder den Bauch einer schwangeren Frau aufzuschlitzen", denn Juden seien zu solchen Untaten einfach nicht fähig. Zwar bezog der Verfasser eine jüdisch-moralische Position, doch es gelang ihm nicht, seine eigenen Gefühle im Zaum zu halten. Auf die Frage des Soldaten, ob es erlaubt sei, anstatt des Verbrechers selbst ihm nahestehende Personen zu bestrafen, erinnerte Kleinman ihn an die tausend britischen Bomber, die Köln und andere deutsche Städte bombardiert und dabei Zehntausende von Unschuldigen getötet hatten Alte, Frauen und Kinder. Ist jeder Deutsche für die Verbrechen der Nationalsozialisten verantwortlich? Aber sicher, antwortete Kleinman, diese Meinung sei in der Welt weit verbreitet und würde von Gelehrten, Politikern und Befehlshabern vertreten, denn das deutsche Volk habe sich gegen die Taten seiner Führer nicht aufgelehnt, und deswegen seien diejenigen im Recht, die die härtesten und schlimmsten Strafen forderten, die das ganze deutsche Volk für die nächsten hundert Jahre Folter und Qual ausgesetzt wissen wollten.

Ist es zu rechtfertigen, dass das jüdische Verlangen nach Vergeltung lauter erklingt als das anderer bedrängter Völker? Aber sicher, schreibt Kleinman, denn das Leid des jüdischen Volkes, des einzigen, das systematisch ausgerottet wird, ist keinesfalls mit dem Leid der Engländer im „Blitz" oder dem Leid der besetzten Tschechen, Polen und Serben zu vergleichen. Der Soldat wirft den Juden vor, nicht rechtzeitig geflohen zu sein. Aber wohin denn? Wenn Britannien die Tore Erez Israels geöffnet hätte, anstatt ein „Weißbuch" zu produzieren und die Einwanderungsquoten zu beschränken, wenn die Briten die Schiffe mit Einwanderungswilligen nicht abgefangen und umdirigiert hätten, dann hätten die Juden zumindest einen Zufluchtsort gehabt.[19]

Der Disput flaute auch im folgenden Jahr nicht ab. Im Sommer 1943 erschien in *Moznaim*, der Monatszeitschrift des Hebräischen Schriftsteller Verbandes in Erez Israel, ein ausführlicher Beitrag von Shlomo Ginzberg (später Ginossar), der die brennenden Fragen abermals stellte.[20] (Shlomo Ginzberg war der Sohn des unter dem Pseudonym *Achad HaAm* bekannt gewordenen Schriftstellers und Aktivisten Asher Gintzberg.) Wie Schoffman vor ihm, griff auch Ginzberg die Gegner der Rache im In- und Ausland an, zählte deren Argumente einzeln auf und bedachte sie mit Spott. Erstens solle durch die Diskussion „um Himmels willen nicht der irrtümliche Eindruck entstehen", die Juden beabsichtigten, das durch die Deutschen vergossene Blut ihrer Brüder entsprechend blutig zu rächen. Schließlich gäbe es auch unter Juden Kreise, die befürchteten, Rache an den Deutschen könnte in den Augen jedes vernünftigen Menschen und insbesondere jedes Juden als Sünde betrachtet werden. Zweitens verstärke jede Androhung von Strafe den Widerstand der Deutschen und verlängere somit den Krieg. Drittens brauche man ein auch wirtschaftliches starkes Deutschland als Bollwerk gegen die Sowjetunion und ihren Kommunismus, und es habe keinen Sinn, eine gesamte Bevölkerung zu bestrafen, denn dann würde sie vor lauter Erbitterung einen neuen Krieg beginnen. Es reiche doch, eine kleine Anzahl von Anführern zu verurteilen, und Hitler und seine Spießgesellen sollten lieber ihre alten Tage in aller Ruhe in der Schweiz verbringen, damit sie ja nicht zu Märtyrern würden.[21] Deutschland sei nicht die einzige Nation, die im Krieg gesündigt habe, und es bestehe kein Grund, die Deutschen auszusondern. Nach dem Krieg breche ohnehin eine Epoche der Einheit und allgemeiner Idylle ohne trennende nationale Grenzen an, und deswegen sei es unklug, gegen ein einzelnes Volk vorzugehen.

Anstatt Deutschland auszuschalten, sollte man sich mit ihm versöhnen und das Gefühl der Niederlage ausräumen, das dort seit dem Vertrag von Versailles geherrscht habe.

Diesen Argumenten, die heute zum Teil verschroben und naiv anmuten und vor allem darauf hinweisen, dass die Bedeutung des Nationalsozialismus und der Schoa in Erez Israel noch nicht voll und ganz erfasst worden war, stellte Shlomo Ginzburg seine Forderungen gegenüber: Deutschlands Schwerindustrie müsse abgebaut und in Nachbarländer überführt werden; der Lebensstandard der Deutschen müsse für die nächsten zwei, drei Generationen so drastisch gesenkt werden, dass sie unter Hunger und Kälte litten („Warum sollten sie nicht leiden?!"); Deutschland müsse geteilt werden in einen sowjetischen Osten und in einen demokratischen Westen – hier sah der Verfasser die deutsche Teilung nach dem Krieg in der Tat voraus.

Den Advokaten der Vergebung, die behaupteten, die Zeit der Rache sei vorbei, und den Wolf in einen Schafspelz kleiden wollten, erklärte Ginzburg: Noch schreien unsere Opfer zum Himmel; eine straflos gebliebene Untat stört die moralische und menschliche Ordnung. Solange Menschen fähig sind, zwischen gut und böse zu unterscheiden, solange ist Vergeltung vonnöten. Auch die Religion verleugnet das seelische Bedürfnis nach Rache nicht, sie verlegt das Strafgericht lediglich von der jetzigen Welt in die kommende. Die Advokaten der Vergebung stammten vorwiegend aus England, das zur Strafe bereits deutsche Städte bombardierte, und aus den Vereinigten Staaten, die überhaupt nicht unter deutscher Besatzung zu leiden gehabt hatten. Die Polen, Tschechen, Griechen und andere, insbesondere aber die Russen versprechen den deutschen Soldaten, dass sie nicht lebend aus den besetzten Ländern abziehen werden, und verhehlen ihren Hass und ihre Rachegelüste keineswegs. Denjenigen, die sich bei ihrer Ablehnung der Rache auf die jüdische Tradition beriefen, antwortete Ginzburg, die Juden in der Diaspora hätten sich nicht rächen können, weil sie gänzlich hilflos waren, in den Gebeten für die jüdischen Festtage aber hieße es sehr wohl: „Ergieße Deinen Zorn über die Völker!" Gegen Ende seines Artikels bekennt der Verfasser, er sehne sich bereits nach der Schadenfreude angesichts der deutschen Niederlage, er warte auf die Vernichtung Deutschlands, auf die darauffolgende Armut und auf die Zeit, in der der einzige Lebensraum der Deutschen der Bunker sei, in dem sie sich bei Bombenangriffen angstbebend verkriechen müssten. Ginzberg schließt mit dem Aufruf: „Lasst euch von der Fratze der alles vergebenden Moral, vom Märchen der jüdischen Ethik nicht einschüchtern. In wessen Adern gesundes Blut sprudelt, der soll sich nicht zwingen, so zu tun, als fließe in seinen Adern der Heilige Geist – oder Wasser."[22]

Weitere Veröffentlichungen, die die Meinung der Mehrheit vertraten, erschienen in Erez Israel. Die *Entnazifizierung*, also den Versuch der Alliierten, der deutschen Bevölkerung den Nationalsozialismus auszutreiben, wurde als unzulänglich eingestuft. Da lediglich die NS-Parteispitze verurteilt wurde, betrachtete der größte Teil des Jischuws die Nürnberger Prozesse als Verhöhnung des jüdischen Volkes. Man forderte eine kollektive Bestrafung des ganzen deutschen Volkes und seinen Ausschluss aus der Völkergemeinschaft für Hunderte von Jahren.

Einige der Sprecher der sozialistischen und kommunistischen Linken im Land verließen sich auf die Sowjetunion, die den Faschismus, nicht unbedingt den Nationalsozialismus, schon gründlich ausrotten würde. Vor der pauschalen Bestrafung eines ganzen Volkes schreckten sie zurück, doch ihr Zuspruch zum Strafgericht, das die Sowjetunion bereits über Deutschland brachte, lässt erkennen, dass sie darüber nicht unglücklich waren. Demgegenüber berichteten die Organe der deutschen Einwanderer vom Leid der deutschen Zivilbevölkerung und vom Entstehen eines ‚anderen Deutschlands', wie man es später nennen würde. Die Zeitung *Amudim* wies die Forderung nach Rache als primitiven Aufschrei zurück, denn er habe seinen Ursprung „im gleichen Hass und Wahn, dem auch der Nationalsozialismus entsprungen ist."[23]

Beterem, das Organ der Mapai, der erezisraelischen Arbeiterpartei, rügte den Philosophen Martin Buber wegen seiner Aussagen vor dem Anglo-Amerikanischen Komitee, in denen er „vor den Ohren der Gojim unsere brennende Liebe zur Menschheit beteuerte, unsere Bereitschaft, ihr zu dienen, ihr auf der Stelle zu dienen, während noch zahllose Mörder aus ihren Reihen ihr Unwesen treiben", und das ganz ohne Rache, ohne Sühne, ohne Vergeltung zu verlangen, „während unsere Toten uns zu Füßen liegen." In der Tat, wer Bubers Erklärung in ganzer Länge liest, muss sich wundern, dass der Philosoph im Frühling 1946 die Schoa mit keinem Wort erwähnt, sondern sich ganz auf die Verbindung des jüdischen Volkes zum Land Israel konzentriert und auf die Idee der Anbahnung gerechter Beziehungen zwischen Juden und Arabern im Land. Einen israelischen Staat hält er für unnötig, stellt fest, dass eine nationale Heimstatt ausreiche und formuliert den Satz: „Die Menschheit hat ein tiefes Interesse daran, dass das Volk Israel stark und schöpferisch bleibt."[24] Dabei war seit dem Ende des furchtbaren Krieges, in dem offenbar wurde, dass ein Teil der Menschheit sehr aktiv an der Ermordung des jüdischen Volkes teilgenommen und ein anderer Teil seinem Fortbestand gegenüber völlige Gleichgültigkeit an den Tag gelegt hatte, noch kein Jahr vergangen! Kein Wunder, dass Bubers der Wirklichkeit ganz und gar enthobene Worte Empörung hervorriefen, umso mehr, da sie unter der Überschrift „Die Bedeutung des Zionismus" erschienen.

Anders als Buber war die Öffentlichkeit im Land der Meinung, die Bedeutung des Zionismus läge immer noch darin, das Schicksal des jüdischen Volkes in jüdische Hände zu legen – erst recht nach der Schoa.

Der Aufruf, sich der britischen Armee anzuschließen, stellte die Rache ebenfalls als etwas Erstrebenswertes dar. Elijahu Golomb, einer der Hagana-Führer, erklärte, Rekrutierung sei „Pflicht für jeden, der in seinem Herzen den Gedanken an Rettung, den Kampf um die Ehre und die Rache trägt." In der Zeitschrift *Aschnav* der Hagana war zu lesen, die Kameraden seien „vom Leid benommen und mit erstickter Kehle vom Verlangen nach Rache beseelt." Der nach dem Bekanntwerden der Berichte über die systematische Ausrottung von der Jewish Agency veröffentliche Aufruf, der britischen Armee beizutreten, erinnerte jeden Freiwilligen daran: „Das in Europa vergossene Blut deiner Brüder ruft nach Rache, und der überlebende Rest der jüdischen Gemeinden wartet auf Rettung." Die Zeitungen füllten sich, wie erwähnt, mit Reaktionen.[25]

Der Kommandant der Etzel, einer Miliz, die kleiner und militanter war als die Hagana, teilte zur gleichen Zeit mit, dass seine Organisation eine Rachebrigade aufstellen würde, um die Vergeltungs- und Blutrachetraditionen aus Samsons Zeiten wieder aufzunehmen und sich an den Deutschen zu rächen, wo immer sie auch seien. Eine Rachestaffel sollte hinter den Linien des Feindes eingesetzt werden, und „möge Gott, der Ewige der Heerscharen Israels, ein eifernder und rächender Gott, sie unterstützen, Amen." – Ein treffendes Beispiel für die sich abzeichnende Kluft zwischen Absichtserklärungen und der Möglichkeit, sie auszuführen, denn der Etzel verfügte damals nur über etwa tausend Mitglieder.[26] Hagana und Etzel zeigten ähnliche Reaktion: Entsetzen, Zorn und den Wunsch zu handeln, zu rächen und vor allem zu retten.

Lehi oder die „Sternbande", die kleinste und militanteste der drei jüdischen Milizen im britischen Mandat Palästina, dagegen war der Ansicht, der eigentliche Kriegsschauplatz des jüdischen Volkes liege nicht in Europa, wo man ohnehin wenig ausrichten könne, sie forderte vielmehr einen Krieg gegen das verhasste England auf erezisraelischem Boden. Je mehr Berichte über den Genozid in Europa eintrafen, desto deutlicher wurde das Motiv der Vergeltung in den Verlautbarungen der Lehi.[27] Zwar reagierte jede Untergrundorganisation auf ihre eigene Art und Weise, doch insgesamt gesehen nahm die Rache nur wenig Raum in ihren Mitteilungen ein.

Ende August 1944 schickte ein jüdischer Soldat, der in der britischen Armee in Nordafrika gedient hatte und heimgekehrt war, einen vertraulichen Brief an die Leitung der Jewish Agency, in dem er erklärte, das Ende des Krieges sei in Sicht und die Alliierten müssten jetzt Bestrafungseinheiten (vielleicht sogar Racheeinheiten?) aufstellen, um die tausend und abertausend Köpfe der Hitlerschen Viper in und außerhalb Deutschlands zu zerschmettern. Es dürfe doch nicht sein, schrieb er, dass die erezisraelischen Soldaten wieder nur als Wasserträger fungierten, wie seit ihrer Rekrutierung geschehen, und den Briten auch bei der Bestrafung und Vergeltung abermals nur als untergeordnete Hilfskräfte dienten. Er habe jungen Leuten „von öffentlichem Ansehen und einem offenen Geist“ seinen Plan vorgestellt und sie seien begeistert gewesen. Seiner Meinung nach würden sich Tausende von Menschen aller Altersgruppen und aller Parteien einer solchen militärischen Einheit anschließen, die dann im Verein mit Soldaten anderer Armeen „die pauschalen Todesurteile an den besiegten Verbrechern vollziehen würde, um unseren Soldaten und unserem gedemütigtem Volk eine gewisse Genugtuung zu verschaffen“ und um den gequälten Überlebenden Soforthilfe zu leisten. Der Verfasser des Briefes bekundete seine Absicht, sich als Privatsoldat an die britische Militärbehörde wenden und dort die Aufstellung solcher Einheit vorschlagen zu wollen. In seinem Brief erbat er die Genehmigung der obersten Jischuw-Behörden, der Jewish Agency und des Nationalrats, die, wie er vermutete, den Briten in der Vergangenheit bereits solche Vorschläge unterbreitet hätten. Diese seien aber wohl höchstwahrscheinlich wegen des Verdachts, sie hätten politische Motive, ohne Antwort geblieben. Ob der Soldat selbst auf seinen Brief eine Antwort erhielt, ist unbekannt. Wir wissen aber, dass derartige Brigaden niemals aufgestellt wurden. Der Brief legt jedoch ein eindringliches Zeugnis von der damals im Jischuw und ganz bestimmt unter Soldaten herrschenden Stimmung ab.[28]

Auch in der Jüdischen Brigade machte man sich Gedanken über die Zeit nach dem Krieg und rechnete mit „dem Vordringen von Einzelnen, Gruppen, Jugendverbänden, von Verwaisten, überlebenden Partisanen und Mitgliedern der Untergrundorganisationen“ in das öffentliche Leben, und diese alle würden dann Heimzahlung und Vergeltung auf ihre Fahnen schreiben. Nicht einmal die Bemühungen um die Integration der Einwanderer aus den verschiedenen Diasporen würden ohne das persönliche und nationale Streben nach Vergeltung Erfolg haben, ohne die Entschlossenheit, trotz Zerstörung und Auslöschung weiterhin als Volk zu existieren.[29] Den Rachevorstellungen und diesbezüglichen Aktivitäten der Jüdischen Brigade in Italien wird im folgenden noch ein eigenes Kapitel gewidmet; hier sei aber schon angemerkt, dass die Soldaten der Jüdischen Brigade ausdrücklich darum baten, den Besatzungsmächten in Deutschland zugeteilt zu werden, wie man es ihnen im Übrigen versprochen hatte.

Nach dem Ende des Krieges forderten nun aber die Institutionen des Jischuws wegen der im Land zu erwartenden politischen und militärischen Kämpfe die Heimkehr eben jener Soldaten. „Die Brigade wurde nicht aufgestellt, um Rache an den Deutschen zu üben“, erklärte Jitzchak Tabenkin, der Vorsitzende der *Achdut HaAvoda* (Einheit der Arbeit), „wir brauchen diese Männer jetzt unbedingt hier!" Die Diskussionen in den Behörden des Jischuws drehten sich nur selten um prinzipielle Fragen der Rache. Schaul Avigor bezeichnete den glühenden Wunsch der Soldaten, mit der Besatzungsmacht nach Deutschland geschickt zu werden, als Emotion ohne jeden Einfluss auf die Politik, und das Wichtigste sei, die Kämpfer heimzuholen. Mosche Shertok (Scharett), Leiter der Politik-Abteilung in der Jewish Agency, vertrat eine andere Position: Als der Mann, der die Brigade praktisch ins Leben gerufen und seine besten Kräfte in sie investiert hatte, wollte Shertok den Soldaten eine ähnliche Befriedigung gönnen, wie sie die russischen Soldaten verspüren mochten, die sich bereits auf deutschem Boden befanden. (Shertok verzichtete allerdings darauf, die grausamen Racheakte der russischen Soldaten näher zu beschreiben.) „Es ist moralisch, es ist erhebend und bestärkend", erklärte er, „wenn die Soldaten ihren Enkeln später erzählen können, dass sie zu der Armee gehörten, die jenes Land besetzte, das das jüdische Volk hatte auslöschen wollen."[30] Shertoks Position wird im folgenden noch behandelt, hier sei nur angemerkt, dass er dem Aufenthalt auf deutschem Boden als Teil der Besatzungsmacht eher symbolische Bedeutung zumaß, die nicht zwangsläufig mit Racheakten einherzugehen hatte.

Im Oktober 1944 wurde die Diskussion fortgesetzt. Harold Laski, ein jüdischer Politiker an der Spitze der englischen Labour Party, predigte Europas Neuordnung auf der Grundlage gleicher Rechte und Pflichten für jede Nation, und Deutschland sollte als gleichberechtigtes Mitglied daran beteiligt sein. Lord Robert G. Vansittart, der während des Krieges und danach eine streng antideutsche Haltung eingenommen hatte, forderte genau das Gegenteil: Deutschland, aller industriellen und militärischen Macht entledigt, müsse einer langen, möglichst harten Strafe unterworfen werden, ein Zustand, aus dem die Deutschen lernen würden und der ihnen alle imperialistischen Gelüste und den Rassismus ein für allemal austriebe.[31] Die *Deklaration der Sozialisten* – die Hälfte ihrer Unterzeichner waren Juden – stimmte Harold Laski zu, die Zeitung *Davar* aber griff ihn in einem Artikel unter der Überschrift „Die einzige Forderung: Rache an Deutschland" heftig an, da er sich offenbar Sorgen um ‚die armen Deutschen' mache. Die Alliierten hätten wohl ein Interesse am Wiederaufbau Deutschlands, heißt es im Artikel, wir aber, die Juden,

> „die Schwestern und Brüder der wie Lämmer Abgeschlachteten, wir, die wir nur zufällig diesem Schicksal entgangen sind, wir kennen keine ‚universellen Betrachtungen', keine ‚kalte Logik', keine ‚besonderen Bedürfnisse'. Wir kennen nur die oberste moralische Pflicht, das vergossene Blut zu rächen, klipp und klar Rache zu üben! Unser brennender Hass muss

> das deutsche Volk verfolgen, das Hitler mit Millionen von Stimmen an die Macht gebracht und ihm ausnahmslos zugejubelt hat. Rache! Klipp und klar! Rache an diesem schändlichen, korrupten, grausamen Volk, dessen Söhne in Millionenzahl zu den Vollstreckern der Zerstörung gehörten. Rache! Und wenn dieses Volk ganz vernichtet wird, was kümmert es uns? Wenn sein Staat zerfällt, was kümmert es uns? Sollen seine Kinder und Kindeskinder doch hungern und von Fremden beherrscht werden, es kümmert uns nicht. Und was die ‚aufgeklärten Nationen' von uns denken, das kümmert uns auch nicht. [...] Denn schließlich haben sie alle tatenlos zugeschaut, während uns das Allerschlimmste zugefügt wurde, bis zum bitteren Ende."

Ein Redaktionsmitglied der Zeitung erwiderte, der Jischuw müsse jetzt aus wirtschaftlichen und politischen Gründen zu allererst seine nationalen Belange im Auge haben, und dabei störe die Konzentration auf die Rache nur und lenke vom Wesentlichen ab. Überhaupt müsse der ganze Rachegedanke noch einmal gründlich überprüft werden. Dazu stellte er die bekannten Fragen, die schon seit zwei Jahren öffentlich diskutiert wurden, als wären sie neu: Auf welche Art sollte man sich rächen? In welcher Form? An wie vielen Deutschen?[32]

In Anbetracht all dessen lässt sich also nicht behaupten, im Jischuw habe ein sich in der Presse abzeichnender Konsens in Bezug auf die Verpflichtung zur Rache und die Art ihrer Ausführung geherrscht. Wie nachgewiesen, gab es ganz unterschiedliche Meinungen, und während des Krieges und danach kam es zu Kontroversen und Auseinandersetzungen. Wer immer aber sich zu diesem Thema äußerte, sprach aus tiefster Seele, ob es nun Journalisten oder Philosophen waren, Personen des öffentlichen Lebens oder Funktionäre, die in großer Zahl in öffentlichen Foren Stellung bezogen. Sie brachten die Herzensregungen der ganzen Bevölkerung zum Ausdruck, etwas, was als Legat der Ermordeten wie auch der mit dem Leben Davongekommenen empfunden wurde. Viele erkannten aber auch die Problematik, die mit der Erfüllung dieses Legats verbunden war. Betont sei, dass offizielle Diskussionen zu diesem Thema niemals stattfanden, dass diesbezügliche Beschlüsse niemals gefasst oder niedergeschrieben worden sind – jedenfalls sind solche bis zum heutigen Tag nicht aufgetaucht. In Sitzungen der Jischuw-Leitung wurden vermutlich mancherlei Dinge angedeutet, einige Äußerungen finden sich in zwei oder drei Sitzungsprotokollen aus jener Zeit, in denen es aber in erster Linie um die Zukunft der Jüdischen Brigade ging.[33] Die allgemeine Atmosphäre und die öffentlichen Äußerungen aber schrien förmlich nach Rache, und wer sich dem nicht anschließen konnte oder wollte, zog es vor zu schweigen. An die Jischuw-Verwaltung gerichtete Briefe, Bemerkungen und Vorschläge zu diesem Thema liegen bis heute unbeantwortet in den Aktenordnern.

Keine der Institutionen im Jischuw und keine der politischen Parteien hielten Versammlungen ab, die ausschließlich dem Rachethema galten, sei es als praktische Möglichkeit, als moralische Verpflichtung oder als Initiative von Einzelpersonen. Die Diskussion um eine eindeutige Position im Hinblick auf die Rache, die im Land insbesondere von Ende 1942 bis Anfang 1945 geführt wurde, also noch bevor Gerüchte über die Nakam-Gruppe den Jischuw erreichten, wirkten sich natürlich auf die Haltung aus, mit der diese Gerüchte dann später aufgenommen wurden und wie man Abba Kovner und seine Kameraden beurteilte. Da die entscheidende Mehrheit offenbar für die Rache an den Deutschen war oder zumindest für eine harte Bestrafung – diese beiden Begriffe vermengten sich im öffentlichen Diskurs und gelegentlich auch in der Forschung und wurden fast gleichbedeutend gebraucht –, während die Gegner der Rache nur Minderheiten vertraten oder sich selbst als Individuen, war eigentlich zu erwarten, dass Kovner und seine Gruppe mit offenen Armen und mit uneingeschränkter Begeisterung aufgenommen werden würden. Viele der im Land zugunsten der Rache angeführten Argumente entsprachen weitgehend denen der Nakam-Gruppe, wenn sie nicht sogar identisch waren, wie wir noch sehen werden. Nun ist aber zu unterscheiden zwischen dem Formulieren des Rachebegehrens in der Presse, im öffentlichen Diskurs oder auf Parteiversammlungen und den Fragen nach der praktischen Ausführung, vor allem aber nach der Differenz zwischen dem allgemeinen Rachebegehren und den unmittelbaren politischen Zielen der Jischuw-Leitung. In der Tat klaffte zwischen den Gefühlsausbrüchen und dem konkreten politischen Handeln, für das die Führungspersonen des Jischuws verantwortlich waren, eine tiefe Kluft. Von einer Idee bis zu ihrer Umsetzung ist es bekanntlich ein weiter Weg. Die Verlassenheit und Verletzlichkeit, die man im Jischuw angesichts der Nutzlosigkeit der von den westlichen Alliierten gegen Deutschland unternommenen Schritte empfand, all die aufgestaute ungesühnte Trauer suchten nach einem Ventil und flossen ein in den politischen Kampf um das Recht auf einen eigenen Staat, denn im Entstehen eines jüdischen Staates schien etwas von der ausgleichenden Gerechtigkeit zu liegen, die zur Einrichtung einer neuen Weltordnung erforderlich war.[34]

In den folgenden Kapiteln wird über die Frage nachgedacht, ob die Abfolge des Geschehens nicht vielleicht die genau entgegengesetzte war. Hatten die Köpfe des Jischuws möglicherweise von vornherein, ohne Konferenzen abzuhalten und ohne Beschlüsse schriftlich niederzulegen, eine Entscheidung getroffen, die nicht öffentlich gemacht und nicht dokumentiert werden sollte, weil sie dem Rachebegehren, das durch die Bevölkerung flutete, zuwiderlief? Hatte man sich in den obersten Etagen vielleicht bereits stillschweigend darauf geeinigt, dass an erster Stelle der öffentlichen Tagesordnung zwei ganz andere Ziele stehen müssten: Die Überlebenden zu versammeln und ins Land zu holen und dann in Palästina ein jüdisches Staatswesen einzurichten? Großangelegte Racheakte hätten die Verwirklichung dieser zentralen Anliegen empfindlich stören können.

Avraham Shlonsky

Gelöbnis

Bei den Augen, die den Verlust schauen mussten
Und mit Schreien mein gebeugtes Herz beschwerten,
Beim Erbarmen, das mich zu verzeihen lehrte,
Bis jene Tage kamen, die Vergebung verwehrten,
gelobte ich, zu gedenken all dessen,
zu gedenken – und nichts zu vergessen.

Nichts zu vergessen – bis ins zehnte Glied
bis in die kleinsten Fasern meiner Kränkung
bis aller, bis aller gerechten Stämme Vollendung.
Wehe, die Nacht des Zorns war vergeblich,
Wehe, der Morgen sieht einen Rückfall,
Wehe, ich habe auch jetzt nichts gelernt.

(Erschienen in der Tageszeitung *Haaretz* am 30. April 1943)

KAPITEL 2

Januar – März 1945: Die Gruppe vereinigt sich in Lublin, der Vorsatz der Vergeltung wird geboren

Der Vorsatz der Vergeltung

Offiziell endete der Krieg in Europa im Mai 1945. Bereits vor seinem Ende und vor allem in den Monaten danach zogen zahllose Menschen aller Nationen durch den von der Katastrophe heimgesuchten Kontinent: Flüchtlinge und Entwurzelte, die hofften, heimkehren zu können in ihre Heimat, in ihre Häuser, zu den Eltern, den Kindern, den Ehepartnern, von denen keiner wusste, wie es ihnen ergangen war und wohin es sie in den fast sechs Jahren Krieg verschlagen haben mochte; aus den Lagern Befreite, Flüchtlinge, ehemalige Kriegsgefangene und Soldaten, Mittellose, die nur die Kleider auf ihrem Leib besaßen, aber auch solche, die sich schon zu bereichern wussten. Noch waren die Grenzen verwischt, das Geld wertlos, das Brot teuer; es wurde zur neuen Währung. Der Verkehr war chaotisch. Identitäten wurden gewechselt, Ausweise gefälscht, der Schwarzmarkt blühte, von überall drang Sprachengewirr an die Ohren. Exilregierungen versuchten, in ihre Länder heimzukehren, das Rote Kreuz verteilte heiße Suppe. Unterdessen standen die Alliierten auf der einen Seite und die Sowjets auf der anderen.

In seinem Buch „Die Atempause" schildert Primo Levi das gottlose Menschengewimmel, in dessen Sog er auf dem Weg von Auschwitz nach Turin, seiner Heimatstadt, acht Monate lang frierend und hungrig umherirrte. Reisen, die früher einmal Stunden gedauert hatten, erstreckten sich nun über Tage. Das Fleisch von Pferdekadavern wurde zum Luxusgut. Niemand war für die Getriebenen zuständig und niemand interessierte sich für sie, schon gar nicht die Russen, die das Lager befreit hatten und die noch Lebenden, sogar die Italiener, die in ihren Augen feindliche Ausländer waren, nach Osten anstatt nach Westen dirigierten. „Polen ist ein trauriges Land," erklärte ein russischer Soldat, „heute Nacht alle Deutschen kaputt", dabei fuhren Zeige- und Mittelfinger wie ein Messer zwischen Kinn und Kehle hin und her. Tausende russischer Soldaten zogen in Lastwagenkarawanen, die wandernden Dörfern glichen, jubelnd ostwärts, Soldaten und Zivilisten, Frauen und Männer, ehemalige Gefangene, dazu Deutsche, die nun Gefangene waren, obendrein Waren, Möbel, Schafe, Rinder, Schrott. Ukrainische Frauen, gebeugt von der

 | DOI:10.30965/9783657791125_004

Last der Schande, erschöpfte Wehrmachtsoldaten, die um Essen bettelten. Ein Jude, dessen ganze Familie in Auschwitz umgekommen war, bot ihnen Brot an mit der Aufforderung, auf allen Vieren zu ihm hin zu kriechen, was sie unterwürfig befolgten. Eine russische Soldatin drückte deutschen Gefangenen einen Gewehrlauf an die Schläfe, entriss ihnen das vorher zugestandene Brot und zwang sie, stattdessen Stroh zu schlucken.[1]

Ein sehr eindringliches Bild jenes Elends zeichnet der jüdisch-englische Historiker Tony Judt zu Beginn seines umfangreichen Werkes „Die Geschichte Europas von 1945 bis zur Gegenwart". Er schreibt von Strömen armseliger Zivilisten, die hilflos durch zerstörte Städte und verwüstete Landstriche zogen. Mehr als sechsunddreißig Millionen Europäer, darunter neunzehn Millionen Zivilisten, waren umgekommen, Millionen waren gefoltert und auf unbeschreibliche Weise ermordet worden, Kulturen erloschen, Sprachen verschwunden, kulturelle und politische Eliten ausgemerzt. Kunstschätze waren geraubt, ganze Dörfer dem Erdboden gleichgemacht, Städte bis zur Unkenntlichkeit oder bis zur völligen Verwüstung bombardiert, Millionen aus ihren Häusern vertrieben worden. Millionen Obdachloser zogen über die Straßen, zu Fuß oder mit Fuhrwerken jeglicher Art. Die Essensrationen waren minimal, längst besiegte Krankheiten brachen wieder aus. Millionen Männer waren gefallen, die zurückgebliebenen Frauen mussten sehen, wie sie fertig wurden. Allein in Deutschland gab es mindestens sechs Millionen aus den Lagern Befreite, Flüchtlinge und Entwurzelte. Man nannte sie *displaced persons*, DPs.[2]

In diesen Menschenströmen zogen auch die überlebenden Juden mit, deren Welt zerstört worden war, die kein Haus mehr besaßen, in das sie hätten heimkehren, kein Land, in dem sie sich hätten niederlassen können. In ihnen allen brannte das Verlangen, sich an den Verantwortlichen zu rächen. Jitzchak Zuckerman, einer der Anführer des Aufstands im Getto Warschau, stellte fest: „Ich kannte keinen Juden, der nicht vor Racheverlangen krank war."[3]

Von den Überlebenden, die in den Nachkriegswirren ihren Weg suchten, fanden sich etwa fünfzig junge Frauen und Männer im Alter von Anfang zwanzig zusammen, die nichts außer dem Wunsch nach Rache kannten. Sie beschlossen, eine Gruppe zu bilden, die sie die *Nakam*-Gruppe, die Gruppe der Rächer, nannten. Diese jungen Menschen hatten die letzten Jahre in Gettos oder Wäldern zugebracht, in Lagern oder in Verstecken, jeder hatte eine Leidensgeschichte zu erzählen und an einer furchtbaren seelischen Last zu tragen. Sie erreichten Lublin und schlossen sich dort zu einer festen Gruppe zusammen. Manche von ihnen kamen im Dezember 1944 aus Wilna. Sie waren Abba Kovner gefolgt, der seine befreite Heimatstadt rasch wieder verlassen hatte, da er befürchtete, aufgrund seiner zionistischen Aktivitäten von den Russen verhaftet zu werden. Im weiter südlich gelegenen Lublin, das vorübergehend unter einer neu gebildeten polnischen Regierung stand, konnte er sich vorerst sicherer fühlen. Einige seiner engsten Freunde, die im Getto zusammengefunden hatten und gemeinsam zum Kampf in die Wälder gezogen waren, schlossen sich ihm an. Weitere trafen aus anderen Orten ein, die meisten hatten Jugendorganisationen angehört und waren im Krieg zu Partisanen geworden. Nicht alle kamen direkt nach Lublin, sondern blieben in Anlaufstationen, die im Süden und Norden der Stadt, vor allem in Bialystok und Lvov, eingerichtet worden waren, um den nach ihnen Kommenden den Weg zu weisen.[4] In ihrem Gefolge versammelten sich weitere Dutzend, aus denen schnell Hunderte wurden; alle waren sie Überlebende, die erkennen mussten, dass es für sie an den Orten, die sie früher Heimat genannt hatten, kein Bleiben mehr gab. Auf diese Art entstand eine Bewegung, deren Ziel es war, den Davongekommenen Wege zu zeigen, auf denen sie dem zu einem einzigen großen Judenfriedhof gewordenen Kontinent entfliehen konnten. Diese Bewegung gab sich den hebräischen Namen *Bricha* (Flucht) und breitete sich nach Süden und Westen hin aus bis zu Orten wie Lublin, an denen sich viele Juden versammelt hatten und wo nach und nach auch Vertreter jüdischer Organisationen aus Palästina und den Vereinigten Staaten eintrafen. Die heimatlos gewordenen Menschen strebten zu den Küsten, von wo sich möglicherweise die Überfahrt in ein gelobtes Land finden ließe, vorzugsweise nach Palästina/Erez Israel. Es war eine spontane Bewegung, entsprungen auf der Linie Wilna – Lublin, der sich weitere Ströme aus andern Orten anschlossen, ohne dass es unter ihnen oder zum zentralen Strom eine Verbindung gegeben hätte. Die *Bricha* bestand ungefähr vier Jahre lang, von 1944 bis 1948, und brachte eine Viertelmillion Menschen nach Palästina, von denen 140.000 aus Polen stammten.[5] Die Richtung wies ihnen ein Leitspruch, der die Runde unter den Wanderern auf den Straßen machte, unter denen, die ein Eckchen auf dem Dach eines Waggons gefunden hatten, unter denen, die mit gefälschten Papieren Grenzen überquerten. Er lautete: „Partisanen gehen!", und die Menge folgte dieser Devise.

Für das jüdische Volk waren die großen Ideologien während der Schoa auf tragische Weise gescheitert. Die kommunistische Brüderschaft der Völker ebenso wie der „Bund" (der Allgemeine jüdische Arbeiterbund in Litauen, Polen und Russland), vor allem aber der Territorialismus und der Autonomismus. Auch ein rettender Messias war ausgeblieben. Damit wurde für viele der Überlebenden „Erez Israel" zum einzigen Glaubensinhalt, obwohl manche von ihnen nicht einmal wussten, wo Palästina überhaupt lag; sie hielten es eher für einen fernen, praktisch unerreichbaren Ort hinter den Bergen der Dunkelheit. Juden aller Richtungen und Ideologien entschieden sich für den „postkatastrophalen Zionismus", wenn diese Wortschöpfung erlaubt ist, und er war es, der der *Bricha*-Bewegung ihren Schwung verlieh. Zwei weitere Aspekte kamen hinzu: Erstens wollten nicht alle, die zu den südlichen Küsten strebten, ins Heilige Land. Sie suchten vorrangig irgendeinen Weg, dem europäischen Kontinent zu entkommen und anderswo Zuflucht zu finden. Und zweitens waren es die Reste der Jugendbewegungen, der Partisanen und der Gettokämpfer, die die *Bricha* initiierten, ihr eine Richtung gaben und sich um die Bedürfnisse der Wandernden kümmerten. Nach ihrer Entlassung schlossen sich auch die Soldaten der Jüdischen Brigade dem Unternehmen bereitwillig und freudig an. In der dritten Phase, im Herbst 1945, trafen dann auch Abgesandte des „Mossad für die Alija Bet" in Lublin ein.[6]

Die Begründer der Bewegung, wie gesagt Partisanen und ehemalige Mitglieder von Jugendorganisationen, richteten Anlaufstationen ein, wo die Ankommenden erwartet und mit Papieren, gefälschten selbstverständlich, ausgestattet wurden. Sie sammelten Spenden und besorgten Grundnahrungsmittel, gaben Instruktionen und wiesen den Weg. Die Sowjets, die ihre Herrschaft in Osteuropa auszubauen begannen, bereiteten Schwierigkeiten. Sie verdächtigten alle Flüchtlinge ohne festen Wohnsitz, Schmuggler, die Geld oder Waren außer Landes bringen wollten, oder zumindest ehemalige NS-Kollaborateure zu sein.

Kovner, der an der Spitze dieser in Südlitauen und Osteuropa geborenen Bewegung stand, war überzeugt, nicht seine Führungsqualitäten oder seine Weitsicht hätten diese Bewegung hervorgerufen, sie sei vielmehr einfach den Bedürfnissen jener Zeit entsprungen und insofern unvermeidlich gewesen. Für seine Mitarbeiter und die Aktivisten jedoch war Kovner der Kopf und die treibende Kraft. „Kovner formte Worte aus der Tiefe unser aller Herzen. ‚Auf dem Friedhof wird nie wieder jüdisches Leben erstehen, das wäre eine Missachtung der Ermordeten und der Lehren der Schoa.' Es schien, als sei ihm auferlegt worden, die Seelenwünsche jener zu formulieren, die nicht mehr dabei sein konnten. […] Ein Schauder durchfuhr seine Zuhörer, wenn er vom Schmerz und der Schwere der Verantwortung sprach, die auf den am Leben Gebliebenen lasteten."[7]

Abba Kovner, der zum Leiter der Nakam-Gruppe werden sollte, übte einen starken Einfluss auf die Menschen aus. Stets gab es in seiner Umgebung einen, der ihn für einen echten Propheten hielt, eine Führungspersönlichkeit, einen Befehlshaber. Das ging auf sein mitreißendes rhetorisches Können zurück, auf seine Fähigkeit, Prozesse zu erkennen und zu deuten, auf seine Weitsicht und auf die völlige Abwesenheit von Selbstgefälligkeit und Machtstreben. Außerdem hatte er sich in der Vergangenheit bereits Verdienste erworben: Vor dem Krieg war er in Wilna Leiter von annähernd tausend Pfadfindern des *Schomer HaZa'ir*, einer zionistisch-sozialistischen Jugendbewegung, gewesen, hatte unter der sowjetischen Annektierung den Untergrund befehligt und während der Schoa den erschütternden Aufruf formuliert: „Juden, wir wollen nicht wie Lämmer zur Schlachtbank gehen! Wir wollen uns bis zum letzten Atemzug verteidigen, denn der Tod ist uns ohnehin gewiss." Dieser Mann gehörte zu den Initiatoren und Mitbegründern des mutigen Untergrunds im Getto unter der NS-Herrschaft, der Vereinigten Partisanenorganisation (FPO: Fareinikte Partisaner Organisatzije). Er hatte seine Kameraden durch die Kanalisation in den Wald geführt und dort vier jüdische Einheiten befehligt, was bei den Partizanki, den Partisanen unter sowjetischer Schirmherrschaft, außergewöhnlich war. Mit dem Rest seiner Kämpfer kehrte er ins befreite Wilna zurück, um die Überbleibsel und Kulturgüter der dortigen jüdischen Gemeinde zu suchen und zu sammeln.[8] Pascha Avidov, Kovners rechte Hand in der Nakam-Gruppe, begegnete Abba in Lublin zum ersten Mal und fasste den Eindruck, den Kovner auf seine Umgebung machte, in folgende Worte: „Wir alle fühlten, dass ein Mann vor uns stand, der unser Schiff an ferne Ufer steuern könnte, ein Mann von großer Weisheit, wie wir ihn bisher noch nicht getroffen hatten."[9]

Wesensmerkmale der Nakam-Mitglieder

Wer waren die fünfzig jungen Frauen und Männer, die sich mit dem Ziel, Rache zu üben, um Abba Kovner scharten? Woher kamen sie und was hatten sie in den Kriegsjahren durchgemacht? Gab es einen gemeinsamen Nenner, eine kollektive Biografie, ein Generationsprofil oder bestimmte Charakterzüge, die sie zu dieser bestimmten Gruppe zusammenschweißten? Kamen sie aus denselben Ortschaften? Hatten sie vorher bereits ähnlichen Verbänden oder Bewegungen angehört? Auf diese Fragen gibt es einige mögliche Antworten.

Die erste Zusammenkunft der Nakam-Mitglieder in Israel fand vierzig Jahre nach dem Ende des Krieges statt, zu Beginn des Jahres 1985. Man wollte sich die eigene Geschichte vergegenwärtigen. Kovner trug eine tiefschürfende Analyse zur elenden Situation der Juden in den Gettos und Wäldern vor, die das Racheverlangen ausgelöst hatte, eine Art zusammenfassender Rückschau. Ihm zufolge war die Gruppe, deren Mitglieder sich dermaßen fest zusammenschlossen, etwas ganz Besonderes gewesen. Sie hatte die jungen Leute geprägt, wie es keiner Gemeinde oder Bewegung, der sie zuvor angehört hatten, gelungen war. Seine Worte werfen Fragen auf: War es vielleicht ein spezieller Menschenschlag, der seinen Weg in einer Partei oder Jugendorganisation begann, der er sich mit Leib und Seele hingab, wie es damals in den dreißiger und vierziger Jahren des vergangenen Jahrhunderts üblich war, und der sich später dann dem Untergrund anschloss, um die Nationalsozialisten zu bekämpfen, was in manchen Fällen auch gelang? War es bezeichnend für die Nakam-Mitglieder, dass sie aus „kämpfenden Städten" stammten, wie das „Buch der Gettokämpfe" die Städte Osteuropas nannte, in deren Gettos sich ein kampfbereiter Untergrund formierte?[10] Und wenn die jungen Leute im Getto noch nicht gekämpft hatten, so taten sie es später als Partisanen in den Wäldern Litauens, Polens und Russlands. Alle von ihnen konnten auf eine „kämpferische Vergangenheit zurückblicken, d. h., sie hatten in der Zeit der Verfolgung eine aktive Position", bezogen. Jeder Einzelne und damit die Gruppe als Ganzes war, ohne dass es ihnen jemand befohlen hatte, zu der Einsicht gelangt, der Kampf sei der richtige Weg. „Kein Minister, kein König, keine Regierung, kein General, kein anerkannter Führer" hatte sie beeinflusst. Sie hatten, was sie taten, ohne die Genehmigung irgendeiner Autorität getan. Kovner allerdings dürfte sich daran erinnert haben, wie sehr er sich seinerzeit um die Zustimmung des hervorragenden Gelehrten im Getto Wilna, Zalman Kalmanowicz, zum Aufbau eines Untergrunds und der Vorbereitung eines Aufstands bemüht hatte.

„Unter der Bevölkerung, für die wir kämpfen wollten, waren wir eine Minderheit", erklärte Kovner bei jenem Treffen und stellte damit eine Verbindung her zwischen den Anfängen im Getto und der späteren Gruppenbildung. Es war die aktive Reaktion einer Minderheit, die sich aber als Teil der Gemeinschaft empfand, deren Ehre sie retten wollte, was sich bereits im Getto, noch vor dem Auszug in die Wälder, in der vorhandenen Kampfbereitschaft ausdrückte. Nach ihrer Ankunft in Erez Israel schrieb Ruzka an ihre Freundin Vitka über die Nakam-Gruppe: „Ich halte sie für die direkte Fortsetzung des Weges, **unseres Weges.**"[11] Auch Vitka Kempner-Kovner, Abba Kovners Lebensgefährtin, die sich durch einen kühlen Kopf und Tapferkeit auszeichnete und die noch vom Getto aus an der Entgleisung des ersten deutschen Zugs beteiligt war und später im Wald eine Patrouille befehligte, bemühte sich herauszufinden, was allen Mitgliedern gemeinsam war: „Sie waren von den Deutschen nicht angetastet, nicht gefoltert, nicht gebrochen worden, sie waren Kameraden, die sich bereits in der Vergangenheit aktiv widersetzt und die den Juden angelegten Fesseln gesprengt hatten."[12]

Der Grund dafür, dass die meisten der Nakam-Mitglieder Partisanen und Kämpfer gewesen waren, ist vielleicht in den Kriegsjahren und der in den Wäldern verbrachten Zeit zu finden. Damals hatten sie die Fragwürdigkeit von Recht und Gesetz, sei es nun das deutsche oder das sowjetische, erkennen müssen, und waren nun bereit, sich darüber hinwegzusetzen und nur noch den Regeln zu gehorchen, die sie sich selbst gegeben hatten. Die Rache bedeutete für sie eine Zwischenphase, die sie zur Regeneration brauchten. Nur wenn sie die hinter sich gebracht hätten, könnten sie sich wieder ins Leben, in die

Gesellschaft und ihre Gesetze einfügen. Im Einverständnis mit Vitka bestätigte Kovner, dass insbesondere im Bewusstsein der ehemaligen Partisanen die Auffassung, die Rache sei eine ihnen auferlegte Pflicht, tief verankert war. Seinem Wissen nach seien alle Gruppenmitglieder vorher Kämpfer gewesen. Er bezog darin diejenigen ein, die sich dem Untergrund angeschlossen hatten, aber gefasst und in Lager geschickt worden waren, wie beispielsweise Poldek (Jehuda Wassermann, später Maimon), der in Krakow Mitglied des *HeChalutz HaLochem* (Der kämpfende Pionier) gewesen war, zweiundzwanzig Monate in Auschwitz verbringen musste, wo es ihm gelang, mit dem internationalen Untergrund Verbindung aufzunehmen und dem Todesmarsch zu entkommen. Oder Arie (Leib, genannt Leibke) Distel, der dem FPO-Untergrund in Wilna angehörte, verhaftet und in ein Lager in Estland transportiert wurde. Beide galten natürlich als Kämpfer. Kovners Erklärungen sei hinzugefügt, dass die Nakam-Mitglieder sich durch Kampfgeist auszeichneten, auch wenn sie noch nicht wirklich gekämpft hatten. So war Mosche (Manek) L. aus Bedzin, Häftling im Auschwitz-Außenlager ‚Günthergrube' anscheinend in keinem Untergrund gewesen, und die in Wilna aufgewachsene Rachel Galperin-Gliksmann war nicht in den Untergrund aufgenommen worden. Dennoch durften beide sich der Nakam-Gruppe anschließen.[13]

Das Verlangen nach Vergeltung galt als Teil des Kampfes gegen die Nationalsozialisten, und deswegen wurden für die Gruppe Leute ausgewählt, die bereits während der Schoa einschlägige Erfahrungen gesammelt hatten und über „List, Flexibilität, scharfen Verstand, Improvisationsgabe und Durchhaltevermögen" verfügten – das waren Kovners Kriterien. Sie mussten zudem verstanden haben, dass es um eine nationale Vergeltung ging, um Rache eines Volkes am anderen, und nicht um private Rache aufgrund persönlich erlittener Grausamkeit. Sie waren der Überzeugung, das ganze deutsche Volk habe von den Gräueln gewusst und sich auch tatkräftig daran beteiligt. Kovner wählte seine Mitstreiter aufgrund ihrer Persönlichkeit aus, nicht aufgrund ihrer Zugehörigkeit zu Parteien oder Jugendbewegungen. Sie hatten früher einmal ein breites Spektrum politischer Anschauungen vertreten, aber, wie schon gesagt, durch Krieg und Schoa hatten alle Ideologien ihre Bedeutung verloren.

Die Nakam-Mitglieder entstammten verschiedenen Regionen und verschiedenen Bewegungen, deswegen hätten sie laut Kovner anfangs eine Art Konföderation gebildet, die sich später zu einer Einheit verfestigte. Kovner hob hervor, er habe Persönlichkeiten ausgewählt, die auch unter schwersten Umständen standhalten würden, wenn sie beispielsweise ihre Kameraden oder überlebenden Angehörigen verlassen müssten, um sich allein unter Deutsche zu mischen, was naturgemäß an sich schon fast unerträglich gewesen wäre. Dann würden sie nicht mehr Jiddisch oder Hebräisch sprechen und sich nicht als Juden zu erkennen geben dürfen, sie müssten Teil einer konspirativen Operation werden, Not und Einsamkeit bewältigen müssen und sich einer Idee hingeben, die in einer normalen Welt als wahnhaft oder etwas Schlimmeres gegolten hätte.[14] Es wurden junge Menschen ausgewählt, die bereit waren, sich der Racheidee mit Haut und Haar zu verschreiben, den vollen Preis dafür zu zahlen, auf alles andere zu verzichten, von vornherein das Ertragen von Isolation und Qual zu akzeptieren und in Kauf zu nehmen, dass sie unter Umständen ihr Leben opfern müssten. Alle, die ausgewählt wurden, hatten dem Tod bereits mehr als einmal aus nächster Nähe ins Auge geblickt. Dass sie überlebt hatten, erfüllte sie mit Verzweiflung und dem Gefühl der Sinnlosigkeit, und hierin lag der Grund für ihre Bereitschaft, wie der biblische Samson mit den Philistern unterzugehen.

Diese und ähnliche Gefühle bemächtigten sich in der Regel aller Überlebenden, und sie stellten sich erst nach der Befreiung ein. „Anstatt dich umzubringen, nachdem du heimgekommen warst und herausfinden musstest, dass du niemanden mehr hattest, dass das Unheil unbegreiflich war, stieg das Verlangen nach Rache in dir auf. Die Ausführung der Vergeltung war eine Art des Selbstmords, denn nach ihr gäbe es keinen Grund mehr weiterzuleben." Diese Gedanken vertraute Poldek dem Historiker Natan Beirak an, der einige der Gruppenmitglieder eingehend befragte und von ihnen hörte, sie hätten vorgehabt, sich nach der Tat selbst zu töten. Außerdem erklärten sie, die Zugehörigkeit zur Gruppe hätte ihnen Kraft gegeben, die Schuldgefühle zu ertragen, die sie empfanden, weil sie am Leben geblieben waren. „Ich bin am Leben geblieben, um für alle jene, die nicht mehr da sind, das zu tun, was sie sich sehnlichst wünschten: Rache, Rache." Die Rachepläne schoben den Selbstmord also zunächst einmal auf. Allen war klar, dass sie mit einem Todesurteil zu rechnen hätten, sollten sie nach dem Racheakt gefasst werden und keine Zeit mehr haben, sich umzubringen. Und würden sie nicht gefasst, wie sollten sie dann unter dem Schatten der Tat weiterleben?[15]

Nach der Rückkehr aus den Wäldern und nach der Befreiung Wilnas hatte Kovner sich den sowjetischen Fallschirmspringern angeboten, um mit ihnen über Berlin abspringen zu können, doch dieses Ansinnen wurde von der Roten Armee, die private Racheakte befürchtete, strikt zurückgewiesen, ebenso wie von Vitka und Ruzka, denen klar war, dass Kovner, der das Ausmaß der Katastrophe nicht ertrug, nach einem Weg in den Tod suchte, ohne selbst Hand an sich legen zu müssen.[16]

Ein weiteres gemeinsames Wesensmerkmal der Kameraden, das ihrem Vorhaben eigentlich entgegenwirkte, lässt sich wie folgt beschreiben: Es fehlte ihnen an der zum Töten notwendigen Mentalität und Ausbildung. Die damals unerlässliche Bereitschaft, ein Todesurteil ohne Gerichtsverhandlung zu vollstrecken, widersprach in jeder Weise der Erziehung, die sie genossen hatten. Sie waren fast alle zu Humanität, zwischenmenschlicher und internationaler Solidarität sowie zum universellen Streben nach einem besseren Morgen erzogen worden und dementsprechend den Linken zuzurechnen. Gusta Dräger, die Frau von Schimschon (Szymek) Dräger, der den *HeChalutz HaLochem*-Untergrund in Krakow geleitet hatte, wo Gusta selbst der *Akiwa*-Bewegung angehörte, schrieb in ihr Tagebuch, sie hätten nicht gewusst, wie es in einem militärischen Verband zuginge, denn sie seien ihrem ganzen Wesen nach doch lediglich Mitglieder von Jugendbewegungen. Manos Diamant erklärte: „Der Gedanke an Rache war die ganze Zeit da, aber wir waren keine Professionellen." In der Zeitschrift des *HeChalutz HaLochem* war zu lesen: „Wir wissen nicht, wie man tötet – das ist alles. [...] Blutvergießen erfüllt uns mit Abscheu."[17] Schimon Lavie, der Sohn von Anna und Mundek Lukaveitski, fragte, nachdem er die Geschichte seiner Eltern gehört hatte: „War mein Vater der geborene Attentäter? War meine Mutter eine geborene Attentäterin? Die Antwort lautet nein. Richtiger ist es zu fragen, ob sie in einem bestimmten Augenblick zu Attentätern hätten werden können, und darauf fällt die Antwort positiv aus." Dieser bestimmte Augenblick war für seine Mutter gekommen, als sie von dem ukrainischen Gettokommandanten vergewaltigt wurde, den sie in derselben Nacht mit einem Messer tötete. Dieser bestimmte Augenblick kam für seinen Vater, als er aus der Ferne mitansehen musste, wie Ukrainer seine Familie ermordeten und die toten Körper mit Fußtritten in die Grube beförderten.[18] Sogar nach den Traumata der Schoa hatten die Kameraden eine seelische Barriere zu überwinden, die auf der vor dem Krieg erhaltenen Erziehung beruhte und die sie abbauen mussten, bevor sie sich dem Racheunternehmen widmen konnten.

Als ehemalige Mitglieder von Jugendbewegungen, Parteien oder dem Untergrund ließen sich die Kameraden stets von Pflichtgefühl und Zielstrebigkeit leiten. So erklärte beispielsweise Ruzka, als sie in Rumänien von Abgesandten des Jischuws nach Erez Israel geschickt wurde, obwohl sie eigentlich zu ihren Kameraden zurückkehren wollte, um ihnen mitzuteilen, dass der Weg von Wilna nach Süden offen sei: „*As wenn menn darft gehen, dann geht menn.*" (Wenn man gehen soll, dann geht man.) Wenn man einen Befehl oder eine Anweisung bekommt, dann befolgt man sie. Sie waren als Soldaten, als Mitglieder von Bewegungen darauf getrimmt, Aufträge auszuführen. Josef (Julek) Harmatz, ehemaliger Genosse im Komsomol, dem Jugendverband der Kommunistischen Partei, der im Getto und später im Wald sehr viel Zeit mit Abba Kovner verbrachte, gestand: „Wenn Abba mir befohlen hätte, einen Juden zu töten, dann hätte ich das getan, gar keine Frage." Schlomo Kless, der mit seiner HaSchomer HaZa'ir-Gruppe nach Osten in die Sowjetunion floh und mit der Befreiung zurückkehrte, erklärte, dass die Mitgliedschaft in einer Bewegung ausschlaggebend gewesen sei. In den Jahren der Schoa kristallisierten sich in den Bewegungen ‚Führungskerne' heraus, wie er sie nannte, die Aufgaben innerhalb der Bewegung und in der Öffentlichkeit übernahmen und sich für aktive Reaktionen auf das Geschehen einsetzten. Mitglieder einer Bewegung mussten dem Auftrag der Selbstverwirklichung innerhalb ihrer Organisation treubleiben und Befehle ausführen. Es herrschten Normen der Kameradschaft, des gegenseitigen Vertrauens und der inneren Zusammengehörigkeit, es gab ein „relativ festumrissenes Modell einer Aktivistin, eines Aktivisten".[19]

Um die Frage nach den Gemeinsamkeiten unter den Nakam-Mitgliedern abzuschließen, sei noch auf den Aspekt der Kontinuität in Bezug auf Entscheidungen der Führungspersönlichkeiten hingewiesen. Ein Teil der Mitglieder war Abba Kovner seit den Tagen des Gettos und der Wälder gefolgt. Damals hatte er ihrem Leben durch den Aufruf zur Selbstverteidigung und zum Anschluss an die Partisanen Richtung und Sinn gegeben, worin vielleicht das Geheimnis seiner Führerschaft lag. Rachel Galperin-Glicksman erzählte, dass Abba die Mitglieder der Nakam-Gruppe genauso auswählte, wie er vorher im Getto diejenigen ausgewählt hatte, die mit ihm zu den Partisanen gehen würden, und wie er Personen für bestimmte Missionen auswählte. Sie stellte das ohne jeden Groll fest, obwohl Kovner sie nicht in den Untergrund aufgenommen hatte. Zelda Trager (später Nisanilovitz), als Partisanin für ihre Tapferkeit bekannt, berichtete: Auch nach dem Krieg akzeptierten wir die Anweisungen Kovners wie selbstverständlich. In einer Zeit, in der es keine Autoritäten mehr gab, war er immer noch die Quelle der Autorität. Damit betont Zelda die Gefolgschaft als gemeinsamen Nenner. Als die Sowjets 1939 in Wilna einzogen, teilten sich die Mitglieder von Jugendorganisationen in Fünfergruppen auf, die geschlossen in den Untergrund gingen. Auch im Getto bestand der Untergrund aus Fünfergruppen. Manchmal wusste ein Bruder nicht, dass sein anderer Bruder ebenfalls zu den Aufständischen gehörte, wie es Julek Harmatz geschah, so konsequent war die Geheimhaltung.[20] Die Gruppenmitglieder hatten die Vorstellung vom Untergrund mit seiner strengen Gliederung dermaßen verinnerlicht, dass sie ihnen zur zweiten Natur geworden war. Das galt auch für Kovner, der während der sowjetischen Besatzung Fünfergruppen aufgebaut und die Treue seiner Mitstreiter sowie ihre Fähigkeit zur Geheimhaltung stets überprüft hatte, wie er es später im Getto ebenfalls zu tun pflegte. Dann kam die Zeit des Kampfes in den Wäldern, die wie eine Fortsetzung der ‚Gettozeit' war. Kovner befehligte eine Einheit mit Namen ‚der Rächer', eine weitere Einheit hieß im Geist der Tradition der Roten Armee ‚Tod dem Faschismus'. Joseph Glazman von der *Beitar*-Bewegung, der zum Triumvirat der Führung des Wilnaer Untergrunds gehört hatte, befehligte eine Einheit, die sich *Nekama*, Rache, nannte; in ihr dienten in die Wälder von Narocz abgetauchte Angehörige der Partisanenvereinigung FPO.

„Rache war in jenen Tagen in der politischen Kultur im sowjetischen Gebiet völlig legitim, und nicht nur in der politischen Kultur", erklärte Kovner Levi Arieh Sarid gegenüber, dem Historiker, der die Geschichte der Nakam-Gruppe anhand von Kovners mündlichen Berichten aufzeichnete. „Es gab damals nichts Natürlicheres als die Jagd auf Nationalsozialisten [...] und viele widmeten Aktionen dieser Art ihre ganze Kraft."[21] Es gab von oben initiierte Racheakte, an denen sich noch vor dem Kriegsende Einheiten der im Gebiet anwesenden Armeen beteiligten, darunter auch in der Roten Armee dienende Juden, während sie in Richtung Deutschland und Berlin vorrückten. Nach dem Krieg meldeten sich viele Juden freiwillig zu den Milizen und dem NKWD, um ihren Rachedurst an den Mördern ihrer Familien und Gemeinden zu stillen.

In die Nakam-Gruppe wurden auch Mitglieder aufgenommen, die, wie die Juden aus Rovno, bereits Gelegenheit gehabt hatten, sich an den Mördern aus der einheimischen Bevölkerung zu rächen, bevor sie Richtung Lublin zogen.[22]

Gründe für den Wunsch nach Rache

Die wichtigsten Beweggründe der Nokmim, der Mitglieder der Nakam-Gruppe, waren selbstverständlich die Gräuel der Schoa und das unbezähmbare Verlangen, sich an den Nationalsozialisten und ihren Helfershelfern angemessen zu rächen. Wer das Inferno lebend überstanden und die völlige Unsicherheit und Hilflosigkeit erfahren hatte, die es den Deutschen ermöglichten, nahezu ein Drittel des jüdischen Volkes auszulöschen, wollte sich rächen um sicherzustellen, dass das jüdische Volk nicht abermals angegriffen würde. Abba Kovners Sohn Michael erzählte, der Auftrag, die Existenz des jüdischen Volkes abzusichern, habe im Innern seines Vaters gebrannt wie Feuer.[23] Pascha erklärte seinem Sohn Avi, der primäre Antrieb sei nicht das gewesen, was die Deutschen getan hätten, sondern das, was zu tun sie ihre Opfer zwangen, denn das sei die schlimmste Erniedrigung gewesen. Bevor Pascha im Krankenhaus das Bewusstsein verlor, erzählte er seinem Sohn die ‚wahrhaftigste Geschichte', die er je erzählt hatte. Als die Kampfgruppe aus dem Getto durch die Kanalisation in die Wälder zog, blickte ihnen ein älterer, im Getto zurückgelassener Mann nach. Der anklagende Blick dieses Mannes habe Pascha bis zu seinem letzten luziden Tag verfolgt.[24]

Zu diesem ungeheuren ursprünglichen Anliegen kamen nach der Schoa für die Nakam-Mitglieder und andere Überlebende weitere Motive hinzu. Zu allererst sei das Gefühl genannt, mit einer Mission beauftragt zu sein, den letzten Willen der ermordeten Eltern, Schwestern und Brüder erfüllen zu müssen, deren letzte Worte, als sie dem Tod bereits ins Auge sahen, Vergeltung forderten. Sollten die Nachgebliebenen etwa weiterleben, als ob nichts geschehen sei? Das wäre einer Beleidigung des Andenkens der geliebten Toten gleichgekommen, die das Verlangen nach Rache als Vermächtnis hinterlassen hatten. Das Wort Rache fand sich in blutigen Buchstaben an jeder Wand, in jedem Ort, an dem sie auf ihrem Weg nach Lublin vorbeizogen. Untätigkeit wäre einer Beleidigung all der Verlorenen gleichgekommen, als sei ihr qualvolles Sterben der Mühe nicht wert. „Die Rache enthält die Grundlage der Erinnerung“, schrieb der Historiker Zwi Bacharach, „Rache ist notwendig, um des geliebten Menschen, der in den Tod ging, zu gedenken.[25] Es war unmöglich, nach der größten Katastrophe, die das Volk in seiner langen Geschichte heimgesucht hatte, zur Tagesordnung zurückzukehren, als gäbe es in der Welt weder Lohn noch Strafe, kein Gericht und keinen Richter, als stünden die Juden außerhalb der Geschichte, deren Rad sich ohne sie weiterdrehte.

Die Nakam-Mitglieder, die während des Krieges den Führern ihrer Bewegungen mit Bewunderung gelauscht hatten, betrachteten deren Worte als Vermächtnis, das Kovner nun der Verwirklichung entgegenführte. Zippora Birman, die dem *Kibbuz Tel Hai* der *Dror*-Bewegung in Bialystok angehört hatte, forderte in einem nach Palästina geschickten ‚Brief an die Kameraden‘ „Rache ohne Erbarmen, ohne Gefühle, ohne ‚gute‘ Deutsche [...]. Für ‚gute‘ Deutsche leichtes Sterben [...]. Unsere gebrochenen Knochen finden keinen Trost. [...] Behaltet das in Erinnerung, erfüllt unseren Willen!“[26] In der Zeitschrift des *HeChalutz HaLochem* schrieben die Mitglieder der *Akiwa*-Bewegung in Krakow, von denen eine Gruppe zu den *Nokmim* (Rächern) gestoßen war: „Auf ewig werden wir uns daran erinnern, dass das vergossene Blut [der gefallenen Brüder] nach Rache schreit, und rächen werden wir uns, damit die Welt für immer weiß, dass unschuldiges Blut nicht ungestraft vergossen wird.“[27]

Der zweite Beweggrund für das Racheverlangen lag in der räumlichen und zeitlichen Nähe zum ungeheuerlichen Geschehen. „1945 standen wir neben den frischen Gräbern. Die Schreie hallten uns noch in den Ohren. Nach fünfzig Jahren kann man sich das kaum mehr vorstellen“, erklärte Manos Diamant.[28] Schmerzhafte, nicht nachlassende Erinnerungen, verlorene Angehörige und Freunde, von denen man sich nicht einmal hatte verabschieden können – der Verlust war kaum zu bewältigen, blieb unbegreiflich, die Gräuel ereigneten sich in jedem Augenblick erneut.

Ein dritter Beweggrund entsprang der Frage der jungen Menschen, ob sie überhaupt berechtigt seien, nach der Schoa in ein normales Leben zurückzukehren. Kovner erklärte Anita Shapira 1982 am Vorabend seiner Erkrankung und einige Jahre vor seinem Tod in einer Art zusammenfassender Aussage, die er machte, noch bevor die Gruppe insgesamt beschlossen hatte, ihre Geschichte an die Öffentlichkeit zu tragen, sie hätten sich nicht vorstellen können, dass sie berechtigt gewesen seien, überhaupt ins Leben zurückzukehren, nach Erez Israel zu gehen, eine Familie zu gründen. Sie hätten gewusst, dass die meisten von ihnen dann einen Kibbuz aufbauen, morgens aufstehen und an die Arbeit gehen und auf diese Weise die Rechnung mit den Deutschen begleichen würden. Deutschland war noch nicht befreit [als sie die Racheidee entwickelten], aber eines Tages würde es befreit sein und dann wären sie womöglich per Schiff auf dem Mittelmeer unterwegs.[29] Zila (Cesia) Rosenberg (später Amit), die im Untergrund des Gettos Wilna einige gefährliche Missionen ausgeführt hatte, schrieb: „Wäre ich denn in der Lage gewesen, ein ‚normales' Leben zu führen wie alle anderen? Die Beschwerlichkeiten einer Routine auf mich zu nehmen? [...] Wegen unwesentlicher Dinge zu lachen und zu weinen? Die kleinen Dinge des Leben zu genießen, beim Lächeln eines Säuglings dahinzuschmelzen, Kinder zur Welt zu bringen, eine Familie zu gründen, als wäre nichts geschehen, als hätte ich nicht den Grund der Hölle berührt, die noch immer in mir lebt, als würden meine Toten mich nicht mehr überall hin begleiten? Dürfte ich das wollen, wäre ich dazu imstande? Mit welchem Recht?"[30]

Ähnliche Fragen quälten viele Überlebende und ließen sie nicht zur Ruhe kommen. Sie zweifelten an ihrem Recht zu leben, sie fragten sich, aufgrund welcher Vorzüge sie verschont geblieben waren. Warum sie, warum nicht andere, die es eher verdient hätten? Da sie aber nun einmal überlebt hatten, wie hätten sie der Vergangenheit den Rücken kehren, wie ein neues Leben beginnen können, als sei nichts geschehen?

Ein vierter Beweggrund war das Ausmaß der Schoa, das sich, wenn auch fragmentarisch, so doch in Windeseile herumsprach. Ob die Davongekommenen nach der Befreiung aus den Lagern, aus den Wäldern oder aus anderen Verstecken auftauchten, sie trafen sich auf den Straßen, an den Wegstationen und erzählten einander vom Geschehen in den Gettos, den Stetln, den Wäldern und den Lagern. Je mehr Berichte ausgetauscht wurden, desto deutlicher zeichnete sich das Schreckensbild ab. In ganz Europa gab es demzufolge Regionen und Städte, deren jüdische Bevölkerung auf vorher ungekannte Weise industriell ermordet worden war. Man hörte von ungeheuren Grausamkeiten und Verbrechen unfasslichen Umfangs. Wie es zu der Zahl ‚sechs Millionen' kam, ist nicht bekannt. Obwohl man sich noch keinen gesicherten Überblick verschaffen konnte, wurde bereits Ende 1944, nach der Befreiung der ersten Gebiete in Osteuropa, von dieser Zahl gesprochen, und später, nach der Auswertung aller Daten, erwies sie sich als erstaunlich korrekt. Die exakten Berechnungen zählten 5.870.000 ermordete Juden, fast ein Drittel der jüdischen

Vorkriegsbevölkerung. Diese unglaubliche Zahl trug zu dem Gefühl bei, dass man über ein solches Verbrechen auf keinen Fall hinweggehen konnte. Israel Gutman, neben Jehuda Bauer eine der Säulen der Schoa-Forschung, erklärte allerdings, gerade das beispiellose Ausmaß der Gräuel habe eine angemessene Vergeltung ad absurdum geführt und die Möglichkeit, Gleiches mit Gleichem zu vergelten, gänzlich ausgeschlossen.

Die Besuche an den Schauplätzen des Massenmordens lieferten den fünften Beweggrund für das Rachebedürfnis. Nach der Befreiung Wilnas im Juli 1944 machten sich Partisanengruppen, Überlebende und andere auf ins nahegelegene Ponar, einen Ort massenhafter Exekutionen. Hier waren die meisten Mitglieder der renommierten jüdischen Gemeinden Wilnas, des ‚Litauer Jerusalems' hingerichtet worden, mit ihnen jüdische Bürger anderer Ortschaften in der Region, dazu sowjetische Kriegsgefangene, insgesamt 70.000 bis 100.000 Menschen. Wie benommen, aber mit geballten Fäusten kehrten die Kameraden von dort zurück. Beim Anblick der riesigen runden Gruben war ihnen das ungeheure Ausmaß des Mordens klar geworden, die inhumane Brutalität der Mörder, die hilflos vor ihnen stehende Menschen erschossen hatten. Die Spuren waren noch sichtbar, unbestattete Leichen lagen herum, und die Besucher wussten nur zu gut, wer dort am Rand der Gruben umgekommen war: „Die Eltern und alle Nachbarn […], die Herrschaften und die Proletarier, Fromme und Assimilierte und Getaufte, Gemeindesprecher, Synagogenvorsteher, Mäzene, Kantoren, Schächter, Hausierer und Wasserträger, Kommunisten und Zionisten, die Intellektuellen und die Künstler, die Dorftrottel und rund viertausend Kleinkinder, alle." So beschreibt Amos Oz das Ende der jüdischen Bevölkerung.[31]

Nach diesem Besuch erstellte Abba Kovner einen detaillierten Fragebogen und ließ ihn von den sich allmählich versammelnden Überlebenden in Vorbereitung auf ein zukünftiges Gerichtsverfahren, auf Bestrafung und Rache ausfüllen. Noch unter dem Eindruck des Gesehenen machte Kovner dem Frontkommandeur der von Wilna aus Richtung Westen vorrückenden Roten Armee den Vorschlag, die Reste der jüdischen Partisanengruppen zu einer Kampfeinheit zu vereinen, die auf deutschem Boden Rache- und Sabotageakte durchführen könnte. Wie erwähnt, schlug er zudem die Bildung einer Fallschirmtruppe vor, doch beide Ansinnen wurden zurückgewiesen. Vitka und Ruzka sprachen sich gleichfalls dagegen aus, denn sie befürchteten, bei solchen Einsätzen würden die wenigen am Leben gebliebenen Kämpfer auch noch fallen. Diese hätten doch schon das Ihre zum allgemeinen Sieg beigetragen, und jetzt müssten die jüdischen Interessen an erster Stelle stehen. General Ivan Tschernjachowski, ein in mehreren Schlachten siegreicher, hochdekorierter

‚Held der Sowjetunion', der vermutlich jüdischer Abstammung war und dessen Truppen Wilna befreit hatten, pflichtete den Frauen bei.[32]

Im Dezember 1944 und in den ersten Monaten des Jahres 1945 wanderten in Lublin eingetroffene Überlebende zum acht Kilometer entfernten Arbeitslager Majdanek, in dem ein bestimmter Bereich als Todeslager fungierte. Nicht alle schafften es, den Schreckensort zu besichtigen, bevor die Sowjets ihn kurz nach der Befreiung für Besucher schlossen, doch wer dort gewesen war, kehrte noch benommener zurück als aus Ponar. Während sie für zwei Jahre im Getto eingeschlossen waren und anschließend zehn Monate in den Wäldern hausten, hatten Litauens Juden nicht gewusst, dass die Mordmaschinerie nicht nur in den Gruben und Schluchten ihrer näheren Umgebung wütete und dass die meisten Juden Europas, drei Millionen Seelen und mehr, mit Sicherheit aber die meisten Juden Polens, dessen Boden sie jetzt betraten, in riesigen Konzentrationslagern ermordet worden waren.

„Der Besuch in Majdanek entfachte das Feuer der Rache", erklärte Gavriel (Gabi) Sedlis (Schedlitz), der als Mitglied des Untergrunds in die Wälder gegangen war und sich als geschickter Dokumentenfälscher erwiesen hatte. Seine Mutter war in Majdanek ermordet worden. Dass sie auf diese Weise sterben musste, löste bei Gabi auch am Tag seiner Befragung noch Zorn und Erschütterung aus. Menasche Gewissar, zunächst Kassenwart der *Bricha* und später einer ihrer Leiter, erzählte, der Anblick von Majdanek „hat mich persönlich dazu gebracht, nach Rumänien zu gehen", um der Welt davon zu berichten. „Dort erfuhr ich zum ersten Mal von den Todeslagern und den Gaskammern", schrieb Cesia Rosenberg-Amit, bevor sie ihren Beitritt zur Nakam-Gruppe schilderte. Mira (Mirka) Verbin-Schabetzky, Mitglied des Wilnaer Untergrunds und Partisanin, bekannte: „Als ich erfasst hatte, was in Majdanek vor sich gegangen war, sagte ich mir, das Partisanenleben sei, verglichen mit dem, was die Juden dort zu erleiden hatten, gar nichts." Julek Harmatz gab zu Protokoll, nachdem er in Lublin gesehen habe, was geschehen war, dass sie dort Menschen verbrannt hatten, „da sagten wir uns, wir dürfen Europa nicht verlassen, bevor wir uns nicht an den Deutschen gerächt haben. [...] Wir waren entsetzt, besonders als ehemalige Kämpfer. Man konnte sich nicht vorstellen, dass es noch Schrecklicheres gäbe als das." Und Vitka sagte aus: „Bevor wir dort hinkamen, hatten wir gedacht, die schlimmsten Dinge seien in Wilna geschehen." Ähnlich äußerte sich auch Ben-Meiri, der nach dem Einmarsch der Deutschen in Litauen nach Osten in die Sowjetunion geflohen war und nun von dort zurückkehrte: „Als wir aus Majdanek zurückkamen, begannen wir darüber nachzudenken, was zu tun sei."[33] Während des Vormarsches Richtung Deutschland wurden Hunderttausende von sowjetischen Soldaten durch Majdanek und Treblinka geführt, um sie seelisch auf einen erbarmungslosen Angriff vorzubereiten. Ganz eindeutig nutzten die Sowjets die jüdische Tragödie zu eigenen Zwecken, denn die Offiziere hatten beobachtet, dass nichts den Rachedurst so anfeuerte wie ein Besuch in den Todeslagern. Möglicherweise hat man den Soldaten vorenthalten, dass hier in erster Linie Juden umgebracht worden waren; der damaligen Sprachregelung zufolge hieß es, es seien „Sowjetbürger“ gewesen.[34]

Die Bauten mit den Gaskammern und die runde Klappe, in die die Zyklon B-Dosen entleert wurden, waren noch unbeschädigt an Ort und Stelle; sie sind es bis heute. Der Besucher schaudert, schaut sich kurz prüfend um, ob die schwere Eisentür auch nicht hinter ihm ins Schloss fällt, und bedenkt die Industrialisierung des Mordens, die kühle, effektive Planung, den genau berechneten Vorgang, der einen Menschen aus Fleisch und Blut in Asche verwandelt. Weitere Überlebende, die aus verschiedenen anderen Städten Polens eintrafen, erzählten den Litauern von Treblinka und Chelmno. Groß war ihr Entsetzen, als sie Gruppen aus Auschwitz begegneten, die noch die gestreifte Kleidung der Gefangenen trugen. So vermischten sich die Eindrücke aus Majdanek mit denen aus Ponar und mit den Schilderungen der anderen Todeslager, und sie alle forderten eine Reaktion.

Kovner war durch und durch erschüttert und fand keine Ruhe. Die Vorstellung, sich am deutschen Volk auf wirksame Weise zu rächen, überflutete ihn und seine Kameraden, nachdem sie nun Einblick in das System der Massenmordmaschinerie bekommen hatten. Die Rache wurde für diese jungen Menschen zunehmend zu einem Mittel, die zerstörte jüdische Ehre wieder herzustellen, die sich immer deutlicher abzeichnende kollektive Erniedrigung und die Ohnmacht der Opfer auszugleichen.

Der sechste Beweggrund, der mit aller Macht wieder ausbrechende Antisemitismus, war ein fundamentaler und seine Wichtigkeit kann gar nicht genug betont werden. Täglich nagte die Angst an Kovner und seinen Kameraden; jetzt nicht mehr vor den inzwischen zurückgeworfenen Deutschen, sondern vor den Sowjets, die immer weiter nach Westen vordrangen, ein Land nach dem anderen eroberten und auch Majdanek in Besitz genommen hatten. Der Krieg war zu Ende, aber war es auch die Schoa? Würde sich das Schlachtmesser auf den Feldern von Treblinka vielleicht bald wieder drehen?[35] Juden, die im Juli 1944 nach Kiew zurückkehrten und wieder in ihre Häuser ziehen wollten, mussten erleben, dass die Ukrainer, die sich dort eingenistet hatten, nicht weichen wollten. Juden wurden aus fahrenden Straßenbahnen geworfen, andere verprügelt; ein Pogrom lag in der Luft, und es gab keine Autorität, bei der man hätte Alarm schlagen können. Juden, die nach der Befreiung Litauens aus den Wäldern und anderen Verstecken hervorkamen, um ihre Angehörigen und vielleicht einen kleinen Teil ihres Eigentums wiederzufinden, wurden vor ihren Häusern von Nachbarn und einheimischen Gruppen, die sich verborgen hatten, um nicht zur deutschen Armee eingezogen zu werden, erschlagen. In den Kleidertaschen von fünf Juden, einigen der wenigen, die überlebt hatten und dann im litauischen Städtchen Eišiškės ermordet wurden, fand man einen in polnischer Sprache geschriebenen Zettel: Das ist das Schicksal aller Juden, die am Leben geblieben sind.[36]

In einem Interview mit dem Dichter Haim Gouri sprach Kovner davon, wie wichtig es sei zu verstehen, was den Partisanen, die aus den Wäldern zurückkehrten, entgegenschlug: „... die tiefe Feindseligkeit der uns umgebenden Welt." Eine Feindseligkeit, die wie eine Fortsetzung der Gettotage erschien oder sogar der im Wald verbrachten Zeit, als jüdische Partisanen von nationalistischen polnischen Partisanen umgebracht und von sowjetischen Soldaten belästig wurden, die ihnen ihre Waffen abnahmen und sie dem Tod auslieferten. Nach der Befreiung hielten nationalistische polnische Gruppen Züge an, suchten die Juden heraus und brachten Dutzende und Hunderte von ihnen um. Es setzten sich also nicht nur die Tendenzen aus dem Getto und den Wäldern fort, der Antisemitismus erhielt vielmehr eine neue Dimension. Die sowjetische Herrschaft in Osteuropa verfestigte sich, und die überlebenden Juden wurden mit ihr identifiziert. Die Polen sprachen vom ‚Zydokumuna', dem jüdisch-kommunistischen Regime, als würden die Sowjets sich mit Hilfe der Juden ihres Landes bemächtigen. Ob das nun der wahre Grund war, der sich über den anhaltenden traditionellen katholischen Antisemitismus legte, oder lediglich ein Vorwand, oder ob der eigentliche Grund die polnischen Untaten waren, nach denen es für Juden kein Bleiben in Polen mehr geben konnte, wie der polnische Historiker Jan Gross meinte: Der mörderische Antisemitismus trieb sein Unwesen ungezügelt und mit aller Macht.[37]

Einheimische Nationalisten, vor allem die aus dem rechten polnischen Untergrund „Armia Krajowa" (AK), der Armee des Heimatlandes, die noch die Hoffnung hegten, ein freies Polen anzuführen, organisierten Terrorakte gegen das sowjetische Regime, das sich kürzlich ihres Landes bemächtigt hatte, und schlossen die Juden gleich mit ein. „Die Ermordung von Juden passte vorzüglich in ihre Pläne [...], sie hatten ihren Spaß daran, und nach und nach fielen ihnen die wenigen Überlebenden zum Opfer", sagte Kovner zu Haim Gouri. Aber die Begegnung mit den notorischen Israel-Hassern, den erklärten Antisemiten war weniger bedrückend als die Begegnung mit der dumpfen Mehrheit, die den Überlebenden gegenüber, „in ihrem Benehmen oder ihren Beschimpfungen Entsetzen und Bedauern darüber zum Ausdruck brachten, dass Hitler ihnen noch Arbeit übriggelassen hatte." Als Kovner ins befreite Wilna zurückkehrte und das Haus seiner Familie menschenleer vorfand, setzte er sich auf die Stufen und legte den Kopf in die Hände. Ein vorübergehender Nachbar wunderte sich: „Bist du etwa noch am Leben!?“[38]

Ähnliches geschah auch an Orten, die, wie Ostpolen, später, im Jahr 1945, befreit wurden. Am Schlimmsten wütete der Antisemitismus im polnischen Kielce. Dort wurden während des Pogroms von Anfang Juli 1946 zweiundvierzig Juden umgebracht, aber es war anderenorts schon vorher zu Pogromen gekommen, so in Krakow, Radom, Czestochowa, in und um Warschau, in Lodz und Umgebung. Weniger als zwei Wochen nach dem Pogrom in Kielce berichteten die Zeitungen in Erez Israel von dreiunddreißig in einem polnischen Zug ermordeten Juden und von achtundzwanzig weiteren, die mit Gewalt aus einem Zug herausgeholt und auf der Stelle ermordet worden waren. Auch über Leichenfunde an anderen Orten wurde geschrieben. Hilferufe wie „Wir leben auf einem Vulkan. In Krakow gab es einen offenen Pogrom mit Toten und Verletzten. Der Antisemitismus nimmt zu, immer mehr Pogrome drohen [...]. Helft uns!“ erreichten Erez Israel. Später traf ein detaillierter Bericht über die Hetze ein, die vor dem Pogrom veranstaltet worden war. Juden wurden des Ritualmords beschuldigt und Plakate mit der Aufschrift „Gegen die jüdischen Mörder“, die in der Synagoge katholische Kinder geschlachtet haben sollten, stachelten den Pöbel auf.[39]

Die Sowjets, die de facto bereits in den baltischen Staaten und in Polen herrschten und auf das hinarbeiteten, was später der Ostblock genannt werden sollte, ignorierten diese Morde und bestraften die Täter nicht, wie sie ja auch die Juden ungeschoren ließen, die sich an den NS-Kollaborateuren gerächt hatten.

Während der deutschen Besatzung hatte eine Polin hundertzwölf in Wilna versteckte Juden verraten, die daraufhin auf eine Art gefoltert wurden, die sich nur ein perverses Hirn ausgedacht haben konnte. Auf dem Weg nach Ponar gelang es diesen Opfern, jemandem einen Brief mit genauen Beschreibungen zu übergeben. Nach seiner Rückkehr aus den Wäldern beschloss Kovner, die Denunziantin umzubringen und beriet sich mit einem Mann aus dem Kreis des bekannten Schriftstellers und Journalisten Ilja Ehrenburg, von dem er zu erfahren hoffte, wie die Autoritäten auf eine solche Tat reagieren würden. Die Antwort lautete: „Du bist doch Partisan. Tu, was zu tun du verstehst. Aber pass‘ auf, nicht in aller Öffentlichkeit.“

Aufgrund von Daten, die die Hagana in Europa sammelte und nach Erez Israel weiterleitete, wurden in der zweiten Hälfte des Jahres 1945 und zu Beginn des Jahres 1946 mindestens tausend Juden ermordet, die meisten in Polen. Aber auch in der Slowakei und Ungarn kam es zu Pogromen, und Historiker sind der Meinung, dass eine Zahl von ungefähr tausendfünfhundert Ermordeten den

Tatsachen am nächsten kommt. (Ein einziger Historiker schätzt, es seien nur einige Hundert gewesen.)[40]

Außerdem trieben Banden bestehend aus ehemaligen Nationalsozialisten, kriminellen Elementen und Kriegskollaborateuren, die vor allem in Deutschland und Österreich weiterhin Juden verfolgten und ermordeten, ihr Unwesen, als sei ihre schändliche Aufgabe noch nicht zu Ende geführt. In den Kommandozentralen der Alliierten herrschte der Verdacht, dass extreme NS-Organisationen auch nach der Niederlage von den Bergen Süddeutschlands und Österreichs aus mit Guerilla- und Terrorakten gegen ihre Soldaten kämpfen würden. Geheimdienstliche Informationen sprachen von einigen Tausend junger Deutscher, die sich zu diesem Zweck der Werwolf-Truppe angeschlossen hätten. Die Jüdische Brigade begann mit dem Drillen von Abwehrmaßnahmen, falls die Informationen sich bewahrheiten sollten. Eine in den 1950er Jahren in New York erarbeitete Broschüre mit dem Titel „*West Germany Prepares War of Revenge: Facts on the Rebirth of German Militarism in the Bonn State*" listete Hunderte solcher Gruppen auf, dazu Dutzende von Verlagen, die NS-Literatur verbreiteten. Im Januar 1946, ein halbes Jahr nach Kriegsende, berichtete ein Radiosender in der britischen Besatzungszone Deutschlands, dass bei den Vorsitzenden einer Partei, die sich „Die demokratische Partei" nannte, „nationalsozialistische Literatur sowie Waffen" gefunden worden seien.

Antisemitismus gab es nicht nur unter Mitgliedern radikaler Gruppen, sondern auch in der breiten Bevölkerung – eine Reaktion auf Ströme von Juden, die nun in Deutschland auftauchten und in DP-Lagern untergebracht wurden, wo sie ihr Leben neu zu organisieren versuchten. Gelegentlich kam es sogar zu handgreiflichen Auseinandersetzungen zwischen Überlebenden und Einheimischen.[41] Das Phänomen trat in verschiedenen Formen und an verschiedenen Orten auf, bedeutete aber immer nur eins: Die Jagd auf Juden ging weiter, als sei es das Natürlichste der Welt. „All das zusammen vermittelte den Überlebenden das Gefühl, von vervielfachter Feindschaft umgeben zu sein", so Abba Kovner zu Haim Gouri in einem Gespräch zwischen zwei Dichtern, die einander verstanden, und dieses Gefühl war Teil „der schrecklichen Leere, die im Herzen jedes Menschen klaffte, dessen Schicksal es war, überlebt zu haben." In einer Unterhaltung mit seinem Freund Shlomo Kless führte Kovner diesen Gedanken fort, als er sagte, der mörderische Antisemitismus, der sich nach dem Krieg „wie ein Feuer im Distelfeld" entzündete, habe ihn an einen Punkt gebracht, nach dem es nur noch tiefsten Pessimismus geben konnte im Hinblick auf das weitere, wenn auch nur kurze Verweilen in Europa.[42] Die Hagana in Europa erkannte, dass sie es auf sich nehmen musste, die Überlebenden physisch zu verteidigen. Sie forderten Abgesandte aus Erez Israel an, die auch eintrafen, um junge und alte Überlebende im bewaffneten Kampf auszubilden, damit sie sich selbst gegen Pogromversuche zur Wehr setzen konnten. Es standen also zwei konkrete Bedrohungen im Raum: die Fortsetzung der Judenverfolgung und die sowjetische Vereinnahmung Osteuropas. Den Sowjets gegenüber war die Haltung der in sozialistischen Jugendorganisationen Aufgewachsenen zumindest ambivalent.[43]

Es kann sein, dass die in kriegerischem Ton gehaltenen Kampfblätter der antideutschen sowjetischen Propaganda im Allgemeinen und die Deutschenfeindschaft der Roten-Armee-Soldaten und der russischen Partisanen im Besonderen die jüdischen Rachevorstellungen beeinflusst haben. Die sowjetischen Flugblätter riefen zu erbarmungsloser Rache auf, und sie haben sich möglicherweise auf Kovners Stil ausgewirkt, der als Informationsoffizier der Givati-Brigade im israelischen Unabhängigkeitskrieg ebenfalls Kampfschriften verfasste. Sie waren gewiss nicht der primäre Antrieb zur Rache, doch sie stellten ein Vorbild dar, genau wie der bewunderte Journalist und Schriftsteller Ilja Ehrenburg, der die Partisanen nach der Befreiung mit einer Fotografen-Einheit der Roten Armee besuchte. Für die Soldaten der Roten Armee war Ehrenburg der Journalist, den sie tagtäglich lasen und über den es hieß: „Wenn man ihn las, bekam man eine Gänsehaut." Ehrenburgs Artikel wurden, wie über jeder Kampfzone, auch über den Wäldern von Rudniki abgeworfen, wo man sie sehnsüchtig erwartete, und nicht, um sie als Zigarettenpapier zu benutzen. In ihren forderte Ehrenburg ganz eindeutig zur Rache auf, und sie wurden Mannschaften und Offizieren verlesen. Während der zweiten deutschen Eroberungswelle im Sommer 1942 veröffentlichte Ehrenburg unter dem Titel „Rache" einen besonders scharf formulierten Artikel, in dem es hieß: „Die Deutschen sind nicht menschlich. Das Wort „Deutsche" ist jetzt zum schändlichsten Fluch geworden. Lasst uns nicht reden, lasst uns morden. [...] Wenn du den Deutschen nicht tötest, wird er dich töten. Er nimmt dir deine Angehörigen und foltert sie im verfluchten Deutschland. Hast du einen Deutschen umgebracht, nimm dir den nächsten vor. [...] Es gibt für uns nichts Erfreulicheres als deutsche Leichen."[44]

Ehrenburg war in jenem Sommer und danach nicht der einzige, der in diesem Geist schrieb. Zwei Jahre später, im Frühling 1944, sprachen er und Abraham Sutzkever, der größte Dichter jiddischer Sprache, der mit Kovner im Getto und in den Wäldern gekämpft hatte, bei einer Veranstaltung des Antifaschistischen Komitees vor tausenden von Menschen. Sutzkever schloss seine Rede nicht mit der üblichen Reverenz vor Stalin, sondern mit einem leidenschaftlichen Aufruf zur Rache.[45] Ehrenburg verkündete, dass die Kämpfer nicht nur von Rachegelüsten angetrieben würden, sondern vom Verlangen nach Gerechtigkeit, demzufolge der Mord an sechs Millionen Juden bestraft werden müsste. Das Thema war in dieser Direktheit bisher in der Sowjetunion noch nicht angesprochen worden.[46]

Andererseits hatten Kovner und seine Kameraden das Sowjetregime in Litauen und in ihrer Partisanenzeit aus der Nähe kennengelernt und aufgrund dieser Erfahrungen die Schlussfolgerung gezogen, dass Juden unter diesem Regime keine Zukunft hatten. Denn auch unter dessen Ägide wurden sie von ihren Nachbarn denunziert und allerorts ermordet. Als jüdische Kampfwillige in den Wäldern eintrafen, erlaubte die Partizanka es ihnen nicht, sich zu Kampfverbänden zusammenzuschließen, sie wurden höchstens als Einzelkämpfer geduldet. Die Kommandozentrale der Partizanka schickte fünfunddreißig Angehörige des FPO-Untergrunds, unter ihnen Kovners jüngeren Bruder Michael, direkt in einen deutschen Hinterhalt. Alle kamen ums Leben. Unvergessen blieben auch die zahlreichen Demütigungen und Kränkungen durch die sowjetische Kommandantur sowie deren frauenfeindliche Haltung, als der Wilnaer Untergrund unter der Leitung von Josef Glazman, dem Vorsitzenden der Beitar-Bewegung in Wilna und einem der Befehlshaber des Getto-Untergrunds, eine Einheit entsandte, der auch Kämpferinnen angehörten. All dies beeinflusste Kovners Auffassung von Vergeltung, in die naturgemäß auch der Zorn über den in der Sowjetunion während der Kriegs- und Nachkriegszeit herrschenden Antisemitismus eingeflossen war.[47]

Bevor sie nach der Befreiung von Wilna aus Richtung Süden aufbrachen, hatten die Überlebenden und Partisanen sich mit zum Teil hochrangigen jüdischen Offizieren und Soldaten der Roten Armee getroffen und waren vom wachsenden Zionismus der jüdischen Sowjets sehr beeindruckt. Diese jüdischen Angehörigen der Roten Armee sprachen die Überzeugung aus, dass es bald eine gesetzliche Einwanderung von Russland nach Erez Israel geben werde, und sie baten die Davongekommenen, insbesondere die Partisanen, dringlich, auf diese Möglichkeit zu warten und sich nicht den Gefahren der Wanderschaft und der illegalen Grenzüberquerungen auszusetzen. Doch die leidvollen Erfahrungen mit dem Sowjetregime boten keinen Grund zum Optimismus und trieben die Heimatlosen weiter voran zu den südlichen Küsten.[48] Kovner fragte sich beunruhigt, welches Schicksal die Juden in der Sowjetunion erwartete, in erster Linie die dort geborenen, aber auch diejenigen, die aus Gebieten stammten, in denen die Sowjetunion nach dem Krieg ihre Herrschaft zu etablieren trachtete.

Ohne es zu wissen, sah Kovner voraus, was kommen würde, denn die Jahre von 1946 bis zu Stalins Tod 1953 sollten für die russischen Juden die schwärzesten überhaupt werden. In dieser Zeit wurden Ärzte, Dichter, Schriftsteller, Schauspieler und Dutzende anderer Kulturschaffender, Aktivisten und Mitglieder des Jüdischen Antifaschistischen Komitees ermordet, die in ihrer Gesamtheit die Leitung der Juden in der Sowjetunion gewesen waren. Theater, Zeitungsredaktionen und Verlage wurden geschlossen, Verhaftungen und Folter, Vertreibung und Rufmord waren an der Tagesordnung, und offenbar gab es auch Pläne einer zwangsweisen Umsiedlung nach Sibirien. Ihren Höhepunkt erreichten diese Ereignisse mit der sogenannten Ärzteverschwörung zu Beginn des Jahres 1953, kurz vor Stalins Tod.[49] All das hatte Kovner 1945 nicht wissen können, doch die bedrückenden Ahnungen, die ihm zu schaffen machten, und seine Analyse der sowjetischen Absichten erwiesen sich im Nachhinein als richtig. Bereits 1944 hatte er noch im Wald von Rudniki seine Sicht der Dinge zu Papier gebracht. In seinem „Brief an die Partisanen des Schomer HaZa'ir" sah er einige politische Entwicklungen voraus, die dann tatsächlich eintraten, wie etwa den Kalten Krieg und die Lage der Juden in der Sowjetunion.[50]

Kovners Befürchtungen waren also durchaus begründet, und die Beweise dafür häuften sich. Er war nicht der einzige, dem diese Sorgen über Jahre hinweg den Schlaf raubten. Zivia Lubetkin beispielsweise, eine der Anführerinnen des Aufstands im Getto Warschau, bestätigte 1946, ein Jahr nach dem Krieg, in ihrer Aussage in Jagur in der Jesreelebene die Berichte, die in Erez Israel bereits eingetroffen waren: Die Zeit nach dem Krieg war sogar noch schlimmer als die Kriegszeit. Sie und ihre Kameraden „wussten ganz genau, dass es sich lediglich um eine Atempause zwischen Aktionen handelte. Die Lehre aus dieser Zeit war es, stets auf die nächste *Aktzia* gefasst zu sein, die nach einem längeren oder kürzeren Intervall unweigerlich kam." Sie bezweifelte also niemals, dass die nächste *Aktzia* bevorstand, es war nur eine Frage der Zeit. Zwei Jahre nach der Befreiung sprach sie in Erez Israel im Präsens, wie auch Kovner vor ihr, als sie sagte: „Wir alle leben mit tiefsitzender Angst. Wer weiß, was uns noch erwartet? Wer weiß, was die kommenden Tage bringen?"[51]

Was Kovner und seine Kameraden planten und unternahmen, ging, wie nachgewiesen, also auf mehrere Gründe zurück, doch die tiefste Ursache war die Sorge, die Schoa könnte weitergehen. Der auch nach dem Krieg in allen seinen Formen, vor allem aber in der Form des offenen Mordens, wieder auftretende Antisemitismus bewies deutlich, wie begründet diese Sorge war.

Drei Vorgehensweisen: *Bricha, Chativa, Nakam*

Die Situation löste drei verschiedene Vorgänge aus: Der erste war die *Bricha*, wie man den Flüchtlingsstrom nannte, der sich Richtung Palästina in Bewegung setzte. Die bittere Einsicht, dass es in Europa keinen Platz für Juden mehr gab und dass die Überlebenden den Kontinent möglichst rasch verlassen mussten, da schon neue Gräber für sie geschaufelt wurden, führte zu einem Strom von Flüchtlingen, der sich den südlichen Küsten entgegen schob. Er begann Ende 1944 zu tröpfeln, verstärkte sich und wuchs bald zu einem gewaltigen Fluss von Hunderten, Tausenden, Zehntausenden von heimatlosen Menschen an, eine Odyssee, über die schon viel geschrieben worden ist. Kovner fand für den Strom nach Erez Israel, wohin die meisten, die sich ihm anschlossen, strebten, die Worte: „Ein wandelndes Volk, ein Volk wandelnder Schatten, [...] ein spontanes Aufstehen, eine weite Seelenreise, ein Auszug aus dem Land der Schoa in das Land des Lebens."[52] Die *Bricha* wurde zu einem außergewöhnlichen Phänomen, zu einer improvisierten Bewegung, in der Freiwillige den Strom der Flüchtlinge, die nicht mehr besaßen als das Hemd auf der Haut, versorgten und weiterleiteten.

Der zweite Vorgang führte zur Aufstellung der *Chativa*, der Brigade der Überlebenden Osteuropas. Die Idee war in Lublin geboren und konnte 1945 in Bukarest in die Tat umgesetzt werden. In der *Chativa* vereinigten sich alle Davongekommenen, die dem neuen Prinzip zustimmten, ungeachtet ihrer früheren Zugehörigkeit zu einer Partei oder Bewegung. Sie wollten einen unparteiischen, überparteilichen Verband schaffen, denn angesichts der drohenden Fortsetzung der Schoa hatten die meisten Übriggebliebenen die Lehre gezogen, dass die ideologische Aufspaltung, die sie vor dem Krieg und während des Krieges zerrissen hatte, ein Ende haben musste. Jetzt war es ihre Aufgabe, sich zu vereinen und die Botschaft der Einheit nach Erez Israel zu tragen. Es ist gut möglich, dass die Bricha auch deshalb zu einer mitreißenden Massenbewegung wurde, weil die Chativa die Einheit propagierte. Bereits unmittelbar nach ihrer Gründung übte die Chativa großen Einfluss auf die Bricha aus, und unter diesem Einfluss verstärkte sich das Bestreben, auf jede nur mögliche Art, ob legal oder illegal, nach Erez Israel zu gelangen.[53]

Als drittes entwickelte sich das Rachekonzept, das auch das Ziel verfolgte, den Fortgang der Schoa abzuwenden. Die ganze Welt und vor allem jene, die jetzt noch immer mit der Vorstellung des Genozids spielten, sollte einen unvergesslichen Denkzettel erhalten, und der würde am effektivsten sein, wenn die Urheber der Schoa empfindlich bestraft würden. Deswegen forderte Kovner „eine gutorganisierte Vergeltungsmaßnahme besonderer Art", die ganz anders sein sollte als die bisher seit Kriegsende von Überlebenden vorgenommenen Racheakte, zu denen beispielsweise die Liquidierung jener Litauer, Ukrainer und Polen gehörte, die von Davongekommenen, von Lokalbehörden oder von der einheimischen Bevölkerung als Mörder oder Denunzianten identifiziert worden waren. Kovner wusste von diesen Vorkommnissen und hörte in Lublin von weiteren ähnlichen Taten. Berichte über Operationen wie denen der Jüdischen Brigade in Italien sollten ihm später zu Ohren kommen.

In Lublin verfestigte sich die Idee, „... es den Deutschen heimzuzahlen, wie es nur Überlebende eines solchen Massakers zu tun vermochten. Eine Idee, die jeder normale Mensch für Wahnsinn halten musste. Damit will ich nicht sagen, dass wir selbst weit vom Wahnsinn entfernt waren [...] oder von noch Schlimmerem. Eine aus Verzweiflung geborene Schreckensidee, die auch eine Art Selbstmord in sich trug [...], ein geistiges Inferno [...], Auge um Auge, soll heißen: die Auslöschung von sechs Millionen Deutschen." Das Ziel war nicht, und konnte es auch nicht sein, einzelne NS-Größen umzubringen; nach Ansicht Kovners und seiner Kameraden musste vielmehr am ganzen deutschen Volk, am Volk der Mörder, Vergeltung geübt werden, für alles das, was es als Ganzes am jüdischen Volk verbrochen hatte. Zumindest eine Generation sollte bezahlen. Der Gedanke, dass der Mord an sechs Millionen Juden ungestraft bliebe, war unerträglich, und da die Strafe nicht vom Himmel kam, müsste sie von Menschen kommen. Die Deutschen sollten zur Rechenschaft gezogen werden, die Welt sollte sich entsetzen angesichts dieser Tat, „wild und grausam, ausgeführt von den letzten Überlebenden. Selbst wenn von uns nur ein Dutzend übrigbleibt: Jüdisches Blut wird nicht umsonst vergossen worden sein." Um das zu erreichen, galt es, eine unmenschliche Strafe zu finden, eine Strafe, „die vorher niemandem von uns angesichts der genossenen Erziehung, der überlieferten jüdischen Geisteswelt, in der er aufgewachsen war, eingefallen wäre, [...], ein Gräuel gegen ein Gräuel." Das auf diese Art hervorgerufene Entsetzen würde der Welt eine Warnung sein. Sonst würden die Ethnien, die sich am Massenmorden beteiligt oder der Schlachtmaschine gleichmütig zugeschaut hatten in der Meinung, das Ermorden von Juden sei erlaubt und zahle sich aus, noch einmal Ähnliches versuchen. Die westliche Welt war inzwischen dabei, ihren Frieden mit den Tätern zu schließen und half beim Wiederaufbau des Landes. Die Entnazifizierung Deutschlands fand lediglich auf dem Papier statt. Die Mörder waren zu Tausenden und Abertausenden in ihre Dörfer und Städte zurückgekehrt und von den Nachbarn freundlich empfangen worden. Jede politische oder militärische Erschütterung hätte die Fortsetzung der Schoa auslösen können. Die Existenz des jüdischen Volkes war bedroht wie eh und je.[54]

Schimon Avidan (Koch), im israelischen Unabhängigkeitskrieg Kommandant der Givati-Brigade, erkannte, dass die Alliierten sich so gut wie gar nicht für das Schicksal der Juden interessierten und nicht bereit waren, für deren Rettung Mittel zur Verfügung zu stellen, da dies den Kriegsanstrengungen schaden würde: „Meiner Meinung nach hatten wir niemandem gegenüber Verpflichtungen moralischer oder anderer Art, was die Wahl unserer Mittel betraf, um die Übriggebliebenen zu retten und die Toten zu rächen."[55]

Ein weiteres Motiv für die Vergeltung war die sich aufdrängende Notwendigkeit der Abschreckung. „Wenn wir dort bauen wollten, dann mussten wir hier unsere Schulden begleichen“, erklärte Pascha (Avidov) bei seiner Befragung. Er war, wie er sagte, als Kommunist in den Krieg gezogen und aufgrund historischer Zwänge als überzeugter Zionist aus den Wäldern aufgetaucht. Nun bewegte ihn und seine Kameraden die Frage, warum sie wohl am Leben geblieben seien und welche Aufgabe sie noch zu erfüllen hätten. Von Kovner hörten sie, dass es dringend erforderlich sei, die Welt von weiteren Übergriffen auf das jüdische Volk abzuschrecken. Im Land Israel würden die bereits Eingetroffenen etwas Neues aufbauen, aber ihr Werk sei ständig in Gefahr. Es gebe bereits jetzt Verluste, und für die Zukunft stehe zu befürchten, dass Staaten wie England sich auf die Seite der Araber schlagen würden. Deswegen dürften die Kameraden, die ebenfalls dorthin strebten, nicht sofort aufbrechen. Sie müssten vielmehr den Bestand des jüdischen Volkes auch aus der Perspektive kommender Generationen betrachten. Als Überlebende müssten sie die Rache am deutschen Volk vollziehen, um der ganzen Welt, einschließlich Briten und Araber, zu zeigen, dass es ein Gesetz und einen Richter gäbe und dass alle Nationen besser daran täten, gegen Juden gerichtete Pläne fallenzulassen. Diese Verpflichtung müsse erfüllt werden, bevor sie Europa entfliehen dürften. Sonst gelte das jüdische Volk nicht als Nation mit dem Recht, ein eigenes Haus zu bauen. Und das Wichtigste: Die anderen Nationen würden die Errichtung dieses Hauses nicht ohne weiteres zulassen.[56]

Es ist also nicht zu hoch gegriffen, wenn wir feststellen, dass die im Aufbau begriffene Nakam-Gruppe glaubte, für die Zukunft des leidgeprüften jüdischen Volkes verantwortlich zu sein, und sich ein weitgestecktes historisches Ziel setzte. „Durch einen großangelegten Racheakt sollten die Israel-Hasser unserer Generation und der folgenden Generationen gewarnt werden. Wir wollten die Kette des Mordens und der Pogrome ein für allemal zerreißen, den Kreislauf der Verfolgung und Demütigung durchbrechen, die unser Los in der langen Geschichte des Exils gewesen waren.“ Gründlich und dauerhaft. Was die kurzfristigen Interessen Israels betraf, so erklärten Pascha und Poldek: „Uns allen war bewusst, dass der Kampf um die Einwanderung und um einen Staat jetzt das dringlichste Anliegen darstellte, und wir waren überzeugt, durch unser Vorgehen zur Sicherheit der Juden und der zukünftigen Besiedlung des Landes beizutragen.“[57]

In Lublin trafen die überlebenden Partisanen aus den litauischen Wäldern auf die Partisanen aus Rovno, die „Rovnoer“, und auf jene, die nach dem Einmarsch der Deutschen bis in die asiatischen Republiken der Sowjetunion geflohen und nun zurückgekehrt waren, die „Asiaten“ oder „Taschkenter“

genannt. Sie trafen ebenfalls auf Gruppen von Kämpfern und Überlebenden aus den Gettos wie die aus Czestochowa, sie trafen auf Befreite aus den Konzentrationslagern und auf Überlebende des Aufstands im Getto Warschau, etwa in dieser Reihenfolge. Gesprächsthemen waren die drei aus der Situation hervorgegangenen Bewegungen, die **Bricha**, der Auszug aus dem riesigen Friedhof nach Erez Israel, die **Chativa**, die unparteiische Vereinigung, die allen Überlebenden Platz bot, und die im Entstehen begriffene **Nakam**-Gruppe. Deren Mitglieder beteiligten sich an den laufenden Aktivitäten der ersten beiden Bewegungen. Mithilfe der Bricha war die Chativa in der Lage, ihre Verpflichtung den Überlebenden gegenüber zu erfüllen, indem man sie nach Erez Israel brachte, wo sie Heilung zu finden hofften. So kam das während der Schoa geborene Gefühl der Schicksalsverbundenheit zum Ausdruck. Gleichzeitig konnten die Bricha und die Chativa die Untergrundaktivitäten der Nakam-Gruppe tarnen und erleichterten damit die Operationen auf den Straßen Europas. In der ersten Hälfte des Jahres 1945 wurden die drei Unternehmungen von demselben Personenkreis geleitet, und Kovner stand an seiner Spitze.

Zusammentreffen in Lublin

Lublin füllte sich mit Flüchtlingen. Die Stadt war bereits im Juli 1944 befreit worden, und nun begab sich auch die polnische Übergangsregierung aus Moskau dorthin. Die Lebensbedingungen waren dürftig; Flüchtlinge verschiedener Nationalitäten kamen und gingen; alles war im Fluss. Cesia Rosenberg-Amit schrieb vom großen Flüchtlingshof, genannt Lublin.[58] Es wimmelte von Heimatlosen, unter ihnen auch Juden: aus den Lagern Befreite, Untergrundkämpfer, Partisanen, aus Zentralasien zurückgekehrte Jugendgruppen, Kämpfer aus dem Getto Warschau. Manche blieben länger in der Hoffnung, Verwandte und Bekannte würden ebenfalls eintreffen, andere hielten sich nur ein, zwei Wochen in Lublin auf und zogen weiter Richtung Rumänien, um die nächste Anlaufstelle einzurichten, oder um eine bereits bestehende Wegstation an der Grenze zu erreichen und die Bricha-Bewegung zu unterstützen. Es war von Anfang an klar, dass die Sowjets die Zügel in der Hand hatten und keineswegs die polnische Übergangsregierung, die es nicht vermochte, Ordnung in das Chaos zu bringen und ein Gefühl auch nur minimaler Sicherheit zu vermitteln.

Trotz alledem erwies es sich als möglich, die öffentliche jüdische Tätigkeit wieder aufzunehmen, da die Behörden dies zuließen. So wurde ein Jüdisches Zentralkomitee gegründet, das den Einfluss der verschiedenen Parteien in der jüdischen Gemeinschaft widerspiegelte und unter dem Schutz der

Regierung operierte. Es setzte sich vorwiegend aus „Nichtzionisten, Bundisten, Kommunisten und ehemaligen KZ-Gefangenen“ zusammen, wie Kovner und seine Kameraden die Mitglieder charakterisierten. Wie man sich zu diesem Komitee stellen und ob man es überhaupt anerkennen sollte, darüber kam es zu ersten Auseinandersetzungen zwischen Kovners Kreis und anderen jüdischen Gruppen, die sich in Lublin allmählich versammelten. Auch zwischen Antek Zuckerman und Kovner bestand in dieser Frage keine Einigung. Die Abneigung gegen das Zentralkomitee war so ausgeprägt, dass man sich mit dem Gedanken trug, Kommunisten und Bundisten nicht in die Nakam-Gruppe aufzunehmen. Antizionisten kamen naturgemäß von vornherein nicht in Betracht.[59] Kovner und seine Kameraden waren der Meinung, die Komitee-Mitglieder hätten es vor und während des Krieges an Standhaftigkeit und Rückgrat vermissen lassen. „Wir konnten uns nicht damit abfinden, dass diese Leute, ob nun privat oder als Funktionsträger, uns wieder vor den anderen jüdischen Gemeinden und vor der Außenwelt vertreten sollten. Leute, die sich Zionisten nannten, hätten sich nicht so verhalten dürfen, wie sie es taten, und ausgerechnet die wollten sich wieder an die Spitze der Überlebenden stellen!“[60] Und nicht nur das. „In jenem Haus, in jenem Winter in Lublin [...] empfand ich vielleicht die größte Leere meines Lebens. Eine solche Finsternis, [...] als sei uns der Sinn des Lebens plötzlich entzogen worden.“ Denn nun würde sich jüdisches Leben wiederum unter der Ägide von Geschäftemachern abspielen, die von fremden Mächten abhingen, als hätten sie nichts dazugelernt und das Geschehen nicht analysiert. Das jüdische Volk war ausgelöscht worden, doch seine alten Institutionen stellten sich schon wieder auf die Beine.

Es mag sein, dass Kovner die Mitglieder des Jüdischen Zentralkomitees etwas voreilig verurteilte. Als litauischer Jude fühlte er sich den polnischen Juden gegenüber fremd, sie sprachen ja nicht einmal richtiges Jiddisch. Wie auch immer, nach dem Eintreffen in Lublin kristallisierte sich ein weiteres Motiv für die Rache heraus: Der Vergeltungsschlag sollte eine Rückkehr zum früheren jüdischen Leben in Polen und eine erneute Ansiedlung auf dem riesigen Friedhof unterbinden.[61]

In Lublin fing Kovner an, sich unter den allmählich eintreffenden unterschiedlichen jüdischen Gruppen nach Mitstreitern umzusehen. Bereits nach kurzer Zeit konnte er feststellen, dass er nicht der einzige war, der tiefe Sorge und Rachegedanken hegte. Zu den jungen Leuten, die sich um ihn scharten, gehörten Bekannte aus dem Getto Wilna und dem Wald von Rudniki sowie Zöglinge aus den Jugendgruppen, die er vor dem Krieg geleitet hatte. Sie zu überzeugen, erforderte keine große Mühe. Bei seiner Befragung gab jeder, an den Kovner sich gewandt hatte, an, Abba habe genau das ausgesprochen, was im Innersten des Zuhörers brannte, ein Verlangen, das der Dichter Kovner in

Worte zu kleiden wusste, die dann zur Tat führen würden. Nur wenige weigerten sich. Eine Weigerung war schwer zu verkraften; allerdings entschied sich die Mehrheit dafür[62]. Als Gabi Sedlis sich unentschieden zeigte, sagte Kovner ihm: „Du bist nicht am Leben geblieben, weil du besser wärst als andere oder weil du es verdient hättest. Du hast einfach nur Glück gehabt. Demnach ist dein Leben nicht wichtig, und du solltest es für das Gemeinwohl opfern."

Es war also bereits während der Auswahlphase klar, dass der Racheakt auch für die Ausführenden tödliche Folgen haben würde. A priori nahmen sie an, dass sie nicht überleben würden. „Und wenn wir am Leben bleiben sollten, dann nur um zu verhindern, dass dieses Leben wieder in die alten Geleise (jüdischer Kompromisse mit der feindseligen Umgebung) zurückfiele."[63]

Cesia Rosenberg beschrieb den Augenblick, in dem Kovner sie in das Geheimnis der Nakam-Gruppe einweihte: „Ich war sehr aufgewühlt. Von diesem Moment an war ich ein anderer Mensch, ein Mensch, dem das Recht zu leben zurückgegeben worden war. [...] Ich spürte die tiefgreifende Veränderung, die sich in mir vollzog." „Die Rache gab dem Leben einen Sinn, denn welchen Sinn konnte ein Leben ohne Familie noch haben?", fragte Vitka und fuhr fort: „Sie schenkte uns nicht nur einen Sinn, sondern auch ein Gerüst für unser Leben."[64] Kovner sagte später: „Die gemeinsame Sorge schweißte uns zusammen, so wie Hitze Metall zusammenschweißt." Etwa die Sorge, das Leben könnte ohne Vergeltung, ohne Sühne einfach weitergehen. „Der Wunsch dabei zu sein, war grenzenlos", sagte und schrieb Julek. **„Das war der Grund, der sie am Leben erhielt."**[65] (Hervorhebung im Original).

Die Rovnoer waren kurz vor den Wilnaern in Lublin eingetroffen, und sie waren die ersten, die Kovner eine positive Antwort gaben. Eine Unterkunft hatten sie in der Lubatovska-Straße gefunden: Pascha Reichmann (später Avidov) und seine Frau Dorka, die Brüder Eliezer und Abraham Lidovski mit Abrahams Frau Vita. Sie stammten ursprünglich aus Baranowice und waren im Verlauf der Schoa nach Rovno verschlagen worden. Auch Bezalel Kek Michaeli aus Rokitana und andere trafen ein, insgesamt etwa vierzig Personen. Die meisten von ihnen waren Partisanen gewesen und hatten verschiedenen Parteien angehört, den Zionisten, den Kommunisten, den Nichtorganisierten, eine Sammlung von Einzelnen, die in den Wäldern aufeinander getroffen waren und sich oft über ihre Zukunft unterhalten hatten, sollten sie die Befreiung je erleben. Die meisten der Kommunisten waren von ihren ukrainischen Nachbarn wie auch von den Sowjets schwer enttäuscht und näherten sich nun den Vorstellungen des Zionismus an. „Als wir von der Idee eines jüdischen Staates hörten, waren wir wie berauscht", erzählte Pascha.[66]

Die Rovnoer hatten sich, wie berichtet, unmittelbar nach der Befreiung an den Einheimischen gerächt. Bereits damals sahen sie ein, dass die alte Aufteilung in Parteien und Bewegungen obsolet geworden war, und beschlossen, sich in Richtung Palästina zu orientieren. Obwohl sie noch Uniform trugen, wollten sie nicht mit der Roten Armee nach Berlin marschieren, sondern das Tal des Todes unverzüglich verlassen. Auch sie hatten bereits an eine überregionale Rache gedacht, denn schließlich hatten die Nationalsozialisten überall in Europa Helfershelfer gehabt.

Schon bei der ersten Begegnung sprachen beide Gruppen wie aus einem Mund, ganz so, als hätten sie jahrelang zusammengearbeitet. Sie lebten in demselben Gebäude, in derselben Wohnung, wo sie auf dreistöckigen Etagenbetten schliefen. „Allein das Auftauchen der von Kovner geleiteten Wilnaer war ein Ereignis", schrieb Elieser Lidovski, der die Rovnoer im Getto und im Wald angeführt hatte, „sein Ruf eilte ihm voraus."[67] Lidovski und Kovner trafen sich zu einem offenen Gespräch unter vier Augen, das Lidovski später als historisch bezeichnete. Sie informierten einander über die Ereignisse der Schoa in Wilna und Rovno und waren sich einig, dass die parteiliche Aufspaltung, die das öffentliche jüdische Leben vor dem Krieg und manchmal auch noch während des Krieges geprägt hatte, hinfällig geworden war. Das vertrauliche Gespräch erbrachte konkrete Folgen: Es war die Geburtsstunde der Bricha, der Chativa und der Nakam-Gruppe. Der Auszug aus Europa nach Erez Israel wurde zu einer spontanen Massenbewegung „von unten", die später „von oben" kommende Anweisungen integrierte. Auch Pascha hat wiederholt vom tiefen Eindruck gesprochen, den das erste Zusammentreffen zwischen den Rovnoer und den Wilnaer Partisanen in ihm auslöste. Ein unvergesslicher Moment. Kovner umarmte und küsste sie. Pascha erkannte Kovners Größe und Einmaligkeit auf Anhieb. Bis zu seinem letzten Tag hat er Abba uneingeschränkt geschätzt und geliebt. Ein Volkstribun im wahrsten Sinne des Wortes, so urteilte Elieser Lidovski über Kovner. Tatsächlich zogen Kovner und Lidovski zu den Folgegesprächen Pascha und Bezalel Kek Michaeli hinzu, denn auch diese beiden waren mit dem jetzt zu erarbeitenden Kurs einverstanden. Levi Arieh Sarid zufolge darf behauptet werden, dass, als Kovner, Lidovski und Pascha zusammentrafen, die Zukunft des Zionismus begründet wurde. Hätten die Überlebenden die Einwanderung nach Palästina nicht auf ihre Fahnen geschrieben, dann hätte das für den Zionismus das Ende bedeutet. Pascha zufolge tauchte der Rachegedanke in den Gesprächen zwischen den Rovnoern und den Wilnaern „wie von selbst" auf: „Die Racheangelegenheit ergab sich von selbst." Sie verband alle miteinander und niemand konnte für sich in Anspruch nehmen, sie als erster angestoßen zu haben. Nach diesen Gesprächen in Lublin wurden Kovner, Lidovski, Pascha und Bezalel Kek Michaeli zur Führungsgruppe ernannt. Ihnen schloss sich später Dr. Reuven Feldschuh (Ben-Schem) an, damals noch Mitglied der bürgerlichen, antisozialistischen,

Revisionistischen Partei, der eine Tätigkeit im Jüdischen Komitee übernahm, nachdem er aus seinem Warschauer Versteck aufgetaucht war. Jeder von ihnen machte sich nun daran, Personen aus seinem Umfeld zu rekrutieren.[68]

Im Januar 1945 traf die Gruppe Taschkent, auch die Asiaten genannt, unter der Führung von Mordechai Roseman in Lublin ein. Einige hundert Pioniere, die meisten Mitglieder des Schomer HaZa'ir, einige hatten der *Dror*-Bewegung angehört. Sie waren vor dem Krieg alle in Wilna konzentriert gewesen und bei Kriegsausbruch nach Zentralasien geflohen, wo sie untereinander Kontakt hielten. Nach kurzer Zeit zählte die Gruppe in Lublin zwanzig Mitglieder; sie hausten alle zusammen in einer winzigen Wohnung und nahmen den Kontakt zum Schomer HaZa'ir wieder auf, dem sie verbunden waren und blieben. Das Konzept der unparteiischen Chativa war für sie völlig neu und fremdartig. Diese jungen Leute engagierten sich vorwiegend in der Bricha und betreuten die auf der Strecke eingerichteten Anlaufstationen mit großer Hingabe. Ben-Meiri erklärte Levi Arieh Sarid gegenüber, Kovner sei der Prophet der Bricha-Bewegung gewesen, ein Dichter, der der Realität näher war als wir und der uns mit seinem historischen Pathos ansteckte.[69] Was das Rachevorhaben betraf: Die Asiaten hatten in ihrem ganzen Leben noch keinen Deutschen zu Gesicht bekommen, denn sie waren ja gleich nach dem Einmarsch nach Osten geflohen. Auf dem Rückweg nach Lublin machten sie Halt in Kovel, einer entleerten Stadt, und entdeckten an der Wand einer leeren Synagoge die mit Blut geschriebene Botschaft: *Nemmt Nekama!* – rächt euch.[70]

In Lublin hörten die Asiaten, Roseman, Kless und ihre Kameraden, von der geplanten Vergeltung und warteten darauf, dass Kovner sich an sie wenden würde, was aber nie geschah. Sie wurden nicht aufgefordert, sich zu beteiligen oder eine Meinung zu äußern, denn sie gehörten nicht zu denen, die den Stiefel der Deutschen in ihrem Nacken gespürt hatten. Roseman erklärte bei seiner Befragung, er könne nicht sagen, dass die Asiaten für den großen Plan gewesen seien, fügte aber hinzu: „Wie hätten wir etwas dagegen einwenden können? Neben den Kämpfern fühlten wir uns klein wie Grashüpfer." Kovner wählte Partisanen und Kämpfer aus, hinter denen ein riesiger Friedhof lag. Die Asiaten dagegen wussten Hunderte von Kameraden und Tausende von Flüchtlingen hinter sich, die aus den Tiefen der Sowjetunion zurückkehren würden. Auf die wollten sie warten, und sich erst dann auf den Weg machen.

„Wir alle hatten nur den einen Gedanken: Raus hier! Tiefes Leid nahm das historische Pathos des Handelns an. […] Wir widmeten uns sofort der Betreuung der Ankommenden und entfachten in verzweifelten Menschen den Funken des Glaubens und der Hoffnung", erzählte Ben-Meiri. „Ihr kommt von der anderen Seite des Mondes", hatte ihnen Kovner gesagt. Dennoch war die Beziehung der Gruppen untereinander sehr eng. Kameraden kehrten in die Arme von Kameraden zurück und hausten in derselben Bleibe in der Leszczyńska-Straße, wo sie auf Etagenpritschen schliefen. Ben-Meiri meinte, so eng sei es nicht einmal im Getto gewesen.

Brauchte die Nakam-Gruppe später Hilfe vonseiten der Bricha, finanzielle Unterstützung, Ausweise, Begleitung, dann wurde sie ihnen nicht verweigert. „Wir identifizierten uns ganz und gar mit ihm [Kovner]“, bekannte Kless, „und folgten ihm von ganzem Herzen. An uns hing der Makel, nicht im Getto und nicht in den Wäldern gewesen zu sein, und deswegen wurden wir am Racheunternehmen selbst nicht beteiligt.“ Da auch das Anliegen der Chativa nicht das Ihre war, setzten die Asiaten sich für die Bricha ein. Die Freundschaft aller blieb dennoch erhalten, als gäbe es keine Unterschiede. Als beide Männer sich bereits in Erez Israel niedergelassen hatten, machte Kovner ausgerechnet dem „Asiaten“ Kless gegenüber eine seiner tiefsinnigsten Bemerkungen über die Aufgaben, die Zeitzeugenschaft und Erinnerung beim Aufbau einer nationalen Geschichte zu erfüllen haben.[71]

Nach den Asiaten trafen weitere Gruppen in Lublin ein, jede aus einem anderen Getto. Besonders bemerkenswert war die Gruppe aus Częstochowa, zu der unter anderem Dov (Bolek) Gewirzman (später Ben-Ja'akov) und Pinchas (Jaschek) Bencelowicz (später Ben-Zur) gehörten, die in Częstochowa Seite an Seite gekämpft hatten.[72]

Die erschütterndste Begegnung war allerdings die mit den am Leben gebliebenen Kämpfern des Aufstands im Warschauer Getto. Für Antek Zuckerman, den bekannten Widerstandskämpfer aus dem Getto Warschau, war es sogar das tiefste Ereignis, „das Zusammentreffen, bei dem wir erfahren durften, dass noch Juden, Freunde, Pioniere am Leben geblieben waren.“ Aus Warschau trafen Zuckerman und Zivia Lubetkin, Tuvia Bozikowski, Stephen Grajek und andere Getto-Kämpfer ein. Tage- und nächtelang saßen sie mit denen zusammen, die aus anderen Gettos gekommen waren, erzählten und weinten und „legten seelische Rechenschaft“ ab. Es herrschte ein Gefühl der Brüderschaft zwischen den beiden Gruppen, die während der Schoa zusammengearbeitet hatten. Nachdem die gemeinschaftlichen Treffen vorüber waren, fanden Kovner und Antek Zuckerman sich zu einem langen Gespräch unter vier Augen zusammen. Es endete ohne Einigung, obwohl Antek die Wilnaer Mitglieder des Schomer HaZa'ir, die sogar Hebräisch sprachen, sehr schätzte und im Besonderen Abba Kovner. „Ich hatte nicht gewusst, dass er so eindringliche, starke Gedichte schrieb.“[73]

Antek erklärte, er wolle nach Warschau zurückkehren, um sich um diejenigen zu kümmern, die jetzt noch aus ihren Verstecken oder aus den Wäldern auftauchen würden. Kovner erklärte, dass auf dem polnischen Friedhof kein Bleiben sei. Antek dachte daran, seine Bewegung, *Dror*, wieder aufzubauen, und Kovner dachte an die Chativa, in der für die aus der Vorkriegszeit stammenden parteipolitischen Gegensätze kein Platz mehr war. Antek hoffte, die neue kommunistische polnische Regierung würde ihm helfen, da sie aus Linken bestand, die Sympathie für die polnischen Juden gezeigt hatten. Kovner dagegen war überzeugt, das sei eine Illusion, die mit einer bitteren Enttäuschung enden müsste. Antek war mit einigen Mitgliedern des Jüdischen Komitees befreundet und gehörte sogar dessen Präsidium an. Er verstand die Mentalität der jüdisch-polnischen Führung sehr viel besser als Kovner, was die Auseinandersetzung zwischen ihnen noch verschärfte, denn Kovner lehnte jede Beteiligung an der neuen kommunistischen Regierung strikt ab und brachte den Mitgliedern des Jüdischen Komitees kein Vertrauen entgegen.

„Das war der Beginn unseres großen Streits", gab Antek an. In der Folgezeit sollte dieser Streit verstärkt wieder aufleben. Bei seiner Befragung kam Antek später einige Male auf das zurück, was er vor Kovner verbarg („Diese Sache behielt ich für mich"): Von einem jüdischen Minister in der polnischen Übergangsregierung hatte er gehört, es liefen Verhandlungen zwischen dem polnischen und dem sowjetischen Regime über die Repatriierung jüdischer und nichtjüdischer Exilanten aus Russland nach Polen, die schon bald stattfinden und womöglich Zehntausende von Juden einschließen sollte.[74] Ob diese Information etwas an Kovners Überzeugung, der verfluchte Friedhof müsse sofort geräumt werden, geändert hätte? Hätte er sich dann ebenfalls für die Aufnahme und Betreuung der Zurückkehrenden eingesetzt? Wir werden es nie erfahren. Es ist gut möglich, dass er auch mit diesem Wissen seinen Weg weitergegangen wäre. Doch es ist und bleibt Tatsache, dass Antek Zuckerman ihm diese Information vorenthielt.[75]

In Lublin sprach Kovner mit Zivia und Zuckerman über die Rachepläne, wenn auch offenbar nicht detailliert, denn das Konzept steckte noch in den Kinderschuhen, obwohl die Ereignisse von Treblinka und Chelmo und der Verlust des größten Gettos, in dem 450.000 Menschen gelebt hatten, inzwischen bekannt geworden waren. Judke Hellman, der Chronist der *Dror*-Bewegung und ein enger Freund Zuckermans, erklärte später, er habe von Antek gehört, die Meinungsverschiedenheiten über das Rachethema seien bereits in Lublin deutlich geworden, und ab dann hätten die Wege der beiden charismatischen Führungspersönlichkeiten sich getrennt. Zivia und Antek hätten die Racheaktion aber nicht kategorisch abgelehnt, sondern andere Prioritäten gesetzt und sich in erster Linie um die Überlebenden kümmern wollen. „Wenn sie das als eine einzige zusammenhängende Aufgabe dargestellt hätten [die Rache und die Betreuung der Überlebenden], dann hätten wir unsere Kräfte möglicherweise auch der Vergeltung zur Verfügung gestellt." Zuckerman selbst erklärte: „In Lublin gab es keinen Streit über die Rache."[76] Über den Gedanken an sich wohl nicht, vermutlich aber doch über die Art der Ausführung. Nach den Gesprächen kehrte Antek nach Warschau zurück, und Zivia blieb bei den Partisanen, denn so hatten sie die Aufgaben unter sich aufgeteilt.

Die Führungsriege der Bricha und der Nakam-Gruppe verfestigt sich

Zwischen den verschiedenen Gruppen bildete sich eine Partnerschaft heraus und sie fühlten sich verpflichtet, die Leitung des stetig anschwellenden Stroms von Überlebenden und Flüchtlingen zu übernehmen. Als ehemalige Partisanen wurden sie von den Sowjets akzeptiert und sogar bevorzugt behandelt. Dennoch war ihre Ausrichtung klar: Sie strebten nach Palästina/Erez Israel. Damit sie die Bricha, die ihnen in jenen Tagen besonders am Herzen lag, da sie sie als Verpflichtung den Überlebenden gegenüber betrachteten, und gleichzeitig auch die Nakam-Bestrebungen unterstützen konnten, teilten sie die Arbeit unter sich auf.

Lidovski zufolge sollte Dr. Feldschuh das ideologische Fundament liefern und Pascha die operative Einheit befehligen, die beauftragt worden war, konkrete Schritte zu unternehmen. Alle drei (Feldschuh, Pascha und Kovner) beschlossen, ehemalige Partisanen zu rekrutieren, und Kovner wurde beauftragt, Kontakt zur jüdischen Führung in Erez Israel und in der Diaspora aufzunehmen, um dortige Organisationen zur Unterstützung für das Racheunternehmen aufzufordern. Damit baten sie zum ersten Mal in diesem Zusammenhang um eine breite jüdische Unterstützung. Sie hielten diese für selbstverständlich, ohne dass dazu eine Reise Kovners nach Palästina erforderlich gewesen wäre.

Über die Art des Vorgehens bestand allerdings noch keine Einigkeit. Nisan Reznik, als Vertreter der Gruppe *NaNoar HaZioni* (Zionistische Jugend) einer der führenden Köpfe des Aufstands im Getto Wilna, wurde von Feldschuh zum Beitritt zur Gruppe aufgefordert, lehnte jedoch ab mit der Begründung, ohne Unterstützung der relevanten jüdischen Institutionen sei das Unternehmen bedeutungslos und könne kein positives Ergebnis erbringen.[77] Julek Harmatz sprach sich deutlicher für die Rache aus und erklärte, es sei angebracht, etwas für die jüdische Ehre zu tun. Lidovski, dem die Bricha zumindest genauso wichtig war wie die Rache, wenn nicht sogar wichtiger, stellte fest, der Toten wegen sei es notwendig zu leben und nicht zu sterben. Trotz solcher und ähnlicher Meinungsverschiedenheiten war die Nakam-Gruppe Roseman zufolge stets von Helfern und Unterstützern umgeben.[78]

Das erste Hauptquartier der Bricha wurde in der Leszczyńska-Straße 10 eingerichtet, wo die Wilnaer ja bereits wohnten. Kovner, Pascha, Bezalel Kek Michaeli und Elieser Ludovsky, die wie gesagt auch die Nakam-Gruppe befehligten, wurden zu Kommandanten ernannt. Andere Aktivisten wie Avraham Perchik, Roseman und Grajek kamen hinzu, aber nicht aufgrund einer offiziellen Wahl. Weitere Kameraden schlossen sich an und profilierten sich, andere wandten sich anderen Aufgaben zu. Aufgrund der strengen Untergliederung der Nakam-Gruppe wussten nicht alle voneinander. Lidovski schrieb, die Nakam-Gruppe sei bereits in Lublin „ein Untergrund im Untergrund" gewesen.

Senka Nisanilovitz, der später Zelda Trager heiratete, sagte aus, dass Zelda und er gemeinsam als Vertreter des Roten Kreuzes in Krosno in der Tschechoslowakei eine Anlaufstation für Flüchtlinge auf dem Weg zur Grenze einrichteten; dieser Aufenthalt habe aber gleichzeitig als Tarnung für zukünftige Nakam-Operationen gedient.[79] Eine solche Zusammenarbeit war nur möglich, weil die Nakam-Führung einen Platz in der breiter angelegten Bricha-Führung einnahm. Später war die Nakam-Führung ebenfalls in der Leitung der Chativa vertreten. Sie dachten Tag und Nacht über die Planung der Vergeltung nach, arbeiteten aber gleichzeitig auch für die anderen beiden Bewegungen.

Bei den Vorbereitungen tat sich Dr. Feldschuh besonders hervor, jedoch nicht für lange Zeit. Als Revisionist drückte er den Wunsch aus, ebenfalls gegen die Briten zu operieren, was die anderen Aktivisten kategorisch ablehnten. Feldschuh sprach von seinem Freund, einem bekannten Chemiker, den er im Getto in einem Bunker kennengelernt hätte. Dieser Freund hätte seine kleine Tochter erwürgen müssen, eine Tat, die ihn später ununterbrochen quälte. Als Chemiker habe er eine Formel für ein nicht nachzuweisendes Gift gefunden, mit dem man eine Unmenge von Menschen töten könnte, und diese Formel sei unter den Trümmern des Warschauer Gettos versteckt. Feldschuh konnte allerdings weder den Freund noch die Formel ausfindig machen, so dass man seiner Geschichte mit Skepsis begegnete.

Pascha gab zu Protokoll, er habe gehört, dass Feldschuh sich in Warschau aktiv am Kampf gegen die Deutschen beteiligt hätte. Feldschuh war offenbar der erste, der von einer großangelegten Vergiftung sprach, der ebenso viele Menschen zum Opfer fallen könnten wie Juden ermordet worden waren. Weiter behauptete er, in Indien wachse eine Pflanze, aus der sich Gift in großen Mengen herstellen ließe, und erregte damit Begeisterung. Pascha beschrieb Feldschuh als brillanten Kopf und als ganz besondere Persönlichkeit. Er sei Mitglied mehrerer Parteien gewesen, doch hätten er und drei, vier weitere Personen, die er anwerben wollte, nicht in den Nakam-Rahmen gepasst. Er wirkte in der Gruppe wie ein Fremdkörper. Vielleicht tat man ihm Unrecht, als man sich entschied, ihn auszuschließen, ohne es ihm ausdrücklich mitzuteilen. Kovner räumte später ein, sie könnten sich geirrt haben, Feldschuh habe sich als ehrenwerter Mann erwiesen. Doch in Lublin ließen sie ihn wissen, sie hätten die Rachepläne aufgegeben, und brachen den Kontakt zu ihm ab. Feldschuh nannte seinen später geborenen Sohn *Nekamja Ben-Schem*, was so viel bedeutet wie: Sohn des jüdischen Volkes, der die Rache Gottes vollzieht.[80]

Finanzierung der Operation

Der Flüchtlingsstrom schwoll an, vor allem aus der Sowjetunion, noch vor der Repatriierung, und die Bricha musste ihre Aktivitäten erweitern. Damit rückte die Frage der Finanzierung auf die Tagesordnung. Auf die Schnelle wurden Gemeinschaftsunterkünfte, *Kibbuzim* genannt, errichtet, in denen sofort großes Gedränge herrschte. Auch wer dort nicht unterkam, brauchte ein Dach über dem Kopf. Täglich mussten mehr Münder gefüttert werden. Hier sprang das *Joint Distribution Commitee*, kurz *Joint* genannt, mit Joseph Schwarz an der Spitze ein und kümmerte sich um Unterkünfte und Lebensmittel. Die *United Nations Relief and Rehabilitation Administration* (UNRRA) half ebenfalls, vor allem die dort beschäftigten Juden bemühten sich sehr.[81]

Darüber hinaus entstanden aber weitere Kosten, so für die Bezahlung der Schmuggler an den Grenzen, Bestechungsgelder für Beamte, Beschaffung von Transportmitteln, Fälschung von Dokumenten, ohne die nichts lief (die meisten Flüchtlinge besaßen keine gültigen Ausweise). Wohnraum, warme Mahlzeiten und medizinische Betreuung waren nach Jahren körperlicher und seelischer Leiden besonders nötig. Die Hilfe des Joints und der UNRRA reichte nicht aus; zudem war es beiden Körperschaften untersagt, illegale Aktivitäten zu unterstützen, damit hätten sie ihren Status gefährdet. Also verlegten die Aktivisten sich auf ein anderes System der Geldbeschaffung, das sich in den Monaten nach der Befreiung Osteuropas und vor dem Ende des Krieges im Westen als besonders effektiv erwies. Einige Kameraden reisten von Lublin nach Osten, in erster Linie nach Moskau, wo sie billig Goldrubel (aus unerfindlichen Gründen „Schweine" genannt) einkauften, die sich im Westen auf dem Schwarzmarkt zu sehr viel höheren Preisen absetzen ließen. Das wurde zur Hauptfinanzierungsquelle. Unnötig zu sagen, dass die sowjetischen Behörden Devisenschmuggel und Schwarzmarktaktivitäten höchst ungern sahen und jeden Verdächtigen für lange Zeit ins Gefängnis steckten.

Parallel dazu entwickelten die Bricha- und Nakam-Aktivisten eine Methode, die sie „Expropriation" nannten, die aber schlicht und einfach auf Erpressung jüdischer Spekulanten hinauslief, die ebenfalls versuchten, mit dem An- und

Verkauf von Gold reich zu werden, dabei aber alles andere als das Gemeinwohl im Auge hatten.[82] Bitten an Zionisten im Jüdischen Zentralkomitee erwiesen sich als vergeblich, denn die Sowjets betrachteten die Bricha als illegale Bewegung, und ihre Unterstützung hätte die Mitglieder des Komitees in eine sehr prekäre Lage gebracht. Bestimmte Summen kamen von Familien der Bricha-Helfer, die vor dem Krieg Geld vergraben hatten und es nun wieder hervorholten.

Außerdem fanden die Aktivisten große Mengen von Geldscheinen, die die Nationalsozialisten versteckt oder gefälscht hatten, um die Wirtschaft der Alliierten, in erster Linie Englands, zu schwächen. Überlebende, die sich in von Deutschen streng bewachten Lagern unter Zwang als Geldfälscher betätigten, erzählten, die Nationalsozialisten hätten nicht weniger als zehn Millionen Pfund Sterling in Umlauf gebracht. Ein Teil gelangte nun in die Hände der Kameraden. Es fanden sich auch Personen, die bereit waren, der Bewegung Geld zu leihen im Austausch gegen eine schriftliche Rückzahlungsverpflichtung. Tatsächlich wurden diese Summen größtenteils erstattet, und zwar von den Abgesandten aus Erez Israel, die von dort mitgebrachte Summen der Bricha zukommen ließen.[83] Das Geld hatte viel von seinem Wert verloren. Die Kameraden schleppten mit Geldscheinen vollgestopfte Koffer und Rucksäcke mit sich herum wie zu Zeiten der Wirtschaftskrise Ende der 1920er Jahre.

Während der Organisationsphase, aber vor allem, nachdem die Nakam-Gruppe sich von der allgemeinen Bricha-Bewegung getrennt hatte, tauchte die Frage auf, ob die Aktivisten, die für die Finanzierung sorgten – sie wurden „Finanzabteilung" genannt – irgendein Entgelt für ihre Anstrengungen erhalten sollten. Allem Anschein nach wurde das Thema niemals grundsätzlich diskutiert, und die Gelder wurden auf der Grundlage völligen Vertrauens und einer bescheidenen Lebensweise verwaltet. Niemand bekam ein Gehalt und jede Leistung beruhte auf Freiwilligkeit. Nichts, aber auch gar nichts blieb in den Händen der Aktivisten hängen, hielt Lidovski schriftlich fest.

Wenn die Kameraden mit ihrer Beute heimkehrten und Hunderttausende von Rubeln wie selbstverständlich auf den Tisch legten, kam es vor, dass sie von Lidovski oder Kovner kleine Summen für sich erbaten. Roseman, ein enger Freund der Kameraden, ohne Mitglied der Gruppe zu sein, sagte aus, dass es an den Anlaufstellen oder Grenzübergängen „niemals zu Unregelmäßigkeiten oder Fehlbeträgen gekommen sei. Es war ein Tempel mit Priestern und Leviten und einem Altar, auf dem geopfert wurde. Niemand nahm für sich auch nur einen Pfennig."[84] Gewissar, der zehn Monate lang als Kassenwart der Bricha fungierte, erzählte: „Lidovski bat mich um Geld für die Bricha, aber ich gab es ihm nicht, denn ich hatte es von Auerbach [Mosche Auerbach, später Agami], dem Abgesandten aus Erez Israel, erhalten. Er vertraute mir vollkommen, und ich musste ihm niemals Rechenschaft ablegen.“ Ben-Meiri fügte hinzu: „Das Geld floss. Es war sauber und rein. [...] Zwischen Mosche Agami und mir entwickelte sich ein Sprachcode, was die Zahlen und Summen betraf, und die Flüchtlinge erhielten Geld gegen eine Quittung, die ich unterschrieb.“ Die beschafften Gelder waren sowohl für die Bricha als auch für die Nakam-Gruppe bestimmt. Sie gewährten ihnen Unabhängigkeit. Wären sie aus einer bestimmten Quelle geflossen, dann hätten die Aktivisten dieser Quelle gegenüber Rechenschaft ablegen müssen, und das wollten sie unbedingt vermeiden. So blieb ihnen nichts anderes übrig als mit denselben Methoden weiterzuarbeiten.[85]

Nachum Shadmi (früher Kramer), der Kommandant der Hagana in Europa, zeichnete in seinen Memoiren allerdings ein etwas anderes Bild. Er stand unter dem Eindruck, dass einige der „Schmuggler und Geldwechsler“ einfach geborene Schwarzmarkthändler gewesen seien und es auch nach dem Krieg blieben. Zwar kamen sie nach Erez Israel, um im Unabhängigkeitskrieg zu kämpfen, kehrten aber anschließend nach Deutschland zurück, wo sie Bars und andere Vergnügungsstätten eröffneten. Damit meinte Shadmi aber offenbar nicht die Nakam-Mitglieder, sondern Außenstehende, die sich nützlich gemacht hatten. Über die Gruppe selbst schrieb Shadmi, die meisten der Kameraden seien „prima Kerle“ gewesen und hätten zu „den Besten ihrer Generation“ gehört.[86]

So überstürzt wie der Aufbruch aus Wilna erfolgte, da Kovner die Verhaftung drohte, so überstürzt gestaltete sich auch der Abschied von Lublin. Ende Februar ließ einer der Zionisten im Jüdischen Zentralkomitee die Gruppenleiter Abba Kovner und Eliezer Lidovski wissen, dass ihre Aktivitäten vom neuen Regime als Verschwörung eingestuft würden. Die Kameraden verstanden den Hinweis und brachen am 1. März 1945 nach Süden auf, Richtung Bukarest. Sie konnten dabei die bereits im Rahmen der Bricha eingerichteten Anlaufstationen nutzen. Die Strecke war von Aktivisten und Partisanen, die man ausgeschickt hatte, um nach Wegen der Grenzüberschreitung zu suchen, bereits abgesteckt worden. Sie führte durch die Karpaten, über Krosno und Sarok in die Tschechoslowakei und von dort nach Rumänien.

Manek gab zu Protokoll, in Lublin habe die Gruppe noch gemeint, viel Zeit zu haben, da der Krieg noch im Gange war. In Wirklichkeit aber drängte die Zeit, und Manek sprach sich dafür aus, von Lublin aus direkt nach Deutschland zu gehen und dort die SS-Lager ausfindig zu machen, damit sie ihre Pläne gleich bei Kriegsende, im Juni, Juli 1945 ausführen könnten und nicht bis 1946 warten müssten. „Warum wandten sie sich überhaupt nach Rumänien?“, fragte Menasche Gewissar im Nachhinein. Er hielt das für einen Fehler, da diese Reise nicht der Rache diente. Es habe doch im schrittweise befreiten Polen genug

Deutsche gegeben. Jehuda Arasi (Deckname Alon), der die legale und illegale Einwanderung nach Erez Israel beaufsichtigte, vertrat sogar die Ansicht, wenn schon Rache, dann auch an den polnischen Kollaborateuren. Diesbezüglich stand er mit einigen Nakam-Mitgliedern in Kontakt.[87] Es sei daran erinnert, dass Gewissar führendes Mitglied der *Dror*-Bewegung von Antek Zuckerman war, der für die Wiederansiedlung in Polen eintrat. Demgegenüber wusste die Mehrheit in der Führung der Flüchtlingsbewegung sehr wohl, dass ein Verbleiben in Polen ein Verbleiben unter einem sich gerade etablierenden kommunistischen Regime bedeutete. Polen war zur Grabstätte des jüdischen Volkes geworden, und immer noch wurden dort Juden wie Freiwild ermordet. Der Zug nach Süden entsprach der Ausrichtung der Herzen auf das Land Israel. Deshalb zog es alle Flüchtlinge unwiderstehlich an die Küste, von wo aus sie in See stechen konnten. Wer bereits zur Nakam-Gruppe gehörte, setzte sich nun also in Bewegung, auf Militärlastwagen, in Zügen, in allen nur möglichen Fahrzeugen. Ihre Ausweise gaben sie als griechische Flüchtlinge auf dem Weg in die Heimat aus. Dabei hofften sie, die Sowjets würden ihr Jiddisch oder Hebräisch für Griechisch halten. Auf ihren Ausweisen prangte ein Stempel des Roten Kreuzes. Unterwegs wurden sie verhaftet, wieder freigelassen, fälschten neue Ausweise und setzten den Weg fort, bis man sie wieder verhaftete und die ganze elende Prozedur sich wiederholte.[88]

In Lublin also hatte der Plan der Vergeltung aus all den oben ausgeführten Gründen Gestalt angenommen. Dutzende von Kameradinnen und Kameraden hatten sich der im Aufbau begriffenen Gruppe bereits angeschlossen. In Bukarest sollten sie nun ihre Prinzipien formulieren und erste Schritte zur praktischen Umsetzung unternehmen.

Jitzchak Katzenelson

[…] Verflucht der Jude, der sich nicht entsetzt, wenn er von der Ermordung eines ganzen Volkes hört, der die Todesumstände eines jeden Einzelnen seiner sieben Millionen Brüder nicht erforscht, der nicht danach verlangt, der nicht davon träumt, der nicht unablässig daran denkt, seine Brüder, die Märtyrer, blutig zu rächen, das Blut sieben Millionen jüdischer Seelen. […] Jeder Deutsche verdient den Tod, jede deutsche Hand ist von jüdischem Blut befleckt, dem Blut eines Säuglings, eines Greises, einer Frau. Deutsche Kinder, die noch keine Juden ermordet haben, wachsen zu diesem Zweck auf, werden dazu erzogen, werden von mörderischen Eltern und Lehrern diesem Ziel verschrieben. Verflucht der Jude, der sie nicht im Keim erstickt, solange er es noch kann. […] Ich verfluche alle, die sich Juden nennen und angesichts des Verlustes von sieben Millionen der besten und redlichsten Juden Europas, zu ihrer erbärmlichen Tagesordnung übergehen. Ich verfluchte sie, denn zu töten vermag ich sie nicht.

> Itzchak Katzenelson, *Letzte Schriften: Die hebräischen Jahre 5700–5704*; aus dem Jiddischen ins Hebräische übertragen von M.Z. Wolfovsky, Tel Aviv, HaKibbutz HaMe'uchad, 1956, S. 228

KAPITEL 3

März – Juni 1945: Bukarest – Von der Idee zur praktischen Umsetzung

Am 1. März 1945 machte sich die Gruppe, die sich in Lublin gebildet hatte, auf den Weg nach Rumänien. Zu ihr gehörten Rachel und Eliezer Lidovski, Dorka und Pascha Reichman, Abba Kovner und Vitka Kempner, Zelda Trager, Senka Nisanilovitz und Schlomo Kless. Gabi Sedlis trug in einem Rucksack die Werkzeuge bei sich, die er im Getto und in den Wäldern zum Fälschen von Ausweisen benutzt hatte. Zivia Lubetkin war auch dabei, während ihr Mann Jitzhak (Antek) Zuckerman von Lublin aus nach Warschau zurückkehrte, um auf weitere Überlebende zu warten, Heimkehrer aus der Sowjetunion in Empfang zu nehmen und um seine *Dror*-Bewegung wieder aufzubauen.

Viele jüdische Flüchtlinge zogen von Lublin und von anderen Orten aus nach Bukarest in der Hoffnung, von dort aus ins Land Israel zu gelangen oder zumindest wieder auf hilfreiche Vertreter jüdischer Organisationen aus der freien Welt, wie z. B. dem *Joint*, zu treffen, denen sie bereits in Lublin begegnet waren. Eine geordnete Fluchtstrecke, die von allen benutzt worden wäre, gab es nicht, aber einen Haupt- und mehrere Nebenstränge. Die Asiaten und die Partisanen bemannten die Anlaufstationen, wie sie es bereits auf dem Weg nach Lublin getan hatten. Die Zahl der Juden auf den Straßen wuchs von Hunderten zu Tausenden an. „Wir hatten nicht geahnt, dass wir den Finger in einen Sandhaufen steckten", sagte Kovner.[1]

In Bukarest fand ein erstes Treffen der Nakam-Gruppe mit Vertretern des Jischuws statt. Es war einerseits sehr bewegend und andererseits sehr enttäuschend, denn beide Seiten bekundeten grundverschiedene Ansichten über das, was zu tun möglich war, und das, was zu tun unmöglich war. Und im Hafen lag nur ein einziges für die Überfahrt nach Palästina vorgesehenes Schiff. Von den Vertretern des Jischuws hörten die Kameraden zum ersten Mal von der nun in Italien stationierten Jüdischen Brigade, und schickten auf der Stelle Boten dorthin, die Kontakt zu den Kämpfern aufnehmen sollten.[2]

Ähnlich wie in Lublin herrschte auch in Bukarest ein gewisses jüdisches Nachkriegstreiben, vielleicht sogar in stärkerem Maß. „In Bukarest wogte eine murmelnde und grummelnde vielgestaltige, mit vielerlei beschäftigte Menschenmenge: Flüchtlinge aus Polen, Sowjets auf der Heimreise, Geldwechsler, die auch UNRRA-Hilfspakete verschacherten, daneben Jugendgruppen aller

 | DOI:10.30965/9783657791125_005

Art", schrieb die Schriftstellerin Yonat Sand.[3] Wieder einmal teilten sich die Kameraden Unterkünfte; ihrer Herkunftsorte gemäß hausten vierzehn Mann in einem engen Zimmer mit Etagenbetten. Ihr Basislager befand sich in der vorwiegend jüdischen Vitorului-Straße. Das schöne Bukarest war vom Krieg weitgehend verschont geblieben, es blühte und grünte, auf den Straßen herrschte Betriebsamkeit, Kinos und Restaurants lockten. Wer der Davongekommenen hatte geahnt, dass es so etwas überhaupt noch gab? Alles schien zu einem normalen Nachkriegsleben zurückkehren zu wollen.[4]

K. Zetnik und die Auschwitz-Gruppe

Aus der Menge der Gestalten und Gesichter, die in die Stadt strömten und sich zu Gruppen zusammenfanden, ragte ein Mann namens Jechiel Feiner (später Di-Nur) hervor. Er wurde in Israel als Schriftsteller unter dem Pseudonym K. Zetnik (ein Wortspiel: *KZ-nik* bedeutet auf Jiddisch *einer aus dem KZ*) bekannt, und sein dramatischer Auftritt beim Eichmann-Prozess erregte viel Aufsehen. Im Strom der Bricha wechselte er Namen und Papiere, benutzte aber in erster Linie einen Pass, der ihn als Kalman Zitinski (oder Zetinski) auswies. Unter diesem Namen taucht er jedenfalls in den Dokumenten aus jener Zeit auf.[5] Er gehörte zu einer Gruppe von fünf Auschwitz-Überlebenden, die die Bricha-Leute tatsächlich als die ‚Auschwitz-Gruppe' bezeichneten. Diese Fünf erreichten Rumänien gemeinsam mit einer Gruppe von sechs Kämpfern aus dem Getto Warschau, auf die sie unterwegs gestoßen waren. Sie hingen in außerordentlicher gegenseitiger Bewunderung fast schon peinlich eng aneinander und bestanden darauf, alle miteinander in einem Zimmer zu wohnen, wie Pnina Grienspan (später Frimer), eine der Kämpferinnen, berichtete. Auch Zivia Lubetkin war dabei, „ein Engel in Menschengestalt, sie verstand uns", sagte K. Zetnik Jahre später über sie. Wie sie es aus dem KZ gewohnt waren, reihten sie sich jeden Morgen zum Appell auf, immer noch in den gestreiften Auschwitz-Kleidern, sangen Lieder aus dem Lager und konnten nicht aufhören, von den Gräueln zu erzählen. Dann und wann verkündete K. Zetnik, er sei ohnehin kein lebendiger Mensch mehr. Sie lebten in einem „archaischen Niemandsland."[6]

Was die Kameraden von diesen Menschen aus Auschwitz hörten, verstärkte die Eindrücke, die sich ihnen schon in Majdanek aufgedrängt hatten. Besonders entsetzt waren die Litauer, die lange Zeit von den Todeslagern nichts gewusst hatten und jetzt mit Ungeheuerlichkeiten konfrontiert wurden: „Plötzlich offenbarte sich vor uns eine Tragödie, die wir überhaupt nicht fassen konnten."[7] Manek L. aus der Auschwitz-Gruppe wurde später Nakam-Mitglied.

Nach Auschwitz war er mit seinem Bruder, mit K. Zetnik und ein paar weiteren in ein anderes Lager verlegt worden. Kurz vor der Befreiung, im Januar 1945, sprangen sie von einem Zug, der sie nach Deutschland bringen sollte, und zogen gemeinsam weiter nach Bukarest. Das war das Naheliegende, sagte Manek, denn Gerüchten zufolge sollte man von Bukarest aus nach Palästina gelangen können![8]

Im Jahr 1945 fiel das Pessachfest auf Anfang April. Im Speiseraum versammelten sich einige Dutzend der etwa tausenddreihundert Überlebenden, die in zwölf Kibbuzim in Bukarest und Umgebung, nach ihren Heimatorten eingeteilt, Unterkunft gefunden hatten. Die Davongekommenen, die sich zur Versammlung einfanden, repräsentierten jeweils unterschiedliche Schoa-Erfahrungen. Anwesend waren Partisanen, Asiaten, Mitglieder des Untergrunds, Überlebende aus den Todeslagern, in erster Linie aus Auschwitz, sowie Vertreter von Organisationen. Es dürfte die erste Zusammenkunft nach der Schoa mit einem so diversen Publikum gewesen sein.

Man begann mit einer Schweigeminute für die Opfer der Schoa. Die Redner sprachen daraufhin von dem bedrohlichen Gefühl, in einer feindlichen Umwelt allein zu sein, und von der Schuld, die sie aufgrund ihres Überlebens empfanden. Sie wiesen den Vorwurf aus den eigenen Reihen, die Juden hätten sich ohne Gegenwehr in den Tod treiben lassen, mit dem Argument zurück, es seien doch auch unzählige Nichtjuden von den Deutschen und ihren Helfershelfern ermordet worden. Zorn auf Juden, die ihr Volk verraten hatten, wurde laut, und man forderte deren Bestrafung. Hier zeichneten sich also bereits die bitteren Auseinandersetzungen und Debatten ab, die später geführt werden sollten.

Kovner hielt die zentrale Ansprache und äußerte die Befürchtung, die Schoa sei noch nicht zu Ende, und dazu die Sorge, die politische Zersplitterung der Vorkriegszeit könne wieder auftreten und sie alle zerstören. Deswegen forderte er die Anwesenden auf, die alten politischen Auffassungen hinter sich zu lassen und sich wie ein Mann der Chativa anzuschließen. Er sprach ebenfalls von seiner Vermutung, der Lauf des Alltagslebens, vor allem des Lebens in Erez Israel, könnte jede Ideologie zur Seite drängen.

Auch die Auschwitz-Gruppe kam zu Wort. K. Zetnik, im Protokoll aufgeführt als Zitinski, seinem Namen aus Bricha-Zeiten, erinnerte alle an den „Schwur, den wir geschworen haben", womit er vielleicht andeuten wollte, dass er meinte für alle zu sprechen. „Die von uns, die durch die Schornsteine der Krematorien gekrochen sind, wissen genau, was sie wollen. In Panzern wollen wir die Straßen der Städte zerstören, der Aufbau muss warten. Jetzt ist unsere Aufgabe die Zerstörung. […] Wer würde sie uns zu verweigern wagen? Wir sind Frankensteine, wir, die wir aus der Zerstörung herausgekommen sind, wir werden den Schimpfnamen *Jud* in allen Sprachen erschüttern und erhöhen. [...] Worte der Rache sollen uns den Weg erleuchten. Wir werden nicht ruhen, solange noch einer dieser Rasse am Leben ist." Ein anderer Redner aus der Auschwitz-Gruppe sprach von der Notwendigkeit, den Jischuw über die Katastrophe in Kenntnis zu setzen, schlug dann aber ebenfalls den prophetischen Ton K. Zetniks an: „Eine solche Kraft hat uns Hitler eingeflößt."[9] Die beiden hinterließen bei den Zuhörern tiefen Eindruck. Obwohl sie nicht zu den Partisanen gehörten, wurde ihre Stimme an der Spitze der Bricha gehört, und K. Zetnik durfte sich mit den Aktivisten fotografieren lassen. Harmatz sagte aus: „K. Zetnik gehörte mit zu unserer [Nakam-]Gruppe, er sollte über unsere Aktivitäten schreiben." K. Zetnik und Manek glaubten nicht, dass nur die Partisanen sich rächen müssten, im Gegenteil: Die Partisanen hatten doch das Ihre bereits getan, wohingegen die aus den Todeslagern Herausgekommenen noch keine Gelegenheit gehabt hatten zu handeln (K. Zetnik benutzte das Wort ‚Überlebende' nicht, er sprach von ‚Herausgekommenen'), und dabei müssten eigentlich doch gerade sie die Rächer anführen."[10]

K. Zetnik sprach sich eindeutig für die Vergeltung aus, aber er formulierte auch den ‚Auschwitz-Schwur',[11] die Welt von dort, vom ‚anderen Planeten' auf Papier zu bannen. In einem Gespräch zwischen Kovner und K. Zetnik in Bukarest äußerte Kovner, der seit seiner Kindheit dichtete, sein Verständnis für das verzehrende Feuer, das K. Zetik zum Schreiben zwang. Bei dieser Gelegenheit wurde beschlossen, K. Zetnik solle trotz der im Bricha-Kibbuz herrschenden Raumnot eine eigene kleine Kammer bekommen, und so geschah es.[12] Dort verfasste K. Zetnik offenbar sein Gedicht „Salamandra", sein erstes literarisches Werk nach der Schoa, aus dem später der gleichnamige Roman wurde. Von Manek, der dem Schriftsteller auch später freundschaftlich verbunden blieb, wissen wir, dass K. Zetnik den Kameraden sein Gedicht zu lesen gab, während er noch daran arbeitete. Es spricht vom Verlangen nach Rache, dem Verlangen eines Salamanders. Das feurige Geschöpf brennt sieben Jahre lang, was in etwa der Dauer des Krieges entsprach. Voller Rachedurst durchquert Salamandra Kontinente und schleudert einen ewigwährenden Fluch in die Welt, „bis die Rache das lodernde Feuer in meinen Eingeweiden gelöscht hat."[13] Der Satz lässt die Interpretation zu, dass dieses Feuer niemals erlöschen wird, dass also eine vollständige, angemessene Vergeltung niemals zu erreichen sein wird.

Später zogen K. Zetnik und die Auschwitz-Gruppe mit den Leuten der Bricha nach Italien. In Neapel angelangt, erhielt er wieder eine Privatkammer, die allerdings nach einer Bombardierung nur noch aus drei Wänden bestand. Um seine Bedürfnisse kümmerten sich die Soldaten der Jüdischen Brigade, und die Nakam-Gruppe unterstützte ihn mit Bargeld, so dass er dort seinen ersten Roman „Salamandra" schreiben konnte. Er tat das „ununterbrochen und hemmungslos, ohne zu essen, ohne zu schlafen. Er scherte aus der Erdbahn aus und schoss sich zurück auf den jenseits der Zeit kreisenden Planeten Auschwitz."[14]

Die Gruppenbildung schreitet voran

In Bukarest setzte Kovner den Aufbau der Gruppe fort. Er wandte sich an Marek und ließ ihn wissen, dass er dabei sei, eine Gruppe zusammenzustellen, die sich in großem Stil rächen würde. „Ich brauchte keine Sekunde, um mich zu entscheiden", erinnerte Marek sich vor ein paar Jahren, „ich war sehr froh!" Die Ruhe in Bukarest und die Vorbereitungen zur Einwanderung nach Erez Israel hatten ihm Unbehagen bereitet. Ihm war, als würde er zwischen zwei wichtigen Lebensphasen einen Schritt auslassen. Noch wusste er nichts vom Schicksal seiner Schwestern, noch hatte er den Untergang des NS-Regimes nicht mit eigenen Augen gesehen. Die Einwanderung ins Land lag vor ihm, als würden seine Wurzeln noch einmal ausgerissen, als würde das Haus, in dem er gelebt hatte, abbrennen, und er hatte noch nicht einmal zurückgeschaut. Sollte er in Anbetracht dessen jetzt bereits abreisen?[15] So wie Manek schloss sich auch Julek Harmatz auf Kovners Aufforderung hin der Gruppe an, obwohl inzwischen Juleks Mutter eingetroffen war. Die Wiederbegegnung der beiden trieb allen Anwesenden – die meisten der Kameraden waren dabei – Tränen in die Augen. Es fiel Julek schwer, Kovners Bitte Folge zu leisten und sich ein zweites Mal von seiner Mutter zu trennen, die ihre anderen beiden Söhne bereits in der Schoa verloren hatte. Der Tod seines jüngsten Bruders verfolgte Julek bis zu seinem letzten Tag: Er war im Getto zurückgeblieben, als die Kämpfer durch die Kanalisation in den Wald aufbrachen.[16]

Bald tauchte auch eine Gruppe von Mitgliedern der Krakower *Akiwa*-Bewegung in Bukarest auf: Jehuda (Poldek) Maimon, Jehuda (Idek) Friedman, Ze'ev (Willek) Schutzreich (später Shenar), Theodore (Dzhunek) (später Dan Arad), Schimek (Schimon) Lustgarten, Jitzhak Hammel und Joseph Wolf. Die meisten waren dem Todesmarsch, der Auschwitz im Januar 1945 verließ, entflohen. Auf Empfehlung von Zivia Lubetkin, die sie in Bukarest ebenso herzlich begrüßte wie die Auschwitz-Gruppe vor ihnen, begründeten sie einen eigenen Kibbuz. Dort saßen sie beieinander und riefen sich die furchtbaren durchgestandenen Erlebnisse in Erinnerung. Ihrer Gruppe gaben sie den Namen „Mitglieder des Getto-Untergrunds". (Poldek beispielsweise hatte im Krakower Café Cyganeria im Dezember 1942 am ersten bewaffneten Attentat einer jüdischen Miliz im besetzten Europa auf deutsche Offiziere teilgenommen.)

Bald traf auch die Gruppe aus Częstochowa ein, die sich, wie erwähnt, ebenfalls in Lublin aufgehalten hatte, und schloss sich in Bukarest der Krakower Gruppe an.

Gespräche zwischen den Gruppen und innerhalb der Gruppen kreisten oft um das Thema der Vergeltung. Vitka, die mit ihrer scharfen Beobachtungsgabe Charaktermerkmale oft besser erfasste als Kovner, entschied manchmal, dass die eine oder andere angesprochene Person für die in Aussicht genommene Aufgabe ungeeignet sei.[17] Gerüchte von der Existenz der Nakam-Gruppe verbreiteten sich, Freunde warben Freunde an, die Mitgliederzahl wuchs. Dan Arad beispielsweise, der ein völlig legales Einwanderungszertifikat nach Palästina besaß und sich als Schuster von Frauenschuhen in Bukarest relativ gut durchschlug, wusste nichts von den Rächern, bis einer seiner Kameraden aus der Krakauer Gruppe ihn auf die Straße zog, weil er befürchtete, die Wände hätten Ohren, und ihn einweihte und anwarb. Arad sagte später, er sei sehr daran interessiert gewesen, sich dieser Gruppe anzuschließen, die ihm eine geheime kleine Elite-Miliz hochqualifizierter Kämpfer zu sein schien. Darüber hinaus beeindruckte es ihn sehr, dass die Gruppe sich fast jeden Abend zurückzog und dass alle Mitglieder in den Städten, im Untergrund oder als Partisanen gekämpft hatten. Wie erwähnt, hatte Kovner sie nach eben diesen Kriterien ausgewählt.

Pascha warb Mira (Mirka) Verbin-Schabetzky an und verlangte von ihr strengste Geheimhaltung, woraufhin sie zurückgab, sie sei ganz allein in der Welt, niemand würde nach ihr suchen und sie würde ganz gewiss schweigen. „Als ich von der Rächer-Gruppe hörte, war ich im siebenten Himmel", erinnerte sich Mira vor ein paar Jahren, „denn wir hatten Majdanek gesehen; die Planung beschäftigte uns, sie verlieh dem Leben eine Struktur." Da die Gruppe streng organisiert und gegliedert war, wusste Mira nicht einmal, dass Kovner ihre Freundin Cesia Rosenberg bereits rekrutiert hatte. Mira und Cesia hatten sich im Getto Wilna kennengelernt und waren danach beide Mitglieder der Partisanenorganisation FPO gewesen. Später hatten sie in den Wäldern von Narocz gekämpft, wo die Sowjets die jüdischen Partisanen demütigten. Trotz dieser Nähe informierte keine der beiden die andere über ihren Beitritt zur Nakam-Gruppe.

Dass Kovner Cesia aufnahm, war nur natürlich, denn bereits im Getto hatte er ihr gefährliche Aufgaben anvertraut. So hatte sie zum Beispiel als Kurierin die Frontlinie durchquert, um den Sowjets Informationen aus dem Getto zu überbringen. Kovner bekräftigte ihr gegenüber oft, die Nationalsozialisten müssten mit einem gewaltigen Vergeltungsschlag zur Rechenschaft gezogen werden, um alle anderen Feinde Israels zu warnen und abzuschrecken. Und jedes Mal „schrien seine Worte in mir und wirbelten herum wie wild." In

Budapest verkündete Kovner seine Botschaft in privaten Anwerbegesprächen, aber auch in der Öffentlichkeit: Die Schoa könnte sich in absehbarer Zukunft überall wieder ereignen. Das Schwert hinge noch über den Köpfen der Juden, doch sollte jüdisches Blut nicht abermals straflos vergossen werden.[18]

Eines Abends fanden sich auf Kovners Einladung alle in einem Raum voller junger Leute ein. Vorher war schon von einem besonderen Anlass gemunkelt worden. Kovner, der Wortzauberer, „nutzte seine hypnotische Beredsamkeit, [...] er kleidete unsere Emotionen in Sprache. Der Hass auf die Deutschen brannte uns in den Knochen. Wir mussten nicht erst überzeugt werden, wir wussten, dass dies unsere Pflicht war." Dieser Abend hatte in der Tat ein gewisses Zeremoniell verdient, denn er markierte den Beginn der Operation.[19]

Wie in den Gettos, in den Wäldern, in Lublin lebten wieder alle in einer Gemeinschaft, diesmal in einer netten Wohnung mit einer eigenen Küche, wie sich Mira (Mirka) Verbin-Schabetsky erinnerte. Sie erhielten sogar Kleidergeld und Freikarten für Konzerte des Roten-Armee-Chors. Nach einigen Jahren großer Not schien sich alles wieder zu normalisieren. Das Joint Distribution Committee kümmerte sich um ihre Bedürfnisse, sonst hätten sie wohl um Brot betteln müssen. Die *Tongebar*, wie sie auf Jiddisch sagten, diejenigen also, die neben Kovner in Bukarest „den Ton angaben", waren Pascha als Nummer zwei („Ich vertrat ihn") sowie Bezalel Kek, Julek Harmatz und natürlich Eliezer Lidovski. Avraham Perchik fungierte als Kassenwart. Bolek Ben Ja'akov von der Częstochowa-Gruppe, ein Mann, in dem das Rachefeuer ungewöhnlich stark brannte, berichtete, dass auch er in die erweiterte Leitung aufgenommen wurde. Die Abgesandten aus Erez Israel waren geradezu entsetzt, als diese Männer und ihre engeren Gefolgsleute sich weigerten, an Bord des im Hafen auf sie wartenden Schiffs zu gehen, und einmütig auf die eigens für sie ausgestellten Einreisezertifikate verzichteten, da sie es vorzogen, weiterhin der Bricha und der Nakam-Gruppe vorzustehen. Dass sie ein solches Opfer brachten, festigte ihr moralisches Ansehen in den Augen der von ihnen geleiteten Kameraden.[20]

Wenn wir die entstehende Nakam-Gruppe nicht im Hinblick auf ihre Herkunft untersuchen, sondern im Hinblick auf ihre Zugehörigkeit zu Bewegungen, dann finden wir unter ihnen Mitglieder von HaSchomer HaZa'ir, Akiwa und HaNoar HaZioni. Von der Dror-Bewegung war niemand dabei, was wohl mit der von Antek und Zivia bezogenen Position zu erklären ist, die unten näher ausgeführt wird. Bemerkenswert ist ebenfalls, dass die nach Rumänien entsandten Repräsentanten des Jischuws, Mosche Agami und der Fallschirmspringer Jitzchak (Mano) Ben-Ephraim aus dem Kibbuz Schamir, für untauglich gehalten wurden, das Geheimnis der Nokmim zu teilen, obwohl ihnen als Vertretern des Landes Israel gebührende Achtung entgegengebracht wurde.[21] Anders und vielleicht treffender formuliert: Sie waren die Abgesandten eines Ortes, an dem die Schoa nicht gewütet hatte, die Vergeltung aber sollte allein die Angelegenheit derer sein, die das Unheil am eigenen Leib erfahren hatten.

Die Mitglieder der Beitar-Bewegung, ob sie nun aus Wilna oder anderswoher stammten, blieben trotz ihrer bekundeten Bereitwilligkeit ausgeschlossen. „Es war unser Traum, dass wir, sollten wir mit dem Leben davonkommen, alles in unserer Macht Stehende unternehmen würde, um das vergossene Blut unseres Volkes zu rächen, damit es alle sähen und wüssten", schrieb später der israelische Schriftsteller und Chronist Haim Lazar, in seiner Jugend Beitar-Mitglied, im Getto von Wilna Untergrundkämpfer und in den litauischen Wäldern ein Partisan. Er hatte bereits erfahren, dass Vergeltung den Schmerz nicht zu lindern vermochte. Sie hatten in den Wäldern bereits Racheakte an Nationalsozialisten und Kollaborateuren verübt, aber nicht gespürt, dass ‚verfluchtes Blut' ‚unschuldiges Blut' zu erlösen vermochte. Ihrer Auffassung nach war das ganze deutsche Volk für den Massenmord am jüdischen Volk verantwortlich. Die deutsche Nation hatte Hitler zur Macht verholfen, die Mörder hatten von Juden geraubtes Eigentum nach Hause geschickt und alle Deutschen hatten davon profitiert.[22]

Die Beitar-Mitglieder, insbesondere jene aus dem Wilnaer Getto, die den dortigen Untergrund mitbegründet hatten und dann in die Wälder gingen um zu kämpfen, stimmten also den anderen Gruppen, die sich zur Ausübung der Rache zusammenschlossen, im Prinzip durchaus zu. In Bukarest hörten sie dann vom Aufbau der Nakam-Gruppe, wurden aber nicht zum Mitmachen aufgefordert und erhielten keinen Einblick in die Vorbereitungen. Lazar war darüber noch Jahre später erbost. Er beschrieb den Ablauf der Ereignisse entrüstet und nicht immer korrekt. Für die Nakam-Mitglieder hatte er nur Spott übrig und vertrat die Meinung, als sie die Beitar-Bewegung übergingen, hätten sie der jüdischen Führung in Palästina Folge geleistet, die damals einen heftigen Konflikt mit dem Etzel, der Beitar-Miliz im Land, austrug.[23] Es waren aber nicht die wenigen Abgesandten des Jischuws, die Kovner und seine Kameraden davon abhielten, die Beitar-Kämpfer einzubeziehen, es bestanden vielmehr gravierende Meinungsverschiedenheiten über die Zielsetzung.

Viele Jahre später entschied Kovner sich, Lazar etwas zu entgegnen: Die Beitar-Leute hätten im Zusammenhang mit den Racheakten nicht nur deutsche, sondern auch britische Ziele angreifen wollen und dabei insbesondere die Vertretung aufs Korn genommen, die die Briten inzwischen im befreiten Polen eröffnet hatten. Das aber kam für Kovner überhaupt nicht infrage: „Wir sind doch keine Terroristen!" Die Nakam-Gruppe war überzeugt, eine nationale, der Schoa entsprungene Mission zu erfüllen, die mit Terrorakten in Palästina nicht im Mindesten zu vergleichen sei. Kovner fügte noch hinzu, entlang der

Bricha-Strecke hätten die Beitar-Mitglieder nur ihre eigenen Leute betreut und sich damit, wie es für sie typisch war, von allen anderen abgesetzt.[24]

Trotz all seiner Kritik hat Lazar allerdings Folgendes eingeräumt: Als überlebende europäische Beitar-Mitglieder in Italien Soldaten der Jüdischen Brigade, die erezisraelische Beitar-Mitglieder waren, für ein gemeinsames Racheunternehmen gewinnen wollten, bekamen sie zu hören, dass nicht genügend Mittel zur Verfügung stünden und dass sie auf das Eintreffen erfahrener Etzel-Kämpfer aus Palästina warten sollten. Als diese erfahrenen Kämpfer dann eintrafen, hieß es, dass jetzt erst einmal ein allumfassender Krieg gegen die britische Mandatsregierung im Gange sei, von dem das Schicksal Erez Israels, der Schoa-Überlebenden und des ganzen des jüdischen Volkes abhinge und dem deswegen alle Mittel und Kräfte zur Verfügung gestellt werden müssten. Der Sieg sei greifbar nahe, und anschließend könnte man sich der Vergeltung widmen. Mit Bedauern resümierte Lazar, dass das Scheitern des Racheprojekts „eine Tragödie für uns war, ein Scheitern, das nicht zu verzeihen ist."[25]

Insgesamt ist den Aussagen von Nakam-Mitgliedern wie Vitka oder Leibke Distel zu entnehmen, dass die Kameraden ganz unterschiedlichen Welten, unterschiedlichen Bewegungen, unterschiedlichen Regionen, unterschiedlichen Milieus entstammten. Vitka bemerkte sogar, es seien Menschen dabei gewesen, denen sie sich unter normalen Umständen niemals angeschlossen hätte.[26] Nicht die politische Position gab den Ausschlag, sondern die Persönlichkeit, wie auch Kovner immer wieder betonte, und es war die Vorstellung der Vergeltung, die sie zusammenschweißte.

Welche Position vertreten Antek und Zivia?

Kazhik Ratajzer (später Simcha Rotem) trat der Nakam-Gruppe bei, nachdem er von Warschau aus in Bukarest eingetroffen war. In Warschau hatte er am Aufstand teilgenommen und später Dutzende von überlebenden Kämpfern aus der Kanalisation gerettet. Es muss Anfang Februar gewesen sein, als er Zivia auf der Straße begegnete und durch sie mit Kovner Verbindung aufnahm, mit dem er sich auf Anhieb verstand. In seinen Memoiren erwähnt Kazhik in aller Kürze, die Auswanderung nach Erez Israel sei für ihn nicht das dringlichste Anliegen gewesen, er glaubte vielmehr wie die Kameraden, dass sie vorher eine Pflicht zu erfüllen hätten, „Dinge, die unsere unbeglichene Rechnung mit Europa betrafen". Zu der Autorin Yonat Sand sagte Kazhik, die Sache sei klar wie der Tag gewesen (oder wie die Nacht, fügte Sand hinzu): Wer am Leben geblieben war, hatte die Pflicht, Rache zu üben. „Was denn sonst? Ein klarer Schnitt etwa, als sei nichts gewesen?"[27]

Er unternahm den Versuch, mit Zivia, die ja zur gleichen Zeit in Bukarest eingetroffen war, darüber zu sprechen, aber sie akzeptierte seine Ansicht von der Pflicht zur Rache nicht. „Danach trennten sich unsere Wege", kommentierte Kazhik, ein zurückhaltender und wortkarger Mann.[28] Zivias Zurückweisung muss ihn tief verletzt haben, denn im Warschauer Getto hatten sie vor und nach dem Aufstand schwere Tage gemeinsam bestanden. Nun kam es, wenn nicht zu einer endgültigen, so doch zu einer vorläufigen Trennung. Als die beiden sich nach dem Aufstand im Getto auf der christlichen Seite Warschaus wiedergefunden und überlegt hatten, was nach dem Krieg zu tun sei, hatte Kazhik bereits von Rache gesprochen, denn er meinte, so wie sie den Aufstand gegen die Deutschen organisiert hatten, so müssten sie auch die Rache organisieren, doch Zivia wies das Ansinnen sofort zurück.[29] Trotz seiner hohen Achtung vor ihr hielt Kazhik an seiner Überzeugung fest, und als er in Bukarest in die Vergeltungspläne eingeweiht wurde, war er sofort bereit, „alles auf sich zu nehmen, was sich daraus ergeben würde." Das hieß auch: Nicht wegzulaufen, sollten sie entdeckt werden, sondern vor Gericht Rechenschaft abzulegen. Ein Prozess würde ihnen eine Bühne bieten, der Welt zu beschreiben, was sich in der Schoa ereignet hatte. Kazhik zufolge war diese Eventualität Teil des Plans.[30]

Wie gesagt, war Zivia mit den Bricha-Aktivisten nach Bukarest gekommen. Anteks Worten zufolge hatte das Paar „die Arbeit aufgeteilt. Ich half beim Wiederaufbau und sie half bei der Bricha." Zivia trug also dazu bei, die Auswanderungsstrecke für die Juden aufzubauen, Antek aber wollte die Überlebenden wieder in Polen ansiedeln und schien darin keinen Widerspruch zu sehen. Kovner erklärte, sie sei beim ihm und der Gruppe geblieben, um als Kommissarin zu fungieren, d. h. Antek über Kovners Schritte zu informieren, da ja die beiden Männer in Lublin mit Meinungsverschiedenheiten zu den meisten Themen auseinandergegangen waren. Ein weiterer wichtiger Grund für Zivias Verbleiben bei der Gruppe war das Fehlen eines Vertreters der *Dror*-Bewegung.[31] In Bukarest erfuhr Zivia nicht nur von Kazhik von den Racheabsichten und blieb bei ihrer rigorosen Ablehnung. In der Absicht, Kovners hypnotischem Einfluss entgegenzuwirken, suchte sie das Gespräch mit den zentralen Aktivisten der Bricha und der Chativa, die ihrer Meinung nach anfällig für das Rachethema waren. „Was seid ihr denn? Etwa kleine Jungen?", tadelte sie Netanel (Senka) Nisanilovitz. „Am Ende bringt ihr euch noch gegenseitig um!" Zivia befürchtete, die unablässige Beschäftigung mit der Vergeltung könnte die Seelen der jüngeren Mitglieder verderben. Ihrer Meinung nach hatten nicht alle Deutschen den Tod verdient, sondern nur die direkt Beteiligten.[32] Als einziger der Nakam-Gruppe meinte Poldek Maimon, dass Zivia im Innersten ihres Herzens den Nakamvorstellungen beigepflichtet habe. Poldek war Zivia und Antek begegnet, nachdem er dem Todesmarsch entflohen war und sich bis nach Warschau durchgeschlagen hatte. Das Paar hielt es für besser, in Warschau zu bleiben, Poldek hingegen setzte seinen Weg nach Bukarest fort.[33]

In seinen Memoiren beruft Antek sich auf seine Gefährtin Zivia, die ihm berichtet hatte, dass sich in Budapest ihre Beziehungen zum Schomer HaZa'ir verschlechterten und sie in einer Depression versank, da sie aus dem Kreis der Eingeweihten ausgeschlossen wurde. Darauf ließe sich entgegnen, dass der Rachegedanke keinesfalls mit einer bestimmten Partei oder Bewegung verbunden war, ganz im Gegenteil. Außerdem wurde schon erwähnt, wie herzlich Zivia alle in Bukarest Eintreffenden empfing, auch die Mitglieder des Schomer HaZa'ir. Antek zufolge, der es von Zivia gehört haben musste, da er selbst ja nicht vor Ort war, saßen die Nakam-Mitglieder tagelang herum und stritten sich. Sie sollen in einer von ihnen selbst heraufbeschworenen mystisch-messianischen, krankhaft-trüben Atmosphäre gelebt und apathisch auf ein Wunder gewartet haben. „Im Grunde genommen war die Gruppe eine Sekte, ein Kult."[34] Antek behauptete, sie hätten das Gefühl gehabt, in Bukarest festzustecken, da die Abgesandten des Jischuws nicht mehr als ein Schiff bereitstellen konnten. Also diskutierten sie über den nächsten Schritt, über die Zukunft der Chativa, über ihre brennende Rachsucht. „Sie schmorten im eigenen Saft, saßen herum, aßen, tranken und spannen Seemannsgarn."[35]

Andere Äußerungen von Zivia und Antek weisen allerdings darauf hin, dass die Lage der Rächer nicht nur Schwarzweiß zu zeichnen war. In ihrer bekannten Aussage im Kibbuz Jagur gleich nach ihrer Ankunft im Land stellte Zivia kurz fest, dass damals das Racheverlangen in allen brodelte, wobei sie sich selbst einschloss: „Wir kannten nur eins: Wenn wir die richtigen Leute fänden und genug Kraft aufbrächten, dann gäbe es nur das: **Rache**. Wir neigten damals nicht zum Aufbauen, unser Wunsch war es zu zerstören, so viel wie möglich zu zerstören." Sie erklärte, damals hätten alle übriggebliebenen Mitglieder der Jugendorganisationen das Bedürfnis empfunden, zunächst einmal ins Land zu kommen und die Jischuwleitung davon zu überzeugen, dass die nächste ‚Aktion' bereits drohte.[36]

Wie erwähnt, trieb Zivia und Kovner dieselbe tiefe Sorge um, auf den Feldern von Treblinka könne die Tötungsmaschinerie ihre Arbeit wieder aufnehmen, doch beide brachten dies auf jeweils eigene Weise zum Ausdruck. Zivias Biografin Bella Guterman stellte fest, dass Zivia als scharfdenkende, praktisch veranlagte Person, die sich Prioritäten setzte und dann entsprechend handelte, bei den Racheoperationen nicht mitwirken wollte, da diese auf einer emotionalen Komponente beruhten, die alles andere überdeckte.[37] Zivias primäres Ziel war es, in Übereinstimmung mit Antek den Überlebenden ihrer Bewegung

(*Dror*) beim Wiedereintritt ins Leben zu helfen. Parallel dazu wollten sie die nach Polen Heimkehrenden aufnehmen und auf die Einwanderung nach Erez Israel vorbereiten. Dabei hatte Zivia die Zukunft im Auge und weniger die unbeglichenen Rechnungen der Vergangenheit. Das mag so gewesen sein, doch man unterschätzt die Denkweise Kovners und seiner Kameraden, wenn man lediglich auf den Widerspruch zwischen ihrem emotionalen und Zivias rationalem Ansatz hinweist. Die Nakam-Gruppe vertrat vielmehr eine breite grundsätzliche, national-historische Sicht auf Recht, Gerechtigkeit und die Ordnung der Welt.

Anteks Standpunkt war um etliches komplexer. Er sagte über sich selbst, er sei wie jeder Jude „krank vor Rachedurst" gewesen, lehnte aber eine unterschiedslose, pauschale Bestrafung ab. Dennoch hatte er überlegt, ob er der Nakam-Gruppe nicht beitreten oder sie sogar leiten sollte.[38] Zweimal, einmal im Jahr 1964 und ein zweites Mal Anfang 1980, gab er Zvika Dror, ebenfalls Mitglied im Kibbuz *Lochamei HaGetta'ot*, dem ‚Kibbuz der Gettokämpfer', der ihn für die vom Kibbuz herausgegebenen Dokumentationen und ‚Zeitzeugen-Blätter" befragte, erstaunlich aufrichtige Antworten. Antek sprach damals so offen, dass man Dror bat, in der bereits für den Druck vorbereiteten Fassung noch einige Streichungen vorzunehmen.[39]

Wie bereits erwähnt, waren Zivia und Antek unmittelbar nach der Befreiung Warschaus in Lublin eingetroffen, d. h. in der dritten Januarwoche 1945. Damals schon machte Antek Bekanntschaft mit dem brennenden Hass auf die Sowjets, der Kovner, dessen Kameraden und die Asiaten ergriffen hatte. In Tag und Nacht auf Hebräisch geführten Gesprächen berichteten sie Antek von ihren Erfahrungen aus dem Leben in der Sowjetunion mit dem offenen und verborgenen Antisemitismus und von den erniedrigten und ermordeten jüdischen Partisanen in den Wäldern. Sie sprachen sehr eindringlich über das, was ihnen als Juden widerfahren war, so Antek zu seinem Interviewer, und kamen zum Ergebnis „die ganze Welt ermordet uns, die ganze Welt hasst uns", und alle Juden sind die Opfer. Die intensiven Erzählungen beeindruckten Antek tief, auch wenn er sich sagte, dass sie der Verzweiflung entsprangen. Er konnte die Forderungen, die sie aus ihren Erlebnissen ableiteten, ohne Weiteres nachvollziehen: Es galt, alle jüdischen Kräfte ausnahmslos zu einem gut organisierten Verband zu vereinen und sofort nach Erez Israel zu gehen. Und daraus entstanden die Bricha, die Chativa und die Nakam-Gruppe.[40]

Antek kam allerdings aus einer anderen Welt. Er glaubte an gegenseitige Achtung und Wertschätzung zwischen den polnischen Kommunisten und den jüdischen Organisationen, die im Warschauer Getto gekämpft hatten. Er und Zivia waren mit Mitgliedern des linken polnischen Untergrunds, der *Armia Ludowa*, befreundet, die nun nach dem Krieg wichtige Positionen in der neuen Regierung bekleideten. Seiner Meinung nach hatte nicht das ganze polnische Volk sich an der Ausrottung der Juden beteiligt, es hatte immerhin Polen gegeben, wenn auch wenige, die ihr Leben aufs Spiel setzten, um Juden zu retten. Nicht alle Nationen waren mörderisch. Aufgrund dieser Ansichten vertrat Antek denn auch eine andere Haltung, was den sofortigen Auszug aus Europa und die Rache an den Europäern betraf. „Es ist falsch, an nichts als Vergeltung zu denken", erklärte er. Damit sprach er sich nicht gegen die Rache aus, er betrachtete sie vielmehr als eine von mehreren Aufgaben, die die Überlebenden der Jugendbewegungen nach dem Krieg übernehmen müssten. „Dieselbe Organisation, die Jugendliche und junge Erwachsene auf einen konstruktiven Weg bringen wird, wird auch für eine Vergeltungskampagne zuständig sein, und dabei wird es nicht nur um Bestrafung gehen, sondern auch um Erziehung und Ausbildung. Das sollte nicht separat vom allgemeinen Aufbau der zerstörten jüdischen Gemeinden vor sich gehen, sondern ein Teilaspekt, eine weitere Funktion sein."[41] Die Bewegung, die den allgemeinen Wiederaufbau vorantrieb, würde auch die Rache mit auf ihre Fahnen schreiben, und Antek war überzeugt, dass dies die von ihm geleitete Dror-Bewegung sein müsse. Da aber Kovner und seine Kameraden nicht in Europa bleiben wollten, beabsichtigte Antek, auch die Vergeltung zu seinem Anliegen zu machen.[42] Seiner Meinung nach widersprachen sich Bricha und Vergeltung keineswegs, ebenso wenig wie sich Vergeltung und der Wiederaufbau in Polen widersprachen. Es gab eben jene, die in die Programme der wiedererstehenden Bewegungen alles Notwendige, einschließlich der Vergeltungsaktionen, eingliedern wollten, und es gab jene, die einzig und allein die Vergeltung im Auge hatten. Für Antek war das nicht mehr als eine Meinungsverschiedenheit. „Über die Rache brauchte man mit Jitzchak Zuckerman und Zivia Lubetkin nicht zu streiten", erklärte er dem Interviewer Zvika Dror, wobei er von sich selbst in der dritten Person sprach. Rache ja oder nein – das war nicht die Frage, die Frage war, wer es wann, in welchem Organisationsrahmen und wie ausführen würde.

Zunächst aber sollten nicht alle Kräfte der Bestrafung gewidmet werden, und zweitens sollte sie nicht wahllos verübt werden, sondern nur an Schuldigen, die als Teilnehmer an Liquidationen von Juden namentlich bekannt waren. „Man geht nicht hin und vergiftet Millionen", sagte Antek, nachdem er von dem Plan gehört hatte. „Ich kannte keinen einzigen Juden, der den Rachegedanken nicht in sich trug, und ich möchte sagen, dass ich dafür war" – aber eben nur gegen Einzelpersonen, die sich schuldig gemacht hatten. Wäre Antek vor die Wahl gestellt worden, dann hätte er die zahlreichen in Polen auf ihn wartenden Aufgaben mit Sicherheit nicht zurückgestellt, um sich auf einen

Akt der Vergeltung zu konzentrieren. Allerdings gab er bei anderer Gelegenheit Zvika Dror gegenüber zu: „Hätte ich gedacht, dass wir in der Lage wären, die ganze deutsche Nation auszulöschen, dann hätte ich mich daran beteiligt. Dann hätte ich gewusst: Sie haben uns ausgerottet, wir haben sie ausgerottet. Ein Volk gegen ein Volk."[43]

Anteks letzte Aussage kurz vor der Veröffentlichung seiner Erinnerungen, die er nicht mehr erleben sollte, enthält die schärfste Kritik, die er je gegen Kovner, den Schomer HaZa'ir, die Partisanen und die Nakam-Gruppe richtete. Er gebrauchte Begriffe wie „falscher Messianismus" (eine Anspielung auf den falschen Messias Schabbtai Zvi) und „Abstieg auf das Niveau des Feindes". Der jüdische Humanismus sei nach wie vor lebendig und gültig und verbiete blinde Rache. Anteks Vorwürfe vermitteln den Eindruck, hier würden Rechnungen zwischen den einzelnen Bewegungen beglichen, vor allem im Kapitel „Im Streit um unser Ansehen", in dem er viele seiner vorherigen Aussagen zum Rachethema einigermaßen verwirrt wiederholte. Er behauptete jetzt sogar das Gegenteil dessen, was er Dror gegenüber vorher über die Auslöschung des deutschen Volks gesagt hatte: „Das Thema raubte mir den Schlaf [...] Ich war von ihren Vorstellungen, die an Wahnsinn grenzten, sehr weit entfernt. Hätte man eine Nation von sechzig Millionen Deutschen tatsächlich umbringen können? Und wenn es gelingen sollte, tausend Deutsche zu töten, würde dir das deinen Schlaf zurückgeben? Würdest du dann meinen, dein Volk sei gerächt?" Dennoch versicherte er, die Sache habe ihn niemals in Ruhe gelassen, auch nicht nach seiner Ankunft in Erez Israel.[44] Weiter erklärte er, er habe nicht abgelehnt, als ihm nach seiner Rückkehr nach Warschau ein Kurier die Bitte überbrachte, er möge doch die Aktivitäten der Nakam-Gruppe in Deutschland leiten. Wer der Kurier war, warum und unter welchen Umständen er eintraf, wie die Botschaft lautete und was Antek am Ende antwortete – das alles wird im folgenden noch berichtet.

Chaika Grossman, im Wilnaer Getto Mitglied des Schomer HaZa'ir und eine der Untergrundkämpferinnen im Getto Bialystok, schloss sich dem Flüchtlingsstrom nach Lublin und Bukarest nicht an. Sie harrte in jenen ersten Monaten in Polen aus, vorwiegend in Bialystok, wo sie für die polnische Sicherheitsabteilung, bekannt als Uzrad Bezpieczenstwa (UB) arbeitete, die nach dem Krieg unter sowjetischem Einfluss gegründet worden war. Chaika Grossman kam damals zu der Einsicht, Racheakte seien abzulehnen. Obwohl sie sich mit Kovner kurz traf, als er von Wilna nach Lublin unterwegs war, scheinen die beiden das Thema nicht erörtert zu haben. Weder er noch die Kameraden, an deren Seite sie die harten Jahre der Schoa überstanden hatte, setzten sie über das Vorhaben in Kenntnis. Während ihrer Tätigkeit in der UB konnte sie sehr wohl für die Bestrafung einiger Täter sorgen, aber auf eine Art, die sie bevorzugte: Sie stellte Akten über Polen zusammen, die im Krieg Juden ermordet hatten, und über diejenigen, die sich in der Nachkriegszeit anschickten[45], die Untaten zu wiederholen.

Wie zu Antek, so wurde auch zu Chaika ein Kurier geschickt, der offenbar während ihres Aufenthalts in Lodz zu Beginn des Jahres 1946 eintraf. „Ein besonderer Bote [...] von der Jüdischen Brigade" (wer der Mann war, wusste sie nicht mehr), der sie für die Nakam-Gruppe zu gewinnen versuchte. Ihre Unterhaltung war sehr kurz, den Chaika antwortete unmissverständlich mit *njet*, ohne um Bedenkzeit zu bitten oder ihre Meinung später zu ändern. Sie lehnte wahllose, blinde Rache ab. Zur blinden Rache gehörten für sie auch pauschale Aktionen gegen SS-Männer, die in Lagern in der britischen und amerikanischen Zone des besetzten Deutschlands interniert waren.

„Wenn wir derartige Beweggründe akzeptiert hätten, dann hätten wir halb Deutschland umbringen müssen", sagte sie später bei ihrer Befragung im Land. Sie hielt diesen Weg für falsch und unrealistisch, gab aber zu, über Einzelheiten nicht informiert zu sein. Auch eine persönliche Rache kam für Chaika nicht infrage: „Es mag seltsam erscheinen, aber in meinem Herzen brannte kein Rachefeuer." Das Wort ‚seltsam' benutzte sie, weil sie meinte, eine Ausnahme darzustellen, denn in den Herzen der meisten Überlebenden brannte ein solches Feuer sehr wohl. Warum hatte sie sich so kategorisch geweigert? Möglicherweise, so sagte Chaika Grossman im Alter von beinahe siebzig Jahren rückblickend, weil in ihr damals bereits die Hoffnung auf ein Leben nach der Schoa aufgekeimt sei, auf ein Leben in einer gerecht geordneten Welt, in der Menschen für ihre Taten verantwortlich waren. Racheakte aber hätten dem moralischen Code einer solchen Welt widersprochen.[46]

Im selben Interview wies sie wiederholt darauf hin, dass sie sich angesichts der Erniedrigung der jüdischen Zeugen, der Vertuschung und der Rechtsverdrehung in den deutschen Prozessen gegen Naziverbrecher im Verlauf der Jahre schon manchmal gefragt habe, „ob nicht Abba Kovner Recht hatte und ich mich geirrt habe." So auch, wenn sie von deutschen Kriegsverbrechern las, die in die USA flohen und dort freundliche Aufnahme fanden. In ihren letzten Lebensjahren legte sie Wert darauf, diese späten Gedanken aufzuschreiben und zu veröffentlichen, um in der Geschichtsschreibung aus jener Zeit nicht eindimensional zu erscheinen. Chaika betonte immer wieder, dass sie trotz aller Meinungsverschiedenheiten und der daraus resultierenden unterschiedlichen Folgerungen nie ein schlechtes Wort über Kovner verloren habe. Die gegenseitige Freundschaft habe sich seit den Gettotagen noch vertieft und sie habe ihn in Israel besucht und getroffen, weil sie um seine Größe wusste.[47]

Die Chativa der Überlebenden aus Osteuropa

Unterdessen gingen die im April 1945 in Bukarest aufgenommenen Gespräche zur Gründung einer überparteilichen Vereinigung, der Chativa, weiter. Der Beitritt zu einer solchen Bewegung bedeutete die Aufhebung früherer politischer Überzeugungen, die doch auch so etwas wie ein Zuhause gewesen waren. Es kam zu Auseinandersetzungen und Kritik an Kovners diesbezüglichen Vorstellungen. Trotz alledem gelang es den Beteiligten, sich auf bestimmte Grundsätze zu einigen, so dass am 26. April 1945 die „Chativa der Überlebenden aus Osteuropa" in feierlicher Atmosphäre gegründet wurde. Ihre Zielsetzung umfasste die legale sowie die illegale Einwanderung nach Erez Israel, die nationale Selbstverteidigung, die hebräische Kultur, die Auflösung der Diaspora und der Kampf um Einheit in einem jüdischen Staat. Am Ende der festlichen Versammlung erhoben sich die Anwesenden und sangen „HaTikwa."[48] Die Statuten wurden später in einem dramatischen hebräischen Tagesbefehl, von dem es auch eine jiddische Version gab, zusammengefasst. Zentrales Anliegen war die Einigung der nach Erez Israel strebenden Überlebenden. Nicht wie menschlicher Staub sollten sie sich fühlen, nicht wie bedauernswerte Überreste eines Massakers, sondern wie Menschen, mit denen neues Blut und neue Inhalte in den Jischuw strömten. Zusätzlich zum Tagesbefehl wurde ein Eid formuliert:

> „Ich, ein Kind des jüdischen Volkes, schwöre mit vollem Bewusstsein beim Blut meiner Lieben, das diese Erde tränkt, und beim Gedenken an Millionen geschlachteter, verbrannter und vergewaltigter Märtyrer: Ich werde alle mir erteilten Befehle ausführen, alle mir anvertrauten Geheimnisse hüten, alle Wege beschreiten, um Erez Israel zu erreichen."[49]

Zu jener Zeit hatten sich tausenddreihundert jüdische Flüchtlinge in Bukarest eingefunden. Haben sie alle diesen Eid geleistet, oder war er für den Kern gedacht, der die Chativa und deren Ideen unterstützte? Die Meinungen dazu sind geteilt. Die Formulierung „Ich werde alle mir erteilten Befehle ausführen, alle mir anvertrauten Geheimnisse hüten" legt die Frage nahe, ob sich diese Sätze vielleicht bereits auf die Rachepläne bezogen. Für die Chativa als öffentlich gegründete Vereinigung, die so viele jüdische Menschen wie möglich erreichen wollte, bestand eigentlich keine Notwendigkeit, Befehle zu erteilen oder Geheimnisse zu hüten. Mehr noch: Der Originaltext des Schwurs fand sich in Kovners Handschrift in einem Aktenordner mit der Aufschrift „Nakam" in seinem häuslichen Archiv in Ein HaChoresch wieder. Daraus ließe sich folgern, dass nur die Nakam-Mitglieder den Eid leisteten und die Chativa lediglich als Deckmantel diente. Bestärkt wird diese Annahme von der Tatsache, dass Kovner und Lidovski, die beiden Männer, die die Gründung der Chativa vorantrieben, auch an der Spitze der im Entstehen begriffenen Nakam-Gruppe standen. Jahre danach erinnerten sich die meisten Nakam-Kameraden nicht mehr an diese Vereidigungszeremonie. Manek glaubte sogar, ein Schwur sei wegen der allseitigen Hingabe völlig überflüssig gewesen.

Lidovski zufolge waren die Autoren sowohl des Chativa-Beschlusses als auch des Schwurs die Mitglieder eines inzwischen gebildeten Rates: Kovner, Zivia, Nisan Reznik, Haim Lazar und Lidovski selbst. Offenbar wurden nur neue Mitglieder vereidigt, nicht aber die Gründungsmitglieder. Pascha zufolge waren Kriterien für Neuaufnahmen „der ethische Lebenslauf einer Person und unsere Einschätzung ihrer Standhaftigkeit" – nicht die Politik, nicht die Ideologie. Die anderen Aktivisten, die Partner in der Chativa und in der Bricha waren, hatten eine dunkle Ahnung, „dass sich unter den Partisanen etwas Besonderes zusammenbraute", und sie nannten es „das Verborgene". „Die große Sache, die im Verborgenen vor sich ging, war die Sache der Vergeltung", sagte Kovner. Später gab er an, „unsere wirklich zweigleisigen Operationen" seien bereits in Rumänien ins Rollen gekommen. Die Kameraden teilten ihre Kräfte zwischen der Bricha und der Nakam-Gruppe auf.[50]

Es gab noch einen ähnlichen Eid mit etwas erweitertem Wortlaut. Ihn mussten die Mitglieder der in Polen von Partisanen, Soldaten und Pionieren gegründeten Organisation, bekannt unter dem hebräischen Akronym *Pachach,* schwören, bevor sie Polen im Rahmen der Bricha auf dem Weg nach Erez Israel verließen. Auf Jiddisch verfasst hat ihn Baruch Levin, ein bekannter, mit vielen Ehrenabzeichen dekorierter Partisan und Mitbegründer der Pachach. Hier die wichtigsten Sätze: „Ich, ein Kind des jüdischen Volkes, schwöre mit vollem Bewusstsein beim Blut meiner Lieben, das diese Erde tränkt, und beim Gedenken an Millionen von Märtyrern, die getötet, verbrannt, gequält und geschlachtet wurden, dass ich jeden Befehl ausführen und jedes Geheimnis hüten werde […] Ich werde jedem Weg folgen und Erez Israel erreichen. Ich werde die Tradition der Partisanen fortsetzen, das vergossene Blut meiner Brüder rächen und totschlagen, die uns hassen, wo immer ich sie finde."[51]

Daraus ist zu schließen, dass in Polen, wo die *Pachach*-Mitglieder sich zusammenfanden, ein ähnlicher Geist herrschte wie in Bukarest. Der Wunsch, Palästina zu erreichen, verband sich mit dem Willen, sich für die Nöte des jüdischen Volks einzusetzen, alle des Mordens schuldige Feinde mit tödlicher Rache zu verfolgen und dabei jeden Befehl auszuführen und jedes Geheimnis zu bewahren. Diese Geisteshaltung war unter Überlebenden allgemein verbreitet und keineswegs auf eine bestimmte Gruppe beschränkt.

Doch trotz der Schwüre, der Grundsätze, der Euphorie, des gemeinsamen Singens und der erhebenden Rhetorik Kovners war die Chativa, das im jüdischen Volk so seltene Phänomen der Einheit, nur von kurzer Dauer. Zunächst wurde es zu einer Art Zauberwort unter den Schoa-Überlebenden, doch bereits Anfang Juni kam es zu langwierigen Diskussionen, die verdeutlichten, wie schwer sich das Prinzip der Einheit innerhalb einer so unterschiedlichen Öffentlichkeit durchsetzen ließ. Die Abgesandten aus Erez Israel, auf deren Seite sich auch Zivia schlug, waren gegen die Chativa, zum einen, weil Antek Zuckerman sich um die Wiederbelebung seiner Dror-Bewegung bemühte, zum anderen wegen der politischen Landkarte Palästinas. In den Protokollen der Bricha-Sitzungen wird Zivia mit keinem Wort zitiert.[52] Ihre Ablehnung und die der Abgesandten aus dem Land trugen zur Beruhigung der Gemüter bei, wie offenbar auch die Tatsache, dass Kovner bald immer mehr seiner Zeit und Energie dem Nakam-Projekt widmen sollte.

Die Nakam-Gruppe formuliert ihre Ziele und Methoden

Im April oder Mai 1945 hielt Kovner die ideellen Prinzipien sowie die wichtigsten Ziele der Gruppe in sieben Paragrafen fest.

1. Mit der militärischen Niederlage des Hitlerismus ist die Gefahr der endgültigen Auslöschung des jüdischen Volkes noch längst nicht gebannt.
2. Viele Nationen haben sich an der Ermordung der sechs Millionen beteiligt, und viele von ihnen sind, jede auf ihre eigene Art, bereit, unsere Auslöschung weiter zu betreiben.
3. Kovners Handschrift ist hier unleserlich.
4. Die Menschheit darf nicht den Eindruck gewinnen, jüdisches Blut bleibe ungesühnt.
5. Die Freie Welt hat uns bitter enttäuscht, nicht nur weil wir keine passende Reaktion, keine Entschädigung erhalten haben: Die heute allseits vorgenommene Versöhnung mit den Tätern kommt der Entwicklung weiterer gegen das jüdische Volk gerichteter Mordpläne gleich, deren Umsetzung bei einer neuen militärischen oder politischen Erschütterung droht.
6. Von Kovner durchgestrichen.
7. Deswegen übernehmen wir die Verpflichtung, das Vergessen durch eine notwendige Aktion zu verhindern: Heimzahlung [auf Jiddisch: Bezahlung]. Das muss mehr sein als Rache, es muss das Gesetz des ermordeten jüdischen Volkes sein! Deswegen soll unser Name „Din" sein (das hebräische Akronym *Dam Israel Notar*, das Blut Israels erinnert

sich), damit kommende Generation wissen: In dieser erbarmungslosen Welt gibt es ein Gesetz und einen Richter.[53]

Zu diesen sieben Grundsätzen gesellte sich das Verlangen, nach der Schoa in der ganzen Welt, aber auch im jüdischen Volk spürbare Erschütterung hervorzurufen. So stark war dieses Verlangen, dass Lidovski beispielsweise verkündete, nach Erfüllung der Aufgabe würden sie in den „friedlichen, satten, reichen Länder der Diaspora, die den Krieg nicht gekannt haben, den dort lebenden Juden wie Missionare predigen, sie müssten ihre Häuser verlassen, denn alles, was uns geschehen ist, wird auch ihnen geschehen." Und ein anderer drohte: „Wir werden in Amerika und dem ganzen Westen die Mittel des Terrors anwenden, Häuser verbrennen und jüdische Geschäfte zerstören, um die Juden dort herauszuholen und nach Erez Israel zu bringen, damit sich das Geschehene nicht wiederholt."[54]

Kovners sieben Prinzipien bilden die Grundlage für den „Plan A", der sich in jenen Tagen herauskristallisierte: Die Tötung einer großen Anzahl von Deutschen sollte durch die ganze Welt hallen und von der Vergeltung des jüdischen Volkes künden. Bereits in Bukarest nahm das Vorhaben Gestalt an, sechs Millionen Deutsche durch die Vergiftung des Trinkwassers in einigen bedeutenden Großstädten umzubringen. Nakam-Mitglieder sollten in die städtischen Wasserwerke eingeschleust werden, und, sobald das geeignete chemische Mittel gefunden wäre, in einer konzertierten Aktion an ein- und demselben Tag tätig werden.

Auf kleinen Zetteln notierte Kovner sich die Aufteilung in sechs Gruppen und einige allgemeine Anweisungen: Ins Herz des Wasserwerks vordringen, Kontakt zu einflussreichen jüdischen Aktivisten herstellen, Kontakt zum Gruppenkommandanten und dem Rat halten, sich die Codenamen, die allgemeine Geheimlosung und den Treffpunkt in Tel Aviv einprägen. Die Kontaktadresse in Tel Aviv findet sich – in kleiner Handschrift und auf Jiddisch – nur auf diesen Zetteln, und es bleibt unklar, was Kovner meinte. Die Codenamen der Gruppenkommandanten stehen ebenfalls auf den Zetteln. Eine siebente Untergruppe, in den Aufzeichnungen „Finanzrat" genannt, erhielt den Auftrag, in Italien Geld zu besorgen, und brach Mitte Juni aus Bukarest auf. Als Treffpunkt wurde das *Jewish Committee* in Mailand, Via Unione 5, angegeben, wo auch das von der Jüdischen Brigade eingerichtete *Center for the Diaspora* untergebracht war. Wieder einmal ist die Verflechtung der Nakam-Gruppe mit allgemeineren öffentlichen Aktivitäten zu erkennen.[55]

Angemerkt sei aber sogleich, dass dies nicht der einzige Plan war. In Bukarest wurden mehrere andere Möglichkeiten erwogen, die Kovner und seine Kameraden anschließend mit den Angehörigen der Jüdischen Brigade in Italien diskutierten und die Kovner anlässlich seines Palästina-Aufenthalts auch mit der Leitung der Hagana besprach. Kless zufolge, der sich auf eine Unterhaltung mit Kovner berief, wurde bereits in Bukarest der Vorschlag gemacht, tödlichen Schaden in einem Gefangenenlager voller SS-Leute auf deutschem Boden anzurichten, ein Vorschlag, aus dem der sogenannte „Plan B" resultierte.

Die Kameraden bevorzugten eindeutig den Plan A, da er für sie die ultimative Vergeltung darstellte, aber natürlich mussten sie einen zweiten Plan bereithalten, sollten widrige Umstände die Ausführung des ersten verhindern. In der Tat erinnerte sich Kazhik daran, dass in Bukarest bereits von einem umfassenden großen Plan die Rede war, aber auch von einem Giftattentat auf SS-Gefangene, dessen Umfang unter Umständen kleiner, dessen Echo aber um so lauter sein würde. Die Kameraden suchten nach einem Weg, eine möglichst hohe Zahl von Deutschen auszulöschen, ohne Flüchtlinge und alliierte Soldaten zu gefährden. Beide Pläne wurden in Bukarest parallel erörtert, noch bevor die Frage, ob und wie Plan A auszuführen sei, geklärt war.[56]

Nach der Konzeption der beiden Pläne begann die Vorbereitung zur Entsendung kleinerer Einheiten nach Deutschland. Das geschah nicht direkt, sondern auf Umwegen. Kazhik und Kovner beschlossen beispielsweise, dass Kazhik zur Tarnung im Auftrag der Bricha zunächst nach Polen zurückkehren sollte, von wo er erst vor kurzem gekommen war, um einige Dutzend Überlebende über die von den Sowjets bereits von beiden Seiten gut bewachte Grenze in die Tschechoslowakei und nach Ungarn zu schmuggeln. Er benutzte zu diesem Zweck ein gefälschtes Dokument, das ihn als Repräsentanten des Internationalen Roten Kreuzes auswies. Dennoch wurden die Flüchtlinge von den Sowjets angehalten und befragt. Dann fand die traditionelle Durchsuchung statt, bei der die russischen Grenzer ihnen Uhren und andere Wertgegenstände abnahmen, im Allgemeinen die letzten Andenken an ihre Eltern und Familien, kostbare Erinnerungen an das verlorene normale Leben. Kazhik setzte seinen Weg wie besprochen nach Italien und von dort aus nach Deutschland fort.[57]

In Bukarest war ebenfalls besprochen worden, wie die Untergruppen in Deutschland geleitet werden und wie sie miteinander kommunizieren sollten. „Ihr werdet eure Instruktionen von Bolek (Ben-Ya'akov) erhalten. Er wird euer Verbindungsmann sein", erfuhr Cesia Rosenberg von Kovner. Sie war außer sich vor Aufregung, als sie begriff, dass die Idee nun Wirklichkeit werden sollte. Mira (Mirka) Verbin-Schabetzky erfuhr von Pascha, welches ihr Ziel in Deutschland sein würde. In ihrer Befragung erklärte sie, dass die Aufteilung in Untergruppen schon früh erfolgt sei, doch da die Kameraden in

Deutschland ständig von einem Ort zum nächsten reisten, blieb die Aufteilung nicht stabil. Hierüber mehr in dem Kapitel, das sich mit der Zeit in Deutschland beschäftigt.[58]

Wie beschrieben, keimte die Forderung nach Vergeltung in Lublin auf, im Verein mit etlichen anderen Nachkriegsanliegen; in Bukarest wurden dann die Vorstellungen in Worte gefasst, und anschließend begann die Umsetzung in die Tat. Mit ungefähr fünfzig Mitgliedern nahm die Gruppe ihre endgültige Form an. Es folgte die Aufteilung in Zellen und die Bestimmung der Zielorte. Jeder wusste mehr oder weniger genau, wohin er gehörte. „In Bukarest verfestigte sich die große Gruppe", bestätigte Mirka. Aber nicht jeder kannte jeden, und die Aufgliederung in kleine Einheiten begann bereits in der rumänischen Hauptstadt.[59]

Auf der Route der Bricha: Von Bukarest nach Italien

Nach etwa drei Monaten in Bukarest machte sich die Leitung der Chativa und der Bricha gegen Ende Mai 1945 über Ungarn und Österreich auf den Weg nach Italien. Sie saßen in Eisenbahnwaggons und manchmal, wenn dort kein Platz war, auch oben auf den Zügen. Im Zug mussten sie mitansehen, wie Sowjettruppen Reisende ausraubten, erpressten und besonders die Frauen vergewaltigten, und von den Dächern hätten sie jeden Augenblick auf die Geleise können. Das Verhalten der russischen Soldaten bestärkte sie in dem Gefühl, richtig zu handeln, indem sie das zunehmend von den Sowjets eroberte Europa so schnell wie möglich verließen. Erst in der Nähe von Graz, nachdem ihnen auch die letzte ihrer Uhren abgenommen worden war, überquerten sie die Grenze in das von den Alliierten kontrollierte Gebiet. Auf der anderen Seite drehte Kovner sich um und spuckte aus, um zu bekunden, was er von dem Land hielt, das sich als „Sonne der Völker" feierte.

Einige Untergruppen waren vor der Führungsspitze oder unmittelbar nach ihr aufgebrochen. Unterdessen ging die Bricha weiter. Emissäre aus Erez Israel wussten zu berichten, dass die Sowjets schon im September auch in Rumänien herrschen würden. Deswegen mietete die Bricha-Leitung mithilfe von Bestechung und anderen Tricks einen Zug von Bukarest nach Cluj. Von dort fuhren täglich zwei Waggons weiter nach Budapest, wo Roseman eine Anlaufstation eingerichtet hatte. Auf diese Weise gelangten tausenddreihundert Menschen nach Italien. Ein Lastwagen holte Flüchtlinge aus Orten ohne Eisenbahnverbindung ab. „Eine Menschenmasse. Wie sind nur die Entwurzelten aufgestanden und losmarschiert, von Station zu Station, auf den flüchtig gerufenen Befehl der unbekannten Pioniere hin, die sie begleiteten, auf unseren Ruf hin", wunderte sich Kovner angesichts des anwachsenden Stroms.[60]

Nicht alle Nakam-Mitglieder brachen sofort nach Italien auf, einige von ihnen hatten noch mit der Bricha zusammenhängende Aufgaben zu erfüllen. Sie hatten, wie schon gesagt, die erste Fluchtstrecke eingerichtet, wurden aber jetzt von den Emissären aus Erez Israel in der Leitung dieses Unternehmens abgelöst. Nachum Shadmi, der Kommandant der Hagana in Europa, erinnerte sich: „Ich übernahm ihre Leute." Jashek Ben-Zur sagte aus, dass Jehuda Arazi (Codename *Alon*), der als Vertreter des *Mossad für die Alija B* die illegale Einwanderung nach Palästina von Italien aus betreute, die Aktivisten prüfend befragte und dann jeden von ihnen mit weitreichenden Missionen betraute. Dan Arad berichtete, dass er sich sogleich nach seiner Ankunft in Graz erbot, nach Bukarest zurückzukehren und eine weitere Gruppe von hundertfünfzig jüdischen Flüchtlingen nach Graz zu bringen. Von Graz aus wurden sie weitergeleitet in verschiedene DP-Lager.

Senka Nisanilovitz seinerseits überquerte die polnische Grenze viermal, um im Auftrag der europäischen Hagana Kommunikationsausrüstung zu schmuggeln. Senka war zur Nakam-Gruppe gestoßen, obwohl er bereits einen begehrten Posten in der polnischen NKVD bekleidete. Lina Satz-Hammel benutzte Koffer mit doppeltem Boden, um den Abgesandten und den Bricha-Aktivisten in Bukarest, zu denen auch Mordechai Roseman und Israel (Srulik) Scheklar, der Schatzmeister der polnischen Bricha, gehörten, Tausende von US-Dollars zu überbringen. Die ersten dreitausend Dollar, die von Bukarest aus nach Lublin gehen sollten, wurden dem jüngsten Partisanen Ze'ev (Velvele) Rabinowitsch anvertraut.[61]

Poldek berichtete, die Nakam-Kameraden seien das Elitekommando der Bricha gewesen, und man übertrug ihnen Aufgaben, die Mut, List und Kaltblütigkeit erforderten. Hasya Taubes (später Warchavchik), Mitglied des HaSchomer HaZa'ir im Wilnaer Getto, von wo sie sich in die Wälder von Rudniki retten konnte, traf in Budapest ein und wurde von Kovner sogleich rekrutiert. Sie erzählte, sie sei ohnehin noch nicht fähig gewesen, sich irgendwo niederzulassen, und eine Aktivität in der Bricha sei damals genau das Richtige für sie gewesen. Die Bricha-Leitung entsandte sie umgehend nach Polen, um den dortigen Überlebenden Geld und Anweisungen zu bringen. Zunächst durchkreuzte sie, ausgerüstet mit *Komandirovka*-Papieren, die ein jüdischer Offizier im russischen Militär für die Gruppe besorgte, und, da sie schmächtig war, als kleines Mädchen getarnt, tschechisches Territorium. Von dieser Mission zurück, erwartete sie der Befehl, sich zu einem Treffen mit der Jüdischen

Brigade nach Italien zu begeben. Von dort schickten Abgesandte des Jischuws aus dem *Center for the Diaspora*, Surkis, Argov und Duvdevani, mit denen sie sich angefreundet hatte, sie abermals nach Polen. Diesmal steckte sie in einer Unform der Jüdischen Brigade und hatte Uhren bei sich, um sowjetische Soldaten zu bestechen. (Das Geld hatte, wie schon gesagt, seinen Wert verloren.) In Lodz lieferte sie hohe Geldsummen, Dokumente und Anweisungen ab. Kaum zurück in Italien, wurde sie nach Deutschland beordert.

Jaschek Ben-Zur und Schlomo Kantorowicz (später als Kenet Mitglied im Kibbuz Beit Zera) wurden ins süditalienische Bari geschickt („Wir kamen lange vor Kovners Leuten in Italien an!"), um Thompson-Gewehre und Funkausrüstung in Empfang zu nehmen. Sie blieben ein, zwei Monate dort, und überquerten dann mit all ihrem Gepäck auf zwei Schiffen, von denen jedes hundertfünfzig bis hundertsechzig Menschen an Bord hatte, das Mittelmeer Richtung Haifaer Bucht. In Begleitung zweier Delegierter kehrten sie aus dem Land zurück und meldeten sich umgehend bei Jehuda Arazi in der Via Unione in Mailand.[62]

Jehuda (Idek) Friedman folgte einer Bitte des Joint Distribution Committees, dreißig Kinder sicher nach Ungarn zu bringen. Er bekam etwas Geld und eine rumänische Assistentin. Gleich nach seiner Rückkehr musste er mit Bolek Ben Ja'akov nach Hamburg aufbrechen, um Anweisungen zu überbringen. Rachel Galperin, die später Zygmunt (Zygi Gliksman) heiratete, schlug sich nach dem Krieg Richtung Süden durch. In Budapest erfuhr sie von der Bildung der Nakam-Gruppe. Sie suchte händeringend nach Wegen, sich den Rächern anzuschließen, und das gelang ihr schließlich durch Mitarbeit in der Bricha. Mordechai Roseman, der die Anlaufstation in Budapest beaufsichtigte, setzte Rachel dort ein und übertrug ihr einige Aufgaben, meistens handelte es sich um Geldtransporte. Es war in erster Linie Geld, das von Mosche Agami, dem Abgesandten des Jischuws, zur Verteilung an die Anlaufstationen vorgesehen war. Damit wurden die Flüchtlinge unterstützt, die auf die Weiterreise nach Palästina warteten. Sie erhielten Lebensmittel, Kleidung, Decken. Die Bricha-Aktivisten an den Stationen nahmen nur ein Minimum für ihre eigenen Bedürfnisse. Rachel Galperin konnte Beziehungen zu Freunden aus dem Wilnaer Getto wieder auffrischen, die nun auf der Strecke Warschau-Lodz-Częstochowa und der Bukarest-Budapest-Route unterwegs waren. Bei diesen Kurierdiensten wurden neben dem Geld auch Ausweispapiere überbracht, von denen die meisten bestätigten, dass der Inhaber sich auf dem Heimweg nach Griechenland befand. Wurden sie festgehalten, sprachen die Mitglieder der Gruppe, wie schon erwähnt, Hebräisch und hofften, dass keiner der sowjetischen Grenzer den Unterschied bemerkte. Am Ende rekrutierte Pascha Rachel „fast widerwillig" für die Nakam-Gruppe.[63]

Als die Reisenden Norditalien erreichten, um die dort stationierten Soldaten der Jüdischen Brigade zu treffen, wurde eine Art Legende geboren, von der die meisten befragten Kameraden sprachen. Die Brigade hatte ihnen Boten entgegengeschickt, und sie hatten ihrerseits Boten zur Brigade entsandt. So kam es, dass die Boten beider Seiten in den österreichischen Alpen aufeinandertrafen, eine symbolische, historische Begegnung. Der Legende zufolge sangen beide Gruppen hebräische Lieder und hörten und erkannten einander von Weitem. Die Aussage von Zygi Gliksman, ein Mitglied des HaSchomer HaZa'ir aus dem Getto Częstochowa, der mehrere Lager und das Partisanenleben im Wald überstanden hatte, vermittelte uns eine Vorstellung von der Beziehung zwischen den Bricha-Aktivisten und der Brigade, wie sie bereits vor dem gegenseitigen Kennenlernen bestand: „Ich gehörte zu einer Gruppe von acht Leuten, die Bukarest in Richtung Italien verließen, um auf die Jüdische Brigade zu treffen und mit den Operationen zu beginnen." In Budapest wurden sie von Mordechai Roseman betreut und mit passenden Papieren ausgestattet. Über Wien ging es nach Graz, wo sie einen Lastwagen der Brigade bestiegen, der sie über die Alpen nach Pontebba in die Nähe des Lagers der Brigade brachte. Gliksman erwähnte das wie nebenbei, als sei es für ihn und seine Kameraden selbstverständlich gewesen, dass die Soldaten der Jüdischen Brigade sie abholen und durch die Alpen bringen ließen. Sie wunderten sich nicht weiter, dass ein Militärfahrzeug für sie, die Flüchtlinge, bereitstand und alle auflud. Es schien ihnen das Natürlichste von der Welt zu sein, von jüdischen Soldaten mit offenen Armen empfangen und in Sicherheit gebracht zu werden.[64]

Und K. Zetnik? Als er in Neapel seinen Roman Salamandra beendete, waren die Nakam-Kameraden bereits weitergezogen. So blieb er ihnen und ihren Unternehmungen fern, obwohl er sich Manek zufolge „der Idee verpflichtet fühlte und später sehr enttäuscht war, dass nichts daraus wurde." Doch K. Zetnik könnte auch aus anderen Gründen Abstand gewahrt haben. Möglicherweise hatte er zu zweifeln begonnen, ob es gerechtfertigt sei, Rachefantasien in die Tat umzusetzen. In seinem Werk *Halmut* (Wie Staub aus der Asche), dem das Büchlein *Nakam* (Rache) entstammt, fühlt sich der Protagonist, in dem wir unschwer den Autor erkennen, auf dem Höhepunkt der Racheaktion „fremd, überflüssig und verwaist [...] Der Sieg fühlte sich sinnlos an, ebenso wie die Rache", von der er doch zuvor noch geträumt hatte. Nun schwebte ihm eine andere Art der Rache vor: „Der Welt das Seufzen des stummen, in Flammen aufgehenden Gettos in die Ohren zu schreien", in Israel über die Schoa und den Krieg zu schreiben, damit die Ereignisse nicht hinter dem Vorhang des Vergessens verschwinden, und den Untergrundkampf für das Wiederauferstehen der Nation zu kämpfen. In diesem Sinn wendet er sich an Gott, den Gott der Rache, und fragt ihn: Wann, wenn nicht jetzt? Seiner Geliebten sagt er, in seinem Körper lebe nichts mehr außer der Asche und dem Verlangen nach Rache. Das Buch aber schließt mit der Versicherung, die zukünftig geborenen Kinder würden die wahre Vergeltung darstellen.[65]

Die Rache blieb das zentrale Motiv seines Schreibens, beginnend mit dem Gedicht *Salamandra*, und taucht in verschiedenen Formen immer wieder auf, sie ist die Achse, um die sich die Charaktere seiner Bücher drehen. Die Protagonisten finden verschiedene Formen der Vergeltung, jeder rächt sich auf seine Art und Weise. Insofern hat K. Zetnik sein Gelöbnis erfüllt, sich durch seine literarischen Arbeiten zu rächen, die ein Vergessen verhinderten, und die, wie er beim Treffen der Brigade der Überlebenden aus Osteuropa erklärte, den Status des jüdischen Volkes aufwerteten. Er tat dies, indem er Grundelemente jüdischer Quellen, vom Tanach bis zu zionistischen Schriften, in seine Werke aufnahm, so dass das ermordete Volk mit den Symbolen seiner langen Geschichte vor seinen Mördern und ihren Handlangern in aller Welt wieder erstand.[66]

Am 5. Juli 1945, anderthalb Wochen, bevor die Nakam-Mitglieder Italien erreichten, ließ Kovner der Jüdischen Brigade, den Abgesandten der Alija B und der Bricha-Leitung eine handschriftliche Note überbringen. Sie enthält einen Satz, aus dem hervorgeht, dass Kovner immer noch weitere Pogrome gegen Juden befürchtete. „Was die Befreiung von hunderten litauischer Juden aus den Lagern betrifft [gemeint waren Dachau und die Landberg/Kaufring-Lager, in denen Überlebende aus Kovno eingesperrt waren, und die anderen Lager in Deutschland, die gegen Ende des Krieges befreit wurden], so bitten wir, sich **besonders** [Hervorhebung im Original] um die Juden aus Litauen zu kümmern und dafür zu sorgen, dass sie nicht an ihre Wohnorte zurückkehren."[67] Kovner warnte also vor einer Rückkehr in die Vorkriegsheimat, wo die Überlebenden damit rechnen mussten, auf den Schwellen ihrer Häuser ermordet zu werden, wie es in Litauen ein Jahr zuvor, im Juli 1944, geschehen war.

Schwur*

„Ich, ein Kind des jüdischen Volkes,
schwöre in vollem Bewusstsein
beim Blut meiner Lieben, das diese Erde tränkt,
und beim Gedenken an Millionen von Märtyrern,
die getötet, verbrannt, gequält und geschlachtet wurden:
Ich werde jeden Befehl ausführen und jedes Geheimnis hüten;
Ich werde die Reihen der Partisanen und Pioniere nicht verraten;
Ich werde jedem Weg folgen und Erez Israel erreichen;
Ich werde meinen Platz in der ersten Reihe der Erbauer unseres Heimatlandes, des Landes Israels, unseres unglücklichen Volkes, einnehmen;
Meine erste Sorge werden die Bedürfnisse meines Volkes und meines Landes sein;
Ich werde von meiner Hände Arbeit leben und mein Volk vor jedem äußeren und inneren Feind beschützen;
Ich werde die Tradition der Partisanen fortsetzen,
das vergossene Blut meiner Brüder rächen und
totschlagen, die uns hassen, wo immer ich sie finde.
Ich werde der Autorität der zionistischen Institutionen, der Allgemeinen Förderation der hebräischen Arbeiter und der Hagana gehorchen.
Und wenn ich meinen Eid breche,
dann soll mein Gewissen mich verfolgen, dann sollen die Hände und die Gerechtigkeit meiner Kameraden mich erreichen.

Jitzhak Zuckerman und Mosche Basok (Hrsg.), *Sefer Milchamot HaGetta'ot*: *Bein Chomot, beMachnot, beJa'arot*, (Das Buch der Gettokämpfe: Zwischen Mauern, in Lagern, in Wäldern, Verlag Hakibbuz Hame'uchad und Kibbuz der Gettokämpfer 1956, S. 692 (3. Auflage)
Mit freundlicher Genehmigung der Verlage

* Diesen Eid legten die Mitglieder der in Polen von Partisanen, Soldaten und Pionieren gegründeten Organisation, bekannt unter dem hebräischen Akronym *Pachach*, ab, bevor sie Polen im Rahmen der Bricha auf dem Weg nach Erez Israel verließen. Auf Jiddisch verfasst hat ihn Baruch Levin, ein bekannter, mit vielen Ehrenabzeichen dekorierter Partisan und Mitbegründer der *Pachach*.

KAPITEL 4

Juli – August 1945: Italien – Treffen mit der Jüdischen Brigade

Am 3. April 1945 stattete Mosche Shertok, zu jener Zeit Vorsitzender der Politischen Abteilung in der Jewish Agency, der *Jüdischen Brigade Gruppe*, wie sie offiziell hieß, einen Besuch ab. Sie kämpfte als Teil der britischen Armee an der Senio-Front um die Befreiung Norditaliens. Shertok überbrachte ein Geschenk des Jischuws und der World Zionist Organization: Eine Flagge, in deren Mitte vor vertikalen weiß-blauen Streifen ein goldener Davidstern prangte. Sie sollte zum Banner der Jüdischen Brigade werden. Während einer bewegenden Zeremonie zu Ehren Shertoks wurde die Flagge „hoch und erhaben ins Auge der Sonne" gehisst, so Shertok selbst. Er hatte sehr viele Anstrengungen unternommen, die Jüdische Brigade gegen den Widerstand der Briten aufzustellen. Nun betonte er die Bedeutung dieses Augenblicks im Leben jeder anwesenden Person und im Leben aller Juden. Die mit dem Blut von fünf Millionen jüdischer Menschen, der Gettokämpfer und der in Verteidigung des Landes Israel Gefallenen (hier verband Shertok die Schoa mit Erez Israel) getränkte Fahne wurde gehisst „als das Banner unserer Rache am Feind, als Symbol der Ehrenrettung unserer geschlachteten Brüder, die den Krieg in ihren Toren nicht erwidern konnten", und als Symbol der Wiedererstehung des Volkes im eigenen Land.[1] Es war das erste Mal, dass ein hochrangiger Delegierter aus dem Jischuw in einer Rede die Rache am deutschen Feind als Ehrenschuld an den Ermordeten erwähnte, noch bevor er von der legalen und illegalen Einwanderung und dem Wiederaufbau sprach. Selbstverständlich meinte Shertok, dass die Existenz der Brigade mit ihrem Banner bereits die Vergeltung an denen darstellte, die das jüdische Volk hatten ausrotten wollen, und dass der Krieg, der damals ja noch im Gang war, die eigenliche Racheaktion sei.

Die Jüdische Brigade war im Juli 1944 gegründet worden und bestand aus drei Regimentern mit insgesamt fünftausend erezisraelischen Kämpfern. Ein beträchtlicher Teil der Soldaten stammte aus Ländern, die von der Wehrmacht besetzt worden waren. Im zweiten Regiment dienten beispielsweise viele deutsche, österreichische und tschechische Juden, deren Familien und Freunde in Europa ermordet worden waren. Einige von ihnen hatten die deutsche Faust selbst im Nacken gespürt, bevor sie sich nach Erez Israel retten konnten. Sie waren überzeugt davon, dass die deutsche Bevölkerung sehr genau wusste, was

© VERLAG FERDINAND SCHÖNINGH, 2021 | DOI:10.30965/9783657791125_006 vor sich ging, sich sogar daran beteiligte oder zumindest durch ihr Schweigen Zustimmung zeigte, und dass die Einheimischen der anderen Länder ein Gleiches taten. Die Jüdische Brigade war Teil der Britischen Armee und stand unter dem Befehl des in Kanada geborenen Levi (Ernst Frank) Benjamin. Der erste Befehlshaber, der die Hagana und den Jischuw repräsentierte, war Schlomo Rabinovitch (später Schamir, General der Luftwaffe).

Mitte April 1945 rückte die Jüdische Brigade aus den von ihr gehaltenen Gebieten nördlich des Flusses Senio weiter nach Norden vor. Am 28. April kam es in Italien zum Waffenstillstand. An allen Fronten ergaben sich hundertausende deutsche Soldaten den Alliierten. Am 7. Mai kapitulierten Deutschland und Italien bedingungslos; Mussolini war erhängt worden und Hitler hatte Selbstmord begangen.

Den jüdischen Soldaten fiel es schwer, sich an den allgemeinen Freudenfeiern zu beteiligen, trauerten sie doch um den furchtbaren Verlust, den das jüdische Volk erlitten hatte. Außerdem befürchteten sie, man würde ihnen die gebührende Anerkennung für ihren Kampfeinsatz vorenthalten. Und nicht nur ihnen, auch den etwa anderthalb Millionen Juden in den Armeen der Alliierten, den Partisanen und den Untergrundkämpfern. Eine halbe Million von ihnen hatte in den Reihen der Roten Armee gekämpft, und mehr als eine halbe Million in den amerikanischen Streitkräften. In diese Sorge mischte sich die Frage, ob sich die verdiente politische Belohnung einstellen würde. „Hinzu kam“, schrieb Dr. Jakob Lipschitz, der Rabbiner der Jüdischen Brigade, „dass in den Tagen des Sieges ein bitterer Tropfen Gift in das jüdische Herz sickerte: War das wirklich der letzte tödliche Albtraum unserer Generation gewesen? Erwartete uns nicht noch ein weiterer Leidensweg?“[2] Trotz der Schoa war das jüdische Volk noch nicht als politische Einheit anerkannt worden. Damit teilten die Soldaten der Brigade die Sorgen Kovners und seiner Kameraden, noch bevor sie sich getroffen und ausgetauscht hatten. Der Krieg war eben erst zu Ende gegangen, überall triumphierten die Sieger, wer aber garantierte den Überlebenden und anderen jüdischen Gruppen, dass die Schoa ebenfalls zu Ende gegangen war? Die Schoa hatte dem jüdischen Volk die Angst um seine Zukunft eingepflanzt, und am Tag des Sieges begann diese Angst, Wurzeln zu schlagen.

Nicht nur bange Zukunftssorgen bewegten die Herzen, eine weitere Frage stand im Raum: Welche Aufgaben sollte die Jüdische Brigade auf europäischem Boden nach der deutschen Kapitulation wahrnehmen? Die eindeutige Antwort lautete: Den Überlebenden alle nur mögliche Unterstützung gewähren. Die diesbezüglichen segensreichen Aktivitäten der Jüdischen Brigade sind ein Thema für sich, über das bereits reichlich geschrieben und diskutiert worden ist. Eine weitere Frage: Was vermochte die Brigade nach ihrer Rückkehr zur

Gründung einer Verteidigungsarmee in Erez Israel beizutragen? Die Heimkehrenden brachten Erfahrungen mit, die sie in Anbetracht der Konflikte, die in Palästina drohten, in den Dienst des Jischuws stellen konnten. Das Thema wird hier nicht behandelt, es soll aber darauf hingewiesen werden, dass man im Jischuw überzeugt war, die rasche Heimkehr der Brigade sei überlebenswichtig.[3]

Bedenken, Erwägungen und Entscheidungen

Eine weitere Entscheidung mit weitreichenden Folgen betraf die Rache. Rabbiner Lipschitz zufolge war es während der Kämpfe relativ einfach gewesen: Man tötete gnadenlos so viele Deutsche wie möglich. Die Intensität der Kämpfe und die höhnischen Schlachtrufe zu den deutschen Truppen hinüber enthielten zweifellos bereits Rachelemente. Doch mit dem Ende des Krieges und der deutschen Kapitulation standen die Soldaten der Jüdischen Brigade vor der Frage nach der angemessenen Haltung, die sie als Juden und als organisierte Militäreinheiten den Deutschen – den Gefangenen, Zivilisten und ehemaligen NS-Aktivisten – gegenüber einnehmen sollten. „Unser Hass war grimmig wie der Tod. Die Seele dürstete nach Rache an jedem Deutschen für das Blut der Millionen. Aber wie sollten wir eine solche Rache ausüben?“[4] Die Gefangenen standen unter dem Schutz internationaler Gesetze. Während die Kämpfe noch andauerten, hatten die Soldaten bereits einen Sonderbefehl erhalten, der ihnen Übergriffe auf gefangene oder verwundete deutsche Soldaten verbot. Tatsächlich berichtete Chaim Laskov: „Wir hielten uns bei der Behandlung der Gefangenen an alle Gesetze und Vorschriften.“ Ein vom zweiten Regiment, dessen Angehörige, wie gesagt, in der Schoa Familien und Freunde verloren hatten, verfasstes Buch bezeugt, dass sie alle Regeln befolgten, so dass der deutsche Kommandeur dem Befehlshaber des zweiten Regiments seine Zufriedenheit ausdrückte. Offenbar hatte er Schlimmeres erwartet und war nun erleichtert.[5]

Noch auf dem Marsch von der Front ins ihnen zugewiesene Quartier versammelte Schlomo Schamir „ein breites Forum von Entscheidungsträgern“, das heißt von Soldaten, auf deren Stimme unabhängig vom offiziellen Dienstrang gehört wurde, um mit ihnen festzulegen, ob sie eine Politik der Rache verfolgen oder aber sich auf die Unterstützung der Geretteten konzentrieren wollten. Das Forum beschloss einstimmig, ihr Motto solle „ein Ja zur Hilfe, ein Nein zur Rache“ sein. Schamir berichtete von dieser Entscheidung mit Stolz und bezeichnete sie als eine der wichtigsten Errungenschaften der inneren Führung. Er fügte hinzu, diese Entscheidung sei gefallen, noch bevor die

Brigade gewusst hätte, ob sich überhaupt eine Gelegenheit zur Rache bieten würde.[6]

Dies war nicht die einzige Entscheidung in Bezug auf die komplexe Frage, wie Zivilisten, Gefangene und die, die kapitulierten, behandelt werden sollten. Einige Soldaten sprachen sich für „Auge um Auge" aus, um das Racheverlangen auf der Stelle zu befriedigen, doch die meisten lehnten ein solches Vorgehen ab, obwohl sie bereits vom schrecklichen Schicksal ihrer Familien erfahren hatten. Rabbiner Lipschitz zufolge wurden in diesem Sinne zwei prinzipielle Entscheidungen getroffen. Der Rabbiner erwähnt nicht, in welchem Rahmen dies geschah; möglicherweise sind sie der Atmosphäre eines allgemeinen Konsensus entsprungen. Erstens wurde beschlossen, auf dem Durchzug jedes Dorf und jede Stadt nach SS-Leuten und Mitgliedern der NSDAP abzusuchen, die für die Verbrechen an den Juden direkt verantwortlich oder sogar die Ausführenden gewesen waren, und dann in aller Besonnenheit abzuwägen, was mit ihnen geschehen sollte. Niemand durfte als Einzelner handeln. Der zweite Entschluss betraf die Deutschen als Nation, die von allem gewusst und deren überwiegende Mehrheit sich an den Verbrechen, wenn vielleicht auch indirekt, beteiligt hatte: Volk und Land wurden verflucht. „Für uns ist dieses Land unrein" und „Für uns ist dieses Land mit einem Bannfluch belegt" – in diesen Sätzen liegen Verachtung und Widerwillen, ‚dieses Land' wird nicht einmal beim Namen genannt.

Die Entscheidung war keine rein theoretische; sie fußte auf der Hoffnung, Churchills Versprechen würde sich erfüllen. Der britische Regierungschef hatte im September 1944 in seiner Ansprache an das Parlament die Etablierung der Jüdischen Brigade angekündigt und gesagt, die Jüdische Brigade würde aktiv an den Kämpfen und der Besetzung Deutschlands teilnehmen.[7] In jedem Soldaten der Jüdischen Brigade und in vielen Herzen in Erez Israel pulsierte die Hoffnung, die Jüdische Brigade würde mit der erhobenen Flagge, in deren Mitte der Davidstern prangte, eines Tages durch die Straßen Berlins marschieren. „Ich möchte, dass jeder deutsche Mann, jeder deutsche Junge und jeder deutsche Nazi die Juden als hebräische Soldaten aus dem Land Israel sieht und als Teil jener Armee, die ihr Land erobert. Wenn das Rache ist, dann ist es die Rache, die ich mir wünsche", sagte Golda Myerson (später Me'ir), die den Bann gegen Deutschland unterstützte.[8]

Als siegreiche Armee und als Armee, die bald in Deutschland stationiert werden würde, musste die Jüdische Brigade im Voraus beschließen, an welche Verhaltensregeln sie sich halten wollte. Es muss nicht weiter betont werden, dass auch ihr die Versuchungen begegneten, die jedem Eroberer in jeder Generation und an jedem Ort begegnet sind: Frauen, Plündern, Schwarzmarkt, Gewalt, Disziplinlosigkeit, erst recht in einer Zeit, in der jeder nach Rache dürstete. In die Hoffnung, stolz durch die Straßen Berlins zu marschieren, mischten sich interne Debatten, denn die Besetzung des Landes widersprach erstens dem Bannfluch und konnte zweitens zu Verwicklungen und moralischer Degeneration führen. Shertok gönnte dem hebräischen Soldaten die gleiche Befriedigung wie dem russischen, der seinen Enkelkindern in Erinnerung an Stalingrad erzählen konnte, er sei Teil der Armee gewesen, die Deutschland besetzte. „Es ist moralisch, es ist erhebend und bestärkend", erklärte er, wie schon an anderer Stelle zitiert.[9] Golda Me'ir schloss sich seiner Meinung an, doch in den Institutionen des Jischuws waren sie in der Minderheit.

Noch vor Kriegsende stellte sich heraus, dass die Deutschen mit Vergeltung rechneten. Mit fürchterlicher Vergeltung. Dafür gab es viele Anzeichen. Es war die Angst vor der Rache, die die Deutschen dazu trieb, noch in der letzten Kriegsphase verbissen und verzweifelt zu kämpfen. Dabei hätten sie die Möglichkeit gehabt, sich zu ergeben und dadurch die Leben vieler Soldaten zu retten. Die Kommandeure aber befahlen den Kampf bis zum bitteren Ende, denn sonst wären sie Racheaktionen preisgegeben gewesen.[10]

Seit im Verlauf der Jahre immer mehr dokumentarisches Material zum Vorschein kam, wurde das Ausmaß dieser Angst deutlich, die vor allem jene erfasste, die sich von der Propaganda einreden ließen, die Juden seien eine grausame, rachsüchtige Rasse, die nicht vergesse und nicht vergäbe, wie es in ihrer Heiligen Schrift hieße. Erstaunlich ist der Widerspruch zwischen der offenbaren Schwäche und Hilflosigkeit der Juden während der Schoa und der Angst vieler Deutschen, ausgerechnet die Juden könnten sich nun erheben und Vergeltung fordern.

In einem Kapitel mit der Überschrift „Herausbildung des Schuldbewusstseins in Deutschland und die Auseinandersetzung mit ihm" führt der israelische Historiker Gilad Margalit viele Beispiele für die große Angst an, die die Deutschen in jener Zeit ergriff. Ein in Aachen stationierter jüdischer Offizier der amerikanischen Armee schrieb vom deutschen Schuldgefühl den Juden gegenüber und von Äußerungen, in denen „mit vollkommener Offenheit über das den Juden zugefügte große Unrecht" gesprochen wurde. „Sie fürchten sich vor der Rache und scheuten sich, das ganze Ausmaß der Gräueltaten an den polnischen Juden aufzudecken." Und Antony Beevor schrieb: „Die Gerüchte [...] schürten die schlimmsten Befürchtungen der Deutschen."[11] Elie Wiesel durchquerte die amerikanische Besatzungszone mehrere Male, um seine Schwester in einem DP-Lager zu besuchen. Dabei traf er auf Deutsche und schlief sogar unter ihnen. „Die Deutschen hatten Angst vor uns. Der bloße Anblick eines freien Juden erfüllte sie mit Schrecken. Sie müssen befürchtet haben, die Überlebenden und Partisanen würden als Rächer zurückkehren und ihnen für die Qualen, die sie den Juden bereitet hatten, einen hohen Preis abverlangen“, schrieb Wiesel, nachdem ein deutsches Fräulein sich ihm in vorauseilender Selbstverteidigung angeboten hatte, um den jüdischen Zorn zu besänftigen.[12]

Anfang November 1945 verbreiteten sich in ganz Deutschland Gerüchte, die Juden würden in Erinnerung an den „Kristallnacht“ genannten Pogrom vom November 1938 Attacken auf deutsche Häuser vorbereiten. Die amerikanische Besatzungsmacht versprach einzugreifen, sollte es zu Ausschreitungen kommen. Die deutsche Bevölkerung atmete auf, als die Nacht vom 9. auf den 10. November ohne Störungen verlief.

Nach der Rede Churchills anlässlich der Aufstellung der Jüdischen Brigade erging im deutschen Rundfunk eine Warnung: Churchill beabsichtige im Fall der deutschen Niederlage den Juden, einem wilden Pack, zu erlauben, über die deutschen Massen herzufallen. Ein solches blutrünstiges Verhalten passe besser zu den Juden als der Kampf an der Front. Jetzt müsse jede Anstrengung unternommen werden, damit Europa nicht in die Hände der jüdischen Anarchisten und ihrer Komplizen fiele.[13] Der Schriftsteller Hanoch Bartov, damals junger Soldat in der Jüdischen Brigade, schrieb, Soldaten anderer Nationen, die ebenfalls in der britischen Armee kämpften, hätten sich nicht vorstellen können, dass die jüdischen Soldaten nicht auf Vergeltung drängten, und sie zeigten für diese Regungen Verständnis. Antisemitische Äußerungen waren auch nach dem Krieg noch an der Tagesordnung, stellte Bolek Ben-Ja'akov, Nakam-Mitglied aus Częstochowa, der vor Racheverlangen brannte, bitter fest. „Wenn auf einen Massenmord wie die Schoa keine Reaktion erfolgt und die Deutschen meinen, wir hätten uns beruhigt, war das Massaker dann vielleicht gerechtfertigt und sollte zu Ende geführt werden?“[14]

Offiziere und Meinungsmacher versuchten, die Gemüter zu beruhigen, wussten aber: „Diese Diskussion ist nicht zum Schweigen zu bringen und wird nicht verstummen, nicht unter uns, nicht im Volk, ob wir nun vor Wut kochen oder kühl abwägen.“ Alle würden nach Wegen der Vergeltung suchen, und warum sollte deswegen „die Rache des jüdischen Volkes nicht in aller Öffentlichkeit unter die Flagge der Jüdischen Brigade gestellt werden?“ Immerhin könnten doch die Flagge und die Symbole der Jüdischen Brigade mit den Besatzern in Deutschland erscheinen, und vielleicht ließen sich noch andere Wege finden. Auf jeden Fall würde das unter einer Flagge organisiert werden, so dass alle auf würdige Weise repräsentiert wären; keineswegs dürften Einzelne nach Belieben Racheakte ausführen.

Motke Chadasch, Mitglied der Gruppe *Kvuzat Kinneret*, der der Jüdischen Brigade gemeinsam mit seinem Sohn Schmulik beitrat, gehörte zu denen, die zu beschwichtigen versuchten. Als er allerdings einen Soldaten laut darüber nachdenken hörte, dass die Rache „für uns ein Luxus ist“, beschloss Motke, das Büchlein „Ein Jahr in Treblinka" jeden Tag abermals zu lesen, um sich zu vergewissern, weswegen er an den Kämpfen teilnahm. Die Schrift enthielt Erinnerungen eines Überlebenden und war von der *Allgemeinen Histadrut* gedruckt und verteilt worden, um das Racheverlangen zu verstärken. Motke Chadasch sprach vom persönlichen und nationalen Racheverlangen und dem unzerstörbaren Trieb, trotz Destruktion und Ausrottung weiterzuleben.[15]

Als die Soldaten der Jüdischen Brigade auf dem Weg nach Tarvisio an der österreichischen Grenze lange Reihen von deutschen Gefangenen, die nach Süden geführt wurden, passierten, hängten sie gut sichtbare Botschaften an ihre Lastwagen, die alle Umkehrungen von NS-Slogans waren, wie z. B. „Kein Volk, kein Reich, kein Führer", „Jerusalem – Berlin", „Deutschland kaputt" und „Jehuda erwacht, Deutschland zerkracht". Um Überlebende, die ihnen entgegenkamen, auf sich aufmerksam zu machen, schrieben sie zu beiden Seiten der Scheinwerfer in hebräischen Buchstaben „Wir fahren nach Hause". Man hatte ihnen Zurückhaltung befohlen, doch als ihnen Konvois von gefangenen SS-Leuten begegneten, flammte zum ersten Mal spontaner Zorn auf. Steine, Dosen, Zeltpflöcke flogen durch die Luft, es wurde geflucht und gespuckt. Die Briten mussten den Konvoi anhalten. Die Herausgeber des *Buches der Geschichte der Hagana* räumten ein: „Die jüdischen Soldaten ließen sich ohne Erlaubnis und ohne Anweisungen zu spontanen, nicht autorisierten Vergeltungsgesten gegen die deutschen Gefangenen hinreißen", die ihnen bereits in den ersten Tagen nach der Kapitulation in Norditalien in die Hände fielen. Motke Chadasch machte sich Sorgen: „Es besteht die Notwendigkeit, die Gefühle der Leute unter Kontrolle zu bringen, Gesetzlosigkeit zu vermeiden, zu zügeln und zu lenken."[16]

James (Michael) Rabinovitch (später Ben-Gal), der als Repräsentant der Hagana für kurze Zeit Schlomo Rabinovitch (später Schamir, kein Verwandter des Generals der Luftwaffe) als Befehlshaber der Jüdischen Brigade vertrat, erklärte: „Das ist fehlende Disziplin, das ist keine Vergeltung, das ist Vandalismus. Wenn sich eine Militäreinheit auf der Straße bewegt, wirft sie nicht mit Steinen." Ben-Gal fügte bei seiner Befragung hinzu: „Ich nehme an, dass die Abtrünnigen (sogenannte *Porschim*, die sich der Autorität der Jischuwleitung widersetzten) Gesten dieser Art ermutigten." Damit beschuldigte er Etzel- und Lechi-Mitglieder unter den Soldaten, die Ausschreitungen verursacht zu haben. Eine gewisse Übereinstimmung zwischen den *Porschim*, die sich von der Hagana lösten, und den Racheaktivisten taucht in mehreren Aussagen und Erinnerungen auf. Sie werden als Gegenpol zu denen beschrieben, die Zurückhaltung und verantwortliches Handeln bevorzugten – eine Einschätzung, über die noch zu reden sein wird.

Nach einigen ähnlichen Vorfällen war es klar, dass die Gefangenentransporte gesichert werden mussten. Seitdem begleiteten britische Militärpolizisten die Soldaten der Jüdischen Brigade, wann immer diese mit Gefangenen unterwegs waren, denn die Deutschen behaupteten, sich vor jüdischen Soldaten zu fürchten. Die Soldaten der Jüdischen Brigade wiederum formulierten ihre Vorstellungen folgendermaßen: „Wenn Soldaten aus Erez Israel an ihnen vorbeiziehen, sollten sie vor Angst umfallen." Und „Die hellen Farben unserer Flagge erscheinen ihnen wie die Finsternis der Rache [...]. Die Soldaten einer Armee von Mördern sahen sich freiwilligen Kämpfern gegenüber, die den Davidstern auf ihren Uniformen und den Racheschwur im Herzen trugen."[17]

Kurz nach Kriegsende kam es zu einem Zwischenfall: „Drei von uns gingen in ein österreichisches Dorf, verprügelten zwei Frauen und nahmen mit Waffengewalt eine beträchtliche Summe Geld an sich" – die für die Flüchtlinge bestimmt sein sollte. Motke Chadasch ließ sofort alle Soldaten der Einheit zusammentrommeln. In seiner Rede stellte er klar, dass weitere solcher Übergriffe nicht nur Schande über die Brigade bringen, sondern auch den Plan, in Deutschland einzumarschieren, zunichtemachen würden. Man würde in ein unmoralisches, unpatriotisches Verhalten abgleiten und die Brigade beschämen. Sofort entbrannte eine hitzige Debatte. Jahre später schilderte Hanoch Bartov, der damals dabei war, in seinem Buch *Die Jüdische Brigade* den Vorfall, den Appell und die anschließende Debatte unter den Soldaten. Seiner detaillierten Beschreibung ist zu entnehmen, wie komplex und heikel dieses Thema für die Soldaten war. Einerseits sehnten sie sich „nach einer einzigen großen jüdischen Rache. Nur einmal sein wie die Tataren. Wie die Ukrainer. Wie die Deutschen. Alle von uns, alle, denen das Herz blutet, [...] wir alle zusammen gehen in eine Stadt und brennen sie nieder, eine Straße nach der anderen, ein Haus nach dem anderen, einen Deutschen nach dem anderen." An seine Freundin schrieb Hartov damals: „Vergossenes Blut deutscher Männer, deutscher Frauen, deutscher Kinder wird das jüdische Blut läutern, das vergossene Blut der Millionen, und das nach Vergeltung schreiende Blut der am Leben gebliebenen Juden beruhigen." Erst dann könnten die Soldaten erhobenen Hauptes heimkehren wie Männer, die ihre Pflicht erfüllt haben. Andererseits: „Die Tragödie, in der wir uns befinden, ist ausweglos. [...] Wehe uns, wenn wir unsere Rachewünsche nur umsetzen können, indem wir in Denken und Handeln auf die Ebene der Nazis herabsinken. Das wäre nicht nur eine Ironie des Schicksals, es wäre ein historischer Fluch." Aber ohne Vergeltung „würden wir das Unterlassene niemals vergessen, niemals Frieden und Versöhnung erreichen können. [...] Das ist die Tragödie. Wehe uns, wenn wir auf Rache verzichten, doch sieben Mal bitterer ist es, nicht zu den Juden zu gelangen, deren letzter Traum wir sind. Dieser Tragödie entfliehen wir nicht, weder jetzt, noch in den kommenden Jahren. [...] Wir sind dazu verurteilt, mit dem Bild Gottes auf der Stirn zu wandeln wie mit einem Kainsmal. Ich bin unfähig, völlig unfähig, der Vergewaltigung eines Mädchens zuzusehen. Ich bringe es nicht fertig – eine reine jüdische Seele. [...] Wir werden wahnsinnig, wenn wir so weitermachen [...] stöhnend unter dem Kreuz der Rache."[18]

Mit dem Ende des Krieges erreichten sie Pontebba, ein westlich von Tarvisio gelegenes Dorf. Einige Einheiten der Jüdischen Brigade waren schon vorher eingetroffen und hatten Überlebende versorgt. Eines Tages traf ein deutscher Transport der besonderen Art dort ein: zweihundert Gefangene aus der Truppe des ukrainischen Generals Andrej Vlasov, der mit seinen Soldaten zu den Nazis übergelaufen war und fast bis zum Ende an ihrer Seite gekämpft hatte. Von seinen Männern sagte man, sie seien nicht nur schlimmer als die Nazis, sie seien schlimmer als gierige Raubtiere. Mit den Gerüchten über ihre Ankunft machte ein einfacher Plan die Runde: Sie mitsamt dem Gebäude, in dem sie hausten, in die Luft zu jagen. Alle Juden vor Ort, die Überlebenden sowie die Soldaten der Brigade, waren der Meinung, dass Vlasovs Männer nichts anderes verdient hätten.

Motke Chadasch weihte uns in die Überlegungen ein: Der Vergeltungsschlag würde ihnen wohl große Befriedigung verschaffen, doch gleich am nächsten Tag würde die Jüdische Brigade verlegt werden, und wer sollte sich dann um die Schoa-Überlebenden kümmern, die gerade einzutreffen begannen? Um die Frauen, die Kinder? Wer würde sie ins Land Israel führen? Und gerade das war doch der Auftrag der Brigade in dieser Zeit. Ihr Daseinszweck! Es herrschte Stille, der wüste Plan wurde fallengelassen.[19] Würde die Brigade verlegt, würde sie womöglich aufgelöst und nach Palästina zurückgeschickt. Oder aber in den Fernen Osten beordert, wo die Kämpfe noch andauerten. Der prozionistische britische Offizier Orde Wingate, im Jischuw als „der Freund" bekannt, der in Burma kämpfte, sollte die Jüdische Brigade bereits angefordert haben. Diese Kontroverse dauerte während des ganzen Europaaufenthalts der Brigade an. „Kein Thema war in der Brigade so heiß umstritten wie die Rache. [...] Die Diskussionen, organisierte wie spontane, nahmen kein Ende."[20]

Die Nakam-Einheit der Jüdischen Brigade und ihre Aktionen in Tarvisio und Umgebung

Die Diskussionen um ethische Prinzipien waren eine Sache, die reale Konfrontation mit den Deutschen war eine andere. Die Jüdische Brigade rückte weiter nach Norden vor, und eine Vorhut erreichte Tarvisio an der österreichisch-italienischen-jugoslawischen Grenze am 19. Mai 1945. Bis zum Ende des Monats trafen die restlichen Einheiten ein. Die Soldaten blieben dort für etwa zwei Monate als Teil der 78. britischen Division. Das Gebiet war seit Jahrhunderten politisch und ethnisch umstritten, und diese Komplexität gab der Jüdischen Brigade sogleich einen Vorgeschmack auf die vielen Probleme, die sie dort erwarteten. In und um Tarvisio mit seinem wunderschönen malerischen Alpenpanorama trafen die Soldaten auf eine Bevölkerung von Italienern, Jugoslawen, aber auch Deutschen und insbesondere Österreichern, die während des Krieges mit den deutschen Besatzern kollaboriert hatten.

Tarvisio liegt an einem Alpenpass, und damals führte die Fluchtroute von Deutschland südwärts dort vorbei. Angehörige von SS-Einheiten aus verschiedenen europäischen Ländern flohen in die Gegend und betätigten sich mit Unterstützung der lokalen Bevölkerung als Fluchthelfer für Nationalsozialisten, die hofften, durch Österreich nach Rom zu gelangen und von dort weiter zu italienischen oder spanischen Häfens, um per Schiff Zuflucht in Südamerika zu finden. Als die Alliierten eintrafen, versteckten sich die Kollaborateure entweder oder sie verwandelten sich auf die Schnelle in eifrige Demokraten und Sozialisten. Einigen gelang es sogar, in den Institutionen der Militärregierung Arbeit zu finden. Damit wurde die Frage der Vergeltung plötzlich brandaktuell, denn in der Umgebung wimmelte es von Kriegsverbrechern, die sich entweder versteckt hielten oder aber auf der Durchreise nach Häfen waren, die ihnen die Flucht über den Atlantik ermöglichten. Die Jüdische Brigade machte einige von ihnen ausfindig und stieß sogar auf Dokumente, in denen die Deportation der Juden aus Norditalien sowie der Raub ihres Eigentums verzeichnet waren.

Wegen des angenehmen Klimas und der vorteilhaften strategischen Lage in einem von hohen Bergen umgebenen Tal hatten die Deutschen in Tarvisio etliche Lazarette eingerichtet. Nach der Kapitulation erhielt die Jüdische Brigade den Auftrag, die verletzten deutschen Soldaten, die in den Hospitälern zurückgeblieben und nun praktisch Gefangene waren, zu bewachen. Sofort stieg der Verdacht auf, die dort noch arbeitenden deutschen Ärzte würden SS-Männer in den Spitälern verstecken. Eine andere deutsche Gruppe bestand aus gesunden Gefangenen, die auf italienischem und österreichischem Gebiet zu Straßenarbeiten herangezogen wurden. Auch mit der Bewachung dieser Männer war die Jüdische Brigade beauftragt. Weder die Gefangenen noch die Bewacher verbargen ihre Feindschaft. So schickten die jüdischen Soldaten die deutschen Gefangenen beispielsweise zu Aufräumarbeiten in zerstörte Synagogen oder auf ein großes Minenfeld, das die Jüdische Brigade säubern sollte. In einigen Fällen wurden Gefangene geschlagen, die sich aus Gewohnheit mit dem Hitlergruß gegrüßt hatten, oder die auf dem Bürgersteig liefen.

Denn in Anlehnung an die demütigenden NS-Verordnungen in den Gettos waren die Bürgersteige nun für Deutsche verboten. Ein Deutscher, der aufsässig herumstolzierte, wurde geohrfeigt und seiner Rangabzeichen beraubt.[21]

Als die Jüdische Brigade in Tarvisio ankam und dort auf Deutsche, Österreicher und andere stieß, gingen die Ausschreitungen ihrer Soldaten gegen Gefangene weiter, auch in Krankenhäusern kam es, wie gesagt, zu Übergriffen. Man befürchtete ein Einbrechen der Disziplin. Schlimmer noch war die Befürchtung, die Briten könnten zum Schluss gelangen, die Jüdische Brigade richte mehr Schaden als Nutzen an und sie deswegen von der Besetzung Deutschlands ausschließen. Deswegen wurde auf Initiative einiger Soldaten eine besondere Einheit gegründet und mit der Aufgabe betraut, die Gefangenen, die Hospitalisierten und die Einheimischen gründlich zu verhören, um auf diese Weise den echten Kriegsverbrechern auf die Spur zu kommen. Auf die so zusammengetragenen Informationen stützte sich später die innerhalb der Brigade entstehende Nakam-Einheit. Spontane Aktionen waren strengstens verboten. Die Offiziere führten lange Gespräche mit den Soldaten, woraufhin die Wutausbrüche allmählich nachließen, aber nicht gänzlich ausblieben.[22]

Zu der neugegründeten Einheit gehörten Israel Carmi, Schaike (Jeshajahu) Weinberg und Robert Grossman (Dov Gur), damals Infanteriesoldaten oder junge Offiziere im Nachrichtenkorps der Jüdischen Brigade. Sie entlockten deutschen und österreichischen Informanten Namenslisten und legten sie jenen Brigadeoffizieren vor, die zugleich Mitglieder der Hagana waren, an erster Stelle Meir Zorea („Zarro", Kurzform für Zarodinsky) und Chaim Laskov. Später taten sich beide Männer als Generäle in den israelischen Streitkräften hervor, Chaim Laskov brachte es sogar zum Generalstabschef.[23]

Zorea und Laskov gaben der Aktion ihren Segen. Sämtliche Informationen wurden an den Geheimdienst der britischen Armee SIP (Special Investigations Branch) weitergeleitet, der sich darüber erfreut zeigte und im Gegenzug Informationen aus eigenen Quellen zur Verfügung stellte. Beide Seiten beschlossen, dass bei diesen Aktivitäten entdeckte Geldsummen für die Bedürfnisse der jüdischen Überlebenden zu verwenden seien. Über die Aktion waren allein die Mitglieder der Einheit informiert. Sie gehörten zu „den besten Leuten der Brigade, zu den Zuverlässigsten der Zuverlässigen. Sie übernahmen nun die Aufgabe, das Blut der Juden über die Häupter der NS-Mörder zu bringen [...] aufgrund einer Entscheidung der hebräischen Pioniergemeinde." Die neue Einheit nannte sich *Gmul* (Heimzahlung) oder *Nakam* (Rache). Sie bestand aus einem Kernkader von ungefähr zehn Soldaten, die von einigen weiteren Dutzend Männern unterstützt wurden. Jochanan Peltz schloss sich ihnen an „weil meine Mutter in Treblinka verbrannt und mein Vater in Auschwitz erhängt wurde. Das reichte mir. [...] Wenn sie jemanden fassten, der sich direkt gegen das jüdische Volk vergangen hatte, dann repräsentierte der für mich alle Mörder des jüdischen Volkes." Sie agierten in streng unterteilten Zweier- oder Dreiergruppen. Im Ganzen waren nur wenige Dutzend Männer involviert, und sie hatten geschworen, auch untereinander über ihre Aktionen Schweigen zu bewahren. Vor allem, damit kein Schatten auf die Jüdische Brigade und ihre obersten Befehlshaber fiele, sollten die Operationen ans Licht kommen. So war jedem von ihnen nur ein Teil des ganzen Bildes bekannt. Aufgrund dieser strikten internen Geheimhaltung ist bis heute schwer festzustellen, wie viele Deutsche und Österreicher damals von der Vergeltungseinheit innerhalb der Jüdischen Brigade zur Rechenschaft gezogen wurden.[24]

In Uniformen der britischen Militärpolizei und in entsprechenden Militärfahrzeugen brachen sie nachts zu einer Adresse auf, die sie aufgrund der Verhöre ausgewählt hatten. Sie überprüften, ob die gefundene Person auch wirklich die gesuchte war, und brachten sie an einen vorher bestimmten Ort, meistens zu einer entlegenen, befestigten Höhle oder ans Ufer eines tiefen, kalten Sees. Dort wurde die Anklage auf Deutsch verlesen und das Urteil bekanntgegeben. Die meisten Verurteilten verloren die Fassung, wenn sie hörten, dass sie von Juden entführt worden waren. Sie bettelten um ihr Leben und das ihrer Frauen und Kinder, die allein zurückbleiben würden. Eine Begründung, die sich für die Rächer absurd anhörte. Das Urteil wurde durch Erwürgen oder Ersticken auf der Stelle vollstreckt.

„Es waren keine glorreichen Taten", bekannte Chaim Laskov in einer seiner seltenen Äußerungen zu diesem Thema. „Racheakte werden von Schwachen unternommen. Man kann sich mit ihnen nicht rühmen. Wir waren schwach. Wir hatten den Krieg verloren. Wir hatten sechs Millionen Brüder verloren. Also rächten wir uns."[25]

Es sei darauf hingewiesen, dass diese Aktivitäten der Brigade aufgenommen wurden, als die Soldaten noch glaubten, alle europäischen Juden seien ausgerottet worden und die Rache sei der letzte Wille der Ermordeten. In diesem Stadium kurz vor und kurz nach dem Ende des Kriegs musste noch nicht zwischen den Vergeltungsbestrebungen und der Betreuung der Überlebenden gewählt werden, denn die Überlebenden hatten sich noch nicht auf den Treck nach Italien begeben, wo die Jüdische Brigade sich aufhielt. Nur einige wenige erreichten Norditalien gleich nach der deutschen Kapitulation.

Brigadier Benjamin, der Oberbefehlshaber auf britischer Seite, erfuhr naturgemäß nichts vom Vergeltungstrupp und wusste nichts von dessen Existenz. Die Hagana-Kommandeure in der Brigade, Schlomo Schamir und nach ihm James Ben-Gal, waren unschlüssig. Einerseits, erklärte Ben-Gal, sei es selbst einem Mann wie ihm, der es gewohnt war, nach militärischen Direktiven zu handeln, klar gewesen, dass keine besonderen Anweisungen nötig waren, um

„die auszulöschen, die aktiv daran beteiligt waren, Juden auszulöschen. Das ist eine wünschenswerte, positive Aktion, die zu unterstützen meine Pflicht ist. Jeder Nazi, der sich aktiv beteiligte und persönliche Verantwortung für die Eliminierung von Juden trägt, hat es allein aus diesem Grund verdient, selbst eliminiert zu werden."[26] Was Ben-Gal allerdings störte, das waren die partisanenhaften Methoden des Trupps, und darüber beschwerte er sich beim hebräischen Kommando innerhalb der Jüdischen Brigade. (Es handelte sich um ein internes Hagana-Kommando, von dem die britischen Befehlshaber nichts wussten.) Schaike Weinberg, Mitglied des Vergeltungstrupps, stimmte ihm zu: „Überhaupt liegt im jüdischen Charakter viel Partisanentum." Er benutzte das Wort als Synonym für Unordnung, provisorisches Vorgehen, Dilettantentum, also für Zustände, die unter den Partisanen üblich gewesen waren, bevor sie zur Jüdischen Brigade kamen. Ben-Gal wandte ein, dass nur wenige der Soldaten Kenntnisse in nachrichtendienstlichen Methoden besaßen. Er, und vor ihm Schlomo Schamir, habe Aktionen nur genehmigt, wenn ihn die vorgelegten nachrichtendienstlichen Erkenntnisse überzeugten. Kalman Kitt, einer der angesehensten Offiziere der Jüdischen Brigade, auf dessen Meinung gehört wurde, wies auf das Dilemma hin: „Ihr Vorschlag, einen nach dem anderen hinzurichten, wurde nicht ausdrücklich genehmigt, aber auch nicht verboten."[27] Ben-Gal zufolge gab es mehrere Fälle, in denen Laskov, Zorea und Carmi ihre eigenen Operationen genehmigten, ohne dass solide Beweise für die Identität der Exekutierten vorlagen. In anderen Fällen hinterließen sie an den Tatorten verräterische Spuren oder sogar Leichen.

Carmi räumte ein, dass die Einheit eine kleine verschworene Gemeinschaft war, die handelte, ohne autorisiert zu sein, und die sich weigerte, Instruktionen aus Erez Israel oder vom Komitee der Jüdischen Brigade, das über die Rachekampagne im Bilde war, entgegenzunehmen. Seiner Meinung nach handelte es sich um eine „geordnete Rache", da sie sich auf Listen stützte. Ben-Gal sagte bei seiner Befragung aus, Carmi habe sich für jemanden gehalten, der keine Erlaubnis brauchte, und dementsprechend habe er auch niemanden um Erlaubnis gefragt. Nicht nur das. Ben-Gal war der Meinung gewesen, Gerechtigkeit müsste öffentlich vollzogen werden. Die gelegentliche Hinrichtung eines Gestapo-Mannes von untergeordnetem Rang habe leider keinerlei internationale Bedeutung, die heimlichen Exekutionen würden nur den Verdacht der Briten erregen und womöglich sogar den Zionismus und die Juden beflecken.[28] Niemand aus der Nakam-Einheit beriet sich mit Verantwortlichen im Land oder mit den Institutionen des Jischuws. Im Jischuw vertraute man darauf, die Leute vor Ort würden schon die richtigen Entscheidungen treffen: „In den meisten Dingen verließ man sich auf die

Leute." Als jedoch die Operationen im Jischuw bekannt wurden, schickte Meir Grabovsky (später Argov), ein Spitzenpolitiker der linken Mapai-Partei und Vertrauter Ben-Gurions, Boten nach Tarvisio, die darauf drangen, die Jüdische Brigade und ihre Nakam-Einheit müssten Feldgerichte abhalten und dürften keinen Deutschen ohne Gerichtsurteil exekutieren – weder in Tarvisio, noch später als Besatzungstruppe in Deutschland, wo ihre Aufgabe darin bestünde, Verdächtige vor Gericht zu stellen. Die Nakam-Einheit weigerte sich mit der Begründung, die Briten könnten von den Feldgerichten erfahren, und beteuerte abermals, dass nur wirklich Schuldige exekutiert würden. Hier ging es um Prinzipien: Der Befehlsebene war in erster Linie daran gelegen, den Ruf der Jüdischen Brigade nicht zu schädigen, da der Jischuw jede Reibung mit den Briten und den Amerikanern vermeiden wollte, während für die Nakam-Einheit in der Brigade die Bestrafung der Schuldigen oberste Priorität besaß.[29]

Shertok, der Gründervater der Brigade, der große Anstrengungen in den Aufbau investiert hatte und dessen Sohn Jaakov (Kobi) in ihr diente, war eingeweiht in die Pläne der gezielten Überfälle auf Schuldige, insbesondere auf SS-Offiziere, „die freiwillig an Massakern teilgenommen hatten". Darüber hinaus informierte Meir Argov ihn, wann immer die Soldaten Namens- und Adressenlisten in „ihrer Kartei" zusammengestellt hatten, und ließ ihn wissen, dass bereits wichtige Resultate erzielt waren. „In Anbetracht des vielen vergossenen Bluts haben wir ein Recht auf die Rache", schrieb Argov an Shertok. Dabei ging es nicht darum, Shertoks Erlaubnis einzuholen oder die Operationen zu rechtfertigen; der objektive Ton deutet vielmehr darauf hin, dass in dieser Hinsicht Einigkeit zwischen den beiden herrschte.[30]

Schimon Avidan, 1911 in Deutschland als Siegfried Koch geboren und 1934 nach Palästina gelangt, hatte bereits im Mai 1942 im Rahmen der Palmach, dem Elite-Kommando der Hagana, eine „Deutsche Abteilung" gegründet. Sie bestand aus etwa fünfzig in Deutschland geborenen, gut ausgebildeten Kämpfern, die hinter den deutschen Linien für die britische Armee agieren sollten, da sie die Sprache beherrschten und sich in den Landessitten auskannten. Im November 1944 wurden sie als Beitrag der Palmach zur Jüdischen Brigade in die britische Armee eingegliedert und brachen im April 1945 an die italienische Front auf. Aufgrund ihrer Qualifikation waren diese Soldaten in der Lage, deutsche und österreichische Mörder, die sich versteckt hielten, zu identifizieren und ihr Vertrauen zu gewinnen, und sie wurden von den Briten der Jüdischen Brigade zugeteilt. Ihre Befehlshaber waren Jehuda Brieger (später Ben-Chorin) und Mondak Pasternak (später Mosche Bar-Tikva). Brieger, ein ehemaliger Kommunist, war Mitglied im Kibbuz HaZorea, der zur *Kibbuz-HaArzi*-Bewegung gehörte. Weinberg berichtete, dass diese Soldaten zum wichtigsten operativen Arm der Vergeltungs-Aktivitäten innerhalb der Jüdischen Brigade wurden. Carmi bestätigte das: „Wir gliederten sie in die Verfolgung und die Vergeltung ein."[31]

Die Kämpfer der Deutschen Abteilung stellten enge Verbindungen zu Josip Broz Tito her, dem jugoslawischen Partisanenführer, der später zum Regierungschef und Präsidenten seines Landes werden sollte. Diese Verbindungen schienen nur natürlich zu sein, denn in der Deutschen Abteilung gab es viele Linke. Tatsächlich kamen von jugoslawischer Seite viele Informationen über österreichische Nationalsozialisten. War es einfach, zu ihnen zugelangen, wurden sie in ihren Häusern verhaftet und im nächsten Wald erhängt, „ohne Reden oder große Zeremonien".[32]

Auch Soldaten aus anderen Einheiten der Jüdischen Brigade exekutierten Deutsche, wie ein Feldwebel einer Artillerie-Einheit aussagte, die für einige Monate an einem anderen Ort stationiert war. Sie spürten SS-Offiziere auf, die sich versteckt hielten, und wenn sie eine verräterische Tätowierung am Arm entdeckten oder den Versuch, diese zu entfernen, wurde der Mann auf der Stelle erschossen. Diese Aktionen wurden unabhängig von der Nakam-Einheit der Jüdischen Brigade ausgeführt. „Es war ein inneres Drängen, das uns zur Rache trieb. Alles wurde intern organisiert, innerhalb unserer Einheit. Wir zahlten es ihnen direkt heim, anstatt sie in ein Gefangenenlager zu schicken."[33]

Was die Vergeltungsaktionen in Norditalien insgesamt betrifft, so erklärte Laskov: „Wir haben zu meinem Bedauern nicht viele liquidiert." Zorea (Zorro) klagte: „Wir kamen zu spät und taten zu wenig." Motke Chadasch fasste zusammen: „Nichts war in großem Maßstab organisiert. Die tatsächlich ausgeführten Operationen keineswegs zahlreich." Mordechai Gichon, der Nachrichtenoffizier der Nakam-Einheit in der Brigade, schätzte die Zahl der exekutierten Nationalsozialisten auf ein paar Dutzend. Ben-Chorin sagte aus: „Es gab einige Aktionen."[34] Naturgemäß wurde kein dokumentarisches Material aufbewahrt. Laskov und Zorea, die Führungsspitzen, haben über diese Angelegenheit jahrelang geschweigen, und als sie endlich sprachen, taten sie es nur zurückhaltend. Als sich später die israelisch-deutschen Beziehungen entwickelten, so Carmi, lautete die generelle Anweisung, das Thema zu vermeiden.[35]

Carmis Aussagen haben sich im Laufe der Zeit verändert. 1996 behauptete er, etwa tausend Deutsche seien exekutiert worden, oder zumindest einige hundert, manchmal dreißig in einer Nacht. Um diese Behauptung zu stützen, gab er an, die Jüdische Brigade sei in Tarvisio ein halbes Jahr stationiert gewesen. Tatsächlich aber war sie nur ungefähr zwei Monate dort, von Ende Mai bis Ende Juli 1945, und der Nakam-Trupp kann kaum länger als anderthalb Monate agiert haben. Carmi machte jene Aussage in einem Interview, das einem

Fernsehprogramm zum Thema vorangestellt wurde. Dreißig Jahre zuvor, 1967, hatte er nur von einigen hunderten innerhalb eines halben Jahres gesprochen. In seinem Buch, das 1960 veröffentlich wurde, also noch bevor der erste Botschafter der Bundesrepublik Deutschland in Israel eintraf, schlug er einen bescheideneren Ton an: „Es gelang uns, eine ganze Anzahl von Verbrechern zu fassen", heißt es da, ohne dass die Liquidationen überhaupt erwähnt werden.[36] Wenn man bedenkt, dass die Jüdische Brigade etwa fünfundvierzig oder fünfzig Nächte in Tarvisio verbrachte und auch Zeit brauchte, um die Listen zusammenzustellen und nach Süddeutschland und Österreich hineinzufahren, können es höchstens hundertfünfzig bis zweihundert Exekutionen gewesen sein, und selbst das ist eine hochgegriffene Schätzung, denn es wird gewiss Nächte ohne Aktion gegeben haben. Auch wenn zwei oder drei Trupps in jeder Nacht unterwegs gewesen sein sollten, und jeder Trupp einen Mann aufspürte, käme man auf höchstens hundertfünfzig Liquidationen.[37]

Betreuung der Überlebenden; Begegnung mit den Partisanen und der Nakam-Gruppe

Die Soldaten der Jüdischen Brigade begegneten nun immer mehr Überlebenden und verspürten das Bedürfnis, ihnen nach Kräften zu helfen. Oder wie Ben-Chorin, der Kommandeur der Deutschen Abteilung, es ausdrückte: „Wir gaben uns der Rettung der Überlebenden hin [...] wir wurden von einem regelrechten Wahn ergriffen [...] wir wollten ihnen so viel Gutes wie möglich tun und ihr Leid nach Kräften rächen." James Ben-Gal gestand offenherzig: „Wir stahlen von der britischen Armee, wir richteten an der Grenze Übergangsstationen ein." „Wir organisierten die Bricha", sagten die Soldaten aus. Schaike Weinberg bezeugte: „Unsere Patrouillen [auf der Suche nach Gruppen Überlebender] waren der Hebel, der den Damm öffnete." Weinberg und Carmi organisierten Suchtrupps, die aus den Lagern befreite Juden aufspürten.[38]

Nach einem Besuch in Mauthausen, das als schlimmstes Konzentrationslager galt, wo zu Skeletten abgemagerte Überlebende, die nur durch ihre glühenden Augen noch sprechen konnten und weinend immer wieder den Davidstern am Ärmel der Soldaten als Zeichen der Erfüllung ihres Traums küssten, erstarkte das Racheverlangen. Abermals entfachte der Anblick einer Folter- und Mordstätte große Emotionen: „Wer die Konzentrationslager und Krematorien nicht gesehen kann, kann nicht verstehen, was sie [die Deutschen] uns angetan haben", sagte Laskov. Ben-Gal und Schamir fuhren gemeinsam nach Mauthausen: „In dem Augenblick, in dem ein normaler Mensch ein Todeslager wie jenes besucht, ändert sich der Maßstab seines Lebens", schrieb Schamir später. Soldaten, die die befreiten Konzentrationslager betraten, gerieten außer sich beim Anblick der Galgen, der Folterinstrumente, der wie Dung über die Felder verstreuten Leichen. Die Überlebenden baten die aus dem Land Israel gekommen Soldaten vor allem um zwei Dinge, so Carmi: Rache an den Deutschen zu üben und sie möglichst schnell nach Erez Israel zu bringen. Wieder standen die Soldaten vor einem Dilemma: Welcher Bitte sollten sie zuerst Folge leisten, oder war es möglich, beides gleichzeitig tun?[39]

Je mehr der Flüchtlingsstrom nach Süden anschwoll, desto deutlicher wurde allen Beteiligten, dass die Rettung wichtiger war als die Vergeltung, auf jeden Fall wichtiger als eine Vergeltung, die die Rettungsaktivitäten zu gefährden drohte. Die Kontroverse Rache oder Rettung „war rasch behoben. [...] Wenn wir uns den Racheaktivitäten zuwandten, würden wir das Leben der Flüchtenden schwieriger und riskanter machen, denn die Taten würden eher mit ihnen als mit uns in Verbindung gebracht werden [...] Naturgemäß war ein lebender Jude uns um vieles teurer als ein Nazi, den wir hätten töten können.[40] Tatsächlich investierten die Angehörigen der Deutschen Abteilung all ihre Kraft in die Betreuung der Überlebenden. So kehrten sie beispielsweise umgehend nach Mauthausen zurück und brachten von dort Gerettete auf Lastwagen, die sie von Österreichern requiriert hatten, ins Quartier der Brigade.

Das Sowjetregime war bemüht, weitere Gebiete unter seinen Einfluss zu bringen, und es wuchs die Sorge, die Alliierten könnten die Grenzlinien auf der Europakarte neu ziehen. Umso dringender wurde die Organisation der Fluchtwege, denn es war klar, dass die Jüdische Brigade hinter dem Eisernen Vorhang nicht agieren könnte. Das Wissen, dass der Aufenthalt der Jüdischen Brigade in Tarvisio zeitlich befristet war, trug zum Gefühl der Dringlichkeit bei.[41]

Anfang Juli 1945, nachdem Soldaten der Brigade auf der Suche nach Überlebenden den von Kovner vorausgeschickten Boten begegnet waren, verbreitete sich die Kunde von einer Partisanengruppe, die unter Kovners Leitung im Anmarsch sei, gefolgt von einer Flüchtlingsschar, die aus Rumänien kommend unbeirrt alle Grenzen überquert hatte, um zu ihren wartenden Brüdern zu gelangen. „Wir erwarteten sie mit Neugier und Interesse“, erinnerte sich James Ben-Gal.[42] „Wir waren verwundert und aufgeregt“, schrieb Jehuda Tubin aus dem Kibbuz Beit Zera an seine Frau Schlomit. Wie es damals üblich war, reichte sie seine ausführlichen Briefe an die Anführer des HaSchomer HaZa'ir Ja'akov Hazan und Meir Ya'ari weiter. Briefe waren das einzige Kommunikationsmittel und unter den herrschenden Bedingungen Wochen und Monate unterwegs. Einige Wochen zuvor hatten die Soldaten der Jüdischen Brigade sich noch gefragt, worin ihre Aufgabe nach dem Krieg wohl bestehen würde, und nun war die Antwort da. Abba und Vitka Kovner trafen am 15. Juli gegen Abend im Lager in Tarvisio ein und mit ihnen Pasha und Dorka, Haya und Haim Lazar, Julek

Harmatz, Schlomo Kless und Bezalel Kek. Einige von ihnen, die als Beauftragte der Bricha bereits vor Ort waren, stürzten den Ankommenden entgegen und umarmten sie. Wie selbstverständlich schlossen sie sich nun dem Vergeltungsgedanken an, den sie als Fortsetzung der Kämpfe im Getto und in den Wäldern betrachteten. „Jeder, der vom Wilnaer Kollektiv des HaSchomer HaZa'ir am Leben geblieben war, schloss sich der Nakam-Gruppe an", so Shlomo Kenet.[43]

Sie wurden von allen Anwesenden mit großer Rührung und Wärme empfangen. „Die Brigade bereitete uns einen wunderbaren Empfang [...] Wir [...] waren rau und zynisch [...] doch jetzt waren wir bewegt wie Kinder, die in die Arme ihrer Familien fallen", sagte Vitka später. Cesia schrieb: „Gebräunte, unendlich gerührte Gesichter, warmes Lächeln, als hätte die Heimat uns Boten geschickt, die uns, die wir auf dem Weg zu ihr waren, empfingen."[44] Die Partisanen ihrerseits hinterließen tiefen Eindruck. „Das Treffen mit ihnen gehörte zu den bewegendsten meines ganzen Lebens [...] keine elenden, gebrochenen Menschen, sondern Leute wie wir, die vielleicht sogar über uns standen, die unter unmenschlichsten Umständen um ihre menschliche Würde und die nationale Ehre gekämpft hatten." Und mehr noch: „Sie waren tausendmal stärker und klüger als alle Soldaten und Abgesandten [...] Sie gehörten zu den Besten überhaupt!"[45]

Am nächsten Abend, am 16. Juli, fand vor der großartigen Bergkulisse unter freiem Himmel eine riesige Versammlung statt, an der Hunderte von Überlebenden und Soldaten der Jüdischen Brigade teilnahmen. „Ein unglaubliches Erlebnis", berichteten die Anwesenden. Abba Kovner wurde auf die provisorische Bühne gebeten. Er seinerseits lud die übriggebliebenen Kämpfer aus den Gettos und den Wäldern zu sich nach oben ein, um auf die Einheit der Chativa, der Chativa der Überlebenden Osteuropas, und die Spitzenposition der Kämpfer in ihr hinzuweisen. Einer der Anwesenden beschrieb die Tränen, die in den Augen der zuhörenden Soldaten glitzerten. Kovner „zitterte vor Erregung, schloss die Augen und hob die Arme [...] als wollte er uns alle umarmen und flehte uns geradezu an, seinen Worten Glauben zu schenken, doch das war schwer. Es war schwer zu glauben, dass Gräueltaten, wie er sie vor uns ausbreitete, wirklich geschehen waren."[46]

Kovner sprach von seiner Verwunderung darüber, dass überhaupt jemand am Leben geblieben war, und von seiner Freude über das einem Wunder gleichende Treffen zwischen denen, die aus der Schoa kamen und denen, die aus Erez Israel gekommen waren. Wohl zwei Stunden lang berichtete er von den Vorkommnissen der Schoa in Wilna. Dann kam er zur Botschaft, die er überbringen wollte: Trotz der langen Beschreibung und weiterer Beschreibungen, die sie noch hören würden, könnten die Anwesenden, die Überlebenden ausgenommen, vielleicht nicht wirklich nachvollziehen, was geschehen sei, doch sie müssten wissen, dass es ihre Pflicht sei, gegen die Schlächter zu kämpfen, und zwar sofort. Ein Schlächter lauere in jeder Ecke Europas. Kovner war bemüht, seinen Zuhörern die eigene tiefe Angst vor dem nächsten, gar nicht mehr fernen Krieg zu vermitteln. Bitter prophezeite er, wenn dieser Krieg käme, würden alle Juden zu Opfern werden. Dem Jischuw und seinen Kindern würde es ergehen, wie es den Juden Europas ergangen war. Und abermals würden sich Millionen aus Dutzenden von Völkern an den Massakern beteiligen, denn sie hätten auf den Feldern von Majdanek, Ponar und Treblinka gesehen, wie das gemacht würde – „mit welcher Leichtigkeit, mit welcher Einfachheit, mit welcher Seelenruhe" – und in welchem Maße der Mord an Juden erlaubt und einträglich sei. Auch die ‚Brüderschaft der Waffen und der Kämpfer', eine Anspielung auf die in der sowjetischen Propaganda heraufbeschworene Brüderschaft der Völker, sei eine große Enttäuschung gewesen. „Wir nähern uns einem weiteren grausamen Anlauf, der wie ein Ausbruch von Schwefel und Blut über uns kommen wird", rief er aus und fragte: „Gehen wir unserem Schicksal nicht mit der gleichen – oder mit noch größerer – Ergebenheit entgegen als all die Ausgelöschten vor uns?" Sie müssten aus der Katastrophe die Stärke beziehen, mit deren Hilfe sie Erez Israel erreichen und die Menschen dort aufrütteln würden. Kovner endete mit einer Art Schwur, in dem er versicherte, die bevorstehende schwere Aufgabe bestehen zu wollen.

Das Vermächtnis der Rache, das die Ermordeten den Nachgebliebenen übertragen hatten, erwähnte Kovner nur andeutungsweise. Nachdem er den vor ihm sitzenden Soldaten den furchtbaren Satz, dass auch sie und ihre Kinder auf dem Scheiterhaufen landen würden, entgegen geschleudert hatte, einen Satz, der sie ohne Zweifel zutiefst erschütterte, stellte er ihnen eine nicht weniger furchtbare Frage: Würden sie nicht eine gleiche, womöglich eine noch schlimmere Hilflosigkeit an den Tag legen? Er schloss mit den mysteriösen Worten: „Ich denke an etwas anderes. An etwas Mächtigeres." Er ließ das ohne weitere Erklärung im Raum stehen, wies also nicht ausdrücklich darauf hin, dass Vergeltung zu jener Zeit, unmittelbar nach dem Krieg, eine wirkungsvollere Abschreckung sei als Waffengewalt. Er stellte die Einwanderung nach Erez Israel und die Verbreitung der Botschaft von der Solidarität als Herausforderung dar, der zu begegnen sei, aber aus seinen Worten ging ebenfalls hervor, dass diese Schritte lediglich die Vorbereitung auf Kommendes sein würden. So blieben etliche Fragen offen. Er hatte seinen Worten die Überschrift „Die Mission der Letzten" gegeben. Welche Mission hatte er gemeint? Wer waren die Letzten? Und welche Mission sollten sie in der unmittelbaren Zukunft übernehmen? Waren die Überlebenden Europas die Letzten oder meinte Kovner das ganze übriggebliebene jüdische Volk einschließlich der Brigade? Offen blieb ebenfalls, ob die Antwort zwischen den Zeilen lag. Wie auch immer, Kovners Rede wurde in den Folgejahren zu einem Symbol des Aufeinandertreffens zwischen Schoa-Überlebenden und der Ansiedlung in Erez Israel, und das Publikum lauschte ihr zwei Stunden lang „mit angehaltenem Atem [...] Vor uns öffnete sich eine Welt, die wir bisher nicht gekannt hatten."[47]

„Kovner war der stärkste Ausdruck des jüdischen Wesens", erklärte Meirke Davidson, einer der Mitbegründer des Kibbuz Elon und eine Führungspersönlichkeit der Palmach, nach der Rede von Tarvisio. „Die Wilnaer Nacht", nannte Motke Chadasch den unvergesslichen Abend, nach dem in der Brigade und in der Chativa ein anderer Geist herrschte. Kovners Rede und der Bericht von Aharon Hoter-Ischay, einem Offizier der Jüdischen Brigade, der die Suche nach Überlebenden leitete, über den Besuch in den befreiten KZs und Todeslagern, motivierten die Brigade, mit allen ihr zur Verfügung stehenden Mitteln die Betreuung der Überlebenden zu übernehmen und deren Einwanderung in die Wege zu leiten.[48]

Als Kovner und seine Kameraden in Tarvisio eintrafen, stand die Frage der Rache, ob persönlich oder kollektiv/national, spontan oder gut vorbereitet, bereits im Mittelpunkt der Diskussionen und Aktivitäten der Jüdischen Brigade. Unmittelbar nach seiner Rede, und sogar schon vorher, wurde das Thema der Vergeltung in einer Reihe von Sitzungen, die sich eigentlich um andere Angelegenheiten drehten, zumindest angedeutet. Motke Chadasch beispielsweise schrieb über Treffen mit den Partisanen, in dem Abba Kovner die wichtigsten Dinge ansprach. Gewisperte Worte machten die Runde; hörbar wurde der Ausdruck „Gewissen der Auslöschung"[49], der kurz und zutreffend das Raunen um die Partisanen und ihre Absichten wie auch den darin enthaltenen inneren Widerspruch auf einen Nenner brachte: Das Gewissen forderte Rache, denn sie war das Vermächtnis der Opfer, andererseits widersprach Rache in der Form von Auslöschung vieler Menschen dem Gewissen. „Wir erzählten nur wenigen Leuten von unseren Absichten", erklärte Harmatz. Jitzchak Ratner, ein Kamerad aus dem Wilnaer Untergrund, vertraute Motke Chadasch auf einem nächtlichen Spaziergang kurz nach dem Eintreffen der Partisanen an, dass es innerhalb der Chativa eine Racheorganisation gebe. Chadasch informierte daraufhin Kovner über die Haltung der Brigade in dieser Sache. Kovner zeigte sich bewegt, aber zurückhaltend und erklärte lediglich, er habe nicht gewusst, „dass es Gedanken in dieser Richtung gab." Später machte Chadasch ihn mit den Kommandeuren der Deutschen Abteilung bekannt, die sich mit der Vergeltung beschäftigten.[50] Auch Carmi setzte sich mit Kovner zusammen und berichtete ihm, was die Jüdische Brigade bis dahin erreicht hatte. Zwar zeigte Kovner sich erfreut über die Tatsache, dass der Vergeltungsgedanke in der Brigade Fuß gefasst hatte, doch er und seine Kameraden meinten mit Vergeltung etwas völlig anderes als verstohlene nächtliche

Hinrichtungen mit konventionellen Methoden, von denen niemand etwas erfuhr und die demzufolge ohne Echo in der Welt blieben.[51]

Bei einem Treffen kam es zu schwerwiegenden Meinungsverschiedenheit zwischen Abba Kovner und Mordechai Surkis, einer zentralen Figur der erezisraelischen Mapai-Partei. Surkis hatte sich mit einigen der Kameraden angefreundet und ihnen in vielen Dingen geholfen. Kovner war ausgesprochen antisowjetisch eingestellt und vergaß bis zu seinem letzten Tag nicht, so Surkis, dass russische Partisanen in den Wäldern Juden ermordet hatten. In der Tat, wie hätte Abba vergessen sollen, dass sein geliebter jüngerer Bruder Michael und vierunddreißig weitere Partisanen fielen, nachdem die Russen sie in einen Hinterhalt der Deutschen geschickt hatten? Wie hätte er vergessen sollen, dass die meisten seiner Kameraden im Untergrund, die er im Wilnaer Getto mit großer Mühe und Hingabe ausgebildet hatte, von den Russen auf unverzeihliche Weise verspottet und gedemütigt worden waren? Surkis bat Kovner, in Österreich und Italien nicht öffentlich gegen die Sowjets zu wettern, und auf keinen Fall in russischer Sprache. Ein weiterer Grund für Surkis Bitte: Viele Juden waren aus der Roten Armee desertiert, unter ihnen eine ganze Einheit von Kanonieren, die ihre Uniformen abgelegt hatten und in der Nähe von den Soldaten der Brigade betreut wurden. Inzwischen waren NKWD-Leute angekommen, die nach den Deserteuren fahndeten. Aber Kovner ließ sich von Surkis nichts sagen.[52] Er sprach weiterhin „harsch und bitter" über die Russen, da sie Juden behindert, erniedrigt und getötet hatten. Der Jischuw hatte allerdings ein ganz anderes Bild von der Sowjetunion, und das gleiche galt für die Soldaten der Jüdischen Brigade, die ja die politische Karte in Erez Israel widerspiegelten. Sie bewunderten die Sowjetunion wegen ihrer Haltung im Krieg, die Städte Leningrad und Stalingrad waren zu Symbolen der Entschlossenheit und Standhaftigkeit geworden. Und nun kam Kovner und behauptete, die Juden hätten in der Sowjetunion keine Zukunft; er sprach sogar von einer Rebellion gegen die Russen. Schon bald wurde er beiseite genommen: „Halte dich zurück. Dein Spielraum ist begrenzt."[53]

Naturgemäß traf sich Kovner auch mit den Mitgliedern des Schomer HaZa'ir aus Erez Israel, mit Jehuda Tubin, Moshe (Mijetek) Zilbertal (später Zertal) und Schaike Weinberg, die das Sekretariat des HaSchomer HaZa'ir innerhalb der Jüdischen Brigade darstellten. Nach seiner Rede brauchte Kovner ihnen nichts mehr über die Schoa zu erzählen, und so wählte er diesen Zeitpunkt, um sie über die Existenz der Nakam-Gruppe zu unterrichten, deren geheimer Schwur es den Mitgliedern verbot, selbst ausführlich darüber zu reden. Kovner sprach von der Pflicht der Rache, die vor der Einwanderung ins Land Israel ausgeübt werden müsse. Denn sollte jemand über die Fortsetzung der Schoa nachdenken, dann müsste er wissen, dass ihn dies das Leben kosten würde.[54]

Weinberg zufolge vertraute Kovner ihnen keinen spezifischen Plan an, sondern versuchte nur, ihnen die allgemeine Idee nahezubringen. Er berichtete ebenfalls von der Chativa, der Vereinigung der Osteuropäischen Überlebenden, ein Konzept, an dem das Sekretariat des erezisraelischen HaSchomer HaZa'ir schwer zu schlucken hatte. Sie hatten jahrelang darauf gewartet, sich mit den am Leben gebliebenen europäischen Kameraden zu vereinigen – und nun hatten diese sich bereits mit anderen Gruppen zusammengeschlossen. Für Politiker aus dem Jischuw war ein Phänomen wie die Chativa schwer zu verstehen. Einerseits wollte sie unpolitisch sein, andererseits aber spielte sie der Mapai, der Vereinigten Arbeiterpartei, in die Hände. Mapai war eine zentristische Partei und strebte im Gegensatz zum HaSchomer HaZa'ir eine Vereinigung aller Kräfte im Jischuw und im jüdischen Volk an. Kovner stellte klar: Wenn er und die mit ihm angekommenen ehemaligen Mitglieder des HaSchomer HaZa'ir und die, die noch unterwegs waren, sich in die Grenzen der Vereinigung zurückbegäben, dann würden sie die Bedürfnisse von Kovners anderen Gefolgsleuten missachten, die verschiedenen Bewegungen, vom rechten Beitar bis zur Kommunistischen Partei, angehört hatten. Ein solcher Schritt von seiner Seite würde einige von ihnen „in die völlige Verzweiflung treiben, in den Terrorismus oder etwas noch Schlimmeres." Zum Lob der Männer aus Erez Israel, so Kovner, begriffen Tubin und die anderen, dass die Chativa als Projekt „nicht mit normalen Maßstäben zu messen war"[55] – trotz des Unbehagens, das sie als Angehörige des HaSchomer HaZa'ir verspürten.

Im Anschluss an die Treffen mit Kovner und seinen Mitstreitern wurden lange Briefe nach Erez Israel geschickt, in erster Linie an Hazan und Ya'ari, um ihnen das Wesen Abba Kovners und der Chativa zu erklären. Man bat die Führungsriege in Erez Israel, ihnen freundlich entgegenzukommen und nicht nur abzuwägen, ob die Chativa eine Bedrohung für den HaSchomer HaZa'ir darstellen könnte. Kovner selber erklärte, die Chativa diene lediglich zur Tarnung der Nakam-Operationen, möglicherweise weil er verstanden hatte, dass die Idee politischer Einheit in Erez Israel fremd und vielleicht sogar verdächtig erscheinen musste. Jehuda Tubin, Moshe (Mijetek) Zilbertal und Schaike Weinberg waren bereits vor Kovners Eintreffen prinzipielle Befürworter der Vergeltung gewesen, und Schaike war ja bereits in die Aktivitäten involviert. Man einigte sich darauf, dass Schaike als Verbindungsmann zwischen Kovner und dem HaSchomer HaZa'ir fungieren sollte. Damit begann eine tiefe Freundschaft, die noch jahrzehntelang fortbestand.[56]

Auch mit Mitgliedern der Mapai fanden Treffen statt, und sie begeisterten sich für die Idee der Chativa. Sie gerieten in den Bann Kovners und seiner Mission und benutzten Ausdrücke höchster Bewunderung wie „heilig", „wunderbar", „messianisch". Das Thema Rache wurde mit Mapai-Vertretern ebenfalls diskutiert, allerdings nicht mit der gleichen Offenheit wie mit den Leuten vom HaSchomer HaZa'ir. Es sei dennoch darauf hingewiesen, dass die Vorstellung selbst unter den ältesten und besonnensten Mapai-Mitgliedern in der Jüdischen Brigade weit verbreitet war. Ben-Zion Israeli von der *Kvuzat Kinneret,* einer der ältesten Soldaten und ein Veteran der Zweiten Alija, schrieb: „Es gibt nur eine gerechte Antwort: Rache gegen jene Nation, und zwar in ihrem eigenen Land! Ich treffe jetzt des Öfteren einige der wenigen unserer Brüder, die aus den Todeslagern entkamen [...] und mein Blut kocht in mir. Ich kann mich nur schwer zurückhalten."[57] Doch weitere Gespräche führten zu einem anderen Ergebnis: Elijahu Ben-Hur (früher Cohen) aus der Führungsspitze der Hagana gelang es zum ersten Mal in der Geschichte der Transport-Kompagnie 462, alle Offiziere, Feldwebel und Aktivisten zu versammeln, um eine Rede von Kovner zu hören. Kovner sprach „über die Schoa der Juden in Europa mit all seinem rhetorischen und schriftstellerischem Talent. Entsetzt lauschten die Kämpfer seiner Beschreibung der schrecklichen Katastrophe." Kovner „sprach acht Stunden lang von seinen Erlebnissen, von der Vertreibung, von den Kämpfen in den Wäldern." Anschließend gab es einen Appell, bei dem detaillierte Anweisungen erteilt wurden, wie Zeit und Kräfte für die Betreuung der Überlebenden auf der Flucht zu finden seien. „Und das ist ein Befehl!" Auf dieser Versammlung wurde der Eindruck, den Kovner bei seiner Ankunftsrede gemacht hatte, ergänzt und vertieft. Sie spornte die Soldaten an, den Umfang des Flüchtlingsstroms, der Völkerwanderung in Europa, genauer zu untersuchen, und vermittelte ihnen das Gefühl, sie müssten eine Mission erfüllen.[58]

Nach jener aufwühlenden Versammlung saß Kovner allein mit Davidson, Carmi, und mit Elijahu Ben-Hur zusammen, um ein sich abzeichnendes Problem zu erörtern: Wie ließe sich die Ausführung der Vergeltung gegen die Nationalsozialisten mit guten Beziehungen zum Jischuw vereinbaren? „Zu seinen Gunsten sei gesagt", schrieb Davidson, „er wollte der Hagana die Oberhand geben, allerdings unter der Bedingung, dass sie seinen Absichten zustimmte. Wir teilten ihm mit, dass wir der Nakam-Gruppe jede Unterstützung geben würden, und ich wollte der Verbindungsmann sein." Offenbar meinte Davidson die Verbindung zum inneren Kommandozirkel der Hagana. Damit traf er genau den kritischen Punkt des Problems, das später während des Ablaufs der Ereignisse immer wieder auftreten sollte. Kovner und seine Kameraden wollten die Anerkennung der Hagana und die Möglichkeit, unter ihrer Schirmherrschaft vorzugehen, dabei aber allein ihre eigenen Absichten und Pläne verfolgen. Deswegen verlief diese Aussprache nicht reibungslos und hinterließ bei jedem einen anderen Eindruck. Kovners Fraktion war den Leuten aus dem Jischuw gegenüber sehr misstrauisch und schrieb sich naturgemäß das bessere Verständnis der Schoa und ihrer Einschätzung zu. Davidson hielt fest: „Für sie waren wir grüne Jungs, die vom Krieg verschont geblieben waren; [...] sie waren fanatisch. Als erstes wollten sie Waffen. Also sammelten wir kleine Waffen wie Pistolen aus der Einheit ein und überließen sie ihnen mit Vergnügen. Auch mit Geld statteten wir sie aus, ernteten aber Spott." Es seien kühne, wagemutige Leute unter ihnen gewesen, sagte Davidson aus, und sie hatten ihre eigenen Methoden der Geldbeschaffung. Eine erfinderische und einfallsreiche Frau namens Irena brachte in Windeseile und mit großem Gewinn Geld von Italien nach Rumänien. (Gemeint ist Irena Gelbblum, die im Warschauer Getto gekämpft hatte und sich in Bukarest der Nakam-Gruppe anschloss.) Sie waren etwa dreißig an der Zahl und hatten bereits Leute in Deutschland, Polen und Österreich. „Was die Vergeltung betraf", sagte Davidson in aller Offenheit, allerdings inoffiziell „so konnten wir uns kein Urteil anmaßen. Und da wir nun eine Gruppe gefunden hatten, [die sich damit befassen wollte] vertrauten wir ihr".[59]

Ben-Chorin wurde Verbindungsoffizier zu den Partisanen. Aus den Aussagen geht hervor, dass es insgesamt drei Verbindungsoffiziere gab. Weinberg hielt den Kontakt zum HaSchomer HaZa'ir, Davidson zum Kommando der Hagana innerhalb der Jüdischen Brigade und Jehuda Ben-Chorin zum nationalen Oberkommando der Hagana in Erez Israel. Er berichtete von einem heftigen Streitgespräch mit den Partisanen, deren Lebenssinn die Rache geworden war und die nun auf eine groß angelegte Aktion drängten, wobei sie vor keinem Mittel zurückschreckten. [Sie] „kamen mit einem fantastischen Plan zu uns, sie wollten das Trinkwasser ganzer Großstädte vergiften. Das brachte uns in eine schwierige Situation. Ihre Auffassungen standen in krassem Gegensatz zu den unsrigen." Im Grunde lag viel Gerechtigkeit in ihren Forderungen, räumte Ben-Chorinn ein, doch die Konzentration auf die Rache hätte andere, wichtigere Aktivitäten gefährden können. Dem stimmten die Nokdim allerdings nicht zu. Für wie wichtig und zentral das nationale Kommando der Hagana die Angelegenheit hielt, lässt sich vor allem an der Tatsache ablesen, dass Ben Chorin, der Leiter der Deutschen Abteilung, zum Verbindungsmann zwischen der Nakam-Gruppe, der Deutschen Abteilung und der Brigade ernannt wurde und damit die Verantwortung dafür übernahm, dass die Racheakte „kontrolliert und abteilungsweise" durchgeführt wurden. Mehr noch: Als die Auseinandersetzungen um dieses Thema ihren Höhepunkt erreichen, reiste Ben-Chorin zu Beratungen über Wesen und Form der Vergeltung nach Palästina. Im Land wurden verbindliche Kriterien erstellt und präzise Instruktionen formuliert, und mit ihnen ausgestattet kehrte Ben-Chorin nach Italien zurück.[60] Mehr über die Beratungen in Erez Israel und Kovners dortiges Treffen mit Ben-Chorin im nächsten Kapitel.

Die Jüdische Brigade zieht nach Norden

Nach der Ankunft der Partisanen kam es zu einem Sachverständigentreffen in russischer Sprache mit dem obersten Kommando der Jüdischen Brigade, bei dem „Kämpfer zu Kämpfern sprachen", wie Ben-Gal es ausdrückte. Ein paar Tage darauf erfuhren die Kommandeure der Brigade, dass sie nicht in Deutschland stationiert würden („und es war gut, dass wir nicht nach Deutschland geschickt wurden"). Stattdessen sollten sie innerhalb von drei Tagen nach Belgien und Holland aufbrechen.

Sobald die Partisanen von diesem Richtungswechsel gehört hatten, eilte Kovner zu Ben-Gal und erklärte, laut Ben-Gals eigener Aussage, „sie seien beauftragt, sich mit der Vergeltung zu beschäftigen, nachdem sie zugestimmt und diese Aufgabe freiwillig übernommen hätten." Kovner bat darum, sich mit seiner Gruppe dem Transport der Brigade anschließen zu dürfen, da sie von Holland und Belgien aus leichter nach Deutschland eingeschleust werden könnten. Ben-Gal berichtete, er sei skeptisch gewesen. Einerseits freute es ihn, dass diese Aufgabe den Partisanen übertragen wurde, da sie darauf ohnehin versessen und vorbereitet waren und sonst nichts weiter zu tun hatten, denn es lag kein Schiff bereit, um sie nach Palästina zu bringen. Dazu gesellte sich Erleichterung, dass seine uniformierten Soldaten nicht mit diesem Auftrag belastet wurden. (Woraus hervorgeht, dass Ben-Gal im Stillen der Ansicht war, verstohlene Hinrichtungen seien der Ehre uniformierter Soldaten abträglich.) Andererseits aber, so Ben-Gal, „klang es in meinen Ohren verdächtig, dass er mir erzählte, er habe einen Auftrag, von dem ich auf dem Befehlsweg nichts gehört hatte. Ich hatte davon keine blasse Ahnung." Ben-Gal bat Kovner in dieser Situation nicht, ihm ein von Ben Gurion oder Shertok unterschriebenes Papier vorzulegen, doch obwohl er innerhalb von drei Tagen fünftausend Soldaten in Marsch zu setzen hatte, und „der übliche Tumult begann", machte er sich die Mühe, im „Diaspora Center" nachzufragen. Offenbar wandte er sich an Mordechai Surkis, der vom „Diaspora Center" mit der Leitung der Bricha beauftragt worden war und der zur Nakam-Gruppe väterliche Beziehungen unterhielt. Die Aktivisten im „Diaspora Center" hatten regelmäßig Kontakt zur Führung im Land, und sie ließen Ben-Gal wissen, ein solcher Plan existiere, er sei aber streng geheim. Daraufhin erklärte Ben-Gal sich bereit, die Nakam-Gruppe in Uniformen zu stecken und als Einheit der britischen Armee mit nach Norden zu nehmen.[61]

Mordechai Maklef (später Israels dritter Oberbefehlshaber) erhielt den Befehl, die Einheit zu organisieren und einzukleiden. Er kam zu Ben-Gal zurück und beschwerte sich, Kovner würde darauf bestehen, dass die weiblichen

Gruppenmitglieder und ein einarmiger Mann mit ihnen reisten. (Es handelte sich um Haim Lazar, der in den Wäldern einen Arm verloren hatte.) Ben-Gal konterte, es gäbe in der ganzen britischen Armee keine Einheit mit Einarmigen und Soldatinnen würden nicht auf den Knien von Soldaten reisen, sondern in eigenen getrennten Einheiten, wie es sich gehöre. Umsonst entgegnete Kovner, sie seien alle zusammen „von dort" gekommen, hätten die Schoa gemeinsam überstanden und seien unzertrennlich. Ben-Gal und Kovner sprachen zwei verschiedene Sprachen. So ähnlich war es damals in Rumänien zwischen Kovner und den Abgesandten des Jischuws gewesen, als es darum ging, was möglich und was unmöglich sei. Ben-Gal lebte, wie er über sich selbst sagte, mit militärischen Statuten im Rahmen seines Regiments, und Kovner kannte keine Statuten, akzeptierte keine Autorität und nach dem, was er erlebt hatte, war nichts unmöglich. „Als wir aus den Wäldern kamen, waren wir wie die Wilden", sagte Harmatz. „Wir hatten fast ein Jahr lang keine Gabel mehr gesehen", erinnerte sich Senka Nisanilovitz.[62] Ben-Gal war der Ansicht, die Gruppe der Nokmim müsse zurückbleiben.

Kovner hatte Ben-Gal gegenüber die Dinge auf eigene Weise dargestellt. In seiner Version hörte es sich an, als habe der Jischuw die Rachemission vorgeschlagen und die Nakam-Gruppe sich bereit erklärt, die Aufgabe auszuführen. Kovner hatte also bereits kurz nach dem Eintreffen in Tarvisio verstanden, mit welcher Art Person er es zu tun hatte und wie die Autoritätsstrukturen in der Brigade funktionierten. Es gab die Kommandoebene, die den Briten bekannt war, und dazu gab es eine innere Kommandoebene, die der Hagana unterstand und den Jischuw repräsentierte, und für die Soldaten der Brigade war diese zweite Ebene ausschlaggebend. Die Leitung im Jischuw, die die letzten Entscheidungen traf, genoss bei ihnen hohes Ansehen. Kovner hatte also schnell begriffen, dass er Ben-Gal mit einem Auftrag aus dem Jischuw gegenübertreten müsse, den auszuführen die Nakam-Gruppe bereit sei. Freiwillige Übernahme von Aufgaben war in jenen Zeiten ein zentraler Wert.

Die meisten der Nokmim waren vor dem Krieg Mitglieder zionistischer Jugendorganisationen gewesen, und die Verbindung zu Erez Israel, zu den Landschaften und zu den Leitfiguren des Jischuws machte ihren Lebensinhalt aus. Als sie den Soldaten der Jüdischen Brigade begegneten, kehrten diese Zugehörigkeitsgefühle zurück. Erez Israel wurde zu einem erhabenen Zielort, dessen Anweisungen Folge zu leisten war. Vitka erzählte, die Jüdische Brigade sei für sie ein Vorgeschmack auf das Land Israel gewesen.[63]

Doch die Version, die Kovner Ben-Gal gegenüber vorbrachte, entsprach nicht der Wahrheit. Niemand der erezisraelischen Führungsriege, der sich damals in Italien aufhielt, und niemand aus der jüdischen Kommandostruktur der Brigade hatte Kovner und seine Kameraden mit einer solchen Mission beauftragt. Sie hatten sie selbst konzipiert und waren nun versessen darauf, sie umzusetzen. Diesem Wunsch folgten sie wie einem Leitstern.

Kovner seinerseits missfiel Ben-Gals Betragen ihm und seiner Gruppe gegenüber. Nachdem er in Erez Israel eingetroffen war, schickte er Instruktionen an Pascha und Vitka, denen zufolge sie Kontakt zu „James" (also Ben-Gal) wegen seiner negativen Haltung zur Gruppe vermeiden sollten. Nach Kovners Abreise war Pascha seiner Aussage zufolge von Ben-Gal und Schamir ebenfalls verächtlich behandelt worden. Sie schickten ihn von hier nach dort und versprachen Treffen, die dann nie zustande kamen. Schamirs Erinnerungen ist zu entnehmen, dass Kovner und Pascha die Lage richtig bewerteten. Kovner habe zwar mit ihm gesprochen, Fragen gestellt und um Rat gebeten, so Schamir, aber er behielt seine Pläne für sich und achtete eifersüchtig auf die Unabhängigkeit seiner Gruppe im Lager von Tarvisio. Dem lässt Schamir ein paar besonders abwertende Zeilen folgen, von denen einige die Tatsachen verdrehen oder ihnen sogar direkt widersprechen. Dann schreibt er: „Wenn wir gedacht hätten, dass wir die Sache in seinem Sinn und nach seinen Vorschlägen ausführen könnten, dann hätten wir ihn selbst gar nicht gebraucht. Anders gesagt: Wenn jemand mit einem ernsthaften Plan gekommen wäre, wie man eine Million Deutsche liquidiert, dann hätten wir das höchstwahrscheinlich gemacht, auch wenn das die Auflösung der Jüdischen Brigade bedeutet hätte." Doch im hohen Alter war Schamir rückblickend nicht mehr so sicher, dass der Tod von einer Million Deutschen die Auflösung der Brigade und daraus folgend das Zurücklassen der Überlebenden wert gewesen wäre.[64] Soll man daraus schließen, dass die Kommandeure der Brigade der Rache an sich positiv gegenüberstanden und lediglich Abba Kovner und seine Kameraden ablehnten? Hätten die Befehlshaber der Brigade sich an die Spitze einer solchen Racheaktion gestellt, wäre da nicht die Befürchtung gewesen, die Brigade würde dann aufgelöst und müsste die Betreuung der Überlebenden aufgeben, die ihnen inzwischen zu einem Herzensanliegen geworden war? Schamir scheint selbst im hohen Alter noch unentschieden gewesen zu sein.

Das britische Oberkommando hatte die Entscheidung, die Jüdische Brigade durch Deutschland hindurch nach Belgien und Holland zu beordern, aufgrund des Verdachts getroffen, dass man die Soldaten der Brigade, sollten sie in Deutschland als Teil der alliierten Besatzungsmacht stationiert werden, nicht davon abhalten könnte, sich auf schreckliche Art an den Deutschen zu rächen. Zudem befürchteten manche der jüdischen Soldaten, beim Anblick von Deutschen, die ihr alltägliches Leben fortsetzten, als sei nichts geschehen, die Beherrschung zu verlieren. Dass sie in Holland und Belgien deutsche Gefangene bewachen sollten, galt nicht einmal als kleiner Trost.[65] Ein weiterer und wahrscheinlich wichtigerer Grund für diese Entscheidung hatte mit der britischen Politik zu tun. Es war den Briten nicht verborgen geblieben, dass die Soldaten der Jüdischen Brigade, sobald bekannt geworden war, dass Juden, vielleicht sogar sehr viele Juden überlebt hatten, etliche Stunden und Tage ihrer Zeit und beträchtliche Mittel eingesetzt hatten, um die Überlebenden aufzuspüren, zu sammeln und zu betreuen. Zu diesem Zweck zweigten die Soldaten einen Teil ihrer Essenszuteilung und ihres Taschengeldes ab. (Laskow sagte aus, dass sie zwanzig Prozent ihrer Lebensmittelrationen an die Überlebenden weitergaben, Jehuda Tubin behauptete sogar, es sei ein Viertel gewesen.) Anstatt ihren militärischen Pflichten nachzukommen, widmeten sie einen großen Teil ihrer Zeit und Kraft der Betreuung der Geretteten und bedienten sich dabei der Ressourcen der britischen Armee: Fahrzeuge, Benzin, Uniformen, die die gestreifte Lagerkleidung ersetzten, Zelte, Decken, Betten. Das in Pontebba errichtete Flüchtlingslager beispielsweise wurde ernährt und unterstützt als gehörte es zu einer britischen Einheit. Fünfzehntausend Menschen wurden dort versammelt und betreut, und die Transporteinheit der Jüdischen Brigade arbeitete bis an die Grenzen ihrer Möglichkeiten, denn die ganze Aktion diente dem Kampf des Jischuws gegen das britische Palästina-Weißbuch. Von den Versammlungspunkten aus wurden die Geretteten nach Süden und Westen zu den Häfen gebracht, von denen aus sie nach Erez Israel in See stechen konnten. Dort übernahmen Repräsentanten des *Mossads der Alija B* die Betreuung. „In ganz Europa hatte es sich herumgesprochen, dass man, um das sichere Ufer zu erreichen, nur den Weg zur Jüdischen Brigade finden musste. [...] Die Soldaten der Jüdischen Brigade kümmerten sich unermüdlich und effektiv um jeden Ankommenden. [...] Sie zeigten unendliches Verständnis, unendliche Geduld. [...] Für sie war das heilige Arbeit.[66]

Pascha beschrieb, wie die Kameraden der Nakam-Gruppe, nachdem sie sich den Soldaten der Brigade angeschlossen hatten und bei der Betreuung der Überlebenden halfen, die erschöpften und geschwächten Menschen auf einen Lastwagen hoben und ihnen dann im Lager wieder herabhalfen. Die Soldaten der Brigade fuhren nachts zur jugoslawisch-österreichischen Grenze, wo sie auf mit Flüchtlingen beladene Lastwagen trafen. Sie schlugen die Plane des Lastwagens zurück, einer hielt die Taschenlampe, ein anderer hob die Menschen herab. Dabei küssten sie jeden einzelnen und weinten angesichts des elenden Zustands der Geretteten. „Dieselben starken Kerle, unsere Soldaten, wie weinten sie wie die Kinder." Die Flüchtlinge waren beim Anblick jüdischer Soldaten mit Davidsternen auf den Schulterklappen ihrerseits tief gerührt – endlich die seit Jahren ersehnte Rettung! Sie umarmten die jungen Männer und küssten sie weinend. Gemeinsam verfluchten sie die Deutschen und Österreicher und deren Nachkommen bis ins dritte und vierte Glied.[67]

Wäre die Jüdische Brigade nach Deutschland versetzt worden, dann hätten die Soldaten den Überlebenden der Konzentrationslager, der Todesmärsche, der Zwangsarbeit und all den anderen, die später in DP-Lagern untergebracht wurden, auf ihrem Weg in den Süden weiterhin zur Seite stehen können. Von Holland und Belgien aus würde das sehr viel schwieriger sein, so die Kalkulation der Briten. An jeden Soldaten der Jüdischen Brigade erging von vornherein das strenge Verbot, deutschen Boden zu betreten, auch wenn sie nur Verwandte ausfindig machen oder besuchen wollten. Also mussten die Soldaten Wege finden, das Verbot zu umgehen.[68]

Einige Tage vor dem Abzug aus Italien, als sie von der britischen Entscheidung noch nichts wussten und immer noch hofften, Teil der Besatzungsmacht in Deutschland zu werden, rief der Brigadier Benjamin alle Offiziere und Feldwebel zusammen und forderte sie dringend auf, ihren guten Ruf als Soldaten und als Menschen mit moralischen Werten aufrechtzuerhalten und sich keinesfalls an deutschen Gefangenen oder Zivilisten zu vergreifen.[69] Bei einem allgemeinen feierlichen Appell vor dem Abzug wurden dreizehn Verhaltensregeln für jüdische Soldaten auf deutschem Boden verlesen und die Anwesenden mussten schwören, sich an sie zu halten.

Halte dich als Soldat der kämpfenden Jüdischen Brigade an folgende Regeln:

1. Gedenke deiner sechs Millionen ermordeten Brüder und Schwestern!
2. Bewahre deinen Hass gegen die, die deine Nation hingeschlachtet haben, durch alle Generationen!
3. Bedenke, dass du in diesem Kampf deine Nation vertrittst!
4. Bedenke, dass die Jüdische Brigade in Deutschland eine jüdische Besatzungsmacht ist!
5. Bedenke, dass die Anwesenheit der Jüdischen Brigade mit ihrer Flagge und ihren Insignien vor den Augen der Deutschen und in ihrem Land die Rache darstellt.
6. Bedenke, dass Blutrache die Rache einer ganzen Gemeinschaft ist. Jede unverantwortliche Aktion schädigt die Gemeinschaft.
7. Zeige dich als Jude, der sein Volk und seine Nation mit Stolz vertritt!
8. Geselle dich nicht zu Deutschen und bleibe ihren Versammlungen fern!
9. Beachte die Deutschen nicht und trete nicht über die Schwelle ihrer Häuser!
10. Sie, ihre Frauen, ihre Kinder, ihr Eigentum und alles, was sie besitzen, sind für Generationen mit einem Bann belegt!
11. Gedenke deiner Aufgabe, Juden zu retten, ins Land Israel einzuwandern und die Heimat zu befreien!
12. Deine Pflicht ist Hingabe, Treue und Liebe zu den Überlebenden des Schwertes und der Lager!

13. Dein Auftreten soll jüdisch und soldatisch sein, deine Erscheinung angenehm. Zeige an jedem Ort Disziplin!
Damit machst du der Brigade Ehre.

Zum Abschluss verlas eine eindringliche, bewegte Stimme, „die die ganze Brigade erschütterte", den Satz, der auf der schriftlichen Erklärung fettgedruckt erschien: **„Verflucht sei, wer sich nicht an das erinnert, was sie uns zugefügt haben!"** Über den dreizehn Regeln standen die Worte aus dem Buch Hesekiel, Kapitel 25, Vers 15: „Rache geübt, mit Hohn im Herzen, aus altem Hass". Direkt auf diesen Vers folgt das göttliche Versprechen, es den Philistern heimzuzahlen: „Und tue an ihnen furchtbare Rachetaten mit grimmigen Züchtigungen. Und sie sollen wissen, dass ich der Ewige bin, wenn ich meine Rache an ihnen vollstrecke."[70]

Die Vergeltung nimmt in diesen dreizehn Geboten einen zentralen Platz ein, aber es ist eine symbolische, die hauptsächlich darin besteht, dass die Jüdische Brigade mit ihrem Banner als Repräsentantin des jüdischen Volkes vor der geschlagenen deutschen Nation in Erscheinung tritt. Schriftsteller und Dichter, insbesondere diejenigen, die in der britischen Armee und in der Jüdischen Brigade dienten, haben in ihren für die Soldaten geschriebenen Werken immer wieder darauf hingewiesen, dass die Bestrebungen nach nationaler Vergeltung auf den Schultern der Brigade ruhten, was nun am Vorabend des Einmarsches nach Deutschland besonders bedeutsam wurde. Die Künstler sahen in den Soldaten die Retter der nationalen Ehre – durch den Akt des Kämpfens und durch die „Fähigkeit, Millionen unserer Brüder zu rächen und ihr brodelndes Blut zu beruhigen, das uns vom Boden ganz Europas entgegenschreit."[71] Ihre Verse riefen die Juden auf, entschlossen, stark und bewaffnet zu sein, wie ein rächender Pfeil, ein Racheschwert, die Flagge der Rache zu hissen und ähnliches mehr. Sie schrieben Märsche, Texte und Melodien, die in die Liederbücher Eingang fanden. „Das Rachelied", verfasst von Jakob Orland in seiner Zeit als britischer Soldat, wurde zur Hymne der Chativa. Amir Gilboa, der vier Jahre in der britischen Armee diente und dessen Einheit in dieser Zeit an die Jüdische Brigade angeschlossen wurde, ließ ein Gedicht mit Worten enden, die wie ein Gelöbnis in die Hände eingraviert sein sollten: „Und an den Händen meiner Heiligen Vermächtnisse: Rachetau!"[72]

Zwischen den Liedern, die die Soldaten sangen, und den dreizehn Geboten bestand ein gewisser Widerspruch. Die Lieder und Gedichte riefen jeden einzelnen Soldaten auf, sich sowohl als Individuum als auch im Namen der ganzen Nation zu rächen, während die dreizehn Gebote sich an die Gemeinschaft der freiwilligen Kämpfer wandten, die eine kollektive Verantwortung trugen. Das sechste Gebot warnte ausdrücklich vor persönlichen, vom Kollektiv nicht gebilligten Racheakten; dem lag die Befürchtung zugrunde, solche Akte könnten in Deutschland außer Kontrolle geraten.

Am 27. Juli 1945, zwei Monate nach ihrem Eintreffen und zwölf Tage nach Ankunft der Partisanen, verließ die Jüdische Brigade Tarvisio. Etwa tausend mit Soldaten und Ausrüstung beladene Lastwagen überquerten die österreichische Grenze. Am folgenden Tag um zehn Uhr morgens fuhren die ersten Fahrzeuge nach Deutschland hinein. Sie trugen die bekannten Sprüche, hinzugekommen war allerdings ein Banner mit der Aufschrift „Die Juden kommen" in lateinischen und hebräischen Buchstaben. Mit angehaltenem Atem und aufeinander gepressten Kiefern hielten fünftausend Soldaten aus dem Land Israel Einzug in Deutschland: Mit ihrer Flagge und ihren Insignien, einer blauweißen Plakette mit einem goldenen Davidstern auf jedem Ärmel. Die meisten von ihnen waren in Europa geboren und hatten dort ihre Familien verloren, oder sie waren selbst Überlebende. Zu ihrer Erbitterung und Enttäuschung mussten sie an der österreichischen Grenze erfahren, dass sie Deutschland nur durchqueren und nicht als Besatzungsmacht neben den Alliierten vor Ort eingesetzt würden, doch schon auf der Fahrt durch das satte, zufriedene Österreich, dem „bösartigen Land", erwachte der Wunsch, vom Lastwagen zu springen, ein Streichholz anzuzünden und alles „in einer lodernden Racheflamme" aufgehen zu lassen, insbesondere als der Konvoi Linz passierte, wo Hitler zur Schule gegangen war.

Die Reise durch Süddeutschland nahm vier Tage in Anspruch. „Wir hatten das Vergnügen, die Zerstörung und den Ruin des Landes und das in Siegeszeiten so hochmütige, jetzt aber unterwürfige und geschlagene Volk mit eigenen Augen zu sehen. Es wäre übermenschlich gewesen, sich an dessen Niederlage nicht zu ergötzen." Jede zerstörte Stadt nannten die Soldaten „schöne Stadt". Selbst die britischen Offiziere, die den Konvoi begleiteten und sich der deutschen Bevölkerung gegenüber in der Regel korrekt und zurückhaltend verhielten, betrachteten die Zerstörung Deutschlands als Vergeltung für die Bombardierung von London, Coventry und Plymouth. Sie sprachen von der Bombardierung Dresdens als Rache für Coventry und von der Bombardierung Hamburgs, der in einer Woche zweiundvierzigtausend Menschen zum Opfer fielen, als Rache für Plymouth. Die Motorradfahrer, die zwischen den einzelnen Teilen des langen Konvois Verbindung hielten, stoppten den örtlichen Verkehr an jeder möglichen Kreuzung, so dass die Einheimischen nicht umhin konnten, die Flaggen und die Botschaften an den Lastwagen zu wahrzunehmen. Doch neben der Genugtuung wuchs Stunde um Stunde die Dringlichkeit die Frage: Wie sich rächen, ohne auf das Niveau der Deutschen herabzusinken, die sie jetzt in den Städten und Dörfern herumgehen und werkeln sahen, als sei alles wieder beim Alten, die das Leben wieder genossen, als hätten sie nicht Tod und Zerstörung über Dutzende Millionen von Menschen gebracht? Wie sich rächen und das menschliche Antlitz bewahren? Jeder einzelne Soldat löste das Dilemma auf seine Weise. Obwohl der Durchzug im Großen und Ganzen friedlich verlief, kam es hin und wieder zu Ausschreitungen gegen die deutsche Bevölkerung.[73]

In den Abendstunden setzten sich Einzelne und kleine Gruppen aus den Kreisen derer, deren Familien ermordet worden waren, von den langen Reihen der Lastwagen ab, fuhren in nahegelegene Dörfer und Städte und ließen ihren Zorn an den Einwohnern aus. „In einem von Gott befohlenen Kampf, alles Deutsche zu verbrennen, zu zerschmettern, zu verwüsten", drängten sie mit ihren Wagen Fahrradfahrer und Fußgänger in Straßengräben, insbesondere in Orten, in denen Überlebende misshandelt worden waren. Ein Großbrand in einem Dorf in der Nähe des Nachtlagers Kaiserlautern bildete den Höhepunkt der Übergriffe. Die Zeugenberichte sind nicht eindeutig, doch es scheint, als seien nur sehr wenige Soldaten bereit gewesen, beim Löschen des Brandes zu helfen, man verdächtigte sie sogar, den Brand gelegt zu haben. Nach diesem Vorfall wurde ein außerordentlicher Appell veröffentlicht. Der Rabbiner tadelte, warnte und forderte verantwortliches Handeln. Kalman Kitt sprach ebenfalls, allerdings nicht über den angerichteten Schaden, denn den hielten alle Anwesenden trotz der Worte des Rabbiners für angebracht. Kitt wies vielmehr darauf hin, dass solche Aktionen die Diplomatie in eine schwierige Lage versetzten. Die Welt würde den Juden ihr Mitgefühl entziehen. Daraufhin unterblieben weitere Vergeltungsakte.[74]

Die Soldaten protestierten scharf gegen die Repräsentanten aus Erez Israel, die ihnen vom Racheverzicht auf deutschem Boden predigten. Bevor sie an die italienische Front geschickt worden waren, hatte man ihnen Reden über massenhafte Vergeltung gehalten und ihnen aus dem *Treblinka-Büchlein* vorgelesen, um sie anzustacheln. Und jetzt sollten sie sich beherrschen! Die im Jischuw dominierende Politik der Zurückhaltung war auch in der Brigade angekommen, allerdings mit einem neuen Argument angereichert: Wenn die Soldaten ihre Leidenschaft nicht zügelten, würden sie mit Entlassung bestraft, und wer sollte sich dann um die Überlebenden kümmern? Dem konnte niemand widersprechen. Aus allen Aussagen geht hervor, dass die Soldaten der Jüdischen Brigade den DPs, denen sie auf ihrem Weg begegneten, von Herzen zugetan waren.

Im noch eingezäunten Lager Landsberg in der Nähe von München, einem der größten DP-Lager, wurde ein großes Schild mit der hebräischen Aufschrift „Willkommen! Lang lebe die kämpfende Brigade!" vorbereitet. Die DPs, die heimatlos Gewordenen, standen winkend und weinend am Straßenrand, und die Soldaten verteilten alles, was sie in ihren Rucksäcken fanden.

Einer der Überlebenden, der dabei war, sagte später aus, ihnen sei es wichtig gewesen, dass „diese Männer die Todeslager sehen, damit sie begreifen, was die Nationalsozialisten uns angetan haben, damit sie unser Blut rächen, ihre ermordeten Eltern rächen. Rache üben und vor den Mördern mit dem stolzen Davidstern auf Blau und Weiß an den Uniformen erscheinen, als Vergeltung für den Gelben Stern, den wir tragen mussten."[75] Am 1. August erreichte der Konvoi nach einer Fahrt von 1.400 Kilometern die belgische Grenze.

Obwohl James Ben-Gal nicht zugestimmt hatte, dass die Partisanen mit der Jüdischen Brigade transportiert wurden, nahm Carmi einige von ihnen auf den Lastwagen-Kolonnen, die von Tarvisio aufbrachen, mit, aber er ließ Jehezkel Rabinovitch (später Baharav) als Verbindungsmann zurück, ausgestattet mit einem Militärfahrzeug, Geld und „allem Nötigen". Schaike Weinberg versorgte die zurückgebliebenen Nokmim mit Uniformen und britischen Militärausweisen. Carmi sandte in der Folgezeit Proviant und Ausrüstungsgegenstände zu den inzwischen in Deutschland agierenden Gruppen-Mitgliedern.[76] Jaschek Ben-Zur und Poldek Maimon sagten aus, dass sie mit der Jüdischen Brigade in deren Uniformen durch Deutschland nach Belgien und Holland reisten. In der Tat wird dies von unterwegs aufgenommenen Fotos bestätigt. Jehuda (Idek) Friedman erklärte, die Brigade habe sie mit sauberer Wäsche und Uniformen versorgt und sie an die vorherbestimmten Zielorte gebracht. Schlomo Kenet gab an, dass er und seine Kameraden über die Hagana gefälschte Papiere erhielten, in britische Uniformen gekleidet und zum Zug nach München gebracht wurden.[77]

Kovner schifft sich ein nach Palästina, und die Kameraden machen sich auf den Weg nach Deutschland

Warum reiste Abba Kovner bereits kurz nach seiner Ankunft in Italien schon nach Palästina? Unternahm er diesen Schritt aus eigenem Antrieb oder wurde er ihm auferlegt, ohne dass er sich dessen bewusst war? „Sie steckten ihn ziemlich rasch [...] in eine Uniform der Jüdischen Brigade und brachten ihn nach Erez Israel", erklärte einer der Befragten. Die lapidare Formulierung lässt darauf schließen, dass Abba nicht mit dem Wunsch fuhr, im Jischuw um Unterstützung zu bitten, sondern dass er aufgefordert wurde, ins Land zu kommen, weil er ein Aufrührer war, der sich nicht an die im Jischuw geltenden Regeln hielt. Er leitete die suspekte Chativa, er verunglimpfte die Sowjetunion, und er predigte Vergeltung.

Mordechai Surkis, jener Mapai-Politiker, der Kovner gebeten hatte, die Sowjets nicht herabzusetzen, und schon gar nicht in aller Öffentlichkeit, drängte Kovner, ins Land zu kommen und "nach Mekka zu pilgern", d. h. Meir Ya'ari in Merchavia aufzusuchen und sich dessen Linie anzuschließen, eine Vorstellung, die Kovner ganz und gar nicht zusagte. Originalton Surkis: „Wir informierten Ben-Gurion über diese Angelegenheit, und er ordnete sogleich an, dass diese Leute nach Palästina gebracht würden, und dafür haben wir gesorgt."[78] Bei dieser Gelegenheit also fiel die Entscheidung, Kovner in eine Uniform zu stecken und nach Erez Israel zu verfrachten. Am 15. Juli, am selben Tag, an dem Kovner bei der Jüdischen Brigade eintraf, schrieb Jehuda Tubin in einem ausführlichen Brief nach Palästina, „Die Frage seiner unmittelbaren Immigration nach Erez Israel stellte sich." Tubin erwähnt leider nicht, wer diese Frage stellte. Kovner versprach, innerhalb von ein, zwei Tagen zu antworten, und Tubin versprach, sich der Sache anzunehmen.[79] Aus den Unterlagen geht also hervor, dass Funktionäre von der Mapai als auch vom HaSchomer HaZa'ir diese Reise für erforderlich hielten.

Aber es gibt auch andere Aussagen, zum Beispiel die von Davidson, der erklärte, nach der Versammlung, an der beschlossen wurde, der Nakam-Gruppe jedwede Unterstützung zu gewähren, „war es das Erste, Abba nach Erez Israel zu schicken." Und zwar, weil Kovner gesagt hatte, er wünsche sich die Aufsicht der Hagana. „Es wurde entschieden, dass Abba ins Land reisen müsste, um die Institutionen des Jischuw über die Lage in der Diaspora zu informieren und dann mit einem Plan für die weiteren Aktionen nach Europa zurückzukehren", erklärte Jacquo Yaron aus Hatzor, Mitglied im HaSchomer HaZa'ir und Soldat der Jüdischen Brigade. Jaschek Ben-Zur sagte aus, dass Elijahu Cohen (Ben-Hur), der Kovners Beschreibungen der Schoa gelauscht hatte, darauf bestand, dass Abba ins Land käme, ähnlich wie Ruzka, die man bereits von Rumänien aus zur Berichterstattung nach Erez Israel geschickt hatte. Die Menschen in Palästina müssten unbedingt erfahren, was in der Schoa geschehen sei, und sie müssten ebenfalls wissen, dass tausende Überlebende auf den Straßen Europas unterwegs waren, um nach Erez Israel zu gelangen. Elijahu Ben-Hur, später Generalmajor in der IDF, bekleidete in der Jüdischen Brigade zwar nur einen niedrigen Rang, war aber bereits ein hochrangiger Hagana-Offizier. Für die Nakam-Gruppe repräsentierte er die Jüdische Brigade.[80]

Es kann aber auch sein, dass die Partisanen, die nach ihrem Auftauchen aus den Wäldern jegliche Autorität ablehnten und meinten, alles sei möglich, nach ein paar Tagen bei der Jüdischen Brigade eingesehen hatten, dass weder die Offiziere noch die Soldaten vor Ort Verantwortung für die Vergeltungsaktion übernehmen konnten, die ihnen vorschwebte, und dass Kovner deswegen mit den Repräsentanten sprechen wollte, in deren Händen Führerschaft und Autorität letztlich lagen. Kovner spürte, welch großes Ansehen die Führungsriege in Erez Israel bei den Soldaten genoss, welches Vertrauen in sie gesetzt wurde. Zudem erfasste er die existentiellen Probleme, vor denen der Jischuw damals stand. Eine unkoordinierte Vergeltungsaktion hätte diese Probleme verkomplizieren oder sogar unlösbar machen können. Elkins, dessen Buch Kovner als zuverlässigen Spiegel des damaligen Zeitgeists empfahl (zutreffender als die Fakten), stellte klar, dass die Hagana für die Soldaten die höchste und einzige jüdische Autorität repräsentierte. Vitka erinnerte sich: „Sie haben Abba nicht hierher gebracht. Abba wollte kommen." In einem Schreiben an das Moreshet-Archiv, in dem er die Racheangelegenheit zusammenfasste, erklärte Kovner selbst: „Aus der überaus kühlen Reaktion von Schlomo Schamir und Ben-Gal schloss ich, dass es das Beste sei, umgehend zu einem persönlichen Gespräch mit der Führerschaft ins Land Israel zu reisen. Dazu rieten mir auch Schaike Weinberg, Meir Davidson und Jehuda Tubin."[81]

Möglicherweise waren es nicht die unterkühlten Kontakte zu den Kommandeuren der Jüdischen Brigade, die in Kovner und seinen Kameraden die Frage auslöste, ob sie ihren Vergeltungsakt überhaupt ohne Billigung der Jischuwleitung ausführen dürften, sondern die herzlichen Beziehungen zu den Soldaten der unteren Ränge. Racheakte könnten von vielen Leuten, die sie freundlich empfangen und unterstützt hatten, als Vertrauensbruch empfunden werden. Einige dieser Soldaten waren enge Freunde der Kameraden geworden, aber sie „durften ohne Genehmigung von oben über Freundschaftsgesten nicht hinausgehen." Könnten die Nokmim die große Tat, die sie planten, ausführen, und dann, falls sie am Leben blieben, plötzlich in Palästina auftauchen? Kovner hoffte, die Köpfe des Jischuws und vor allem der Hagana würden die Gemütslage verstehen, die dem Vergeltungsplan zugrunde lag, und dann das Unternehmen genehmigen und mit Geld und Dokumenten unterstützen. Rückblickend erkannte er in dem Versuch, das Einverständnis der Führungspersönlichkeiten in Palästina einzuholen, eine Fortsetzung seiner Bemühungen, im Getto Vilna angesehene Gelehrte zu finden, die die Methoden des Untergrunds absegneten. „Wir waren nicht verrückt, wir waren keine Abtrünnigen, wir wollten es doch im Namen des jüdischen Volkes tun" erklärte Poldek des Öfteren. War die Reise ins Land vielleicht „eine richtige aber unglückliche Idee"?, fragte Kovner sich rückblickend. Die Antwort findet sich in einem unterwegs an Vitka gerichteten Brief: Nach genauer Analyse der Lage müsse er fahren um herauszufinden, ob es dort jemanden gab, auf den er sich verlassen konnte, aber „gleichzeitig wird mir klar, dass ich keinen Erfolg haben werde. Je mehr ich mich in das Problem vertiefe und ihr Wesen und ihre Psyche [der Jischuwleitung] zu ergründen versuche, desto größere Verzweiflung erfasst mich, und ich spüre, dass der Aufenthalt hier mich endgültig zerbrechen wird."[82]

Zur selben Zeit wurde ein Schiff bereitgestellt, das Soldaten auf Heimaturlaub ins Land bringen sollte, und Kovner konnte mitreisen. „Kovners Überfahrt war für uns ein ernsthaftes Projekt. Er war eine bedeutende Persönlichkeit", sagte Davidson später aus. Kovner erhielt die Adresse von Jitzchak Sadeh (geboren als Jitzchak Landberg in Lublin), Mitbegründer und Befehlshaber der Palmach, denn es war wichtig, dass Kovner Sadehs Autorität anerkannte. Schmuel Ossia, der in der Transportkompanie unter Elijahu Ben-Hur diente, erhielt den Befehl, Kovner auf die Reise vorzubereiten, und Schalhevet Freier (der Sohn von Recha Freier, der Gründerin der Jugend-Alija) besorgte ihm eine Uniform und Papiere, die ihn als Soldaten Sam Lehmann aus dem Moschaw Kidron auswiesen. Auf dem Weg nach Süden machten seine Begleiter in Milano bei einem Friseur Halt, wo seine Mähne auf einen soldatischen Haarschnitt getrimmt wurde. Vitka, die ihn auf einem Teil des Weges begleitete, erkannte ihn kaum wieder. In Milano, in der Via Unione, schilderte Kovner den Aktivisten im „Center for the Diaspora", wie Wilna während der Schoa gelitten hatte, erzählte vom Getto, vom Untergrund und den Wäldern. Wieder einmal erfüllte sein Bericht die Zuhörer mit Mut und Entschlossenheit. Wenn die Partisanen unter den schwierigsten Bedingungen kämpfen konnten, dann müssten auch die Soldaten „kämpfen und Opfer bringen [...] für die Schoa-Flüchtlinge."[83]

Unterdessen hatte sich die Chativa, die Brigade der Überlebenden aus Osteuropa, am 23. August 1945, etwa drei Monate nach ihrer Gründung, aufgelöst. Hierzu trugen die Rachebestrebungen zu einem großen Teil bei, denn manche der Mitglieder, die nicht zur Nakam-Gruppe gehörten, befürchteten, die Chativa könnte vor den Karren der Rache gespannt werden. Seit sich die Nakam-Gruppe in Rumänien gebildet hatte, war sie auf zwei Ebenen tätig gewesen, auf der offensichtlichen als sehr aktive Mitglieder der Chativa und der Bricha und auf der verborgenen, auf der das Rachebegehren schwelte. Und diese Leute, die den Strom der Überlebenden von Litauen nach Lublin und von dort nach Bukarest geleitet hatten, diese Leute, die die wachsende Zahl der Flüchtlinge durch Ungarn und Österreich nach Italien dirigierten, damit sie sich nach Erez Israel, ihrem Traumziel, einschiffen konnten, ausgerechnet diese Leute waren es, die eines Tages verschwanden und Richtung Norden nach Deutschland, Belgien und Holland zogen. Sicher gab es auch andere Gründe für die Auflösung. Die Ideen waren zu allgemein gehalten; die Mitglieder hatten Heimweh nach ihren ehemaligen Bewegungen; die Soldaten und die Vertreter aus Erez Israel, denen sie in Italien begegneten, hingen Ideologien an, die sich mit der Botschaft der Einheit nicht vertrugen. Kovner wusste sehr wohl, dass die Chativa im Land kaum Überlebenschancen haben würde, viele der Mitglieder fragten sich, was sie von Angehörigen ihrer früheren Bewegungen zu hören bekommen würden. In erster Linie aber war der Zerfall der Vereinigung auf die Abreise des Mitgliederkerns, der unter Kovners Leitung den Kurs abgesteckt hatte, zurückzuführen. Von den drei in Lublin als Reaktion auf das Wiederaufflammen des mörderischen Antisemitismus abgesteckten Aktionswegen blieb nur einer übrig, der allerdings war für die Nakam-Gruppe auch der wichtigste: der Weg der Vergeltung.

Die letzte Handlung, die die Chativa als Organisation vornahm, war das Verfassen eines Aufrufs an die Teilnehmer der Potsdamer Konferenz, die im Juli 1945 begann, an den britischen Premierminister Winston Churchill, an den sowjetischen Machthaber Joseph Stalin und an den amerikanischen Präsidenten Harry Truman. In dem Aufruf erklärten die Überlebenden der Konzentrationslager, dass sie nicht bereit seien, noch eine Minute länger auf deutschem Boden auszuharren, direkt neben ihren von den Alliierten inhaftierten Mördern. Sie verlangten in getrennten Lagern für Juden untergebracht zu werden, bis sich ihr Wunsch nach Erez Israel auszuwandern, erfüllt habe. Sonst würden sie in völlige Verzweiflung versinken.[84] Versteckte sich hinter diesen Worten eine Warnung vor Verzweiflungstaten wie etwa Racheakten?

Mit seiner absoluten Hingabe an die Idee der Rache beging Kovner politischen Selbstmord. Die Chativa, einem originellen und symbolischen Konzept entsprungen, zerfiel. Die Bricha dagegen war in jeder Hinsicht ein Erfolg. Zum Zeitpunkt von Kovners Abreise hatten etwa zehntausend Überlebende aus Rumänien, Polen und Ungarn Italien erreicht. Der Fluss der Bricha strömte weiter; die Überlebenden kamen mithilfe derselben Methoden und auf denselben Routen an, die die ersten Flüchtlinge, die Ende 1944 von Wilna nach Süden aufbrachen, angelegt hatten. Die Aktivisten fanden Unterstützung von anderen hilfsbereiten Organisationen und Persönlichkeiten, so von Jan Masaryk, der Tschechien zum Hauptdurchgangsland machte, vom *Joint Distribution Committee* unter Leitung von Joe Schwartz, der Lebensmittel bereitstellte, und von jüdischen Soldaten in der Roten Armee und in den amerikanischen Streitkräften.[85]

Wäre da nicht die Vision angemessener Vergeltung gewesen, dann hätte Kovner mit seinen Kameraden weiterhin die Bricha organisieren können, unterstützt von den Soldaten der Jüdischen Brigade, die ihn, wie geschildert, begeistert empfangen hatten. Sie brachten ihm Vertrauen und Zuneigung entgegen, standen noch unter dem immensen Eindruck seiner Rede und sehnten sich nach einer Leitfigur, die dem übrig gebliebenen Rest den Weg aus dem Tal der Tränen wies. Hätte Kovner die ethisch-symbolische Lösung der Vergeltung einer breiten nationalen Ebene überlassen und wäre in erster Linie als „Vertreter der Mehrheit der Überlebenden“ nach Palästina gekommen (wie er Jahre später einsah), als Verfasser des ersten Aufrufs zum Widerstand gegen die völlige Auslöschung, dessen Titel zum Symbol wurde: „Juden, geht nicht wie die Herde zur Schlachtbank"; als einer der Mitbegründer des Getto-Untergrunds; als Kommandeur der jüdischen Partisanenregimenter in den Wäldern; als Initiator der Bricha von Litauen nach Italien, dann wäre er wohl als bedeutende Führungspersönlichkeit empfangen worden, als Prophet der jüdischen Einheit, der dem Land die aus der Schoa zu ziehenden Lehren überbrachte. Das Nakamprojekt aber entfernte ihn von den Leuten in der Chativa, die ihm vertraut hatten und ihm gefolgt waren. Die Bricha überließ er den bewährten Händen der Jüdischen Brigade und den Abgesandten aus Erez Israel. Dann zogen Abba und seine Kameraden sich aus der Öffentlichkeit völlig zurück, wie er selbst zugab[86], und fanden sich im Mittelpunkt eines im Verborgenen ausgetragenen Streits wieder, als trügen sie ein ungelöstes dunkles Geheimnis mit sich herum.

Dieses Verhalten ging vielleicht auf dieselben Ursachen zurück wie die unzutreffende Aussage Ben-Gal gegenüber: Kovner und seine Kameraden waren vom Verlangen nach Vergeltung besessen, sie war zu ihrem einzigen Lebensinhalt geworden, neben dem alles andere verblasste. Ihre ganze frühere Existenz war ihnen geraubt worden. Das geplante Vorhaben füllte etwas von der lähmenden Leere; es trat an die Stelle des verlorenen Sinns, der völligen Verzweiflung an der Welt.

In den zwei Wochen nach ihrer Ankunft zogen Kovner und seine Kameraden sich von der Brigade, der Chativa und der Bricha zurück und erstellten einen praktischen Racheplan. Er war bereits in Lublin konzipiert und in Rumänien in den Grundzügen ausgearbeitet worden. Sie hatten eine Gruppe zusammengestellt, deren Mitglieder von der Anzahl und den Fähigkeiten her den Anforderungen entsprachen, d. h. fünfzig Männer und Frauen, die bereit und in der Lage waren, für eine unbestimmte Zeit mit falschen Papieren ohne Freunde und Bekannte unter Deutschen zu leben. Diese Kameraden sollten so schnell wie möglich von Italien nach Deutschland eingeschleust werden. Es galt nun, das passende chemische Mittel zu finden und die Nokmim als Arbeitskräfte in den Wasserwerken von drei, vier deutschen Großstädten unterzubringen, wo sie alle am selben Tag und zur selben Stunde das Trinkwasser vergiften sollten. Dafür mussten die erforderlichen Finanzmittel aufgetrieben werden.

Zu jenem Zeitpunkt informierte Kovner Weinberg zum ersten Mal im Detail über den Beschluss der Nokmim, das Trinkwasser deutscher Großstädte zu vergiften. Weinberg war absolut dagegen, da dies den Tod vieler Unschuldiger bedeutet hätte. Seiner eigenen Aussage zufolge riet er Kovner auf der Stelle, sich auf Plan B zu konzentrieren, der sich gegen Zehntausende von SS-Leuten richtete, die in Lagern der Alliierten festgehalten wurden. Von ihnen sollten so viele wie möglich getötet oder zumindest schwer verletzt werden. Weinberg übergab Kovner die Namen und Adressen dieser Lager. Einige Offiziere der Brigade vermuteten, dass Kovner und seine Gruppe einen Plan C verfolgten, der sich darum drehte, Nationalsozialisten zu stellen, deren Namen und Verbrechen bekannt waren. Diesen Plan billigten die Soldaten der Brigade und die jüdischen Soldaten in der britischen Armee, denn es war ja das, was sie, wie oben ausgeführt, auch selbst taten.[87]

Unterdessen befasste sich die Finanzabteilung der Gruppe weiterhin mit dem Umtausch von Währungen, wie sie es in Budapest schon angefangen hatten. Italienisches Geld verwandelte sich in österreichische Schillinge, die zu Deutschen Mark wurden und umgekehrt. Dan Arad erinnerte sich: „Eines Tages trug ich in einem Beutel achtzigtausend Deutsche Mark bei mir, was sehr viel Geld war. Ich nahm diesen Beutel sogar mit ins Bett."

Die Leute der Finanzabteilung reisten in Zügen über Berge und durch Schnee. Sie mussten sich vor Erpressern und der Polizei in Acht nehmen. „Doch Befehl ist Befehl. [...] Nicht einmal Geld für die durchgelaufenen Schuhsohlen bekamen wir. Alles war dem einen Zweck gewidmet." Jehuda (Idek) Friedman sagte aus: „Bolek [Ben-Ya'akov] war mir übergeordnet und gab mir den Auftrag, einen Rucksack voller Geld weiterzuleiten." Sie kauften haufenweise (wahrscheinlich gefälschte) Pfund Sterling sehr billig ein, deswegen brauchten sie zum Transport Rucksäcke, Beutel und Koffer, die in den Aussagen oft erwähnt werden. In Straßburg wurden sie einmal verhaftet, gerieten aber glücklicherweise an einen Armee-Rabbiner, einen amerikanischen Juden, der sie freiließ, ohne ihr Gepäck zu inspizieren.

Kovners Darstellung zufolge löste die Nakam-Gruppe sich von allen Bekannten in der Jüdischen Brigade und in der Bricha und widmete sich einzig und allein dem Rachevorhaben, doch dieses Bild ist nicht ganz zutreffend. Abba reiste nach Palästina und wusste deswegen nicht, dass einige der Nakam-Kameraden engen Kontakt zu den Betreuern der Bricha und zu den Soldaten der Brigade hielten und sich noch an den allgemeinen Aktivitäten beteiligten. So floss das erbeutete Geld beispielsweise sowohl den Nokmim als auch der Bricha zu. Sogar noch während sie von Ort zu Ort nach Norden zogen, tauschten sie Informationen, Aufgaben und Ausrüstung aus.[88]

Zum Abschluss dieses Kapitels sei Folgendes erwähnt: Die ersten Befragungen über das Zusammentreffen zwischen den Partisanen und den Soldaten ergaben, dass über „den großen, den schrecklichen" Plan A anfangs nur ein allgemeines Raunen in der Luft lag. Dann äußerten die Nakam-Kameraden sich einigen der Soldaten, insbesondere den Mitgliedern des HaSchomer HaZa'ir, gegenüber etwas deutlicher. Schließlich weihten sie ihnen besonders nahestehende Soldaten ein. Als Kovner abreiste, wussten also einige in der Brigade schon ziemlich gut Bescheid. Das bestätigten Aussagen von Weinberg, Ben-Chorin sowie die Äußerung von Motke Chadasch, der in diesem Zusammenhang den Begriff „Gewissen der Auslöschung" prägte. Infolge dessen erfuhren dann auch die Offiziere davon, und durch sie gelangte die Information ins Land und erreichte die Befehlshaber der Hagana. In einer kleinen, eng verknüpften Gemeinschaft wie der Jischuwleitung war ein Plan solchen Ausmaßes kaum geheimzuhalten. Ein einziger Schabbatabend mit Soldaten auf Urlaub in den Speisesälen einiger Kibbuzim genügte. Das Rachethema, die Gründung der Chativa in Bukarest (die ganz und gar nicht in die politische Landschaft Palästinas passte) und ihre Auflösung in Norditalien waren im Jischuw demzufolge ebenso bekannt wie die Verachtung der osteuropäischen Partisanen für die im Land noch sehr bewunderte Sowjetunion. Die Führungsriege hatte sich bereits eine Meinung über den Mann – und wie er zu behandeln sei – gebildet, als Kovner persönlich auf der Bildfläche erschien.

Anfang August 1945 war die Jüdische Brigade nordwärts weitergezogen, die Chativa hatte sich aufgelöst und Kovner war unterwegs ins Land. Die Kameraden hatten sich verteilt und blieben mit dem Gefühl, verwaist zu sein, zurück. Vitka war allein, und auf Paschas Schulter ruhte eine schwere Aufgabe, denn er übernahm das Kommando als Kovners Stellvertreter. Obwohl Pascha mit Abbas Abreise in diesem frühen Stadium der Vorbereitungen nicht einverstanden war, hatten die beiden vereinbart, dass die Gruppe ihre Aktivitäten auch dann fortsetzen sollte, wenn die Jischuwleitung ihnen die Unterstützung verweigerte.

Über Kovners Abreise kam es unter den Mitgliedern zu heftigem Streit, der noch bis zum Zeitpunkt der Befragung weiter schwelte. Menasche Gewissar meinte, um das Gift zu besorgen, hätte Abba nicht nach Palästina fahren müssen. Damals hätte man in Europa gegen Geld oder Güter alles haben können. Pascha dagegen behauptete, es sei unter den damaligen Umständen in Europa so gut wie unmöglich gewesen, ein Labor einzurichten.[89] Kazhik (Simcha Rotem) empörte sich bis zu seinem letzten Tag siebzig Jahre später: „Warum ist er gefahren? Wer hat ihm die Erlaubnis erteilt? Wie kann ein Kommandeur abreisen und die Truppe zurücklassen? Tut man so etwas, ohne zu fragen? Mich hat er nicht gefragt!" Manek drückte sich milder aus: Er sei Kovner zwar nicht böse gewesen, aber er hätte lieber dableiben sollen. Lena fügte hinzu, ihr Mann Jitzchak Hammel habe sich immer wieder beschwert: „Abba fuhr nach Palästina, ohne uns zu fragen, er hat uns einfach verlassen. Das machte uns sehr traurig. Er würde lange wegbleiben und wir würden ihn sehr vermissen. […] Und vielleicht würde man ihn im Land zum Dableiben bewegen." Doch derselbe Jitzchak Hammel, der sich darüber beklagte, dass Kovner die Gruppe verlassen hatte, wies auch mehrmals auf Kovners ausgeprägten Geschichtssinn hin und auf die Verantwortung, die Abba für den Jischuw und den im Entstehen begriffenen Staat empfand. Rachel grollte ihrem Kommandeur, weil er sie nicht gefragt hatte, ob sie mit Pascha als Stellvertreter einverstanden seien. Distel gab zu bedenken, sie hätten den Rückhalt aus Erez Israel dringend gebraucht. Die Brigade habe sie verstanden und ihnen in Europa den Rücken gestärkt; die jüdischen Soldaten seien für die Nokmim die Vertreter Erez Israels gewesen, die Anweisungen der dortigen, den Partisanen unbekannten Befehlsebene befolgten. Kovner sei ins Land gereist, weil er einsah, dass die Gruppe den Beistand der Brigade einbüßen würde, sollten die Nakam-Vorstellungen vom Jischuw nicht unterstützt werden.

Poldek sagte aus, sie hätten wie selbstverständlich angenommen, dass die Hagana-Kommandeure ihre Pläne gutheißen und es ihnen ermöglichen würden, das Vorhaben auszuführen, weil dies eben der richtige Weg gewesen sei. Als Beste der überlebenden jüdischen Jugend hätten sie diese notwendige und heilige Aufgabe übernommen. Bezalel Kek Michaeli war der Meinung, es sei ein Fehler gewesen, im Jischuw nachzufragen. „Wir hätten so selbständig wie möglich arbeiten müssen, mit einem Minimum an Beistand und Zustimmung der Hagana." Rückblickend fügte Pascha hinzu: „Während des ganzen Krieges hatten wir niemanden über uns, den wir hätten fragen können. In Tarvisio traf Kovner endlich auf einige tonangebende Köpfe und erkannte, dass es in Palästina eine Führungsriege gab, mit der er sich vor einer solchen Aktion abstimmen müsste. Er wollte national verantwortlich handeln und auf keinen Fall diplomatischen Schaden anrichten.[90]

In Anbetracht von Kazhiks Empörung und der kritischen Bemerkungen einiger Kameraden stellt sich die Frage, ob Kovners Reise zu einer Art Bruch in der Dreierbeziehung Kovner/Nokmim/Jischuwleitung führte. Im Land traf Kovner auf eine Befehlsebene, die ihn einer Prüfung unterziehen und den Weg seiner Gruppe lenken wollte. Die sich in Europa aufteilende Gruppe aber wusste nichts davon und konnte Kovners Beziehung zur Jischuwleitung nicht wirklich einschätzen, wie sie kurz darauf auch Paschas Beziehung zur Jischuwleitung nicht wirklich einschätzen konnte. Die Gruppenmitglieder unterhielten keinen direkten Kontakt zum Land und wurden auch niemals um ihre Meinung gebeten. Im Übrigen waren die Kommunikationsmöglichkeiten zwischen dem britischen Mandat Palästina und dem von vier Alliierten besetzten Europa eingeschränkt. Auch das mag zum Gefühl der Nokmim, abgeschnitten zu sein, beigetragen haben.

Am 7. August, drei Wochen nach seiner Ankunft in Tarvisio, ging Kovner in der süditalienischen Hafenstadt Sorrento an Bord. Er schrieb an Vitka von Schwermut, von der Sorge um Pascha und die Kameraden, die er „unsere Familie" nannte. Er bat Vitka, auf den disziplinierten Fortlauf des Projekts zu achten. Bezalel sollte sich mit seinen Leuten unter allen Umständen so schnell wie möglich auf den Weg machen. (Womit der Aufbruch von Tarvisio nach Deutschland gemeint war.) Einige Tage darauf legte der Truppentransporter im Hafen von Alexandria an, und die Reisenden fuhren mit der Eisenbahn über El Arisch nach Rechovot weiter. Bei seiner Einreise wurde Kovner als Uri Kovnai registriert. Uri war sein Deckname aus dem Getto-Untergrund.[91]

Haim Gouri

Von jenem Brand

Vom Brand, der euren gequälten Körper versengte
trugen wir die Flamme fort,
Eine Fackel, die unsere Seelen erhellt.
Sie entfachte das Feuer der Freiheit,
Sie zog mit uns in den Kampf um unser Land.
Euren Schmerz, der unvergleichlich ist,
Gossen wir in eiserne Meißel und Pflugscharen,
scharf wie Schneidezähne.

Euer Elend machten wir zu Gewehren,
Eure Augen zum Leuchtfeuer für die Schiffe der Nacht
Von den Trümmern eurer verwüsteten Städte
Nahmen wir einen rußigen, zersplitterten Stein.
Er wurde zum Eckpfeiler, zum Fundament
Einer Mauer, die undurchdringlich bleibt.
Euer in Flammen ersticktes Lied
Bricht wie ein Schwur aus den Kehlen
Unserer Frontsoldaten hervor.
Mit ihm steigen Kraft und Ehre auf
Und eine uralte Hoffnung, die nie versiegt.

Gerächt haben wir euren bitteren, einsamen Tod
Mit unserer Faust, die heiß ist und hart,
Haben ein Denkmal für das verbrannte Getto erbaut,
das lebendig bleibt bis in alle Ewigkeit.

Sefer Milchamot HaGetta'ot (das Buch der Gettokriege), S. 696.
Mit Dank an Alisa Gouri

TEIL II

Versuch der Ausführung

KAPITEL 5

August 1945 – März 1946: Kovners Aufenthalt in Palästina und die Rückkehr nach Europa

Dieses Kapitel beschäftigt sich mit Kovners viermonatigem Aufenthalt in Erez Israel. In dieser Zeit vom August bis Dezember 1945 traf er mit führenden Persönlichkeiten zusammen, und die Jischuwleitung konsolidierte ihren Standpunkt bezüglich der Vergeltungsaktionen. Auch von Kovners Rückreise nach Europa an Bord eines britischen Truppentransporters wird die Rede sein, von seiner Festnahme, während das Schiff sich der französischen Küste näherte, von seiner Inhaftierung in britischen Gefängnissen in Kairo und Jerusalem und schließlich von seiner Freilassung.

Wie sah es im Jischuw aus, als Kovner dort eintraf, um seine Pläne vorzustellen? Ende 1945 lebten in Palästina 592.400 Juden, das waren 32% der dem britischen Mandat unterstellten Gesamtbevölkerung. In den 1930er Jahren waren ungefähr 90% der jüdischen Einwanderer aus Europa, in erster Linie aus Polen, im Land angekommen. Wegen der hohen Zahl an Pionieren und jungen Leuten war das Durchschnittsalter niedrig. Der Jischuw organisierte sich mithilfe von Institutionen der Selbstverwaltung, die auf dem Vertrauen der Bevölkerung in die Führungsriege sowie auf der Bereitschaft basierten, im Falle von sich ergebenden Herausforderungen freiwillig und ehrenamtlich tätig zu werden. Dieser wichtige Aspekt war Kovner und seinen Mitstreitern aus Gesprächen mit der Jüdischen Brigade bekannt. Etwa 95% der Einwohner hatten sich unter dem Schirm der *Knesset Israel* genannten, größten einheimischen jüdischen Organisation zusammengefunden. Die inneren Angelegenheiten wurden von einer Abgeordnetenversammlung und dem Nationalrat geregelt. Die Jewish Agency als Vertreterin der *World Zionist Organisation* kümmerte sich um den Aufbau einer nationalen Heimstatt unter der Aufsicht der Mandatsbehörden und galt als „Regierung des im Aufbau begriffenen Staates". *Mapai* war die dominierende Partei und die *Histradut*, die Allgemeine Vereinigung der Arbeiter in Erez Israel, die führende Wirtschaftsorganisation. Die *Hagana*, der militärische Arm der nationalen Institutionen, wurde oft auf nicht autorisierte Weise tätig, unterstand jedoch der zivilen politischen Führung. Damit lag in den Jahren 1945-1946 die Entscheidung des Jischuws in Sachen Vergeltung beim Vorsitzenden der Jewish Agency, ein Amt, das damals David Ben-Gurion innehatte, bei Dr. Chaim Weizmann, dem

 | DOI:10.30965/9783657791125_007

Präsidenten der *World Zionist Organisation*, bei Israel Galili und Mosche Sneh, den Befehlshabern der Hagana, und bei Schaul Avigur, dem Leiter der Alija Beth.[1]

In der Zeit, von der hier die Rede ist, waren mehr als zehn neue Siedlungen gegründet worden und die heimliche illegale Einwanderung ging mit aller Kraft weiter, trotz des britischen Verbots und der Blockade, mit der Siedlungen bestraft wurden, die Einwanderer aufgenommen hatten. Lechi und Etzel, die beiden von der Hagana abgefallenen Organisation, attackierten Polizeistationen, Telefonlinien und Brücken, auch beschlagnahmten sie Geld und Waffen. Permanente, bittere Spannungen charakterisierten die Beziehungen zwischen der besonnenen offiziellen Politik und den beiden abgespaltenen Milizen. (Israel Galili bezeichnete sie in seiner Korrespondenz als *sitra* oder *sitra achra*, die dunkle, unheilige andere Seite im Vokabular der Kabbala.)[2]

Einige Monate vor Kovners Eintreffen hatten diese Spannungen ihren Höhepunkt erreicht. Die Zeit von Dezember 1944 bis Februar 1945 wurde „die Saison" genannt, und kennzeichnend für sie war der Kampf zwischen der Hagana und dem Etzel. Ausgelöst wurde er von Gegenmaßnahmen der Briten, die die Jischuwleitung verwarnt hatten. Wenn sie den Etzel nicht zurückpfiff, würde man die Gründung der Jüdischen Brigade nicht genehmigen, und die britische Armee in Palästina sähe sich gezwungen, hart gegen den ganzen Jischuw vorzugehen. Die Kommandeure der Hagana befahlen ihren Truppen, die abtrünnigen Bewegungen abzuschrecken, woraufhin deren Mitglieder entführt, festgehalten und verhört wurden. Die Hagana gab Informationen über Hunderte von ihnen an die Briten weiter, und diese Leute wurden verhaftet und in Eritrea interniert. Als den Briten klar wurde, dass die Hagana sich in dieser Sache zu viel Unabhängigkeit erlaubte, setzten sie diesen Maßnahmen ein Ende.

Im Jischuw herrschte eine starke Opposition gegen die Ereignisse der „Saison". Der bittere Geschmack, den diese Phase im ganzen Land hinterließ, wirkte sich auf den Empfang aus, der Kovner im Land zuteil wurde. Einige der Soldaten der Jüdischen Brigade hatten die Nakam-Gruppe bereits mit dem Aktivismus der extremen Gruppierungen in Verbindung gebracht, und das war den Juden in Palästina wohl bewusst. Die meisten Offiziere und politischen Anführer, mit denen Kovner während seines Aufenthalts sprach und die er um Unterstützung für sein Vorhaben bat, waren für die Maßnahmen gegen Lechi und Etzel verantwortlich gewesen, wie beispielsweise Jitzchak Sadeh, Israel Galili, Mosche Sneh und Schimon Avidan.

Als Reaktion auf die britische Politik, die die illegale Einwanderung zu unterbinden versuchte, wurde im Oktober 1945 die *Hebräische Widerstandbewegung*, kurz *Meri* genannt, gegründet. Zu ihr gehörten die Hagana und, trotz der bestehenden Spannungen, auch Etzel und Lechi. Innerhalb der *Meri* fungierte die Palmach als Kommandotruppe der Hagana und beteiligte sich an Operationen vor Ort, insbesondere gegen britische Installationen, die Schiffe mit illegalen Einwanderern an Bord verfolgten. Der britische Außenminister Ernest Bevin verurteilte die Gewalt, verkündete, dass er die Beschränkung auf tausendfünfhundert Einwanderungsgenehmigungen nicht aufstocken würde und drohte, wenn die Juden mit all ihrem Leid sich jetzt zu sehr vordrängeln wollten, dann bestehe die Gefahr einer weiteren antisemitischen Reaktion großen Ausmaßes.[3] In Anbetracht des im Nachkriegseuropa bereits in großem Ausmaß bestehenden Antisemitismus wurden seine Worte als blanker Hohn empfunden. Der Jischuw reagierte mit einem Generalstreik, Protestdemonstrationen und einem öffentlichen Fastentag. Auch die Jüdische Brigade in Europa rief zu einem Fastentag auf.

Nach ausgedehnten diplomatischen Bemühungen vonseiten des Jischuws und seiner Leitung, unterstützt vom Druck aus den USA, konnte das *Anglo-American Committee* gegründet werden. Es sprach die Empfehlung aus, 100.000 heimatlos gewordene Juden von Europa nach Palästina zu bringen. Der Jischuw wurde aufgerufen, diese Einwanderer aufzunehmen, und man sammelte in Erez Israel Geld für die „Rettung des übriggebliebenen Restes". Ein Hilfsteam reiste unter der Schirmherrschaft der UNRRA nach Deutschland in die Flüchtlingslager. In Europa wurden für den sich abzeichnenden Kampf gegen die Araber Waffenkäufe getätigt und Kämpfer trainiert. Im Jischuw sorgten verschiedene Parteien und Ideologien für ein vielfältiges öffentliches Leben. Man lebte bescheiden, aber inmitten einer reichen Kultur. Das Nationaltheater *Habima* konnte in Tel Aviv ein eigenes Gebäude einweihen. Als eine meisterliche Übersetzung von Goethes Faust ins Hebräische mit einem Preis ausgezeichnet wurde, brach ein Skandal aus, denn das Deutsche war als Sprache der Mörder verpönt. Chanukkafeiern, die seit Kriegsbeginn nicht mehr stattgefunden hatten, wurden mit einem Fackelzug vom Grab der Makkabäer wieder aufgenommen. Die Kindergärtnerinnen entschlossen sich, in die Lehrergewerkschaft zurückzukehren.[4]

In dieses Treibhaus geriet Kovner im August 1945, als das Bild vom ungeheuren Umfang der Schoa sich bereits recht deutlich abzeichnete. Die meisten Einwohner Erez Israels waren vor dem Krieg aus Osteuropa eingetroffen und hatten ihre Familien dort zurückgelassen; nun stellte sich heraus, dass etwa 300.000 von ihnen ihre Verwandten verloren hatten. Kovner stand vor einer entscheidenden Frage: Würden sich die durch tiefstes Leid ausgelösen privaten, familiären und nationalen Rufe nach Vergeltung abgrenzen von der Missbilligung seiner Vorhaben, wie sie in der Führungsriege vorherrschte? Hatte die Bevölkerung im Land die Schoa so erlebt, dass sie Verständnis für die

Gefühle der Davongekommenen aufbrachte? Die Antwort ließ nicht lange auf sich warten.

Hinter Kovners Reise standen zwei Absichten: Einerseits wollte die Jischuwleitung ihn kennenlernen, sich seine Argumente anhören und ihn dann dazu bringen, die „Autorität der Nation" anzuerkennen. Kovner hingegen war daran gelegen, im Land Anerkennung und Unterstützung für seinen Racheplan zu finden, vom Strom der Überlebenden zu berichten und die Vorbereitungen auf ihre Ankunft zu beschleunigen.

Als der Zug aus El Arisch in Rechovot einfuhr, erwarteten ihn Vertreter des *Mossad für die Alija B*. Sie brachten Abba nach Cholon, ins Elternhaus von Schaul Avigur, der dem *Mossad für die Alija B* vorstand. Drei Tage lang befragte Avigur Kovner in freundschaftlichen Gesprächen, hörte ihm aber auch mit der für ihn typischen konzentrierten Aufmerksamkeit zu. Israel Galili, einer der hohen Kommandeure der Hagana, kam zu Besuch und muss Mosche Sneh, dem damaligen nationalen Oberkommandeur der Hagana, darüber Bericht erstattet haben. Kovner ließ Vorsicht walten. Er erwähnte weder den Plan A, noch wurde er konkret, sondern begnügte sich mit allgemein gehaltenen Äußerungen.

Die erste Begegnung mit dem Land und seiner Führungsriege hinterließen bei Kovner einen bitteren Beigeschmack. Dabei brachten die ihm gewidmete Zeit und Aufmerksamkeit hochrangiger Personen und ihr Wunsch, sich ein eigenes Bild zu verschaffen, deutlich zum Ausdruck, welche Wichtigkeit man ihm, der Chativa und seinen Rachevorstellungen beimaß, das muss auch Kovner selbst gespürt haben. Möglichweise hatte Avigur ihm gesagt, dass die fragliche Angelegenheit „zu ernst sei, als dass man ihm [Kovner] erlauben könnte, selbst Politiker zu spielen."[5]

Nachdem er diesem unbequemen Gesprächsmarathon, von dem nicht einmal die Oberhäupter seiner Gruppe etwas wussten, entronnen war, begannen für Kovner vier Monate rastloser Tätigkeit. Ihm war klar, dass seine Kameraden in Europa ihn dringend zurückerwarteten. Mit jedem vergehenden Tag trafen mehr alliierte Soldaten in Deutschland ein, erhöhte sich die Zahl der durchziehenden oder für einige Zeit verweilenden Flüchtlinge, fanden sich immer mehr Juden in überfüllten DP-Lagern wieder, und damit nahm die Möglichkeit ab, sich auf eine Bevölkerungsgruppe zu konzentrieren. Kovner bemühte sich nun, im Land vertrauliche Beziehungen aufzubauen sowie Unterstützung für die Nakam-Gruppe und Mittel zur Ausführung ihrer Pläne einzuwerben. Kovners Gefühl, die Zeit laufe ihm davon, passte nicht zur Stimmung im Land, wo hektische Betriebsamkeit Ankommende einsog, doch er vergaß nicht für einen Moment, weswegen er gekommen war.

Ende August schrieb er Vitka einen Brief, in dem er sich nach ihrem Wohlergehen und dem der zurückgebliebenen Kameraden, insbesondere Paschas und Bezalels, erkundigte. Vor allem aber fragte er nach den Möglichkeiten, „unseren Doktor" in Europa zu finden (gemeint war ein Chemiker, der das Gift zubereiten konnte). In einem nachfolgenden Brief wiederholte er diese Frage, benutzte aber den Ausdruck „Ingenieur" und fügte hinzu (nach nur einigen Wochen im Land): „Ich bin pessimistisch, was die konkreten Resultate meiner Bemühungen betrifft, obwohl die Angelegenheit sehr viel Interesse erregt und ernsthaft erwogen wird." Ein überraschender, mit einem Ausrufezeichen versehener Satz schloss den Brief ab: „Richte Pascha aus, dass ich ihn dringend auffordere, in aller Ernsthaftigkeit am zweiten Plan zu arbeiten!" Hatte Kovner gespürt, dass sein Plan A nicht auf Verständnis stoßen würde? Befürchtete er, die erforderliche Unterstützung nicht zu finden? Oder begann er selbst an der Richtigkeit des Vorhabens zu zweifeln? Auf jeden Fall fühlte er sich im Sehnsuchtsland der Diaspora fremd und unverstanden – und auch das Land empfing ihn wie einen Fremden.[6]

Kovner traf mit einer Reihe von Führungsfiguren und Vorsitzenden etlicher Organisation zusammen und hielt Reden auf allen möglichen Versammlungen. Eine der bekanntesten war die Tagung der Sekretäre der *Kibbuz-Arzi*-Bewegung kurz nach seiner Ankunft. Dort hielt er eine sehr lange Rede, die sich, abschnittsweise vorgetragen, länger als einen Tag hinzog. Der bedrückende Inhalt entsprach bis in einzelne Formulierungen hinein dem, was Abba vor der Jüdischen Brigade in Tarvisio gesagt hatte. Mit „wir" waren die Überlebenden gemeint, insbesondere die Mitglieder der Chativa, der Brigade der osteuropäischen Überlebenden.

> „Wir tragen in uns die Ahnung unserer bevorstehenden Auslöschung. [...] Wir tragen in uns das Gefühl, dass das neue Messer schon geboren wurde auf den Feldern von Treblinka, Majdanek und Ponar, wo Dutzende von Völkern [...] sahen, wie leicht und einfach das Morden ist, und wie profitabel. [...] In uns lebt ein Bewusstsein, stärker als jede kalte Analyse, dass sich eine neue Katastrophe nähert, ein neuer Krieg [...], und unsere Nacken werden das Messer spüren, wenn nicht heute, dann morgen. Und so **wie wir leben**, so [...] lebt der Gedanke, dass auch eure Kinder zum Scheiterhaufen geführt werden könnten. – Ich denke nicht unbedingt an bewaffnete Selbstverteidigung. Noch heute herrscht diese Gesetzlosigkeit, die Fortsetzung der Verbrechen gegen unsere Nation. Es muss Vergeltung geben, ein Urteil des Volks wegen Verbrechen am Volk."

Es folgte ein ausführlicher Bericht über die Lebensbedingungen der geretteten Juden in jedem einzelnen Land Europas. Sein anschließend vorgeschlagener Aktionsplan zielte darauf ab, dieselbe innere Unruhe auch dem Jischuw einzuflößen, alle in ihm wirkenden Kräfte zu vereinen, die Geretteten ins Land zu bringen, die Tausenden und Abertausenden, die jetzt durch Europa zogen, und das sofort. Was er mit dem Satz: „Ich denke nicht unbedingt an bewaffnete Selbstverteidigung" gemeint hatte, ließ er offen, das Wort „Rache" benutzte er nicht ein einziges Mal und führte auch nicht aus, wie Vergeltung für das Verbrechen aussehen und welches Urteil das Volk fällen könnte.

Sollte eine Reaktion auf seine Rede erfolgt sein, so ist sie nicht in schriftlicher Form überliefert worden.[7] Es ist jedoch nicht schwer, sich die Gefühle der Kibbuz-Sekretäre, die ihm in Merchavia gegenübersaßen, vorzustellen. Draußen blühten die Felder, und die Luft war erfüllt von Zukunftsmusik. Und nun erzählte Kovner ihnen vom Messer, das sie schon morgen im Nacken spüren würden, von Scheiterhaufen für ihre Kinder und – Gott behüte – von einem Zusammenschluss aller politischen Kräfte. Was Kovner empfand, traf zweifellos zu: Er war dem Land fremd, und das Land war ihm fremd. Er wurde aufgenommen wie ein Ausländer, wie ein schwarzer Rabe, ein Unglücksbote.

Eifrig beschäftigte er sich mit der hebräischen Literatur, die entstanden war, seitdem er und seine Kameraden in Gettos eingesperrt worden waren und die Post nicht mehr eintraf, die Wilna vor dem Einmarsch der Nationalsozialisten mit Erez Israel verbunden hatte. Er traf Jitzchak Sadeh, den Befehlshaber der Palmach, bat um Unterstützung der Nakam-Gruppe und stieß auf viel Verständnis. Sadeh war einer der wenigen, „die erkannten, dass in diesem Wahn eine essentielle Wahrheit steckt", erklärte Kovner.[8] Sadeh nahm Kovner mit zu Nathan Alterman, dem 1910 in Warschau geborenen und seit 1925 in Tel Aviv lebenden Dichter und Schriftsteller. Von nun an drehten sich die Gespräche um die Schoa und die Reaktionen der jüdischen Öffentlichkeit und ihrer Meinungsmacher – und nicht mehr um die Rache.

Schon vor ihrer ersten Begegnung hatte Kovner Altermans Gedichtsammlung *Freude der Armen* gelesen. Die Gedichte waren vor dem Krieg geschrieben, aber erst 1941 veröffentlicht worden, als im Jischuw die Angst vor der Zukunft ausbrach, nachdem die italienische Luftwaffe im Sommer 1941 Tel Aviv bombardiert und mehr als zweihundert Menschen getötet hatte. Alterman schrieb hypothetisch von einem Tel Aviv, das von den Deutschen erobert worden war. Seine Gedichte lesen sich, als sei er als Augenzeuge und Teilnehmer der Ereignisse dabei gewesen, die sich später in Europa (und nicht in Tel Aviv) abspielen sollten. Überaus zutreffend beschrieb er den Aufstand im Getto Warschau – drei Jahre, bevor er tatsächlich stattfand. Er schilderte den Aufbau eines Untergrunds, die Kameradschaft, die unter den Mitgliedern entstand, und eine Revolte, die seelischen Aufschwung und Selbstmord zugleich bedeutete: „Unsere Freude steige auf – wir aber sind verloren!“ Die Verse fragten nach dem Sinn des Todes während eines Aufstandes, wie es ihn im Verlauf der jüdischen Geschichte möglicherweise noch nie gegeben hatte: „Einmal in tausend Jahren vielleicht / leuchtet unserem Tod das Morgenrot!“ Kovner muss auch das im Band *Freude der Armen* enthaltene Gedicht *Rachegebet* gelesen haben, das den Schmerz der Unterdrückung beschrieb, den von der Peitsche geschundenen Rücken, und dann an Gott, den gnädigen Vater appellierte, das vergossene Blut seiner Diener zu rächen: „... was denn sollte dein Knecht verlangen, Vater hehr? Nur seine Hand auszustrecken nach ihrem glatten Hals. Was denn sollte dein Knecht in ihrer Wohnung verlangen?“ Und wenn die Rache eingetroffen ist, fordert der Dichter seinen Gott auf, nicht innezuhalten: „Vergiss nicht, vergiss nicht, was sie ihm getan, vergiss nicht des einen, den Hundert übermochten, möge der Zorn der Wenigen dir wohlgefällig sein. Gepriesen sei der Toten Gott.“[9]

Obwohl Kovner in diesen Gedichten tiefes Verständnis für die Empfindungen der Gettokämpfer und der Nokmim wiederfand – dass es weder Erbarmen noch Sühne geben kann, dass Gott an ihrer Seite, der Seite der Wenigen sein muss – und obwohl der Gedichtband sogleich nach seinem Erscheinen zur Pflichtlektüre im Land wurde, gibt es, wie erwähnt, keinen Hinweis darauf, dass Kovner und Alterman sich über dieses Thema unterhielten.

Ruzka in Erez Israel

Als Kovner eintraf, hielt Ruzka Korczak sich bereits im Land auf und hatte Verbindungen geknüpft, die Abba bei seinem Empfang sehr zugute kamen. Wie bereits berichtet, war Ruzka nach der Befreiung Wilnas von Kovner beauftragt worden, von Litauen aus eine Route nach Rumänien und von dort nach Erez Israel zu finden. Das war ihr gelungen. Sie erreichte Bukarest und traf dort Ende November 1944 auf Abgesandte aus dem Land. Nachdem diese, entsetzt und zu Tränen bewegt, Ruzkas Beschreibungen des Wilnaer Gettos, des Untergrunds und des Partisanenlebens in den Wäldern angehört hatten, beschlossen sie auf der Stelle, die junge Frau nach Erez Israel zu schicken. Sie weigerte sich entschieden, da sie meinte, zu den Kameraden, denen sie mit allen Fasern ihres Herzens verbunden war, zurückkehren zu müssen, um sie über die Öffnung der Route in Kenntnis zu setzen. Im Wunsch, sie zu überzeugen, nannte Mosche Agami, der ranghöchste Emissär, drei Gründe, die ihre Reise erforderlich machten. Erstens müsse Schaul Avigur, der Vorstand des *Mossads für die Alija B*, „von dem alles abhängt“, aus erster Hand über die

Lage und die Absichten der Überlebenden informiert werden, damit er die Ankunft der Flüchtlingsströme in Südeuropa vorbereiten könnte. Zweitens wisse man „im Land Israel nichts über die Situation“ und habe keine Vorstellung vom Ausmaß des Mordens und der Verwüstung. Agamis Argument bestätigte, was Ruzka bereits seit den Tagen im Getto empfunden hatte: Die Menschen in Palästina wussten nicht wirklich, was in der Schoa geschehen war, und deswegen hatte jeder Überlebende die Pflicht und den Auftrag, die Ereignisse zu beschreiben und das Wissen um die Gräuel mit aller ihm zur Verfügung stehenden Kraft zu verbreiten. Und drittens, so Agami, sei Ruzka als Partisanin, Kämpferin, Mitglied der Untergrundbewegung und als strahlende, entschlossene, selbstsichere Persönlichkeit genau die richtige, um die Gemüter im Land moralisch zu stärken und ihnen zu versichern, dass es trotz allem eine Zukunft gäbe. Junge kämpferische Menschen hatten überlebt und waren nun auf dem Weg nach Erez Israel.[10]

Nach ihrer Ankunft im Land widmete Ruzka tatsächlich all ihre Energie der Schilderung der Schoa in Litauen. Sie zog von Ort zu Ort, berichtete mit ihrer ruhigen Stimme auf Jiddisch vor Versammlungen in verschiedenen Einrichtungen von ihren Erlebnissen und sang die Lieder der Partisanen. Und sie schrieb *Flammen in der Asche*, ihr deutlich von Altermans *Freude der Armen* beeinflusstes Buch über das Wilnaer Getto und den dort entstandenen Untergrund. Sie traf sich mit vielen führenden Persönlichkeiten im Jischuw, erzählte ihnen, was sie wusste, und unterhielt sich mit ihnen über Fragen, die ihre Kameraden in Europa betrafen. Neben all diesem und den Schwierigkeiten, die sie hatte, sich im Land und in ihrem Kibbuz Eilon einzuleben, erbot sie sich mit der ihr eigenen Hingabe, den in Europa verteilten Kameraden zu helfen, nachdem sie von deren Racheabsichten gehört hatte. Ruzka war bereits auf dem Weg ins Land und deshalb nicht dabei gewesen, als ihre Kameraden dem Todeslager Majdanek mit der grauenhaften, intakt gebliebenen Vernichtungsmaschinerie einen Besuch abstatteten, der sie alle bis ins Mark erschütterte. Vielleicht sprach sie auf Veranstaltungen deswegen immer wieder vom Rachebegehren als dem „einzigen Gedanken“, der sie und die Kameraden in den Wäldern in den Kampf und zu subversiven Aktionen wie Attentate auf deutsche Züge gedrängt hatte: „In jenen Tagen war der Rachedurst der entscheidende Antrieb in unserem Leben [...] ein Gefühl, das niemals verflachte oder nachließ.“[11] Sie erklärte nun aber auch, dass der Aufbau des Landes nach der Schoa ebenfalls eine Art der Rache darstelle: „Ich denke an Rache mit dem Pflug in der Hand [...] im Wert des Aufbauens könnte sich unsere Rache offenbaren.“ Allerdings wusste sie auch, „dass Rachegefühle euch völlig fremd sind“, wie sie ihren Zuhörern im Land des Öfteren versicherte.[12]

Etwa acht Monate nach Ruzkas Eintreffen kam es zum Wiedersehen mit Kovner, und er weihte sie in alle Einzelheiten der Rachepläne ein. Daraufhin schrieb sie an die Kameraden in Europa und zunächst ihrer guten Freundin Vitka, der Plan „sei etwas Neues im Hinblick auf konkrete Aktionen", käme aber nicht ganz unerwartet: „Vom Gefühl her, von der Vorstellung, der Idee her, hat mich das nicht überrascht. Ich sehe darin die indirekte Fortsetzung des Weges, **unseres Weges**. Ich halte das für erforderlich und für die Erfüllung einer Pflicht." Von nun an, d. h. vom Sommer 1945 an, setzte Ruzka sich „mit Leib und Seele" für Kovner und seine Sache ein und bemühte sich, die führenden Köpfe im Jischuw, deren Vertrauen und Achtung sie sich bereits erworben hatte, von der prinzipiellen und praktischen Richtigkeit des Konzepts zu überzeugen. Sie betrachtete sich als Stimme der in Europa zurückgebliebenen Kameraden und sie mag gehofft haben, ihre guten Beziehungen und die ihr entgegengebrachte Achtung würden der Racheidee ein gewisses moralisches Gewicht verleihen. Jitzchak Sadeh gehörte zu denen, die von ihr sehr beeindruckt waren. Er nahm sie mit zu Treffen mit Palmach-Mitgliedern und stellte sie vor als „Palmach-Frau aus der Diaspora" und sagte von sich selbst, er sei ebenfalls ein Partisan. Es ist gut möglich, dass seine Treffen mit Ruzka Sadehs Haltung Kovner und dessen Plänen gegenüber beeinflusst haben.

Kovner sah mit Ruzka das Manuskript ihres Buches *Flammen in der Asche* durch, und er half ihr bei der Wahl des Titels. Es ist denkbar, dass die gemeinsame Arbeit am Buch, das die Tragödie des Wilnaer Gettos und das Leben der jüdischen Partisanenregimenter in den Wäldern beschreibt, in beiden das Gefühl verstärkte, die Welt könne erst geheilt werden, wenn die Rachefrage gelöst sei.[13]

Ruzka tat ihr Bestes, um die Waagschale zugunsten Kovners und seiner Pläne zu beschweren. Doch auf die andere Seite legten sich die Informationen, die heimkehrende Emissäre aus Rumänien mitbrachten. Sie hatten im Dezember 1944 als erste Partisanin Ruzka getroffen, und im März 1945 dann Kovner und seine Mitstreiter. Mitte Juli 1945, nachdem die Nokmim zur Jüdischen Brigade in Norditalien gestoßen waren, kamen weitere Nachrichten, und sie waren dazu angetan, in der Elite des Jischuws, insbesondere in der Führerschaft des *Kibbuz HaArzi*, große Besorgnis auszulösen. Zunächst und vor allem die Gründung der Chativa, der Vereinigung, in der alle Parteien miteinander verschmolzen, eine seltsame, mit dem politischen Leben in Erez Israel kaum zu vereinbarende Vorstellung. Dies bezeugt eine bereits Ende August, etwa drei Wochen nach seinem Eintreffen, an Kovner gerichtete Einladung zur Sitzung im Mapai-Hauptquartier „zur Besprechung der Chativa-Angelegenheit". Die Sitzung fand unter Teilnahme der Parteispitze offenbar Anfang September statt.[14]

Etwas später berichteten dann Soldaten der Jüdischen Brigade in Briefen oder in persönlichen Gesprächen während eines Heimaturlaubs von einer Gruppe, die sich anschickte, an den Deutschen schreckliche Rache zu üben, wobei unklar blieb, was das Ziel sein sollte und wer genau dahinterstand. Diese beunruhigenden Nachrichten vermischten sich mit einer wichtigeren Frage, die sich dem Jischuw bereits im Krieg gestellt, jetzt aber an Dringlichkeit gewonnen hatte: Wer waren die Überlebenden, wie viele gab es, was kennzeichnete sie und wie hatte die Schoa, von der noch gar nicht alle Einzelheiten bekannt waren, sie geprägt? Daraus ergaben sich weitere Fragen: Wie sollte man sich auf die Begegnung mit ihnen vorbereiten, wie für ihre Aufnahme im Land sorgen und welchen Platz würden sie in den politischen Plänen des Jischuws einnehmen?[15]

Ein zentrales Anliegen der Jischuwleitung in Bezug auf das Eintreffen der Überlebenden war die Frage, wie die Partisanen zu empfangen seien, die sich selbst an die Spitze dieser Gemeinschaft gestellt hatten und von ihr bereitwillig und sogar mit Liebe als Führung akzeptiert worden waren. Die Partisanen galten als Teil der sowjetischen Kampfeinheiten, und in wichtigen Blöcken des Jischuws, ganz sicher aber in der Führungsriege der *Kibbuz-Arzi*-Bewegung, fühlte man sich mit der zum Teil heiß bewunderten Sowjetunion wegen ihrer Widerstandskraft und des mit großen Opfern und Leiden errungenen Sieges im Krieg gegen die Deutschen solidarisch verbunden. In Erez Israel stellte man sich den russischen Bürger im Allgemeinen, und vielleicht das Produkt sowjetischer Erziehung im Besonderen, als warmherzige, großzügige, bodenverbundene und im Ganzen nachahmenswerte Persönlichkeit vor. Die Jugend und die Palmach-Soldaten auf der linken Seite des politischen Spektrums sangen russische Lieder, trugen bestickte Russenkittel, lasen *Die Wolokolamsker Chaussee* von Alexander Bek und andere russische Kriegsklassiker, übersetzt von den besten hebräischen Schriftstellern, und waren naturgemäß nicht bereit, den Partisanen zuzuhören. Andere Gründe kamen hinzu. Obwohl die Partisanen unter der Ägide der Sowjetarmee gekämpft hatten, galten ihre Klagen und Beschwerden über die Sowjetunion im Land als Beweis für die Beeinträchtigung ihrer Urteilsfähigkeit durch die Ereignisse der Schoa. Zweitens betrachteten die Linken im Land die Gründung der Chativa, von der sie gerüchteweise gehört hatten, als Distanzierungsversuch, auf jeden Fall als Abkehr von der Vorkriegs-Anhänglichkeit an den HaSchomer HaZa'ir. Drittens stellten die Soldaten der Brigade, wie erwähnt, eine Verbindung zwischen der Nakam-Gruppe und den abtrünnigen Milizen im Land her, was zu der Gleichsetzung „Nakam=Abtrünnige=Aktivismus=Ablehnung der Jischuwleitung" führte, der eine andere Gleichsetzung entgegengestellt wurde: „Zurückhaltung=Hagana=nationale Verantwortung".

Meir Ya'ari und die Frage nach der Rache

Die oben erläuterten Sorgen und Befürchtungen nisteten auch im Herzen von Meir Ya'ari, der Führungsfigur des Ha-Schomer HaZa'ir und des *HaKibbuz HaArzi*, noch bevor er Kovner im Land traf. Sie verstärkten sich beim Lesen der Briefe, die er von der Spitzenriege des HaSchomer HaZa'ir aus Rumänien und Ungarn erhielt und von Mitgliedern der Bewegung, die als Soldaten in der Jüdischen Brigade dienten. Die Führung des HaSchomer HaZa'ir im Land war entsetzt und befürchtete, eine „furchtbare Katastrophe" könnte die Bewegung aufgrund der Gründung der Chativa und aufgrund der Charaktere der Partisanen, wie sie in den Briefen nach Palästina gezeichnet wurden, treffen.[16] Gegen Ende Juni 1945, als Ya'ari sich auf die Reise nach London vorbereitete, wo der erste Zionistenkongress nach dem Krieg stattfinden sollte, die Jüdische Brigade vor dem Weiterzug Richtung Norden stand und Kovner im Land erwartet wurde, schrieb Ya'ari einen besonders scharfen Brief an Jehuda Tubin, der sich in Italien aufhielt. Ya'ari, ein Veteran des Ersten Weltkriegs, beargwöhnte Soldaten, die es nicht verstanden, ihre Uniform abzulegen „und das graue, alltägliche Heldentum erneut zu erlernen", die die Heimatfront verachteten und in deren Händen die *Nagant* (ein russisches Gewehr) quasi von allein losging. Ähnliche Einschätzungen kamen von Emissären, die aus Europa zurückkehrten, oder gingen aus Briefen hervor. Antek Zuckerman beispielsweise schrieb bereits im Juni aus Krakau an die Mitglieder der Bewegung *Dror HeChalutz* in Bukarest einen verurteilenden Brief, der anschließend ins Land gelangte. Als Kovner später von diesem Brief erfuhr, fühlte er sich regelrecht verraten. Antek schrieb, von den Partisanen gehe ein roher, gewalttätiger Geist aus, und wenn man nicht sehr auf sie aufpasse, würden sie sich „der Terroristenbande" anschließen oder, gottbehüte, kriminell werden. „Sie lieben ihr Volk", schrieb Antek, und „sie sind bereit für die Juden zu sterben, doch das hindert sie nicht daran, ein Auto mit Juden anzuhalten und die Insassen bis auf die Haut auszurauben." Natürlich, schränkte er ein, sind nicht alle so, und zum Schluss erklärte er, er liebe die Partisanen. Dieser Brief schürte die Befürchtungen, wie sich dieser Partisanengeist, der keine Autorität akzeptierte und voreilig auf den Abzug drückte, wohl auf die Politik auswirken würde. Weitere solcher Berichte waren aus den Mündern verantwortlicher Männer in verschiedenen Institutionen zu hören, so bei der Sitzung des Arbeiterrats der Histradut. Der Fallschirmspringer Joel Nussbacher (später Palgi), der mit der Freiheitskämpferin Hanna Senes über Ungarn abgesprungen war, erklärte, die Partisanen unterschieden sich in moralischer Hinsicht beträchtlich von der Arbeiterpartei im Land, sie würden eine weitere Terrorgruppe bilden und die Taten des Lechi noch in den Schatten stellen, wenn man keinen passenden Rahmen für sie fände.[17]

„Einen Anführer haben sie auch schon", schrieb Ya'ari an Tubin, „eine hypnotische Persönlichkeit von suggestiver Kraft, mit einer gloriosen Partisanenvergangenheit, ein Mann, der eine Unterhaltung unterbrechen kann und der seine lakonischen Äußerungen mit *ponyato* (russisch: verstanden?) beendet. Das Schicksal hat sich einen Scherz mit uns erlaubt und einen revisionistischen, als HaSchomer HaZa'ir verkleideten Dämonen ausgebrütet." Mit diesem erstaunlichen Satz berief Ya'ari sich auf Ruzka. „Sie weiß", heißt es in seinem Brief an Tubin weiter, „dass diese Leute trotz ihrer reinen Herzen und guten Absichten [...] sich nahezu faschistische Konzepte angeeignet haben." Dabei steht zweifelsohne fest, dass Ruzka keineswegs in diesen Begriffen über ihre Kameraden dachte, denn das wäre eine tiefe Kränkung für sie und ihren Kampf gegen den Faschismus in allen seinen Formen gewesen. Die politische Ausrichtung der Nokmim war in erster Linie sozialistisch und damit weit von der revisionistischen Partei entfernt. Da Ruzka sowohl von Ya'ari und seiner Führungsriege im HaSchomer HaZa'ir als auch von ihren Kameraden, den Partisanen, sehr geschätzt wurde, übernahm sie die schwierige Aufgabe, die Kluft zwischen beiden Seiten zu überbrücken. Sie bat Ya'ari, den Nokmim nach ihrer Ankunft kameradschaftlich zuzuhören. Ya'ari stimmte unter der Bedingung zu, dass auch jene sich kameradschaftlich zeigten, und drohte: „Wenn sie sich von vornherein abspalten und eine eigene Organisation und einen eigenen Kibbuz gründen wollen, dann bleibt uns keine andere Wahl, als dem Ganzen einen Riegel vorzuschieben."[18]

Aus diesen Bemerkungen geht hervor, wie Ya'ari Kovner einschätzte, noch bevor er ihn persönlich kennengelernt hatte und von Kovner selbst in die Rachepläne eingeweiht worden war. Zunächst einmal beargwöhnte er die von Kovner gegründete Chativa, die der Selbsteinschätzung des HaSchomer HaZa'ir, die „einzige Avantgarde" zu sein, widersprach. Eine junge, aus den Rängen der Bewegung in Europa aufgestiegene Leitfigur hatte eine neue Organisation gegründet, ohne sich vorher mit dem Weisen in Merchavia auch nur zu beraten. Hinzu kam der Schock über den heftigen Antisowjetismus Kovners und der Asiaten, die ihn als ihren Anführer betrachteten und ihm gehorchten, während sie in der Bricha die Rolle der Hauptaktivisten übernahmen. Und mit der Bricha taten die in Osteuropa verbliebenen Juden letztlich kund, dass sie so schnell wie möglich die Flucht ergreifen wollten, da für sie ein Leben unter einem kommunistischem Regime nicht in Betracht kam – eine Auffassung, die in der Führung des HaSchomer HaZa'ir als Ketzerei galt. Zudem bewies die Bricha, dass es kaum noch eine Chance gab, den HaSchomer HaZa'ir in Europa wieder aufzubauen, und schon gar nicht in Polen, wo einst die Wiege der Bewegung gestanden hatte. Für den Vorsitzenden der Bewegung im Land waren das quälende Einsichten. Ya'ari wusste zu dem Zeitpunkt noch nicht, dass die meisten Mitglieder der Bewegung in den Gettoaufständen und in den Wäldern ihr Leben verloren hatten, so dass es, anders als im von Antek und Zivia Zuckerman wiederbelebten *Dror-HeChalutz*, keinen Kern mehr gab, der den Wiederaufbau hätte mittragen können. Ya'ari hegte also bereits vor der ersten Begegnung mit Kovner begründeten Argwohn gegen den Dichter/Kämpfer aus Litauen, und das mag sich auch auf Ya'aris Haltung zur Vorstellung der Vergeltung ausgewirkt haben. Ob ihm auch das mitreißende Charisma Angst machte? Schaike Weinberg bezeugte: „Er [Ya'ari] verlor die Fassung, als er von der Gründung der Vereinigung [der Chativa] erfuhr (durch Briefe von der Jüdischen Brigade) und eilte zu Ruzka, um von ihr zu hören, wer dieser Kovner überhaupt sei." Möglicherweise hatten die Gerüchte das Ausmaß und die Macht der Chativa übertrieben, bevor das Bild sich klärte. Poldeks Bemerkungen über ein Missverständnis sind hier bereits erwähnt worden: „Wir wollten eine Revolte innerhalb des bestehenden Rahmens, nicht gegen ihn. Wir akzeptierten die erezisraelischen Institutionen voll und ganz."[19] Erst ungefähr ein Jahr später war Ya'ari soweit, dass er die Aufgabe des HaSchomer HaZa'ir in Europa auf eine kurze, bündige Formel bringen konnte, die einem gewissen Kompromiss zwischen Kovner und ihm gleichkam: „Ein Kompass für die Abreisenden zu sein und ein Anker für die Dableibenden."[20]

Einige Wochen nach Kovners Ankunft trafen sich die beiden Männer am Jom Kippur, dem 17. September 1945, in Merchavia für ein elfstündiges ununterbrochenes Gespräch. Es war der erste in einer Reihe von Dialogen, die bis zum Tod beider im Jahr 1987 nicht abreißen sollte. Von Anfang an war klar, dass hier zwei Männer aufeinandertrafen, die tiefe Achtung füreinander hegten, trotz – oder gerade wegen – der heftigen Meinungsverschiedenheiten in prinzipiellen Fragen, die sie fast vierzig Jahre lang miteinander austrugen. „Eins ist mir klar, wir werden zusammengehen", schrieb Kovner an Pinchas Gruner, einem HaSchomer-HaZa'ir-Mitglied in der Jüdischen Brigade. Dazu drückte er die Hoffnung aus, Ya'ari, den er als große jüdische Führungspersönlichkeit anerkannte, würde die Bewegung an der neuen Realität der europäischen Juden nach der Schoa ausrichten. Ruzka, die dem Treffen beigewohnt hatte, war reservierter.[21] Der persönliche Aspekt ihrer Beziehungen, der, wie gesagt, auf gegenseitiger Wertschätzung beruhte, trat deutlicher hervor, als Kovner in einem britischen Gefängnis in Kairo saß und aus der Ferne Halt bei Ya'ari suchte.

In jenem ersten Gespräch mit Ya'ari hat Kovner offenbar das Racheunternehmen gar nicht erwähnt, obwohl Ruzka dabei war, vielleicht aber auch, weil sie dabei war. Sie unterstützte den Rachegedanken leidenschaftlich, doch nach einigen Monaten im Land konnte sie ebenfalls den Standpunkt des Jischuws und seiner Führung nachvollziehen. Sie spürte „die Spannung im Land und die Bereitschaft, Opfer zu bringen, […] den Kampf um das Leben, der hier gekämpft wird, und nicht um den Tod. Und in diesem Kampf zu fallen, sind alle bereit."[22] Kovner wartete auf eine passende Gelegenheit für ein weiteres Treffen mit Ya'ari, denn zweifellos war die Meinung des Leiters der Bewegung in der Racheangelegenheit ihm äußerst wichtig. Abbas Plan erfüllte inzwischen sein ganzes Wesen und war ihm zum Lebensinhalt geworden, und deswegen wollte jeder Schritt wohlüberlegt sein.

Dass Ya'ari bereits ein halbes Jahr zuvor, während Kovner und die Kameraden sich noch in Lublin aufhielten, zur Rache Stellung genommen hatte, wusste Kovner nicht. Das war im Februar 1945 anlässlich eines langen Gesprächs mit Jehuda Ben-Chorin gewesen, bevor die Soldaten der Deutschen Abteilung über Ägypten nach Italien aufbrachen, um sich der Jüdischen Brigade anzuschließen. Nach dem Gespräch nahmen alle an einem Abschiedstreffen mit dem Sekretariat des *Kibbuz Arzi* teil. Ya'ari gab den Soldaten gute Wünsche mit auf den Weg an die Front und berichtete ihnen von Ben-Chorins Forderung, „ein Rachekommando einzurichten, um das Blut der Millionen zu rächen. Dieses Gespräch stellt für mich eines der tiefsten Erlebnisse dieses Krieges dar. J. [Jehuda Ben-Chorin] wird den Auftrag erfüllen, so wie alle Mitglieder unserer Bewegung ihre Aufträge erfüllen. Er und seine Kameraden werden innerhalb der Brigade den Kern bilden, der die Rache übernimmt." Mit diesen Worten bezog sich Ya'ari auf die Beteiligung der Deutschen Abteilung an den Racheaktivitäten der Jüdischen Brigade, über die er mit Sicherheit unterrichtet war. Seine Ansprache ging weiter: „Wir unterscheiden nicht zwischen den Massen des deutschen Volkes und ihren Aufwieglern und Anstiftern. Eine NS-Spitze gibt es nicht, es gibt vielmehr eine breite Nazischicht", und wer könne wissen, wann das Gift aus ihr herausgefiltert sei. Er rief bei dieser Gelegenheit nicht zu einer allumfassenden Rache an der deutschen Bevölkerung auf, doch er erklärte: „Wir fallen auf die Verführung zur Vergebung nicht herein." Damit schickte er die Deutsche Abteilung auf ihre Mission: „Mit Liebe, mit Glauben, mit Vertrauen." Ya'aris Ansprache wurde kurz darauf in *Mischmar*, der Zeitung der Bewegung, abgedruckt. Einige Jahre darauf erschien sie im „Buch des HaSchomer HaZa'ir" unter der Überschrift „Seid der Kern, der sich rächt!" – und geriet dennoch in Vergessenheit.[23] Ya'ari hatte also weder etwas gegen die Racheakte der Jüdischen Brigade einzuwenden, noch bot er der deutschen Nation als Ganzes Versöhnung an.

Ben-Chorin und die Soldaten der Deutschen Abteilung trafen im Juli 1945 in Tarvisio mit den Partisanen zusammen, die, wie im vorigen Kapitel beschrieben, die Nähe der Jüdischen Brigade gesucht hatten. Nach der Begegnung schrieb

Ben-Chorin: „Wir gerieten zunehmend unter Druck [...] vonseiten der Partisanen, innerhalb Deutschlands großangelegte Rachetaten auszuführen", und fügte hinzu, dass die Offiziere der Jüdischen Brigade sich von solchen Aktionen abgestoßen fühlten. Er selber befürchtete, die Partisanen könnten in ihrer Verzweiflung derartige Unternehmungen auf eigene Faust durchziehen und hielt es für besser, „dass wir das in die Hände nehmen", womit er mit „wir" offenbar die Brigade und die Deutsche Abteilung meinte.

Nachdem Kovner im August nach Palästina abgefahren war und die Jüdische Brigade sich nach Holland und Belgien in Bewegung gesetzt hatte, traf Ben-Chorin sich gelegentlich mit Pascha, Kovners Stellvertreter. Ben-Chorin zufolge stellte Pascha dieselben Forderungen wie Kovner. Zwischen den Partisanen und dem Kommando der Jüdischen Brigade entstanden Spannungen. Aufgrund ihrer gemeinsamen kommunistischen Vergangenheit herrschte zwischen Pascha und Ben-Chorin ein gewisses Einverständnis, doch auf dem Höhepunkt der Meinungsverschiedenheiten bat Ben-Chorin um Sonderurlaub und fuhr mit Einverständnis seiner Kommandeure nach Palästina, um sich mit der Führung der Hagana und des HaSchomer HaZa'ir in Bezug auf die Rachemission zu beraten.[24]

Im Land zeichnete sich eine Tendenz ab, die mit Kovners „Hausarrest" bei Avigurs Eltern begann. Die Führung der Hagana, des HaSchomer HaZa'ir und des Jischuws richteten ihr volles Augenmerk auf die Nakam-Gruppe und ließen die Dinge nicht aus dem Ruder laufen: Der Kommandeur einer wichtigen Abteilung kehrte zu Beratungen heim, zu einer Zeit, in der der Krieg zwar bereits zu Ende war, die Jüdische Brigade aber noch Pflichten zu erfüllen hatte (die sie fast ein ganzes Jahr in Europa festhalten sollten) und die Reise- und Kommunikationswege äußerst beschwerlich waren. Nach seiner Ankunft in Palästina, es muss im September 1945 gewesen sein, etwa einen Monat nach Kovners Eintreffen, erstattete Ben-Chorin der Jischuwleitung Bericht über die bis dato ausgeführten Vergeltungsakte (gegen einzelne NS-Verbrecher, deren Schuld zweifelsfrei feststand) und über die moralischen und praktischen Unsicherheiten in Bezug auf die Rache, die den Soldaten der Jüdischen Brigade und der Deutschen Abteilung zu schaffen machten. Alles deutet darauf hin, dass es Ben-Chorin war, der die Haganakommandeure und seine Vorgesetzten Ya'ari und Hazan über das in Kenntnis setzte, was er über den „Plan A" wusste. Zu seiner Genugtuung stieß er bei allen, von Galili und Sneh bis zu Hazan und Ya'ari, auf Zustimmung zu dem bis dahin in der Jüdischen Brigade und der Deutschen Abteilung praktizierten Vorgehen, dem auch er selbst zustimmte, Rache an einzelnen Nationalsozialisten zu verüben, ohne dass die Aktivitäten zur Betreuung der Flüchtlinge und ihrer Einwanderung nach Erez Israel darunter zu leiden hatten.[25]

Unterdessen traf Kovner sich abermals mit Ya'ari, der sich über die konkreten Pläne der Nakam-Gruppe entsetzt zeigte. Nachdem er sich einigermaßen gefasst hatte, gab er immerhin sein Einverständnis für Plan B.[26] Zu Kovners Überraschung war die Rache in jenem Gespräch kein besonderes Thema: „Er sagte: Ich will gar keine Einzelheiten hören. Wenn Jehuda Ben-Chorin einverstanden ist, gebe ich meine Erlaubnis." Mordechai Roseman behauptete rückblickend, Ya'ari sei mit der Rache nie wirklich einverstanden gewesen. Doch damals war es für jemanden, der die Schoa nicht am eigenen Leib erfahren hatte, unmöglich, sich öffentlich gegen die Vergeltung zu stellen. „Ich bin sicher, dass Ya'ari im Innersten seines Herzens dagegen war, aber niemand hatte den Mut, Kovner ins Gesicht zu sagen: Lass das sein."[27] Die Leute im Land legten damals eine Art erzwungenes Lippenbekenntnis zum Prinzip der Rache ab. Nach der Rückkehr der Jüdischen Brigade ins Land schrieb beispielsweise Mosche (Mijetek) Zilbertal im Rundbrief des HaSchomer HaZa'ir: „Die Gründung der Brigade kennzeichnete eine Änderung unseres Wegs. Der Ruf nach Rache und die Begegnung mit der Diaspora [...] wurden zu unser aller Freude Wirklichkeit."[28] Während ihrer Zeit in Italien hatten die Mitglieder des HaSchomer HaZa'ir in der Jüdischen Brigade wie Tubin, Zilbertal und Schaike Weinberg monatelang auf ein Schreiben von Ya'ari gewartet, in dem er seine Position zum Rachethema erläuterte, doch er ließ ihnen „nicht einmal einen Hinweis" zukommen. Sie hofften sogar, Ruzka würde mit Ben-Chorin nach Europa zurückkommen, doch auch in dieser Hinsicht blieben sie ohne Antwort.[29]

Kovners Treffen mit Ben-Chorin, Ben-Gurion, Galili, Sneh und Schimon Avidan

Ben-Chorin erhielt im Land klar formulierte Richtlinien. Er wurde als Abgesandter der Hagana mit der Aufsicht über die Racheaktionen betraut und wurde obendrein zum offiziellen Verbindungsmann zu Kovner und der in Europa weilenden Nakam-Gruppe ernannt. Ohne Frage hat Ben-Chorin Kovner von dieser Ernennung in Kenntnis gesetzt. Unklar bleibt allerdings, ob Kovner sich die Mühe machte, auch Pascha und die Kameraden darüber zu informieren, dass die Institutionen des Jischuws mit der Ernennung Ben-Chorins der Freiheit und Unabhängigkeit der Nakam-Gruppe ein Ende gesetzt hatten. In Kovners Briefen an Vitka und an die Anführer der Nokmim in Europa kommt Ben-Chorin überhaupt nicht vor. Was mag Kovner selbst von der ihm und seinen Kameraden nun offiziell vorgesetzten Aufsicht gedacht haben? Ben-Chorin war sich der Problematik bewusst. Es sei keineswegs selbstverständlich, erklärte er, dass in Palästina ansässige Hagana-Kommandeure den Juden in der Diaspora Anweisungen erteilten. In der Tat wurde Kovner zu einer Unterredung mit Ben-Gurion eingeladen, und er bekam Gelegenheit, mit den führenden Männern des HaSchomer HaZa'ir wie Ya'ari und Hazan zu sprechen. Sie alle gemeinsam brachten Abba dazu, die Ernennung Ben-Chorins zumindest nach außen hin zu akzeptieren. „Unsere gemeinsame Haltung war: Achtet ihn, aber verdächtigt ihn", so Ben-Chorin. Als er zur unterdessen in Belgien und Holland angekommenen Jüdischen Brigade zurückkehrte, spürte er, dass die Offiziere der Brigade ihm diesen problematischen Verantwortungsbereich nicht ungern überließen.[30]

Kovner hat die Begegnung mit Ben-Gurion beschrieben, aber nur andere Gesprächsthemen erwähnt, die Vergeltung nicht. Er leitete das lange Treffen mit einer Schilderung der Schoa ein. Ben-Gurion sprach über den sowjetischen Antisemitismus in den Wäldern und über die Möglichkeit, dass Kovner im Land bleiben, in die Mapai eintreten und deren Jugengruppen leiten könnte. Kovner gab zurück, dass er Mitglied des HaSchomer HaZa'ir sei, dass lediglich die Zeit extremer Not ihn in die Position eines Anführers gezwungent habe und dass er sein Leben nur einem einzigen Zweck widmen wolle. Das Rachethema jedoch wurde in jener Unterhaltung Kovners Angaben zufolge nicht näher erörtert. Wie ist es möglich, dass Ben-Gurion nicht nachfragte, welches jener einzige Zweck war, dem Kovner sein Leben widmen wollte?

Gleicht man die Terminkalender von Ben Gurion und Kovner miteinander ab, dann kann ihr Gespräch nur in den beiden Wochen zwischen dem 21. November und Kovners Rückkehr nach Europa Anfang Dezember stattgefunden haben. Ben-Gurion verließ Palästina am 10. Juni 1945 und hielt sich bis zum 21. November abwechselnd in den USA und Europa auf, wo er bekanntlich die DP-Lager besichtigte. Am 21. November kehrte er nach Erez Israel zurück. Obwohl emsig danach gesucht wurde, fand sich weder in den Tagebüchern Ben Gurions noch in seinem umfangreichen Archiv ein Hinweis auf die Unterhaltung mit Kovner; auch was Ben-Gurion von Racheakten hielt, hat er nirgends schriftlich festgehalten. So bleibt hier ein ungeklärter Widerspruch: Kovner erwähnte die Rache als Gesprächsthema zwischen ihm und Ben-Gurion nicht, Ben-Chorin aber sagte aus, Kovner sei zu Ben-Gurion nur gebracht worden, damit dieser ihm die Grenzen der Rache klarmache und auf den gemeinsamen Weg zurückhole. Immerhin war Avigur Ben-Gurions rechte Hand, und Mapai-Mitglieder in der Jüdischen Brigade wie Surkis und Argov hielten ihn beständig auf dem Laufenden. Sie waren es gewesen, die Kovner zu einem Treffen mit Ben-Gurion nach Palästina geschickt hatten. Roseman stellte die These auf, dass Ben-Gurion höchstwahrscheinlich gegen die Racheaktion war, da die Nakam-Gruppe von Mitgliedern des HaSchomer HaZa'ir und ehemaligen Kommunisten geführt wurde. Auch wenn kein Dokument in seinem Archiv es belegt, dürfen wir vermuten, dass Ben-Gurion, wenn er eine unmittelbare Vergeltungsaktion für richtig gehalten hätte, die entsprechenden Anweisungen erteilt und die Maschinerie des Jischuws in Gang gesetzt hätte, und zwar mit Folgen, deren Echo bis heute nachhallen würde. Wie auch immer, die Begegnung mit dem damaligen Vorsitzenden der Jewish Agency ließ Kovner ebenfalls verbittert zurück und führte seiner Meinung nach nur zu weiterem Argwohn und zur Verzögerung der Bearbeitung seiner Bitte.[31]

Unterdessen kam es zu weiteren Treffen, bei denen das Thema Rache im Mittelpunkt stand. Kovner sprach mit Galili und mit Sneh, die beide Solidarität und Verständnis bekundeten, aber nicht mehr als das. Sie offenbarten ihm nicht, dass sie den Plan A bereits kannten. Da er meinte, es sei in Europa schwer zu besorgen, bat Kovner bei diesen Gelegenheiten um ein besonderes wirksames wasserlösliches, geruch- und geschmackloses Gift, das keine Spuren hinterließ. Außerdem forderte er Unterstützung in Form eines Fahrzeuges, dazu Personal und die Anweisung an die Hagana in Europa, die Racheaktionen nicht zu stören. Im Gegenzug versprach er, das offizielle Judentum auf keinen Fall in seine Operationen hineinzuziehen; sollten er und die Nokmim vor Gericht gestellt werden, würden sie die volle Verantwortung auf sich nehmen. Galili versprach Kovner, ihm in Europa Verbindungsleute von der Hagana zur Verfügung zu stellen, vorausgesetzt, Kovner akzeptiere die Autorität der Hagana und beschränke sich auf die Ausführung von Plan B, der sich gegen Lager richtete, in denen Tausende Angehörige der SS interniert waren. Galili war also über Plan A informiert und nicht gewillt, diesen zu unterstützen. Was das Gift betraf, so wurde Kovner gesagt, er möge es sich doch bitte anderswo besorgen. Abba musste erkennen: „Für die Idee, das Wasser in einigen Großstädten zu vergiften, lassen sich vielleicht zwei, drei Leute gewinnen", aber auch diese wenigen regten an, er solle seine Kameraden doch lieber ins Land bringen. Sie seien erschöpft, sie hätten ihre Pflicht getan und „nun werden wir uns der Sache annehmen". Wie schon von Schlomo Schamir und Ben-Chorin musste Kovner auch jetzt wieder hören, dass „wir", die Hagana, die auch die Autorität über die Jüdische Brigade besaß, sich anstelle der Nokmim „der Sache annehmen" würde.[32]

Kovner akzeptierte die Bedingungen, doch Ben-Chorin spürte, dass er es nur dem Anschein nach tat. „Ich gestehe und gebe zu, dass ich mit Galili, mit Sneh und mit Schaul nicht aufrichtig war. Ich gab nur vor zuzustimmen. An meine Kameraden in Europa sandte ich die chiffrierte Anweisung, mit niemandem mehr über Plan A zu sprechen, bis ich wieder da sei." Das legte Kovner etwa drei Monate vor seinem Tod in einem Schriftstück nieder, in dem er die wichtigsten Entwicklungen der Nakam-Sache festhielt und das er dem

Archiv übergeben wollte. Aus diesem Dokument geht eindeutig hervor, dass er den Plan A entgegen der von ihm abgegebenen Versicherungen und mit dem Wissen, dass darüber keine Einigung herrschte, durchziehen wollte. „Ich habe mit gutem Gewissen gelogen", vertraute er Jahre später seinen Kameraden im Land an, „und noch immer zweifle ich keinen Augenblick an der Richtigkeit und Notwendigkeit von Plan A." Nachdem er sich, wie oben erwähnt, mit der Führungsriege getroffen hatte, ging Kovner zu Schimon Avidan, bei dem der Vereinsamte Verständnis und Unterstützung fand. Sie wurden enge Freunde. Später meinte Kovner, wenn er Avidan als erstem begegnet wäre, hätte er sich im weiteren Verlauf seines Aufenthalts in Erez Israel möglicherweise anders verhalten.[33]

Mit „eine chiffrierte Anweisung" spielte Kovner auf den Briefwechsel zwischen Erez Israel und Europa an, mit dem er bereits im Hafen von Sorrento begann und den er während der ganzen Dauer seines Palästina-Aufenthalts aufrechterhielt, in erster Linie vermittels jüdischer Soldaten in der britischen Armee sowie in der Jüdischen Brigade und Emissären, die nach Europa reisten. Die Briefe waren an Vitka adressiert, und sie las sie Pascha und Bezalel vor. Das Verfahren war wegen des unterbrochenen Postdienstes üblich, doch es muss sich auf Paschas Ansehen als Kovners Stellvertreter negativ ausgewirkt haben. Die Briefe enthielten Ausdrücke, die von den Empfängern leicht zu decodieren waren: die Racheaktion hieß ‚das Ausbildungsprogramm', die Lager mit den SS-Angehörigen hießen ‚die Kinderhäuser' (wie in den Kibbuzim), das Gefängnis wurde ‚Hospital' genannt, das Gift ‚Medizin' und der Chemiker, der es anfertigen sollte, war ‚der Doktor'. Pascha hieß ‚Izja', Vitka ‚Jehudit', Kovner selbst ‚Uri' oder ‚Jehuda'. Das Konzept der Rache wurde als ‚Hadassa' bezeichnet (es war der Name von Kovners erster Freundin) und Kovner dementsprechend gelegentlich als ‚Hadass'. In der Bibel lautet der hebräische Name der Königin Esther ‚Hadassa'; der Name ‚Esther' wiederum weist die gleiche Wurzel auf wie das hebräische Wort für ‚verbergen': Esther verbarg ihre Herkunft, um ihr Volk zu retten. Im Jischuw war es zu jener Zeit üblich, für die Mitglieder des Untergrunds, die leitenden Persönlichkeiten, für ihre Unternehmungen und die Orte, an denen sie sich aufhielten, Codes zu verwenden, um sie vor ‚dem bösen Blick' der Briten zu schützen. Besonders in Briefen bediente man sich häufig einer euphemistischen Sprache und benutzte Kosenamen.[34]

Am 8. September begann mit dem Rosch-HaSchana-Fest das Jahr 5706 des Hebräischen Kalenders, und Kovner hielt sich bereits etwa einen Monat im Land auf. In einer weiteren schriftlichen Anweisung bezieht er sich auf „das Wichtigste für unseren Zweck" und auf den Vorrang, der Plan B einzuräumen sei. „Ich will kategorisch", so schrieb er, „dass Pascha die Zeit nach Kräften nutzt, um Plan B vorzubereiten. Das bedeutet nicht, dass wir den ersten Plan aufgeben (Nein!!)", aber er habe die nötigen Mittel für Plan A, dessen Vorbereitung sehr viel aufwendiger, länger und schwieriger sei, noch nicht auftreiben können. Trotzdem wünsche er sich, das neue Jahre möge ein „Jahr großer Taten" werden. In diesem und in nachfolgenden Briefen wies Kovner die Kameraden an, eigenständig und ohne Hilfe von außen tätig zu werden, die nötige Ausrüstung zusammenzutragen und keine neuen Beziehungen zu knüpfen. Wieder einmal ist der Wunsch zu spüren, ohne die Hilfe der Hagana auszukommen und sich ihrer Autorität keinesfalls zu beugen. Der Grund dafür mag gewesen sein, dass man ihm inzwischen zu verstehen gegeben hatte, die Jischuwleitung halte die Unabhängigkeit der Nokmim für unerwünscht. Kovner trug den Kameraden abermals auf, den „Ingenieur' oder „den Doktor" um jeden Preis ausfindig zu machen. Damit meinte er Jitzchak Ratner, den Chemiker aus dem Untergrund des Wilnaer Gettos, der ihnen helfen sollte, das Gift zu besorgen oder selbst herzustellen.[35]

Im Kapitel, das von der Nakam-Gruppe in Deutschland handelt, werde ich auf diese Anweisung zurückkommen und berichten, wie Pascha und die anderen Kameraden darauf reagierten.

Chaim Weizmann, Ephraim Katzir und das Gift

Nachdem Kovner verstanden hatte, dass Sneh und Galili seine Bitten nicht erfüllen würden, machte auch er sich weiter auf die Suche nach finanzieller Unterstützung und dem passenden Giftstoff. In seinen Briefen ist von rastloser Tätigkeit zu lesen aber auch von einer selbst auferlegten Pause. Einen Monat lang hielt er sich völlig zurück, da er sich keine unmissverständliche Absage, die nicht mehr rückgängig zu machen war, einhandeln wollte.[36] Unter seinen Schilderungen von Treffen mit wichtigen Persönlichkeiten des öffentlichen Lebens räumt er insbesondere dem Dialog mit Dr. Chaim Weizmann, dem Präsidenten der World Zionist Organisation, breiten Raum ein. Das Treffen war seinen Worten zufolge von Mordechai Schenhavi aus dem Kibbuz Mischmar HaEmek arrangiert worden. Schenhavi hatte bereits im Februar 1945 ein Treffen zwischen Weizmann und Ruzka in die Wege geleitet, das lange gedauert hatte und sehr freundschaftlich verlaufen war. Sie hatte von der Schoa berichtet und der herorragende Wissenschaftler und Staatsmann hatte ihr zugehört und jede Störung untersagt.[37]

Schenhavi, von dem Ruzka sehr lobend sprach, hatte Kovner zufolge im September 1945 vorgeschlagen, Abba solle mit Weizmann sprechen. Kovner schilderte, Weizmann habe ihm still und wie selbstvergessen zugehört und am Schluss gesagt, wäre er jünger und befände er sich in der Lage Kovners und seiner Kameraden, hätte er gehandelt wie sie. Dann verwies er Kovner an Prof. Ernst David Bergmann, einen Pionier der Nuklearforschung in Erez Israel. Bergmann seinerseits bat die Brüder Aharon und Ephraim Katchalsky (später Katzir), die fragliche Substanz herzustellen. Es gelang ihnen innerhalb von zwei Wochen, und sie wussten, wie Prof. Bergman, nur von Plan B. Darüber hinaus erlaubte Weizmann Kovner, sich auf ihn zu berufen, um mit dem Industriellen Hans Moller, dem Besitzer der Ata-Textilwerke, Kontakt aufzunehmen. Moller gab Kovner eine bestimmte Geldsumme, die er in Goldmünzen umtauschte. Soweit Kovners Aussage über das Treffen mit Weizmann.[38]

Allerdings findet sich weder in Weizmanns Tagebuch noch in seinen Erinnerungen oder in seinem Archiv ein Beleg für das Treffen mit Kovner in jenem Sommer 1945, was nicht weiter verwunderlich ist, denn der Präsident der WZO hielt sich zu jener Zeit gar nicht in Palästina auf. Im März 1945 reiste er ab nach London, und in den Monaten November und Dezember besuchte er die USA. Nach Palästina kehrte er erst Ende Februar 1946 zurück, Kovner aber war, wie erwähnt, Anfang Dezember 1945 von dort in Richtung Europa aufgebrochen. Prof. E. D. Bergmanns Biografen gehen kurz auf diese Geschichte ein und ordnen sie als „Anschuldigungen und Gerüchte" ein, denen jeder mit den Sicherheitsbelangen einer Nation befasste Wissenschaftler zum Opfer fallen könne. In Schenhavis Biografie taucht die Angelegenheit gar nicht erst auf; Kovners Name wird in einem anderen Zusammenhang nur kurz erwähnt.[39] Ruzka, die ja Weizmann auf Schenhavis Vorschlag hin besucht hatte und später Kovner zu einem wichtigen Treffen mit Ya'ari begleitete, schrieb nichts von einer Begegnung zwischen Kovner und Weizmann. Es wäre zu erwarten gewesen, dass sie, wie in Ya'aris Fall, sich Abba angeschlossen oder eine solche Zusammenkunft zumindest in ihren Aussagen erwähnt hätte.

Der Historiker Jehuda Bauer befragte Kovner 1964 zur Bricha und zur Nakam-Gruppe und hinterlegte die Aussage, die das Treffen mit Weizmann beschrieb, im Archiv, unter der von Kovner geforderten Bedingung, das Material sei als „vertraulich" zu klassifizieren und dürfe nur mit seiner Genehmigung zur Einsicht freigegeben werden. In einem Begleitbrief zu diesem Abschnitt der Befragung bemerkt Bauer mit gebührender Vorsicht, das Treffen habe „1945 in Rechovot stattgefunden (offenbar)". Außer Kovners eigener Aussage ist das einzige Zeugnis, das auf diese Begegnung hinweist, eine merkwürdige Karte aus dem Nachlass Weizmanns, die Bauer dem Begleitbrief ans Archiv und der Aussage beifügte. Auf ihr steht das Datum „1. März 1946", Kovners Name in lateinischen Buchstaben und die Bemerkung in englischer Sprache „Talk with Dr. W", dazu in Klammern (6.000.000), um den Inhalt des Gespräches anzugeben.[40] Also dürfen wir annehmen, dass Kovner diese Begegnung keinesfalls erfunden hat und Weizmann tatsächlich in dessen Privatvilla in Rechovot aufsuchte. Es war aber wohl nicht im Sommer 1945, sondern nach dem 10. März 1946. Weizmann war Ende Februar über London aus den USA ins Land zurückgekehrt, und Kovner wurde Aussagen jüdischer Mithäftlinge zufolge in der zweiten Märzwoche aus dem Hauptgefängnis der Briten am Jerusalemer Russenplatz entlassen (eine Episode, auf die ich gleich noch näher eingehen werde). Kovner selbst gab seinem Interviewer Sarid gegenüber als Datum seiner Freilassung oder des Treffens mit Weizmann „ungefähr den 15. März" an. Damit bleibt eine Diskrepanz bestehen zwischen dem Datum auf der Karte und dem Datum von Kovners Entlassung. Den 1. März verbrachte er nachweislich noch hinter Gittern.[41]

Das Datum der Begegnung, an der die beiden Männer über die sechs Millionen sprachen, ist so wichtig, weil es Licht auf die Giftbeschaffung und auf die Frage, ob Weizmann daran beteiligt war, werfen könnte. Prof. Ephraim Katzir, von 1973 bis 1978 der vierte Präsident des Staates Israel, sagte mir 1998, bestätigte dies mit seiner Unterschrift und schrieb später auch in seiner Autobiografie, dass er und sein Bruder Aharon im Sommer 1945 wissenschaftliche Assistenten in der Abteilung für Organische und Mikromolekulare Chemie an der Hebräischen Universität in Jerusalem waren. An einem Tag in jenem Sommer stellte Jehiam Weitz, einer von Aharons Studenten, Mitglied im HaSchomer HaZa'ir und Sohn von Josef Weitz, eines Funktionärs des Keren Kajemet, den Brüdern Katzir zwei Schoa-Überlebende und Kämpfer namens Abba Kovner und Ruzka Korczak vor. Ephraim zufolge gaben die beiden uns „einen gekürzten Bericht [...] über die Gettos und die Todeslager sowie über die verzweifelten Versuche kleiner Gruppen, sich gegen die Deutschen aufzulehnen." Die Brüder vernahmen zum ersten Mal einen so ergreifenden Bericht über die Schoa von Menschen, die dabei gewesen waren. „Wir hatten schon vorher davon gehört, aber mir scheint, erst damals [...] erfuhren wir die wahre Geschichte." Kovner berichtete von dem Racheplan gegen internierte SS-Männer und betonte, eine solche Aktion habe rein symbolischen Wert. „Wir hatten mit ihm keinerlei Meinungsverschiedenheiten. Wir waren seit Jahren in der Hagana und man hatte uns eingetrichtert, die Juden müssten sich aktiv verteidigen. Wir waren auf der Stelle bereit, Abba Kovner nach Kräften zu helfen. Aharon und ich, wir wandten uns an den für das Chemielager Verantwortlichen, [...] ebenfalls ein Hagana-Mitglied, und auch er ließ sich ohne Zögern überzeugen. Mit ihm zusammen erstellten wir eine Liste aller Gifte, die er besorgen konnte. Er trug sie zusammen und ließ sie durch uns an Abba Kovner weiterreichen." Bereits ein Milligramm dieser Substanzen war tödlich, gab Katzir an, und Kovner meinte, die Menge hätte für einen doppelten Plan A ausgereicht.[42]

In eben jenem Interview, das aufgezeichnet, transkribiert und dann von Katzir selbst in Gegenwart eines Zeugen unterzeichnet wurde, wunderte Katzir sich, dass die Beschaffung des Gifts für den Gebrauch durch Abba Kovner Chaim Weizmann zugeschrieben wurde. „Eine solche Zuschreibung entbehrt jeder Grundlage, nicht nur, weil das Gift auf dem eben geschilderten Weg zu Kovner gelangte, sondern auch weil eine solche Tat mit Weizmanns Weltsicht überhaupt nicht zu vereinbaren war. Er konnte sich für Operationen jener Art, milde gesagt, nicht gerade begeistern, und schon gar nicht für die Mitwirkung von Wissenschaftlern bei diesen Dingen." Dann nannte Katzir einige Beispiele für Weizmanns Weigerung, vor dem Unabhängigkeitskrieg unkonventionelle chemische oder biologische Waffen herzustellen. „Jedenfalls haben Aharon und ich nie mit ihm über die Angelegenheit gesprochen. Im Sommer 1945 kannten wir ihn noch gar nicht persönlich." Die Brüder Katzir gingen erst 1948 an das damals noch nach Daniel Sieff benannte Institut in Rechovot. All das besagt eindeutig, dass Aharon und Ephraim Katzir von niemandem Befehle empfingen, ganz bestimmt nicht von Weizmann, der im Ausland weilte und E.B. Bergmann ohnehin keine Anweisungen erteilen konnte. Die Katzirs hatten 1945 noch nichts mit dem Institut in Rechovot zu tun, sie wussten nichts von Plan A, und als junge, in der Verteidigung des Jischuws aktive Hagana-Mitglieder kam es ihnen gar nicht in den Sinn, für eine so simple Aktion wie den Angriff auf SS-Männer sei überhaupt irgendeine Genehmigung erforderlich. Zwei oder drei Tage nach dem ersten Treffen kam Kovner persönlich, um das Gift in Empfang zu nehmen, und dann hörten sie jahrelang nichts mehr von ihm.[43]

In der Tat ließ Kovner Vitka in einem Brief von Anfang Oktober wissen, dass er bereits „einen Doktor, einen Spezialisten" gefunden habe, der von ganzem Herzen bereit sei zu helfen und „auch über ein Krankenhaus", also ein Labor, verfüge, und er (Kovner) würde gleich morgen früh zu ihm nach Jerusalem (nicht nach Rechovot) fahren. In einer weiteren Aussage erwähnte Kovner den Skopus-Berg in Jerusalem, auf dem sich die Universitätsgebäude damals befanden. In Bezug auf die finanziellen Mittel, die er zu erhalten und nach Europa mitzunehmen hoffte, schrieb er, er habe endlich „die ausgestreckte Hand eines guten Bekannten gefunden, eines wahren Freundes Zions!" Der würde ihm helfen, die Bekanntschaft eines Philanthropen zu machen, der unter Umständen bereit sie, ihr Vorhaben kontinuierlich zu unterstützen, sogar mit Bargeld. Kovner nannte weder den reichen Gönner, der anonym zu bleiben wünschte, noch den „guten Bekannten" bei Namen. Der Brief ging weiter in der üblichen Chiffrierung: „Morgen werde ich die älteste Schwester Elijahus heiraten, die eine Mitgift bekommt. Sie hat einen reichen Onkel in

Ägypten, der uns einen Teil seines Besitzes überlassen will." Er beschwor Vitka, die Hochzeit geheimzuhalten, sogar vor den Brüdern in der Brigade.

Bei „Elijahu" handelte es sich offensichtlich um Elijahu Golomb, den inoffiziellen Kommandeur der Hagana, der das Hauptquartier der Hagana jahrelang in seiner Wohnung am Rothschild Boulevard beherbergte. Sein plötzlicher Tod im Juni 1945, zwei Monate vor Kovners Eintreffen, versetzte den Jischuw in einen schweren, noch lange nachwirkenden Schock. Mit die „älteste Schwester" könnte Jitzchak Sadeh gemeint gewesen sein, der Kommandeur der Palmach. Er war mit Ruzka und Kovner bereits gut bekannt und verfügte über viele Verbindungen, so dass er der „gute Bekannte" gewesen sein könnte. Wer aber war „der reiche Onkel in Ägypten"? Er bleibt ein Rätsel.

Nur bei einer Gelegenheit vertraute Kovner den Kameraden an, die Zubereitung des Giftstoffs habe zwei Monate gedauert und nicht nur ein oder zwei Tage. Dann bestellten zwei Hagana-Leute ihn in ein Versteck, wo das Gift in Dosen mit der Aufschrift Milchpulver und Kondensmilch eingelagert war, und fragten ihn, ob die Verpackung gut sei. Nachdem er die Goldmünzen von Moller erhalten hatte, stopfte der Kassenwart der Hagana sie in eine Tube mit Zahnpasta oder Rasiercreme. Das gab Kovner bei seiner Befragung an. Die Hagana wusste also genau, was er erhalten hatte und was er auf der Rückreise bei sich trug.[44]

Hat Kovner nach seiner Entlassung aus dem Gefängnis und nachdem er drei Monate lang ohne Nachricht von seinen Kameraden gewesen war, Weizmann Mitte März 1946 einen Besuch abgestattet? Wenn ja, hätte er Weizmann gegenüber den Plan A als theoretische Möglichkeit erwähnen können, denn er bat ihn um nichts und wusste selber nicht, wie weit die Aktivitäten vor Ort gediehen waren. Diesbezüglich herrscht Unklarheit, da Weizmann ein solches Treffen weder in seinen Tagebüchern noch in seinen zahlreichen Briefen erwähnt, und Kovner hatte bereits gelernt, dass er der Jischuwleitung gegenüber allein von Plan B sprechen durfte. Der amerikanische Journalist Michael Elkins, ein enger Freund Kovners, hörte von ihm selbst, dass er Weizmann den Plan A entdeckt habe, dem ja der Wunsch zugrunde lag, der deutschen Bevölkerung einen Begriff von der jüdischen Agonie zu vermitteln. Kovner seinerseits empfahl Elkins Buch als zuverlässige Quelle in der Rachefrage.[45] Hat Weizmann vielleicht bei dem unverbindlichen Besuch des gerade aus dem Gefängnis Entlassenen genauso unverbindlich geantwortet, als junger Überlebender hätte er womöglich ähnlich gedacht? Kovner allerdings hat wiederholt angegeben, er sei im Sommer 1945 bei Weizmann gewesen und habe das Gift auf dessen Anweisung hin erhalten.[46]

Ist es denkbar, dass Kovner zu Weizmann ging und um ein bestimmtes Gift in Mengen bat, die Millionen töten konnten? Und auch wenn er lediglich um eine Menge gebeten hätte, die nur einige Zehntausend hätte umbringen können, ist es dann denkbar, dass Weizmann auf der Stelle positiv mit Anweisungen an Bergmann und andere reagiert hätte, ohne sich mit anderen Führungskräften im Jischuw über ein so schicksalhaftes Thema zu beraten? Ohne Aufschub und ohne die Antwort, er müsse sich das erst einmal durch den Kopf gehen lassen? Das alles erscheint eher unwahrscheinlich. Hinzu kommt die Tatsache, dass Weizmann sein Leben lang eine pro-britische Politik verfolgte, und eine derartige Vergeltungsoperation unter der Nase der britischen Armee im von ihr besetzten Sektor Deutschlands hätte die Beziehungen zu den Briten zumindest erschüttert. Aharon und Ephraim Katzir dagegen waren junge Hagana-Mitglieder (und nicht Präsident der WZO mit Autorität und Verpflichtungen), die Kovner, den jungen Partisanen, kennenlernten, der mit ihnen nur über ein Attentat auf internierte SS-Mitglieder sprach. Außerdem sollte bedacht werden, dass E. D. Bergmann der enge wissenschaftliche Berater Ben-Gurions war. Hätte Bergmann eine solche Anweisung von Weizmann erhalten, hätte er vermutlich dem gegen Racheaktionen eingestellten Ben-Gurion Mitteilung davon gemacht.

Ein Treffen mit Weizmann und dessen Genehmigung der Rachepläne hätte der Nakam-Gruppe Legitimität verliehen und sie zu einem Teil des Jischuws gemacht. Sein Wort hätte die Haltung im Land den Nokmim gegenüber noch auf Jahre hinaus bestimmt. Sie hätten sich dann nicht wie eine fremde Minorität fühlen müssen, sondern als Gruppe, die vom bewunderten Präsidenten der WZO akzeptiert worden war. Elkins, der mit Kovner darüber gesprochen hatte, schrieb: „Ein Mann, der wie kein anderer vom jüdischen Volk geschätzt wurde, hatte ihnen moralischen Rückhalt gegeben und damit bei der Beantwortung der Frage geholfen, die sie umtrieb: Wer hat euch zu Anführern bestimmt?" Doch, wie erwähnt, macht Elkins keine Angaben über Zeitpunkt und Ort der Begegnung mit Weizmann.[47] Elkins Buch und die Passage über Weizmann entsetzten Zalman Schazar, der von 1963 bis 1973 das Amt des israelischen Staatspräsidenten innehatte. Er schrieb an Julek Harmatz und forderte die Gruppe dringend auf, das dort Gesagte zu dementieren, denn er empfand es als Beschmutzung des Präsidentenamtes.[48]

Hanoch Bartov, der Kovner in den 1960erJahren in einem Sanatorium im Karmelgebirge besuchte, hörte von ihm die Geschichte, dass Weizmann ihn an Bergmann verwiesen und bemerkt habe, wäre er jünger und befände er sich in der Lage Kovners und seiner Kameraden, hätte er gehandelt wie sie. Rückblickend erklärte Bartov, die Partisanen seien aufrecht und loyal gewesen, einschließlich Ruzka mit ihrer „Reinheit und Weisheit". Und weil sie in der Kriegszeit so intensiv miteinander gelebt hätten, wären sie Kovner nicht gefolgt, wenn er ihnen Unwahrheiten aufgetischt hätte. Sie alle blieben bis zu ihrem letzten Tag überzeugt davon, dass Kovners Worte der Wahrheit entsprachen. Bartov weist zu Recht auf das zwischen Führern und Geführten erforderliche Vertrauen hin, insbesondere wenn wir es mit einer Persönlichkeit von Kovners Größe zu tun haben. Im Falle der Racheaktion aber lagen die Dinge anders. Kovner glühte vor Verlangen; für ihn war die Vergeltung der einzige Weg, die Welt wieder zurechtzurücken. Darauf weist vieles hin: das taktisches Verhalten Ben-Gal gegenüber, das schriftliches Eingeständnis, er habe sich Avigur, Sneh und Galili gegenüber unaufrichtig verhalten sowie die Einzelheiten, die er über sein Treffen mit Weizmann verlauten ließ. Auch die seltsame Karte im Weizmann-Archiv gehört dazu. All das scheint nahezulegen, dass Kovner sich in Bezug auf das Rachethema anders verhielt als es sonst seine Art war. Ihm war der Gedanke unerträglich, die Welt könnte nach dem Zivilisationsbruch der Schoa in ihren gewohnten Gang zurückfallen, ohne dass die schuldig gewordene deutsche Bevölkerung zur Rechenschaft gezogen worden wäre. Dass Kovner eine in jeder Beziehung herausragende Persönlichkeit war, bezeugen alle, die ihn kannten. Julek erklärte noch mit neunzig, er habe in seinem ganzen Leben keinen zweiten Menschen dieser Art kennengelernt. Und Pascha bekundete Ähnliches.[49]

Die Jischuwleitung bezieht Stellung

Eine Analyse der Treffen Kovners und Ben-Chorins mit der Jischuwleitung führt zu dem Schluss, dass letztere ebenso wie die Kommandeure der Hagana von Plan A wussten, sei es durch Soldaten der Jüdischen Brigade, sei es von Kovner selbst, der ihnen „den transzendenten Aspekt der Sache“ erläuterte. Einige von ihnen erklärten sich bereit, ihm Unterstützung zukommen zu lassen, aber nur für Plan B.[50] Die eindeutige Schlussfolgerung lautet: Aus der Jischuwleitung hat niemand, in welcher Phase auch immer, Plan A gutgeheißen. Sie alle stellten die Bedingung: Einzig und allein Plan B! Kovners Persönlichkeit wirkte auf Sadeh, Rabinow und Avidan stärker als auf andere, und Kovner zufolge verstanden sie „die Absicht der Vergeltung in all ihrer Tiefe und akzeptierten sie.“ Aber diese Männer, einschließlich Avidan, der später selbst Vergeltungsoperationen ausführte, brachten wohl Verständnis und Solidarität zum Ausdruck, sprachen weder über Plan A noch förderten sie ihn. Avidan sagte aus: „Ich konnte die Haltung Kovners und seiner Kameraden, die für eine pauschale Vergeltung eintraten, nicht akzeptieren.“[51]

Ben-Gurion setzte klare Prioritäten, die von seinen Mitstreitern, den meisten Soldaten in der Jüdischen Brigade und in der britischen Armee sowie von den Emissären aus dem Land geteilt wurden: Zu allererst mussten die

Überlebenden betreut und nach Erez Israel gebracht werden. Das war für das Wohlergehen der Geretteten ebenso nötig wie für die Gründung eines israelischen Staates; in der Tat war das eine untrennbar mit dem anderen verbunden.

Von 1941 bis 1946 lag das nationale Kommando der Hagana in den Händen von Mosche Sneh. In einem Interview sprach er 1967 rückblickend vom Versuch der Jischuwleitung, eine Vergeltungspolitik zu formulieren. Wie andere Persönlichkeiten an der Spitze, war auch Sneh der Ansicht, dass Vergeltung und die Einwanderung der Überlebenden nach Erez Israel ineinander verwoben waren. Über die Untergrundgruppen einschließlich der Partisanen und Widerstandskämpfer gegen den Nationalsozialismus, die sich gegen Kriegsende in Europa formierten, sagte er offen, dass sie neben der Vergeltung noch ein weiteres Ziel gehabt hätten: Die Aufrechterhaltung der zwischenmenschlichen und sozialen Strukturen, die sich im Krieg herausgebildet hatten.[52] Snehs Tonfall ließ erkennen, dass er dieses zweite Ziel missbilligte. In diesem Tonfall lag seine Unfähigkeit – und die der Jischuwleitung – die Lage der Überlebenden zu verstehen. Dieser Ton widersprach sogar anderen Äußerungen im selben Interview; so sagte er beispielsweise, die Jischuwleitung sei sich des schrecklichen Traumas, das diese Menschen erfahren hatten, wohl bewusst gewesen. Allein die buchstäblich in Blut und Feuer erworbenen Kameradschaften waren ihnen geblieben, und sie musste die Familie und alles Verlorene ersetzen. Warum sollten sie diese Bindungen aufgeben? Warum sollten sie nicht weiterhin ihren Anführern folgen, die sich in schwersten Zeiten bewährt hatten, auch wenn sie – aufgrund von Umständen, die außerhalb ihres Einflussbreichs lagen – manchmal gescheitert waren? Viele der nach Erez Israel gekommenen Partisanen machten ihre Teilnahme am Unabhängigkeitskrieg von der Bedingung abhängig, in denselben Einheiten wie ihre Kameraden zu dienen. Jeder, der sich einmal unter Überlebenden aufgehalten hat, und das gilt erst recht für ehemalige Partisanen und Nakam-Mitglieder, weiß, dass sie auch noch am Lebensabend als Großväter und Großmütter diese Freundschaften brauchten wie die Luft zum Atmen.[53]

Sneh fuhr fort: „Viele dieser Kämpfer wussten einfach nicht, was sie mit sich anfangen sollten. Merkwürdige Gruppierungen schossen aus dem Boden, wie die von Abba Kovner geführte Nakam-Gruppe, deren Pläne wir weder für nützlich noch für konstruktiv hielten.“ Die Formulierung „schossen aus dem Boden“ – als seien sie nach dem Krieg dem Nichts entsprungen – verweist noch einmal darauf, dass Sneh die Gruppen nicht als eine Fortsetzung der Zeit in den Gettos, den Wäldern, den Lagern und der seitdem beschrittenen Wege betrachtete. Er begriff nicht, dass die Nakam-Gruppe und dass vor allem das Rachebegehren ihren Ursprung in den Ereignissen der Schoa hatten. Sneh geht weder auf den Ursprung des leidenschaftlichen Vergeltungsstrebens noch auf das Rachebedürfnis selbst ein. Er behauptet, diese Leute seien richtungslos geworden, da sie jegliche parteipolitische Allianz ablehnten. Ihnen allen sei ein „allgemein jüdischer und allgemein nationaler Ausblick" zu eigen gewesen. Diese Feststellung ist umso verwunderlicher, als sie nicht unmittelbar nach dem Krieg, sondern mehr als zwanzig Jahre danach erfolgte. War es denn wirklich so schlimm, allgemein jüdische und allgemein nationale Interessen zu verfolgen? Und mehr noch: War das Richtungslosigkeit? Auch wenn wir berücksichtigen, dass Sneh damals bereits seit einigen Jahren Vorsitzender der israelischen kommunistischen Partei war (Maki) und der Kommunismus bekanntlich den Nationalismus ablehnte, ist hier, wie auch in Ya'aris Worten an die Partisanen, mangelndes Einfühlungsvermögen in die Mentalität der Überlebenden zu erkennen: In beiden Fällen siegte die Ideologie über mitmenschliche Empathie.

So wurde denn auch die national-jüdische Sichtweise, die der Gründung der „Chativa der Überlebenden Osteuropas" zugrunde lag, nicht als eine aus der Schoa gezogene, folgerichtige Lehre betrachtet, sondern als Aufgabe politischer Grundsätze durch Menschen, die nach einer großen Katastrophe den Boden unter den Füßen verloren hatten. Der Historiker Muki Zur hat es treffend formuliert: In Erez Israel verstand man nicht, dass diese Menschen sich in erster Linie als Schoa-Überlebende definierten, da die vorherigen politischen Allianzen in ihren Augen bedeutungslos geworden waren.[54] Snehs Aussage zufolge befürchtete die Jischuwleitung, dass diese Leute sich zu extremen Operationen hinreißen lassen könnten, und hielt es deswegen für notwendig, ihren Tatendrang in ein überwachbares Ventil zu lenken. Demzufolge beschloss man, den Versuch zu unternehmen, „die riesige aufgestaute national-jüdische Kampfenergie in konstruktive Kanäle umzuleiten", und sandte zu diesem Zweck Emissäre und Finanzmittel aus Erez Israel nach Europa, um dort eine Selbstverteidigungsorganisation für die Bricha aufzubauen. Dazu mussten junge Leute im bewaffneten Kampf ausgebildet werden, um in erster Linie jene Juden zu beschützen, die in unmittelbarer, von mörderischen Banden ausgehender Lebensgefahr schwebten.[55]

Einige Jahre später erschienen in einem der Bände *Des Buches der Geschichte der Hagana* Bemerkungen, die inhaltlich den Aussagen Snehs in besagtem Interview ähnelten, jedoch schärfer formuliert waren. Sneh, der nationale Kommandant der Hagana, und die Herausgeber des Bandes, unter ihnen Schaul Avigur, hingen noch der einseitigen Vorstellung an, im Zweiten Weltkrieg seien jüdische Untergrundgruppen entstanden und hätten sich der allgemeinen Partisanenbewegung angeschlossen. Dabei übersah man die jungen Leute, die bereits in den Gettos gekämpft hatten und die auch Sneh zu erwähnen vergaß. Diese Gettokämpfer fanden sich nun untätig in DP-Lagern wieder; beständig kam es zu Reibereien mit der verhassten deutschen Bevölkerung. In Erez Israel befürchtete man, verantwortungslose Elemente (wie die abtrünnigen Gruppen Etzel und Lechi) könnten den Zorn, die Verzweiflung und das Racheverlangen der Überlebenden, vor allem der Partisanen, ausnutzen, um brutale, unausgegorene Operationen anzuzetteln.

Die Herausgeber jenes Bandes unterschlagen nicht nur die Gettokämpfer und weitere, unter großer Anstrengung zur Rettung der jüdischen Ehre gebildete Untergrundtruppen, die oft einen hohen Preis zahlen mussten, sie behaupten dazu noch, unter den Flüchtlingen fehle es nicht an „kämpferischen und aggressiven" Elementen, „[...] angefüllt mit dem Geist der Rebellion und dem übertriebenen, tiefen Minderwertigkeitsgefühlen entspringendem Drang, die verletzte Ehre retten zu müssen, [...] die nach ungezügelten Racheakten streben, [...] die auf kleinste Provokationen äußerst scharf reagieren."[56] Eine solche Beschreibung wird den menschlichen Qualitäten der Kämpfer unter den Überlebenden und der Überlebenden im Allgemeinen keineswegs gerecht. Wiederholt wird in dem Band gesagt, die „verantwortungslosen Elemente" seien die abtrünnigen Organisationen im Land, d. h. Etzel und Lechi, deren Abgesandte in Europa den Geist der „Rebellion" ausnutzen könnten, um verzweifelte Flüchtlinge für ihre Zwecke einzuspannen und massenhaft Anerkennung zu erlangen, was den zentralen Anliegen der Jischuwleitung, der Förderung der Einwanderung und der Gründung eines jüdischen Staates, Schaden zufügen würde. Immer wieder erscheinen die Ausdrücke „zügeln" und „Zorn und Hass in positive Kanäle lenken". Die jungen Leute sollten zur defensiven Selbstverteidigung befähigt werden, die sie zunächst einmal gegen den aggressiven, sich in der Nachkriegszeit fortsetzenden Antisemitismus schützen sollte und später dann beim Aufbau des zukünftigen Staates ebenfalls von Nutzen sein würde.

Die Autoren sprachen von zwei Polen, wie es die Soldaten der Jüdischen Brigade zum Teil auch taten. An einem Pol standen die Wilden und Verantwortungslosen, d. h. die Organisationen der Abtrünnigen und der Partisanen, und am anderen Pol die Hagana, die im Rahmen ihres Kampfes gegen die Abtrünnigen auch um die Herzen der Überlebenden kämpfte, die es zu beruhigen und zu rehabilitieren galt, so dass sie einen Beitrag zur Allgemeinheit und ihrer Zukunft zu leisten vermochten.[57] Das waren recht grobe Zuordnungen, und es ist gut möglich, dass sie nicht die Meinung der gesamten Jischuwleitung widerspiegelten, denn es gab ja, wie oben ausgeführt, durchaus Menschen, die Kovner und seine Kameraden bewunderten und ihre

Beweggründe verstanden, die seine einzigartige Persönlichkeit und die in der Schoa unter Beweis gestellten Führungsqualitäten schätzten, auch wenn sie die Art und Weise seines Vorgehens nicht guthießen.

„Er wurde hier nicht ausgebremst“, schrieb Ruzka an Vitka. Ihren Worten zufolge stieß Abba im Land auf Zustimmung und Unterstützung und erhielt Empfehlungsschreiben.[58] Es sei noch einmal darauf hingewiesen, dass sich die Zustimmung allein auf Plan B, ausgeführt unter Aufsicht der Jischuwleitung, erstreckte. Sympathie und Unterstützung für eine Person bedeuten nun ja nicht unbedingt, dass ihre Politik oder Methoden bedingungslos unterstützt werden. Snehs Aussagen aber muten ebenso befremdlich an wie die Darstellung der Dinge im *Buch der Geschichte der Hagana.*

Kovners Abreise und Verhaftung

Abba Kovner hielt sich ungefähr vier Monate in Palästina auf, von Anfang August bis Anfang Dezember 1945. Für die Kameraden, die in Europa seiner harrten, in kleine Zellen unterteilt, jeder einsatzbereit auf seinem Posten, war das eine lange Zeit. Abba verweilte nicht, weil er auf das Gift warten musste, denn er schrieb bereits Anfang Oktober an Vitka, dass er den ‚Spezialisten‘ aufgesucht hatte, er ließ sich vielmehr von den rasanten Abläufen im Land mitreißen und entwickelte ‚politische Instinkte‘, wie er selbst aussagte. In erster Linie aber verzögerte er seine Abreise, weil er hoffte, mit einer ihm überbrachten oder persönlich übergebenen Anweisung des erezisraelischen Hagana-Oberkommandos – vorzugsweise von Sneh und Galili – an das europäische Hagana-Kommando zurückzukehren, einer Anweisung, derzufolge die Nakam-Gruppe frei handeln dürfe und nach Kräften zu unterstützen sei.

Die oberen Chargen der Hagana im Land aber setzten sich nicht zusammen, um diese Angelegenheit zu besprechen – jedenfalls gibt es dafür kein schriftliches Zeugnis. Kovner wusste wohl, dass sie täglich von „schweren Sorgen um das Schicksal des Jischuws und des Zionismus“ verzehrt wurden.[59] Außerdem war er auf die Hagana angewiesen, die für die erforderlichen Reisepapiere und für seine Begleitung Sorge tragen und auch das Abreisedatum festlegen würde. Ob seine Abreise absichtlich verzögert wurde, in der Annahme, die Zeit arbeite gegen die Vergeltungspläne, ist nicht nachzuweisen. Möglicherweise konnte man dieser Angelegenheit in Anbetracht der täglichen Ereignisse in Palästina nicht die nötige Aufmerksamkeit schenken, vielleicht auch hielt man die Abreise anderer Personen, der illegalen Fluchthelfer beispielsweise, für wichtiger. Zu bedenken ist ebenfalls, dass jemand, der mit gefälschten

Militärdokumenten ins Land eingereist war, es auf demselben Weg wieder verlassen musste, und das war damals alles andere als einfach.

Die in Europa zurückgebliebenen Nakam-Mitglieder verstanden nicht, was Kovner so lange aufhielt. Misstrauen keimte auf, die Gerüchteküche begann zu brodeln. Vielleicht, weil Ya'ari nach Europa schrieb, Kovner habe sich eines Besseren besonnen, d. h. er sei in die Arme der Bewegung zurückgekehrt und habe die Idee der Chativa aufgegeben. Ya'ari schrieb in der Tat, Kovner habe die Chativa gegründet, um politisch Ungebundene in den HaSchomer HaZa'ir zu ziehen. Und wenn das so war, dann könnte Abba ja womöglich auch die Racheidee fallengelassen haben. Die Gerüchte erlaubten es nun, alte Rechnungen zu begleichen, wie z. B., wer die Erlaubnis erhalten hatte, jenes Schiff in Bukarest zu besteigen und wer nicht. Sie drangen auch an die Ohren der Nokmim in Europa. Abba war entsetzt, als er davon hörte. Vitka spürte, dass der Abstand zwischen ihm und den Kameraden mit jedem Tag wuchs, und schrieb ihm einen sehr ernsten Brief. Sie bemängelte, dass Kovner nicht ebenfalls an die anderen Gruppenmitglieder schrieb, und berichtete von einer Atmosphäre der Isolation, die sich ausbreitete, obwohl jeder weiterhin an der ursprünglichen Mission festhielt. Vitka war Zeugin ärgerlicher Streitereien geworden, die ausbrachen, nachdem Kovner die Anweisung erteilt hatte, sich vorrangig auf Plan B zu konzentrieren. Diese Anweisung war ebenfalls dazu angetan, den Verdacht zu wecken, Kovner habe seine Ansichten geändert. Vitka informierte Kovner, dass die Kameraden trotz der bitteren Auseinandersetzungen die Arbeit in der Umgebung der Internierungslager aufgenommen hatten. In den Briefen spiegeln sich Meinungsverschiedenheiten über die Art der Beziehungen zur Jüdischen Brigade wider. Vitka hielt die freundschaftlichen Beziehungen zu den Soldaten, die dem HaSchomer HaZa'ir angehörten, aufrecht, während Kovner Pascha gebeten hatte, die Kontakte zu Ben-Gal auf ein Minimum zu beschränken, damit kein Schaden angerichtet würde.[60]

Ruzka versuchte, Kovner vor dem Ärger seiner Kameraden in Schutz zu nehmen. In Briefen nach Europa erklärte sie, dass seine bereits geplante Abreise einige Male verschoben werden musste. Von Natur aus ein ruhiger, besonnener Mensch, wetterte sie jetzt heftig gegen diejenigen, die Kovners Treue in Zweifel zogen. Jahrelang hätten sie an Kovner „wie an einen Gott geglaubt" – und jetzt sollte er plötzlich, Gott behüte, ein Betrüger sein?

Die Briefe, die Ruzka in jenen Monaten aus dem Kibbuz Eilon an Vitka in Paris schrieb, sind voller Zuneigung und Sehnsucht nach ihrer Freundin. Sie spricht auch vom mitreißenden Schwung des Aufbaus in Erez Israel und vom stärkenden Rückhalt, den der HaSchomer HaZa'ir allen seinen Mitgliedern biete, wo immer sie sich auch aufhielten. Immer wieder versicherte Ruzka ihrer Freundin, dass Abba Tag und Nacht, Stunde um Stunde in der

Nakam-Angelegenheit unterwegs sei und dass sie selbst ihm jede nur mögliche Hilfe zukommen ließe. Sie tadelte Vitka, als diese an Abbas Rückkehr zweifelte, und richtete die Freundin auf: Bald würde das Paar wieder vereint sein. Der offenherzige Austausch zwischen den Partisaninnen spricht aber auch von Zweifeln an der Rechtschaffenheit der Rache: „Vitka, der wesentliche Antrieb für unsere Existenz und unsere Arbeit darf nicht nur negativ sein. [...] Es ist falsch, nur mit dem Tod zu leben. [...] Auf einer solchen Vorstellung darf man sein Leben nicht aufbauen, denn am Ende wird sie enttäuschen." Nach Kovners Verhaftung schrieb Ruzka an ihre Freundin: „Die Arbeit [der Nokmim] muss auf jeden Fall weitergehen. Dein letzter Brief hat mich entsetzt." Vitka hatte in einem Brief an Ruzka ernsthafte Bedenken geäußert, und Ruzka antwortete ihr darauf, aus der derzeitigen schwierigen Lage gäbe es nur einen Ausweg: Stark bleiben und ‚die Arbeit' unverzagt fortsetzen.[61]

Die Geschichte von Kovners Überfahrt nach Frankreich, seine Verhaftung durch die Briten, seine Inhaftierung und seine Freilassung gaben und geben immer noch Anlass für allerhand Theorien, Vermutungen und Behauptungen, von denen manche bis heute im Umlauf sind. Eine besonders hartnäckige Legende besteht darauf, Kovner sei im Partisanenlook abgereist, mit langer Mähne und in hohen Stiefeln. (In der Tat brauchte es viel gutes Zureden, bis er sich die Haare schneiden ließ und die Stiefel auszog.)[62] Diese Behauptung ist längst widerlegt, denn ein auf dem Schiff gemachtes Foto zeigt Abba und seine vier Begleiter als geschniegelte Soldaten. Eine weitere Behauptung, die sich hartnäckig hält: Kovner wurde aufgrund einer Denunziation im Zusammenhang mit der Nakam-Sache verhaftet, und diese Denunziation sei aus den Reihen des organisierten Jischuws gekommen, also von der Hagana oder der Jewish Agency. Quellen aus jener Zeit, die Situation und die Ereignise von damals sowie die einfache Logik widersprechen dieser Theorie. Erstens hätte ein solcher Hinweis die Hagana selbst diskriminiert, denn sie hatte Kovner schließlich mit Papieren und einer Uniform ausgestattet, das Gift und das Gold in seinem Besitz verpackt und die ganze Reise arrangiert. Zweitens: Hätten die Briten ihn verhaften wollen, weil sie wussten, dass er den Tod von Millionen von Menschen plante, oder weil sich in seinem Gepäck Mittel zum Massenmord befanden, dann hätten sie sich von ihm sicherlich zunächst einmal zu seinen Kameraden in Europa führen lassen und sie dann alle gemeinsam lebenslänglich ins Gefängnis gesteckt.

Hier nun der aus den dürren Fakten rekonstruierte Ablauf der Ereignisse: Anfang Dezember machte Kovner sich auf den Weg nach Ägypten, ausgestattet mit den Papieren des entlassenen Soldaten Benjamin Beit-Halachmi, wohnhaft in Ramat Gan, dem Kovner äußerlich recht ähnlich sah. Am 14. Dezember ging er in Alexandria an Bord des britischen Truppentransporters *Champollion*, der mit 4.500 bis 5.000 Soldaten auf Urlaub vollgepackt war. Unter ihnen befanden sich auch Mitglieder der Jüdischen Brigade und einige andere jüdische Soldaten aus Erez Israel, insgesamt siebenundzwanzig, die aus dem Urlaub zu ihren Einheiten zurückkehrten. Sie standen unter dem Kommando von Mosche Eisen (später Barzilai), einem gebürtigen New Yorker, Sergeant Major in der Jüdischen Brigade, der aus einem Familienurlaub aus seinem Kibbuz Ein HaSchofet zurückkehrte. Die Hagana teilte ihm fünf weitere Männer zu, die vorgaben, Soldaten zu sein und mit gefälschten Dokumenten reisten. Einer von ihnen war Kovner, die vier anderen hatten Aufträge im Zusammenhang mit der illegalen Immigration und der *Palyam*, der Marineeinheit der Palmach, zu erledigen: Jedidja Zafrir, Radiotechniker der Alija B, Mosche Rabinovitch (später Carmeli), ein Seemann aus Kfar Menachem, Hagai Überall, Bruder von Ehud Avriel und ebenfalls Radiotechniker, Rico Lupesko, ein Fallschirmspringer aus dem Kibbuz Sarid. Die fünf wurden von zwei weiteren Männern eskortiert: Ja'akov „Jacquo" Yaron aus dem Kibbuz Hatzor und Itzik Rosenkrantz (später Ron) aus dem Kibbuz Jakum.

Kovner trug einen Seesack bei sich, den Eisen als „Sack" und Jacquo Jaron als „weiße Tasche" bezeichnete. Drinnen befand sich das von den Brüdern Katzir beschaffte Gift in zwölf Dosen Milchpulver oder (wie Eisen aussagte) Kondensmilch sowie in Zahnpasta-Tuben verborgene Goldmünzen.[63] Die Reise verlief problemlos, allerdings fühlte Kovner sich unwohl und verbrachte die meiste Zeit lesend in seiner Hängematte, bei sich den Seesack, den er nicht für einen Moment aus der Hand gab. Über dessen Inhalt schwieg er sich aus, das bezeugten sowohl die vier mitreisenden Männer als auch die beiden Begleiter. Eisen, der für alle jüdischen Soldaten an Bord verantwortliche Offizier, wusste allerdings Bescheid.[64]

Kurz bevor die *Champollion* den Hafen Toulon erreichte, wurden über Lautsprecher die falschen Namen von Kovner und dreien seiner Mitreisenden aufgerufen. Das Gift fand flugs einen Weg ins Meer. Eine aus dem Hafen herbeieilende Barkasse der Militärpolizei übernahm die vier Aufgerufenen und brachte sie ins Gefängnis des nahe Toulon gelegenen militärischen Transitlagers. Rabinovitch, der Seemann unter den vier Verhafteten, konnte in einer Regennacht fliehen, die anderen drei wurden Ende Dezember an Bord der *Tour de France* nach Ägypten zurückverschifft. Kovner saß etwa zwei Monate in einer Einzelzelle in einem Camp in der Westlichen Wüste, das, wie Zafrir Jedidja zu berichten wusste, ironischerweise für hochrangige deutsche Kriegsgefangene vorgesehen war. Kovner selber schrieb, er habe nicht gewusst, wo genau er sich befand. Er, Jedidja und Überall wurden langen, ergebnislosen Verhören unterzogen, als seien sie Lechi-Agenten mit dem Auftrag, britische Persönlichkeiten zu ermorden. Zu Kovners Erleichterung war von Rache oder Gift nie die Rede. Die drei hielten sich an ihre Coverstory, der zufolge sie sich Militärpapiere und Uniformen verschafft hatten, um in Europa nach überlebenden Familienmitgliedern zu suchen. Ende Februar wurden sie ins Jerusalemer Kischle-Gefängnis neben dem Davidsturm überführt und einige Tage darauf ins Zentralgefängnis am *Russian Compound*, aus dem sie in der zweiten Märzwoche 1946 entlassen wurden.

Solche Freilassungen waren zwischen den Briten und der Hagana üblich, wie wir aus Angaben weiterer Inhaftierter wissen. Das geht auch aus den Tagebuchaufzeichnungen des jüdischen Mitgefangenen Michael Ashbel her, der mit ihnen eine Zelle teilte (die für Hagana-Angehörige reservierte Nr. 23 oder 32). Aschbel, gebürtiger Wilnaer und bekanntes Etzel-Mitglied, sagte aus, er habe im Gefängnis lange Gespräche mit Kovner geführt, der sich als „Michael Kaminetzky" vorstellte. Michael war der Vorname von Abbas jüngstem Bruder, der als Partisan in den Wäldern fiel, und Kaminetzky der Nachname von Hadassa, seiner ersten Freundin. Bis heute ist aber nicht nachzuweisen, dass Kovner außer den Papieren von Benjamin Beit-Halachmi, mit denen er Palästina verlassen hatte, noch einen weiteren, auf einen anderen Namen lautenden Ausweis besaß.[65]

Obwohl der Vorgang seiner Entlassung damaligen Gepflogenheiten entsprach, hatte Golda Meir offenbar ihre Finger im Spiel. Anlässlich der Verleihung des Israel-Preises an Abba Kovner erklärte sie, sie habe in ihrer damalige Funktion als Histadrut-Beauftragte für die Verbindung zu den Briten die Überführung der Inhaftierten von Kairo nach Jerusalem veranlasst. Und um die Gefangenen aus dem Zentralgefängnis am *Russian Compoud* herauszuholen, habe sie einen Anwalt hinzugezogen, der bereits in früheren Fällen als Vermittler zwischen den Briten und der Hagana aufgetreten war.[66]

Warum und wie landete das Gift auf den Meeresgrund?

Als die vier Namen durch die Schiffslautsprecher aufgerufen wurden, wandte Abba sich an Jacquo Yaron, einen der Begleiter, der bis dahin nichts vom Inhalt des Seesacks gewusst hatte, und trug ihm auf, falls ihm, Kovner, etwas zustoße, solle Jacquo den Seesack bei einer bestimmten Adresse in Paris abgeben und nannte ihm Vitkas und Paschas Anschrift. Sollte die Ablieferung nicht möglich sein, dann müsse Jacquo den Inhalt auf jede nur mögliche Art zerstören. Dann entnahm Kovner dem Sack die Hälfte des Inhalts und warf ihn aus dem Toilettenfenster: „Ein dermaßen schlechtes Gefühl hatte ich." Soweit Kovners Aussage. Jacquo dagegen behauptete etwas anderes: Gleich nach Kovners

Verhaftung sei er zu dessen Hängematte gerannt und habe dort wie erwartet den mysteriösen Sack gefunden, der während der ganzen Reise seine Neugier erregt hatte, sei mit ihm wie wahnsinnig aufs Deck gerannt und habe ihn, ohne nach dem Inhalt zu sehen, dem Meer übergeben. Als er Kovner im Übergangslager wiedertraf, habe dieser ihn wiederholt gefragt: „Was ist mit dem Gift?“, indem er diesen Satz zur Tarnung in einen Liedtext einfügte. Erst dadurch erfuhr Yaron, was der weiße Seesack enthalten hatte, und antwortete, er habe ihn ins Meer geworfen. „Abba war einem Zusammenbruch nahe und griff sich erschüttert an den Kopf [...], das Gesicht leichenblass. ‚Warum? Warum hast du das getan?‘, brachte er mit gebrochener Stimme hervor“.

Wie schon erwähnt, war Mosche Eisen der für die Gruppe verantwortliche Offizier und wusste als einziger, was genau Kovner mit sich führte. Wahrscheinlich hatte er es von der Hagana erfahren. („Sie sagten es mir. Sie mussten es mir sagen.“) Eisen gab bei seiner Befragung an, Kovner habe ihm einen relativ leichten, in einer Hand zu tragenden Jutebeutel übergeben, der Kondensmilchdosen enthielt. Da Eisen befürchtete, die Militärpolizei würde auch ihn verhören, warf er die Dosen „eine nach der anderen“ aus einem Toilettenfenster ins Meer. Anschließend geriet er in Panik: Einige der Dosen schwammen auf dem Wasser und er hatte Angst, man könnte sie herausfischen, denn es herrschte Knappheit an Lebensmitteln, besonders an Kindernahrung.

Mosche Rabinovitch zufolge weihte Kovner seine Mitreisenden in die Rachemission erst ein, als alle vier im Gefängnis des Transitlagers bei Toulon zusammensaßen. Er sorgte sich sehr, sie könnte wegen seiner Verhaftung zum Scheitern verurteilt sein. Bei dieser Gelegenheit übergab er Rabinovitch einen an Vitka in Paris adressierten Brief und einige Goldmünzen.[67]

Lassen diese Aussagen sich miteinander vereinbaren? Und wenn ja, wie? Könnte Kovner die Hälfte der Dosen entsorgt und Mosche Eisen die andere Hälfte anvertraut haben? Hat er Jacquo Yaron den ganzen Sack übergeben? Hat er den weißen Seesack wirklich in seiner Hängematte zurückgelassen, weil er hoffte, der Lautsprecheraufruf sei wegen einer leicht aufzuklärenden Lappalie erfolgt? Es ist schwer zu sagen, welche Version die wahrscheinlichste ist. Eine plötzliche Verhaftung erfordert rasche Entscheidungen. Yarons Aussage zufolge verbreitete sich an Bord in Windeseile das Gerücht, man habe eine jüdische Terroristenzelle gefasst, die ein Attentat auf die königliche Familie in England plante. Die siebenundzwanzig Soldaten der Jüdischen Brigade und fünf weitere erezisraelische Juden befanden sich unter Tausenden britischer Soldaten, von denen manche sich nach der Festnahme feindselig zeigten. Wie auch immer, das Gift wurde vor der französischen Küste dem Meer übergeben.[68]

Weswegen wurden Kovner und drei seiner Mitreisenden verhaftet?

Kovner berichtete, Jahre später habe Rechtsanwalt Schmuel Tamir ihm erzählt, dass die Informanten aus den Kreisen der Hagana stammten, die die Rachepläne missbilligten und sie sabotieren wollten. Später stellte sich dann aber heraus, dass Tamir, ein Rechter und ein scharfer Gegner der Mapai, einen sensationellen Gerichtsprozess wegen der Übergabe von Etzel und Lechi-Kämpfern an die Briten während „der Saison" vorbereitete und nach Fällen suchte, in denen die Hagana in Verdacht geraten war, selbst ihre eigenen Mitglieder verraten zu haben. Schimon Avidan, als sehr vertrauenswürdiger Mann bekannt, sagte danach sehr zornig aus, er wisse sicher, dass Verrat im Spiel gewesen sei, „anscheinend von Leuten aus den Reihen der Jewish Agency", die von Anfang an gegen den ganzen Racheplan gewesen seien. Nun aber war Avidan jemand, der die Institutionen des Jischuws in fast jeder Hinsicht zu kritisieren pflegte. Kovner wies Avidans Version trotz dessen Glaubwürdigkeit zurück. In der Tat ist es schwer vorstellbar, dass ein Jude aus der Hagana oder der Jewish Agency Kovner, der Gold und Gift bei sich trug, an die Briten verraten würde. Immerhin war Abba eine bewunderte Persönlichkeit, ein Symbol des Schoa-Heldentums, Kommandeur im Untergrund, ein Partisan und ein Überlebender, der alle Angehörigen verloren hatte. Die Hagana verfügte über genug andere Möglichkeiten, die Pläne der Nokmim zu vereiteln, wenn sie es denn gewollt hätte. Sie musste wirklich nicht auf ein so verächtliches Mittel wie Verrat zurückgreifen, das Kovner für Jahre ins Gefängnis hätte bringen können. Und ganz sicherlich hatte sie kein Interesse daran, die Briten über die von ihr geleistete Hilfe bei Kovners Reisevorbereitungen zu informieren oder die von ihr entsandten Palyam-Aktivisten auffliegen zu lassen.

Ben-Chorins Memoiren enthalten eine klare Aussage in dieser Sache: „Ich wurde vom Hagana-Hauptquartier verwarnt, auf keinen Fall Soldaten mitzunehmen, die sich in die Transporte einschlichen, um in Europa nach Angehörigen zu suchen. Die geheime Mitreise mit den Soldaten der Jüdischen Brigade war der einzige Weg, Abgesandte nach Europa einzuschleusen. Ich wusste, dass in Kürze Abba Kovner und andere Emissionäre der Hagana und der Bricha nach Europa gebracht werden sollten. **Dieser Weg durfte unter keinen Umständen gefährdet werden.**" (Fettdruck von mir, D.P.) Ben-Chorin war, wie erwähnt, zum Verbindungsoffizier zu Kovners Leuten in Europa ernannt worden, und aus seiner Aussage geht eindeutig hervor, dass die Jischuw-Institutionen Kovner behilflich sein wollten und keineswegs die Absicht hatten, ihn und seine Pläne zu gefährden. Als Ben-Chorin selbst an Bord eines anderen Truppentransporters nach Europa zurückreiste, fiel ihm die Angespanntheit der britischen Offiziere auf, die sich in häufigen Appellen und Zählungen sowie in Systemen der Verteilung der Passagiere auf die verschiedenen Decks äußerte. Als er dann von der Verhaftung Kovners und seiner Begleiter hörte, ging ihm auf, dass die Briten entdeckt hatten, auf welche Weise die Hagana ihre Abgesandten nach Europa einschleuste.[69]

Da in Kovners Verhören niemals nach dem Racheprojekt gefragt wurde, da er als Benjamin Beit-Halachmi und nicht unter seinem richtigen Namen verhaftet wurde und da die drei Mitgefangenen aus völlig anderen Gründen unterwegs waren, dürfen wir annehmen, dass die Denunziation, wenn es eine gewesen sein sollte, nichts mit der Rachemission zu tun hatte. Warum dann überhaupt die Verhaftung? Sie stand anscheinend weder mit Abbas Plänen in Zusammenhang noch betraf sie die Aufträge der anderen drei. Am 6. November, ungefähr einen Monat zuvor, war Lord Moyne, der britische Nahost-Minister, in Kairo von den beiden Lechi-Mitgliedern Elijahu Chakim und Elijahu Bet-Zuri erschossen worden. Lord Moyne galt als Gegner des Zionismus und wurde verdächtigt, am Versenken des Schiffes *Struma* und damit am Tod Hunderter jüdischer Flüchtlinge an Bord beteiligt gewesen zu sein. Zur Zeit von Kovners Abreise standen die beiden Attentäter in Kairo vor Gericht. Mitte Januar 1946 wurden sie zum Tode verurteilt. Die Briten waren am Ende ihrer Geduld, misstrauisch und beständig auf der Suche nach Lechi-Mitgliedern. Hinzukam, dass sie im Dezember, wie Ben-Chorin bereits befürchtet hatte, entdeckten, auf welche Art und Weise unter ihrer Nase Fluchthelfer wie Seeleute und Radiotechniker nach Europa geschmuggelt wurden, um illegale Flüchtlinge nach Erez Israel zu bringen.

Für das Scheitern von Kovners Reise lassen sich also etliche Gründe anführen. Er trat sie in einer Phase an, in der die Briten ihre Kontrollen verschärften, und er trat sie hastig und ohne ausreichende Vorbereitung an. So sprachen er und die drei anderen Aufgerufenen kein einziges Wort Englisch und kannten sich in den Prozeduren des britischen Militärs überhaupt nicht aus. Meistens schickte die Hagana pro Schiff nur ein oder zwei „nicht koschere" Passagiere, diesmal aber waren es gleich mehrere gewesen. Tatsächlich erregten sie bereits in Ägypten Verdacht wegen ihres relativ fortgeschrittenen Alters, wegen des verzögerten Befolgens von Befehlen und ihres insgesamt unmilitärischen Auftretens. (Bemerkenswert ist in diesem Zusammenhang, dass der fünfte Mitreisende, Rico Lupesko, ein Fallschirmspringer, der in der britischen Armee gedient hatte, nicht aufgerufen wurde.) Der Verdacht wuchs, als die vier auf die Lautsprecheransage nicht sofort reagierten, da sie an ihre falschen Namen nicht gewöhnt waren, und als sie an sie gerichtete Fragen nicht auf Englisch beantworten konnten. Bevor sie der Militärpolizei übergeben wurden, fragten sie Eisen, weshalb sie verhaftet worden seien, und er gab zurück: „Man hat euch im Verdacht, keine Soldaten zu sein."[70]

Kovner verhaftet und im Gefängnis

Bevor er vom Schiff ins Transitlager gebracht wurde, gelang es Kovner, dem bei der Festnahme neben ihm stehenden Pinchas Gruner aus dem Kibbuz Messilot und Soldat in der Brigade, eine erste kleine Botschaft in die Hand zu drücken. Sie enthielt die Anweisung, Ruzka und Hazan sobald wie möglich darüber in Kenntnis zu setzen, dass er noch auf dem Schiff verhaftet worden war und die Kameraden nicht erreicht hatte. Hazan war, wie erwähnt, die Kontaktperson in Erez Israel, und Ruzka sollte von diesem Zeitpunkt an als weitere Kontaktperson fungieren. Sie widmete all ihre Energie nach wie vor dem Unternehmen Nakam: „Ich lebe nur für das Hadassa-Projekt. Es ist mein Lebenssinn." Gruner wurde gebeten, ihr auszurichten, das Wichtigste sei jetzt, dafür zu sorgen, dass Schimon Avidan nach Europa käme, um Kovners Platz an der Spitze der Gruppe einzunehmen. Vitka sagte später aus, Kovner und Ruzka hätten schon vorher in ihren Briefen Zweifel an der Fähigkeit Paschas geäußert, die Aktion allein zu leiten. Es sei deutlich gewesen, dass Kovner den Wunsch hatte, ein Abgesandter aus Erez Israel möge den Befehl übernehmen. Das kleine Briefchen endet mit Güßen an Meir (Ya'ari), an Matityahu (Galili) und an Jitzchak (Sadeh), also an die Männer, die neben Hazan dem Unternehmen am nächsten standen.[71]

Aus der Haft in Toulon sandte Kovner eine Botschaft sowie einige Goldmünzen an Pascha und Vitka, die er Mosche Rabinovitch anvertraute, dem in einer Regennacht die Flucht gelang. Pascha war wie vom Blitz getroffen, als ihm die bittere Nachricht überbracht wurde. „Ich schäme mich nicht zu sagen, dass ich in Tränen ausbrach. Es war das erste Mal, dass ein Mann mich weinen sah."[72] Abbas Brief enthielt letzte Instruktionen, da man sich möglicherweise jahrelang nicht mehr wiedersehen würde. Dennoch sei vielleicht noch nicht alles verloren. Sie sollten mit Ruzka Kontakt aufnehmen, in deren Händen alle Fäden zusammenliefen, die er, was die Menschen und die Medizin betreffe, im Land geknüpft habe. Vitka und Pascha ihrerseits sollten Ruzka umgehend die Pariser Adresse mitteilen und in ihren Briefen die Codenamen benutzen, deren Auflistung Ruzka besaß.[73]

In der Annahme, dass ihnen eine lange Trennung bevorstand, bat Kovner Vitka inständig – dieses Mal durch Itzik Ron (Rosenkrantz) –, in sich zu gehen und sich und ihre Kameraden abermals als Angehörige des HaSchomer HaZa'ir zu betrachten. Zu dieser Aufforderung kam es, weil Vitka Ärger darüber geäußert hatte, dass Abba in seinen Briefen aus dem Land so oft vom HaSchomer HaZa'ir sprach, als würde die Racheaktion von der Bewegung abhängen – „und damit bin ich ganz und gar nicht einverstanden!" Abba aber dachte in erster Linie an die Zukunft der Gruppenmitglieder. Er hatte im Land so herzliche Verbindungen zu den Anführern des Ha-Schomer HaZa'ir aufgebaut, dass ihm schon nicht mehr bewusst war, wie verbunden sich Vitka und die Kameraden immer noch dem Credo der Chativa der osteuropäischen Überlebenden fühlten. Dieses Credo besagte, auch wenn die Chativa sich auflösen sollte, bestehe weiterhin die Verpflichtung, sich keinen anderen Bewegungen anzuschließen, sondern als Botschaft an den Jischuw weiter an der Idee der Einheit und Überparteilichkeit festzuhalten. Und nun schrieb Kovner, die Identifikation mit der Bewegung stehe nicht im Gegensatz zur Racheaktion, denn die wärmste Zustimmung und die aufrichtigste Unterstützung für das Racheunternehmen habe er bei der Bewegung gefunden, und ihre Anführer Hazan und Ya'ari hätten ihm ihren Segen erteilt.[74]

Ruzka machte sich an die Arbeit. Durch Benjamin Cohen, der damals in der Jüdischen Brigade diente und später Historiker wurde, nahm sie Kontakt zum Stab in Paris auf; sie schaute sich nach einem Stellvertreter für Kovner um (mit dem Wissen Ya'aris, der insbesondere Ben-Chorin empfahl); sie bemühte sich, Geld aufzutreiben und sie suchte nach einem Gift, das den im Mittelmeer versunkenen Stoff ersetzen konnte. Um diese wichtigen Aufgaben auszuführen, blieb sie trotz ihres Verlangens, sich den Kameraden in Europa wieder anzuschließen, im Land. In einem Brief teilte sie ihnen sogar ein Abreisedatum mit, das sie dann doch nicht einhalten konnte. Sie schrieb an Vitka, Kovner habe Pinchas Gruner auch noch wissen lassen, dass „anstelle von Uri jemand von hier an Paschas Seite weitermachen wird, und er sagte, das würde ein Mann sein, der von Anfang an in alles eingeweiht war, entschlossen, begabt und in dieser Arbeit erfahren. Ich weiß, dass er Uri nicht in allem ersetzen kann, aber er kann uns helfen und das Unternehmen in Gang halten." Vermutlich hat Ruzka hier Avidan gemeint. Aus ihren Briefen geht hervor, dass nicht nur sie sich fragte, wie die Nokmin wohl einen Unbekannten empfangen würden, aber eine andere Lösung schien es nicht zu geben.[75]

Vom Schiff, das ihn nach Ägypten zurückbrachte, gelang es Kovner, eine weitere Botschaft ins Land zu schmuggeln. Er wiederholte darin die Anweisung, Avidans Ankunft vorzubereiten und Ruzka und Hazan von seiner Festnahme zu unterrichten. Aus der strengen Haft in der Westlichen Wüste ließ sich kein Kassiber nach draußen schmuggeln. Erst nach der Überführung in das Kischle-Gefängnis, einem riesigen düsteren Bau in der Jerusalemer Altstadt, der in der Mandatszeit als Gefängnis und Polizeistation diente, schrieb Kovner Ende Februar 1946 wieder einen Brief an die Kameraden. In dem bewegenden poetischen Schriftstück versicherte er ihnen, er würde seine Hand auf ihre Köpfe legen, um sie zu segnen, und drückte die Hoffnung aus, bald zu erfahren, was während seiner Haftzeit mit ihnen geschehen sei. Nach seiner Freilassung Mitte März meldete er sich abermals mit einem zwölf Seiten langen Brief in wunderbarem Jiddisch, noch poetischer und bewegender als der vorige, in dem allerdings auch von Selbstmordgedanken die Rede war. „Er war kurz davor, wahnsinnig zu werden", so beschrieb Elkins auf seine direkte Weise Kovners Gemütslage nach der Gefängniszeit. In jenen Monaten waren bösartige Briefe zwischen Europa und Erez Israel hin und her gegangen, was Abba großen Schmerz zufügte, als er davon hörte.[76] In jenem langen Brief schilderte er die Ereignisse der Schoa, die Krise, die er in jener Zeit durchgemacht hatte, sprach von seiner Familie und ihrer Geschichte sowie vom Verlust seiner ersten Liebe, die auf dem Weg in die Todesgrube neben ihrer Mutter ermordet wurde. Er tröstete seine Kameraden über die Stornierung des Plans A. Meir Ya'ari, den Weisen aus Merchavia, bezeichnet er noch einmal als „einen der wenigen wahren Gläubigen. Eine Art reiner, wenn auch ferner Reinkarnation eines großen Vorfahren wie der Baal Schem Tov oder Karl Marx." Ein kluger Großvater, der Kovner in einer Notlage die Hand hingestreckt und ihm den Weg ins Sonnenlicht gezeigt habe, letzten Endes sei die Bewegung doch das Heim am Ende des Weges.[77]

Ruzkas Tochter Yonat Rotbein-Marla ist heute der Meinung, Kovners Weltanschauung habe sich während der Haftzeit verändert. Zum Beweis führt sie an, dass sein im Gefängnis geschriebenes Werk über den Wald der Partisanen „Ad Lo Or" (Bis kein Licht mehr ist) sich auf das Leben konzentriert. Bis dahin hatte er, wie alle Nakam-Kameraden, mit aller Kraft danach gestrebt, Plan A auszuführen, der darauf hinauslief, „mit den Philistern zu sterben", d. h. er hatte den Tod gewählt. Der Gefängnisaufenthalt und vielleicht auch die vorher im Land verbrachten Monate ließen in ihm nun den Entschluss reifen, das Leben zu wählen. Und das bedeutete: Einer Zukunft ins Gesicht zu sehen, nach Erez Israel einzuwandern, sich am Aufbau des entstehenden Staates zu beteiligen. Es bedeutete gleichzeitig, dass Plan A aufgegeben werden musste. Aber wie sollte er das seinen Nakam-Kameraden beibringen? Er konnte keinem von ihnen befehlen: Du sollst leben! Eine solche Entscheidung musste im Innern eines jeden Einzelnen reifen; sie von außen anzuordnen, war nicht möglich.

In Abbas Brief an seine Kameraden aus dem Gefängnis befindet sich eine Passage, die Yonats Auffassung bekräftigt. Sie lautet: „Als ich mich auf den Weg zu euch machte, trug ich eine Tasche mit Medizin bei mir, um eure Arme zu stärken. Aber ich trug noch etwas anderes mit, den **Lebensatem** (in Abbas Jiddisch: ***Dem Atem von dem Leben***, Betonung von ihm), den ich hier im Land eingeatmet hatte, und ich hoffe, dass wir alle ihn einatmen werden."[78] Am Rand des Briefes fügte er neben den Worten ***Atem von dem Leben*** später noch eine Bemerkung hinzu: „Der erste Hinweis auf eine Rückkehr in die Realität!"[79]

Ein weiteres Zeugnis dafür, dass Kovner im Gefängnis einen Wandel durchmachte, lieferte Michael Ashbel, der sich während ihrer gemeinsamen Haft in

Jerusalem stundenlang mit ihm unterhielt. Kovner erzählte ihm vom Getto in Wilna, dem Untergrund, den Partisanen. „In den Wochen der uns auferlegten Abgeschiedenheit beschloss Kovner, die Rachebestrebungen aufzugeben. Dort schrieb er sein Buch [...] „Ad Lo Or" (Bis kein Licht mehr ist) über die Kämpfe der Partisanen."[80]

Möglicherweise vollzog sich dieser Wandel bereits früher, noch vor seiner Abreise, als Abba klar wurde, dass die Zeit gegen ihn arbeitete, denn das besetzte Deutschland füllte sich mit jüdischen Flüchtlingen und alliierten Soldaten. Wenn er jetzt Millionen von Deutschen angriff, würden andere Nationalitäten ebenfalls in Mitleidenschaft gezogen werden. Zudem hatte er während seines Aufenthalts im Land die Atmosphäre des Aufbaus und Fortschritts gespürt und erkannt, die wichtigste politische Aufgabe sei jetzt das Heimholen der Überlebenden aus Europa, was ja sein ureigenstes Anliegen war – schließlich hatte er die Bricha mitbegründet. Außerdem hatte er erfahren müssen, dass sein Plan A im Land keine Zustimmung fand, und dementsprechend weniger als zwei Wochen nach seiner Ankunft die Kameraden schriftlich angewiesen, sich auf Plan B zu konzentrieren.

Trotz alledem gibt es keinen wirklich eindeutigen Beweis für einen Gesinnungswandel: Kovner brach mit dem Gift auf, das die Brüder Katzir ihm beschafft hatten, und mit dem Ziel, wieder zu seinen Kameraden zu stoßen, die nach Rache verlangten. Die meinten, durch die Rache die ganze Welt und ihr eigenes Leben wieder ins rechte Lot bringen zu können. Dann aber wurden Abba kurz vor der Ankunft in Toulon Hindernisse in den Weg gelegt.

Wie dem auch sei, die Leitung des Jischuws und der Hagana hatten eine klare politische Linie gezogen, die Aktivitäten der Nakam-Gruppe auf Plan B beschränkt und gefordert, ihn unter Aufsicht der Hagana auszuführen. Dies – nach allem, was man mit den abtrünnigen Milizen erlebt hatte – aus der Sorge heraus, die Aktion könnte außer Kontrolle geraten. Welche Schritte unternahm die Hagana, um die Einhaltung dieser Bedingungen zu überwachen? Welche Beziehungen stellte sie zu den Nakam-Kameraden in Europa her? Was geschah, während Kovner hinter Gittern saß? Diese Fragen werden in den folgenden Kapiteln erörtert.

Nathan Alterman

Rachegebet

… was denn sollte dein Knecht verlangen, Vater hehr?
Nur seine Hand auszustrecken nach ihrem glatten Hals.
Was denn sollte dein Knecht in ihrer Wohnung verlangen?
Nur ihren Augapfel sollte dein Knecht verlangen?
Denn sein Gram drückt schwer und sein Herz ist verbittert,
Denn geschlagen haben ihn die Feinde auf lehmigem Grund,
Ihn bespien,
Und er sprach: Es gibt eine Rache.
Sie stellten ihn still,
und er sann den Tag der Vergeltung.
Und feierst du dann deine Rache wie ein Fest -
Könnte er doch, mit einem Auge nur, die Heiligkeit schauen!
Und strahlt seine unsäglich große Freude auf,
Sag ihm nicht: Erbarm dich! Ruf ihm nicht zu: Sühne!
Vergiss nicht, vergiss nicht, was sie ihm getan,
vergiss nicht des einen, den Hundert übermochten,
möge der Zorn der Wenigen dir wohlgefällig sein.
Gepriesen sei der Toten Gott.

(Aus dem Hebräischen von Almut Laufer)
Nathan Alterman, *Rachegebet*, aus: Eine Augenfreude, Gedichte, 5. Aufl. 1959, Tel Aviv, Hefte für die Literatur, S. 67.
Mit Dank an Nathan Altermans Enkel, Nathan Slor

KAPITEL 6

Februar – Juni 1946: Zwei Hauptquartiere in Paris – Die Hagana und die Nakam-Gruppe

Im Februar 1946 – Kovner saß noch im britischen Gefängnis in Ägypten, die Jüdische Brigade war in Holland und Belgien angelangt und die Nakam-Kameraden richteten sich in verschiedenen deutschen Städten auf ihren Posten ein – machte sich Nachum Shadmi auf den Weg nach Paris. Er war Mitglied des nationalen Hagana-Kommandos und von Ben-Gurion bereits im Oktober oder November 1945 zum Befehlshaber der Hagana in Europa ernannt worden.[1] Wozu brauchte die Hagana ein Hauptquartier in Europa? Man hatte erkannt, dass die Bricha noch über lange Zeit hin Unterstützung benötigen würde. Bis zur Überfahrt der Überlebenden nach Erez Israel musste für ihre Sicherheit gesorgt werden, denn noch waren sie „heimatlos, entwurzelt und von Hass umgeben", gerieten immerzu mit den Einheimischen in Streit und trugen offene Verachtung für die deutschen Nachkriegsregelungen zur Schau. Etwa eine Viertelmillion von ihnen war in DP-Lagern untergebracht, 185.000 innerhalb Deutschlands in der britischen und vor allem in der amerikanischen Besatzungszone, 45.000 in Österreich und 20.000 in Norditalien. Nur wenige Kinder und alte Menschen hatten überlebt, denn sie waren stets die ersten gewesen, die ermordet wurden. So saßen in den DP-Camps größtenteils junge Männer tatenlos herum. Diese könnten aus der Sicht der Hagana ihre Zeit besser nutzen, wenn sie sich bereits auf das Leben im Land vorbereiteten, zu allererst aber in die Selbstverteidigung eingeführt würden. In den DP-Lagern im Allgemeinen und im Besonderen in bestimmten Gruppen, deren Zusammensetzung im Land nicht näher bekannt war, herrschte ein „natürlicher Wunsch nach Rache".[2]

Shadmis Aufgabenbereich war bisher nur recht allgemein umrissen. Zugrunde lag ihm das *Biltmore Programm*, das den Aufbau eines nationalen jüdischen Gemeinwesens in Erez Israel anstrebte, sowie Ben-Gurions daraus folgender Plan, die europäischen Juden in Selbstverteidigung auszubilden und sie auf das Leben im Land vorzubereiten. „Schnelle Arbeit in einer weiten Arena. Wir müssen Zehntausende von Überlebenden nach Erez Israel bringen. Wir müssen im Negev und an den Grenzen neue Kibbuzim errichten. [...] Die Schoa-Überlebenden werden sich uns gern anschließen. Wir müssen sie noch vor ihrer Einwanderung an Waffen schulen. [...] Und wir müssen Waffen

 | DOI:10.30965/9783657791125_008

ins Land schaffen, damit wir uns wehren können, wenn die unvermeidliche Stunde der Entscheidung kommt."[3]

Shadmi war zuständig für Angelegenheiten innerhalb der Jüdischen Brigade und besaß volle Autorität über die Hagana-Soldaten in der britischen Armee und in anderen Armeen, so dass er sie für verschiedene Aufgaben einsetzen konnte. Sein Sohn Jiska (Issachar) verriet: „Bei seiner Ankunft wurde ihm gesagt, er solle nicht zu viel Ordnung herstellen, denn wo immer Repräsentanten des Jischuws in Europa operierten, lebten sie von der Unordnung."[4] Shadmi war auch für die Beschaffung von Waffen und ihren Transport nach Erez Israel verantwortlich, für die Gründung einer Selbstverteidigungsorganisation in den DP-Lagern und hatte zudem den Auftrag, „das Thema der Rache gegen die Nazis zu klären". Dies galt als dringendes Problem, mit dem er sich unmittelbar nach seiner Ankunft in Europa zu beschäftigen habe.[5] Die Formulierung „das Thema der Rache gegen die Nazis zu klären" mag kein wörtliches Ben-Gurion-Zitat sein, doch sie charakterisiert die Atmosphäre und die Haltung zu dieser von der Hagana als höchst problematisch empfundenen Angelegenheit.

In seinen Memoiren ging Shadmi darauf ein und schrieb, eine seiner schwersten und heikelsten Aufgaben habe darin bestanden, herauszufinden, was die Nakam-Gruppe eigentlich sei, ob sie „notwendig sei" und wie die Hagana sie aktivieren könnte, falls der Jischuw das anordnen sollte. Jehuda Ben-David, Mitglied der Shadmi unterstellten Hagana-Delegation und gleichzeitig sein Vertrauter, erklärte im Nachhinein, die Nakam-Gruppe sei eine Organisation gewesen, „die sich damals unter der Leitung von Abba Kovner formierte" und „sehr viel gefährlicher war" als die Rache-Gruppe, die innerhalb der Jüdischen Brigade operierte.[6]

Die Hagana-Führung in Palästina verstand, dass in vielen Herzen ein Rachebedürfnis glühte, doch gerade weil die Juden ein Verbrechen ungeheuren Ausmaßes erlitten hatten (ein Ausmaß, das sich nach dem Krieg mit jedem Tag deutlicher abzeichnete), konnte dieses Begehren nicht erfüllt werden, denn welch eine Strafe wäre angemessen gewesen? Das Racheverlangen raubte vielen Juden den Schlaf, vor allem denjenigen, die Erniedrigungen und körperliche Folter am eigenen Leib erlebt und an ihren Mitmenschen verübte Grausamkeiten hatten ansehen müssen. Die Herausgeber des Buches *Die Geschichte der Hagana*, das die damals bei den Mitgliedern herrschende Gemütslage reflektiert, schrieben, das Bedürfnis, sich an den Nazis zu rächen, habe das ganze Wesen und das ganze Denken vieler Überlebender erfüllt und es habe sich im Verlauf der Zeit nicht gemildert, vielmehr ließ es sie nicht zur Ruhe kommen und beschäftigte sie Tag und Nacht. Mit ihren durch Leiden geschärften Sinnen spürten sie, dass die Welt sich bereits anschickte, zur gewohnten Tagesordnung zurückzukehren und sich mit den Mördern auszusöhnen. An dieser Stelle fügten die Herausgeber drei Verse aus Schaul Tschernichowskis 1905 verfasster Ballade *Baruch von Mainz* ein, die im Jahr 1943, dem Jahr der schlimmsten Zerstörung wieder gedruckt wurde. Jede Strophe begann mit „*We'nakamnu*": „Und wir rächen – das Meer des Blutstroms / die Schmach missbrauchter Töchter, Frauen / und die Kinderleichen / ... alle Seelen, die das Leben / nicht mehr kosten können / rächen auch den alten Hass und den verhöhnten Namen."[7] Die Zitate aus der Ballade und der Ton der Beschreibung zeigen Verständnis, ja, sogar Solidarität, für das Vergeltungsstreben aller Überlebenden, nicht nur bestimmter Gruppen unter ihnen. Es sei noch einmal darauf hingewiesen, dass die meisten Bewohner Erez Israels ihre Familien in der Schoa verloren hatten. Es gab also einerseits Verständnis und Solidarität für die Gefühle der Überlebenden, auf der anderen Seite betrachtete die Hagana tatsächliche Vergeltungstaten und die Gruppen, die entschlossen waren, sie auszuüben, als höchst problematisch, in erster Linie Abba Kovner und seine Nokmim. Ungezügeltes Draufgängertum hätte den Rettungsaktionen für die Überlebenden empfindlich schaden können. Nun kam es also darauf an, auf dem schmalen Grat zu wandern, der zwischen Schadensvermeidung und „irgendeiner Entladung des jahrelang aufgestauten Rachebegehrens"[8] lag.

„Irgendeine Entladung" zu finden, war, wie gesagt, Shadmis Aufgabe. Erst einmal musste er die bestehende „Rache-Bewegung" und die Notwendigkeit einer solchen Bewegung überhaupt einschätzen. Dann sollte er sich, wenn das Hagana-Oberkommando zustimmte, an die Spitze dieser Bewegung stellen. Eine Ironie des Schicksals, denn im Februar 1946 waren die Nakam-Mitglieder bereits über Europa, besonders über Deutschland, verteilt und einsatzbereit. Ihr Hauptquartier befand sich in Paris, in der Stadt, zu der Shadmi unterwegs war. Das war nicht nur ironisch, sondern auch ein verlässliches Rezept für Reibereien. Die Nokmim waren jung, entschlossen, unabhängig und hatten bereits alle möglichen Notsituationen gemeistert. Sie waren verschwiegen und zu jedem Opfer bereit. Sie konnten sich aufeinander und auf ihren Anführer verlassen, und sie waren dem Angedenken ihrer Toten und der gemeinsamen Vision ergeben. Auf der anderen Seite stand ein aus Erez Israel entsandter Kommandant, der sie bändigen und eine Aufgabe erfüllen sollte, die Mosche Sneh als „Übernahme der Nakam-Gruppe" beschrieben hatte. Shadmi sagte aus, zu diesem Zweck habe er die Befugnis erbeten und erhalten, „die Nokmim und ihre Operationen" zu befehligen. Ben-Chorin war inzwischen mit der Beschaffung von Waffen und dem Trainieren junger Freiwilliger beschäftigt und übertrug Shadmi nun ebenfalls den Posten des Verbindungsoffiziers zwischen der Nakam-Gruppe und der Deutschen Abteilung der Hagana.[9]

Das Nakam-Hauptquartier in Paris

Pascha und Vitka blieben nach dem Abzug der Jüdischen Brigade noch für eine kurze Zeit in Tarvisio, wo sie von Carmi, Weinberg, Tubin und anderen mit Lebensmitteln, Geld, Dokumenten und Ausrüstung versorgt wurden. Sie hatten Gelegenheit, die Frage der Vergeltung mit den Soldaten zu besprechen, die ebenfalls dort geblieben waren und nun im Grunde den Jischuw repräsentierten. Dann schickte Pascha Vitka nach Belgien, um die Kommunikation mit der Jüdischen Brigade aufrechtzuerhalten, in erster Linie mit den zentralen Figuren aus dem Land, die in der Brigade keinen hohen Rang bekleideten. Das waren vor allem Mitglieder des HaSchomer HaZa'ir, aber auch Mapai-Angehörige wie Argov, Surkis und Motke Chadasch. Vitka erinnerte sich: „Sie waren alle gute Freunde, und als Abba abreiste, kümmerten sie sich um mich. Wir trafen uns täglich zu Gesprächen, und sie wussten genau, wer wir waren." Es kam vor, dass die guten Freunde einige der Nokmim vor Verhaftung und Gefängnis retten mussten.

Vitka machte sich in Begleitung dreier junger Männer auf den Weg, im Gepäck Falschgeld und schriftliche Informationen über die Internierungslager der SS-Leute, deren Anschriften ausfindig zu machen waren. Anfangs wohnte sie im Zimmer eines HaSchomer HaZa'ir-Mitglieds im Camp der Jüdischen Brigade, aber das war natürlich nur für kurze Zeit möglich, da sie die einzige Frau weit und breit war. Später fand sie Unterkunft bei Mitgliedern der Bewegung in Brüssel. Sie und ihre Kameraden waren im Besitz gefälschter Transitpapiere, die sie von der Jüdischen Brigade erhalten hatten. Diese Fälschungen führten zur Festnahme einiger Gruppenmitglieder, darunter auch Poldek und Zygi Gliksman, die in Italien zurückgeblieben, dort verhaftet und zu drei Jahren Haft verurteilt worden waren. Sie wurden freigelassen und kurz darauf wieder verhaftet. In der Brigade befürchtete man, während der täglichen Verhöre könnten die Italiener den Festgenommenen Informationen über Waffenkäufe und illegale Flüchtlingsrouten entlocken, und deshalb setzte man alles daran, sie wieder freizubekommen, meist durch die Zahlung hoher Geldsummen. Ende September trafen die beiden endlich in Belgien ein, ohne Ausweise oder Papiere, auch das Geld hatte man ihnen abgenommen. Wieder waren es Juden, die in den alliierten Armeen dienten, vorwiegend in der amerikanischen und der russischen, die für ihre Freilassung gesorgt hatten.[10]

Pascha und Vitka gelangten ebenfalls nach Antwerpen und Gent, wo drei Regimenter der Jüdischen Brigade stationiert waren. Von dort begaben sie sich nach Brüssel, mussten jedoch feststellen, dass sie von dort aus wenig für ihr Unternehmen tun konnten, da die Einreise von Belgien nach Deutschland fast unmöglich schien. So beschlossen sie, nach Paris weiterzuziehen, in der

Hoffnung, über die französische oder amerikanische Besatzungszone leichter nach Deutschland zu kommen. (In der britischen Zone herrschte mehr Ordnung.) Der ausschlaggebende Grund aber war, dass sie von der Einrichtung der Hauptquartiere der Hagana und der Bricha in der französischen Hauptstadt erfahren hatten. Weinberg, Transportbeauftragter im ersten Regiment der Jüdischen Brigade, überzeugte einen der Fahrer, die beiden nach Paris zu bringen, wo sie Ende Oktober eintrafen.

Unterdessen war es Pascha und Vitka gelungen, Kontakt zwischen Weinberg und einem HaSchomer HaZa'ir- Mitglied aus Wilna herzustellen. Offenbar handelte es sich um Jitzchak Zohar, der die mobile Einheit der Nakam-Gruppe dirigierte. Er vermittelte zwischen der Finanzabteilung der Nokmim und der Jüdischen Brigade. Er reiste nach Bratislava, kaufte mit Dollarnoten Gold und kehrte zurück. So gelangte Gold aus dem Osten in den Westen und Dollars aus dem Westen in den Osten. Das Gold wurde in bare Münze umgetauscht, und Pascha verteilte es je nach Bedarf an die Kameraden. Indem er Geld an Funktionsträger wie Weinberg weiterleitete, unterstützte Zohar die Mitglieder des HaSchomer HaZa'ir in der Brigade bei der Betreuung der Flüchtlinge im Rahmen der Bricha. Einmal wurde Zohar in Paris verhaftet, als er große Mengen Bares bei sich trug, doch Israel Carmi gelang es, ihn wieder freizubekommen.[11]

Alle paar Wochen passierten Schaike und Tubin Paris auf der Durchreise. Dann trafen sie sich mit Vitka und Pascha und hielten damit die Verbindung der Jüdischen Brigade in Belgien zu den Nokmim aufrecht. Tubin und Weinberg erinnerten sich bei ihrer Befragung, dass Vitka und die Kameraden bei diesen Zusammenkünften von ihren Erlebnissen während der Schoa erzählten, so dass die Zuhörer sich im Laufe der Zeit ein immer klareres Bild von dem machen konnten, was die Überlebenden erlitten hatten und was sie zutiefst bewegte. Gleichzeitig wurde ihnen bewusst, wie viel mehr Achtung und Wertschätzung diese Menschen verdient hatten. Weinberg zufolge war er es, der für die Nokmim auf ihre Bitte hin das erste Gift, das ihnen überhaupt in die Hände kam, besorgte: eine kleine Menge Strychnin, geliefert von einer kommunistischen Chemikerin, die Auschwitz überlebt hatte und nun in einem Labor arbeitete. Geholfen hatte ihm dabei Henry Bulawko, der in Paris aufgewachsen war, aber Jiddisch sprach und ursprünglich aus Litauen stammte. Er hatte zwei Jahre Auschwitz und andere Lager sowie den Todesmarsch überstanden und wurde dann zu einer führenden Gestalt des jüdischen Untergrunds in Frankreich. Als Überlebender und ehemaliges HaSchomer HaZa'ir-Mitglied war Bulawko genau der richtige Mann für diese Arbeit. Das an Hunden erprobte Strychnin erwies sich allerdings als wirkungslos.[12]

Die Nokmim, enttäuscht vom Strychnin und im Ungewissen darüber, wann und ob Abba überhaupt zurückkehren würde, beschlossen nun, den Stoff selbst herzustellen. In seinen Briefen aus Palästina hatte Kovner sie wiederholt gebeten, unbedingt den „Doktor" ausfindig zu machen. Damit meinte er Jitzchak Ratner, den Chemiker aus Wilna, der sich auf Kovners Aufforderung hin der Gruppe in Lublin anschloss und mit ihr eng zusammenarbeitete. Dr. Ratner war auf seinen Zugfahrten von antisemitischen Polen beschimpft worden und hatte einsehen müssen, dass Juden sich in Europa nie mehr würden heimisch fühlen können. Als Kovner die Kameraden aufrief, nach Dr. Ratner zu suchen, hielt der Gesuchte sich als Schatzmeister der Alija B in Milano auf.

Poldek und Bolek waren, wie gesagt, nach dem Weitermarsch der Brigade in Norditalien zurückgeblieben. Sie schickten den „Doktor", ausgestattet mit Reisepapieren, einer Uniform und Informationen, wo er die Grenze überschreiten sollte, umgehend nach Paris. Die Aktivisten der Alija B blieben betroffen zurück: Wohin war der stets zuverlässige, nicht mehr junge Mann verschwunden? Sie verdächtigten die Nokmim, die Hand im Spiel zu haben, und verziehen ihnen nicht. Sie verdächtigten aber auch Ratner, den Kassenwart, er könne sich wegen finanzieller Unregelmäßigkeiten bei Nacht und Nebel davongestohlen haben, doch dieser Verdacht wurde rasch entkräftet, denn es fehlte nicht ein einziger Pfennig.[13]

Ratner setzte sich in die Bibliothek der Sorbonne, um sich wieder mit relevanten chemischen Methoden vertraut zu machen – er hatte sich in den Kriegsjahren ja mit ganz anderen Dingen beschäftigen müssen. Rasch wurde ihm klar, dass er Hilfe brauchte um herzustellen, was Pascha von ihm verlangte: zum einen ein wasserlösliches Gift und zum zweiten einen Stoff, der sich mit Lebensmitteln vermischen ließ. Kurz darauf erhielt er eine genauere Beschreibung: bei der zweiten Variante sollte es sich um einen Giftstoff handeln, den man auf die Unterseite eines Brotlaibs schmieren konnte. Zum Auflösen in Wasser schlug Ratner Atropin vor und zum Bestreichen der Brote Arsen. Vor ihm lag eine komplexe Aufgabe: Er brauchte ein Labor, und das Arsen musste bei dubiosen Schwarzmarkthändlern besorgt werden, denen eine Denunziation durchaus zuzutrauen war. Das alles war mit hohen Kosten verbunden. Vitka berichtete, Pascha leistete „auf diesem Gebiet Unglaubliches, mit allen möglichen Leuten." Details allerdings kannte sie nicht, denn geheime Einzelheiten wurden ihr vorenthalten, obwohl sie Kovners Vertraute und Verbindungsperson war. Das ganze Bild war allein Pascha bekannt, und er weihte nicht einmal Bezalel Kek ein, der für die in Deutschland verstreuten Zellen verantwortlich war.[14]

In Paris versuchte Pascha, Verbindung zur Resistance aufzunehmen, die im Krieg gegen die Nationalsozialisten und deren Kollaborateure gekämpft hatte, insbesondere zu den jüdischen Resistance-Mitgliedern. Diese wiederum brachten ihn in Kontakt mit den ehemaligen Guerillakämpfern, dem *Maquis*, und insbesondere mit den Kommunisten unter ihnen. Die Kommunisten hatten ihre eigenen Rachevorstellungen und hielten nach Mitstreitern Ausschau. Auch Poldek stand mit einer Gruppe französisch-jüdischer Kommunisten in Verbindung, die gemeinsam mit ihm in Auschwitz gewesen waren. Ratner konnte durch Bekannte aus Wilna Kontakt zum Besitzer einer Gerberei aufnehmen, einem ehemaligen Resistance-Mitglied, und bat ihn um große Mengen des zum Gerben benutzten Arsens. Nachdem der Gerber in das Geheimnis eingeweiht worden war und sich von seiner Überraschung erholt hatte, besorgte er Ratner fünfundvierzig Pfund des Gifts, abgepackt in viereinhalb Pfund Rationen. (Ratner hatte nach der Befreiung in Wilna selbst in einer Gerberei gearbeitet und wusste von daher, dass man bei dieser Arbeit zum Teil giftige Stoffe einsetzte.)

Die Arsenpäckchen wurden im Haus eines weiteren Untergrund-Mitglieds versteckt, der geschiedenen Frau eines bekannten Schauspielers namens *Silvia Murawski*, der der Gruppe ideologisch und persönlich nahestand. Das Atropin erhielt Ratner von einem jüdischen Bekannten aus dem Wilna der Vorkriegszeit, der inzwischen einen hohen Posten beim französischen Roten Kreuz bekleidete. Dieser Mann war nach langen Gesprächen, in denen Ratner die Schrecken des Gettos und der Hinrichtungsstätte Ponar beschrieb, bereit, einen beträchtlichen Teil Atropin von einer eingehenden Lieferung abzuzweigen.

Im nächsten Kapitel mehr über die Geschichte des Gifts, das nicht in einem Labor zubereitet wurde, sondern im Schlafzimmer von Pascha und seiner Frau Dorka, die beim Verfeinern mithalf. Hier nur so viel: Später in Palästina beteuerte Ratner Kovner gegenüber, das Arsen sei von guter, todbringender Qualität gewesen. Vitka jedoch war der Meinung, das von Ratner destillierte Gift sei lediglich für Plan B verwendbar, für Plan A aber nicht stark genug gewesen, wenn sie ihn entgegen Kovners Anweisung doch hätten ausführen wollen.[15]

Zu Beginn jener Phase gegen Ende des Jahres 1945 war Pascha der Befehlshaber im Hauptquartier, Bezalel Kek war sein Stellvertreter, Dorka und Vitka waren mit der Kommunikation beauftragt und Poldek war meistens unterwegs. Andere Kameraden trafen ein, blieben für eine Weile und machten sich, Anweisungen gehorchend, wieder auf den Weg. Bezalel Kek begab sich später nach München und übernahm die Verantwortung für die Nokmim, die sich in Deutschland aufhielten.

Das Hauptquartier hauste in verschiedenen schäbigen Hotels und in den Wohnungen von Bekannten. Vitka berichtete: „Pascha war sehr tief untergetaucht. Ich wusste nicht einmal, wo er wohnte. Wir trafen uns ab und zu in Cafés, um Informationen auszutauschen, und ich hielt die Verbindung zwischen ihm und der Brigade. Ich lebte am Saint Michel in einem billigen Hotel, dessen Besitzer sich darüber beschwerte, dass ich zu viel Besuch von Männern in Uniform bekam. […] Ich hielt mich für ein halbes Jahr in Paris auf [von Ende Oktober 1945 bis Mitte April 1946] und ich war kein einziges Mal im Theater. Ich trug dieselben Klamotten, die ich als Partisanin getragen hatte, einen Rock und einen Pullover. Es war mir alles egal. Das normale Leben lag außerhalb meiner Interessen."[16]

Manchmal trafen sich die Kommandeure bei Leah Rabinowitsch (Czeczja), deren Neffe Velvele Rabinowitsch zur Nakam-Gruppe gehörte. Leah war noch vor dem Krieg nach Paris gelangt und besaß eine Wohnung im 19. Arrondissement. Kameraden mit falschen polnischen Papieren gingen bei ihr ein und aus. „Sie empfing uns wie eine Mutter, wir waren im Grunde Verlassene, dazu noch sehr jung", beschrieb Poldek das Verhältnis. In den 1950er Jahren heiratete Leahs Tochter Paulette in Israel Ludwig Mairanz, einen liebenswürdigen Mann, der in seinem Fach ein Meister war. Er saß nächtelang da und fälschte Ausweise für die Nokmim. Er hatte dieses Handwerk im Krieg erlernt, als er seine Familie mit neuen Papieren ausstatten musste. Mit leichter Hand fügte er der Summe auf einem Scheck eine oder zwei Nullen hinzu und löste sie ein. Um seine Tante Leah nicht in Gefahr zu bringen, erledigte er diese Arbeit in den Hotelzimmern der Kameraden, mal in diesem, mal in jenem. Seine Instrumente brachte er mit nach Israel und sie befinden sich noch heute auf dem Dachboden des Hauses von Pauline in Schoham.[17]

Auch Heniek Wodzisławski, einer der Nokmim aus Częstochowa, kam aus Italien nach Paris, wo auch er eine Tante hatte. Pascha stattete ihn mit einer Uniform der Jüdischen Brigade aus und ernannte ihn zum Verbindungsoffizier zwischen dem Nakam-Hauptquartier und bekannten – vorzugsweise obendrein wohlhabenden – jüdischen Persönlichkeiten in Westeuropa. Heniek, der mehrere Sprachen fließend beherrschte, sagte diesen Menschen ganz offen, dass er Geld für Racheaktionen sammelte. Er erklärte ihnen, wer die Nokmim waren, informierte sie über die Jüdische Brigade und die gemeinsamen Ziele. In den meisten Fällen fanden seine Bitten ein wohlwollendes Echo. Er übergab das Geld an Pascha oder direkt an die Kameraden, die Pascha ihm nannte. So traf er sich beispielsweise mit Zygi Gliksman an der elsässisch-deutschen Grenze und händigte ihm einen Beutel mit Goldmünzen aus.[18]

Das Hauptquartier musste unter schwierigen Bedingungen arbeiten. Wie schon gesagt, schrieb Kovner aus Erez Israel an Vitka, und sie las die Briefe den anderen vor, als erstem Pascha. Bei ihrer letzten Befragung gab Vitka an, es sei zu Spannungen zwischen ihnen gekommen, die eher gefühlsmäßig als sachlich begründet waren. Sie war „Kovners Repräsentantin, seine Stimme an die Kameraden", insbesondere aber seine Stimme im Hauptquartier. Ihr zufolge teilte Pascha allerdings längst nicht alle Informationen in seinem Besitz weder mit ihr noch mit den anderen.[19] Diese Bemerkungen erklären, warum Shadmi und andere zentrale Gestalten der Hagana in den Aussagen und Erinnerungen der zu jener Zeit in Deutschland stationierten Nokmim ebenso wenig vorkommen wie die Abgesandten des Jischuws, die Soldaten der Jüdischen Brigade aber, die ihnen Unterstützung gewährten, sehr wohl erwähnt werden. In der Tat waren Vitka und Pascha die beiden zentralen Persönlichkeiten im Hauptquartier, er als Kommandeur und sie als Verbindungsfrau zwischen Kovner und Pascha, zwischen Pascha und den Nokmim und zwischen Pascha und den verlässlichen Freunden in der Jüdischen Brigade.

Das halbe Jahr in Paris war weder für Pascha noch für Vitka einfach, denn jeder von ihnen hatte seine eigene Last zu tragen, wobei die Verantwortung letztlich auf Paschas Schultern lag. Zwar hatte er seit Bildung der Nakam-Gruppe in Lublin immer schon eine wichtige Rolle gespielt und war für die operationale Seite zuständig. Aber Kovner hatte sogleich nach seiner Verhaftung darum gebeten, Avidan oder Jehuda Ben-Chorin möchten seinen Platz einnehmen, was Pascha verletzen musste. Es ist gut möglich, dass seine kommunistische Vergangenheit ihn von Avigur und Shadmi entfernte, ganz gewiss aber entfernte sie ihn von Ben-Gurion. Avidan stand als ehemaliges Mitglied der Deutschen Kommunistischen Partei den Leitfiguren des Jischuws ebenfalls nicht besonders nahe. Auch Ben-Chorin war früher Kommunist, und Julek Harmatz war nicht nur im Komsomol gewesen, sondern in den Wäldern von den Sowjets sogar mit wichtigen Aufgaben betreut worden. Nachdem alle vier sich mit Leib und Seele dem Zionismus verschrieben hatten, gab es allerdings niemanden mehr, der ihnen das vorhielt.

Pascha übernahm schwere Aufgaben. Zunächst einmal musste er fünfzig bis sechzig Nakam-Mitglieder versorgen, denn sie alle waren der Schoa buchstäblich nur mit dem Hemd auf dem Leib entronnen. Zweitens war es kompliziert, mit ihnen in Kontakt zu treten, da sie an verschiedenen Orten auf ihren Einsatz warteten. Drittens musste er auf die Hagana, die Jüdische Brigade und die Jischuwleitung Rücksicht nehmen. In allererster Linie aber war er dem Fortgang der Mission verpflichtet. In die riesigen Fußstapfen des hoch geschätzten Anführers Kovner zu treten, wäre für keinen eine leichte Aufgabe gewesen. Pascha hatte Abba vom ersten Augenblick an bewundert. Obwohl Kovner nun nicht ihn, sondern Avidan oder Ben-Chorin zu seinem Nachfolger bestimmt hatte, tat das Paschas Bild von Kovner als besonders begabter Führungspersönlichkeit keinen Abbruch. Er brachte dem Gebot der Stunde sogar Verständnis entgegen und bewies mit dieser Überwindung einer persönlichen Verletzung zweifellos menschliche Größe.

Auch Vitka erlebte in Paris quälende Tage. Wohl nahm sie als Verbindungsperson eine zentrale Position ein, doch war die Zeit der jungen, tatkräftigen Frau damit nicht ausgefüllt. Die Trennung von Kovner, der im August abgereist war, machte ihr im Verlauf der Monate mehr und mehr zu schaffen. Von Abbas Verhaftung im Dezember erfuhren die Kameraden lange Zeit nichts. Briefe, von Soldaten der Jüdischen Brigade oder der britischen Armee hin und her getragen und dementsprechend lange unterwegs, waren das einzige Kommunikationsmittel. Die Kameraden in Deutschland begannen sich zu fragen, ob Kovner der gemeinsamen Vision treu blieb und sein Versprechen, in Palästina nach Unterstützung für die Pläne der Nokmim zu suchen, einhielt. Damit stand Vitka zwischen den misstrauisch gewordenen Gruppenmitgliedern und ihrer Loyalität Abba gegenüber. In einem offenherzigen Interview bekannte sie sogar, sie selbst habe an Kovners Beständigkeit gezweifelt und Ruzka in ihre Sorge eingeweiht.

Ein Teil von Vitkas engsten Freunden aus der Bewegung, dem Getto und aus den Wäldern wie Cesia, Mira und Lena hielten sich zu jener Zeit in Deutschland auf, doch sie trafen sich kaum. Die Kameraden in Deutschland lebten äußerst spartanisch, und Pascha und die anderen in Paris widmeten sich ausschließlich der Umsetzung ihrer Rachevision. So war auch Vitka vom wieder erwachenden sozialen und politischen Leben in der Stadt sowie in den örtlichen jüdischen Zirkeln abgeschnitten. Eigentlich lebten sie alle wie in einer selbst gebastelten Kapsel. Wer von einem normalen Leben in Erez Israel zu sprechen wagte, galt als Verräter an der Sache. Der schreckliche Plan, der in ihrem Inneren brodelte, ließ sie nicht zur Ruhe kommen.[20]

Kovner erkundigte sich in seinen Briefen immer wieder nach Vitkas Gefühlen und nach ihrem Wohlergehen und schrieb von seiner Sehnsucht. Auch sie sehne sich nach ihm und wünsche sich, bald wieder mit ihm vereint zu sein, antwortete sie ihm und bedachte ihn mit Kosenamen. „Ich bin allein, so allein!“, rief sie ihm über die weite Entfernung hin zu. „Mein Leben ist in den letzten Monaten so hart gewesen“, heißt es in einem anderen langen, schmerzlichen Brief. „Ich weiß nicht, wo ich stehe, ich sehe den Weg nach vorne nicht mehr.“ Ruzka schrieb ihr wie eine Seelenfreundin der anderen, und ihre aufrichtigen Briefe widersprachen den aus Palästina bis nach Paris durchgesickerten Gerüchten, sie und Abba hätten eine Affäre. Der Klatsch muss Vitka weh getan haben, doch die grundehrliche Ruzka schien von all dem gar nichts zu wissen.[21]

Im November 1945 fand mit Gurion als Ehrengast in Paris ein Treffen von jüdischen Kämpfern aus allen Armeen statt. Pascha war dabei und nahm die Gelegenheit wahr, um sich mit Avigur, Ben-Chorin und Ehud Avriel, einem Spitzenpolitiker der Mapai-Partei, zu unterhalten.[22] Später kam sogar eine Begegnung mit Ben-Gurion zustande. Pascha bekannte, er habe sich anfangs gegen ein persönliches Treffen gesträubt, da er vermutete, Ben-Gurion würde sich gegen eine Vergeltungsaktion aussprechen, doch Freunde der Nokmim in der Jüdischen Brigade drängten ihn, den großen Mann auf jeden Fall persönlich kennenzulernen. Argov, der der Nakam-Gruppe von Anfang bis Ende beistand, arrangierte die Begegnung nach dem Ende des offiziellen Teils. Pascha musste lange warten, bis die Begegnung endlich zustande kam. Ben-Gurion stand vor dem Hotel neben einem wartenden Wagen, aus dem seine Frau Paula ungeduldig rief, er solle sich beeilen, denn sie hätten noch wichtigere Verabredungen. Ben-Gurion beruhigte sie und führte Pascha zurück in die Eingangshalle, wo sie sich für einen Augenblick in eine Ecke setzten. Pascha erklärte die Absichten der Gruppe in allgemeinen Wendungen. Der Vorsitzende der Jewish Agency hörte ihm zu („Er war darauf vorbereitet", so Paschas Eindruck) und erwiderte in drohendem Ton: „Ich weiß nicht, was wir tun, wenn ihr das nicht abblast!" Dann wies er darauf hin, dass der Jischuw sich um den Aufbau eines jüdischen Staates bemühe. Es sei nicht die Zeit für weniger wichtige Projekte. Abschließend bemerkte er freundlich auf Jiddisch: „In der Geschichte ist Vergeltung etwas sehr Bedeutendes", stellte aber dann die rhetorische Frage: „Bringt das Töten von sechs Millionen Deutschen mir meine Juden zurück?" (Er sagte tatsächlich „meine Juden".) Wenn das nicht möglich sei, interessiere ihn die Rache nicht. Pascha erinnert sich, in Ben-Gurions Augen und in seiner Haltung Bedauern darüber wahrgenommen zu haben, dass er als Vorsitzender der Jewish Agency keiner wie auch immer gearteten Vergeltungsaktion zustimmen konnte.[23]

Zwei Wochen nach jener Versammlung traf Avigur sich noch einmal mit Pascha zu einem längeren Gespräch, diesmal in seinem Hotel, dem Metropol. Bei dieser Gelegenheit entwickelte sich ein guter persönlicher Kontakt. Ehud Avriel, der Mapai-Politiker, der im selben Hotel wohnte, kam hinzu und gab sich sehr freundschaftlich. „Das sind gute Burschen", bemerkte er später zu Avigur. Avigur fragte nicht gleich nach den Racheplänen, sondern nach Paschas Erlebnissen während der Schoa. Pascha berichtete fünf oder sechs Stunden lang, und Avigur lauschte mit der für ihn typischen Konzentration. Dann erkundigte er sich nach den Nakam-Mitgliedern: Wer waren sie, wie viele waren sie, wovon lebten sie? Wir sind Millionen, entgegnete Pascha, und Avigur erwiderte: „Wenn Millionen sich der Vergeltung zuwenden, werden wir nie einen Staat bekommen." Vorrangig seien jetzt der Einkauf von Munition und die Einwanderung von Millionen ins Land. Racheakte kämen überhaupt nicht infrage. „Wir sind dabei, einen Staat zu gründen, und was anderswo passiert, wird sich auf unser Vorhaben auswirken."[24]

Als Schaul Avigur Pascha einige Wochen darauf über Abbas Verhaftung informierte und der Stab der Nokmim sich neu formieren musste, versprach Avigur Unterstützung und fragte fürsorglich, was jetzt vonnöten sei. Pascha erklärte ihm, dass das Gift für die internierten SS-Männer bereits hergestellt sei, aber für den Transport nach München brauche er einige Männer in Uniform mit echten Militärausweisen, denn auf den Straßen und an der Grenze würde streng kontrolliert. Sollte das Gift entdeckt werden, drohte ihnen wegen Schmuggels und Schwarzhandels schlimmster Art eine lange Haftstrafe.[25] Schaul Avigur versprach Hilfe und stand zu seinem Wort, als es so weit war.

Wer repräsentiert das jüdische Volk?

Um die Nakam-Gruppe unter seinen Einfluss zu bringen, musste Nachum Shadmi zuerst einmal ihr Vertrauen gewinnen. Ihm zufolge begann die Kontaktaufnahme, als Schaul Avigur ab Anfang Februar 1946 für längere Zeit in Paris weilte, denn „die relevanten Informationen liefen bei Schaul Avigur und seinen Leuten zusammen." Nachdem Avigur mit Pascha gesprochen hatte, übergab er die Zügel an Shadmi, der Pascha bereits zwei Tage später zu sich bestellte. Shadmi hat sich mehrere Male zu dem Geschehen geäußert, allerdings waren seine Aussagen nicht einheitlich und wichen von Paschas Berichten ab. Das *Buch der Geschichte der Hagana* enthält eine milde Version, die sich auf Shadmis Memoiren stützt. Denen zufolge diente der erste Kontakt mit dem Nakam-Hauptquartier dazu, „die grundlegenden Prinzipien abzuklären", wie Shadmi es in der im Land damals üblichen Begrifflichkeit formulierte. Er forderte die Gruppe auf, die Autorität der jüdischen Allgemeinheit zu akzeptieren, die in diesem Fall durch das Oberkommando der Hagana repräsentiert werde, welches wiederum ihn, Nachum Shadmi, nach Paris entsandt habe. Er betonte, er würde das schwere Leid der Überlebenden keinesfalls geringschätzen, aber sie alle müssten sich auf den Grundsatz einigen, demzufolge keine Gruppierung Einzelner sich das Recht anmaßen dürfe, Racheakte in Namen des ganzen jüdischen Volkes zu verüben.[26]

In Gesprächen mit seinem Vertrauten Ben-David, die nicht zu Veröffentlichung bestimmt waren, äußerte Shadmi sich offenherziger: Er habe die Nokmim sehr eindringlich darauf hingewiesen, dass das jüdische Volk nach der Schoa in erster Linie nach dem Aufbau eines eigenen Staates auf dem Boden Erez Israels strebte, und das sei momentan das einzige und oberste Ziel. Jemand müsse die Verantwortung übernehmen und entscheiden, was erlaubt sei und was nicht erlaubt sei. „Und das bestimmt nicht ihr. Das bestimme ich. Ihr könnt dann Widerspruch einlegen. Wenn es dazu kommt, sage ich euch, bei wem. Vielleicht stellt sich dann heraus, dass ich mich geirrt habe. In diesem Fall wird man mich korrigieren." Auch will er gesagt haben: „Das jüdische Volk bestimmt, und das jüdische Volk wird von der Jewish Agency vertreten."[27]

Hier trafen also zwei Seiten aufeinander, von denen die eine, die seit Jahren keine Beaufsichtigung mehr gekannt hatte, sich der Aufsicht der anderen unterwerfen sollte. Außerdem bestand keine Einigung in der grundsätzlichen Frage, wer denn überhaupt befugt sei, das jüdische Volk nach der Schoa zu vertreten und in seinem Namen zu sprechen und zu handeln. Waren es die Hunderttausende von Überlebenden, deren brennenden Wunsch nach Rache die Nakam-Gruppe zum Ausdruck brachte? Oder war es die Hagana als Vertreter des Jischuws, der ein Staatswesen aufbauen wollte, das Entronnenen der Todesmaschinerie Zuflucht bot?

Ein weiteres Hindernis bildete ein inhärenter, von beiden Seiten nicht beachteter Widerspruch. Hinter den Nokmim stand der letzte Wunsch Millionen Ermordeter und der Überlebenden nach Rache. Die Hagana dagegen musste befürchten, dass die Ausübung der Rache ausgerechnet den Davongekommenen schaden würde, denn eine bedeutende Vergeltungsaktion hätte mit Sicherheit negative Folgen für die Sammlung und Betreuung der heimatlos Gewordenen. Ein weiterer Grund für Reibereien war der Unterschied zwischen den jungen Leuten in ihren Zwanzigern, die das Grauen der Schoa erlebt hatten, und dem fünfzigjährigen Nachum Shadmi, der bereits 1921 nach Erez Israel gekommen war, die Felder des Kibbuz Menachemia im Süden des Sees Genezareth bearbeitet hatte und in der Hagana bei verschiedenen Aktionen hervorgetreten war. Zum Zeitpunkt, an dem er nach Europa entsandt wurde, wusste Shadmi offensichtlich wenig über die Schoa.

In einer dritten Quelle gibt Shadmi wesentlich mehr von sich preis. Sie enthält erstaunliche Dokumente. Es sind in jenen Pariser Tagen in Echtzeit verfasste Berichte, die er regelmäßig an Galili nach Palästina sandte, und die dieser an Sneh weiterreichte. In ihnen (und nicht in den späteren Rückblicken) offenbarte Shadmi, was er wirklich empfand. Gegen Ende Februar, d. h. einige Wochen nach seiner Ankunft in Paris, sandte „Dov" (Shadmis Code-Name) einen Lagebericht an „Ram" (Galilis Code-Name). Hier wurde unter der Überschrift *Nechama* (Trost) das Rachethema von allen Seiten beleuchtet. Zunächst schreibt er über die *Freunde der Nechama*, wie er die Nokmim hier nannte, sie seien erzürnt, voller Zweifel und „enttäuscht vom Kontakt zu uns" (d. h. zum Jischuw). Sie würden sich allein auf die Freundin *Nechama* konzentrieren und bereits inmitten ernsthafter, ganz konkreter Vorbereitungen stecken. „Ich habe über sie [*Nechama*] bereits sehr viel nachgedacht, alles abgewogen und innere Einkehr gehalten", schrieb Shadmi und stellte dann folgendes fest:

1. **Ich bin für Nechama und ich möchte, dass sie gelingt. Die Gespräche mit euch im Land gaben mir zu der Vermutung Anlass, dass ihr genauso denkt.** [Hervorhebung von mir, D.P.]

2. Die Verantwortung darf aber keinesfalls bei einer einzelnen Gruppe liegen. Bei aller Achtung vor den Nokmim, neben denen ich mich klein fühle, und in Anbetracht der Leiden der europäischen Juden, sage ich dennoch: **Etwas so Heiliges wie unsere Schwester *Nechama* darf nicht der Verantwortung jener kleinen Gruppe überlassen bleiben** und keinesfalls zum politischen Kapital unserer lieben Freundin Rivka [ein Code-Name für den HaSchomer Haza'ir] werden. Die Verantwortung muss vielmehr von der Gesamtheit der jüdischen Gemeinschaft getragen werden, als deren einzigen Vertreter ich mich momentan betrachte. [Hervorhebung von mir, D.P.]
3. Die Sorge um *Nechama* ist unter folgenden Voraussetzungen zu erwägen: a. „maximale Effektivität", die bei zehntausend deutschen Toten beginnt. b. sie muss „mit dem Gewissen zu vereinbaren sein" und nur diejenigen treffen, die es erwiesenermaßen verdient haben. [Deren Familien oder gar Personal der Alliierten sollten keinesfalls in Mitleidenschaft gezogen werden.] c. In Vorbereitung auf *Nechama* muss sichergestellt sein, dass die Überlebenden in den DP-Lagern nicht zu leiden haben. [Falls die Deutschen oder die Alliierten meinen sollten, die Vergeltung sei von dort ausgegangen.]
4. Die Freundesgruppe der *Nechama* muss aufgelöst werden. „Das würde ihnen persönlich gut tun und uns als Gemeinschaft ebenfalls von Nutzen sein."[28]

Wieder einmal wurde deutlich, dass die Jischuwleitung den Plan A, das unterschiedslose Töten, prinzipiell ablehnte, den Plan B aber, den gezielten Angriff auf internierte SS-Männer, befürwortete. Weiter ist Shadmis Berichten zu entnehmen, dass es nicht darum ging, ob Plan B ausgeführt werde oder nicht, sondern vielmehr darum, wer die Ausführung übernehmen würde. Damit wurden weitere Punkte erhellt: Erstens war das Thema *Nechama* mit vielen Emotionen besetzt. Shadmi stellte ausdrücklich fest, dass er in Gesprächen mit seinen Vorgesetzten im Land vor seiner Abreise nach Europa den Eindruck gewonnen hatte, auch sie würden solche Maßnahmen gutheißen. *Nechama* war mehr als ein Freund, sie wurde im Bericht als Schwester bezeichnet, dazu als heilig und majestätisch. Dazu passt Schlomo Shamirs Äußerung, wenn die Jüdische Brigade in allem Ernst den Auftrag bekommen hätte, eine Millionen Deutsche zu liquidieren, dann hätte sie ihn vermutlich befolgt. Dazu passt ebenfalls, was Kovner an Vitka schrieb: In Erez Israel habe Ben-Chorin ihm versichert: „Wir werden uns darum kümmern". Dazu passt des Weiteren, dass Tuvia Arazi, der Bruder von Jehuda Arazi, gegen Ende 1945, als sein Bruder krank geworden war, in einem Brief an Shertok und Ben-Gurion einen Austausch vorschlug. Er wollte seinen Bruder in Italien ersetzen, dann könnte

Jehuda nach Paris geschickt werden, um sich dort an der Planung der Vergeltungsoperationen gegen Deutschland zu beteiligen, was indirekt auch dem zionistischen Kampf gegen die Briten zugute käme, „denn auf diese Weise wird zum Ausdruck gebracht, in welcher Gefahr sich die Schoa-Überlebenden in Europa befinden."[29]

Zweitens machten Shadmis Ausführungen klar, dass es nicht darum ging, ob Plan B ausgeführt würde, sondern durch wen, wenn der Befehl dazu käme. Shadmi stellte klar, dass er es war, der nach der Schoa und dem Krieg das jüdische Volk vertrat. Die gesamte Gemeinschaft müsse die Verantwortung für die Vergeltung mittragen, sie dürfe nicht auf den Schultern einer kleinen Gruppe ruhen. Sollte eine Entscheidung zugunsten der Ausführung ergehen, dann nur zu den von Shadmi genannten Bedingungen. Die Gruppe der *Nechama*-Freunde aber, so schrieb er, müsse umgehend aufgelöst werden. Harte Worte, die zu einer weiteren Frage Anlass geben: Sagt die Einschätzung der Nakam-Gruppe etwas darüber aus, wie die Jischuwleitung die Gesamtheit der Überlebenden beurteilte? Beruhte die Weigerung, die Vergeltung jungen Überlebenden anzuvertrauen, auf dem nagenden Verdacht, diese Menschen könnten aufgrund ihrer unvorstellbaren Leidenserfahrung – Gott behüte – mit geistigen Beeinträchtigungen aus dem Inferno hervorgegangen sein? Nachdem er von seinem Besuch der DP-Lager aus Europa zurückgekehrt war, berichtete Ben-Gurion bei einem Treffen des *Mapai*-Zentralkomitees: „Zu meiner Überraschung [...] sind die Menschen dennoch gesund, körperlich, aber auch geistig. Die meisten sind wertvolle Juden, wertvolle Zionisten mit tiefen zionistischen Neigungen." Die Partisanen und Kämpfer der Nakamgruppe hatten zwar sämtliche Härtetests bestanden, wurden aber dennoch mit Vorsicht beäugt; man traute ihnen Extremismus sowie impulsive Reaktionen zu. Deswegen hielt man es im Jischuw für angebracht, den Verband aufzulösen – zum Nutzen der einzelnen Mitglieder und der Allgemeinheit.[30]

Shadmis Gespräche mit den Kommandanten der Nakam-Gruppe

Nun begann eine Reihe von Gesprächen zwischen Shadmi und den Vertretern der Nokmim. Die ersten drei Treffen fanden an drei aufeinanderfolgenden Tagen statt. Es käme überhaupt nicht infrage, erklärte Shadmi, dass eine einzelne Gruppe sich anmaßen dürfe, im Namen des jüdischen Volkes zu handeln, auch wenn sie sich aus hochqualifizierten Einzelpersonen zusammensetze. Das jüdische Volk entscheide, und es möchte zuallererst einmal einen Staat. „Dieser Schatz" – der auf die Nokmim angewandte Ausdruck zeugt von Shadmis Wertschätzung – müsse der Allgemeinheit zur Verfügung stehen. Welche Existenzberechtigung hätten sie „als getrennte, von anderen abgeschlossene Einheit"? Warum wollten sie sich nicht in die Allgemeinheit integrieren und deren Autorität akzeptieren? Shadmis Bericht zufolge reagierten die Nokmim auf seinen Vorschlag, sich der Allgemeinheit zu unterstellen, mit Akzeptanz, Verantwortungsgefühl und Freude, allerdings waren sie keinesfalls bereit, sich vor der Verwirklichung eines ihrer Pläne aufzulösen. Nach monatelangen Vorbereitungen unter schwierigen Bedingungen befanden sie sich Shadmi zufolge „in einem Zustand schwerer psychischer und persönlicher Erschöpfung."

Nach diesen Treffen erklärte Shadmi den Nokmim, dass jedwede Unterstützung von ihm autorisiert werden müsse. Er würde Plan B in allen Einzelheiten überprüfen und die Verantwortung für die umgehende Ausführung übernehmen. Anschließend müsse die Gruppe sich auflösen, und Shadmi würde entscheiden, wer von ihnen nach Palästina ginge und wer in Europa bliebe, um ihm bei anderen Aufgaben zur Seite zu stehen. Dann beauftragte er drei ihm loyale Offiziere mit der gründlichen Investigation der Operationsmaßnahmen und gab ihnen dafür einen Monat Zeit. Daraufhin sollte der Plan zur Ausführung gelangen und die Nakam-Gruppe umgehend aufgelöst werden.[31]

Doch so reibungslos wie Shadmis Bericht vermuten lässt, spielten sich die Dinge vor Ort nicht ab. Zunächst einmal gestalteten sich die Verhandlungen mit dem Hauptquartier der Nokmim schwierig, das hat Shadmi in einem nicht veröffentlichten Gespräch selbst zugegeben. Bei jenem Treffen saßen ihm drei Personen gegenüber, aber der einzige Name, an den er sich erinnerte, war der von Pascha. Bei Paschas Begleitern handelte es sich höchstwahrscheinlich um Bezalel Kek und Ben-Meiri. Pascha gab an, mit Shadmi nur sehr selten unter vier Augen gesprochen zu haben. Anfangs sträubten sich die Nokmim, der Hagana Befehlsgewalt über ihre Gruppe zu erteilen. Trotzdem erklärte Pascha: „Wir redeten wie Leute, die integraler Bestandteil des Jischuws waren", nicht wie Außenstehende oder gar Gegner."[32]

In der Tat war den Nokmim die Einmischung von außen nicht gerade willkommen. Shadmi wollte sie davon überzeugen, dass weder er noch seine Auftraggeber im Jischuw die Absicht hatten, Racheakte zu verhindern. Die Hagana unterstützte sie im Prinzip sogar, allerdings nur unter drei Bedingungen, die Shadmi auch in folgenden Sitzungen immer wieder hervorhob: Erstens müssten die Operationen ein realistisches Fundament haben, zweitens dürften sie „der Gesamtheit der Juden in den DP-Lagern" nicht schaden und drittens müssten sie mit „unseren moralischen Standards" vereinbar sein. „Unsere moralischen Standards", damit waren die Standards des Jischuws und der Hagana gemeint, nicht die der Nokmim. Vielleicht meinte

Shadmi auch die Standards des ganzen jüdischen Volkes, aber das hat er nicht ausdrücklich verkündet.[33]

„Ich versuchte, mich in die Lage dieser verbitterten Menschen hineinzuversetzen", schrieb Shadmi, der nach den ersten Gesprächen zum Schluss gekommen war, „es (damit war offenbar der unmittelbar vorher diskutierte Plan A gemeint) ist ein Phänomen, das jedes menschliche Denken überschreitet. Eine Art Geisteskrankheit." Es sei ihm klar gewesen, dass er sofort einschreiten müsse, um die tickende Bombe zu entschärfen, bevor die Racheaktionen neue Wellen des Antisemitismus auslösten und Juden, die die Hölle überstanden hatten, unter den Folgen wahnsinniger Racheakte zu leiden hätten oder gar sterben müssten.[34] Wie berichtet, trieb der Antisemitismus auch nach dem Ende des Krieges weiter sein Unwesen, und das war einer der Gründe für die Einrichtung eines Hagana-Hauptquartiers in Europa. Zu Shadmis Aufgaben gehörte es, das Anwachsen des Antisemitismus möglichst einzudämmen und aufzuhalten.

Während die Nakamzellen in Deutschland die Ausführung ihres Plans vorbereiteten, erhielt Chaim Jachil (früher Hoffmann), Leiter der erezisraelischen Rettungsteams, die unter der Schirmherrschaft der UNRRA arbeiteten, die schriftliche Information, dass ein NS-Untergrund nur auf die Gelegenheit für eine offene Konfrontation mit Juden wartete. Dieser Untergrund täte alles, um die Juden auch bei den Alliierten in Misskredit zu bringen. „Die Juden sind gereizt", hieß es in der Information, „und durch Provokationen leicht in Aufruhr zu versetzen."[35] Shadmi befürchtete, die Nationen der Welt könnten aufgrund jüdischer Racheakte den Überlebenden das Mitgefühl entziehen und die gerechtfertigte Forderung des jüdischen Volks nach einem eigenen Staat nicht länger unterstützen. Schließlich waren die Juden die geschädigte Seite und nicht die, die Schaden zufügte.

Die Nokmim präsentierten Shadmi mit einer anderen Sichtweise. Sie hatten von jüdischen Soldaten in der amerikanischen Armee, die mit Deutschen zusammengetroffen waren, gehört, dass die deutsche Bevölkerung auf eine angemessene Bestrafung für die von ihr begangenen unverzeihlichen Verbrechen von jüdischer Seite gefasst war. Die meisten Nakam-Mitglieder hielten die Besorgnis des Jischuws, die sich in Shadmis Äußerungen widerspiegelten, für grundlos und meinten im Gegenteil, die Deutschen würden Racheakte tatenlos hinnehmen, die Einwohner aller von den Nazis eroberten Länder aber würden die Vergeltungsschläge der Nokmim feiern und zu schätzen wissen. Jahre später erklärte Shadmi seinem Sohn Isska, dass die Deutschen naturgemäß keinerlei Mitleid verdient hatten. Was immer man tun konnte, musste getan werden. Auch Isska gegenüber zählte er die erforderlichen Bedingungen auf: geordnete Koordination zwischen allen Beteiligten;

Vermeidung verräterischer Spuren (obwohl es klar sein müsse, dass hier ein Akt alttestamentarischer Gerechtigkeit ausgeführt worden war); keine Beeinträchtigung der Beziehungen zu den Briten.[36]

Im Verlauf seiner Bemühungen, mehr über die Nakam-Gruppe zu erfahren, vielleicht aber auch auf Initiative des Nokmim-Hauptquartiers, traf Shadmi sich mit einer jungen Frau in Uniform, die aus Rumänien nach Paris gekommen war. Er habe von ihr viel über die Nokmim gelernt, sagte Shadmi später aus, vor allem, dass die meisten von ihnen aus Pionier-Jugendbewegungen stammten und letzten Endes nach Palästina emigrieren wollten. Wie die junge Frau hieß, die sich mit gefälschten Papieren auswies, daran konnte Shadmi sich nicht erinnern, obwohl Vitkas Name auf seinem Arbeitsplan und Terminkalender erscheint. Sie gab ihm zu verstehen, wenn er der Gruppe einen konkreten Plan anbieten würde, würden die meisten ihn mit Enthusiasmus akzeptieren. Infolge dieses Gesprächs und vieler nachfolgender Sitzungen, waren die Nokmim-Anführer Shadmi zufolge damit einverstanden, zwei von ihm ernannte Offiziere in ihr Hauptquartier aufzunehmen und ein inneres Quadrumvirat zu bilden, das für jede Aktion bei Shadmi eine Genehmigung einzuholen hatte. Die beiden von Shadmi eingesetzten Offiziere hatten die klare Anweisung, nur Pläne zu akzeptieren, die sich gegen inhaftierte SS-Männer richteten, deren Schuld bewiesen war, und auf keinen Fall gegen die deutsche Zivilbevölkerung.[37]

Die in der Führungsriege des Jischuws vorherrschende Einschätzung der Nokmim wurde auch von anderer Seite bestätigt. Kurz nach Shadmis Ankunft in Paris ernannte Ben-Gurion (der ja, wie erwähnt, auf dem Rückweg nach Palästina dort Station machte) ein Gremium, das den jüdischen Widerstand in Europa im Hinblick auf den zu erwartenden Konflikt mit den Briten koordinieren sollte. Die so zusammengestellte Truppe erhielt den Namen „Jüdische Widerstandsbewegung in Europa" und galt als europäischer Arm der *Meri* genannten jüdischen Widerstandsbewegung in Palästina.[38] Ben-Gurion besetzte das Koordinationsteam mit Ruth Kliger (Eliav), einer Aktivistin des *Mossad für die Alija B*, die die Jewish Agency vertrat, und mit Ehud Avriel. An die Spitze stellte er Shadmi, den Oberbefehlshaber der Hagana in Europa. Avriel sollte sowohl als Verbindungsmann zwischen dem Oberkommando der europäischen Meri und der Nakam-Gruppe fungieren als auch zwischen dem Oberkommando und Ben-Gurion selbst. Avriel durchschaute die Herangehensweise der Nokmim auf Anhieb. Zwar stellten sie ihren Aktionsplan der Hagana und Persönlichkeiten mit nationaler Autorität vor, erklärten aber gleichzeitig, sie würden auf jeden Fall agieren – auch ohne die Unterstützung nationaler Institutionen. Ähnlich hatten sie sich bereits Davidson und Ben-Chorin gegenüber geäußert. Jehuda Bauer gegenüber erklärte Avriel, er sei entsetzt gewesen, die Vorstellungen der Nokmim zu vernehmen, die zumindest von einigen Leuten als „absolut verrückt, schädigend, unmoralisch und im Ganzen unmenschlich eingestuft werden würden". Infolge dessen verhärtete sich die Haltung der *Meri*-Führung im Einklang mit der von Ben-Gurion und anderen abgesteckten Linien, die „streng dagegen waren" und die sich auch in Shadmis Verhalten widerspiegelten: Er gewann das Vertrauen der Nokmim, indem er ihr Vorhaben als heilig und gerecht bezeichnete, und hoffte auf diese Weise, ihr Verhalten beeinflussen zu können, denn sonst „würden sie uns einfach verachten und schreckliche Dinge anstellen, für die wir uns dann später verantworten müssen." Dem fügte Avriel noch hinzu, was Ben-Chorin ebenfalls beobachtet hatte: Kovner hatte „einen Fuß in jedem Lager. Er war einer von uns, aber er gehörte auch zu einer dieser Banden. Wir vertrauten ihm nicht völlig. Wir glaubten ihnen nicht, denn sie sagten: ‚Wir schwindeln euch an, wir erzählen euch nicht alles.' Wir waren ihnen gegenüber hilfsbereiter als sie es uns gegenüber waren, denn sie betrachteten uns als Hindernis auf ihrem Weg, obwohl sie einsahen, dass wir sie mit professioneller Hilfe versorgten und ihnen vernünftige Berater zur Seite stellten."[39]

Aus all diesen Gründen setzten die drei obersten Offiziere die Aktivitäten des Hauptquartiers in Bezug auf die Rache nicht fort, obwohl sie mit Ben-Gurion eine Vorgehensweise abgestimmt hatten. Aufgrund praktischer Erwägungen blieb die Autorität weiterhin bei Shadmi, Avriel jedoch war ihm aufgrund seiner guten Beziehungen zu Avigur behilflich und „deckte sie alle auf", womit wahrscheinlich gemeint war, dass er ihre Namen bekannt gab. Die Aussagen von Shadmi, Avriel und Ben-Chorin belegen eindeutig, dass alle drei den Plan A kannten und Ben-Gurion darüber informierten. Andere Jischuw-Spitzen erfuhren von diesem Plan, wie erwähnt, durch Soldaten der Jüdischen Brigade. Sie alle waren absolut dagegen.

Nakam-Mitglied Ben-Meiri gab an: „Wir standen in engem Kontakt mit Ehud Avriel und Avigur", die gegen die Vergeltungsaktionen waren und sie zu unterbinden trachteten. Ben-Meiri fügte hinzu: „Sie hatten einfach Mitleid mit uns", eine Bemerkung, die zwei wichtige Punkte erhellt: erstens, warum die Gruppe weiterhin Unterstützung erhielt, obwohl man ihr Programm ablehnte (hier klingt das Verhältnis des Jischuws zu den Überlebenden an); zweitens, warum „Ehud Avriel Gift mitnahm, um es zu testen". Leider spezifizierte Ben-Meiri nicht, wer Avriel den Stoff aushändigte, wann dies geschah oder was Avriel nach dem Test zu tun gedachte. Harmatz sah die Beziehung zu Shadmi anders. „Shadmi sollte auf uns aufpassen, weil sie dachten, wir wären total daneben." Er sei ihnen gegenüber kritisch eingestellt gewesen, „aber er achtete uns gleichwohl, weil er unsere Ernsthaftigkeit sah und begriff, dass wir alles verloren hatten."[40]

Nachdem den Nokmim klar geworden war, dass eine großangelegte Aktion nicht genehmigt würde, und Kovner sie von Palästina aus anwies, sich auf Plan B zu konzentrieren, bereiteten sie Angriffe auf Internierungslager vor, in denen SS- und Gestapo-Leute sowie ehemalige Offiziere zu Zehntausenden gefangen gehalten wurden. Diese Zielgruppen wurden auch deswegen anvisiert, weil zu befürchten stand, dass die Alliierten sie ohne Gerichtsverhandlung freilassen würden – was dann auch tatsächlich geschah.[41] Wieder kam der Plan auf, das Trinkwasser dieser Camps zu vergiften. Shadmi aber genehmigte ein anderes Verfahren: das Bestreichen der an die Gefangenen verteilten Brotlaibe mit Arsen, so beispielsweise im Lager Stalag 13 in der Nähe von Nürnberg. Da er befürchtete, die jüdischen DP-Camps könnten von Einheimischen angegriffen werden, wenn bekannt würde, dass jüdische Überlebende Racheaktionen unternahmen, ordnete er an, die Aktionen dürften nur durchgeführt werden, nachdem alle erforderlichen Schutzmaßnahmen für jene Menschen getroffen worden seien. Weiter sorgte er dafür, dass die beteiligten Nokmim nach einer Aktion sogleich aus dem Land geschleust und zu Sammelpunkten gebracht werden konnten, bevor sie etwa britischen oder amerikanischen Soldaten in die Hände fielen. Die sofortige Weiterreise nach Palästina wurde von vornherein mit den Aktivisten des *Mossad für die Alija B* koordiniert, wobei den Nokmim vorrangig Plätze auf den Schiffen eingeräumt werden sollten.[42] Jedes Nakam-Mitglied sollte nur an einer Aktion teilnehmen und dann so schnell wie möglich nach Palästina verfrachtet werden. Shadmi und Jehuda Ben-David sagten beide aus, dies sei ein Weg gewesen, die Nakam-Gruppe relativ reibungslos aufzulösen; von dieser Absicht ahnten die Nokmim allerdings nichts. Ben-David betonte, die Nokmim seien „fabelhafte Kerle", und Shadmi berichtete, dass sie sich gleich nach ihrer Ankunft in den Jischuw integrierten, ob nun als tatkräftige Kibbuz-Mitglieder oder als Kämpfer in der Hagana, ganz so als wollte er sagen: Ich habe keine Lumpen ins Land gelassen, und es war gut, dass diese Menschen zu uns kamen.[43]

In Paris wurden weitere Konsultationen abgehalten. Wann immer Shertok der Stadt einen Besuch machte, was gelegentlich vorkam, bestand James Ben-Gal darauf, sich mit ihm zu treffen, um „Anweisungen von den höheren Rängen", wie er es nannte, entgegenzunehmen. Ben-Gal erkundigte sich bei Shertok nach den genauen Instruktionen für die Vergeltung, denn die Jischuwleitung hatte der Jüdischen Brigade in dieser Sache niemals konkrete Direktiven erteilt. Ben-Gal gab zu Protokoll, die Offenheit der Antwort habe ihn überrascht: Wenn die Vergeltungsaktion im Namen des ganzen jüdischenVolkes erfolgen solle, dann müsse sie diesen Namen verdienen und ihr Ziel müsse allen klar sein. Der Umfang müsse die ganze Welt beeindrucken und deutlich machen, dass jüdisches Blut nicht ungestraft vergossen werde. Die Vergeltung müsse gewichtiger ausfallen als hier und da eine Exekution. (Hieraus lässt sich schließen, dass Shertok die heimlichen Hinrichtungen nicht einwandfrei identifizierter Deutscher missbilligte.) Wenn einige tausend deutscher SS-Angehöriger oder alle Inhaftierten eines Gefangenenlagers auf einen Schlag zu Tode kämen und anschließend durchsickerte, dass es sich um einen jüdischen Racheakt gehandelt habe, dann, so Ben-Gal, hätte die Vergeltung die Proportionen der Dinge besessen, „von denen Shertok mir damals sagte, sie sollten getan werden". Das heißt also, dass eine sehr hochstehende Führungspersönlichkeit im Jischuw, der Mann, der die Jüdische Brigade gegründet hatte, weitreichende Vergeltungmaßnahmen an gefangenen SS-Leuten nicht nur genehmigte sondern sogar zu ihnen aufforderte. Ben-Gals Reaktion war entsprechend: „Es war klar, dass wir Racheoperationen unterstützen würden." Später äußerte er sein Bedauern über das Scheitern der Nokmim.

Shertoks Worte stehen im Einklang mit der von ihm in dieser Sache bezogenen Position, die stets eindeutiger ausfiel als die anderer Führungspersönlichkeiten. Argovs Berichte informierten Shertok über die von der Brigade unternommenen Aktionen, von denen er zur Zeit ihrer Ausführung wusste. Sie ergänzen Shadmis Angaben zu den Anweisungen, die er aus der Führungsriege des Jischuws erhielt, denen zufolge die Deutsche Einheit der Palmach das Notwendige übernehmen würde. Auch nach Auflösung der Jüdischen Brigade am 10. Juli 1946 blieben etwa einundertzwanzig Soldaten in Europa zurück, die sich unter die offiziellen Abgesandten mischten und auf allen Gebieten, auch dem der Vergeltung, tätig waren. Genauer gesagt wurden diese Soldaten in fünf Gruppen mit jeweils eigenen Aufgabenbereichen unterteilt. Achtunddreißig von ihnen, zum größten Teil ehemalige Angehörige der Deutschen Einheit, wurden abgeordnet zu „Operationen der Hagana in Europa:Vergeltung, Militärausbildung in den DP-Camps, Waffenbeschaffung" – in genau dieser Reihenfolge.[44]

Das nächste Kapitel verfolgt die Entwicklung des Nakam-Projekts vom August 1945, dem Monat, in dem der Jischuw die Nokmim in Paris kontaktierte und die Jüdische Brigade sich Richtung Norden bewegte, bis zum Juni 1946, dem Monat, in dem die Nokmim in Erez Israel eintrafen. Es konzentriert sich auf die mit Shadmi abgesprochenen Aktionen und schildert, wie, wann und mit welchen Ergebnissen sie durchgeführt wurden.

Schaul Tschernichowski

Baruch von Mainz

Schluck um Schluck in vielen Tropfen
saugen wir das Blut auf,
uns an Klagen zu berauschen,
Klagen ihres Leidens,
bis das Zittern ihrer Knochen
meine Augen satt macht,
starren sie auf Schreckensnächte
mit gesträubten Haaren. Schluck um Schluck in vielen Tropfen
saugen wir und pressen,
bis das Morgenlicht hervorbricht,
sich das Glück verbreitet.
Und wir rächen Tränenbrunnen
und das Meer des Blutstroms,
Schmach missbrauchter Töchter, Frauen
Und die Kinderleichen,
rächen Heiligtümer und was
ihre Hand geschändet;
alle Aufrechten und Frommen,
tausend Menschengräber,
alle Seelen, die das Leben nicht mehr
kosten konnten,
alle Hoffnungen voll Zauber,
die wie Dampf verflogen,
rächen auch den alten Hass und
den verhöhnten Namen
und die Seele, die des Hochmuts
schwerer Tritt besudelt.

Aus: *Tschernichowski in drei Bänden*, herausgegeben und übersetzt von Jörg Schulte, Edition Rugerup, Berlin 2020, S. 337, 338
Mit freundlicher Genehmigung der Edition Rugerup

KAPITEL 7

August 1945 – Juni 1946: Ein Jahr in Deutschland – Leben außerhalb des Lebens

Ein Frühlingsnachmittag in einer bescheidenen, gepflegten Wohnung in Tel Aviv im Jahr 2010. Jehuda (Idek) Friedman sitzt auf dem Sofa, links von ihm seine Frau Ruth, zu seiner Rechten meine Wenigkeit. Hava Zexer steht mit ihrer Kamera etwas seitlich. Vor uns ein mit Büchern und Nippes gefülltes Regal. Idek wiederholt, er habe uns, den Historikerinnen, nicht viel Neues mitzuteilen, wir hätten sicherlich schon alles von den anderen Kameraden erfahren. Seine Frau weist mahnend darauf hin, dass Ideks Gesundheit nicht mehr das sei, was sie einmal war, schließlich ist er inzwischen über neunzig Jahre alt. Wir versprechen, es kurz zu machen. Es sind nur noch einige Punkte zu klären. „Möchtet ihr vielleicht etwas zu euch nehmen?“ „Nein, danke, wir wollen nicht stören, aber eine Tasse Tee trinken wir gerne.“

Die Befragung beginnt ganz normal und nimmt ihren Lauf: Wo war Idek im Krieg, was hat er dort erlebt, wie kam er zur Nakam-Gruppe? „Nach allem, was hinter mir lag, konnte ich an nichts anderes denken, nicht einmal für eine Minute. Wir wussten, dass wir nicht lebend davonkämen, wir waren ausgebrannt und wussten, dass wir dem Tod entgegengingen, und dennoch war es selbstverständlich, bei den Nokmim zu sein.“ Wir fragten weiter, mit wem aus der Gruppe er in Deutschland gewesen sei. Wie hatten sie dort gelebt, wie hatten sie sich in Hamburg und Dachau auf die Aktion vorbereitet? Idek ist ein ruhiger Mann von angenehmen Umgangsformen, eher praktisch veranlagt und kein „Tonangeber“, wie er selbst erklärt. Das Interview nähert sich dem Ende, es dreht sich in der Hauptsache um die in Dachau geplante Aktion, die letzten Endes abgesagt wurde.

Plötzlich und ohne warnende Anzeichen verliert Idek den Kontakt zur Wirklichkeit. Er richtet sich auf und starrt auf einen Punkt über dem Bücherregal, seiner Kehle entringt sich ein wilder Schrei: „Warum?! Warum?! Warum haben sie die Aktion abgebrochen? Mutter und Vater werden mir niemals vergeben, dass ich nichts getan habe!!! Ausgezogen haben sie sie und erschossen [im KZ Plaszow]. Ich kam nach Hause, und das Haus war leer. Sieben Kinder waren wir. Mein Onkel hatte zehn. Wir hätten es abermals versuchen müssen!!!“ Ein unkontrollierbarer Gefühlsausbruch. Hava ist hinter ihrer Kamera erstarrt, ich wage nicht, mir Notizen zu machen, seine Frau rutscht auf dem Sofa hin und

 | DOI:10.30965/9783657791125_009

her und fragt flüsternd, ob wir nicht vielleicht doch etwas essen wollen. Idek schreit weiter: „Es tut weh, weh, weh!!! Schade, schade, schade!!! Wir waren alle für die Aktion. Geschlossen. In der Gruppe waren nur Kämpferinnen und Kämpfer. Ein ganzes Jahr haben wir dort verbracht!!! Warum??? Warum haben wir dem Abbruch zugestimmt??? Beim letzten Schoa-Gedenktag [einige Tage vor dem Interview] bin ich wie ein Verrückter herumgeirrt!!!"[1] Ruth legt ihm zögernd eine Hand auf den Arm. Allmählich beruhigt Idek sich und kehrt in die Gegenwart zurück. Er breitet seine bittere Enttäuschung vor uns aus. Wir verabschieden uns mit Entschuldigungen. Wir bedauern, einen solchen Ausbruch ausgelöst zu haben. Als wir in der Tür stehen, ist Ideks Gutmütigkeit zurückgekehrt.

Im Auto spreche ich mit Chava über die Zwiespältigkeit unserer Arbeit. Einerseits fühlen wir uns verpflichtet, Zeugenaussagen zusammenzutragen, bevor es zu spät ist, andererseits beklagen wir den Schmerz, den wir dem Überlebenden zufügen, wenn er eine jahrelang von Mauern umgebene Vergangenheit noch einmal durchleben muss. Woher nehmen wir uns das Recht? Schuldbewusst rufen wir am nächsten Morgen an und fragen, wie es Idek geht.

Schwieriges Leben in Deutschland

Das Deutschland, das die Nokmim einige Monate nach der Kapitulation betraten, war, besonders in den Städten, von den Bomben der Alliierten schwer zerstört. Millionen von Menschen hatten kein Dach über dem Kopf. In Berlin waren 75% der Gebäude unbewohnbar. Vierzehn bis sechzehn Millionen Vertriebene aus Tschechien und Polen suchten nach Unterkunft. Die Infrastruktur und die Industrie waren beschädigt, die Stromversorgung monatelang unterbrochen. Lebensmittel waren so knapp, dass sie von den alliierten Behörden gegen Berechtigungsscheine ausgegeben wurden. Der Schwarzhandel blühte, die Inflation galoppierte. Siebeneinhalb Millionen Deutsche waren umgekommen, darunter vier Millionen Soldaten. Anderthalb Millionen Soldaten saßen in sowjetischer Kriegsgefangenschaft, unter ihnen viele noch kurz vor der Kapitulation eingezogene Jugendliche. Jeder vierte Deutsche hatte ein Familienmitglied verloren. Frauen stellten die Mehrheit der Bevölkerung. In Berlin lebten mindestens fünfzigtausend Waisenkinder. In der sowjetischen Besatzungszone wurden aufgrund der Massenvergewaltigungen hundertfünfzigtausend bis zweihunderttausend „Russenbabys" geboren. Das Land war zwischen den vier Siegermächten England, Frankreich, der Sowjetunion und den Vereinigten Staaten aufgeteilt, die sich bemühten, das zusammengebrochene Verwaltungswesen zu ersetzen. Eigentlich gab es keine deutsche

Öffentlichkeit, keine Verwaltung. Jeder musste sehen, wie er fertig wurde. Anfangs wollten die Alliierten Deutschland bestrafen und büßen lassen. Der nach dem amerikanischen Finanzminister Henry Morgenthau benannte „Morgenthau-Plan" gab den amerikanischen Streitkräften vor, keine Schritte zum Wiederaufbau der deutschen Wirtschaft zu unternehmen. Man erwog sogar, hohe Entschädigungszahlungen zum Aufbau der Länder, die Deutschland angegriffen hatte, zu erheben. Im Laufe der Zeit stellte sich heraus, dass ein zerstörtes Deutschland letztlich Amerika zur Last fallen würde, so dass sich bald eine Änderung der Politik abzeichnete. Im Sommer 1947 löste der „Marshall-Plan" den „Morgenthau-Plan" ab. George Marshall, der Generalstabschef der alliierten Operationen in Europa, umriss am 5. Juni 1947 in einer Rede das „European Recovery Program" der US-Regierung. Nur bedeutende Investitionen in die zerstörte Infrastruktur könnten eine Wiederherstellung der Wirtschaft in Europa auslösen und die Demokratien stärken, die dann ein Bollwerk zwischen Amerika und den Kommunisten bilden würden. Damit setzte in sechzehn Ländern der Wiederaufbau ein, und Deutschland erlebte alsbald ein Wirtschaftswunder. Das war die Realität, die die Nokmim vorfanden. Mit Genugtuung beobachteten sie die Not der Besiegten und empörten sich angesichts der Zeichen des wirtschaftlichen Aufschwungs, der sich einstellte, ohne dass das deutsche Volk zur Rechenschaft gezogen worden war.[2]

Die Nakam-Mitglieder, die im Sommer 1945 nach Deutschland eingeschleust wurden, arbeiteten in kleinen, strikt voneinander getrennten Zellen, die manchmal sogar nur aus einer Frau oder einem Mann bestanden. Sie waren isoliert und ganz auf sich gestellt, agierten unter falschen Namen und trugen gefälschte Papiere bei sich. Für den Notfall besaßen sie sogar mehrere Ausweise. Manchmal mussten sie eine vorher benutzte Sprache oder Identität verleugnen, Ausflüchte erfinden und Rollen spielen. Sie lebten in kargen Verhältnissen unter den ihnen verhassten Deutschen. Das zur Verfügung stehende Geld wurde für die Sache verwendet und nicht für persönliche Ausgaben. Sie bereiteten den Boden vor, stellten Verbindungen her, erkundeten strategisch wichtige Arbeitsplätze und warteten auf das Eintreffen des Gifts. Wegen der strengen Abschottung der Zellen untereinander wusste kaum einer, wo die Kameraden sich aufhielten und welche Funktion sie ausfüllten. Jede Zelle hatte eine andere Aufgabe zu bewältigen, und mit etwa fünfzig war die Mitgliederzahl in Anbetracht der Größe der Mission relativ gering. Ihren Aussagen zufolge waren sie beständig von einem Ort zum anderen unterwegs, sowohl als Helfer bei der Bricha als auch für die Nakam-Operationen. Sie reisten in Lastwagen oder mit der Bahn von Land zu Land, oft in Gesellschaft sowjetischer Soldaten, die jahrelang nicht mehr zu Hause gewesen waren, und mussten Mut und Erfindungsgabe beweisen. Dabei standen sie persönlich noch unter dem

Einfluss der Schoa-Gräuel, denn wer hatte schon Muße gehabt, sich auch nur ein wenig zu erholen?

„Ich war eine wandernde Gestalt", sagte Mordechai Roseman, der beispielsweise mit Nathanel (Senka) Nisanilovitz unterwegs war, einem besonders starken jungen Mann, auf dessen Rücken die Hagana einen Sender für die Bricha nach Polen schickte, und mit Jitzchak Vilozny, der Rucksäcke voller Geldscheine schleppte. Das Geld war ja fast wertlos, weswegen man Unmengen von Scheinen brauchte. Gelegentlich wurden sie verhaftet, freigelassen und bald darauf wieder verhaftet. Manchmal gelang die Flucht. Ein Monat Gefängnis war bei den Sowjets die übliche Strafe für Schwarzmarkthandel. Die Aussagen fügen sich nicht zu einem klaren Bild zusammen. „Heute waren wir hier und morgen dort, Tag und Nacht kümmerten uns nicht", erinnerte sich Hasya Taubes-Warschewzyk. „Ständig wechselten wir Identitäten und lebten von der Hand in den Mund. Es war uns alles egal", bezeugte Mira (Mirka) Verbin-Schabetsky.[3]

Unter den Kameraden entwickelte sich eine verlässliche Freundschaft, die bis in die Gegenwart anhält. Sie waren eine verschworene Gemeinschaft und begnügten sich mit wenig. Als Chilik (Jechiel Warchavchik, der spätere Ehemann von Hasya) krank wurde, so berichtete Jehuda (Idek) Friedman, sammelten sie sofort Geld für Medikamente. In Paris pflegte Jitzchak Vilozny seinen an Gelbsucht erkrankten Kameraden Zygi Glicksman. „Unter uns herrschte absolutes Vertrauen. Niemand verlangte vom anderen, etwas zu tun, was nicht in Ordnung oder was ihm nicht möglich war", erklärte mir Manek L. Und Julek Harmatz sagte über Manek L.: „In jenen Zeiten ein sehr treuer Freund." Jaschek Ben-Zur fügte hinzu: „Ich lasse mich nur interviewen, wenn auch die inzwischen verstorbenen Kameraden namentlich erwähnt werden." Naturgemäß bildeten sich auch Paare und gingen wieder aus einander. Sie waren jung, hatten alles verloren und suchten nach Nähe. Als Lena Satz sich in Jitzchak Hammel verliebte, schrieb sie in ihr Tagebuch: „Ist es mir denn wirklich verboten, glücklich zu sein? […] Ist das gegen die Mission? Außer an die Mission denke ich auch an die Liebe. An mein Privatleben."[4] Sie waren der Aufgabe absolut ergeben, sie waren aufgewühlt, sie waren bereit, die ganze Welt in Brand zu setzen und dabei selbst in Flammen aufzugehen. Nicht einen Augenblick hielten sie es für möglich, aus Deutschland lebend herauszukommen. Hasya formulierte es so: „Wir waren erfüllt von der Vorstellung der sechs Millionen. Von unseren Familien war uns niemand geblieben. Das Leben hielt keine Versprechen bereit. Ich war völlig leer, kein lebendiger Mensch mehr. Wir alle waren willens zu sterben, hatten den Tod immer vor uns."[5]

Von Paris aus schickte Pascha Vitka von Zelle zu Zelle, um die Kameraden zu besuchen, aber wegen der weiträumigen Verteilung und ständig wechselnder

Aufenthaltsorte gelangte sie nicht zu allen. Von den unterwegs gesammelten Eindrücken berichtete sie Abba nach Palästina: „Die Kameraden sind verzweifelt in ihrer großen Einsamkeit. Sie sind der einen Sache, die direkt in den Tod führt, völlig ergeben. Die Leute [...] leben schon gar nicht mehr in dieser Welt. [...] Wir sind vom gesellschaftlichen und politischen Leben der Juden hier in der Diaspora total abgeschnitten, und wie viel mehr noch vom Leben in Erez Israel."[6] Es kam zu emotionalen Krisen: „Etwas drückt auf mein Herz, drückt und erstickt [...] Wenn es mich doch für immer ersticken würde", vertraute Lena ihrem Tagebuch an. Sie bangten nicht nur um die persönliche Existenz, sie waren beständig in Sorge um das Schicksal des jüdischen Volkes, wenn nicht in absehbarer Zeit etwas geschehe.

Nachdem einige der Nakam-Kameraden mit den Soldaten der Jüdischen Brigade dem damals in den europäischen jüdischen Jugendbewegungen sehr bekannten Gedicht „Massada" von Jitzchak Lamdan gelauscht hatten, verlor Lena regelrecht die Fassung: „Das Werk spricht von unserer Katastrophe, wir werden wirklich ausgelöscht [...] Wenn nichts geschieht, was die Welt und vor allem unser armes Volk aufrüttelt, dann werden wir ausgelöscht [...] Ist es das, was uns jetzt erwartet?"[7]

Die Nokmim zahlten einen hohen persönlichen Preis, und alle wussten, dass dies unvermeidlich war. Sie durften niemanden in ihr Geheimnis einweihen, weder Partner, die nicht zur Gruppe gehörten, noch die wenigen Angehörigen, die ihnen geblieben waren. Als Kazhik von Polen aus Überlebende über die Grenze nach Süden führte, musste er seine Eltern zurücklassen. Im Wissen, dass die Nakam-Aktionen ihn lange beschäftigen und seine geplante Einwanderung nach Erez Israel verzögern würden, bat er darum, man möge seine Eltern zusammen mit anderen Flüchtlingen nach Italien bringen. Sie warteten dort zwei Jahre auf ihre legale Einreisegenehmigung und kamen erst im November 1947 im Land an.[8] Nachdem er sie also im zerstörten Warschau ausfindig gemacht hatte, sah er sie drei Jahre lang nicht mehr.

Julek erwähnt in seinen Tagebüchern immer wieder seine Mutter, von der er zweimal Abschied nehmen musste, einmal beim Verlassen des Gettos und dann nach dem bewegenden Wiedersehen in Lublin. Er schreibt von seiner Sehnsucht nach ihr und von den Gewissensbissen, die erst nach der Racheaktion abflauten, denn nun spürte er, ihr Leid und ihre Einsamkeit seien nicht umsonst gewesen. Lena vermerkte: „Meine Mutter ist nach Palästina abgereist, und ich habe sie nicht begleitet." Manek waren zwei Schwestern und ein Bruder geblieben, und Julek, sein Kommandeur, wusste nichts davon. Er erfuhr es erst später, als Manek für ein paar Tage einfach verschwand, um sie zu sehen und mit ihnen gemeinsam nach den Eltern zu suchen. Nachdem Manek zurück war, fühlte er sich schuldig, weil er seinen Posten kurz vor einer Aktion verlassen hatte. Idek erhielt noch in Italien zwei Wochen Urlaub, um sich mit seiner Schwester, die überlebt hatte, zu treffen. Als die Gruppe sich dann bereits in Deutschland aufhielt, wagte er nicht, noch einmal um Urlaub zu bitten, denn wenn das jeder täte, würde die Gruppe auseinanderbrechen. Schimek (Schimon) Lustgarten hätte um ein Haar Schifra, die Liebe seines Lebens, verloren. Sie waren beide nach anderthalb Jahren aus Auschwitz gerettet worden, doch dann trennten sich ihre Wege. Schifra ging nach Erez Israel, und Schimek zu den Nokmim. Er schrieb ihr, dass er eine Einreisegenehmigung in Händen habe, sie aber nicht nutzen werde, da die Rechnung noch nicht beglichen sei und ohne Rache jüdisches Blut weiter vergossen würde. Er wolle verhindern, dass ihre zukünftigen Kinder so etwas wie Auschwitz erleben müssten, und deswegen dürfe er noch nicht nach Erez Israel kommen, ebenso wenig wie die anderen treuen und tatkräftigen Akiwa-Mitglieder aus Krakow.[9]

Rachel Galperin-Glicksman, deren Mutter und Schwester ebenfalls zu den Überlebenden gehörten, wurde mit einer Mission in Budapest betraut und bemühte sich, rasch nach Rumänien zurückkehren, um sich von den beiden vor deren Abreise nach Palästina zu verabschieden, schaffte es aber nicht mehr rechtzeitig, und so verging ein weiteres Jahr, bevor sie ihre Lieben wiedersah. Poldek nahm die lange Reise von Paris zu einem italienischen Hafen auf sich, um sich von Aviva Liebermann, in die er sehr verliebt war, zu verabschieden und ihr zu sagen, dass er kein Recht habe, mit ihr eine Beziehung einzugehen.[10] In den Briefen und den vielen Zetteln, die Itzchak Hammel, der für Berlin verantwortlich war, an Lena nach Weimar schickte, erzählte er ihr von seiner Erschöpfung nach Tagen des Herumrennens, von Kopfschmerzen, von der Einsamkeit, zu der ihn seine Aufgabe für eine gewisse Zeit zwang und von seiner Sehnsucht nach ihr. Paare aufgrund ihrer Beziehung mit einer gemeinsamen Aufgabe zu betrauen, wurde niemals erwogen, schon deswegen nicht, weil diese Beziehungen oft von kurzer Dauer waren. Jeder in der Gruppe arbeitete mit dem Kameraden zusammen, der ihm zugeteilt worden war. „Ich hatte kein Recht zu leben", schrieb Jitzchak an Lena. Wegen der Einsamkeit fürchtete er um seine geistige Gesundheit: „Ich werde verrückt, aber noch nicht völlig."[11]

Julek Harmatz erwähnte in seinem Tagebuch immer wieder die schreckliche Migräne, die ihn plagte und die er auf die Last der Verantwortung zurückführte. Zusätzlich machten ihm permanente Zahnschmerzen zu schaffen, ausgelöst von der mangelhaften Ernährung im Getto und in den Wäldern und der fehlenden ärztlichen Betreuung – auch nach dem Krieg noch. Wenn sie krank wurden, behandelten sie sich gegenseitig und zogen keinen Arzt zurate, denn sie lebten monatelang praktisch wieder im Untergrund, während Zehntausende von Juden in ihrer Umgebung ins Leben zurückkehrten und sich eine Zukunft aufbauten. Angesichts der inneren Anspannung bewiesen sie

Standhaftigkeit und Hingabe an die Mission. Ihren Worten zufolge war es die Kameradschaft, die sie für die Isolation entschädigte.[12]

Die Nokmim entkamen der Schoa ohne jeden Besitz, die meisten von ihnen hatten keine Ausbildung genossen, keinen Beruf erlernt. Sie waren zwanzig bis fünfundzwanzig Jahre alt; der Krieg hatte ihnen sechs Jahre ihres Lebens genommen. Sie lebten von der Hand in den Mund und drehten jede Mark oder jeden Zloty dreimal um. Von Pascha aus Paris bekamen sie Zuteilungen und damit mussten sie sich einrichten. Der Satz „es gab nichts zu essen“, ertönte in fast allen Aussagen, ebenso wie die Verwunderung darüber, wenn dennoch einmal irgendwelche Lebensmittel auftauchten.

Hasya fand in einem Zug ein Geldbündel. Sie rührte es nicht an, bat aber um Erlaubnis, etwas davon für die Reparatur ihrer durchgelaufenen Sohlen – nicht etwa zum Kauf neuer Schuhe – benutzen zu dürfen. Die monatliche Brotration tauschte sie manchmal gegen Heringe ein. Mira erzählte, dass jede von ihnen ein fadenscheiniges Kleid und ein paar abgenutzte Schuhe besaß. Schlomit, ehemaliges Mitglied im französischen Untergrund und die Ehefrau von Heniek Wodzisławski, durch dessen Hände, wie berichtet, sehr viele Spenden der jüdischen Gemeinden flossen, erinnerte sich: Damals herrschte eine ganz besondere Atmosphäre von Idealismus und Hingabe, niemand zweigte etwas für sich persönlich ab. Vitka in Paris lief, wie erwähnt, in Rock und Pullover aus der Partisanenzeit herum. Poldek, der auf einer mit (fast wertlosen) Geldscheinen vollgestopften Matratze schlief, bat Pascha um die Erlaubnis, einige Dollars für ein Geschenk ausgeben zu dürfen, das er seinem Bruder mitbringen wollte, nachdem er mit großer Bewegung vom Überleben des verloren Geglaubten erfahren hatte.[13]

Aharon Kagan führte im Verein mit seinem jüngeren Bruder Jaschka die Finanzabteilung mit strenger Hand. Dann wurden er und seine Frau Dinka beschuldigt, in die eigene Tasche gewirtschaftet zu haben, woraufhin Pascha den Mann zum Tode verurteilte. Lena bemerkte dazu, dass ihnen noch die Partisanenmentalität zu eigen gewesen sei, und deswegen wurde wegen solcher Vergehen rasch ein Todesurteil gefällt. Viele aus der Gruppe widersprachen, so dass es nicht zur Vollstreckung kam, auch wegen der noch in den Wäldern aufgestellten Regel, dass man keinen Juden tötete, bevor man nicht einen Deutschen getötet hatte. Dinka und Heniek aber verließen die Gruppe und suchten ihr Glück in Los Angeles.

Falls sie überhaupt etwas freie Zeit erübrigen konnten, gingen die Nokmim ins Kino oder in ein Konzert und mussten dann jedes Mal die quälende Wahl zwischen einem Kleidungsstück, Lebensmitteln oder einer Kinokarte treffen. Sie liehen sich sogar Bücher in den örtlichen Bibliotheken aus, so groß war ihr Wissensdurst nach sechs Jahren des Überlebenskampfes. Dennoch kursierte unter den Leuten der Jüdischen Brigade und der Hagana in Europa das Gerücht, die Nokmim verfügten über „Geld, viel Geld". Witzbolde meinten sogar, die Nakam-Gruppe beherrsche die europäischen Börsen.[14] Dieser Klatsch wusste offenbar nicht zu unterscheiden zwischen der kargen persönlichen Zuteilung und den Mitteln, die in die Vorbereitung der Aktionen flossen.

Die Art ihrer Aufgaben zwang die einzelnen Mitglieder zur Anmietung eines Zimmers an einem bestimmten Ort, ein jedes für sich, damit sie nicht zusammen gesehen würden. Diese Zimmer mussten bestimmte Auflagen erfüllen: nicht am Ende eines Ganges liegen, möglichst über einen eigenen Eingang und ein Fenster verfügen. Die Vermieter sollten am besten ältere Menschen sein, die nicht in Kriegshandlungen verwickelt gewesen waren und nicht zu viele Fragen stellten. Angesichts der herrschenden Not freuten sich diese Vermieter sogar über eine Lebensmittelgabe vonseiten ihrer Mieter und drückten dann gern ein Auge zu. Sie selbst warteten auf die Rückkehr ihrer Söhne oder Väter aus dem Krieg und hatten noch gar nicht richtig verarbeitet, dass ihr hochmütiges Heimatland sich in eine geschlagene Nation verwandelt hatte. In Fürth gab es beispielsweise eine Liste von Vermietern, die ausdrücklich nach Mietern suchten, die sich auf der Durchreise befanden und auf eine Einreisegenehmigung in die Vereinigten Staaten oder Kanada hofften. Julek und Manek fanden in Fürth ein Zimmer in der Heiligenstraße 32. Sie gaben sich als Polen aus, die, zur Zwangsarbeit nach Deutschland geschickt, nicht ins kommunistische Polen zurückkehren wollten und auf ein Visum warteten. Ihre von Pascha besorgten falschen Papiere waren mit der Hand geschrieben und enthielten kein Bild.

Auch Mira (Mirka) Verbin-Shabetzky mietete sich in Fürth ein. In der Wohnung der Kriegerwitwe prangten Bilder ihres Mannes und ihres Sohnes in Wehrmachtsuniform. Und Mirka musste gleichgültig darüber hinwegsehen, Beteuerungen wie „wir wussten wirklich von nichts" anhören und die verhasste Sprache benutzen! Sie gab sich als Volksdeutsche auf der Suche nach ihrer Familie aus, die auf ihren Wanderungen an Tuberkulose erkrankt war und deswegen die Erlaubnis erhalten hatte, in Nürnberg zu wohnen. Sie lebte allein, und wenn sie an den Wochenenden zurückkehrte („Ich habe ganz Deutschland durchstreift"), traf sich die von Julek Harmatz befehligte Nürnberger Gruppe gern bei ihr. „Mirka betreute uns und passte auf uns auf. [] Eine Art Mischung aus Mutter, Schwester und Sergeant Major." Sie hielt die Verbindung zwischen den verschiedenen Wohnungen und Zimmern aufrecht. Die Pförtnerin ihres Wohnhauses fragte sich: Wieso erhält sie Besuch von Dutzenden junger Männer? Sie sieht doch wie ein anständiges Mädchen aus. Mira selbst gab an: „Ich steckte ganz und gar in der Sache drin, ich ging wirklich in ihr auf. Diese

Monate waren meine schönsten in der Diaspora." „Zwischen den Mitgliedern der Nürnberger Gruppe herrschte eine wunderbare Kameradschaft. Wir legten Wert auf Ordnung und ein Gefühl der Vertrautheit", stellte Julek mit Stolz fest. „Die Hingabe an die Mission überlagerte alles andere."[15]

Vitka, die als Verbindungsfrau zwischen den Zellen in Deutschland und zum Hauptquartier in Paris fungierte, empörte sich angesichts der Unterwürfigkeit der Deutschen, besonders der Frauen, die, wie sie beobachtete, willig waren, für Strümpfe und Zucker alles tun. Als sie in der Wohnung ihrer Vermieter in einem Album ein Foto des Sohnes entdeckte, auf dem er Juden erschoss, nahm sie auf der Stelle Reißaus und hauste anschließend für einige Wochen in einem ehemaligen, zu einer Flüchtlingsunterkunft umgebauten Konzentrationslager. Die Besuche bei den verschiedenen Zellen empfand sie als bedrückende Last, die sie deprimierte. „Ich bewunderte die Kameradinnen und Kameraden, die die Kraft aufbrachten, dort zu leben, ein unglaublicher Trupp."[16]

Trotz aller Schwierigkeiten und des hohen persönlichen Preises, der ihnen abgefordert wurde, bat nur ein Mitglied um die Erlaubnis, die Gruppe verlassen zu dürfen: Gabi Sedlis, der Meisterfälscher, dessen Kunst in einer Zeit, da gefälschte Papiere über Leben und Tod entschieden, unerlässlich war. Er hatte bereits in Lublin gezögert, sich der Nakam-Gruppe anzuschließen. Ich war dabei, sagte er, bis Kovner ins Gefängnis kam, doch anschließend hatte ich weder einen Kommandeur noch eine Mission. Er wartete darauf, dass jemand mit Instruktionen auftauchen würde, und als das nicht geschah, erlosch seine Begeisterung. Als es zu einem Treffen kam, bat er Pascha, ihn aus der Mitgliedschaft zu entlassen und erhielt zur Antwort: „Kovner hat dich rekrutiert und nur er kann dich entlassen."[17] Wie auch immer, von Gabi ist den folgenden Aussagen nicht mehr die Rede.

Roseman bemerkte, dass zwar alle Kameraden eine hohe Opferbereitschaft zeigten, dass diese Bereitschaft aber in Pascha, dem ehemaligen Kommunisten, am ausgeprägtesten hervortrat. Manek fügte hinzu, Pascha sei ein wunderbarer und besonders sensibler Mann gewesen. Er war ein Freund, mit dem man auf Augenhöhe reden und streiten konnte, während Kovner eher als distanzierter Kommandeur galt. Pascha hielt engen Kontakt zu allen Nokmim, traf sich mit jedem und interessierte sich für jeden. Er war sich stets der Verantwortung bewusst, die die Aufgabe ihm auferlegte, eine Aufgabe, die in eine große Katastrophe zu münden drohte.

Lidovskis Bericht zufolge erfüllte Pascha die ihm übertragenen Pflichten mit Hingabe und Energie, und seine Lebensgefährtin Dorka stand ihm mit Unternehmungsgeist und Weitsicht zur Seite. Paschas Sohn Avi sagte uns, er habe den Blick seines im Getto zurückbleibenden Vaters bis zu seinem letzten

Tag auf sich gespürt. Abba Kovner hatte damals seine Mutter zurücklassen müssen. Hasya erklärte eines Abends am Lagerfeuer im Wald: „Seine Eltern zurückzulassen, das ist wie eine moralische Bankrotterklärung."[18]

Worüber unterhielten sie sich, wenn sie zwischen einzelnen Arbeitsaufträgen beisammensaßen? Schlomo Kenet und Dan Arad erklärten: „Über die ethischen Aspekte unseres Vorhabens sprachen wir nicht. Wie Mira schon sagte, waren wir ganz in die täglichen Aktivitäten vertieft." Und Lena berichtete: „Ich funktionierte ohne Gedanken, ohne Grübeleien. [...] Ich malte mir nicht aus, was geschehen würde. [...] Soweit ich mich erinnere, wurde nicht einmal in unserer Zelle darüber diskutiert." Leibke Distel antwortete auf die Frage, ob sie darüber nachgedacht hätten, was nach der Ausführung von Plan A geschehen würde: „Nein, wir dachten über gar nichts nach." Kazhik wurde gefragt: „Sie traten in Kontakt mit Leuten, die sie vergiften wollten. Haben sie das bedacht?" Seine Antwort: „Ich war völlig abgeschnitten." Die Interviewerin wandte sich an Poldek: „Stellten sie sich vor, wie die Stadt aussehen würde, nachdem alle Einwohner vergiftet worden waren?" „Nein", gab Poldek zurück, „wenn ich mir das vorgestellt hätte, hätte ich es nicht machen können. Vielleicht bin ich diesen Gedanken ausgewichen. Vielleicht wollte ich die Dinge nicht so betrachten. Hätte ich es von der anderen Seite aus gesehen, wäre ich zu einer solchen Tat nicht fähig gewesen. Denn so viel sie uns auch angetan haben, am Ende sind wir, alle von uns, doch human geblieben. Hitler und seine ganze Bande haben es nicht geschafft, uns unsere Menschlichkeit zu nehmen.[19]

Aufteilung in Zellen und die Suche nach Anschlagsorten

Zwischen August 1945 und Februar 1946 waren die Nokmim mit der Suche nach geeigneten Anschlagsorten für Plan A und Plan B beschäftigt. Wie erwähnt, schrieb Kovner in dieser Zeit zweimal von Palästina aus an Vitka und Pascha in Paris (einmal Ende August und das zweite Mal am 8. September 1945, dem Vorabend des jüdischen Neujahrsfestes) mit der Anweisung, den Plan A fürs erste, nur fürs erste, nicht weiter zu verfolgen und sich zunächst auf Plan B zu konzentrieren. Die Nokmim waren also von ihrem Eintreffen in Deutschland an ungefähr ein halbes Jahr mit der Suche nach passenden Orten für die Umsetzung ihrer beiden Pläne beschäftigt. Im Januar 1946 erfuhren sie von Kovners Verhaftung und Ende Februar erschien Shadmi auf der Bildfläche.

Die Auswahl war von Anfang an auf fünf Städte gefallen, Nürnberg, Hamburg, Frankfurt, München und Berlin. Nun ging es darum, sich Zugang zu den Wasserwerken zu verschaffen. Berlin wurde trotz der symbolischen Bedeutung recht bald von der Liste gestrichen, die Stadt war einfach zu verwüstet. Mira streifte einen Tag lang durch die Straßen und berichtete, kein einziges Gebäude sei intakt geblieben. Es war der bis dahin glücklichste Tag ihres Lebens: Berlin lag in Trümmern! Derweil waren ihre Kameraden in anderen Landesteilen unterwegs, um große Kriegsgefangenenlager, vorzugsweise mit SS-Leuten, aufzuspüren.

Als logistisches Hauptquartier mit Bezalel Kek als Verantwortlichem wurde eine in München-Grünwald von Walter Gropius erbaute, früher von den Nationalsozialisten benutzte Villa ausgewählt, die in der Nachkriegszeit Flüchtlinge beherbergte. Dort wurden Mahlzeiten zubereitet, soweit das knappe Budget es erlaubte, und Soldaten der Jüdischen Brigade wie beispielsweise Tubin und Schaike Weinberg setzten sich mit den Nokmim zu Tisch. Im Hauptquartier herrschte ein beständiges Kommen und Gehen. Kameraden bekamen einen Auftrag und begaben sich auf die Reise, andere kamen von Reisen zurück und wurden wieder losgeschickt. Neben Bezalel als Verantwortlichem arbeiteten dort auch Schimek Lustgarten aus Krakow sowie Schlomo Kenet. Sie überwachten die Verteilung der Gelder und sorgten für den Kommunikationsfluss. Bei ihnen liefen die Informationen, die aus den Zellen eintrafen, zusammen, so dass beide bald über eine genaue Kenntnis der erkundeten Städte verfügten. Als die Nokmim (offenbar von einem jüdischen Offizier bei der UNRRA) einen alten Mercedes erhielten, wurde Kenet zum Chauffeur bestimmt. Der Wagen leistete ihnen gute Dienste. Avraham Perchik, der älteste der Nokmim, der in Lublin Treffen im „Peretz Hois“ arrangiert hatte, wo aus dem Nichts warme Mahlzeiten hervorgezaubert wurden, war ebenfalls in München. Auch Lena Satz-Hammel hielt sich in ihrer Eigenschaft als Verbindungsfrau des Öfteren dort auf.[20]

Nachdem die Brigade nach Norden gezogen war, erhielten die Nokmim weniger Lebensmittel und Ausrüstung von Carmi und waren finanziell weitgehend auf sich selbst gestellt. Perchik diente als Schatzmeister und erhielt Mittel aus der sogenannten Finanzabteilung. Die Nokmim erwarben gefälschte Pfundnoten zu einem Spottpreis auf dem deutschen Schwarzmarkt und verkauften sie in Italien mit einem beträchtlichen Aufschlag als echt. Die Transaktionen in Italien wurden von Bolek Ben-Ya'akov und Poldek ausgeführt. Senka Nisanilovitz brachte das Geld zu Schlomo Kenet, und der verteilte es an die einzelnen Zellen. In München gab es einen Quartiermeister, aus dessen Kasse über einen Einheimischen, der direkt von Bauern kaufte, Lebensmittel angeschafft wurden. Deswegen war die Ernährungslage im Hauptquartier besser als auf den Außenposten.

Das *Joint Distribution Committee* errichtete am Grenzübergang bei Salzburg eine Durchgangsstation für Flüchtlinge. Die gebürtige Wienerin Deicha Kaufmann, die dort arbeitete, versorgte auch die Nokmim mit Nahrung aus dieser Quelle. Jüdische Soldaten aus dem amerikanischen Militärcamp in Nürnberg halfen ebenfalls, vorwiegend mit Konserven. Vitka zufolge gab es Zellen in Österreich, Belgien und Italien, die dort ihren Aufgaben nachgingen. Das Hauptquartier mit Nebenstellen arbeitete wie gesagt aus Paris, und die anderen Kameraden waren in Zellen von fünf oder sechs vorwiegend in den aufgeführten deutschen Städten eingesetzt.[21]

Die Kriegsgefangenenlager ausfindig zu machen, erwies sich als recht schwierig, denn sie lagen meistens abseits der Städte und Verkehrswege. Ihren Grundriss zu erkunden oder gar sich ihnen zu nähern, erwies sich als noch schwieriger, denn weder die Sowjets noch die Briten noch die Amerikaner duldeten Neugierige in der Nähe. Einige Beispiele aus jener Phase der Aufklärungsarbeit erläutern die Aufgaben und die Problematik.

Lenas Tagebuch ist zu entnehmen, dass Jitzchak Hammel sowie Theodor und Dan Arad die Umgebung eines POW-Camps in Mauthausen erkundeten, dem Sitz des schrecklichen Konzentrationslagers, das die Soldaten der Jüdischen Brigade entsetzt hatte, als sie es nach der Befreiung besuchten. Das Gelände erwies sich als sehr gut bewacht, so dass die Kundschafter keinen Zugang fanden. Jitzchak Hammel war für den Bezirk Berlin verantwortlich gewesen, bevor die Entscheidung fiel, Berlin aufzugeben. (Auch Weimar und Hamburg wurden gestrichen.) Hammel leitete die Suche nach Gefangenenlagern in Sachsenhausen-Oranienburg, in Buchenwald bei Weimar und im österreichischen Ebensee. Außerdem fahndete er nach bestimmten Nationalsozialisten, deren Namen ihm von Kameraden aus München oder Paris genannt wurden. Als Pascha aus Paris eintraf, setzte er sich mit Hammel zusammen, und am Ende dieser Besprechung wurden Instruktionen erteilt. Doch da die Dinge im Fluss waren, veränderten sich auch die Anweisungen entsprechend rasch. So wurde beispielsweise ein Team von sechs Kameraden nach Frankfurt geschickt (im Oktober 1945 waren sie bereits vor Ort), aber dann blieben nur Lena, Jitzchak Hammel und Arie Gutkind zurück, und die anderen drei zogen weiter, weil sie gesehen hatten, dass die Stadt für ihre Zwecke zu stark beschädigt war.[22] Pascha schickte Manik mit Hasya und Julek auf die Suche nach Lagern mit SS-Veteranen. Mira und Jehuda (Idek) stießen für kurze Zeit zu Kazhik und Irena in Dachau.[23] Im Februar 1946 bekam Hasya von Pascha den Auftrag, sich nach Neuengamme in der Nähe von Hamburg zu begeben, um dort mit ihrem späteren Mann Jechiel (Hilik) ein POW-Lager zu observieren. Wer ging dort ein und aus? Wie wurden Wasser und Brot herangeschafft? Gab es Zulieferanten, die eventuell Arbeitskräfte von außen einstellten? Die beiden mieteten im Dorf ein Zimmer, das Hasya als „Eiskasten“ bezeichnete. Die Wände waren vereist, und sie beheizten den kleinen Ofen mit Zeitungspapier.[24]

Aus Italien kommend traf Cesia gemeinsam mit Arie Gutkind im Herbst 1945 in Ostdeutschland ein und wohnte fast für einen Monat lang in Ostberlin. Dort sollte sie sich einem Team anschließen, das versuchte, Zugang zum nahe gelegenen Lager Sachsenhausen zu finden. Doch dann wurde der Plan geändert und sie erhielt den Befehl, nach Weimar zu gehen und sich einem Team anzuschließen, das versuchen würde, das acht bis neun Kilometer von der Stadt entfernte Buchenwald zu infiltrieren. Dort wurden hinter elektrischen Stacheldrahtzäunen mit Wachtürmen in den Ecken etwa zwanzigtausend deutsche Kriegsgefangene, allesamt SS- oder Gestapo-Leute, dicht zusammengedrängt in Holzhütten festgehalten. Die Bewacher der Deutschen lebten nicht weit entfernt in einem Lager der russischen Armee. Lena hatte in der Küche dieses Lagers, in der auch Gefangene aus Buchenwald tätig waren, Arbeit gefunden. Sie gab sich als Deutsche aus, hatte sie doch in Wilna als ‚höhere Tochter aus gutem Hause' Deutsch, Französisch und Klavierspielen gelernt. Die Aufenthaltsgenehmigung in Weimar hatte sie gegen eine Packung Zigaretten erhalten – ihr erster und letzter Bestechungsversuch. Sie mietete ein Zimmer im Haus einer deutschen Frau, deren Mann vermisst war, und ging die zehn Kilometer ins Lager und zurück täglich zu Fuß.[25]

Cesia ahnte nicht, dass Lena in ihrer Nähe war, und Lena wusste nichts von Cesias Anwesenheit in Weimar. Den Nokdim war, wie gesagt, jede nicht unbedingt notwenige Kommunikation untereinander verboten. Das Buchenwald-Team wurde von Manek geleitet, und Arie Gutkind hielt die Verbindung zum Zentrum in München. Die Nähe der beiden Lager zueinander und der direkte Kontakt der Russen mit den Gefangenen erhöhten die Chancen der Nokmim, nützliche Information zu ergattern. Sie freundeten sich mit einem russischen Offizier an, der sehr viel über das Lager Buchenwald und die dort herrschenden Regeln wusste. Während des ganzen Winters 1946 trugen die Kameraden „unermüdlich und mit unendlicher Hingabe" noch die geringsten Informationen zusammen. Doch die russischen Wachtruppen waren grimmig und misstrauisch, und die Nokmim sahen keine Möglichkeit, sich ins Lager Buchenwald einzuschmuggeln. Sie waren zwischen Hoffnung und Verzweiflung hin- und hergerissen, zwischen übermütiger Freude und düsterer Hilflosigkeit. Zwei Wintermonate vergingen mit der letzten Endes erfolglosen Suche nach Zugang zum Lager Buchenwald. Nachdem sie bereits in Frankfurt und Berlin gescheitert waren, wurde Lena von Zweifeln heimgesucht. „Unser Scheitern ist eine Tatsache", schrieb sie. Nun war es auch in diesem kleinen Ort nicht gelungen, an substantielle Informationen heranzukommen, und sie sorgten sich umeinander. So war Dan Arad eines Morgens mit einem Fahrrad ohne Beleuchtung zum Auskundschaften aufgebrochen. Es begann zu frieren, und die Straßen bedeckten sich mit einer Schicht Glatteis. Als dann die Dunkelheit einbrach, wurde Lena fast verrückt vor Angst. Er kehrte heil zurück, aber mit der enttäuschenden Nachricht, wieder einmal keinen Zugang zum Lager gefunden zu haben.[26]

Plan A wird abgesagt

Obwohl die Kameraden in die Suche nach POW-Camps, die Erkundung von Zugangswegen und Möglichkeiten, dort angestellt zu werden, bereits Zeit und Mühe investiert hatten, wurden die meisten der damit befassten Zellen nach und nach geschlossen, und das Augenmerk fiel auf die drei Städte Hamburg, Nürnberg und München. Drei Gruppen versuchten jeweils, an die Trinkwasserversorgung heranzukommen. Pascha zufolge wurde Hamburg rasch wieder gestrichen, denn die Kameraden vor Ort fanden keinen Weg, das Wasser so zu leiten, dass es nur Deutsche erreichen würde. Damit richteten sich die Anstrengungen auf München und Nürnberg.[27] Zum Münchner Team gehörten Kazhik Rotem, Irena Gelbblum und Jehuda (Idek) Friedman. In Nürnberg arbeiteten zwei Zellen. Vier Kameraden – sie gaben sich als polnische Flüchtlinge aus Oberschlesien aus, die deutsch und polnisch sprachen – fanden Anstellung in einem von den amerikanischen Besatzungskräften unterhaltenen POW-Camp mit SS-Leuten. Sie verteilten Essen in den Kantinen und in den Restaurants der amerikanischen Mannschaft. Abends sahen sie sich gezwungen, mit den einheimischen deutschen Arbeitern trinken zu gehen und deren seichte Späße zu ertragen. Von den Amerikanern wurden sie ‚fucking Pollacks' genannt.

Der zweiten Nürnberger Gruppe gehörten sechs oder sieben Kameraden an. Julek war der Kommandant, und Mira fungierte als Verbindungsfrau. Innerhalb weniger Monate arbeiteten die Mitglieder der Münchner und Nürnberger Zellen in Stellungen, die ihnen Zugang zu den Hauptwasserhähnen gaben. Sie konnten sie öffnen und schließen und waren somit in der Lage, Giftstoff ins Trinkwasser zu geben und es nach ihrem Gutdünken weiterzuleiten. Zu Beginn des Jahres 1946 meldeten sie sich einsatzbereit. Nur das Gift fehlte noch.[28]

Julek war bereits Anfang August 1945 zum Kommandeur der Operation in Nürnberg ernannt worden. Er verspürte Genugtuung: Plan A würde in der Stadt Früchte tragen, die Schauplatz riesiger Parteiaufmärsche gewesen war und das nationalsozialistische Deutschland und seine infamen Rassegesetze symbolisierte. Zum Zeitpunkt von Juleks Ernennung hielt Kovner sich noch in Italien auf, und Julek war dankbar, für diese Aufgabe ausgewählt worden zu sein. Er bat das Pariser Hauptquartier, ihm jemanden zu senden, der technische Probleme, möglichst auf dem Gebiet der Installation, zu lösen verstand. Das Hauptquartier schickte ihm Willek Shimar aus der Karkower Gruppe. Willeks Familie war im Todeslager Bełżec umgekommen, und er, der einzige Überlebende, trug in allen Lebenslagen ein Foto seiner Eltern bei sich. In einer Lobeshymne auf Willek schrieb Harmatz, er habe sich „auf die Leute aus dem Hauptquartier verlassen, die beste Wahl zu treffen." Willek verfüge tatsächlich über die erforderlichen Qualitäten: fachliches Können, Anpassungsfähigkeit, Sorgfalt und ein freundliches Wesen.[29] Es gelang ihm deswegen auch rasch, an einem strategisch wichtigen Ort, der Trinkwasserreinigungsanlage für Nürnberg und Umgebung, eingestellt zu werden. Damit übernahm er eine zentrale Rolle in der Umsetzung des Plans A. Er war ein ausgezeichneter Fachmann und ließ sich weder von Ratten, Insekten oder von der tagelangen Arbeit in einem unterirdischen System abschrecken. So konnte Willek erstaunliche Erfolge verbuchen: Nicht nur händigte man ihm die Pläne des Nürnberger Wasserversorgungssystems aus, er war bereits kurz nach seiner Einstellung befugt, den Haupthahn zu kontrollieren. In Poldeks Worten: „Er hielt den Schlüssel zur Wasserversorgungsquelle regelrecht in der Hand."

Willek und die anderen Kameraden der Zelle brüteten Tag und Nacht über den Plänen. Schließlich gelang es ihnen, einen detaillierten Ablauf zu erarbeiten, demzufolge sie das vergiftete Wasser zu den Wohngebieten der deutschen Verbraucher lenken konnten und Bezirke, in denen amerikanische Soldaten mit ihren Familien lebten, verschont blieben. In der nächsten Zeit mischten sich allerdings Tausende von Besatzungssoldaten unter die deutsche Bevölkerung, auch weitere Juden trafen ein, besonders in den DP-Lagern. Deswegen mussten die Leitungspläne für das vergiftete Wasser unablässig auf den neuesten Stand gebracht werden. Die frühe Entscheidung, in den Wasserwerken großer Städte Verteiler zu installieren, wurde in Nürnberg mit Erfolg ausgeführt. Jetzt konnte Willek das Wasservolumen abschätzen, dass durch den Verteiler lief, um die erforderliche Giftmenge zu berechnen. Ein entsprechendes Dokument wurde über das Münchner Hauptquartier an das Hauptquartier nach Paris gesandt.[30] An seinem Arbeitsplatz erregte Willek keinerlei Verdacht. Er erledigte die Arbeit auf seine bescheidene, fachkundige, korrekte Art. Die deutsche Familie, in deren Wohnung er lebte, führte seinen Akzent auf seinen angeblich weit entfernt liegenden Geburtsort zurück. Sie schätzte den Mieter, der Wert auf eine gepflegte Erscheinung legte, ihnen gelegentlich Lebensmittel brachte und bei der Instandhaltung ihrer Wohnung behilflich war.

Doch der so sorgfältig vorbereitete Plan A wurde letztendlich abgesagt, und dafür gab es zwei Gründe: Der erste war Kovners Brief vom September 1945, mit dem er anordnete, Plan A aufzuschieben, bis er selbst wieder in Europa sei. Nachdem Abba dann verhaftet worden war und das Gift auf dem Meeresboden landete, wurde der Plan ganz und gar abgebrochen. Pascha berichtete von seinen Gefühlen: „Ich konnte einfach nicht zu den Kameraden gehen und ihnen sagen, dass wir Plan A aufgeben müssten. Damit wären sie nicht fertig geworden. [...] Keiner von uns wollte diese Idee aufgeben."[31] Er überbrachte Julek die bittere Botschaft, und Julek gab sie an die Kameraden weiter, die in der Überzeugung lebten, die Ausführung stehe täglich bevor. Für Willek, den „Mann am Schieber", der dem Ziel so nahe war, stürzte der Himmel ein. Er erlitt einen Zusammenbruch, von dem er sich lange Zeit nicht erholte. Seine Witwe Leah (Lucia) erzählte uns unter Tränen, was sie immer wieder von ihm hörte: Willeks Welt war vor seinen Augen zusammengebrochen, und die Enttäuschung trieb ihn aufs Krankenlager. Aber er blieb der Vorstellung bis zu seinem letzten Tag treu. Die Ermordung seiner Familie, besonders der Eltern, hat er niemals überwunden. Der Ratsvorsitzende des Moschaws Michmoret, in dem Lucia und Willek lebten, fragte ihn einmal, wieso ein herzensguter Mann wie er bereit gewesen sei, Millionen von Menschen zu töten. Willek erwiderte einfach: „Das kannst du nicht verstehen."[32] Willek verkörperte die Dissonanz zwischen den persönlichen Werten und Qualitäten der Nokmim und den Schreckenstaten, die sie planten.

Es dauerte lange, bis Willek sich erholt hatte. Mira erzählte, dass er nicht aufhören konnte, über den Abbruch des Plans zu reden, und seine Gemütslage sei düster gewesen. Er bemühte sich jedoch, die Stimmung innerhalb der Gruppe nicht weiter zu trüben. Poldek seinerseits erzählte, Willek habe den Befehl zum Abbruch diszipliniert wie ein Soldat entgegengenommen, sei ruhig geblieben und habe weder Wut noch Protest geäußert. Er sei stets bereit gewesen, den Standpunkt des anderen einzunehmen.[33]

Der Abbruch so kurz vor dem Ziel war ohne Frage für alle ein schwerer Schlag. Distel tröstete seine Kameraden damit, dass sie ja noch weitere Pläne hätten. Jahre später schrieb er von seinem Verständnis für die Absage, da Plan A Unschuldige hätte treffen können. Vitka sagte bei ihrer Befragung aus, die Kameraden hätten die Absage nicht nur als Rückschlag empfunden, sondern sich darüber hinaus von Abba Kovner betrogen gefühlt, und zwar bereits seit dem Eintreffen des Briefes vom September. „Abba hatte rasch eingesehen, dass Plan A nicht umgesetzt werden würde", da nur sehr wenige Menschen seine Grausamkeit akzeptieren konnten. Deswegen sprach er außerhalb der Nakam-Gruppe kaum über diesen Plan. Vitka hielt die Rache an den Deutschen für moralisch gerechtfertigt, und daran habe auch keiner gezweifelt, doch die Tat sei unmoralisch, wenn sie – gottbehüte – andere treffen würde. Pascha sandte sie nach dem Abbruch nach Deutschland, um die Stimmung der Kameraden zu erkunden. Waren sie für den Übergang zu Plan B bereit? Vitka war bestürzt über das, was sie feststellen musste: Demoralisierung, Verzweiflung und

Zynismus breiteten sich aus – ja, sogar Vertrauensverlust. Aber ohne Vertrauen in die Führung, die Befehle und Anweisungen gab, war naturgemäß keine Operation erfolgreich durchzuführen. Selbst wenn Kovner und Pascha einsahen, dass Plan A nicht umzusetzen war, so sahen die Kameraden vor Ort es noch lange nicht ein. „Ihr Standpunkt war eindeutig: entweder ja oder nein. Einen Mittelweg gab es nicht. [...] Sie fühlten sich im Stich gelassen. [...] Sie hatten alles vorbereitet, sie saßen erwartungsvoll in ihren Stellungen und jetzt ... Was war aus ihren Befehlen geworden?“[34]

Der zweite Grund für die Absage von Plan A lag bei Shadmi. In den Berichten, die er an Galili sandte, stellte er ausdrücklich fest, dass er beide Pläne einer gründlichen Überprüfung unterzogen habe. Die Vorbereitungen für Plan A seien ernsthaft und bereits weit fortgeschritten, und aus genau diesem Grund hätte er sie verboten. Außerdem habe er Zweifel gehabt, ob man Vergiftungen in den amerikanischen und britischen Militärlagern hätte vermeiden können. Und: „Mir gefiel es nicht, den Tod zahlreicher deutscher Kinder in Kauf zu nehmen. Nicht aus emotionalen Gründen, denn unsere eigenen Kinder waren ja nicht weniger grausam ausgelöscht worden. Ich machte mir Sorgen um den äußeren Eindruck. Wie würde die Weltöffentlichkeit die Aktion und ihre Folgen beurteilen?“ Seine Entscheidung traf auf heftigen Widerstand vonseiten der Nokmim, die lange und erfolgreich an dieser Operation gearbeitet hatten. Aber Shadmi gab nicht nach.[35]

Wie reagierte Pascha, der Kommandant im Hauptquartier? In seinen Aussagen betonte er immer wieder, seine Kontakte zu Shadmi seien minimal gewesen und die Nakam-Gruppe habe selbstständig und mit eigenen Mitteln gearbeitet. Wie auch immer, weder in Paschas Aussagen noch in denen der Nokmim findet sich ein Hinweis darauf, dass Pascha Shadmis Anweisung an die Gruppen weiterleitete. Wohl unterrichtete er sie über Kovners Festnahme und deren Folgen, und das war für sie das Ausschlaggebende. Die Zellen in Deutschland kommunizierten nicht direkt mit Shadmi und höchstwahrscheinlich wussten sie nichts von der entscheidenden Rolle, die er in ihrer aller Leben spielte. Zusammenfassend erklärte Pascha über die Zeit nach Kovners Abreise: „Wir warteten auf Briefe von ihm. Die Verbindung war unbeständig. Wir waren in Europa lange Zeit uns selbst überlassen und ziemlich ratlos.“ Obschon Bezalel, der für die Operationen in Deutschland verantwortlich war, sich redlich bemühte, war es einigermaßen schwierig, vom Hauptquartier in Paris aus den Kontakt zu fünfzig in Deutschland verteilten Frauen und Männern zu halten, deren logistische Mittel äußerst beschränkt waren und denen z. B. kein Fahrzeug zur Verfügung stand. „Wir brachen die Vorbereitungen für Plan A ab“, sagte Pascha, denn inzwischen lebten viele Amerikaner in der Umgebung, und die DP-Camps füllten sich mit Juden. Der Zeitpunkt des Handelns war verpasst. Er fügte hinzu, die Kameraden seien verbittert gewesen, hätten sich verlassen gefühlt und zum Teil heftig protestiert. (Wer wann protestiert hatte, darüber schwieg Pascha sich aus.) Einige Mitglieder des Hauptquartiers weigerten sich, auf Plan A zu verzichten. „Die meisten Zellen wurden ohnehin aufgelöst, nur die in Nürnberg und Dachau blieben an Ort und Stelle, und dort beschleunigten wir die grundlegenden Aktivitäten [für Plan B]." Die jetzt für Nürnberg und Dachau angesagten Aktivitäten hatten auch den Zweck, die Moral anzuheben. Die Kameraden hatten sich monatelang mit aller Hingabe den Vorbereitungen von Plan A gewidmet und waren entsprechend niedergeschlagen, als sie erfuhren, dass das alles umsonst gewesen war.[36]

In dieser Phase, also im Februar und März, stand Pascha unter immensem Druck; Entscheidungen mussten getroffen werden. Bei seiner ersten Befragung im Jahr 1966 erklärte er, in jenen Monaten hätte er – zum einen aus physischen Gründen (er war in den Kriegsjahren sehr abgemagert) und zum anderen wegen des Arbeitsumfangs – das Gefühl gehabt, ohne signifikante Unterstützung nicht weitermachen zu können. Er hielt Ausschau nach jemandem, der ihm zur Seite stehen könnte, „doch ich war allein, ganz allein." Kovner verhaftet, Lidovski in Italien für die Bricha eingespannt, Bezalel in München im Einsatz. Vitka hielt sich zwar in Paris auf, wohnte aber getrennt von ihm, und er wollte zu ihren vielen Aufgaben und Belastungen keine weitere hinzufügen. So bat er Schaike Weinberg und Jehuda Tubin, seine Freunde von der Jüdischen Brigade, ihm jemanden zur Seite zu stellen, möglichst ein Mitglied des HaSchomer HaZa'ir. Sie entsandten Ben-Meiri nach Paris, einen der ‚Asiaten', der bis dahin wichtige Aufgaben in der Bricha wahrnahm. Pascha war sehr erfreut, und Meiri seinerseits erneuerte die Freundschaft mit den Kameraden. Er war zutiefst beeindruckt „von der seelischen Bereitschaft, den Körper zu opfern und in Erfüllung der Aufgabe zu sterben." Auch das vorbildliche Verhalten erwähnte er: „Jeder Pfennig wurde umgedreht. [...] Diese Leute gaben von allem, was sie besaßen."[37]

Plan B: Vergiftung der Brote in Nürnberg

Im Nürnberger Vorort Langwasser richteten die Amerikaner in einem Gebiet, das während der Reichsparteitage als Zeltstadt für riesige Teilnehmermengen gedient hatte, ein Lager für 35.000 deutsche Gefangene ein. Während des Krieges unterhielt der NS-Staat auf demselben Gelände das Straflager 13 für sowjetische Gefangene und Zwangsarbeiter. Nun hatte sich das Blatt gewendet, und es waren Deutsche, die dort hinter Schloss und Riegel saßen. In der Stadt Nürnberg herrschte beständig Tumult. „Überall treiben sich Litauer, Letten, Estländer und Ukrainer herum. Wie zahlreich unsere Mörder doch sind." Beobachtungen, die Julek in seinem Tagebuch festhielt. „Polen plündern Wohnungen der Deutschen. Amerikanische Soldaten flanieren mit deutschen Mädchen. Viele Juden treffen ein, alle spekulieren sie und wissen sonst nichts mit sich anzufangen."[38]

Eines Tages meldete Julek sich bei Pascha und ließ ihn wissen, dass er einsatzbereit sei. Pascha eilte nach München, um die Vorbereitungen zu überprüfen. Nachdem er sich von der Makellosigkeit der Planung überzeugt hatte, bat er um eine Schüssel mit kaltem Wasser. Er tauchte seine Hände hinein, das sollte ihm helfen, ruhiger zu werden. Julek erinnerte sich: „Zwischen Pascha und mir herrschte absolutes Vertrauen. Der Grund dafür: Beide waren wir von Kommunisten zu Zionisten geworden." Pascha erklärte: „Julek war genau der richtige Mann am richtigen Ort." Sie warteten noch zwei, drei Wochen, bis sie auch von Kazhik, dem Leiter der Zelle in Dachau, erfuhren, dass dort ebenfalls alles vorbereitet war. Man wollte an beiden Orten gleichzeitig zur Tat schreiten, und zwar in der Nacht vom 13. auf den 14. April, einer Nacht vom Sonnabend auf Sonntag.

Shadmi sagte aus: „Ich genehmigte die Operation bis in die kleinsten Details, und ich wählte das Datum." Das Datum bestimmte er, nachdem für den Schutz der sich in der Umgebung ansammelnden Überlebenden gesorgt worden war. Wie erwähnt, hatte er beim Treffen mit der Nakam-Spitze in Paris festgelegt, dass die Kameraden nach der ersten Racheoperation ihre Posten sofort räumen und sich auf den Weg nach Erez Israel begeben sollten. Shadmi hatte Anordnung, die Operation ebenfalls von „Ben-Kedem" (Deckname für Mosche Shertok) genehmigen zu lassen. Hieran erinnerte ihn „Amram" (offenbar der Deckname von Mosche Sneh) in einem drei Tage vor der Operation abgesandten Telegramm. Auf „Jonatans" (Avigurs) Frage, wieso Shadmi seine Erlaubnis ohne Shertoks Genehmigung einzuholen erteilt habe, erklärte Schami in einem erst nach der Operation abgesandten Bericht, dazu sei ihm keine Zeit geblieben, denn Shertok war in jenen Tagen auf dem Weg nach Paris und traf erst ein, nachdem alles vorbei war. Bei seiner Befragung erklärte Shadmi, er selbst wäre auch wegen der dringendsten Angelegenheiten nicht nach Palästina gereist, solange die Aktion in Nürnberg nicht gelaufen sei.[39] Die Spitzen der Hagana und des Jischuws waren also an der Entscheidung, Plan B auszuführen, beteiligt, ja, die Ausführung hing sogar von ihrer Genehmigung ab. Die Nokmim allerdings ahnten weder etwas von dieser Abhängigkeit noch von der Wichtigkeit, die im Jischuw der Vergeltung im Allgemeinen beigemessen wurde. Als sie Jahrzehnte später davon erfuhren, zeigten die Kameraden sich völlig überrascht.

Doch zurück zum Tatort: Da das Datum nun festgelegt war, musste das Gift von Paris herbeigeschafft werden. Avigur löste sein Pascha gegebenes Versprechen ein und stellte ihm zwei Soldaten von der Deutschen Abteilung der

Jüdischen Brigade mit echten Papieren zur Verfügung, die das von Ratner hergestellte Arsen nach München transportierten. Vitka bestätigte: Das Gift brachten Leute von der Brigade, die uns bis zum Ende mit Geld und Beziehungen aushalfen. Die beiden ausgewählten Soldaten waren Dov Schenkal aus dem Kibbuz Neot Mordechai und Jeheskel Baharav aus Kfar Monasch. (Dieser Moschaw liegt nur vier Minuten von Kovners späterem Wohnort, dem Kibbuz Ein HaChoresch, entfernt. Jahre später sagte uns Jeheskel: „Aber Kovner erfuhr niemals, dass ich einer der Soldaten war, die das Gift transportierten.") Pascha sagte aus, er sei mit Schlomo Kenet, dem Verbindungsoffizier, und den beiden Soldaten von Paris nach München gefahren. Unterwegs hob der – völlig unreligiöse – Fahrer die Hände vom Steuerrad, blickte zum Himmel und rief aus: „*Ribono schel oilam, soll mir matzliach sein!*" (Herr der Welt, schenke uns Erfolg!)

Der Stoff traf wohlbehalten bei den Kameraden Jaschek Ben-Zur und Leibke Distel ein, die ihn erwarteten. Jaschek Ben-Zur fuhr Dov Schenkal mit der Straßenbahn entgegen, um ihn zu begleiten. Schenkal trug mit Arsen gefüllte Wärmflaschen aus Gummi auf dem Körper. Niemand hatte daran gedacht, dass er Hosenträger brauchen würde. So stand er in einer Ecke der Straßenbahn und musste dafür sorgen, dass ihm die Flaschen nicht aus der Uniform rutschten. Das Gift war flüssig und sollte möglichst ständig geschüttelt werden, da Arsen die Eigenschaft hat, sich abzusetzen. Als sie endlich in Miras Wohnung ankamen, war der große, kräftige Mann einem Zusammenbruch nahe. Jeheskel Baharav gab Jahre später an, das Gift von einem „Chemielabor" in Paris erhalten zu haben. In einem Hotel in Paris habe ihn ein Spezialgürtel erwartet. Er wusste wegen der strengen Geheimhaltung selbst Jahrzehnte später nicht, wer ihm das Gift und den Gürtel ausgehändigt hatte. In München angekommen, übergab er es dem dortigen Hauptquartier, allerdings nicht an Kazhik direkt, der sich in Dachau aufhielt. Es war Israel Carmi, der Baharav für diese Aufgabe ausgesucht hatte, denn Baharav war, wie erwähnt, als Verbindungsmann in Italien zurückgeblieben, als die Jüdische Brigade nach Norden weiterziehen musste. Baharav verfügte über einen Dienstwagen, der ihm Bewegungsfreiheit verlieh und ihm erlaubte, den Nokmim behilflich zu sein.[40]

Mira sagte aus: Als Dov Schenkal mit dem Gift eintraf, prosteten wir uns zu und saßen die ganze Nacht mit ihm zusammen. Wir fühlten uns wunderbar, obwohl wir wussten, dass wir jetzt bald fliehen müssten. Mira zufolge bat Dov um eine starke Taschenlampe, denn er wollte das Gift an Ort und Stelle verdünnen. Hätte er es bereits in Paris verdünnt, wären die Flaschen viel schwerer und für ihn nicht zu tragen gewesen. Pascha war dabei, als das Gift in München verdünnt wurde, aber aus Vorsichtsgründen brachte er es nicht selbst zu Kazhik nach Dachau oder zu Julek nach Fürth. Poldek und Jaschek erzählten: „Fünfzig oder sechzig Jahre später, kurz vor seinem Tod, hörten wir von Dov Schenkal aus Neot Mordechai, dass er den Befehl erhalten habe, das von Ratner hergestellte Arsen zu verdünnen." Julek sagte aus: „Zwei deutschen Journalisten gegenüber, die nach Neot Mordechai gekommen waren, um ihn für ein Buch zu interviewen, deutete Schenkal an, dass er das Gift mit Wasser vermischt habe." Diese Angaben führen zu einer entscheidenden Frage: Hatte Shadmi, der Vertreter der Hagana in Europa, Schenkal mit der Verdünnung des Gifts beauftragt, um den Schaden des Racheakts zu begrenzen, die Nokmim aber dennoch zur Flucht zu zwingen? Shadmis Antwort fiel eindeutig aus: Er gab dem „Dilettantismus bei der Zubereitung des Stoffs, insbesondere auf Gebieten, die die wissenschaftliche Präzision eines zertifizierten Labors erfordert hätten", die Schuld. Seiner Meinung nach entsprach das von Ratner hergestellte Gift nicht dem erforderlichen Standard. In diesem Zusammenhang sei daran erinnert, dass Ratner selbst Kovner ausdrücklich versicherte, das von ihm erzeugte Gift sei von bester Qualität gewesen. Die Ergebnisse der amerikanischen Militärbehörden, die die Giftrückstände nach der Operation prüften, gaben Ratner Recht und widersprachen Shadmis Anschuldigung, doch mehr darüber später.[41]

Ende September 1945, nach dem Eintreffen von Abbas Brief, erhielt Leibke Distel eine wichtige Aufgabe. Leibke war in Wilna als Mitglied der Organisation der Vereinten Partisanen festgenommen und in einer Reihe von Lagern gefoltert worden. Es gelang ihm, dem Todesmarsch zu entfliehen. Als er Pontebba erreichte und seinen Kameraden aus Wilna in die Arme fiel, wog er noch zweiundvierzig Kilo. Sie forderten ihn auf, sich der Nakam-Gruppe anzuschließen.[42] Im September stieß er zu der in Fürth stationierten Gruppe, wurde von Julek über die unmittelbaren Pläne informiert und erhielt den Auftrag, eine Arbeitsstelle in Nürnbergs größter Bäckerei zu finden, die das Brot für die deutschen Gefangenen lieferte. Sie war in einem vierstöckigen, von einer Mauer umgebenen Backsteingebäude untergebracht. Einlass erhielt nur, wer eine Genehmigung besaß. Distel stellte sich, wie es den Tatsachen entsprach, als jüdischer Überlebender vor. Sein Onkel betreibe eine Bäckerei in Kanada, erzählte er, und er wolle vor seiner Auswanderung dorthin das Handwerk erlernen. Er wurde tatsächlich eingestellt, mietete ein Zimmer in der Urftstraße Nr. 12 und begann eine zermürbende Bäckerlehre. Er musste unter Deutschen arbeiten, die behaupteten, nichts von den Verbrechen der Nationalsozialisten gewusst zu haben und ihn aufforderten, von seinen Erlebnissen zu berichten. Einige bezweifelten, dass Deutsche solche Taten begangen hätten. „Immer kam es zu Streitereien." Und naturgemäß fragte er sich unablässig, wer von ihnen im Krieg was getan hatte. Anfangs erwog er, das Gift in die Mehlsäcke zu schütten, dann dachte er daran, es in die Teigmischmaschinen zu geben. Nach Beratungen mit Kameraden aus der Gruppe wurde beschlossen, das Arsen auf die Unterseite der Brotlaibe zu pinseln. Leibke wurde befördert und zur Arbeit in den Brotlagerraum geschickt. Nach zwei Monaten war er mit allen Geheimnissen des Brotbackens vertraut, und nun lernte er, die versandbereiten Brotlaibe „nach dem deutschen System der Broteinlagerung“ übereinanderzuschichten. Rasch wurde er auf den Unterschied aufmerksam zwischen dem Schwarzbrot, das die Gefangenen erhielten, und dem teureren Weißbrot, das den amerikanischen Bewachern und ihren Helfern zugedacht war. Die meisten seiner Mitarbeiter und Vorgesetzten verhielten sich Distel gegenüber feindselig, und er war drauf und dran, seinen Kommandanten Julek zu bitten, aus dem Projekt ausscheiden zu dürfen. Unterdessen vergingen Wochen, bis auch die Gruppe in Dachau soweit war; die beiden Racheakte sollten ja, wie bekannt, koordiniert in ein und derselben Nacht ausgeführt werden.[43]

Im April 1946 kam endlich die Anweisung, sich bereitzuhalten. Die Nokmim hatten für ihre Aktion die Nacht vom Sonnabend, den 13., auf Sonntag, den 14. April, gewählt. Soweit sie wussten, hatten sie diesen Termin bestimmt, und zwar aus guten Gründen: Am Sonnabend arbeitete in der Bäckerei nur eine einzige Schicht; die Anzahl der Wachmänner war auf ein Minimum beschränkt; da am Sonntag nicht gebacken wurde, wurde am Vortag die doppelte Menge an Broten fertiggestellt, und damit reichte die Zeit für die Absorption des Arsens aus; es würde eine Vollmondnacht sein. Leibke Distel erhielt die Wärmflaschen mit dem flüssigen Gift von Dov Schenkal. Leibke hatte seiner Aussage zufolge im Getto Schmuggelerfahrungen gesammelt, die ihm nun gut zupasskamen. Er band die Flaschen an seinem Körper fest und zog einen weiten Regenmantel an. In der Bäckerei verstaute er sie in drei Wasserbehältern, die wegen der Feuergefahr immer bereitstanden. In einem unbeobachteten Moment verbarg er die Flaschen dann unter dem Holzboden.

Das Einsatzteam beschränkte sich auf Jaschek, Manek und Leibke. Julek war als Kommandeur dabei und nahm Willek als Assistenten mit, um ihn für den Abbruch von Plan A zu entschädigen. Eigentlich war ein Einsatzteam von sechs Mitgliedern vorgesehen gewesen, doch die Arbeiter der Bäckerei waren unerwartet in einen Streik getreten, und die Schicht umfasste weniger Personal als gedacht, so dass nun auch entsprechend weniger Nokmim die Fabrik betreten konnten. Am Samstag, den 13. April, schmuggelten sich drei Nokmim in die Bäckerei und verbargen sich in mannshohen Brotkörben, bis die regulären Schichtarbeiter gegangen waren. Unerwartete Komplikationen traten ein, die Verstecke mussten gewechselt werden, doch gegen Mitternacht holten sie im Schein des Vollmonds die Giftflaschen unter dem Fußboden hervor und gossen den Inhalt in zwei große Eimer. Dann verteilten Jaschek und

Manek die Arsenmischung mit Pinseln auf der Unterseite der Brotlaibe, und Leibke ordnete sie in Stapeln ein, wie er es gelernt hatte. Die Mischung in den Eimern musste immer wieder umgerührt werden, damit das Gift sich nicht am Boden absetzte. Arsen löst sich nicht völlig auf, und das Umrühren sorgte auch dafür, dass die Färbung einheitlich blieb und nicht von der Farbe der Brote abwich. Das alles musste mit großer Vorsicht geschehen, denn die geruch- und geschmacklose giftige Flüssigkeit hätte mit jeder anderen verwechselt werden können, und die drei Kameraden selbst durften natürlich keinesfalls mit ihr in Berührung kommen.

Im Mondlicht bestrichen sie ungefähr tausend Brote – „Nachdem wir das erste Tausend geschafft hatten, umarmten und küssten wir uns", berichtete Leibke –, bis die Wachmänner ihre Runde machten und die Nokmim sich mitsamt ihren Gerätschaften rasch verstecken mussten. Anschließend bearbeiteten sie noch etwa zweitausend weitere Brotlaibe, bevor die Wachmänner zurückkehrten. Beim Öffnen der Eingangstür zerbrach ein heftiger Windstoß Fensterscheiben und riss eine Tür aus den Angeln. Jaschek und Manek türmten durch die Fenster. Die Wachmänner setzten ihnen nach, konnten sie jedoch nicht einholen. Leibke verbarg rasch die Pinsel und den Rest der giftigen Flüssigkeit und zog sich selbst in ein Versteck zurück. Von dort belauschte er die von den Wachmännern herbeigerufenen Polizisten, die zu dem Schluss kamen, zwei Einbrecher hätten offenbar erfolglos versucht, Weißbrot zu stehlen. Da Weißbrot teuer und knapp war, erschien das recht plausibel. Leibke war erleichtert. Nachdem alles wieder ruhig geworden war, verließ er im Morgengrauen sein Versteck und stieß zu den Kameraden, die in einem von der Jüdischen Brigade bereitgestellten Wagen auf ihn warteten.[44]

Resultate der Nürnberger Aktion

Am Tag danach sandte Julek Rachel Galperin-Gliksman in die Nähe des Gefangenenlagers, um zu erkunden, was dort vor sich ging. Sie wurde für diese Aufgabe ausgewählt, da sie als Frau weniger Verdacht erwecken würde, sich in der Stadt vorher noch nicht gezeigt hatte und deswegen von niemandem erinnert werden konnte. Rachel sprach Polnisch und Deutsch und war bis dahin vorwiegend auf den Bricha-Strecken eingesetzt worden. Ihre Kameraden verabschiedeten sie mit den Worten: „Falls dir etwas passiert: Wir kennen dich nicht." In der Bäckerei sagte man ihr, es würde kein Brot verkauft, es sei etwas geschehen und das Brot sei „nicht in Ordnung". Sie hörte sich in der Umgebung um und erfuhr von Ehefrauen der Gefangenen, die in der Nähe lebten, dass viele aufgrund einer Vergiftung erkrankt seien. Jüdisch-amerikanische

Offiziere ließen sie wissen, dass die Amerikaner die ganze Sache unter Verschluss halten wollten, um einen internationalen Vorfall zu vermeiden. Die Erkrankten wurden in Ambulanzen und Privatwagen zum Magenauspumpen in Nürnberger Kliniken gebracht. Rachels Informationen zufolge sollten mehr als tausend Männer und Frauen betroffen sein, aber nicht alle starben.[45]

Zwei, drei Tage vergingen ohne Verlautbarung von amerikanischer Seite. Unterdessen wurden, besonders in deutschen Zeitungen, alle möglichen Mutmaßungen angestellt, und jedes Mal wurde eine andere Opferzahl genannt. Vertrauenswürdige Quellen gab es damals im Allgemeinen nicht, und ein Journalist zitierte aus dem Artikel eines anderen. Julek bewahrte die Zeitungsausschnitte jahrelang auf. Aufgrund einer Meldung der *Associated Press* resümierte er, dass etwa zweitausend Menschen Magenvergiftungen erlitten hätten und dass einige Tage nach dem Vorfall manche noch schwerkrank waren; gestorben aber war niemand. Die *Herald Tribune* schrieb, tausendachthundert Gefangene hätten Vergiftungserscheinungen gezeigt, und die Zahl der Toten sei unklar. In der tschechischen Presse erschien einige Tage darauf eine Notiz, derzufolge trotz der amerikanischen Rettungsbemühungen Hunderte gestorben und weitere Hunderte erkrankt seien. Pascha verwies auf einen Artikel der *Süddeutschen Zeitung*, in dem die Bäckerei, die die vergifteten Brote geliefert hatte, mit Namen genannt und die Zahl der Vergifteten mit dreitausendsiebenhundert angegeben wurde. Außerdem war zu lesen, dass man am Tatort Wärmflaschen mit Arsenrückständen gefunden hatte. Pascha selber allerdings vermutete, dass achttausend Menschen Vergiftungserscheinungen zeigten – wobei er einräumte, dass die Zahl nicht überprüft worden war – und dass achthundertsechzig von ihnen unter Qualen gestorben seien. Die *Süddeutsche* zeigte sich überrascht über die Sorgfalt, mit der das Arsen auf die Unterseite der Brote gepinselt worden war. Die *New York Times* informierte ihre Leser in zwei kurzen Artikeln über die Erkrankung von zweitausendzweihundertdreiundachtzig deutschen Gefangenen; einige mussten hospitalisiert werden, gestorben jedoch sei keiner. Diese Angaben erschienen auch in *The London Times* mit dem Zusatz, den Krankenhausunterlagen zufolge sei niemand gestorben. In keiner Veröffentlichung wurden Mutmaßungen über die Identitäten der Täter angestellt, und somit war in diesem Zusammenhang auch niemals von jüdischer Vergeltung die Rede.[46]

Julek führte die enttäuschenden Resultate – Vergiftungserscheinungen bei Tausenden ohne jeden Todesfall – auf Mängel der Arsenmischung zurück. Vielleicht hatte das Gift sich abgesetzt, vielleicht war die Konzentration zu gering gewesen, vielleicht hatte das Verhältnis von Gift und Bindemittel nicht gestimmt. Trotz der minimalen Wirkung ihrer Aktion fuhr die Nürnberger Gruppe mit dem guten Gefühl davon, immerhin etwas geschafft zu haben, was bisher noch niemandem gelungen war. Ihrer Berechnung nach waren dreitausend vergiftete Brotlaibe an zwölftausend (von insgesamt fünfzehntausend) Gefangene verteilt worden, ein Viertel Brotlaib für jeden, so dass sie eigentlich ein besseres Ergebnis erwarten durften. Pascha sprach von achttausend Vergifteten, das habe er zum Teil von einem jüdisch-amerikanischen Offizier erfahren, der die Gruppe schon vorher regelmäßig mit Informationen versorgte. Die relativ niedrige Zahl der Verletzten sei darauf zurückzuführen, dass die Amerikaner sie angesichts des im Lager entstandenen Tumults sofort in Krankenhäuser gebracht hätten. Da die Amerikaner für das Wohlergehen der Gefangenen, nicht nur in jenem Lager, sondern in der gesamten von ihnen besetzten Zone verantwortlich waren, hätte man ihnen Nachlässigkeit oder Schlimmeres vorwerfen können, und deshalb hätten sie ein Interesse daran gehabt, den ganzen Vorfall möglichst rasch zu vertuschen. Vitka äußerte die Ansicht, es sei nicht wichtig, wie viele gestorben seien oder gelitten hätten, wichtig sei allein der Vollzug der Aktion.[47]

Wie ist die Beteiligung der Jüdischen Brigade an der Operation zu bewerten? Vitka zählte einige sehr gute Freunde aus der Brigade auf, die mit ihnen Hand in Hand gearbeitet hatten, „die Oberen machten allerdings viele Probleme“. Ihr zufolge hätten Offiziere der Brigade ihnen geraten: Kümmert euch nicht um die Hagana, kommt zu uns, wenn ihr etwas braucht. Leibke Distel stellte fest: Die Soldaten der Brigade haben uns um vieles besser verstanden als die Institutionen im Land.[48] Tatsächlich empfand so mancher Soldat der Brigade, insbesondere aus der Deutschen Abteilung, sich als Teil der Aktion. Immerhin wurden aus ihren Reihen die Männer für den Transport des Gifts von Paris nach München ausgewählt, und sie waren es, die den Nokmim nach der Aktion über die Grenze halfen (mehr darüber später). Jehuda Ben-Chorin schrieb in seinen 1975 erschienenen Erinnerungen: „Ich traf mich ab und zu mit Pascha, und ich kannte die Gefühle der Kameraden. Wir machten uns an die Planung einer großangelegten Operation.“ Er schrieb „wir“, als ob er als Offizier der Jüdischen Brigade zum Planungsteam gehört hätte. Und so ging es weiter: „Als Ziel wählten wir ein großes Gefangenenlager in der Nähe von Nürnberg aus, in dem unter amerikanischer Bewachung fünfzehntausend SS-Leute festgehalten wurden.“ „Wir führten die Aktion aus, ohne Spuren zu hinterlassen.“ Das klingt ganz so, als sei er vor Ort dabei gewesen. Beim Erscheinen des Buches äußerte er noch einmal die Meinung, man solle diese Episode am besten schweigend übergehen. Sie habe zwar seinerzeit in der amerikanischen Presse Aufsehen erregt, doch wichtigere Ereignisse hätten das Thema bald in den Schatten gestellt. Abschließend stellte er fest, die Aktion wurde anstelle anderer Aktionen durchgeführt, die er guten Gewissens nicht hätte genehmigen können, eine klare Anspielung auf Plan A. Damit schien er andeuten zu wollen, dass die Jüdische Brigade und die Hagana durch seine Mitwirkung dem Plan B zur Verwirklichung verhalfen, um der Umsetzung von Plan A einen Riegel vorzuschieben.[49]

Shadmi äußerte sich in zwei nach Erez Israel gesandten Berichten zur Operation. Im ersten, den er etwa einen Monat nach der Aktion abschickte, brachte er Enttäuschung über das trotz aller Anstrengungen fragwürdige Resultat zum Ausdruck. „Die jüdische Vergeltung ist eine große Idee, aber das Ergebnis ist gleich Null." Er empfahl jedoch, das ganze Bild im Auge zu behalten, denn es sei auch etwas gewonnen worden: Erstens habe die Ausführung von Plan B die Ausführung von Plan A verhindert, der Millionen getroffen hätte, „ohne zwischen Rasse und Religion zu unterscheiden". Zweitens seien alle Nakam-Mitglieder bereits auf dem Weg nach Palästina, und er habe jetzt nur noch Angst, „die Kameraden könnten während der langen Wartezeit auf die Überfahrt wieder zu Kräften kommen und etwas Neues aushecken", so sehr fürchtete er sich vor ihrer unerschöpflichen Energie. Drittens „schlafen jetzt zweitausend Amalekiter den Schlaf der Gerechten." (Shadmi war der Meinung, zweitausend Deutsche – die er als Amalekiter bezeichnete – hätten infolge der Operation den Tod gefunden.) „Ich hatte ein besseres Resultat erhofft, aber das Erreichte ist keine Schande." Viertens habe dieser relativ geringfügige Vorfall tiefen Eindruck gemacht, „obwohl die Deutschen das Gerücht verbreiteten, die Tat ginge nicht auf Juden zurück, um uns nicht einmal diese Genugtuung zu gönnen." Die Amerikaner stellten den Vorfall nach Versuchen der Leugnung und Verschleierung als einen Zusammenstoß zwischen Polen und SS-Leuten dar. Was geschah oder nicht geschah, ging nicht zu Lasten der Kameraden, so Shadmi. Sie haben perfekte Vorarbeit geleistet, und die Ausführung war beispielhaft. Später berichtete Shadmi, er würde die ganze Nakam-Gruppe infolge des Misserfolgs nach Palastina verfrachten. Das Oberkommando ließ er wissen, er wolle sich nicht weiter um die Vergeltung kümmern, nicht, weil das Thema unwichtig sei, sondern weil es äußerst wichtig sei. Er schloss mit der eindeutigen Erklärung: „**Meiner Meinung nach versündigen wir uns gegen unsere Geschichte, wenn wir uns nicht ernsthaft mit der Vergeltung beschäftigen.**"[50] Es darf also festgestellt werden, dass sowohl die Jüdische Brigade als auch die Hagana sich als Teilhaber am Racheunternehmen betrachteten und dem Plan B Erfolg wünschten. Das Ergebnis enttäuschte sie zwar, aber sie wussten die Leistung der Nokmim zu schätzen. Und zumindest Shadmi war der Auffassung, die Hagana und der Jischuw hätten sich diesem Thema mit sehr viel größerer Ernsthaftigkeit widmen müssen.

Im Jahr 2016 wurden die mehr als sieben Jahrzehnte lang unter Verschluss gehaltenen Protokolle der amerikanischen Untersuchung aufgrund eines schriftlichen Gesuchs endlich zur Einsicht freigegeben. In ihnen dürften sich verlässliche Antworten auf die Fragen nach der Anzahl der Vergifteten, der Qualität des Gifts und der Verdünnung finden. Die Untersuchung wurde noch am Tag des Vorfalls aufgenommen und zog sich bis Ende Februar 1947 hin. Sie bewegte sich in zwei Richtungen: Die erste war die Suche nach den Tätern, und hier haben die amerikanischen Behörden gründlich versagt. Sie konnten keinen der Giftmischer identifizieren oder aufspüren und sie entdeckten nichts über die Nakam-Gruppe oder ihre Mitglieder, obwohl Gift und einige Gegenstände in der Bäckerei zurückblieben. Eine umfangreiche Korrespondenz weist darauf hin, dass nach vier Juden gesucht wurde, unter ihnen ein Auschwitz-Überlebender namens Lipa Welner, der als Hauptverdächtiger galt, und ein gewisser Julien Broklyn, der in der Urftstraße 12 in demselben Haus wohnte, in dem auch Distel sich eingemietet hatte. Doch man fand keinerlei Indizien, die diese Menschen mit der Tat verbanden. Damit endete der erste, am 23. April 1946, also anderthalb Wochen nach der Tat erstellte Abschlussbericht. Ein zweiter stammt vom Februar 1947. Die Verfasser bemerken ärgerlich, dass ihnen die in der Bäckerei gefundenen Beweisstücke nicht mehr zur Verfügung standen, dass sie das Protokoll des Verhörs von Lipa Welner nicht einsehen konnten und dass sie nicht einmal wussten, wo die Verdächtigen festgehalten wurden. Sie empfahlen, die Akte zu schließen, da zwischen der Tat und den Verdächtigen kein Zusammenhang nachzuweisen sei.[51]

Die zweite Investigation befasste sich mit Einzelheiten der Operation. Auch über sie liegen zwei Abschlussberichte vor, einer zehn Tage nach dem Ereignis abgefasst, der andere etwa zehn Monate später. Beide schildern den Hergang der Tat, so wie die mit der Untersuchung beauftragten amerikanischen Beamten ihn verstanden. Die Begegnung mit den Wachmännern und die Flucht der beiden Ertappten sind so rekapituliert wie von Manek, Jaschek und Leibke Distel beschrieben. Dem ersten Bericht zufolge wurde fünf Tage nach dem Vorfall eins der Brote in einem Labor untersucht, da bei tausenddreihundert Gefangenen Vergiftungserscheinungen aufgetreten waren; die Zahl stieg später auf zweitausend. Das Brot wies die normalen Maße auf, doch die Unterseite war mehlig weiß. Unter dieser weißen Schicht wurde ein Bindemittel entdeckt und darunter Sägespäne. Die chemische Analyse dieser Schichten zeigte die für Arsen typische Reaktion (bereits eine kleine Menge führte zu einer raschen heftigen Reaktion). Das Arsen war in einer tödlichen Konzentration vorhanden: 0,2 Gramm in 100 Gramm Brotrinde. Dies war allerdings die höchste gemessene Konzentration; es muss betont werden, dass die Giftmenge nicht in allen Teilen des Brots gleich hoch war. Am 20. April, also eine Woche nach der Aktion, wurde die Bäckerei durchsucht. Man fand einen teilweise mit weißer Paste gefüllten Eimer, daneben zwei Handschuhe, einen Farbpinsel, ein Portemonnaie mit Fotos, zwei Jacketts, drei leere Wärmflaschen sowie ein Tasche mit vier weiteren, offenbar noch gefüllten Wärmflaschen. Die Flüssigkeit in den Wärmflaschen erwies sich als fast 100% Arsenoxid, gemischt mit Bindemittel und Wasser. Wenn alle sieben Wärmflaschen mit diesem Stoff gefüllt waren, hatten sie insgesamt zweiundzwanzig Pfund fast reines Gift enthalten, eine Menge mit der man dreißigtausendend bis hunderttausend Menschen hätte vergiften können. Der zweite amerikanische Bericht legte die Zahl bei nicht weniger als sechzigtausend fest. Er erläuterte ebenfalls die Frage nach der Verdünnung des Arsens für die Anwendung in der Bäckerei: „Es ist unmöglich, eine große Menge Arsenoxid in Wasser aufzulösen. Deswegen war es nicht möglich, eine brauchbare Lösung in der nötigen Konzentration herzustellen. Das Arsen musste also nur so weit mit Wasser vermischt werden, dass eine Paste entstand." Eine moderne Chemikalienfirma lieferte folgende Erklärung: In kaltem Wasser löst sich Arsenoxid nur langsam und nicht einheitlich auf, aber es kann in heißem Wasser aufgelöst werden. (Möglicherweise hat Ratner den Stoff deswegen in hitzebeständige Wärmflaschen gefüllt.) Das Gift wurde in denselben Wärmflaschen in die Bäckerei gebracht. Dort wurde es in einen Eimer entleert und mit einer Zutat versetzt, die das glänzende Weiß der Paste abstumpfte. Mit anderen Worten: Giftmenge und Konzentration genügten, um viermal so viel Gefangene zu töten wie in Nürnberg einsaßen.[52]

Die Investigationsakten sowie die beiden Berichte erlauben gewisse Schlussfolgerungen. Erstens, dass Ratner als Chemiker professionell gearbeitet hatte. Die Ermittler fanden zu ihrem Erstaunen heraus, dass die Giftlösung, kombiniert mit dem Bindemittel, den Sägespänen und dem farbabdämpfenden Stoff sehr gut an der Unterseite der Brotlaibe festklebte und viele Todesfälle hätte verursachen können, ganz wie Ratner es Kovner versicherte, als die beiden sich in Erez Israel trafen. Zweitens hat Schenkal in der Tat den Auftrag erhalten, das Gift zu verdünnen, aber nicht, um die Wirkung abzuschwächen. Im Gegenteil, dies war der einzige Weg zur Herstellung einer Paste, die sich in der gewünschten Konzentration auftragen ließ. Drittens, da niemand wegen der Vergiftung vor Gericht gestellt wurde, wurde auch niemand für schuldig befunden. Niemand, nicht einmal die Amerikaner, brachten Juden mit der Tat in Verbindung. Niemand starb vom Essen des vergifteten Brots. Die herbeigerufenen Ärzte sprachen den Ermittlern gegenüber von Durchfall, Übergeben und geröteter Haut. Weitere Symptome oder Folgen gab es offenbar nicht. Auch wenn wir bedenken, dass den Amerikanern daran gelegen war, den Vorfall so schnell wie möglich abzuschließen und die Effekte zu minimieren, so haben wir doch einen internen geheimen Bericht vor uns, der seit dem Tag, an dem er verfasst wurde, auf Archivregalen verstaubte. Die amerikanische Presse, die sich auf Samuel T. Williams berief, den für die Lagerbewachung verantwortlichen Colonel, hob hervor, dass niemand an der Vergiftung gestorben war, und hielt sich damit an die Fakten. Einige Tage nach dem Vorfall gab der Colonel eine allgemein gehaltene Erklärung ab, in der von Verdächtigen nicht die Rede war. Der Abschluss der Ermittlungen wurde niemals bekanntgegeben, und das öffentliche Interesse erlosch nach kurzer Zeit.

Wenn das Gift von so guter Qualität war und die Menge ausgereicht hätte, Zehntausende umzubringen, liegt die Frage nahe, wieso niemand gestorben ist und nur zweitausend Erkrankte medizinische Hilfe brauchten? Es sei daran erinnert, was Julek, der Kommandeur, vermutete: Vielleicht hatte das Gift sich abgesetzt, vielleicht war die Konzentration zu gering gewesen, vielleicht hatte das Verhältnis von Gift und Bindemittel nicht gestimmt. In der Tat fanden die amerikanischen Ermittler heraus, dass die auf die Unterseite der Brote gepinselte Substanz nicht einheitlich war. Manek, Leibke und Jaschek, die drei Männer am Tatort, sagten aus, einer von ihnen habe die Mischung im Eimer unablässig umgerührt, um das Absinken des Arsens zu verhindern, was nicht einfach gewesen sei.

Im Anschluss an die Aktion schrieb Pascha einen ergreifenden Brief an Julek: „Wir haben etwas Wichtiges vollbracht, an das man sich für immer erinnern wird. Doch damit sind wir noch nicht am Ende des Weges angelangt, und obwohl wir uns jetzt zurückziehen müssen, werden wir zurückkehren und das Werk fortsetzen."[53] Nicht nur Pascha glaubte an eine mögliche Fortsetzung der Aktionen. In den Akten der amerikanischen Ermittler befindet sich ein Zeitungsausschnitt mit einem Artikel, dessen anonymer Verfasser fragt: „Wer wollte fünfzehntausend Mitwirkende jenes Terrorregimes töten, das der Schrecken Europas war? Deutsche Widerständler? Ein Pole, ein Russe, ein Franzose oder ein Tscheche? [Dass es Juden gewesen sein könnten, kam ihm nicht in den Sinn.] Und warum? Glaubten die Verfolgten nicht mehr an die Absicht oder die Fähigkeit der Alliierten, die SS-Verbrecher zu bestrafen und die NS-Organisationen ein für allemal zu zerschlagen? Dieser Vertrauensverlust ist durchaus angebracht. Und es steht zu erwarten, dass die Opfer des NS-Regimes weitere Aktionen dieser Art durchziehen werden, wenn die Alliierten versagen und die Kriegsverbrecher nicht gründlich genug verfolgen."[54] Genau das war es, was auch die Nokmim befürchteten.

Das Kapitel Dachau

Das Kapitel Dachau ist und bleibt eine offene Wunde, die womöglich niemals heilen wird. Selbst siebzig Jahre später vermag es unter den Nokmim noch Streit auszulösen, und wer zu ihnen kommt, um sie zu befragen, wird auch mit hineingezogen. Die große Frage lautet: Warum wurde die Operation in Dachau abgebrochen, wo doch ihre Ausführung mit der in Nürnberg koordiniert worden war? Und wer war, nachdem die Zelle vor Ort schon so viel Vorarbeit geleistet hatte, für den Abbruch verantwortlich? „Es ist kaum zu beschreiben, wie viel Mühe in die Vorbereitung dieser Aktion investiert wurde; wie viel Arbeit, wie viel Nerven, wie viel Gesundheit, wie viel Zeit sie uns gekostet hat. Fast ein Jahr Vorbereitungen [...] lange Monate beispielhafter Planung", erklärte ein immer noch verärgerter Kazhik, der die Operation geleitet hatte, seinem Interviewer, dem Autor Yona Sand.[55] Bereits im Herbst 1945 trafen die vier Nakam-Kameraden, Kazhik, Irena Gelbblum, Jehuda (Idek) Friedman und Willek Schinar in Dachau ein, um sich mit der Umgebung der Wasserwerke vertraut zu machen. Außerdem knüpften sie persönliche Kontakte zu Polen, die mit allerhand Aufgaben im Umfeld der Gefangenenlager betraut waren, und zu deutschen Zivilisten, die in der Stadt arbeiteten. Als Lena mit der Botschaft zu ihnen kam, Plan A sei vorerst abgesagt, waren sie wie vor den Kopf geschlagen und verstanden die Welt nicht mehr. Diszipliniert wie sie waren, entschlossen sie sich dann jedoch, mit Plan B vorliebzunehmen und begannen mit den Vorarbeiten zu einer ähnlichen Operation wie der in Nürnberg vorgesehenen. Pascha ließ Kazhik durch einen Boten aus Paris bitten, die Leitung zu übernehmen, und dieser willigte ein. Die Zelle in Dachau war sehr viel kleiner als die Zelle in Nürnberg, doch Paschas Einschätzung zufolge gehörten ihr mit Kazhik und Irena zwei hervorragende Kämpfer an. „Irena zählte zu den besten Frauen, die wir hatten", stellte er fest.[56]

Ihre Aufgabe war es, die Umgebung zu erkunden, insbesondere die Bäckerei. Vitka erklärte, dass sie ausgezeichnete Arbeit geleistet hätten. Unter falschen Identitäten fanden sie Zugang zum Lager der polnischen Wachmannschaften und konnten die für die Ausführung des Plans wichtigen Örtlichkeiten inspizieren. Kazhik berichtete, er sei in der Tarnung als Pole bereits Soldat in der polnischen Einheit gewesen und habe Uniform getragen. Er tat Wachdienst wie alle andern auch und lernte so die Abläufe im POW-Lager kennen. Der Befehlshaber seiner Einheit hatte eine besondere Vorliebe für den französischen Aperitif Pernod, und manchmal sandte Paris eine Flasche davon nach München. Eines Tages traf eine hochrangige polnische Delegation ein, die durch das Lager der deutschen POWs geführt wurde. Kazhik nahm die Gelegenheit wahr und schloss sich ihr an. So besichtigte er sowohl den großen Bereich für die unteren Dienstränge der SS als auch den abgetrennten Bezirk für hohe deutsche Offiziere. Jeder General saß in einem eigenen Zimmer mit einem Namensschild an der Tür. Kazhik beobachtete genüsslich, wie diese Herren aufsprangen und vor der polnischen Abordnung stramm standen.[57] Kazhik stellte seiner Wacheinheit Idek (der im Getto in einer Autowerkstatt gearbeitet hatte) als Mechaniker vor. Auch Idek freundete sich mit den Polen an, die die Bäckerei betrieben, indem er mit ihnen trank und ab und zu eine Flasche Alkohol spendierte. Irena Gelbblum und Kazhik führten sich als Geschwisterpaar ein, das auf der Suche nach dem Vater war. Als sie mit dem polnischen Leiter der Bäckerei auf gutem Fuß standen, betranken sie sich eines Abends mit ihm und kopierten seine Schlüssel, nachdem er berauscht eingenickt war.[58]

Als der 13. April, der für die Aktion festgesetzte Termin, nahte, wartete das Team immer noch auf die Mischung, die auf die Unterseite der Brotlaibe gepinselt werden sollte. Sie mussten nicht befürchten, der polnischen Wachmannschaft zu schaden, denn sie hatten in Erfahrung gebracht, dass die polnischen Wacheinheiten mit anderem Brot beliefert wurden als die Insassen des POW-Lagers. Schlomo Kenet war in Begleitung von Jeheskel Baharav auf dem Weg, um ihnen das Gift zu bringen. Noch ahnte niemand von ihnen, dass die Operation unterdessen abgesagt worden war und dass alle Nokmim auf Paschas Anweisung hin ihre Positionen sofort verlassen sollten. Tatsächlich hielt ein Soldat der Jüdischen Brigade Baharav und Kenet unterwegs auf und überbrachte ihnen Paschas Anweisung, das Gift nicht zu übergeben, sondern zu vergraben. Unterdessen betraten Kazhik, Idek und Irena Gelbblum in Unkenntnis dieser Entwicklung die Bäckerei, um dort auf die Ankunft des Gifts zu warten. Gegen Mittag kam jemand, anscheinend war es Lena, und Kazhik ging hinaus, um zu hören, was sie zu sagen hatte. Eine quietschende Tür jagte ihnen einen Schrecken ein. Sie verließen die Bäckerei umgehend. Draußen wartete ein Jeep der Jüdischen Brigade und brachte sie ohne Umschweife nach Limoges.[59] Schlomo Kenet und Schimek Lustgarten blieb es überlassen, das Gift zu beseitigen. Kenet weigerte sich; er wollte es für eine spätere Verwendung vergraben. Am Ende gossen sie die Wärmflaschen, auch diejenigen, die bei Mira zurückgeblieben waren, unter großem Bedauern in einem Wald aus. „Das war für mich der schlimmste Augenblick. Den Stoff persönlich zu entsorgen."[60]

Warum musste die Aktion von einem Augenblick zum anderen abgebrochen werden, während die drei Kameraden bereits in der Bäckerei warteten und das Gift auf dem Weg zu ihnen war? Shadmi formulierte seine Antwort in seinem nach Erez Israel geschickten Abschlussbericht wie folgt: „Aus unvorhersehbaren technischen Gründen wurde ein POW-Camp in der amerikanischen Zone gestrichen." Auf die „technischen Gründe" ging er allerdings nicht näher ein. Wie hatte Shadmi Pascha gegenüber den Abbruch begründet? Was genau sagte Pascha zu Lena, als er ihr den Auftrag gab, die Kameraden in Dachau zu informieren? Nicht weniger wichtig sind die bis heute nachhallenden

Vermutungen und Spekulationen der Nokmim, die im folgenden erörtert werden.

- Warum waren in Dachau lediglich zwei, drei Nokmim stationiert – Friedman und Schinar waren nur zeitweilig dort –, wo es sich doch um ein riesiges POW-Camp mit achtundzwanzigtausend Insassen und einem Sonderlager für hundert Wehrmachts-Generäle handelte, während in Nürnberg mindestens sieben Kameraden unter Julek im Einsatz waren? Lena äußerte den Gedanken, Julek habe noch auf die Durchführung von Plan A gehofft und ein Team für diese Möglichkeit vorbereitet. Pascha dagegen behauptete, das Nürnberger Team sei zu groß gewesen.[61]
- Hatten Kazhik und sein Team sich nicht korrekt verhalten? Waren sie zu weit gegangen, als sie mit den Polen tranken? Idek erklärte, den Eindruck habe er nicht gehabt.[62] Hatte Kazhik die Kameraden durch Fehlverhalten gefährdet? In der Tat wurde eine Polizeiakte gegen ihn eröffnet. Er war verhaftet worden, weil er Dollarnoten bei sich trug, die er wechseln wollte, und die amerikanische Militärpolizei steckte ihn für einen Monat in ein Münchner Gefängnis, in dem sehr strenge Bedingungen herrschten. (Das Personal bestand aus Deutschen, die bereits unter den Nationalsozialisten gedient hatten.) Er erhielt die Standardstrafe, die damals für Leute galt, die nicht direkt bei Schwarzmarktspekulationen ertappt wurden und deren Dokumente in Ordnung waren. Dennoch galt Kazhik nun als vorbestraft und musste sich vor einer zweiten Verhaftung in Acht nehmen. Zudem bestand die Gefahr, eine Überprüfung seiner Akte könnte zu weiteren Verhaftungen führen. In einem Treffen der Kameraden Jahrzehnte später gab Kazhik zu: „Ich glaube, das war einer der Fehler, die ich hätte vermeiden müssen." Womit er meinte, er hätte sich zum Wechseln des Geldes nicht an einen zwielichtigen Ort begeben dürfen.[63]
- Einige der Nokmim bemängelten, Irena Gelbblum und Kazhik seien als Kämpfer im Warschauer Gettoaufstand und Vertraute von Antek und Zivia Zuckerman vielleicht etwas zu hochmütig gewesen, hätten sich vom Rest des Teams abgesondert und die strenge Disziplin nicht immer befolgt. Kazhik habe sich außerdem gebärdet, als sei er Anteks designierter Nachfolger.
- Mira vertrat die Meinung, mit dieser Behauptung geschehe Kazhik Unrecht. Wenn er sich nicht so verhalten habe, wie es einem Mitglied des Untergrunds gebührte, und wenn einige der Nokmim der Ansicht waren, Kazhik erfülle ihre Erwartungen nicht, dann hätte das Hauptquartier ihn zur Ordnung rufen oder auswechseln müssen. Eine Beschuldigung im Nachhinein sei unfair. Irena Gelbblum sei freundlich, lebensfroh, hilfsbereit, beeindruckend, schön und bei allen beliebt gewesen. Die Anwesenheit einer besonders attraktiven Frau in einer kleinen Gruppe sei immer

problematisch. Poldek winkte ab: Das war der einzige dunkle Punkt. Lassen wir das auf sich beruhen.[64]

– Gab es – außer dem, was Shadmi „unvorhergesehene technische Gründe" nannte – noch weitere Ursachen für den Abbruch der Operation in Dachau? Jehuda Ben-David behauptete, im Lager der polnischen Wachmannschaften habe jemand Verdacht geschöpft. Bolek Ben-Ja'akov gab an, die Operation sei in letzter Minute aufgrund besonderer Befehle abgesagt worden, lieferte aber keine weiteren Erläuterungen.[65] Vitka, Kenet und Pascha nannten alle denselben Grund. Vitka, die als Mitglied des Hauptquartiers an einigen der schwierigen Beratungen teilnahm, erklärte, der Abbruch habe nichts mit dem Betragen von Kazhik oder Irena Gelbblum zu tun gehabt. Am für die Operation vorgesehen Tag sei eine Botschaft von einem ihrer Informanten, einem Soldaten aus Erez Israel, eingetroffen: Die lokalen Behörden (gemeint war offenbar die amerikanische Armee) hätten alle Gruppenmitglieder, nicht nur die in Dachau, aufgespürt und seien drauf und dran, sie zu verhaften. Deswegen ordnete Pascha für das Münchner Team den sofortigen Abbruch an, ließ aber das Nürnberger Team weitermachen, damit wenigstens eine geplante Aktion umgesetzt würde. Anschließend sollten alle Nokmim Deutschland auf dem schnellsten Weg verlassen. Schlomo Kenet bestätigte Vitas Aussage. Der Abbruch habe nichts mit Kazhik oder Irena zu tun gehabt. Schließlich hätten alle drei, Irena, Kazhik und Idek, sich als Polen ausgegeben. Kenet sprach außerdem von einem jüdisch-amerikanischen Soldaten, der sie gewarnt und beschworen habe, sofort zu fliehen. Pascha bestätigte dies. In seiner ersten Aussage erklärte Pascha sogar, Kazhik sei Ende 1945 bereits zu ihm gekommen und habe ihm vorgeschlagen, schon in der Neujahrsnacht 1946 zu handeln, denn „es brennt ihm unter die Füß". Anlässlich eines Treffen der Kameraden Mitte der 1980er Jahre, bei dem eine Art Zusammenfassung erfolgte, erklärte Pascha: „In Dachau war alles in Ordnung und in jeder Hinsicht zufriedenstellend."[66]

– Das Datum für beide Aktionen war festgelegt und das Gift für beide Orte stand zur Verfügung: „Der Stoff war da. Für Nürnberg genauso wie für Dachau." Doch eine oder zwei Nächte vorher meldete sich ein jüdisch-amerikanischer Offizier, der wusste, dass etwas geplant war und dass das Team in Dachau in Wirklichkeit nicht polnisch sondern jüdisch war, bei Pascha. „Ein sehr hilfreicher Freund, Mister Hess (oder vielleicht auch Ess, anscheinend endete der Name mit einem S-Laut). Dieser Mann rannte wie panisch auf mich zu und drängte mich, unsere Leute sofort zurückzuziehen." Offenbar hatten die Wächter im polnischen Lager Verdacht geschöpft und die Amerikaner auf die Vorbereitungen aufmerksam gemacht, und diese würden in wenigen Stunden zwei der Nokmim festnehmen. Wie bereits mehrfach erwähnt,

> erhielt die Nakam-Gruppe viele ihrer Informationen von Juden, die in den alliierten Armeen, vor allem bei den Russen und Amerikanern, dienten, und wurden von ihnen auch in anderen Dingen unterstützt. Pascha zufolge stand das Hauptquartier nun vor einem „schrecklichen Dilemma". Wenn die Amerikaner von Kazhik in Dachau wussten, dann würden sie auch bald auf Julek in Fürth stoßen. Wenn nun aber beide Aktionen abgebrochen würden, gäbe es wohl kaum noch eine zweite Chance, auch nicht an einem anderen Ort. An diesem Punkt meinte Pascha, er dürfe den Kameraden auf keinen Fall zumuten, auch auf Plan B zu verzichten, der so etwas wie ein Reserveplan gewesen war, bis sich eine Gelegenheit finde, Plan A doch noch auszuführen. „Irgendwann würden wir es tun. Wir hatten es nicht völlig aufgegeben." Pascha war schon seit ein, zwei Wochen von der Angst geplagt worden, die Amerikaner könnten etwas entdeckt haben. Nun beriet er sich mit Vitka, Julek und Bezalel, der Kontakt zu Kazhik hielt. Sie entschieden einstimmig für den Abbruch in Dachau und die Fortführung in Nürnberg.[67]

Idek hatte sich auch nach Ablauf vieler Jahre noch nicht mit dem Abbruch abgefunden. Bei seiner Befragung sagte er: „Wir waren ein verschworenes Team, jeder von uns ein ausgewählter *Fighter*. Wir haben schwer gearbeitet und oft gehungert. Ein ganzes Jahr lang waren wir unterwegs und auf die Aktion ausgerichtet. Da hat eine Tür gequietscht, na und? Mussten wir deswegen gleich nach Frankreich abhauen? Wir hätten es wieder und wieder versuchen sollen! Wieso haben auf Vergeltung versessene Kameraden wie Pascha und Bezalel die Einmischung des Jischuws so einfach hingenommen? Wir hätten das Ganze auch ohne den Jischuw hingekriegt! Und wenn sie uns gefasst hätten, sei's drum! Warum haben sie das so mühsam hergestellte Gift weggekippt?"[68] Tatsächlich weist Idek hier auf einen Widerspruch hin, der nur schwer aufzulösen ist. Einerseits waren die Nokmim entschlossen, der Aktion ihr Leben zu opfern, andererseits ließen sie sich vom bereitstehenden Fluchtwagen ohne weiteres nach Frankreich bringen und dann von der Bricha ins Land schleusen.

Kazhik, den Kommandanten vor Ort, hat der Abbruch zutiefst gekränkt und verstört. Er sprach danach weder mit Irena noch mit Idek. Nicht in Limoges, wo sie für zwei Wochen von einer jüdischen Familie beherbergt wurden, und nicht auf der Weiterreise. Das Trauma hielt jahrelang an. In Interviews und auf Treffen mit den Kameraden fragte er wiederholt, warum Pascha ihn in Dachau nicht besucht habe. Vermutete er etwa, Kazhik sei noch nicht fertig? Pascha habe sich bei ihm persönlich nie danach erkundigt. Und warum war Bezalel Kek als Kommandeur für ganz Deutschland nicht wenigstens ein einziges Mal gekommen, um sich an Ort und Stelle zu informieren? Und Kovner: Wenn Plan A auf seinen Brief hin abgesagt werden sollte, warum hatte er dann Gift beschafft und es mit auf die Rückreise genommen? Warum hatte

Pascha Shadmis Anweisung, nur eine der Operationen durchzuführen, einfach akzeptiert? Kazhik hielt das für falsch. Auf jeden Fall hätten die regionalen Kommandeure konsultiert werden müssen. Hätte man ihn, Kazhik gefragt, er hätte der Flucht nicht zugestimmt. Aber Tatsache war und blieb: Man besuchte ihn nicht, man fragte ihn nicht, und die Aktion, in die er ein Jahr seiner Jugend investiert hatte, wurde abgebrochen. Plötzlich, nach Kovners Palästina-Reise (Warum fuhr er überhaupt!? Mich hat er nicht gefragt!) erhielten sie Befehle aus Erez Israel von Leuten, mit denen sie vorher nichts zu schaffen gehabt hatten, und wenn er, Kazhik, das gewusst hätte, hätte er sich geweigert, Befehle oder Anweisungen von dort entgegenzunehmen. War er denen etwas schuldig? Erst in seiner letzten Aussage im Jahr 2009 räumte Kazhik ein, er habe möglicherweise zu streng geurteilt und bestimmte Personen zu unrecht beschuldigt. Vielleicht habe er die Dinge nur aus seinem Blickwinkel gesehen und nicht über die Weitsicht der Hagana und der Jischuwleitung verfügt, was den Schaden betraf, den eigenmächtige Racheaktionen dem jüdischen Volk und der Staatsbildung womöglich zugefügt hätten. Späte Einsichten wie diese wären geeignet gewesen, eine Aussöhnung zwischen ihm und den Kameraden anzubahnen.[69]

Die Nürnberger Prozesse

Die Nürnberger Prozesse, die die Alliierten ab Oktober 1945 gegen die NS-Kriegsverbrecher führten, waren auch für die Nokmim von hohem Interesse. Sie befanden sich bereits seit einigen Monaten in Deutschland und verfolgten die Berichte von Anfang an in der lokalen Presse. Zudem lag der Justizpalast, in dem das Gericht tagte, an der Straße von Nürnberg nach Fürth, wo sie ihre Quartiere gemietet hatten. Es war das einzige unzerstörte Gebäude in einer völlig verwüsteten Umgebung, und die sieben Mitglieder der Nürnberger Zelle passierten es fast täglich. Zwei Dinge empörten sie besonders: Hier wurde ein internationaler Prozess gegen die Spitzen des NS-Regimes, des Regimes, das ihre jungen Leben ruiniert und ihnen ihre Familien genommen hatte, geführt und das jüdische Volk, der Hauptleidtragende, war nicht angemessen vertreten! Der Genozid am jüdischen Volk war kein eigener Anklagepunkt, sondern wurde unter der Klausel „Verbrechen gegen die Menschlichkeit" abgehandelt! Wie viele andere hegten auch die Nokmim die Befürchtung, dass nicht alle Verantwortlichen vor Gericht gestellt würden, und sie bezweifelten, dass die Urteile der Ungeheuerlichkeit der Verbrechen entsprechen würden. Oder sollte die Vergangenheit hier ad acta gelegt werden, um einer neuen Ordnung Platz zu machen? Der Prozess würde sich in Anbetracht seiner Komplexität sicherlich monatelang hinziehen, was würde unterdessen noch alles passieren? Die unvergleichlichen Verbrechen der Deutschen am jüdischen Volk, und nicht nur am jüdischen Volk, hatten jedes lokal und international bekannte Gesetz gebrochen. Hitlers Truppen hatten in ganz Europa willkürlich gemordet und gefoltert, stand ihnen nach all dem überhaupt noch eine juristisch einwandfreie Gerichtsverhandlung zu? War es jetzt nicht an der Zeit für die Nokmim, eine Tat zu vollbringen, die zu ihrer Verhaftung führen würde und dann zu einem Prozess, bei dem sie Gelegenheit bekämen, der ganzen Welt laut und deutlich von der Schoa der Juden zu berichten? Dann würde die jüdische Stimme nicht mehr überhört werden können.

Also entschieden sich die Nokmim nach ausgiebigen Diskussionen, die Ergebnisse der Nürnberger Prozesse nicht abzuwarten. Lidovski hatte seine Kameraden wiederholt darauf hingewiesen, dass einem internationalen Gerichtshof nicht zu trauen sei; von ihm würden weder echte Vergeltung noch echte Bestrafung ausgehen. Die Richter disputierten über Klauseln und Präzedenzfälle eines juristischen Systems, das aus der Zeit vor der Sintflut stammte. Deshalb müssten die ehemaligen Partisanen selbst „einen Akt der Rache" an den NS-Spitzen vollziehen.[70] Nun beschlossen einige Nakam-Mitglieder, auf eigene Faust und ohne Wissen der Kameraden zu handeln, um nicht alle zu gefährden. Lidovski beispielsweise nahm sich vor, Hermann Göring zu ermorden, der unter den NS-Größen auf der Anklagebank Hitlers wichtigster Handlanger gewesen war und der selbstgefälligste und widerlichste von allen. Der Gedanke, Göring beim Betreten oder Verlassen des Gerichtssaals anzugreifen, beschäftigte ihn Tag und Nacht. Er beschloss zu handeln und nur zwei seiner engsten Kameraden einzuweihen. Sonst informierte er keinen, schon gar nicht die offiziellen Vertreter des jüdischen Volkes oder des Jischuws, die seine Tat mit Sicherheit verhindert hätten.

Lidovski behielt sein Geheimnis lange Zeit für sich. In der Mitte der 1980er Jahre, als die Nokmim allmählich anfingen, ihre Geschichten zu erzählen, veröffentlichte auch er seine Memoiren. Gegen Ende des Jahres 1945 war er Zweiter Vorsitzender des *Diaspora Centers* in Italien gewesen und hatte damit eine verantwortungsvolle Schlüsselposition innegehabt. Das *Joint Distribution Committee* stellte ihm eine Bescheinigung aus, dass er zu einem Treffen mit Funktionären jüdischer Organisationen nach Deutschland reisen müsse. Bolek und Poldek begleiteten ihn, beide in Uniform und mit falschen Papieren versehen. Soldaten durften die Grenzen überqueren, und die beiden Männer in Uniform überstanden die Kontrollen im Zug unbehelligt, Lidovski mit seinem echten Ausweis aber wurde von den Engländern wegen des Tragens gefälschter Papiere verhaftet und an die Amerikaner übergeben. Vergeblich wies Lidovski auf seine Position und auf seine Partisanen-Vergangenheit hin: Er wurde in eine

Zelle gesperrt, die er mit einem Ukrainer teilte, der bereits tödliche Rache an mehreren Nationalsozialisten verübt hatte. Sein Zellengenosse hatte ebenfalls vorgehabt, einen der Angeklagten in Nürnberg zu ermorden, doch ein verstärktes Wachkommando der englischen und österreichischen Polizei hatte ihm aufgelauert und ihn festgenommen. Lidovski wurde zusammen mit weiteren Verdächtigen vor Gericht gestellt und zu einem Monat Haft verurteilt. Seine Kameraden schafften es, fünfzig Packungen der sehr gefragten Camel-Zigaretten ins Gefängnis zu schmuggeln, die ihm die Haftbedingungen erleichterten.[71]

Offenbar trugen sich etliche Geschädigte, und nicht nur Juden, mit dem Gedanken, in Nürnberg anwesende NS-Bonzen zu ermorden, und die englischen und amerikanischen Militärbehörden ließen deswegen erhöhte Wachsamkeit walten, sei es, dass sie als Vertreter von Demokratien Exekutionen ohne Gerichtsverfahren ablehnten, oder sei es, dass sie die Ruhe in den von ihnen besetzten Gebieten nicht von Attentaten auf die Angeklagten gestört wissen wollten.

Da Lidovski, Bolek und Poldek in Italien stationiert waren, wussten die Gruppen in Deutschland nichts von deren Initiative und planten ihrerseits Attentate auf die Angeklagten, in erster Linie auf Göring. Manek und Leibke Distel bekamen den Auftrag, Göring zu erschießen, das jedenfalls sagte Poldek aus. Es ging nicht unbedingt darum, den NS-Verbrecher zu töten, Manek sollte vielmehr einen Tumult auslösen, sich verhaften lassen und in seinem Prozess dann als Auschwitz-Überlebender die Welt über die Gräueltaten in den Todeslagern informieren. Leibke Distel berichtete: Der Plan, der uns vorgestellt wurde, war offenbar im Pariser Hauptquartier schon in allen Einzelheiten ausgearbeitet worden. Zu seiner Ausführung war eine Eintrittserlaubnis in den Gerichtssaal erforderlich, und darin bestand das Problem. Um diese Erlaubnis zu bekommen und etwas über die Wachablösung in Erfahrung zu bringen, musste man sich mit den Soldaten anfreunden, die das Gebäude und den Gerichtssaal bewachten, und die Juden unter ihnen waren naturgemäß die besten Kandidaten. Der Justizpalast wurde äußerst streng bewacht, und die Sicherheitsprozeduren beim Hereinbringen und Abführen der Angeklagten wurden pedantisch eingehalten. Da die Umgebung des Gebäudes völlig verwüstet war, gab es in der Nähe kaum eine Möglichkeit, sich zu verbergen; die Wachposten sahen jeden, der sich näherte, schon aus der Ferne.

Eine Überlebende aus Będzin, die in Fürth eine Wohnung gemietet hatte, lud gelegentlich ehemalige Będziner zu sich ein. Bei ihr traf Manek einen jüdisch-amerikanischen Presseoffizier, der ursprünglich ebenfalls aus Będzin stammte. Vor lauter Heimatverbundenheit versprach dieser Offizier, Manek Zugang zum Gerichtssaal zu verschaffen, anscheinend ohne den wahren Grund zu kennen.

Doch nach weiteren Unterhaltungen und Andeutungen zählte er eins und eins zusammen und nahm sein Versprechen zurück. Leibke Distel fuhr in jenen Tagen des Öfteren nach Wiesbaden, wo das amerikanische Hauptquartier lag, um den Kontakt zu einem jüdisch-amerikanischen Soldaten aus Krakow zu verfestigen, den er durch Schimeks Vermittlung kennengelernt hatte und von dem er hoffte, er könnte ihm eine Erlaubnis verschaffen, der Verhandlung in Nürnberg beizuwohnen. Doch auch in diesem Fall wurde das gegebene Versprechen nicht eingehalten und am Ende zurückgenommen.[72]

Nicht nur für die Nokmim war Göring das bevorzugte Ziel. Da das jüdische Volk vor dem Gericht in Nürnberg offiziell nicht vertreten war, sorgte Ilja Ehrenburg dafür, dass der Dichter Abraham Sutzkever am 24. Februar 1946 in den Zeugenstand trat und über die Geschehnisse im Wilnaer Getto berichtete. Am Abend davor hatte Sutzkever Ehrenburg von seiner Absicht erzählt, einen Revolver in den Verhandlungssaal zu schmuggeln und Göring zu erschießen. Ehrenburg überredete ihn jedoch, diesen Plan aufzugeben, mit der Begründung, die Tat würde auch Sutzkever das Leben kosten und kein Nazi-Bonze sei ein solches Opfer wert.[73]

Ohne ersichtlichen Zusammenhang mit den Versuchen Lidovskis, Maneks und Distels, Zugang zum Verhandlungssaal zu erhalten, wurde Shadmi in seinem Pariser Hauptquartier zugetragen, die Nokmim hätten die Absicht, die immer wieder hinausgeschobene Urteilsverkündung nicht abzuwarten und alle einundzwanzig Nürnberger Angeklagten zu exekutieren, entweder indem sie im Saal eine Bombe legten oder mit Maschinengewehren hereinstürmten und jeden Angeklagten gezielt erschossen. Selbstverständlich hatte keiner der Nokmim Shadmi informiert, und sie konnten sich nicht erklären, wieso er von ihrem Vorhaben erfuhr. Manek und Distel zufolge war die Idee in einem Befehl von Pascha enthalten, doch dieser Befehl wurde später zurückgenommen. Ging die Rücknahme auf Shadmis Einfluss zurück, der ein solches Vorgehen nicht billigte? Wir haben keinerlei Beweise.

Je länger der Prozess sich hinzog und je deutlicher zu erkennen war, dass er sich nicht in erster Linie um den systematischen Genozid am jüdischen Volk drehte, desto stärker wurde das Rachebegehren. Offenbar waren die Juden in den Augen der Welt vogelfrei; für sie gab es keinen Richter und keine Gerechtigkeit. Die Forderung der Nokmim nach Vergeltung fiel auf taube Ohren, „in ein immenses gewissenloses Vakuum", wie es der Journalist Michael Elkins formulierte.[74] Und die Ausmaße dieses Vakuums zeichneten sich jetzt ab: Die große Menge der Schuldigen wurde niemals vor Gericht gestellt; die in rasch errichteten Lagern der Alliierten inhaftierten Verdächtigen wurden ebenso rasch ohne Untersuchung entlassen; viele Nationalsozialisten flohen mithilfe europäischer Institutionen, zu denen auch der Vatikan gehörte[75], nach

Übersee, vor allem nach Nord- und Südamerika, wo man sie untertauchen ließ. All das führte zu der bitteren Erkenntnis, dass niemand sich um das Schicksal der Juden scherte, weder während der Schoa noch danach, dass die Nürnberger Prozesse keine Gerechtigkeit bringen würden, und dass es ihnen, den Nokmim, auferlegt sei, selbst für Gerechtigkeit zu sorgen. Es war ihnen nicht gelungen, Zugang zum Verhandlungssaal zu finden, doch sie trösteten sich mit dem Gedanken, dass sie die größere geplante Aktion gefährdet hätten, wenn sie die NS-Größen attackiert hätten und einige Nakam-Mitglieder verhaftet worden wären. Später lag ein wenig Trost in der Tatsache, dass ein Dutzend Angeklagte zum Tod durch Erhängen verurteilt wurden und dass Göring sich am 15. Oktober 1946, dem Vorabend seiner Exekution, vergiftete. Doch zu diesem Zeitpunkt waren die Nokmim bereits in Palästina eingetroffen.[76]

Auch die erezisraelische Presse empörte sich – vor allem zu Beginn der Nürnberger Prozesse – darüber, dass kein offizieller Vertreter des jüdischen Volks an ihnen teilnahm. Man befürchtete, die Verurteilung der NS-Spitze würde die kollektive Lossprechung aller anderen Verbrecher und der gesamten deutschen Nation bedeuten. Zudem schien die Art und Weise der Verhandlungsführung einer Geringschätzung des jüdischen Volkes durch die Alliierten sowohl vor als auch nach der Schoa gleichzukommen. In der Tageszeitung *Davar* hieß es: Alle haben ein und dieselbe Strafe verdient, und das auf der Stelle, „denn Raubtiere verurteilt man nicht, man streckt sie nieder". Die Jischuwleitung ging auf das Thema so gut wie gar nicht ein, was ihr schwere Vorwürfe der Trägheit eintrug.[77]

Auf dem Weg nach Erez Israel

Nachdem sie durch ihre Aktion die Militärbehörden, besonders die amerikanischen, alarmiert hatten, war die heimliche Ausreise der an vielen Orten verstreuten Kameraden (Pascha zufolge siebenundfünfzig an der Zahl) und ihre sichere Unterbringung bis zur Einschiffung nach Erez Israel kein einfaches Unterfangen. Sie mussten über Grenzen geführt, mit falschen Papieren und Übergangsquartieren versorgt werden, dann ein Schiff besteigen und in Palästina an Land gebracht werden. All das nahm insgesamt zweieinhalb Monate in Anspruch. Am Anfang der Kette stand Shadmi, der, wie erwähnt, die Genehmigung der Aktion vom anschließenden sofortigen Verschwinden der Nokmim abhängig gemacht hatte. Zweites Glied der Kette war Pascha, der die Flucht gemeinsam mit Ben-Meiri geplant hatte. Sie beauftragten zwei oder drei Kameraden, die weder an der durchgeführten noch an der abgebrochenen Operation beteiligt gewesen waren, mit unterwegs anfallenden Hilfeleistungen.

Am Schluss ließ Shadmi Galili wissen: „Die Leute haben gute Arbeit geleistet. [...] Sie haben den Rückreiseplan durchgezogen und trotz gravierender Probleme ist jeder am richtigen Platz gelandet.“[78]

Zelda und Poldek, die sich noch in Italien befanden, erhielten die Aufgabe, einige der Nokmim in die Tschechoslowakei zu lotsen. Paschas Auftrag an Zelda lautete: „Empfang der Leute nach der Rache-Aktion, Absicherung des Grenzübertritts.“[79] Zu diesem Zweck wurde sie nach Prag transferiert, wo sie bereits im März 1946, einige Wochen vor der Aktion, auf Poldek traf. Poldek war vorher zu Pascha nach Paris gerufen worden und bekam dort den Auftrag, Unterkünfte und Papiere für die an der Aktion beteiligten Kameraden vorzubereiten als auch für die, die bereits vorher evakuiert werden sollten. Zelda und Poldek hielten sich einige Wochen lang in Prag auf, in der Annahme, dass die dort eintreffenden Nokmim Ausweise und eine Fluchtroute brauchen würden. Zelda hatte gemeinsam mit Vitka als Begleiterin auf den Strecken der Bricha gelernt, wie man Dokumente beschaffte und Gruppen über durchlässige Grenzen schleuste. Nun erarbeitete sie mit Poldek eine Fluchtroute von Nürnberg-Fürth an die tschechoslowakische Grenze und bereitete Übergangsstationen vor oder prüfte, ob sie die von der Bricha bereits etablierten Übergänge benutzen konnten.[80] Bereits die Anreise ins russisch besetzte Prag barg Risiken, zuallererst das Risiko, wegen falscher Papiere verhaftet zu werden. Deswegen versuchten die beiden, für sich selbst Unterkünfte zu finden und echte Aufenthaltsgenehmigungen zu erhalten, um die ankommenden Kameraden nicht zu gefährden. Sie durchstreiften die Stadt auf der Suche nach Hilfe, doch obwohl sie ein Empfehlungsschreiben der Hagana vorweisen konnten, ließen die Probleme sich erst lösen, nachdem Poldek, der mit dem kommunistischen Untergrund in Auschwitz in Verbindung gestanden hatte, sich an einen jüdischen Genossen aus jener Zeit wandte, der inzwischen als Vize-Außenminister der russisch kontrollierten Tschechoslowakei fungierte. Daraufhin wurden ihnen authentische Aufenthaltsgenehmigungen ausgehändigt. An Waren und Lebensmittel heranzukommen, war in jenem ersten Nachkriegsjahr schwierig, doch Zelda und Poldek bemühten sich, ihren Kameraden den Aufenthalt nach der großen Anstrengung so angenehm wie möglich zu gestalten.[81]

Am 13. April begaben sich die beiden zur Grenze und warteten auf der tschechischen Seite an einem von der Bricha eingerichteten Übergang bis zum Einbruch der Nacht mit großer Spannung auf die Kameraden. War der Giftangriff geglückt, und waren sie mit heiler Haut davongekommen? Die Nürnberger Nokmim waren in einem Jeep zur Grenze unterwegs, doch sie wurden von der deutschen Polizei angehalten und verhaftet. Sie gaben an, zum Pessach-Seder mit Verwandten nach Prag zu müssen und machten eine Szene. Die Polizisten konnten, da es Sonntag war, ihre Vorgesetzten nicht erreichen, und ließen die Gruppe schließlich weiterziehen. Mithilfe von Bricha-Leuten verlief der Grenzübergang reibungslos. Auf der anderen Seite wurden die Flüchtigen von Poldek, Zelda, Levy Argov (Kopelewitsch) und freundlich gesinnten tschechischen Polizisten erwartet. Levy aus dem Kibbuz HaOgen war ein Soldat der Jüdischen Brigade und sorgte wie ein Bruder für die Nokmim. Zwei Tage darauf trafen sie erleichtert in Prag ein.[82] Tatsächlich schickten sie sich an, das Pessachfest zu feiern, allerdings nicht gerade in festlicher Stimmung. Zwar waren sie noch nicht über alle Einzelheiten informiert, doch wussten sie bereits, dass ihre Aktion nicht den erhofften Erfolg gehabt hatte. Die Repräsentanten des Jischuws lehnten die Einladung, das Pessach-Seder mit ihnen zu feiern, ab, und so fühlen sie sich „isoliert und einsam [...] frustriert und bedrückt". Julek zufolge wurden besondere Vorsichtsmaßnahmen getroffen, nachdem Radio Prag über die Vergiftung in Nürnberg berichtet hatte, und die Flüchtigen wurden für kurze Zeit in Bratislava untergebracht. Am 9. Mai aber gehörten sie zur Menge, die in den Straßen Prags die Befreiung von den Deutschen feierte. Sie sahen sich die Parade an und genossen die Freundlichkeit des tschechischen Volks. Die Einwohner Prags „waren verrückt vor Freude, und wir blieben mit unseren bitteren Tränen allein."[83]

Außer den von Zelda und Poldek vorbereiteten Fluchtwegen wurden auf Paschas Anordnung hin weitere Strecken ausfindig gemacht. Zygi Gliksman, Velvele Rabinowitsch und Heniek Wodzisławski warteten beispielsweise in einer Kleinstadt an der französischen Grenze auf weitere Kameraden. Alle in Deutschland verteilten Nokmim hatten noch vor dem Aktionsdatum den Befehl erhalten, ihre Positionen sofort zu verlassen und sich unverzüglich im Münchner Hauptquartier einzustellen. „Bedrückten Herzens" rafften sie die wenige Habe zusammen. „Wir griffen nach einer Tasche und rannten los", erinnerte sich Hasya. Jeder von ihnen legte den Weg auf eigene Faust zurück. Niedergeschlagen verließen sie die Orte, an denen sie sich nach Kräften bemüht und auf erfolgreiche Aktionen gehofft hatten. Bei ihrem Eintreffen erfuhren sie, dass sie Deutschland sofort verlassen müssten, denn die Entdeckung der Restbestände des Gifts hatte eine Fahndung nach Juleks Team ausgelöst. In aller Eile brachen sie wieder auf. Eine Gruppe in Richtung Tschechoslowakei und dann weiter über Österreich nach Italien. Eine andere erreichte die französische Grenze und von dort Paris, wo sie zunächst in einem ärmlichen Waisenhaus verborgen und dann nach Marseille geschleust wurden. Die letzte Gruppe wurde von der Jüdischen Brigade direkt nach Paris begleitet, wo Pascha und Dorka sich anschlossen. „Die Brigade brachte uns fast gewaltsam von München nach Paris“, erinnerte sich Dan Arad, und Jitzchak Hammel berichtete, es seien unbekannte Soldaten gewesen, und sie hätten die Nokmim auf Schritt und Tritt überwacht, sogar auf dem Weg zur Toilette.[84]

„Wer gab Shadmi das Recht, uns aufzulösen? Und Pascha wusste davon!“, beklagte sich viele Jahre später Velvele Rabinowitsch, der, wie gesagt, zu denen gehört hatte, die einen Übergang an der französischen Grenze ausfindig machten. Hier darf allerdings festgestellt werden, dass die Nokmim Deutschland nicht allein deswegen verließen, weil die Institutionen des Jischuws ihre Aktivitäten unterbinden wollten. Sie wurden nach der Nürnberger Aktion außerdem von den amerikanischen und britischen Nachrichtendiensten gesucht, die in ihren Besatzungszonen auf Ordnung erpicht waren und Mord oder Verletzung der unter ihrem Schutz stehenden Bevölkerung nicht duldeten. Rachel sagte aus: Die Repräsentanten der Bricha baten dringend darum, uns in Europa bleiben zu lassen und uns die Einwanderung nach Palästina nicht aufzuzwingen. Nahum Sarig, ein herausragender Palmach-Kommandeur, kam im Juni 1946 in Hagana-Angelegenheiten nach Europa. Er erzählte Rachel, er versuche Shadmi davon zu überzeugen, einige der Nakam-Mitglieder zur Unterstützung der Bricha-Aktivisten in Europa zu belassen. Auch die Nokmim empfanden, ihr Platz sei jetzt nicht in Palästina, sondern sie hätten in Europa noch Arbeit zu leisten. Doch Shadmi war anderer Meinung. Wegen der Verschlechterung der Beziehungen zwischen der Mandatsmacht England und dem Jischuw war beschlossen worden, die jüdische Brigade aufzulösen und ihre Soldaten im Juni nach Palästina zurückzuschicken. Entsprechende Vorbereitungen waren im Mai vermutlich bereits im Gange. Ohne penible Beaufsichtigung durch die Brigade aber wollte die Hagana die Nokmim keinesfalls in Europa wissen. Poldek betonte: Wenn Kovner uns befohlen hätte zu bleiben, dann wären wir geblieben. Auch nach einem Jahr der Abwesenheit war Abba immer noch der bewunderte Anführer.[85]

Abba Kovner unterstützte die Überbringung der Nokmim nach Erez Israel. Nicht weil er die Autorität der Jischuwleitung respektierte, er hoffte vielmehr, die Kameraden würden, einmal im Land, letztlich – wie er – das Leben wählen, d. h. den Plan A endgültig aufgeben. Zu dieser inneren Entscheidung aber könnten sie nur in Erez Israel gelangen, wo er selbst aus eigener Einsicht und ohne Beeinflussung von außen einen ähnlichen Prozess durchgemacht hatte. Andererseits wusste Kovner, dass die Kameraden noch nicht befriedet waren. So versuchte er, auf Schaul Avigur, den Leiter der Alija Beth, einzuwirken, er möge sich doch für den Verbleib der Gruppe in Deutschland einsetzen. Dann könnten die Nokmim auf Plan C ausweichen, der gezielte Aktionen gegen bekannte NS-Kriegsverbrecher vorsah. (Dieses Vorgehen hatte die Gruppe zuvor als unvereinbar mit dem Ziel einer weitreichenden kollektiven Vergeltung abgelehnt.) In Avigurs Antwort hieß es unter anderem: „Wenn du selbst deine Kameraden nicht überzeugen kannst, nach Erez Israel zu kommen, dann werde ich alles tun, um sie von weiterem Handeln abzuhalten, und dafür sorgen, dass sie auf dem einen oder anderen Weg ins Land gebracht werden."[86] In einem Brief an Vitka von Anfang Mai 1946, einem von vielen Briefen, in denen Abba zu ihr – und durch sie zu den Kameraden – von seiner Sehnsucht und seinen Zukunftsplänen sprach, heißt es: „Wenn sie euch trennen wollen, dann lasst es nicht zu. Kommt nur gemeinsam." Er hatte zu seiner Freude bereits gehört, dass viele von ihnen sich einem Kibbuz des HaSchomer HaZa'ir anschließen wollten. Doch er warnte Vitka davor, dies „in Hörweite der Histadrut-Abgesandten verlauten zu lassen", denn Nachum [vermutlich Shadmi] und Sch. M. [vermutlich Schaul Meirov] würden alles tun, um sie zu trennen: *„un zerbröckeln eich"*.[87]

Ende Mai beorderte Pascha einen Teil der Nokmim nach Italien. Kameraden, die noch in Österreich waren, nahmen einen Zug, der sie über Wien ins Grenzgebiet brachte. Dann ging es in einem Lastwagen der Jüdischen Brigade weiter bis zum Grenzübergang. Den Brennerpass überquerten sie zu Fuß. In Italien, wo sie sich noch einen weiteren Monat aufhielten, wurden sie von den einheimischen Juden und von den Juden, die wie sie auf einen Schiffsplatz warteten, mit großem Respekt behandelt, denn es ging das Gerücht um, diese Gruppe habe „in Deutschland eine Aktion vollbracht". Mitte Juni, zwei Monate nach der Aktion, kamen sie in Mailand zu einer Gedenkfeier zusammen.[88]

Ein anderer Teil der Gruppe gelangte nach Lyon und von dort in ein Fischerdorf in der Nähe von Marseille, wo sie zum Aufbau eines vom Fischfang lebenden Kibbuz angeleitet wurden. Ein Palmach-Trainer lehrte sie Techniken der Selbstverteidigung, ein anderer gab ihnen Englischunterricht. Dort im Fischerdorf traf plötzlich ein sehr emotionaler und poetischer Brief von Abba Kovner ein. Nachdem er vor allen vorgelesen worden war, kam es zu bitteren Wutausbrüchen. Das Schreiben enthielt den Vorschlag – oder war es eine versteckte Anweisung? –, erst einmal nach Palästina zu kommen, da eine Pause nötig sei, um die Gruppe vor einer Weiterführung der Aktivitäten und des Kampfes neu zu organisieren und eine starke Infrastruktur auszubilden. Es sei wünschenswert, dass sie die ersten Schritte im Land alle zusammen unternähmen. Trotz aller Erläuterung schwoll der Sturm der Entrüstung nur noch weiter an. Die Kameraden hatten Opfer gebracht, sich in Gefahr begeben und viele Wege zurückgelegt, und dennoch war ihr Traum nicht wirklich erfüllt worden. Nach Italien und Frankreich waren sie ihrer Meinung nach nur gekommen, um sich neu zu gruppieren und dann die Aktivitäten fortzusetzen. Dass man sie versammelt hatte, um sie so rasch wie möglich nach Palästina zu bringen, war ihnen nicht klar gewesen. Ruzkas Tochter Jonat zufolge waren die

Kameraden Menschen, die sich gegen das Weiterleben entschlossen hatten, die meinten, kein Recht auf Leben mehr zu haben. Dass sie nun ohne ihr Einverständnis dringend aufgefordert wurden, nach Erez Israel zu fahren, kam für sie dem Befehl zum Weiterleben gleich. Sie hatten sich mit ihrem Überleben noch nicht abgefunden. Sie waren nicht darauf vorbereitet, ins Leben zurückzukehren, – schon gar nicht in ein alltägliches Leben. Kazhik sprach von *unfinished business*. Wer darf mir vorschreiben zu leben, wenn ich doch sterben will? Das ist unverzeihlich. Kovner habe um das belastete Seelenleben der Kameraden gewusst, erklärte Vitka, und er sei der Ansicht gewesen, in dieser Phase müssten sie ins Land kommen, um sich zu erholen. Täten sie das nicht, würden sie innerlich zerbrechen. Pascha fügte diesen Überlegungen ein praktisches Element hinzu: das wirtschaftliche Problem, Dutzende von Nokmim zu ernähren und zu erhalten. Rachel Galperin-Gliksman wies auf den Strudel widersprüchlicher Gefühle hin: Frustration über eine nicht wirklich erfolgreiche Aktion, die eigentlich wiederholt werden müsste; Empörung darüber, dass von oben über ihr Schicksal entschieden wurde; Wut auf Kovner und seine Anweisung, nach Erez Israel zu kommen. Aber es gab auch andere Überlegungen: War es vielleicht wirklich an der Zeit, abzureisen? Kovners Brief traf sie ja quasi auf halber Strecke an. Letztendlich kamen sie zu einer schweigenden Übereinkunft, wie Rachel schrieb: Bis die Zeit weiterer Vergeltungsaktionen gekommen ist, gehen wir nach Palästina. Ein Teil der Kameraden hatte dort Verwandte, letzte Überlebende, die ohne sie im Land sehr einsam waren, Mütter, Geschwister, Geliebte, nach deren Umarmung sie sich sehnten. Immerhin waren sie schon ein ganzes Jahr umhergeirrt, und gespannt auf das Land waren sie auch.[89]

Sie reisten an Bord zwei verschiedener Schiffe ab, die sich eigentlich auf hoher See treffen sollten, doch dazu kam es nicht. Die, die aus der Tschechoslowakei gekommen waren, stachen von La Spezia aus auf der *Josiah Wedgwood* in See, einer Nussschale mit achthundert und mehr auf engen Raum zusammengedrängten, zumeist seekranken Passagieren an Bord. Sie erreichten Haifa am 26. Juni 1946. Ein weiterer Teil der Gruppe bestieg in Marseille die *Hagana*, die am 2. Juli 1946 die Bucht von Haifa erreichte, wo es zu einer Konfrontation mit zwei britischen Zerstörern kam. Das Schiff wurde umgetauft und erhielt den Namen *Biria*. Biria, ein Ort in der Nähe von Safed, war zum Symbol gegen die britische Mandatsregierung geworden. Wenn sie abgefangen würde, könnten die Briten behaupten, das Schiff sei von Partisanen gekapert worden. Poldek berichtete: Vor der Abreise untersuchte ein Paljam-Offizier entschuldigend meine Taschen, um sicherzustellen, dass ich keine Waffe bei mir trug.

In allen Aussagen wurden die Erregung und die Tränenausbrüche beim Anblick der Lichter Haifas auf dem Karmelgebirge beschrieben. Die Hunderte von illegalen Einwanderern wurden an Land mit offenen Armen in Empfang genommen. Zur Begrüßung gab es Orangen, Saft und Kekse. Die Briten internierten die Kameraden im Lager Atlit und entließen sie innerhalb von sechs Wochen nach und nach, denn sie brauchten Platz für Tausende kämpferischer Juden, die sie anlässlich der Militäraktion *Agatha*, auch *Schwarzer Schabbat* genannt, festgenommen hatten. Die Kameraden aber konnten ihr neues Leben in Angriff nehmen.

Die *Biria* war das vorletzte Schiff, das die erezisraelische Küste noch ansteuern durfte. Ab Juli dirigierten die Mandatsbehörden alle Einwandererschiffe nach Zypern.[90]

Vermächtnis

Alles ist verloren. Das ist unser Schicksal: Wir sühnen für die Sünden früherer Generationen.
Betrauert haben wir sie alle, haben den Schmerz über ihren Verlust gespürt. Das größte Grauen der Geschichte brach über uns herein. Gesehen, gehört, gelitten haben wir und gehen jetzt für immer dahin. Unseren Gebeinen wird kein jüdisches Begräbnis zuteil. Schwer erträglich. Kein Ausweg. Uns bleibt nur, ehrenhaft zu sterben. Mit Tausenden dem Tod entgegenzugehen, ohne Furcht. Eines wissen wir: das jüdische Volk wird weiterleben. Es wird auferstehen, wachsen und blühen und das vergossene Blut rächen.
Ja, hiermit wende ich mich an euch, ihr Kameraden, wo immer ihr seid: Rache ist eure Pflicht. Hört auf ihr Gebot, bei Tag, bei Nacht, rächt das vergossene Blut, so wie wir angesichts des Todes nicht schweigen.
Verflucht sei, wer dies liest, seufzt und sich seinem Tagewerk zuwendet.
Verflucht sei, wer Tränen vergießt, um uns trauert und sagt: Genug.
Nicht das ist es, was wir von euch fordern! Die eigenen Eltern haben wir nicht betrauert, stumm starrten wir auf die hingeworfenen Körper unserer Liebsten, erschossen wie Hunde hatte man sie.
Rache, rufen wir euch zu: Rache, ohne Erbarmen, ohne Gefühle, ohne „gute" Deutsche. Für einen guten Deutschen, ein leichter Tod, aber Tod. Am Ende muss er sterben. Auch sie haben den in ihren Augen „guten" Juden versprochen: „Du wirst als letzter erschossen." Das fordern wir, das fordern wir alle. Das ist der brennende Wunsch von Menschen, die vielleicht morgen schon mit den Fallenden fallen, mutig kämpfen, ehrenhaft sterben.
Zu rächen rufen wir euch auf, die ihr nicht in Hitlers Hölle schmortet. Das ist unser Verlangen, das müsst ihr erfüllen, und sei es unter Lebensgefahr.
Unsere zerschmetterten, über ganz Europa verstreuten Knochen werden keine Ruhe finden, die im Wind verstreute Asche unserer Körper keine Stille, bis ihr uns gerächt habt. Gedenkt unser und handelt. Unsere Bitte sei eure Pflicht.

Zippora Birman, Kibbuz Tel Hai, April 1943

Zippora Birman, geb. in Rozhyshche in der Volyn Oblast (Polen), war Zögling des HeChalutz HaZa'ir und Mitglied der Jüdischen Kampforganisation im Getto von Bialystok. Sie fiel bei der Verteidigung des Gettos im August 1943. Nach dem Krieg fand man ihre Schriften im Nachlass von Mordechai Tenenbaum-Tamaroff. Die obigen Zeilen erschienen im *Sefer Milchamot HaGettaot: Ben Chomot, beMachnot, beJa'arot*, (Das Buch der Gettokämpfe: Zwischen Mauern, in Lagern, in Wäldern), S. 409.

KAPITEL 8

Juni 1946 – Ende 1950: Assimilationsschwierigkeiten – Schimon Avidan und die „Zweite Gruppe“ in Europa

Nach ihrer Entlassung aus Atlit wurden die Kameraden in den Kibbuz Gan Schmuel gebracht, wo man sie mit Erfrischungen, Gesang und Tanz empfing. Es gab sogar ein Schwimmbad, ein Erlebnis wie aus einer andern Welt. Am nächsten Tag traf auch Abba Kovner ein und bat als erstes, über den Hergang der Operation informiert zu werden. Von Gan Schmuel aus zogen die Nokmim weiter in den Kibbuz Ein HaChoresch, wo das Kibbuz-Plenum in einer hoch emotionalen Sitzung im Juli beschloss, die Nokmim als Mitglieder aufzunehmen. Eine überaus großzügige menschliche Entscheidung, die gegen den Willen des Finanzkomitees getroffen wurde, das befürchtete, die finanzielle Bürde nicht tragen zu können. Die alteingesessenen Familien überließen den Neuankömmlingen der Reihe nach ihre Unterkünfte für jeweils einen Monat, damit die Kameraden sich unter möglichst angenehmen Bedingungen ausruhen und erholen konnten. Rachel und Mira beschrieben dies als ein außergewöhnliches Willkommen: Die Familien zogen im heißesten Sommer in Zelte und andere provisorische Quartiere, damit die Nokmim ein wenig zur Ruhe kämen. An diese Geste erinnern sich die Kameraden bis heute mit tiefer Dankbarkeit. Anfangs waren sie ungefähr ein Dutzend, doch Mitte August trafen weitere Nakam-Mitglieder ein, so dass sie insgesamt dreißig Männer und Frauen zählten. Viele entschlossen sich, *Kibbuznikim* zu werden, d. h. Vollmitglieder im Kibbuz Ein HaChoresch, und diese Entscheidung wurde auf dem Rasen mit Liedern und Geschichten gefeiert. Ruzka war die verantwortliche Sekretärin für den *Partisanenkern*, wie die Gruppe im Kibbuz genannt wurde. Ruzkas Liebenswürdigkeit und ihre Gabe, auf andere einzugehen, trugen viel zur guten Atmosphäre bei. Die Partisanen wurden verwöhnt: „Wir aßen und tranken ohne Unterlass.“ Doch die Erinnerungen an die Schoa blieben präsent. Ab und zu stellte einer von ihnen eine Kiste mit Obst unters Bett, „für den Fall, dass etwas passiert.“[1]

In der ersten Erholungsphase wurden die Nokmim wegen Verdachts auf Tuberkulose geröntgt. Vitka hatte sich in der Tat angesteckt. Im Anschluss mussten mehrere von ihnen sich verschiedenen Behandlungen in Kliniken und Sanatorien unterziehen. Einmal in der Woche erhielten sie Unterricht, und gelegentlich wurden sie auf Ausflüge mitgenommen, damit sie einen

© VERLAG FERDINAND SCHÖNINGH, 2021 | DOI:10.30965/9783657791125_010

Eindruck von Erez Israel erhielten – in jenen kargen Zeiten purer Luxus. Sie lernten Hebräisch, sie nahmen an Treffen der Bewegung teil, sie besuchten Verwandte, und die Alteingesessenen luden sie zu sich ein. Zu herzlichen Beziehungen kam es allerdings nicht auf Anhieb. Die Partisanen neigten dazu, auf Fragen kurz und barsch zu antworten, worauf sich ihr Gegenüber meist eingeschüchtert zurückzog. Sie wurden in verschiedene Betriebszweige eingeführt, bekundeten aber keinen Enthusiasmus. „Diese Leute zeigten keinerlei Neigung zur Bananenzucht", bemerkte Pascha. Anfangs sahen die Alteingesessenen ihnen nach, dass sie das Kibbuz-Gebot der Arbeitsamkeit nicht gerade erfüllten, immerhin nahmen sie an geselligen, kulturellen und musikalischen Veranstaltungen teil.

Wichtige Persönlichkeiten der Palmach und der Hagana statteten den Kameraden Besuche ab, darunter Jitzchak Sadeh und Nathan Alterman, und lauschten am Lagerfeuer ihren schwermütigen Partisanenliedern. Sadeh erzählte ihnen von den Verteidigungsanlagen, die im Karmelgebirge errichtet werden sollten (dem *Tobruk auf dem Karmel* genannten Plan), als Rommels Armee im Sommer 1942 Palästina vom Norden aus bedrohte. Die Kibbuz-Gesellschaft achtete auf Einhaltung der damals im ganzen Land geltenden Normen von Arbeitsmoral und produktivem Schaffen, und von den Partisanen wurde bei allem Respekt erwartet, dass auch sie sich irgendwann daran gewöhnten.

Desweiteren forderte man sie auf, ihren Anti-Sowjetismus aufzugeben, der die Kibbuzmitglieder entsetzte. Damals war die Sowjetunion, die Großmacht mit Stalin an der Spitze, die ihre Töchter und Söhne opferte, um die verhassten Nationalsozialisten zurückzudrängen, den Linken und ganz gewiss dem HaSchomer HaZa'ir ein Objekt höchster Bewunderung. „Man glaubte ihnen [den Partisanen] einfach nicht", sagte Esther Orchan, ein Kibbuzmitglied, das sich gemeinsam mit Jitzchak Livneh um die Integration des Partisanenkerns kümmern sollte. Kovner, der die Kameraden in den Kibbuz gebracht hatte, geriet zwischen Hammer und Amboss: Die Kameraden drängten darauf, die Mission in Europa wieder aufzunehmen, Abba aber bemühte sich, sie in die lokalen Angelegenheiten einzubeziehen.[2]

Die Aufnahme aller Kameraden, von denen nur die Hälfte der Bewegung angehörte und die anderen das ganze politische Spektrum vertraten, in einen Kibbuz des HaSchomer HaZa'ir war ein spannendes Experiment, und Meir Ya'ari, die Führungsfigur des Ha-Schomer HaZa'ir und des Kibbuz HaArzi, beobachtete den Prozess aus der Nähe. Anlässlich eines Treffens im Kibbuz Evron gleich nach dem Eintreffen der Nokmim hielt er ihnen eine Rede, die später unter der Überschrift „Nicht für die unterwegs Ermüdeten, sondern für die Wegbereiter" veröffentlicht wurde. Ya'ari unterschied zwischen zwei vom Krieg hervorgebrachten Menschentypen, womit er im Grunde zwischen ihnen und sich selbst unterschied, denn er sagte: „Ich bin kein Partisan wie ihr." Meir Ya'ari war aus dem Ersten Weltkrieg als abgehärteter Pionier hervorgegangen, die Partisanen aber waren im Krieg zu hasserfüllten Nihilisten geworden, die rasch auf den Abzug drückten. Sozialismus sei der Glaube an die Menschheit, behauptete Ya'ari, und wer sich gegen diesen Glauben auflehne, der sehe in jedem anderen Volk einen Henker und sei überzeugt, dass alle ihnen, und ihnen allein, an den Kragen wollten. Deswegen müssten die Anti-Sozialisten umerzogen werden, sonst hockten sie selbst in Friedenszeiten in den Schützengräben. „Vielleicht ist es einfacher, ein für alle Mal den Heldentod zu sterben, als ein arbeitsames Leben für Kinder und Familie zu führen. Über den Heldentod können wir von euch viel lernen, aber lasst euch von uns freundlicherweise eine Lektion über das Heldentum des Alltagslebens erteilen, das man seine Nachkommen weitergeben kann. [...] Wir dürfen uns nicht in unserem Schmerz sonnen." So wagte er ihnen zu predigen. „Die Philosophie des ‚Sterbens mit den Philistern' ist keine Philosophie fürs Leben, sondern eine Philosophie für blinde Rache und Selbstmord." Zum Schluss riet er ihnen noch, sich wieder aufzurichten [!!] und sich gruppenweise auf andere Kibbuzim zu verteilen, d. h., den Zusammenhalt aufzulösen. Es war eine anmaßende und taktlose Rede, in der Ya'ari über die Einzigartigkeit der Schoa und dem ihr zugrunde liegenden mörderischen Antisemitismus hinwegging und den Kameraden vorwarf, sich im Schmerz um ihre verlorenen Lieben „zu sonnen". Die Sowjetunion brachte er seinen Zuhörern damit ganz bestimmt nicht nahe, denn an deren Ideologie von Einheit und Brüderschaft der Völker glaubten sie längst nicht mehr. Ob es Ya'ari gelang, ihnen den Wunsch nach einem arbeitsamen Alltagsleben einzuflößen, bleibt fraglich, denn damit zu früh wieder zu beginnen, hätten die Kameraden für Verrat am Vermächtnis ihrer Toten gehalten. Eine solche Rede passte so gar nicht zu der Fürsorglichkeit, mit der Ya'ari sich um die Partisanen in Ein HaChoresch kümmerte, und zu den anerkennenden Worten, die er über sie schrieb: „Menschen, die teurer sind als das Teuerste." Über Ruzka hielt er sogar fest: „Sie ist die liebenswürdigste und wunderbarste Person."[3]

Offenbar waren Ya'aris kritische Bemerkungen auf seine Bedenken vor Kovners charismatischer Persönlichkeit zurückzuführen, der womöglich – Gott behüte – zum Vorsitzenden eines unabhängigen Kibbuz avancieren könnte. Ein Jahr zuvor hatte Ya'ari bereits geschrieben, wenn die Nokmim versuchen sollten, einen eigenen Kibbuz zu gründen, „dann haben wir keine Wahl, außer ihnen einen Riegel vorzuschieben." Er lehnte jede Vorstellung einer unpolitischen Organisation wie der Chativa oder eines Partisanen-Kibbuz kategorisch ab. Außerdem hatte der Brief von Antek, in dem vom Rowdytum der Partisanen die Rede war, die Leitung des Jischuws bereits gegen die Nokmim eingenommen, bevor sie überhaupt auf der Bildfläche erschienen.[4]

Aber die Partisanen dachten, ganz unabhängig von ihrer politischen Ausrichtung, nicht einmal im Traum daran, sich von einem Vertreter der HaKibbuz HaArzi-Bewegung oder jeder anderen Bewegung erziehen und auf eine Linie einschwören zu lassen. Die unabhängigen jungen Leute, die bereits große Herausforderungen und Prüfungen bestanden hatten, mussten sich nun abfällige Bemerkungen über ihre krummen Rücken anhören und sollten sich nach Jahren der Wanderschaft an die Sesshaftigkeit und an einen geregelten Tagesablauf gewöhnen. Natürlich fiel ihnen das schwer, insbesondere, wenn dieser Tagesablauf von oben diktiert wurde.

In der Tat dachten sie über die Gründung eines unparteiischen Partisanen-Kibbuz im Sinne der Chativa nach, doch das politische Klima im Land ließ eine solche Maßnahme nicht zu. Nathan Peled vom Sekretariat der HaKibbuz HaArzi-Bewegung teilte ihnen mit, sie müssten ihre Zugehörigkeit definieren, denn als apolitische Körperschaft hätten sie kein Existenzrecht. „Kibbuzkerne" entstanden damals aus einer bestimmten Bewegung heraus, der Partisanenkern aber entsprach dieser Norm nicht. Einige der Nokmim beabsichtigten ohnehin, sich woanders niederzulassen, nicht ausgerechnet in Ein HaChoresch oder überhaupt in einem Kibbuz, doch man hatte ihnen gesagt, Ein HaChoresch sei die Basis, von der aus sie nach Europa zurückkehren würden, und hier sollten sie von der Palmach oder einer anderen Organisation trainiert und gedrillt werden. Demnach war für alle, die die Nakam-Operationen fortsetzen wollten, Ein HaChoresch der richtige Ort. Das Bedürfnis nach Vergeltung gärte weiter in ihnen, es war der gemeinsame Nenner, das primäre Element ihrer Identität als Überlebende. Es erfüllte sie in einem Maße, das sie von der Kibbuzpolitik und der Politik der Bewegung fernhielt, genauso wie sie sich in Europa von den anderen Überlebenden ferngehalten hatten.[5]

Die alteingesessenen Kibbuzmitglieder mischten sich in die endlosen Diskussionen der Partisanen nicht ein. Sie kümmerten sich weiterhin mit besonderer Aufmerksamkeit um die Bedürfnisse der Neuangekommenen und hegten Hoffnungen für deren Zukunft. In einem ironischen Gedicht mit dem Titel „Gesunde Erholung" spielt Kovner auf die Diskrepanz an zwischen dem Staunen der Kibbuznikim über die augenscheinlich rasche Erholung der Nokmim, die sie zurecht als ihr Verdienst betrachten durften, und den wahren Gefühlen der jungen Männer und Frauen, die hinter einer Alltagsmaske weiterhin in der Vergangenheit lebten und von ihr nicht losgelassen wurden. „Als er und seine Freunde / aus dem Hunger zurückkehrten / nahmen sie mühelos Pfunde zu. / Manchmal färbte die Milch / im Speisesaal im Überfluss gereicht /

sich rot./ [...] Und wie rasch erholten sie sich / vom Schrecken und von der Erinnerung / wenn sie von Freunden sprachen / die einer nach dem anderen vor ihren Augen verloren gingen / und ihre Augen füllten sich nicht mit Tränen [...] / auch für ihn kehrte alles in geordnete Bahnen zurück / nur die Ruhe jenseits des Schlafes nicht."[6]

Doch auch der Schlaf kehrte nicht zurück. Wenn Gäste im Kibbuz übernachteten, räumten die Kameraden ihre Unterkünfte und schliefen in den Wohnungen der Alteingesessenen. Und diese bezeugen bis zum heutigen Tag, dass sie wegen der nächtlichen Schreie, der Albträume, der Seufzer, der hervorgestoßenen jiddischen Wortfetzen nicht zur Ruhe kamen. Es war schwer, neben ihnen zu schlafen, besonders neben Abba, erinnerte sich Esther Orchan, bei der Vitka und Kovner regelmäßig übernachteten. Hanoch Bartov und seine Frau Jehudit, die einige Jahre mit Vitka und Kovner in einem nur durch Trennwände unterteilten Gebäude schliefen, sagten dasselbe. Noch in den 1960er und 1970er Jahren waren Abbas Schreie zu hören, und erst in den 1980ern gab es längere Pausen zwischen den Anfällen. Anlässlich der Verleihung des Doktortitels h.c. an der Universität Tel Aviv sprach Kovner öffentlich davon. Er erzählte von einem Traum, der ihn dreißig Jahre lang verfolgte: Von Rufen wie „Raus, raus!"gejagt, rannte er durch dunkle, ausweglose Gassen. Kurz bevor Fäuste ihn packten, erwachte er schweißgebadet und in panischer Angst.[7]

Neben der Erwartung, gemeinsam nach Europa zurückkehren zu können, hielt, zumindest zu Beginn, noch etwas anderes die Nokmim in Ein HaChoresch fest: Der Wunsch, nach allem, was sie gemeinsam durchgemacht hatten, zusammenzubleiben. Doch das Zusammenleben erwies sich als schwierig. Vitka musste feststellen: Dort drüben vereinte uns die Hingabe an eine Idee, doch als wir hierher kamen, brachen wir auseinander. Es kam zu unschönen Auseinandersetzungen. „Nie hatten die Streitereien ein Ende, Pascha und Abba wurden heftig angegriffen, als hätten sie uns betrogen. [...] Sie gingen arbeiten und abends stritten sie bis spät in die Nacht. Immerzu." Rachel beobachtete den Zerfall der Einheit. In ihrem Tagebuch heißt es: „Nach dem ersten Freudentaumel schlug die Stimmung um. Ärger, Wut und Verachtung, der Wunsch zu verletzen, Schmerz zuzufügen, gegenseitige Vorwürfe stiegen auf und machten sich Luft." Wer war für das Scheitern verantwortlich? Für das Unausgeführte? Für die undurchsichtige Verwaltung der Gelder in Europa?

Kovner unternahm verzweifelte Versuche, den Gruppengeist wiederzubeleben, zur Normalität zurückzufinden. Er wünschte sich, die Nokmim möchten wie Katzen sein, die immer auf die Füße fallen. Er bekannte, auch er habe im Gefängnis eine Leidenszeit durchgemacht, doch sei er jetzt wieder in der Lage, seine Pflichten zu erfüllen. Seine Worte beeindruckten die Kameraden nicht, sie hörten ihm „ziemlich gleichgültig“ zu.[8] Kovner fühlte, dass seine Führerschaft in der aufgewühlten und dennoch eng verbunden Gruppe bedroht war, und berief eine Generalversammlung ein, bei der Komitees und ein Sekretariat gewählt wurden. Dennoch verließen nach einer kurzen Beruhigungsphase einige der Kameraden Ein HaChoresch. Dies waren vor allem Nokmim, die vor dem Krieg Bewegungen angehört hatten, die im Land inzwischen anderen Wirtschaftsgemeinschaften zugeteilt worden waren. Und diesen wollten sie sich jetzt anschließen.

Alle anderen warteten auf den Tag der versprochenen Rückreise nach Europa. Kovner allerdings lehnte eine unmittelbare Rückkehr mit aller Schärfe ab, denn die meisten der Kameraden schienen ihm die notwendige körperliche und geistige Stärke noch nicht wieder erlangt zu haben. Er wusste, dass sie sich dieses Mal nicht mit einem Plan B oder C zufrieden geben würden, doch allein solche Aktionen waren überhaupt noch machbar, und selbst sie waren riskant. Monate vergingen, ohne dass die Reisevorbereitungen voranschritten. In einer Nacht im März 1947, Poldek nannte sie später die „Nacht der Spaltung“, kam es zu besonders scharfen Auseinandersetzungen. Die Kameraden warfen Kovner vor, ihnen Informationen vorenthalten zu haben. So war ihnen zum Beispiel nicht bekannt, dass Schimon Avidan ein halbes Jahr zuvor in Racheangelegenheiten mit Kovners Wissen nach Europa abgereist war. Sie warfen Abba vor, er wolle sie zu einem normalen Kibbuzleben verführen, für das ihrer Meinung nach die Zeit noch nicht reif war, und verlangten endlich eine klare Antwort.

Sie hatten sich seit ihrer Ankunft im Juli und August 1946 nicht wirklich um Integration bemüht, da sie zurückkehren wollten und jeden Augenblick damit rechneten, aufbrechen zu müssen. Immer wieder waren sie in Kovner gedrungen, und er hatte vage und ausweichend geantwortet, sich auf keinen Plan festlegen lassen. Aber er hatte sie auf die Veränderungen hingewiesen, die in Deutschland vor sich gingen. Die alliierten Behörden bemühten sich um eine Rehabilitation des ehemaligen Feindes und freundeten sich mit der Bevölkerung an, da sie eine Intensivierung des sich bereits abzeichnenden Kalten Krieges zwischen Ost und West befürchteten. Gleichzeitig strömten Hundertausende von Flüchtlingen, darunter auch Juden, aus der Sowjetunion und anderen Regionen ins Land. Doch diese Argumente konnten Kovners Zuhörer nicht überzeugen. Bolek Ben Ja'akov behauptete erneut, das ganze deutsche Volk sei schuldig und Plan A müsse trotz der veränderten Umstände in Betracht gezogen werden. Wir fühlten uns betrogen, sollte er Jahre später sagen. Wir waren ihm total ergeben und bereit, alles für ihn zu tun.

Poldek wechselte nach dieser turbulenten Nacht zehn Jahre lang kein Wort mehr mit Abba. Senka Nisanilovitz schrie: Du hast uns alle hereingelegt!

Auch er brach den Kontakt zu Kovner für lange Zeit ab. In jener Nacht fiel die Entscheidung, den Partisanenkern aufzulösen. Einige der Nokmim zogen in die Städte, andere gingen in Kibbuzim, mit denen sie schon vor dem Krieg Kontakte unterhalten hatten. So schlossen sich zum Beispiel vier Kameraden dem Kibbuz Jakum an. Bolek bekannte: „Ich gehörte zu denen, die den Bruch herbeiführten, und sich sage das heute mit großem Bedauern." Er zog mit einigen der Nokmim in den Ort Kirjat Chaim in der Nähe von Haifa, wo sie einen eigenen Kibbuz auf die Beine stellten und einige Monate darauf tatsächlich zurück nach Europa reisten. Am Ende des Jahres 1947 hielten sich nur noch sehr wenige Angehörige des ursprünglichen Partisanenkerns in Ein HaChoresch auf.[9]

Vitka beschloss ihre Schilderung der Wutausbrüche nach der Ankunft in Israel mit der Versicherung, dass die Kameraden bis heute in guter Freundschaft Treffen veranstalten. Der Zorn verflog im Laufe der Zeit, und alle bekamen ein klareres Bild von dem Druck, unter dem Kovner gestanden hatte, als er sich ganz allein mit den Institutionen und führenden Persönlichkeiten des Jischuws auseinandersetzen musste, die ihm versprachen, dass entweder die Nokmim nach Europa zurückgehen oder aber eine andere Gruppe ihre Mission übernehmen würde – ein Versprechen das unerfüllt blieb. „Später sahen wir ein, dass Kovner eigentlich gar keine Schuld trug. Er wollte uns die geheimen Fakten über die Leute, die an unserer Stelle auszogen, nicht verraten. Nicht einmal während der hitzigsten Diskussionen. Und er tat gut daran. Er hätte sonst die Fortsetzung der Aktion gefährdet."

Viele Nokmim hielten nach der Aufspaltung engen Kontakt zum Ehepaar Kovner und besuchten die beiden in ihrem Quartier in Ein HaChoresch mit dem Gefühl, nach Hause zu kommen. Noch viele Jahre lang verabredeten sie Zusammenkünfte, die in tiefer Freundschaft verliefen, und fühlten, dass sie im Land „zu einer einzigen Familie" zusammenwuchsen. An den Treffen nahm im Verlauf der Jahre auch der Nachwuchs teil, und die Wunde der Spaltung verheilte.[10] Die Bande der Freundschaft aus gemeinsamen Tagen in der Bewegung, im Getto, in den Wäldern oder Lagern überdauerten die Ereignisse des „Rachejahres". Kovner wurde als Dichter und Schriftsteller, als Denker und Aktivist zu einer angesehenen Persönlichkeit des öffentlichen Lebens in Israel, deren Stimme Gewicht hatte. Er war Mitbegründer wichtiger Museen und erhielt hohe Auszeichnungen und Preise. Dabei blieb er ein Gastgeber, der seinen Freunden Zeit widmete und sie vorbildlich bewirtete, ihnen Briefe schrieb und an ihrem Leben teilnahm, so dass die ehemaligen Kameraden gern zu ihm kamen und die freundschaftliche Verbindung erhalten blieb.

August 1946: Schimon Avidan reist nach Europa

Als Kovner im Dezember 1945 an Bord des Truppentransporters vor der französischen Küste verhaftet wurde, schrieb er, wie erwähnt, eine kurze Mitteilung und gab den Zettel weiter an Pinchas Gruner, Mitglied des HaSchomer HaZa'ir und Soldat in der Jüdischen Brigade. Kovner bat Pinchas, Chazan und Ruzka über seine Festnahme zu informieren. Ruzka solle die Delegierung von Schimon Avidan nach Europa beschleunigen, damit dieser Abbas Platz einnehmen könnte. Er sandte ebenfalls Grüße an Meir Ya'ari, Matitjahu Galili und Jitzchak Sadeh.

Aus einem Anfang Februar 1946 von Baruch Rabinow, Mitglied des Kibbuz Alfa und eine zentrale Figur im HaSchomer HaZa'ir und in der Hagana-Führung, an Pinchas Gruner gerichteten Brief geht hervor, dass kurz nach Kovners Verhaftung tatsächlich entsprechende Schritte unternommen wurden. Rabinow schrieb, er versuche „die Sache mit dem Emissär aus Ein HaSchofet (Avidans Kibbuz) zu erledigen". Er, Rabinow, und „unserer Freund aus Eilon" (Ruzkas ursprünglicher Kibbuz) hätten mit Avidan gesprochen. Avidan sicherte Rabinow völlige Offenheit zu und erklärte, er wolle die Hagana an allem teilhaben lassen. Er bat um Adressen (und bekam sie auch) von Kontaktpersonen wie Jehuda Tubin, einem treuen Freund der Nokmim. Avidan habe keine genauen Instruktionen, schrieb Rabinow weiter, aber er sei zu erfolgreichem Handeln entschlossen, und sein Erfolg hänge im Wesentlichen davon ab, ob er alle beteiligten Gruppen zu guter Zusammenarbeit motivieren könne. Deswegen solle man mit ihm zusammentreffen, sobald er da sei, und seine Aktivitäten von Anfang an begleiten, „ihm jede Unterstützung gewähren und ihn zu unseren Leuten, wo immer sie sich auch aufhalten, weiterleiten", sowohl im Zentrum (das hieß Paris, wo Avidan zunächst einträfe), als auch in den anderen Ländern, die er anschließend besuchen werde. Ruzka habe Avidan von ihren Kameraden und deren Vorbereitungen zu einem Vergeltungsschlag berichtet, und Avidan habe versprochen, die Nokmim aufzusuchen und ihre Grüße persönlich zu überbringen. Er besitze bereits einen Pass und warte nur noch auf ein Visum. Sobald es da sei, würde er aufbrechen. Das Treffen zwischen Avidan, Ruzka und Rabinow fand zu einer Zeit statt, als „es Uri alles andere als gut geht" – im Klartext: Kovner saß in Kairo im Gefängnis und niemand wusste, wann er „gesunden" würde.[11]

Der Brief beweist eindeutig, dass Pinchas Gruner Abbas Notiz an die Adressaten weitergeleitet hatte, also an die Führung des HaSchomer HaZa'ir und der Hagana, und dass Kovners Bitte, alles mit Ruzka abzusprechen, erfüllt worden war. Er zeigt weiter, dass Avidans Reise eine offizielle Angelegenheit war und dass die in Europa stationierten Hagana-Mitglieder aufgefordert wurden, ihm jedwede Unterstützung zuteilwerden zu lassen. Damit zeichnet die Weiterführung der Nakam-Bestrebungen sich als konzertierte Aktion aller beteiligten Organisationen ab. Ben-David, Shadmis rechte Hand, erklärte, Avidan sei mit dem schweigenden Einverständnis des Hagana-Oberkommandos ausgezogen, einem Einverständnis, das allerdings niemals schriftlich niedergelegt wurde. Avidan reiste mit dem Auftrag, die Lage in den beiden Rache-Unternehmungen, der Jüdischen Brigade und der Nakam-Gruppe Kovners, zu erkunden, ihre Operationen zu koordinieren und zu beaufsichtigen und die Mitglieder in den disziplinarischen Rahmen der Hagana einzubetten. Ben-Davids Formulierungen lässt sich entnehmen, dass Avidans Mission sogar noch weiter ging: Er sollte alle mit der Rache befassten Gruppen unterstützen und zur entscheidenden Operation leiten.[12]

In der Tat war Avidan fest entschlossen, nach Europa aufzubrechen, um „die Mission zu erfüllen, mit der Kovner mich beauftragt hatte."[13] Die Reisevorbereitungen gingen weiter. Kovner bat Vitka, für Avidan entsprechende Begegnungen in Europa zu arrangieren, aber ohne „die Familie", also die Nokmim, zu informieren. Doch das Visum ließ fast ein halbes Jahr auf sich warten, und man fragt sich, warum es so lange dauerte. Unterdessen war Kovner freigelassen worden, die Jüdische Brigade aufgelöst, und die Nokmim waren nach ihrer Nürnberger Operation im Land eingetroffen.

Kovner führte ein weiteres Gespräch mit Avidan, der ihm erklärte, er halte an seiner Absicht fest, nach Europa zu gehen, um die Vergeltungsaktivitäten fortzusetzen, woraufhin Kovner ihn drängte, trotz der langen Verzögerung möglichst bald aufzubrechen und die Gelegenheit zu nutzen, solange sie sich noch biete, denn die Lage in Deutschland verändere sich ständig. Kovner trug sich mit dem Gedanken, die Reise selbst zu unternehmen, um die Aktivitäten der inzwischen im Land weilenden Kameraden weiterzuführen, doch Vitka erklärte ihm entschieden, sie habe lange genug auf ihn gewartet und sei nicht bereit, eine erneute Trennung auf sich zu nehmen. Kovner plante, aus Nakam-Mitgliedern, Angehörigen der Deutschen Einheit der Brigade und der Hagana eine neue Gruppe zusammenzustellen und mit ihr nach Europa zurückzukehren. Als diese Bemühungen im Sand verliefen, schlug Kovner Avidan vor, einige der weiterhin auf Vergeltung sinnenden Nokmim aus Ein HaChoresch mitzunehmen, doch Avidan zog es vor, allein zu reisen und mit Kämpfern zusammenzuarbeiten, die er selbst ausgebildet hatte und die bereits vor Ort waren.[14]

Avidans Entscheidung, zwischen seiner Mission und der Mission der Nokmim zu trennen, beruhte auf mehreren Gründen. Schmuel Avidan war, wie schon gesagt, in Deutschland als Siegbert Koch geboren, er war mit der Sprache und der Kultur vertraut und er wusste, wie man aus dem Untergrund heraus operierte, denn er hatte sich in seiner Jugend der kommunistischen Partei angeschlossen, die sich seinerzeit brutale Auseinandersetzungen mit den Nationalsozialisten lieferte. Die Kommunisten störten NS-Veranstaltungen, sicherten ihre eigenen Versammlungen, bereiteten Waffenlager und Funkgeräte für einen Aufstand vor und warben junge Leute an. Siegbert Koch wurde vom militärischen Flügel seiner Partei zu einem Lehrgang der Wehrmacht geschickt, und er kommandierte ein Lager von Arbeitslosen, das den Nationalsozialisten unterstand. Dabei trug er eine SS-Uniform, aber es geschah auf Befehl seiner Partei, und er untergrub die Anweisungen der Nationalsozialisten. Als seine Tarnung aufflog, flüchtete er, dem Beispiel seiner Brüder und der Mitglieder der HeChalutz-Bewegung folgend, nach Palästina. Vor diesem Hintergrund erscheint es verständlich, dass Avidan nicht bereit war, seine Autorität auf deutschem Boden mit irgendjemandem zu teilen.

Außerdem war es ihm lieber, die Rachekampagne mit seinen Untergebenen aus der Deutschen Einheit weiterzuführen, die erstens zu seinen Freunden geworden und zweitens als Soldaten der britischen Armee bereits in Europa stationiert waren. Einige von ihnen gehörten zu den hundertzwanzig Soldaten, die, wie erwähnt, nach der Auflösung der Jüdischen Brigade in Europa zurückblieben und die Hagana, die Bricha und die Nokmim betreuten.

Avidan hatte das politische und militärische Vorgehen der Jischuwleitung den Briten gegenüber bei mehreren Gelegenheiten wiederholt scharf kritisiert, insbesondere die Vorbereitung von erezisraelischen Fallschirmspringern zum Einsatz bei der Rettung der europäischen Juden. Seine beißende Kritik ging auf einen tiefen seelischen Schmerz zurück; nicht immer allerdings hatte Avidan dabei die Zeitumstände und die Möglichkeiten des Jischuws richtig eingeschätzt. An der Haltung der Alliierten in Bezug auf die Rettung der Juden hatte er ebenfalls vieles auszusetzen, und so war er zu der Ansicht gekommen, dass die Juden in der Wahl der Mittel zur Rettung der Überlebenden und der Rache an den Nationalsozialisten niemandem Rechenschaft schuldig seien. Den Beschlüssen der Jischuwleitung fühlte Avidan sich nicht verpflichtet, beruhten sie doch auf der Einsicht, dass die aufgeklärte Welt sich um die Gefühle der Juden nicht scherte und heimliche Exekutionen missbilligte. Sie setzten sich damit über die seelischen Bedürfnisse der Geretteten und ihr Verlangen nach Rückgewinnung der Selbstachtung unbedacht hinweg.[15]

Avidans Beschluss, ohne die Nokmim vorzugehen, schien im Widerspruch zu den engen freundschaftlichen Bindungen zu stehen, die er mit ihnen geknüpft hatte. Über den Genozid am jüdischen Volk und seine Methoden hatte Ruzka ihn aufgeklärt, und sie war es auch gewesen, die ihm von den Nokmim erzählt hatte. Seit er Kovner im Sommer 1945 im Land getroffen und ihm zugehört hatte, unterstützte er ihn und half ihm, das Gift und falsche

Papiere zu besorgen. Die sich zwischen den beiden Männern entwickelnde Freundschaft und das gute Verhältnis zu Ruzka brachte Avidan zum Entschluss, dort weiterzumachen, wo Kovner und seine Kameraden zu ihrer Verbitterung hatten aufhören müssen. Bei allem Verständnis und aller Empathie gab es jedoch einen weiteren entscheidenden Grund für Avidan, ohne die Nokmim vorzugehen. „Ich konnte der Vorstellung einer unterschiedslosen Rache, wie sie Abba und seinen Freunden vorschwebte, nicht zustimmen. Meiner Auffassung nach sollten nur die Mörder mit Blut an den Händen herausgesucht und aufs Korn genommen werden."[16] Es sei daran erinnert, dass Avidan unter den Deutschen enge Freunde besaß, seine ehemaligen kommunistischen Genossen, und dass für ihn die Deutschen deshalb keine einheitliche Masse darstellten.

Vor seiner Abreise im August 1946 hatte er sich mit Jitzhak Sadeh, Jitzhak Tabenkin und Ja'akov Chazan, drei Führungspersönlichkeiten, deren vom Establishment unabhängige Meinung er schätzte, beraten und ihren Segen erhalten. Seine Bitte, das Hauptquartier der Hagana möge seine Reise genehmigen, wiederholte er zu diesem Zeitpunkt anscheinend nicht noch einmal. Vielleicht verdächtigte er die Hagana, sein Visum verzögert zu haben, vielleicht auch befürchtete er, das zu erleben, was Kovner und seine Kameraden erlebt hatten. Dennoch unterstützten die Hagana-Leute ihn auf seiner Reise.

Avidan ging in Italien an Land, wo er sich mit einigen Soldaten der Deutschen Einheit traf, die sich ihm anschlossen. In Paris war eine Wohnung für ihn vorbereitet worden, und er erhielt Zugang zu den Unterlagen der UNRRA, die er nach Informationen über die POW-Camps durchforschte. In einem Schreiben aus der französischen Hauptstadt teilte er Kovner mit, dass „sie" (offenbar die Leute im Pariser Hauptquartier der Hagana) seinem Vorschlag zugestimmt hätten, „sich vor allem individuellen Operationen in den Kinderhäusern zu widmen." (Damit waren gezielte Exekutionen von NS-Leuten in den Gefangenenlagern der Alliierten gemeint.) Die altbekannten Codenamen waren noch in Gebrauch; Avidan selbst tauchte in der Korrespondenz mit Kovner als „Jochanan" auf. Diese Codes hatte er offenbar vor seinem Aufbruch mit Kovner abgestimmt. So ist von „Grienberg" und „Salzmann" die Rede, gemeint sind wahrscheinlich Avigdor und Shadmi. In Paris wurde Avidan aufgefordert, „Salzmann" bei der täglichen Arbeit zu helfen, und er erklärte sich dazu bereit, soweit diese Hilfe seine eigene Mission nicht beeinträchtigte.[17]

Baruch Rabinows Aussage zufolge fand nach Avidans Abreise ein weiterer Versuch statt, sich auf Umwegen Klarheit über Ben-Gurions Einstellung zu Avidans Europa-Einsatz zu verschaffen. (Wann der erste Versuch stattfand, ist nicht bekannt.) Man kam zu dem Ergebnis, „von Ben-Gurions Seite besteht kein ausdrückliches Verbot für Schimons separate Aktion". Ben Gurion vertrat aber weiterhin den Standpunkt, zu jenem Zeitpunkt müssten die großen Projekte, über die Einigkeit herrschte, Vorrang vor allem anderen haben. Und da die „großen Projekte, über die Einigkeit herrschte", die Betreuung der Überlebenden, die illegale Einwanderung, Waffenkäufe und Training in den DP-Lagern, über ausreichend Aktivisten verfügten, kam man zu dem Schluss, Schimon Avidan dürfe keinen Tag länger aufgehalten werden. „Salzmann" zur Seite zu stehen, sei nicht erforderlich, und man könne Schimon jetzt in sein eigenes Arbeitsrevier weiterziehen lassen.[18]

Kovner bombardierte Avidan mit Briefen. Einige erreichten ihr Ziel, andere nicht, manche kamen mit Verspätung an, andere gingen unterwegs verloren, einige sammelten sich bei denen, die sie überbringen sollten – in jenen Zeiten nichts Ungewöhnliches. In seinen Briefen bestand Kovner darauf, Avidan habe weiterhin die Erlaubnis, „auf dem Gebiet der Erziehung" zu arbeiten, machte sich aber keine Illusionen. Zu glauben, dass eine solche Erlaubnis, von konkreter Hilfe begleitet, „von Herrn Grienberg und seinen Kameraden" offiziell erteilt würde, sei „ein kompletter gefährlicher Wunschtraum", hieß es beispielsweise in einem Brief. In der Korrespondenz zwischen Kovner und Avidan ist von „einem Dichter" (gemeint ist höchstwahrscheinlich ein Chemiker, der sich mit der Herstellung von Gift beschäftigte) und seinen außergewöhnlichen „Büchern" (wirksame Giftstoffe) die Rede und vom Geld, das nötig sei, um sie zu beschaffen.[19]

Wann genau Avidan und seine Freunde von der Deutschen Einheit gemeinsam mit anderen Helfern, die sich ihnen anschlossen, Paris verließen, ist nirgends festgehalten. Ebenso wenig wissen wir, wann sie mit ihren gefälschten Ausweisen in Deutschland eintrafen. Dort warteten sie auf weitere Dokumente, die ihnen freie Passage durch die verschiedenen Besatzungszonen garantierten, und als diese nicht eintrafen, folgerten sie, erezisraelische Autoritäten müssten die Quellen instruiert haben, „mich sozusagen ‚abzukühlen', mich im Auge zu behalten und meine Bewegungsfreiheit in Deutschland zu begrenzen, denn sie wollen mich lieber an der Leine halten als mich wild herumlaufen lassen."[20] Eine ähnliche Bevormundung hatten die Nokmim ein Jahr zuvor bei ihrem Einsatz in Deutschland hinnehmen müssen, und dies war nur die Fortsetzung des Musters.

Avidan und seine Kameraden mischten sich unter das Personal der UNRRA und erhielten von dort Dokumente, mit denen sie sich von Land zu Land bewegen konnten. Avidan beispielsweise erhielt einen Fahrerausweis. Er und seine Kameraden nahmen Kontakte mit den deutschen und sowjetischen Genossen, die sie Anfang der 1930er Jahre kennengelernt hatten, wieder auf und richteten sich in abgelegenen Gehöften Feldlager ein. Von dort zogen bewaffnete Gruppen aus und richteten SS- und Gestapo-Leute hin, nachdem sie die Betreffenden identifiziert hatten. In einem Brief an Kovner vom Dezember 1946 berichtete Avidan von zwei unterschiedlichen Vorgehensweisen. Angriffe auf einzelne NS-Verbrecher erwiesen sich als erfolgreich, besonders, wenn seine Gruppe allein arbeitete. Avidan bemerkte, die Idee, sich an „Grienberg" und „Salzmann" zu wenden, sei vielleicht nicht förderlich gewesen, denn er brauchte ihre Hilfe nicht und konnte ohne Beteiligung großer Namen seine Einsatzorte freier wählen. Als zweite Vorgehensweise waren Angriffe auf „die Kinderhäuser", die POW-Camps, vorgesehen. Die Zahl der dort Inhaftierten verringere sich rapide, schrieb er, und er habe diese Orte immer noch nicht richtiggehend besucht. Er und seine Gruppe hatten weiterhin das Gefühl, dass „Repräsentanten der Jischuw-Institutionen", wie er sie nannte, seine Fortschritte auf diesem Gebiet behinderten. Stellte er Verbindungen zu gewissen Leuten her, so ließen die ihn plötzlich fallen, offenbar, weil sie unter Druck gesetzt worden waren.[21]

Also wandten Avidan und seine Gruppe sich der sowjetischen Besatzungszone zu, wo es leichter war, NS-Kriegsverbrecher aufzuspüren und zu bestrafen, denn die Sowjets standen diesen Aktionen ganz anders gegenüber als die Amerikaner und die Briten. In diesem Zusammenhang sei an die Antwort erinnert, die Kovner damals in Wilna erhielt: „Als Partisan verlasse dich auf dein eigenes Urteilsvermögen." Der Rachedurst der entlassenen Soldaten der Roten Armee ist im Übrigen vielfach bezeugt. Darüber hinaus sorgten zwei hochrangige Sowjetoffiziere, die bei der Befreiung der NS-Lager in Polen mit Entsetzen die schrecklichen Szenen gesehen hatten, für die Sicherheit Avidans und seiner Gruppe. Avidans kommunistischer Hintergrund hat sicherlich auch zum guten Willen, der ihm in der sowjetischen Besatzungszone entgegenschlug, beigetragen.

Nach drei Monaten in Ostdeutschland wandten Avidan und seine Leute sich wieder nach Westen und fügten sich in die Reihen der Hagana ein. Im Rahmen der Bricha sicherten sie die Orte, an denen sich eine große Anzahl von jüdischen Flüchtlingen eingefunden hatte, gaben ihnen Selbstverteidigungskurse und kümmerten sich um den Erwerb leichter Waffen. In jenen Monaten erwies Avidan sich als tatkräftiger Assistent „Salzmanns" (Shadmis). Er gründete die erste Ausbildungsstätte für Truppführer der Hagana auf europäischem Boden und wirkte in ihr als treibende Kraft.[22] Hier wurden hauptsächlich Überlebende zu Einzelkämpfern ausgebildet. Eifrig lernten sie, mit Messern, Pistolen und den eigenen Händen zu töten, übten sich in Judo und soldatischem Drill. ("Ein Soldat in der Jüdischen Brigade zu sein ..., ich weinte beinahe vor Freude. Allein einen jüdischen Soldaten zu sehen, war wie ein Traum.") Als sie sich fit genug fühlten, „zogen wir nachts los und töteten wahllos Deutsche, wir waren nicht aufzuhalten." Anschließend wurden sie in Gruppen eingeteilt, erhielten Namens- und Adresslisten und den Auftrag, Leute von der Liste in eine bestimmte Wohnung zu bringen. Was dort passierte, erläuterte Avidan nicht, es war klar genug.

Manchmal trafen die frisch Ausgebildeten sich mit Soldaten der Jüdischen Brigade an irgendeiner Eisenbahnstation, nahmen eine Liste entgegen und machten sich an die Arbeit. So ging es etwa zwei Monate lang. „Wir wüteten unter den Deutschen. Tausende starben. Wir beschränkten uns nicht auf die Liste. Wir gingen auf ihre Feste, wir konnten es nicht ertragen, dass sie sich vergnügten, und wir brachten jeden einzelnen um. Wir versetzten sie in tödlichen Schrecken. [...] Auf eine Erlaubnis warteten wir nicht. Wir hatten gelernt, wie man tötet, und zu fragen war unnötig. Das war unsere Rache. Wir konnten nicht tun, was sie getan hatten, aber wir taten, was wir konnten. Unter der Schirmherrschaft der Jüdischen Brigade." (Gemeint waren Avidans Leute und die in Europa gebliebenen Soldaten der Brigade.)[23]

Unterdessen stellte Avidan seine Kritik an den Institutionen des Jischuws keineswegs ein. Im August 1947, ein Jahr nach seiner Ankunft, kehrte er nach Palästina mit dem Gefühl zurück, seine Ziele nicht erreicht zu haben. Angemessene Vergeltungsmaßnahmen waren nicht zur Ausführung gelangt, und die Überlegungen des Jischuws, der sogar begrenzte Aktionen ausgebremst hatte, hielt er für falsch. Er stattete lediglich Kovner und Jitzchak Sadeh Bericht ab, vermutlich auch Rabinow, und außer ihnen erkundigte sich niemand nach den Ergebnissen der Mission. Kovner war ebenfalls enttäuscht und teilte Avidans Ansicht, dass er von oben behindert worden sei. Rückblickend sprach Abba von „den doppelbödigen menschlichen Beziehungen im Land Israel aufgrund politischer Ansichten", womit er andeuten wollte, Avidans kommunistische Vergangenheit sei ein Problem gewesen. Tatsächlich herrschte eine grundsätzliche Feindseligkeit zwischen der Zionistischen Bewegung und der Kommunistischen Partei. Kovner seinerseits brachte aus der Schoa Erinnerungen an jüdische Kommunisten mit, die sich im Wilnaer Getto und in den Wäldern als wahre Freunde erwiesen hatten. Avidans Kameraden in der Palmachführung aber ignorierten ihn nach seiner Rückkehr völlig. Ein halbes Jahr verstrich, bis er gerufen wurde, um an der Vorbereitung des drohenden Unabhängigkeitskriegs teilzunehmen und die Givati-Brigade aufzustellen, deren bewunderter Befehlshaber er dann werden sollte. Er wurde berühmt als „der Mann, aus dem eine ganze Brigade wurde".[24]

Avidan hat sich stets geweigert, Aussagen über seine Aktivitäten in Europa zu machen. Er sprach weder über die Identitäten noch über Zahl der Exekutierten noch über die angewandten Methoden. Alle Ausführenden hätten beschlossen, Stillschweigen zu bewahren, erklärte er in einem späten Interview, und zwar aus folgenden Gründen: 1. Die Juden, die jene Zeiten und ihre Gräuel nicht erlebt hatten, würden die angewandten Methoden ablehnen. 2. Einzelheiten über die gemischte Gesellschaft aus vielerlei Ethnien, einschließlich Juden aus den Besatzungsarmeen, vor allem aus der Roten Armee, die mit ihnen zusammengearbeitet hatte, sollten nicht bekannt werden. 3. Bei den Hinrichtungen unterliefen ihnen Identifizierungsfehler, so zu Beispiel im Fall eines Mannes, der irrtümlich für Eichmann gehalten wurde. 4. Sie hatten Hilfe von erezisraelischen Führungspersönlichkeiten erhalten, die es vorzogen, sich später nicht für die angewandten Methoden rechtfertigen zu müssen. 5. In Deutschland wimmelte es nur so von Kriegsverbrechern. Die Entnazifizierungsversuche waren gründlich fehlgeschlagen. „Die Amerikaner und Engländer verloren den Boden unter den Füßen. Die einzige Schicht, die fähig war, die Ordnung in Deutschland wieder herzustellen, bestand aus den Kriegsverbrechern von gestern." Diese nüchterne Einschätzung war zwar korrekt, blieb aber besser unausgesprochen, während Israel mit den Deutschen über Reparationen verhandelte und anschließend diplomatische Beziehungen sowohl mit Deutschland als auch mit den Alliierten aufnahm.[25]

November 1947: Die „zweite Gruppe" bricht auf

Hasyas Geschichte, die mit ihrer Erlaubnis hier zum ersten Mal an die Öffentlichkeit gelangt, verdeutlicht uns, wie stark das Verlangen der Nokmim war, die Rachekampagne in Europa fortzusetzen. Hasya hatte lange Jahre geschwiegen, bis sie sich vor einigen Jahren meiner Mitarbeiterin Hava Zexer und mir in einem Gespräch unter Frauen anvertraute. Kovner hatte ihr zunächst versprochen, dass die Kampagne fortgesetzt würde, doch später sagte er ihr, es würde bald einen israelischen Staat geben und die Vergeltung sei jetzt die Aufgabe anderer. Dennoch weihte er sie in zwei Pläne ein, die von Zweierteams ausgeführt werden könnten, die nach Europa zurückkehrten. Sie erklärte sich sofort bereit und nahm zwei Abtreibungen auf sich, um bei dem Unternehmen dabei sein zu können. Obwohl sie mit ihrem Partner Chilik zusammenlebte, weigerte sie sich zu heiraten, denn sie meinte, noch kein Recht auf ein Familienleben zu haben. Kovner verstand ihre Gefühle sehr gut, riet ihr aber dazu, den Kampf aufzugeben und ein „normales menschliches Wesen" zu werden. Doch es dauerte noch eine ganze Weile, bis Hasya ihren Gefährten Chilik heiratete und ihren gemeinsamen Sohn Giora zur Welt brachte.[26]

Infolge jener Nacht der Aufspaltung im März 1947, als den Nokmim endgültig klar wurde, dass sie vergeblich auf eine organisierte Rückkehr nach Europa warteten, von Aivdans Mission und ihren Ergebnissen aber nichts wussten, verließen ungefähr ein Dutzend von ihnen Ein HaChoresch und gründeten in Kirjat Chaim westlich von Haifa einen urbanen Kibbuz. Ins Sekretariat wurden Bolek Ben-Ja'akov, Schimek Lustgarten, und Poldek Maimon berufen. Mordechai Surkis, der Freund aus der Jüdischen Brigade, der sie damals in Italien unterstützt hatte, war ihnen auch jetzt behilflich. Er gab ihnen ein Empfehlungsschreiben an Abba Huschi, den Sekretär des Haifaer Arbeiterrats. Huschi machte seine Unterstützung von einer Frage abhängig: Seid ihr für den Aufbau eines jüdischen Staates? Wenn ja, werden wir euch helfen. Daraufhin wurden den zwölf Anwärtern ein Darlehen und zwei Wohnungen zur Verfügung gestellt. Dort lebten sie zusammen im Hinblick auf das Ziel, nach Europa zurückzukehren. Huschi brachte ihnen Zuneigung entgegen und zeigte, nachdem sie ihn eingeweiht hatten, Verständnis für ihre Pläne.

Der Stadtkibbuz der Zwölf wurde zu einer Art heimischem Treffpunkt für die Nokmim, die Ein HaChoresch bereits vor ihnen verlassen hatten. Poldek sagte aus: „Huschi und andere behandelten uns sehr freundschaftlich, ja sogar väterlich. Für Avigor jedoch waren wir Abtrünnige, eine gesetzlose, undisziplinierte Bande, die sich dem Jischuw gegenüber nicht loyal verhielt.“ Der Aufbruch der zweiten Gruppe verstärkte diese Meinung nur noch, denn wer sich für längere Zeit ins Ausland begab, würde im drohenden Unabhängigkeitskrieg fehlen. Tatsächlich nahmen arabische Banden in jenen Tagen des November 1947, in denen über den UN-Teilungsplan für Palästina abgestimmt wurde, ihre Angriffe auf jüdische Siedlungen auf, und der Aufbruch ausgerechnet zu diesem Zeitpunkt befleckte den Ruf der Schoa-Kämpfer. Der Historiker Muki Zur brachte es auf den Punkt: Sie fühlten sich zu allererst als Überlebende und noch nicht als Erezisraelis.[27]

Poldek und Rachel Galperin-Gliksman sagten aus, dass im November 1947 sechs der Nokmim von Kirjat Chaim aus nach Europa aufbrachen. Ihre Pläne hatten keinerlei Verbindung zu Avidan, der einige Monate zuvor, im August 1947, zurückgekehrt war, und nichts weist darauf hin, dass die Nokmim sich vorher mit ihm berieten. Die ersten beiden, die auszureisen versuchten, waren Rachel und Poldek. Sie hatten polnische Pässe bei sich, ausgestellt vom polnischen Generalkonsul, einem Freund von Poldeks Bruder. Sie legten den Weg von Tel Aviv zum Hafen von Haifa in einem gepanzerten Bus zurück, da die Straßen nicht sicher waren. Unterwegs stiegen zwei Hagana-Soldaten zu und nahmen die beiden fest. Da von allen Passagieren nur sie verhaftet wurden, war klar, dass man sie die ganze Zeit überwacht hatte.

Rachels zukünftiger Mann, Zygi Gliksman, konnte das Land unter dem Namen Bozikowski als blinder Passagier in einem Flugzeug nach Griechenland verlassen. Bolek Ben-Ja'akov stahl sich an Bord eines Kohlefrachters. Poldek und Rachel gaben an, sie seien später mit einem weiteren Auftrag von der Hagana nach Deutschland geschickt worden, diesmal mit Wissen und Segen von Galili, Sadeh und Jigal Alon. Außer ihrer Aussage gibt es dafür keinerlei Belege, aber die Möglichkeit ist nicht von der Hand zu weisen. Velvele Rabinowitsch, Ludwig Mayeranz, Lolek Königstein (später Amos Avny) und Saschka Gruschka (später Agassi) zogen ebenfalls aus, obwohl sie nicht zum Stadtkibbuz gehörten. Julek Harmatz entschuldigte sich, er könne seine Mutter nicht ein drittes Mal verlassen. Aus diesem Grund schloss er sich ihnen nicht an.[28]

Bolek Ben-Ja'akov verfasste einen detaillierten Bericht über die Aktionen der Gruppe in Deutschland, aber Menasche Gewissar äußerte die Meinung, der Bericht sei geschrieben worden, um die Aktionen zu verherrlichen und insofern die Nichtteilnahme der ehemaligen Partisanen am Unabhängigkeitskrieg zu rechtfertigen. Auch Vitka meinte, Bolek sei ein großer Fantast gewesen und sein Bericht unglaubwürdig. Vitka und Menasche bezogen sich damit offenbar auf Dinge, die Bolek ihnen nach seiner Rückkehr erzählte. Hätten sie sein handgeschriebenes jiddisches, undatiertes Zeugnis, das den Namen eines Interviewers nicht erwähnt, gelesen, hätte dies ihre Meinung wahrscheinlich nur noch bestärkt. Es wurde im Archiv deponiert, und es zählt die Aktionen auf, die die zweite Gruppe ausgeführt haben soll.

Die Angaben müssen schon deshalb bezweifelt werden, weil die beschriebenen Aktionen ohne Echo in der deutschen Presse blieben, bei den Besatzungsmächten keinerlei Reaktion hervorriefen und von keiner anderen Quelle bestätigt wurden. So schildert Bolek beispielsweise eine riesige Explosion in einer Munitionsfabrik mit sechshundert Toten und zweitausend Verletzten, die Mitte 1948 fast alle Fenster im nahegelegenen Mannheim zerschmettert haben soll. In einer anderen Fabrik starben angeblich dreihundert Menschen an Gift, desgleichen der Bruder von Josef Goebbels. Mithilfe eines jüdischen Piloten der amerikanischen Luftwaffe, dessen Familie in der Schoa ausgelöscht wurde, sollen in der Nähe von Bremen zwei der größten deutschen Schiffe bombardiert worden sein und vieles mehr. Bolek war einer der ältesten Nokmim, und er übertraf alle anderen an Eifer. Er hatte seine geliebte Frau und seinen Sohn in der Schoa verloren und konnte die persönliche Katastrophe nicht für einen Moment vergessen. Bis zu seinem letzten Atemzug hat er sich mit dem Scheitern der Nakam-Gruppe nicht abgefunden: „Der größte Racheakt wurde nicht ausgeführt, und das schmerzt mich bis heute!"[29]

Die Wirklichkeit war sehr viel weniger heroisch. Die Zurückkehrenden hatten gehofft, wie zuvor mit dem in Paris gut vernetzten Velvele Rabinowitsch zusammenarbeiten zu können, doch das zerschlug sich. Vor der Abreise hatten sie einen Kredit aufgenommen, für den Hasya bürgte, und sie war es, die ihn dann jahrelang zurückzahlte, denn nach der Ankunft in Deutschland im Jahr 1948 brach die Verbindung zu den Ausgezogenen ab. Sie versuchten, selbst Geld zu verdienen, und verloren es wieder. Sie hatten nichts, von dem sie hätten leben können, und 1950 fühlten sie sich am Ende. Das Europa, das sie im Jahr 1946 kennengelernt hatten, gab es nicht mehr. Alles war im Fluss und veränderte sich rasant. Die sechs zogen von Paris nach München. Sie versuchten, sich mit Schwarzmarkthandel über Wasser zu halten. Als sie Waren und gefälschte Dollarnoten von Deutschland nach Frankreich und Südamerika schmuggeln wollten, wurden sie gefasst und ins Gefängnis gesteckt. Zygi Gliksman landete nach einem versuchten Bankraub für ein halbes Jahr hinter Gittern; bei seiner Entlassung hatte die Hagana ihre Hände im Spiel. Andere aus der Gruppe wurden inhaftiert, nachdem sie einen reichen Mann in ein Frankfurter Haus gelockt hatten und ihn ausrauben wollten. Sein Begleiter hatte die Polizei alarmiert.

Im Januar 1950 wurde Menasche Gewissar von seinem Kibbuz *Lochamei HaGettaot* nach Paris geschickt. Er traf sich mit Velvele Rabinowitsch, der ihm sein Herz ausschüttete. Er galt als Gefahr für die Gesellschaft und hatte ein Vorstrafenregister, und das traf im Grunde auf die ganze Gruppe zu. Von Bolek erfuhr Gewissar, dass sie keinerlei Erfolge vorzuweisen hatten. Gewissar gelang es mithilfe einiger Freunde aus der Vergangenheit, die inhaftierten Kameraden aus den Gefängnissen herauszuholen. Von Ende 1950 bis Anfang 1952 fanden alle den Weg zurück nach Palästina. Sie waren zu spät nach Europa zurückgekehrt, verfügten weder über die für eine größere Aktion nötigen Geldmittel noch über eine Organisation, die ihnen den Rücken stärkte. Die Taktiken, die sie beherrschten, mögen kurz nach Kriegsende noch anwendbar gewesen sein, doch in den sich normalisierenden Zeiten galten sie schlicht als kriminell.[30]

Damit war die zweite Gruppe schmählich gescheitert, und die Kameraden hatten sich durch ihre Taten in Misskredit gebracht. Sie mussten Gefängnisstrafen absitzen, führten ein rastloses Wanderleben und lebten von der Hand in den Mund. Es gibt keinerlei Nachweise für auch nur einen gelungenen Racheakt. Wenn sie überhaupt etwas Nützliches vorzuweisen hatten, dann waren es Boleks detaillierte Angaben über den NS-Untergrund, der sich in den Besatzungszonen gebildet hatte. Wenn die Informationen über nachrichtendienstlichen Wert verfügten und an die entsprechenden Stellen weitergeleitet wurden, dann hat die zweite Gruppe doch immerhin einen Beitrag zur Einschätzung der Lage im besetzten Deutschland geleistet. Es sei daran erinnert, dass auch die Amerikaner eine sehr lange Liste von NS-Organisationen erstellten, die heimlich Propagandamaterial druckten und ihre Rückkehr in die politische Arena vorbereiteten.[31]

Boleks Bericht zufolge wurde dieser Untergrund von der Sozialistischen Reichspartei (SRP) angetrieben, die nach dem Modell der NSDAP organisiert war und von Fritz Dorls und Ernst Otto Remer geführt wurde. Sie verfügte auch über eine Abteilung für die jüdische Frage. Die SRP unterhielt Verbindungen zu etlichen anderen Organisationen, und Bolek wusste viele von ihnen aufzuzählen. Seiner Einschätzung nach boten so manche der großen deutschen Werke, die nach dem Krieg den Betrieb wieder aufnahmen, SS-Leuten und ehemaligen Angehörigen der NSDAP nicht nur Unterschlupf und Beschäftigung, sie unterstützten deren Organisationen darüber hinaus regelmäßig mit beträchtlichen Geldsummen.[32]

***

Ein anderes Verzeichnis dieser Art geht ebenfalls auf die Nokmim zurück. Abba Kovner reiste zu Beginn der 1960er Jahre wieder nach Europa. Dort wandte er sich an Julek Harmatz, der sich von 1956 bis 1960 als Abgesandter des Mossads in Genf aufhielt, und teilte ihm mit, er sei entschlossen, das Werk der Vergeltung fortzusetzen. Abba hatte eine Liste mit Leuten bei sich, die bereit waren, ihn zu unterstützen, und er bat Julek, die Koordination zu übernehmen. Was hatte Abba Kovner zu dieser Reise bewegt? Erstens berichteten die Zeitungen in den Jahren 1957 und 1958 von der Ankunft deutscher Wissenschaftler in Ägypten, und Israel befürchtete, diese Wissenschaftler könnten fortschrittliche oder sogar unkonventionelle Waffensysteme für die Ägypter entwickeln. Eine Welle des Zorns brandete im Land auf: Es schien kein neues oder anderes Deutschland zu geben. Zweitens war am 25. Dezember 1959 in Europa die sogenannte Hakenkreuz-Epidemie ausgebrochen, eine Reihe antisemitischer Vorfälle, die bis in die ersten Monate des Jahres 1960 andauerten. In jenen Jahren fahndete der Mossad nach Josef Mengele und Adolf Eichmann sowie nach Herbert Cukurs, dem grausamen „Schlachter von Riga". Julek Harmatz lehnte Kovners Bitte mit der Begründung ab, dass sie jetzt zum Glück einen jüdischen Staat hätten, der nach den Verbrechern Ausschau hielt. Es sei das Beste, die Vergeltung den staatlichen Autoritäten zu überlassen. Julek Harmatz zufolge hatte Israels Präsident Zalman Schazar sich ebenfalls in diesem Sinne geäußert: Wir werden uns als Staat rächen.[33]

Daraufhin nahm Abba Kovner sich vor, einen anderen Beitrag zu leisten: Nach geraumer Zeit überreichte er dem Mossad ein Dokument, das er den „N-Missions-Bericht" nannte (N stand für *Nakam*, Rache). Der Bericht bestach durch Gründlichkeit und die darin investierte gedankliche Arbeit. Wie war Kovner an die vielen detaillierten Informationen gelangt? Offenbar hatte das alte Feuer ihn kreuz und quer durch Europa getrieben. Der Bericht begann mit einer Beschreibung der Zielsetzung: Aufdeckung der Hintergründe und Motive für die Hakenkreuz-Epidemie. Dann wurden die Quellen aufgeführt: Gespräche mit nicht-jüdischen Persönlichkeiten; interne Veröffentlichungen faschistischer Untergrundbewegungen; dokumentarisches Material, gesammelt von „Eiferern für die Sache", dem World Jewish Congress und vom „Ermittlungsteam" (eine noch in den Kinderschuhen steckende Organisation). Anschließend folgten einführende Bemerkungen über das Ausbrechen der Hakenkreuz-Epidemie, die Kovners Überzeugung nach von einem Faschisten-Direktorium in Gang gesetzt worden war. Dieses Direktorium stand im Zentrum einer 1953 in Rom gegründeten Organisation, hatte sechs oder sieben Jahre lang auf den richtigen Moment gewartet, war aber nicht untätig geblieben. Sie hatte große Geldbeträge eingeworben und Filialen in vielen Ländern eröffnet. Man hatte den Schwerpunkt nach Westdeutschland verlegt, denn mit dem Herannahen des Verjährungstermins für Verbrechen aus der NS-Zeit kehrten immer mehr Nationalsozialisten aus dem Exil heim. Ausbruch und Verbreitung der Hakenkreuz-Epidemie bewiesen den Initiatoren, dass der Antisemitismus in Europa und insbesondere in Deutschland noch tief verwurzelt war. Der handfeste Beweis für Kovner: Außer ein paar „Lümmeln und Schmierfinken", wie deutsche Politiker, u. a. Konrad Adenauer, sie nannten, wurde niemand verhaftet. Die wirklich Verantwortlichen kamen ungeschoren davon. Warum wohl? Das deutsche Strafverfolgungs-, Polizei- und Justizwesen jener Jahre lag immer noch in den Händen von Nationalsozialisten, so wie es Avidan bereits beschrieben hatte: „Die einzige Schicht, die fähig war, die Ordnung in Deutschland wieder herzustellen, bestand aus den Kriegsverbrechern von gestern."[34]

Nach dieser Einführung listete der Bericht Verbände der extremen Rechten, der Nationalsozialisten, der Antisemiten und Faschisten, wie Kovner sie definierte, auf. Die Namen der Anführer vermerkte er auf Deutsch und Jiddisch, dazu die Zeitschriften, die Zweigstellen, die Mitgliederzahlen. Das alles ergab ein furchteinflößendes Bild, das ihm den Schlaf raubte. Die Existenz solcher Organisationen bestätigten Kovners Befürchtung, dass die Schoa auch nach dem Ende des Krieges jederzeit abermals auszubrechen drohte, denn die Welt hatte zum größten Teil bereits vergessen. Sobald die Verjährung in Kraft trat, würden in Deutschland auch die letzten Strafverfolgungen eingestellt, und die Verbrecher könnten unbehelligt zurückkehren. Die Fangarme des im „N Mission Report" entlarvten Faschismus warteten nur auf ihre Stunde.

Die von ihm gesammelten Informationen bewiesen Kovner, dass die Kräfte, die die Schoa über Europa gebracht hatten, immer noch am Werk waren. Wieder gingen sie von Deutschland aus und wurden von vielen Ländern und mit hohen Summen unterstützt. Der Bericht und die Art seiner Übergabe weisen auf eine Beziehung Kovners zum Mossad hin, der seinerseits ebenfalls Informationen über den Nachkriegs-Antisemitismus zusammentrug und bis heute zusammenträgt.[35]

Erst im Jahr 1961 mit Beginn des Eichmann-Prozesses wuchs in Kovner die Einsicht, dass die Verfolgung der Schoa-Verbrecher nicht mehr allein auf den Schultern einzelner Überlebender lastete. Bis dahin hatten seine Ängste ihm keine Ruhe gegönnt. Nachdem er im Eichmann-Prozess ausgesagt hatte, sandte Abba einen bewegten Brief an Dorka und Pascha. Darin beschrieb er das Publikum, das Tag für Tag aus allen Teilen des Landes herbeiströmte, um den Zeugenaussagen zu lauschen; das Ausmaß des Entsetzens, das den Gerichtssaal wie nach einem Dammbruch überschwemmte. Er verglich den Prozess mit einem Erdbeben, dessen Echo in der Seele jedes Einzelnen und des ganzen Volkes noch generationenlang nachhallen würde:

> „Sogar ich, im Zeugenstand, wurde erfasst von einem Gefühl, das ich bis dahin nicht gekannt hatte – der Ahnung eines biblischen Gerichtstages. Gerade wegen des zeitlichen Abstands von den Verbrechen und der räumlichen Entfernung von den Orten, an denen sie geschahen, erhält dieser Prozess eine doppelte und dreifache Bedeutung für uns und für die Welt. Eine derartige Abrechnung, wie die Anklage sie heute vorgelegt hat, ist nicht auszulöschen, weder durch Reparationen, Handelsbeziehungen oder verbale Bezeugungen des Bedauerns. Über eine solche Anklage wird ein Urteil ergehen. Nun wird die innere Einkehr nicht mehr aufzuhalten sein. […] Sie wird die Ruhe vieler unter uns stören und den Generationen nach uns eine Lehre erteilen. So Gott will.“[36]

Zum ersten Mal seit der Schoa spürte Kovner, den die Angst, die Juden seien Freiwild für die Welt, umgetrieben hatte, dass es eine Strafe und einen Strafenden gab. Der Tag des Gerichts war gekommen.

Mosche Tabenkin

Ich bin ein Racheprophet

Ich bin ein Racheprophet,
Ich küsse die Flügel der Bomber,
Meine Seele betet für die Piloten,
Die Überbringer des Todes.
Über den Flammen der brennenden Städte
Flüstert mein Herz den Rachesegen.

Du weite Stadt,
Von stillen Strömen
Meines Blutes
ist dein Pflaster überflutet.

Auf deinen Balkonen
Feierte die Menge am Tag meiner Not
Und deine Straßenlaternen
Wurden mir zum Galgen.

Die Mauern deiner Häuser
Bezeugen den Mord an unseren Greisen.
Dein prächtiger Garten
Wurde zum Raubtiergehege brüllender Verfolger.

Die Auslöschung meines letzten Bruders
War dir Genugtuung.
Das Wegreißen des Säuglings von der Mutterbrust,
entlockte dir Triumphgeheul.

Das Land Sodom bist du!
Die Stadt Gomorra!
Gehe auf –
gehe auf in Flammen!

Ich küsse die Flügel der Bomber,
Meine Seele betet für die Piloten,
Die Überbringer des Todes.
Über den Flammen der brennenden Städte
Flüstert mein Herz den Rachesegen.

Ich bin ein Racheprophet,
Komm an meine Brust, unbekannter Bruder,
Soldat der Roten Armee in russischen Steppen.
Auf dem blutgetränkten Feld des Sieges
Knirscht zwischen meinen Zähnen der Rachesegen.

(Mosche Tabenkin, *Schirim* (Gedichte), Ein Charod 1942, S. 122–123)

TEIL III

Epilog

Versuch einer Zusammenfassung

„Selbst Jesus hätte zur Nakam-Gruppe gehört, wenn er die Schoa erlebt hätte."
(Pascha Avidov, 19.9.1995)

Nach der ersten Begegnung mit dem Land und den turbulenten Versuchen, sich in Ein HaChoresch einzuleben, verteilten sich die Mitglieder der Nakam-Gruppe auf verschiedene andere Siedlungen. Kovner, seine Frau Vitka und Ruzka blieben in Ein HaChoresch. Schimon Avidan ging zurück in seinen Kibbuz Ein HaSchofet. Nach dem Ende des Unabhängigkeitskrieges kehrten einer nach dem anderen auch die Kameraden aus der zweiten Gruppe ins Land zurück. Alle bemühten sich, am neuen Ort in ein geregeltes Alltagsleben zurückzufinden. Die enge Freundschaft zwischen ihnen blieb trotz der räumlichen Trennung erhalten und verstärkte sich mit den Jahren sogar noch. Oft traf man sich in Ein HaChoresch bei den Kovners und bei Ruzka, die dort mit Avi Merlo eine Familie gründete. Durch Besuche und Telefonate blieb man stets in Kontakt. Im Verlauf der Zeit wurden auch die im neuen jüdischen Staat geborenen Kinder zu den Treffen mitgebracht, so dass die Teilnehmerzahl beständig wuchs. Diese Zusammenkünfte finden bis heute statt, obwohl viele der Kameraden mittlerweile über neunzig Jahre alt sind. Die Nachkommen wollen die Geschichte immer wieder hören. Es ist für sie nicht ohne Weiteres zu verstehen, wieso ihre liebevollen, arbeitsamen Eltern fähig waren, so ungeheure Rachepläne zu schmieden. Doch nachdem sie den Erzählungen viele Male gelauscht hatten, brachten die Jungen den Vergeltungswünschen Verständnis entgegen, einige konnten sich sogar mit ihnen identifizieren.

Auch nachdem sie ihren Lebensunterhalt verdienten und Familien gegründet hatten, sagten die Kameraden sich nicht von ihrer Vergangenheit los. Der Mossad rekrutierte sie mit Vorliebe, waren sie doch verschwiegen und zu unkonventionellem Denken und Handeln fähig. Sie konnten auf sich gestellt arbeiten, aber auch im Team; sie wussten, wie man sich geliehener Identitäten bediente und mit gefälschten Dokumenten Grenzen überquerte. Ungeachtet ihrer politischen Vergangenheit vor dem Krieg waren sie glühende Zionisten.

 | DOI:10.30965/9783657791125_011

Wie viele Überlebende betrachteten auch sie die Gründung eines jüdischen Staates als Wunder, als einen Schatz, den es nach Kräften zu bewahren und zu beschützen galt. Sie kämpften im Unabhängigkeitskrieg, und alle waren sie in der Palmach.

Ludwig Meiernatz kehrte 1950 mit einem Einwanderer-Ausweis, den er sich selbst angefertigt hatte, ins Land zurück. Trotz der dubiosen Aktivitäten der zweiten Gruppe, der er angehört hatte, wurde er in den fünfziger Jahren noch etliche Male nach Europa entsandt, unter falschem Namen, im Gepäck einen Koffer mit doppeltem Boden. Offenbar betraute man ihn mit Waffeneinkäufen, vorwiegend in Paris, wo er sich wie zu Hause fühlte. Dabei arbeitete er eng mit Josef (Julek) Harmatz und anderen in Paris gebliebenen israelischen Funktionsträgern zusammen. Julek Harmatz war später jahrelang eine zentrale Figur des Mossad in Genf und wurde schließlich Generaldirektor des World ORT-Netzwerks.[1]

Pinchas (Jaschek) Ben-Zur wurde als Schabak- und Mossadmitarbeiter auf zahlreiche geheime Missionen geschickt. Schimon (Schimek) Lustgarten übernahm Aufgaben, über die er später lieber schwieg. Jehuda (Poldek) Maimon trat dem „Nativ" bei, so hieß ein zu Beginn der 1960er Jahre zwecks Pflege der Verbindungen zu den Juden Osteuropas eingerichteter Arm des Geheimdienstes. 1963 wurde er Erster Sekretär der israelischen Botschaft in Warschau, später Abgesandter Israels in Wien, wo er die Einwanderung der in Polen verbliebenen Juden organisierte und den Boden für die Einwanderung der Juden aus der Sowjetunion vorbereitete.

Jitzchak (Pascha) Avidov wurde vom damaligen stellvertretenden Verteidigungsminister Avigor ebenfalls an die israelische Botschaft in Warschau geschickt. „Eine Ironie der Geschichte", meinte Pascha später, „denn immerhin hatte Avigor uns einmal im Verdacht, Abtrünnige zu sein. Mit der Zeit wurden wir zu verlässlichen Freunden."[2] Nach seiner Rückkehr aus Polen bekleidete Pascha eine leitende Stellung in einer Versicherungsgesellschaft.

Hasya Taubes-Warschewzyk arbeitete viele Jahre lang als Bibliothekarin. Manek studierte Komposition bei Paul Ben-Chaim und wurde später ein erfolgreicher Geschäftsmann. Arie (Leibke) Distel und Mira (Mirka) Verbin-Schabetzky schlossen sich dem Kibbuz Jakum an, Schlomo Kenet zog in den Kibbuz Bet Sera, und Zila (Cessia) Rosenberg-Amit trat dem Kibbuz Givat Brenner bei. Jehuda (Idek) eröffnete eine Autowerkstatt in Haifa und eine Ersatzteilfabrik in Tel Aviv. Zygi (Siegmund) beschäftigte sich mit der Fabrikation von Schildern. Jitzchak Hammel zählte zu den Pionieren der Computerentwicklung und zur Führungsriege der staatlichen Baufirma Solel Boneh. Zelda Trager und Natanel (Senka) Nisanilovitz heirateten und eröffneten ein Delikatessengeschäft in Tel Aviv. Simcha (Kazhik) Rotem stand einer großen Supermarktkette vor. Ruzka wurde als Erzieherin zu einer angesehenen Persönlichkeit in Ein HaChoresch. Vitka machte sich einen Namen als Psychologin. Ze'ev (Willek) Schinar war verantwortlich für das Gesundheitswesen im Kibbuz Michmoret.

In Gesprächen mit ihnen und bei unseren Treffen wiesen die Mitglieder der Gruppe immer wieder auf ihr vierzig Jahre währendes Schweigen hin. Erst Mitte der 1980er, einige Jahre vor Kovners Tod 1987, gingen sie mit ihrer Geschichte an die Öffentlichkeit. Zwar war sie schon Mitte der 1960-er Jahre vermittels einiger im In- und Ausland gedrehter Dokumentarfilme sowie in Zeitungsartikeln und kurzen Passsagen in wissenschaftlichen Werken bekannt worden, doch bis zur Mitte der 1980er waren nur einzelne von ihnen, unter ihnen Kovner selbst, bereit gewesen, sich für solche Veröffentlichungen interviewen zu lassen. Dies geschah allerdings in den meisten Fällen ohne volle Namensnennung und ohne dass die Erlaubnis der anderen eingeholt wurde. Die meisten Kameraden waren darüber sehr verärgert und betrachteten dies als Bruch des von allen abgegebenen Schweigegelöbnisses. Außerdem war das Niveau der meisten dieser Veröffentlichungen fragwürdig und entsprach nicht den Tatsachen. Deswegen meinten einige der Kameraden, es sei „unter ihrer Würde, auf die Übertreibungen und Verzerrungen zu reagieren", wie Poldek es formulierte. Lena erklärte ihren auch gegen Kovner gerichteten Zorn: „Was die Vergeltung betraf, so waren unsere Empfindungen sehr intensiv. Für die meisten Mitglieder der Gruppe war diese Zeit der Höhepunkt ihres Lebens gewesen, etwas Heiliges, an das man nicht zu rühren wagte. Unser Leben damals war etwas ganz Besonderes, vom Alltag Abgehobenes. Die Ideologie hatte uns völlig im Griff, alle Gedanken richteten sich auf das eine Ziel."[3]

In einem Dokument, das Kovner unter dem Titel „Über die Rache, eine Ergänzung früherer Aussagen" im Frühjahr 1987 verfasste und kurz vor seinem Tod dem Archiv übergab, erklärt der Autor, dass der Beschluss, nichts Umfassendes oder Detailliertes über diese Zeit zu veröffentlichen, etwa vierzig Jahre lang gültig gewesen sei. Damit gab er seinen Kameraden zu verstehen, dass diejenigen, die bereits vorher Interviews gegeben hatten (zu denen auch Kovner selbst gehörte), sich nur in aller Kürze und anonym geäußert hätten, denn: „Ich hatte in der damaligen Phase des Terrors und des Gegenterrors nationale Gründe für die Selbstzensur." Anders ausgedrückt: Man befürchtete, jemand könnte auf die Idee kommen, die damals geplanten Taten nachzuahmen oder sich von ihnen zu Terrorakten gegen Juden und gegen Israel inspirieren zu lassen.[4]

Sie schwiegen auch aus der Sorge heraus, Teile der israelischen Öffentlichkeit, die die Schoa nicht am eigenen Leib erfahren hatten, würden die brennenden Rachewünsche der Überlebenden nicht nachvollziehen können.

In jenen Jahren war den Gruppenmitgliedern nicht bekannt, dass nach der Schoa auch anderenorts sehr wohl an Rache gedacht wurde, sogar in den höchsten Kreisen, von denen die Nokmim irrtümlich meinten, sie seien ihnen und ihrem Anliegen gegenüber feindlich eingestellt. Keinesfalls können die Kameraden etwas von den Berichten gewusst haben, die Shadmi seinerzeit ins Land schickte und in denen er zugab, die Vergeltung, die er ‚Trost' nannte, zu lieben.

In einigen Zeitungsartikeln und sogar im *Buch der Geschichte der Hagana* wird angedeutet, die Rächer seien unmittelbar nach der Schoa nicht zurechnungsfähig gewesen. Die Kameraden selbst erklärten, eine solche Beurteilung würde das schwere Trauma, das sie erlitten hatten, nicht ausreichend berücksichtigen. Der Autor Schlomo Nakdimon, der als erster über die Gruppe schrieb, zitierte drei Mitglieder anonym: „Die Abgesandten aus dem Land hielten uns für verrückt, und wir entgegneten: ‚Wenn ein solches Gräuel fünfzig Verrückte hervorbringt, dann ist uns unsere Verrücktheit erlaubt.'"[5]

Ein weiterer Grund für das Schweigegelöbnis war die Befürchtung, das Bekanntwerden der Geschichte könnte den Überlebenden in Europa schaden und später nach ihrer Aufnahme im Land ihr Ansehen in der israelischen Gesellschaft beeinträchtigen. „Wir steckten fest in der Schnittstelle zwischen der Schoa und dem Wiedererstehen unseres Volkes. Unsere Ideologie war von der Vergangenheit motiviert, die Rache ist stets etwas Rückwärtsgewandtes [...], die Politik der Zionistischen Bewegung und des Jischuws aber galt dem Kampf um die Zukunft", erklärte Julek Harmatz bei einem der Treffen.[6]

Als Kovner Mitte der 1980-er Jahre an Stimmbandkrebs erkrankte, beriefen die Führungspersönlichkeiten der Gruppe ein Treffen ein, auf dem zwei Tage lang hitzig diskutiert wurde. Im kurzfristig anberaumten Folgetreffen wählten die Mitglieder den Publizisten Levi Arieh Sarid, einen Angehörigen der Arbeiterpartei und Erforscher der polnischen Pionierbewegung, zu ihrem Chronisten. Die beim zweiten Treffen geführten Gespräche wurden mitgeschnitten und analysiert, dann überließ man Sarid das von Kovner als „höchst authentisch" bezeichnete Material. Vor dem Treffen hatte Kovner stundenlang mit Sarid zusammengesessen, und nach dem Treffen bekam Sarid Gelegenheit, jedes Mitglied unter vier Augen zu befragen. Daraufhin schrieb er einen ausführlichen Artikel, der wie keiner zuvor die ganze Geschichte, den Umfang der Diskussionen und die Aussagen der Beteiligten darlegte. Auch damals noch hatte Kovner Bedenken vor der Veröffentlichung eines Buches oder einer Broschüre über die Aktivitäten der Gruppe. Er war einer möglicherweise in hohen Auflagen erscheinenden Veröffentlichung abgeneigt, „die den Medien im In- und Ausland ohne weiteres zugänglich ist. Wer braucht das?", schrieb er an Pascha. Er empfahl seinen Freunden, die Wirkung des Artikels von Sarid abzuwarten.

Wer würde schon einen in einer wissenschaftlichen Zeitschrift erscheinenden oder als Kapitel in einem Buch abgedruckten Artikel lesen? Doch wohl nur ein einschlägig interessiertes Publikum.

Nach Beilegung einiger Meinungsverschiedenheiten, insbesondere über das geeignete Publikationsorgan, erschien der Artikel schließlich 1992, fünf Jahre nach Kovners Tod, im „Jalkut Moreshet", der Zeitschrift der sozialistisch-zionistischen Jugendbewegung HaSchomer HaZa'ir, von der sich alle Mitglieder vertreten fühlten. Nun war die Freude groß und man veranstaltete zur Feier der Veröffentlichung ein Treffen im Kibbuz Jakum, zu dem die Kameraden und ihre Nachkommen anreisten. Man hoffte, dieser Artikel würde nun allen Verleumdungen und Schmähungen den Riegel vorschieben. Das Thema stieß auf Interesse, und seit den 1990er Jahren haben die verschiedenen Mitglieder sich nach Absprache untereinander des Öfteren und zunehmend freier geäußert. Manche schrieben sogar ihre Memoiren, in erster Linie für den Gebrauch innerhalb der Familien, und ließen eine Broschüre mit diesen Erinnerungen drucken.[7] Einige bedauern bis heute, dass Abba Kovner selbst es nicht mehr geschafft hat, die Geschichte der Gruppe aufzuzeichnen. Dann hätten Schwätzer und Sensationslüsterne die Ereignisse nicht ins Vulgäre und Triviale herabziehen können. Kovner aber hat sich eine solche Verantwortung nicht aufgeladen. Lena sagt dazu: „Sehr schade, dass er nicht selbst geschrieben hat und es lieber Sarid überließ. Schade auch, dass er die Gruppe nicht bereits in den Fünfzigern und Sechzigern zu einer Aussprache zusammengerufen hat, bevor Unsinn verbreitet wurde. Er hätte es erklärt, und wir alle wären zufrieden gewesen. Doch Kovner entschied sich dafür, über die Schoa nur Lyrik zu schreiben, keine Prosa. Er hielt es für sinnlos ‚Einem Fremden zu sagen / hier war einmal eine Welt', denn ein Fremder würde das niemals verstehen können."[8]

Stellungnahmen zum nicht ausgeführten Plan A

Im Rahmen der mit ihnen geführten Interviews wurden die Nokmim auch gefragt, wie sie im Nachhinein die Tatsache beurteilten, dass Plan A nicht zur Ausführung gelangte. Sie antworteten ihrer Einstellung entsprechend in aller Offenheit.

Simcha (*Kazhik*) *Rotem* (*Retheiser*): Bedauert es rückblickend nicht, dass die Vorstellung einer Massenvergiftung nicht umgesetzt wurde. Wäre sie umgesetzt worden, hätte Kazhik wohl mit den Ergebnissen nicht weiterleben können; damit meinte er den Tod von Unschuldigen, insbesondere von Kindern. Der Plan war total irrsinnig. Die Kameraden wollten zwischen den

Deutschen keinen Unterschied machen, sie wollten pauschal alle bestrafen. Den Abbruch der Aktion in Dachau bedauerte Kazhik allerdings sehr.[9]

Zila (Cesia) Schneur (Schutzreich): Nach Generationen zurückblickend, bedauert Zila es nicht, dass Plan A nicht ausgeführt wurde. **Ze'ev (Willek)** *Schneur (Schutzreich)*: Bedauert weiterhin, dass Plan A nicht ausgeführt wurde.[10]

Ruzka Korczak-Merlo: „Diese Aktion hätte sich als nationale und menschliche Tat riesigen Ausmaßes und als Warnzeichen in das Gedächtnis künftiger Generationen eingegraben. Die Erinnerungen der Gruppe, der Stolz, ihr angehört zu haben, die dort entstandene Kameradschaft stärken die Mitglieder bis heute."[11]

Gabriel (Gabi) Sedlis (Schedlitz): „Bis heute habe ich zwei Dinge nicht überwunden: Dass ich meine Mutter im Getto zurückließ und in die Wälder zog [sie wurde in Auschwitz ermordet] und dass ich einmal der Vorstellung anhing, Millionen umzubringen."[12]

Manek L.: „Selbstverständlich ist es gut, dass Plan A nicht zur Ausführung gelangte. Aber im Jahr 1945 hättest auch du anders gedacht", sagte er mir. Damals mussten sie sich trotz der permanenten Überwachung durch die Hagana aufteilen und allein handeln. Man hätte den großen Plan ausführen sollen. Damals hätte es ihn sehr gefreut. Seine Ausführung war kurz nach dem Ende des Krieges gerechtfertigt, 1946 aber schon nicht mehr. Es wurde viel Zeit vergeudet. Aber wir sind eine wundervolle Gruppe geblieben, fügte er hinzu. Sie gab dem Leben einen Sinn. Die Kameraden waren gradlinig, zuverlässig, mit eigenem Urteilsvermögen. Sie zogen eine moralische Grenze, die sie nie unterschritten hätten, komme was wolle.[13]

Hasya Taubes-Warschewzyk: Heute ist sie glücklich darüber, dass das Trinkwasser von Millionen nicht vergiftet wurde, aber eine Vergiftung in einem Gefangenenlager? Hier haben wir zu wenig getan, die Opferzahl war zu gering.[14]

Josef (Julek) Harmatz: Zwischen ihnen herrschte ein tiefes Gefühl der Zusammengehörigkeit. Dazu das starke Bewusstsein öffentlicher und nationaler Verantwortung. Obwohl ihre Ideologie auf der Vergangenheit beruhte, trafen sie sich mit Leuten [aus dem Jischuw], die sich auf die Zukunft bezogen und fanden stets eine gemeinsame Sprache. Julek ist stolz, glücklich und zufrieden, dieser Gruppe angehört zu haben. Er ist seinen Vorgesetzten und seinen Untergebenen dankbar. Was ihn wirklich interessiert, ist die Kameradschaft, die ihn mit allen und die alle untereinander verbindet und wohl bis ans Ende ihrer Tage verbinden wird; sie ist aufrichtig und tief. Die Nokmim repräsentierten die Besten der osteuropäischen jüdischen Jugend, die lebendig verbrannte. Trotz allem ist Julek heute der Meinung, Ben-Gurion habe richtig gehandelt, als er ihr Vorhaben unterband. Jeder wollte sie unterwerfen, aber sie waren eigensinnig und dem Ziel ergeben.[15]

Schlomo Kenet (*Kantorowitsch*): „Es war eher ein symbolischer Akt als ein Akt der Vergeltung. Wenn ich mir vorher vorgestellt hätte, was in diesen Städten nach der Vergiftung geschehen würde, hätte ich es vielleicht nicht getan. Damals aber war ich mit einem solchen Akt moralisch im Reinen. Ein großer Schrei hängt noch in der Luft, weil wir unserer Verpflichtung nicht nachgekommen sind und nicht genug getan haben, um diesen Schrei zu beruhigen. Damals steckten wir noch tief in den Gräueln der Schoa. Heute ist der Rachegedanke kaum noch zu verstehen. Es ist schwer, darüber zu sprechen, denn damit liefern wir unseren Feinden Argumente. Innerlich lebt in mir noch die Klage darüber, dass wir die heilige Mission, wie sie Millionen Geschlachteter, unsere Eltern und Geschwister, uns übertragen hatten, nicht erfüllen konnten, dass die blutige Rechnung mit dem deutschen Volk nicht beglichen wurde, dass wir an der selbst gestellten Aufgabe gescheitert sind." In einem weiteren Interview sagte Schlomo: „Ich bedauere keinen Moment, an dem ich teilgenommen habe. Im Gegenteil: Ich bin stolz, dass ich in dieser Gruppe war, die ihre persönliche Zukunft überhaupt nicht im Auge hatte."[16]

Mira (*Mirka*) *Verbin-Schabetzky*: Ihr wäre es egal gewesen, ob ein Kind oder ein Erwachsener, ob ein schuldiger oder unschuldiger Deutscher – es wäre ihr egal gewesen. Ihretwegen hätten sie alle vom Erdboden hinweggefegt werden können. Sie war damals sehr extrem, und sie kann nicht sagen, dass sie heute weniger extrem ist, sie ist es nicht.[17]

Arie (*Leibke*) *Distel*: „Was ausgeführt werden konnte, war ein symbolischer Akt, und es ist gut, dass wir das gemacht haben, dass das jüdische Volk nach der Schoa nicht tatenlos blieb. Eine jüdische Gruppe tat, was zu tun war, tat, wonach die jüdische Ehre verlangte. So würde ich das zusammenfassen." Zum Plan A: „Vermutlich haben die Planer nach gründlichen Überlegungen auf eine Vergiftung des Trinkwassers verzichtet, die Schuldige und Unschuldige unterschiedslos getroffen hätte. Obwohl es in jenen Tagen eine verständliche Reaktion von Leuten war, die ihre Familien verloren hatten und jahrelang erniedrigt und unterdrückt worden waren. Es waren dann die Überlegungen von Menschen, die ihr Fühlen und Denken an humanistischen Maßstäben ausrichteten, die jene Reaktion trotz allem zügelten."[18]

Jehuda (*Poldek*) *Maimon*: Was die Nokmim ausgeführt haben, ist nicht wichtig. Wichtig ist, dass sich die Gruppe bildete und die Gefühle von Millionen Juden zum Ausdruck brachte, einer jeden Jüdin, eines jeden Juden, eines jeden jüdischen Kindes. Bedauert er es bis heute, dass Plan A nicht ausgeführt wurde? Ein entschiedenes Ja. Es war das, was sie verdient hatten. Es ist unmöglich, dem deutschen Volk als Nation zu vergeben.[19]

Jitzchak (Pascha) Avidov (Reichmann): „Selbst Jesus hätte zur Nakam-Gruppe gehört, wenn er die Schoa erlebt hätte." Und wenn Kovner nicht nach Palästina gefahren wäre, hätten die Nokmim den Plan A ausgeführt. Daran besteht gar kein Zweifel. Die Gruppe hat mit sauberen Händen dreckige Arbeit verrichtet. Die Kameraden versuchten, das zu tun, was Gott, wenn es ihn gäbe, hätte tun müssen.[20]

K. Zetnik, Jechiel Di-Nur (Feiner): Er sprach bei einer Tagung der Bricha in Bukarest von der Notwendigkeit, den Status des jüdischen Volkes anzuheben, sowohl in den eigenen Augen als auch in den Augen der anderen Nationen. Er verstand, dass der Rache ein symbolisches Element innewohnte, das auch ohne praktische Ausführung als Warnung dienen und dem jüdischen Volk zur Ehre gereichen könnte. Jahre später fragte Jechiel Di-Nur in seinem Buch *Nakam*: Kann das Blut eines deutschen Kindes auch nur für einen Augenblick den in meinen Ohren gellenden Schrei des jüdischen Kindes zum Verstummen bringen? „Hat Blut die Kraft, anderes Blut, das nie wieder zu Fleisch werden wird, abzuwaschen?"[21]

In ihrem von Rasenflächen und selbst gepflegten Blumenbeeten umgebenen Haus in Ein HaChoresch sprach die neunundachtzigjährige *Vitka Kempner-Kovner*, die schon seit einigen Jahren an anderen Orten und in anderen Zeiten und nicht mehr im Hier und Jetzt weilt, wie zu sich selbst, und bescherte damit Jona, Ruzkas Tochter, und mir eine Art Resümee: „Es war eine teuflische Idee, die wir mit völliger Hingabe verfolgten, hartnäckig und fanatisch bis zum Ende. Außer ihr gab es nichts. Wir waren noch am Leben, aber nicht wirklich lebendig. Die Rache war ein riesiges Erlebnis, weit entfernt von allem Menschlichen und Normalen, eine zerstörerische Ideologie. Nach dem Getto und den Wäldern, der Wanderschaft von Litauen nach Italien, und dann wieder in die Gegenrichtung nach Belgien, Deutschland, Paris empfand ich ungeheure Müdigkeit." Und dann sagt sie, als hätte sich die Vergangenheit gegen Ende eines langen, erlebnisreichen Lebens geklärt, wieder wie im Selbstgespräch: „Auch wenn Abba in Europa geblieben und nicht ins Land gereist wäre, wäre die Tat nicht ausgeführt worden, und nicht wegen des Landes [gemeint sind die Jischuwleitung und die Hagana], sondern weil die Zeiten sich ändern, *tempora mutantur*, und wir ändern uns mit ihnen. Zeit war vergangen, und die Rache, die uns vorschwebte, war schon nicht mehr aktuell." Einige Jahre vorher hatte Vitka erklärt: „Das Wichtigste an der Rache war, dass eine solche Vorstellung überhaupt aufkam. Wie die Gettoaufstände; der Effekt muss symbolisch sein. [...] Es war eine irrsinnige Idee, und wer sich ihr ergab, lebte unter ihrem Einfluss. Ich identifizierte mich voll und ganz mit ihr."[22]

Vitka wiederholte bei jeder Gelegenheit, die Zahl der bei einem Racheakt getöteten oder verletzten Deutschen sei unwichtig, wie auch die Zahl der bei den Gettoaufständen getöteten NS-Schergen nicht wichtig sei. Selbst wenn die Aktionen winzig waren, so erreichten sie doch das Ziel zu beweisen, dass ein Völkermord nicht ohne Reaktion bleibt.[23]

Das Selbstbild der israelischen Gesellschaft und ihre Einstellung zu Widerstand und Rache haben sich im Laufe der Jahre gewandelt, und dieser Wandel hat sich naturgemäß auch auf die in ihr lebenden Nokmim ausgewirkt. Einige von ihnen sprechen sich immer noch für Plan A aus und zürnen sich selbst, dass sie ihn nicht verwirklicht haben. Heute können sie sich erlauben, weiterhin Bedauern darüber zu äußern, dass es ihnen nicht gelang, mehr Deutsche zu ermorden, jedenfalls nicht mehr der in den Lagern der Alliierten festgehaltenen SS-Leute. Zweifellos gibt es noch Nokmim, die allen Deutschen ohne Ausnahme einen gewaltsamen Tod wünschen, aber heute werden diese Wünsche nicht mehr auf die Probe gestellt. Sie haben ihre Vorstellung nicht verraten und nicht aufgegeben; die damaligen Umstände und, wie sie meinen, auch der Jischuw und seine Leitung, haben der Ausführung Steine in den Weg gelegt, und deswegen dürfen die Nokmim ihrer Idee weiterhin anhängen. Dennoch verstehen sie tief im Innern vielleicht, was einige von ihnen schon längst verstanden haben: Es ist gut, es ist sogar sehr gut, dass Plan A ein Plan blieb. Denn wie würden sie als Urheber einer Schreckenstat vor ihren Nachkommen in der ersten und zweiten Generation dastehen? Deswegen konnten sie sich trotz ihres großen Grolls letztlich mit Kovner aussöhnen und ihm vergeben, dass er vier Monate ausblieb und ihnen das erwartete Gift nicht rechtzeitig brachte. Sie warfen ihm Verrat an der Gruppe und an der von ihm ins Leben gerufenen Vision vor, der sie in seinem Schatten gefolgt waren. Sie hatten ihren Glauben bewahrt, Abba aber war von ihm abgefallen. Einige weigerten sich noch Jahre nach ihrer Ankunft im Land, das Wort an ihn zu richten. Rufen sie sich jene Monate in Erinnerung zurück, dann regt sich der Groll wieder als wären nicht Jahrzehnte vergangen. Doch sie sehen ein, dass eine Rache, wie sie sie sich vorstellten, damals wie heute auf Ablehnung gestoßen wäre, in Erez Israel, in der Öffentlichkeit und in ihren Familien, in der aufgeklärten Welt und sogar in Deutschland. Auch aus diesem Grund haben sie so lange geschwiegen.

Einschätzung der Nokmim und ihrer Pläne

Auch wer ihre Pläne nicht gutheißen konnte, brachte den Nokmim als Menschen Wertschätzung entgegen. So übte beispielsweise Chaika Grossman, seit 1969 Knessetmitglied, die zu einem der ersten Nokmim-Treffen Mitte der 1980er Jahre eingeladen wurde, scharfe Kritik an dem, was sie dort von den Kameraden aus der Jugendbewegung, der Schoa und des anschließenden

Umherirrens zu hören bekam. Sie nannte die Zusammenkunft eine jüdische und eine menschliche Tragödie und protestierte gegen die Behauptung, Plan A sei allein wegen der ungünstigen Zeitumstände abgesagt worden. Ihrer Meinung nach hätte Plan A aus einem erneuten Überdenken humaner Erwägungen heraus und in Voraussicht der Konsequenzen, die die Ermordung von sechs Millionen Deutschen mit sich bringen würde, abgelehnt werden müssen. Die Nokmim aber sprachen von der geplanten Aktion, so sie verwirklicht worden wäre, als von „einer Brücke in den neuen Tag und ins Leben" für das ganze jüdische Volk. Sie meinten, die massenhafte Rache könnte ein für alle Mal und für alle kommenden Generationen den antisemitischen Traum vor der Auslöschung des jüdischen Volks hinwegfegen. Es könnte sein, meinte Chaika Grossman, dass ein solcher Akt der Vergeltung der ganzen Welt als Abschreckung gedient hätte, doch würde er ähnliche Aktionen und Methoden der Selbstopferung um des Volkes willen legitimieren. Sie versuchte sich in Kovner, den sie respektierte und bewunderte, hineinzuversetzen: „Die Erde brannte ihm unter den Sohlen. Seine erschütternden Erfahrungen und die tiefschürfenden Reaktionen seines Geistes zeitigten stets extreme Reaktionen. [...] Er erlebte die Schrecken der Vergangenheit mit anderer Intensität. Seine Größe lag in seinem Anderssein." Grossman hatte die extreme Dimension, die Kovner erreicht hatte, wohl erkannt, doch sagte sie nach dem Treffen: „Ich kann mir schwer vorstellen, dass Abba das, was er sagte, wörtlich meinte. [...] Plan A war ein gedankliches Konstrukt."[24]

1988 übernahm Chaika den Vorsitz von *Moreshet*, des *Mordechai-Anielewitsch-Gedenktzentrums* Gedenkzentrums für Schoa-Forschung in Givat Chaviva. Dort saß sie in einem reichhaltigen Archiv und durchforschte die Dokumente und Manuskripte, doch es wollte ihr nicht gelingen, das Rätsel der Auslöschung des jüdischen Volkes zu entschlüsseln. Sämtliche Erklärungsversuche der Historiker, Psychologen und anderer Wissenschaftler erschienen ihr unzulänglich. Je unergründlicher das Phänomen, desto schärfer stellte sich die Frage: Wie hatte das Unerhörte geschehen können? In Bezug auf die Nokmim stellte sie fest: „Für die Schoa gibt es keine Erklärung. Keine Erklärung, kein Fünkchen Logik, keine Erhellung, von welchem Winkel aus man es auch betrachtet. Umso mehr Verständnis gebührt den Nokmim." Verständnis, nicht Zustimmung. Denn wenn sich kein triftiger Grund, keine logische Erklärung finden ließ, dann waren eine ganze Kultur und Millionen menschlicher Seelen willkürlich ausgelöscht worden und es war durchaus angebracht, über Vergeltung nachdenken.[25]

Auch Antek, Jitzchak Zuckerman, kam in seinen späteren Aussagen immer wieder auf die Vergeltung zurück und gab uns damit Einblick in seinen inneren Konflikt: „Ich musste das beiseiteschieben, damit ich mein Leben vor mir selbst rechtfertigen konnte. […] In meinem Bewusstsein waren die Deutschen so gut wie nicht existent, denn wenn sie existiert hätten, dann hätte ich alles stehen und liegen lassen und mich der Rache widmen müssen. Deswegen sah ich sie nicht, sah weder ihr Land, noch die Pracht ihrer Städte noch ihre Museen. […] Bis zum heutigen Tag reagiere ich nicht, wenn ein Deutscher mich grüßt. Ich habe keinerlei Kontakt zu ihnen. Eines ist gewiss: Rache wird es nicht geben. Das ist alles Geschwätz. Ich bin nicht bereit, wahllos jeden Deutschen zu töten."[26] Tatsächlich sprach Antek im Präsens, als sei die Rachefrage Jahrzehnte nach dem Ende des Krieges noch immer offen. Wenn er feststellt, er müsse die Existenz der Deutschen verleugnen, um sein Leben rechtfertigen zu können, dann sagt er im Grunde, wenn auch indirekt: Die Nokmim fanden die Rechtfertigung für ihr Leben, indem sie die Deutschen zur Kenntnis nahmen. Da Antek und Chaika beide aufgefordert worden waren, sich der Nakam-Gruppe anzuschließen, ist es nicht verwunderlich, dass beide sich mit diesem Thema weiterhin auseinandersetzen. Beide gehörten, Chaika in Bialystok und Antek in Warschau, zu den Initiatoren der bewaffneten Aufstände gegen die Deutschen. Ähnliche Aufstände hatte es in Kovners Wilna trotz des im Getto organisierten Untergrunds nicht gegeben. Auch das mag ein Grund dafür gewesen sei, dass Chaika und Antek sich nicht um weitere Akte nationaler und historischer Dimensionen bemühten.

Roseman, ein enger Freund der Nokmim, erklärte, sie seien zuverlässige Kameraden gewesen und hätten einander vertraut. Ihre Freundschaft war erprobt und stark; zudem hegten alle große Bewunderung für Abba Kovner. Naturgemäß hätte die Nakam-Gruppe nicht tätig werden, ja nicht einmal existieren können, wenn sie von ihrer Umgebung nicht unterstützt worden wäre.[27] Obendrein erklärte Roseman: „Die Idee war historisch gerechtfertigt, politisch gesehen aber reiner Wahnsinn." Im Gegensatz zu Kovner, der ja behauptete, Rache sei notwendig, um eine neue Schoa abzuwehren und das Weiterbestehen des jüdischen Volkes zu sichern, verneinte Roseman eine solche existentielle Notwendigkeit und verwies auf das moralische Problem: Aus moralischer Sicht war Vergeltung erforderlich, aber war es moralisch vertretbar, Mord mit Mord zu erwidern? Eine akzeptable Art der Vergeltung müsste grausame Partisanenpraktiken hinter sich lassen und einen konstruktiven geistigen Aufbruch mit sich bringen. „Andererseits war es gut, dass es so etwas gab, denn nur von Irrsinnigen – und sie waren wie im Rausch – geht eine nachhaltige Warnung aus. Es gab eine Gruppe von Juden, die willens waren, ihr Leben in die Waagschale zu werfen, das allein zählte."[28]

Selbst wer, wie Jehuda Ben David, Shadmis Vertrauter, zu denen gehörte, die eine wahllose Rache ablehnten, hatte Lobendes über die Nokmim zu sagen: „Fabelhafte Burschen." „Einer wie der andere tapfere Soldaten", meinte

Menasche Gewissar. Ben-Meiri gab zu bedenken: „Zwar umschwebt allerhand Erhabenes und Edles die Rache, doch sie ist ihrem Wesen nach negativ, besitzt nichts Aufbauendes oder Lebensbejahendes." Auf die Verwirklichung hätte er gern verzichtet, nicht aber auf die Ziele, die gut und richtig waren. Die Nokmim zeigten Hingabe und Bereitschaft, „wie ich sie in meinem Leben noch nicht gesehen hatte". In Shadmis Buch heißt es, sie gehörten „zu den Besten der jüdischen Jugend. Als Pioniere waren sie vom Ehrgeiz beseelt, nach Erez Israel zu gelangen und sich in das dortige Leben zu integrieren." Dann aber kam der Krieg. „Mit ihrer besonderen Feinfühligkeit erkannten sie, dass die Welt dabei war, ihren normalen Gang wieder aufzunehmen und sich mit den Mördern zu versöhnen. […] Sie betrachteten es als ihre Pflicht, die Menschheit aufzurütteln und ein Vergessen der Schoa auszuschließen. Das war die zentrale Achse, um die sich ihr ganzes Leben drehte."[29]

Wie in der Einführung erwähnt, schrieb als erster der Journalist Schlomo Nakdimon etwas über die Nakam-Gruppe. Ausgerechnet Haim Lazar, der Mann, der so enttäuscht darüber gewesen war, dass er und seine Freunde nicht aufgenommen wurden, stellte die Verbindung zwischen Nakdimon und drei der Nakam-Kameraden her. Die Nokmim erzählten dem Journalisten ihre Geschichte, bestanden allerdings darauf, anonym zu bleiben. In seinem 1966 zum zwanzigsten Jahrestag des Racheakts in Nürnberg erschienen Artikel schrieb Nakdimon mit großer Wertschätzung über die Kameraden und betonte, dass sie an allen israelischen Befreiungskriegen und dem Aufbau des Staates aktiv teilgenommen hatten. Der Historiker Michael Bar-Zohar war der Zweite, der die jüdischen Rachebestrebungen nach dem Krieg erforschte. Sein Buch erschien 1969. Er hatte obendrein intensive Gespräche mit Angehörigen der Jüdischen Brigade und der Deutschen Einheit, die an Racheaktionen beteiligt waren, geführt und gelangte zu der Einsicht, dass diese Menschen alle aus dem Gefühl heraus handelten, eine historische und nationale Aufgabe zu erfüllen. Ihr drängendes Rachebestreben und die von ihnen ausgeführten Akte der Vergeltung beeinträchtigten ihren tiefverwurzelten Gerechtigkeitssinn und ihren hohen moralischen Standard keineswegs. Später nahmen sie im jungen Staat bedeutende militärische und administrative Posten ein und erfreuten sich allgemeiner Wertschätzung. Bar-Zohar stellte ebenfalls fest, dass diese Soldaten die Akte, die sie ausführten, nicht als persönliche Rache an denen, die ihre nächsten Verwandten ermordet hatten, betrachteten. Sie sahen sich vielmehr als Beauftragte mit einer Mission, die ihnen von der Gesamtheit der Ermordeten und Überlebenden auferlegt worden war. Sie folterten niemanden. Und sie rührten die Besitztümer der von ihnen aufs Korn Genommenen nicht an; eine Zurückhaltung, die in jenen Zeiten der Not ihresgleichen suchte.[30]

In einem ähnlichen Sinn äußerte sich auch Prof. Israel Gutman über die Nokmim. Nachdem zwei deutsche Journalisten, Jim Tobias and Peter Zinke,[31] ein Buch über die Racheaktion in Nürnberg veröffentlicht hatten, wurde in Deutschland im Jahr 2000 von rechten Kreisen erwogen, Josef Harmatz und Arie Leib vor Gericht zu stellen. In einem Interview zu diesem Vorgang befragt, erklärte Prof. Gutman: „Ich kenne viele aus der Nakam-Gruppe, und die meisten von ihnen haben nichts Brutales oder Gewalttätiges an sich. Sie sind charakterlich reine Menschen. Ich übertreibe nicht. So waren sie wirklich." In der Tat besteht ein frappierender Unterschied zwischen den Persönlichkeiten der Nokmim und der Mission, die sie auf sich nahmen – Rache ohne Gerichtsverhandlung – und der Mittel, derer sie sich bedienen mussten, als da waren: Schwarzmarkthandel, Fälschung von Dokumenten, illegale Grenzübertritte, Währungsspekulation, Trinkgelage in dubioser Gesellschaft zur Beschaffung von Informationen. Gutman wies seinen Befrager darauf hin, dass an Häusermauern und sogar an den Wänden der Gaskammern Inschriften wie: "Juden, Rache!" gefunden wurden. Somit waren die Akte der Nokmim als Erfüllung des letzten Willens Sterbender zu betrachten. Gutman schloss mit einer Aufzählung der Verdienste der Nokmim an der Bricha, der Hagana, am Wiedererstehen des Volkes Israel. Letztlich bedienten sie sich der humansten Form der Vergeltung: Sie gründeten Familie in einem jüdischen Staat unter der israelischen Flagge. „Das ist das Vermächtnis derer, die in die Gaskammern getrieben wurden: Von der Rache bis zur Wiedererstehung." Und er fügte hinzu: „Welche Mittel besaßen die Juden denn nach dem Krieg noch, um auch nur irgendetwas auszurichten? Jeder rief nach Vergeltung, doch wer konnte damals schon den Worten Taten folgen lassen? Zwischen Wunsch und Wirklichkeit klaffte ein Abgrund."[32]

Jehuda Tubin, der Führungspositionen im HaSchomer HaZa'ir und im Kibbuz Arzi bekleidete, hatte sich als mutiger Freund der Nokmim erwiesen und ihr Vertrauen gewonnen. Etwa eine Woche vor der Aktion in Nürnberg richtete er einen emotionsgeladenen Brief an seine Frau. Da er offensichtlich über den Anschlag nicht informiert war, muss er den Zeitpunkt zufällig gewählt haben. Er schreibt, er bete für das Wohl der kühnen Freunde, die entschlossen waren, den eingeschlagenen Weg bis ans Ende zu gehen.

Sie hatten die Hölle überlebt, doch anstatt sich jetzt ein Heim zu bauen, gedachten sie der Toten. „Sie finden sich nicht damit ab, **dass unser Blut ungesühnt vergossen wird**. Dafür seien sie gesegnet. [...] Wer das für ein Abgleiten in den Terrorismus hält, hat meiner Meinung nach die Bedeutung der Schoa nicht in aller Tiefe erfasst und sieht die Gefahren nicht, die der Nazismus in die Welt gebracht hat. Ich wage zu behaupten: Das, was die Nokmim während unserer Anwesenheit in Europa nicht geschafft haben, wird man noch bedauern." An dieser Stelle sei bemerkt, dass trotz des Vertrauens, das zwischen ihm und den Nokmim herrschte, unklar bleibt, ob Tubin über den Plan A informiert war. Seinen eigenen Worten zufolge stellte er keine Fragen und machte keine Vorschläge. Er nahm stets verständnisvoll entgegen, was immer sie ihm erzählten.[33]

Nach Ablauf vieler Jahre kam auch von Schimon Avidan ein Resümee: „Ich muss mit Bedauern feststellen, dass wir unsere einzige Gelegenheit verpasst haben, der Welt zu zeigen, dass sie Juden nicht in Seife und chemischen Dünger verwandeln kann, ohne einen blutigen Preis zu zahlen." Seiner Meinung nach hätte eine richtige Vergeltungskampagne den Überlebenden ein Gefühl der Sicherheit und Selbstachtung zurückgegeben. Es wurde zu wenig getan, und was getan wurde, ging auf die Initiative unabhängiger Einzelner zurück, auf kleine Gruppen Überlebender, Partisanen und Untergrundaktivisten. Die heimlichen, anonymen Operationen wurden nicht immer zielgerecht ausgeführt, was einen schlechten Eindruck hinterließ und Missfallen erregte. Da diese Taten unter dem Mantel der Verschwiegenheit ausgeführt und deswegen nicht dokumentiert wurden, sind sie geheimnisumwoben geblieben. Einzelheiten sind nur wenigen Eingeweihten bekannt und kaum jemand weiß, was wirklich geschah. Avidan selbst hatte ja gesagt, derartige Aktivitäten könnten nur im Verborgenen vor sich gehen. Die Schwachen können es sich nicht leisten, ihren Feinden von Angesicht zu Angesicht gegenüberzutreten und müssen deshalb zu „unfeinen Mitteln" wie etwa einem Mord aus dem Hinterhalt greifen.[34] Damit meinte Avidan höchstwahrscheinlich auch sich selbst und die Leute, die ihn durch Europa begleiteten, um Taten auszuführen, über die er lieber schwieg. Niemand außer ihm dürfte gewusst haben, was damals im Verborgenen geschah.

Laskov und Zorea, nun beide Generäle in der Israelischen Verteidigungsarmee, pflichteten ihm bei: Die Seite, die sich rächen will, ist die schwächere Seite. Wir waren schwach, wir hatten keinen Staat und keinen Hebel, wir hatten sechs Millionen Menschen verloren. Zu wenig wurde getan, und das ist bedauerlich. Laskov erklärte: „Im Nachhinein bin ich mit diesen Operationen einverstanden, wenn auch nur, um meinem Sohn und Enkel erzählen zu können, dass immerhin jemand versucht hat, es den Verbrechern heimzuzahlen." Avidan fügte hinzu: „Ich bin mit meiner Vergangenheit im Reinen. Wenn ich meine Taten vor Bergen-Belsen und Dachau betrachte, glaube ich nicht, dass ich gesündigt habe." Mordechai Gichon stellte fest: „Die Nazis, die wir umgebracht haben, hatten den Tod verdient. Schade, dass wir nicht mehr von ihnen erwischt haben."[35]

Avidan richtet seine Kritik in erster Linie nicht gegen die Einzelnen und die kleinen Gruppen, die taten, was die Gesellschaft eigentlich hätte tun müssen, sondern gegen die Institutionen des Jischuws, die beschlossen hatten, sich Vergeltungsaktionen in den Weg zu stellen, auch solchen, die vermutlich diszipliniert durchgeführt worden wären. Avidan hielt diese Entscheidung für falsch. Seiner Ansicht nach hätten neben SS-Offizieren auch untergeordnete Kriegsverbrecher mit Blut an den Händen, Zehntausende von Männern und Frauen, ins Visier genommen werden müssen. Das wäre angesichts der im ersten Halbjahr nach Kriegsende in Europa herrschenden chaotischen Zustände auch gar nicht weiter schwer gewesen, behauptete Avidan weiterhin. Doch die Jischuwleitung habe versagt, indem sie die Erfüllung des Mandats der Millionen Ermordeten, ihr Blut zu rächen, nicht vorantrieb. Damit überging Avidan die politischen Erwägungen der Jischuwleitung, die wegen Hunderttausender heimatlos gewordener Überlebender normale Beziehungen zu den britischen und amerikanischen Besatzungsmächten auf deutschem Boden anstrebten, auf die sie im Hinblick auf die politische Zukunft des Jischuws ebenfalls angewiesen waren. Zudem würde die aufgeklärte Welt, die schnell vergaß oder zu vergessen wünschte, „unseren Ausgangspunkt nicht verstehen". Avidan wies diese Einschätzung der Reaktion in der aufgeklärten Welt zurück und wartete mit einer ganz anderen Rechtfertigung der Rache auf: Während der Schoa hatten die Meinungsmacher der aufgeklärten Welt nicht protestiert und keinen Finger gerührt, um die Abschlachtung der Juden zu verhindern, und deswegen dürften sie die Juden nicht verurteilen, die sich anschickten, gegen die Mörder ihres Volkes vorzugehen.

Diese Argumentation bietet viel Stoff für Debatten, denn sie wurde niemals auf die Probe gestellt. Wäre der Plan ausgeführt worden, hätten die Resultate auch gegenteilig ausfallen können. Erstens hatte sich die öffentliche Meinung daran gewöhnt, die Juden als Opfer zu sehen, und zweitens waren Umfang und Methoden des Genozids an den Juden noch gar nicht bekannt. Deswegen hätte die Welt möglicherweise Racheakte ohne Gerichtsverhandlung nicht toleriert, erst recht nicht in Gebieten, die den Alliierten unterstanden. In jenen Tagen schwebte allen ein neu geordnetes Europa vor. Die öffentliche Meinung könnte dem Jischuw sehr wohl unverantwortliches Handeln vorgeworfen und bezweifelt haben, ob er überhaupt reif sei für die Gründung eines unabhängigen Staates. Die jüdische Gemeinschaft in Erez Israel wäre unter Umständen aufgrund der langen Geschichte von Leiden und Unterdrückung als ein für alle Mal rachsüchtig abgestempelt worden, denn bereits in der Bibel forderte bekanntlich ein eifernder Gott immerwährende Rache gegen die Amalekiter.

In einem späteren Interview gab Avidan allerdings an, er verstehe, warum die Jischuwleitung alles getan habe, um eine Aktion großen Umfangs zu verhindern. Den Vorrang habe in jenen Tagen die Bricha gehabt. „Und wer hätte die DPs noch beschützt, wenn wir die Deutschen schwer geschädigt hätten?"

Der Jischuw habe das Recht gehabt, die Prioritäten festzulegen, und sich dafür entschieden, erst einmal die nun Heimatlosen nach Palästina zu bringen. „Das aber schließt die Vorstellung nicht aus, dass die Rechnung beglichen werden muss." Es war das letzte Interview, das Avidan gab, und das erste, in dem er Verständnis für den Standpunkt des Jischuws zeigte.[36]

Standpunkte innerhalb der Jischuw-Institutionen

Ein ganz anderer Standpunkt, als ihn Avidan und die mit Racheaktionen befassten Soldaten innerhalb der Jüdischen Brigade einnahmen, wird im *Buch der Geschichte der Hagana* vertreten, das sich ebenfalls mit den Beziehungen zwischen der Nakam-Bewegung und der Hagana als Körperschaft, die den Jischuw repräsentierte, beschäftigt. Avidan und seine Freunde beklagten die versäumte Gelegenheit, der Welt eine Warnung zukommen zu lassen, das Hagana-Oberkommando aber befürchtete eine historische Gelegenheit anderer Art zu versäumen, sollten die Nokmim ihre Pläne in vollem Umfang durchsetzen. Zwar bringe wohl jedes jüdische Herz Verständnis für die emotionalen Beweggründe der Nokmim auf, heißt es in besagtem Werk, doch sei ihr Scheitern kaum zu bedauern, denn ein derartiger Racheakt hätte keinem moralischen oder historischen Zweck gedient. Ähnlich hat sich Jean Améry geäußert. Diese Einschätzungen verdrossen Pascha, als er sie Jahre später las.[37]

Im *Buch der Geschichte der Hagana* wird obendrein behauptet, nur völlig hoffnungslose Menschen suchten Kompensation in Racheakten, während doch das jüdische Volk noch Hoffnung hatte. Seine historische Aufgabe war noch nicht erfüllt und es rief keineswegs danach, wie der biblische Samson „mit den Philistern zu sterben". Keine wie auch immer geartete Vergeltungstat wäre imstande gewesen, das unschuldig vergossene Blut zu rächen. Die beste Rache an Hitler und seinen Helfershelfern war das Wiedererstehen des jüdischen Volkes aus Staub und Asche und die Herstellung der verlorenen Ehre durch die Gründung eines jüdischen Staates in Erez Israel. „Der Hagana fiel das Privileg zu, jenes Phänomen einzudämmen, die immensen seelischen Kräfte, die es antrieben, in fruchtbarere Kanäle zu lenken und ihnen auf dem Boden Erez Israels ein neues Betätigungsfeld zu geben."[38] Das Wort „historisch" taucht des Öfteren in den Texten der Herausgeber auf. Offenbar spürten sie eine historische Verantwortung auf ihren Schultern und ließen sich von nichts beirren, nicht einmal von Menschen, die unbeschreiblich gelitten hatten.

Welche Haltung Ben-Gurion dazu einnahm, ist zu vermuten, allerdings nicht aufgrund expliziter Äußerungen. Bezüglich der Vergeltung findet sich keine einzige Notiz, weder in seiner Korrespondenz noch in anderen Dokumenten. Der Archivar des Ben-Gurion-Instituts in Sde Boker ließ uns wissen, dass es Themen gab, über die Ben-Gurion nichts niederschrieb, vor allem, wenn seine Position klar und das Festhalten von Details überflüssig war. Sein Biograf Schabtai Tevet meinte, wenn Ben-Gurion für Vergeltungsaktionen gewesen wäre, dann hätte er entsprechende Schritte eingeleitet und das Vorhaben ausführen lassen. Offensichtlich war er nicht dafür, und was in dieser Sache getan wurde, geschah gegen seinen Willen. Allerdings mussten die für die jüdische Geschichte Verantwortlichen irgendwann auf einen Affront wie die Schoa reagieren, und deswegen führten sie den historischen Prozess gegen Adolf Eichmann. Tevet meinte des Weiteren, auf dem Gebiet der Vergeltung sei nicht genug Konkretes geschehen, aber mehr zu tun, sei so gut wie unmöglich gewesen. Das Symbolische des Eichmann-Prozesses musste genügen.[39] In der Tat war Kovner während seiner Aussage im Zeugenstand vom tiefen Gefühl durchdrungen, der Tag des Gerichts sei da.

Aus den Worten und Taten einiger der Offiziere und Repräsentanten Erez Israels in Europa ergibt sich ein komplexeres Bild als im *Buch der Geschichte der Hagana* dargestellt. Michael (James) Ben-Gal, einer der Offiziere, der in der Jüdischen Brigade die Hagana vertrat, stimmte völlig mit dem überein, was Mosche Shertok sagte: Angemessene Vergeltung sei angebracht. Schlomo Schamir, sein Vorgänger im Amt, schrieb sogar, wenn ihm ein ernsthafter Vorschlag unterbreitet worden wäre, der zum Tod von einer Million Deutscher geführt hatte, dann hätte die Jüdische Brigade sehr wohl erwogen, die Aufgabe selbst zu übernehmen. Ben-Chorin, der sowohl mit Avidan als auch mit den Nokmim zusammenarbeitete, schloss sich im Nachhinein der Ansicht an, dass eine Abschreckung wie sie hinter der Racheidee stand, vonnöten war. Ihm zufolge wäre selbst die Nürnberger Operation „in ihrem großen Umfang" – womit er offenbar die beabsichtigte aber nicht wie erwünscht verlaufene Vergiftung von Zehntausenden von SS-Leuten meinte – keine angemessene Vergeltung für den Mord an sechs Millionen Juden gewesen. Immerhin brachte die Racheidee den festen Entschluss zum Ausdruck, „dass wir das Vergießen jüdischen Blutes nicht ungesühnt lassen werden." Nicht zum ersten Mal sprach Ben-Chorin von „wir", als sei er dabei gewesen, und implizierte damit auch, dass dieser Entschluss nicht von der Nakam-Gruppe allein, sondern ebenfalls vom Establishment getragen wurde.

Wie Shadmi, der Hagana-Kommandeur in Europa, zum Rachethema stand, ist hinlänglich bekannt. In den Berichten, die er nach Erez Israel sandte, sprach er von seiner Mitwirkung bei jeder Phase der Nakam-Aktivitäten, von seinem Wunsch, die Aktionen möchten gelingen, von seiner Enttäuschung über das Scheitern und von der Sünde gegen die jüdische Geschichte, die die

Jischuwleitung beging, als sie sich gegen eine angemessene Rachekampagne aussprach. Er schrieb an seine Vorgesetzten im Land, dass er Vergeltung für richtig hielt, und fügte hinzu, er glaube, auch sie empfänden wie er.[40] Er glaubte also, unter den Führungspersönlichkeiten im Land, die sich offiziell gegen Racheaktionen wandten, herrschte das Gefühl, ein Versäumnis, das einer historischen Sünde gleichkam, zu begehen.

Man darf feststellen, dass der Wunsch, sich zu rächen und das ganze deutsche Volk so schwer zu bestrafen, dass sich noch Generationen daran erinnern würden, vom ganzen Jischuw und auch von seiner Leitung geteilt wurde. Der Rubikon aber, der zwischen Wollen und Tun lag, wurde nicht überschritten. Unter der Führung von Ben-Gurion entschied die Jischuwleitung im Einvernehmen mit dem Oberkommando der Hagana, ohne darüber offizielle Diskussionen abzuhalten, Rachemaßnahmen seien nicht der richtige Weg, und bewies damit höchste Verantwortung. Wenn sich die Verantwortlichen in Erez Israel nicht um die völlig mittellosen Überlebenden kümmerten und sie nach Palästina brächten, würde es niemand tun. Unkontrollierte Racheakte hätten die Bereitschaft der internationalen Hilfsorganisationen, die Bricha und die DPs zu unterstützen, mit Sicherheit verringert. Die Briten und Amerikaner ihrerseits würden Anschläge auf Gefangene, vor allem auf Gefangene, für die sie verantwortlich waren, keinesfalls hinnehmen. Die Bemühungen um die Gründung eines eigenen Staates kämen ins Stocken. Obendrein konnten Racheakte (wie Ben-Gurion zu Pascha bemerkte) niemanden wieder lebendig machen. Um wahre Vergeltung zu verwirklichen, hätte es politischer Unterstützung bedurft, schrieb Ian Buruma.[41] Eine solche Unterstützung aber gab es nicht.

Kovner, die Nakam-Kameraden und die Vision

Trotz der gegen ihn vorgebrachten Beschwerden und Anklagen blieb Kovner bis zu seinem Tod der bewunderte Anführer, die zentrale Gestalt, um die sich alle scharten. Selbst Pascha, der Mann, der nach Kovners Abreise mit vielen Komplikationen zu kämpfen hatte und zwischen Kovner und der Gruppe vermitteln musste, wies bei jeder Befragung auf Kovners Größe hin. Er bezeichnete ihn als weltlichen und religiösen Menschen, denn in allem, was Kovner tat, auch wenn es profane Dinge waren, blieb ein religiöses Element erhalten. Die jüdische Tradition war der Eckpfeiler seiner Existenz und sein Leitstern, und daraus ergab sich alles andere. Er war vierundzwanzig Stunden am Tag schöpferisch und verfolgte niemals die Absicht, ein öffentliches Image aufzubauen oder gar eine Position zu ergattern. Im Gegenteil, „er blieb ein

Riese unter kleinen neidischen Zwergen“, ein Symbol seiner Generation in den Augen von Angehörigen aller möglichen Parteien, eine unerschütterliche Autorität und ein grenzenlos treuer Kamerad. Wer wollte sich mit ihm messen?, fragte Roseman. Er hielt Kovner für „einen Propheten“, der Menschen in seinen Bann schlug. Und wer wollte schon mit einem Propheten streiten?[42]

Als die Nokmim in den 1980er Jahren anfingen, sich der Welt zu eröffnen, vertraute Kovner ihnen an, dass er die Jischuwleitung „guten Gewissens“ belogen hatte, als er zustimmte, sich auf Plan B zu beschränken. „Ich zweifle keinen Augenblick daran, dass Plan A gut und richtig war“, doch er wurde nicht ausgeführt, „weil wir den richtigen Zeitpunkt verpassten, an dem er nur Deutsche getroffen hätte.“ Er sprach im Präsens, als wären nicht Jahrzehnte vergangen und als wollte er seinen Zuhörern sagen, dass er immer noch an die Richtigkeit dieses Vorhabens glaubte. Diese Äußerung konnte er sich leisten, da das Gift schon lange auf dem Boden des Mittelmeeres ruhte.[43] Brauchten die Nokmim jemanden wie Kovner, der im Land inzwischen Renommee und Achtung genoss, um ihre Gedanken und Taten im Nachhinein zu rechtfertigen? Oder waren die Kameraden jetzt, da sie schon Jahrzehnte im Land lebten, besser in der Lage, ihn aufgrund der Gesamtheit seiner Taten und seines Verhaltens während und nach der Schoa mit allen Licht- und Schattenseiten besser einzuschätzen und ihn nicht nur aufgrund der Nakam-Affäre zu beurteilen? Vielleicht auch waren sie jetzt eher bereit, vom tatsächlichen Geschehen abzusehen und den symbolischen Wert zu erkennen, der darin lag, dass eine kleine Gruppe sich aufmachte, die Welt nach der großen Katastrophe vor der nächsten Katastrophe zu warnen. Kovner verkörperte diesen Symbolismus mit seiner dramatischen Persönlichkeit und seiner Vorstellung von Gerechtigkeit, die ihm zufolge vonnöten war, um die Geschichte der Menschheit und des Judentums wieder in die richtigen Bahnen zu lenken. Von dieser Vision angetrieben, war es ihm gelungen, die Kameraden zu inspirieren. Aus all diesen Gründen blieb Kovner, obwohl die Operation größtenteils gescheitert war, auch nach seinem Tod der bewunderte Anführer.

Das besondere Verhältnis des Anführers zu seiner Gruppe mag weitere schwierige Fragen erklären: Warum versicherte Kovner James Ben-Gal, die Mission sei den Nokmim von der Jischuwleitung auferlegt worden, was nicht der Wahrheit entsprach? Warum erklärte er den Nokmim, Weizmann selbst habe Bergmann beauftragt, was ebenfalls nicht der Wahrheit entsprach? Warum schrieb er mit eigener Hand in einem offiziellen Brief an das Archiv, er habe die Jischuwleitung belogen? Die Erklärung ist, wie gesagt, in seiner Beziehung zu den Kameraden zu suchen. Offenbar wollte er die geplanten Taten legitimieren und der Gruppe weismachen, sie habe öffentlichen Rückhalt und würde als Teil der jüdisch-hebräisch-zionistischen Gemeinschaft anerkannt, sei Fleisch von ihrem Fleisch und nicht eine Bande größenwahnsinniger Träumer, denen die Schoa den Verstand geraubt hatte, keine abtrünnige Rotte wie Etzel und Lechi, die die Autoritäten herausforderte, die die Überlebenden gefährdete und die Chancen auf Unterstützung der Weltgemeinschaft bei der Einrichtung eines jüdischen Staates verspielte. Noch lange nach dem Krieg wurde Kovner von der Vorstellung verfolgt, die Jischuw-Institutionen hätten seinen Plan nicht ausreichend verstanden und geschätzt und nicht in dem Maße geholfen, wie gewisse eingeweihte und einverstandene Personen es wünschten. Kovner konnte sich nicht damit abfinden, dass die Institutionen die Nokmim einerseits an sich zogen und ihnen andererseits Steine in den Weg legten, „wo es doch nach den Gräueln außer uns keine Gruppe gab, die eine Vergeltung erwog, die dem Umfang und Schrecken nach dem glich, was der NS-Feind uns angetan hatte".[44]

Die Vision totaler Rache entsprang der von der Schoa ausgelösten Krise. Obendrein war es eine Art Selbstmordversuch, ausgelöst vom tiefen Gefühl, dass das Ende der Welt gekommen und es nun das Beste sei, „mit den Philistern zu sterben". Ihm zugrunde lag die Unfähigkeit, sich mit dem Verlust eines ganzen nationalen und persönlichen Kosmos abzufinden. Der Schmerz war so tief, dass er die Seelenstränge der Kameraden, sei es in der Einzelhaft im britischen Kerker oder isoliert auf beflecktem deutschen Boden, fast zerrissen hätte. Nur so ist nachzuvollziehen, dass Kovner und seine Kameraden, die vor dem Krieg – und später danach – vorbildliche Leben lebten, in den Griff einer dermaßen horrenden Idee gerieten. Nur so lässt sich Kovners widersprüchliche Persönlichkeit verstehen. Er war ein Mann mit Weitsicht, der während seines Aufenthalts in einem Kloster in der Nähe des Gettos begriff, dass die systematische Auslöschung seines Volks vonstattenging, der das wahre Wesen der Sowjets erkannte, der den Kalten Krieg voraussah wie auch den Wandel, der sich in der Kibbuz-Bewegung zutragen sollten. Und er erkannte, dass sich in der westlichen Kultur, und in Israel ebenfalls, der Fokus vom Kollektiv auf das Individuum verschob. Wie konnte ein solcher Mann die furchtbaren Konsequenzen der von ihm geplanten Aktionen nicht überblicken? Wie konnte er sich in jenen Jahren seines Lebens so ganz anders verhalten, als er es normalerweise tat? Auch der Ton der „Kampfblätter", die er als Informationsoffizier der *Givati*-Brigade unter Schimon Avidan schrieb, ist nur mit verzehrender Angst zu erklären: Abba Kovners Angst war die Angst eines sensiblen Menschen, der beständig auf der Hut und bemüht war, das Geschehen in seiner Umgebung zu durchschauen und zu analysieren, der Zeuge einer Katastrophe von unerhörter Grausamkeit geworden war. Diese Angst verließ ihn auch in den ersten Nachkriegsjahren nicht, und sie hielt ihn in den ersten Monaten des Unabhängigkeitskrieges von 1948 noch in den

Fängen. Wieder stand eine Katastrophe bevor: Arabische Armeen griffen den Jischuw von allen Seiten aus an. Siedlungen wurden evakuiert oder fielen den Feinden in die Hände. Die Ägypter rückten auf Tel Aviv vor und durchquerten dabei das von der Givati-Brigade gehaltene Gelände. Siebenhundert Kämpfer fielen und die Brigade erhielt den Namen Grusel-Brigade. Mit dieser Angst in sich verfasste Kovner Kampfblätter mit der Überschrift „Tod den Invasoren". Eins rief ausdrücklich nach Rache: „Rache. Rache. Rache!" Ein anderes erklärte: „Die Seelen der sechs Millionen Ermordeten rufen zu uns aus der Tiefe: ‚Die große Rache muss kommen – ein auf ewig freies Israel!'" Die Soldaten wurden aufgerufen, die in schlimmsten Worten beschriebenen Eindringlinge mit allen Mitteln zu bekämpfen. Um die Standhaftigkeit der Soldaten zu stärken, griff Kovner zu Zitaten von Bialik, Alterman und der Bibel, dem Dreierkanon der sich herausbildenden nationalen Identität. Dabei war es dem Verfasser wie auch den Lesern klar, dass die Kampfblätter den Widerstand in einer Zeit großer Not befeuern aber keinesfalls zu tödlicher Gewalt außerhalb des Schlachtfeldes aufrufen sollten.[45]

Mitte der 1970er Jahre unternahm Kovner die Unterscheidung zwischen der metaphysischen Idee, wie er sie nannte, und der konkreten Tat:

> „Meine Kameraden und ich predigten keinen **Hass** gegen das deutsche Volk, wir wollten es vielmehr zur **Verantwortung** ziehen, und wir hatten nicht die Absicht, Frauen und Kinder zu treffen. Nie habe ich die Rache betont, weder in Gedanken noch in Taten; ich habe vielmehr auf die Verpflichtung hingewiesen, Gerechtigkeit herzustellen. Grundsätzlich hatte ich verstanden, dass von der=Welt=die=zugeschaut=hatte [Kovner verband die Wörter mit einem doppelten Gedankenstrich, und schuf damit eine feststehende Wendung] keine echte Gerechtigkeit zu erwarten war. Kein regulärer Gerichtshof würde beweisen, dass jüdisches Blut nicht ungestraft vergossen werden durfte. Dies war eine Pflicht, die auf den Überlebenden unseres Volkes ruhte."[46]

Etwa zehn Jahre später aber bekannte er in einem langen Gespräch mit Levi Arieh Sarid:

> „Inwendig glühte ich vor Hass auf Deutschland und die Deutschen. Er klang ein wenig ab, hat sich im Grunde aber bis heute erhalten, wenn auch in abstrakter Form. [...] Er wuchs [...] zu etwas Theoretischem heran. In meiner Vorstellungswelt ist das deutsche Volk nicht unschuldig. Dafür muss diese Nation zur Abschreckung der zukünftigen Welt zumindest für die Dauer einer Generation bezahlen. [...] Als ich von der Existenz

der Atombombe erfuhr, träumte ich davon, sie über Deutschland abzuwerfen, wenn ich die Gelegenheit bekäme. [...] Mit meinen Racheplänen wollte ich zeigen, dass der nach Auschwitz übriggebliebene Rest in der Lage war, die Welt zu zerstören. Sie sollte wissen: Beim nächsten Mal geht ihr mit uns unter. [...] **Ich halte das bis heute für möglich.**"[47]

Diese beiden widersprüchlichen Äußerungen erinnern in gewisser Weise an die beiden unterschiedlichen Sichtweisen Primo Levis auf die Deutschen, die in der Einführung zitiert wurden. In der ersten Aussage stellte Kovner fest, er und seine Kameraden hätten keinen Hass gegen die Deutschen gepredigt, in der zweiten sprach er von seinem glühenden Hass auf sie, der sich im Laufe der Zeit in etwas Theoretisches verwandelte. In der ersten Aussage hebt er hervor, dass die Nokmim nicht die Absicht hatten, Frauen und Kinder zu treffen, in der zweiten spricht er von seinem Wunsch, über Deutschland eine Atombombe abzuwerfen. Einerseits also lesen wir von der Zurückhaltung, die humane Normen allen menschlichen Taten auferlegen, andererseits von dem fundamentalen Bedürfnis, ein unerhörtes Unrecht zu rächen. Dieser unlösbare Widerspruch bleibt bestehen, auch wenn die Rache den Zweck verfolgt, der Welt eine Lehre zu erteilen und sie so zu erschüttern, dass sie in Zukunft Vorsicht walten lässt: „Die letzten der Überlebenden werden grausame Vergeltung üben. Selbst wenn nur ein kleiner Rest übrigbleibt, jüdisches Blut wird nicht ungesühnt vergossen."[48]

Ein solcher Widerspruch zeigt sich ebenfalls in den Worten von Hanoch Bartov, der Kovners Freund und Nachbar war. Als Soldat der Jüdischen Brigade hatte er die dort ausgetragenen Diskussionen verfolgt und feststellen müssen, dass es keine Lösung, keine Quadratur des Kreises gab. Er hat die Argumente beider Seiten wahrheitsgetreu aufgezeichnet, vermerkt, wer für die Rache war, wer dagegen, und dazu die Unmöglichkeit beschrieben, im Kameradenkreis eine Einigung zu erzielen. Obwohl ihm klar war, dass er eine Rache im Umfang, den er sich wünschte, keinesfalls unterstützen konnte, schrieb er: „Tausende mutiger junger Männer haben sich erboten und geschworen, das geschändete Blut zu rächen, sich in Kriegs- und Friedenszeiten zu rächen an den Schergen und an ihren Kommandanten, an denen, die Beifall klatschten und an denen, die Girlanden flochten, an den Blutrünstigen und an den Nutznießern, an ihnen allen. [...] Eines aber [...] werden wir niemals vergessen: Wir sind aus dem Krieg zurückgekehrt, ohne die Stunde der großen Vergeltung zu erleben. [...] Die ausgebliebene Rache wird uns bis in alle Ewigkeit verfolgen; Frieden und Versöhnung sind unerreichbar weit entfernt."[49]

Für Kovner besaß die Rache nicht nur einen metaphysischen Aspekt, er betrachtete sie auch als kosmisch-göttliches Strafgericht von biblischer Unerbittlichkeit: „Auge um Auge", sechs Millionen für sechs Millionen, und sich selbst sah er als Instrument der Erfüllung. Hanoch Bartov meinte, Kovner habe sich von Kindheit an die Rolle eines Boten und Flaggenträgers angeeignet, eines Sehers und Propheten, der an Verborgenes rührt.[50] Tatsächlich findet sich zu Beginn seines Buches „Die feurigen Schriftrollen" die Fabel vom versunkenen Schlüssel, in der Kovner sich als bereits in der Kindheit Berufenen darstellt. Der Jerusalemer Tempel geht in Flammen auf, und der Hohepriester klettert aufs Dach, um seine Schlüssel gen Himmel zu werfen, aus dem eine Hand erscheint und sie entgegennimmt.[51] Ein alter Rabbiner erzählt diese Legende, eine der vielen, die sich um die Zerstörung des Jerusalemer Tempels ranken, einer Schar jüdischer Kinder in einer nördlichen Stadt mit schneebedeckten Häusern. (Die Stadt dürfte Kovners Geburtsstadt entsprechen.) Anschließend gehen die Kinder heim. „Aber ein Junge mit traurigen Augen sah des Nachts, als er in seinem Bett lag, einen schimmernden Schlüssel vom Himmel fallen und in den Wassern des Sees, der hinter der Stadt lag, versinken." Ob jener Junge der kleine Abba war, der seine Berufung erhielt? Nur er sah, wo der Schlüssel versank, und nur er konnte ihn wiederfinden.[52] Ist er ebenfalls der Engel mit den traurigen Augen, dem Gott versprach, dass trotz der Zerstörung des Tempels die Glut niemals ganz verglühen würde, wie es der israelische Nationaldichter Haim Nachman Bialik aufgeschrieben hat? Damit wäre Kovner die Mission immerwährender Wachsamkeit übertragen worden, die Aufgabe, das Drohende zu erkennen und vor der Katastrophe zu warnen, die sich dem litauischen Jerusalem näherte. Er tat das in einem Manifest, das die Juden der Stadt aufrief, nicht wie die Schafe zur Schlachtbank zu gehen, vielmehr die Flamme der Rebellion in den Herzen der im Getto Eingeschlossenen zu entfachen und sie hinaus in die Wälder zu führen, wo sie kämpfen könnten. Und dann die Überlebenden versammeln und ins Land begleiten. Und auf dem Weg die Urheber der grauenhaften Katastrophe nicht weniger grauenhaft bestrafen. Und wenn die Übeltäter für das Verbrennen des litauischen Jerusalems bestraft worden wären, dann könnte der Berufene seine Mission fortsetzen und den Tempel im Land Israel wieder aufbauen und die Glut hüten, auf dass sie nie mehr erlösche.

Kovners Auffassung von der Strafe als gottgewollt geht auf seine Vertrautheit mit den jüdischen Quellen zurück. Er kannte sich in ihnen so gut aus, dass er getrost als „Schwimmer im Meer der *Halacha*" bezeichnet werden darf. „Meer der *Halacha*" – so nannte er die grafische Darstellung der Geschichte der *Halacha* (der mündlichen Tora) und ihrer Meister durch die Jahrhunderte, die er zur Eröffnung des „Museums des Jüdischen Volkes" (Bet Hatfusot) in Tel Aviv anfertigte. Er wusste sehr wohl, welchen Platz die Rache in der jüdischen Tradition einnahm. Er war Bialiks Engel mit den traurigen Augen. (Nathan Alterman, ein anderer Nationaldichter, wird mit dem Ausspruch zitiert: „Es gibt vier Menschen, deren Anblick mir schwer wird / und fünf, deren Blick ich kaum ertrage." Der erste auf dieser Liste war Abba Kovner.)[53] Kovner betrachtete sich als die zur Bestrafung ausgesandte Rute Gottes. Doch ein großes Wunder sorgte dafür, dass er und das Gift, das er mit sich führte, gar nicht erst in Europa eintrafen. Wäre dieses Wunder nicht geschehen und das Gift in die Trinkwassersysteme von vier oder fünf großen Städten gelangt und hätte diese Tat Millionen von Männern, Frauen und Kindern das Leben gekostet, ohne Nachfragen, ohne Gericht, ohne zwischen Mördern des jüdischen Volkes und solchen, die ihm kein Leid zugefügt hatten, zu unterscheiden, was wäre dann aus den Nokmim geworden? Und was aus dem jüdischen Volk als Ganzem? „Gott sprach: Mein ist die Rache, die Vergeltung." (Deuteronomium 32,35). Sie ist Sein allein.

Die Nokmim brachten zum Ausdruck, was Millionen von Menschen, Juden und Nicht-Juden, empfanden. Die Zahl der nach dem Krieg von nichtjüdischen Europäern ausgeübten Racheakte ist viel höher als noch bis vor kurzem angenommen, was etliche neue Studien nach und nach ans Licht bringen. Nur wenige der Juden, die in der Nachkriegszeit vom Racheverlangen erfüllt waren, ermordeten Deutsche und Kollaborateure. Zu den wenigen zählten einige Dutzend Soldaten der Jüdischen Brigade, Schimon Avidan und die Freiwilligen der Deutschen Abteilung, die etwa fünfzig Mitglieder der Nakam-Gruppe (die offenbar keinen einzigen Tod unter den in Nürnberg gefangenen SS-Leuten verursacht haben), die Wiener Gruppe, kleinere Verbände sowie Einzelpersonen, deren Taten teilweise bekannt geworden sind und teilweise nicht. Hinzukamen Mossad-Agenten, die nach der Staatsgründung die Vergeltungsoperationen fortsetzten, sowie diejenigen, die, wie Pascha, Lidovski und ihre Kameraden, im Osten unmittelbar nach der Befreiung durch die Rote Armee Vergeltungsoperationen vornahmen. Ähnliches geschah ebenfalls in späteren Jahren, ohne dass die westliche Öffentlichkeit etwas davon erfuhr. Insgesamt dürfte die Zahl der Männer und Frauen, die sich weigerten, Vergeltung lediglich nur als Bedürfnis oder Hoffnung zu betrachten, höchstens zwischen zweihundert und zweihundertfünfzig gelegen haben. Wie viele Deutsche und Kollaborateure insgesamt umgebracht wurden, ist schwer einzuschätzen, denn nicht alle Racheakte sind dokumentiert worden. Doch auf Grundlage der vorhandenen Aufzeichnungen dürften im Gesamtzusammenhang der Nachkriegsjahre nicht mehr als tausend bis tausendfünfhundert Personen durch Rachetaten ihr Leben verloren haben.

Die große Mehrheit des jüdischen Volkes stimmte in Sachen der Rache und der zu ergreifenden Methoden mit den Füßen ab, ohne dass es im Jischuw oder unter den Überlebenden in Europa Versammlungen oder andere Veranstaltungen zu diesem Thema gegeben hätte. Es war keine ausgesprochene Entscheidung, es war eher eine kollektive Stimmung, eine allgemeine Intuition, der zufolge die beste Vergeltung im Weiterleben bestand. Indem man wieder auf die Beine kam, innerhalb aufblühender jüdischer Gemeinden eine Familie gründete, sich am Aufbau eines eigenen Staates beteiligte, der das Recht zur Selbstverteidigung besaß, und die Pflicht übernahm, der Schoa in allen ihren Dimensionen zu gedenken. Die Existenz eines jeden Juden, der, wo auch immer, jüdische und humane Werte vertritt, beweist die Nichtigkeit der NS-Ideologie und ihrer Sicht auf das jüdische Volk. Jeder Nobelpreis, der an einen Juden geht (zwanzig Prozent aller Nobelpreisträger sind jüdischer Herkunft; der Anteil der Juden an der Weltbevölkerung beträgt zwei Zehntel Prozent), ist eine gewisse Vergeltung an denen, die die Juden als „Untermenschen" einstuften. Jede israelische Errungenschaft ist Vergeltung an denen, die behaupteten, ein jüdischer Staat würde zu einer Zuflucht für Kriminelle werden. Die Vergeltung, wie die jüdische Öffentlichkeit sie nach dem Krieg verstand, bedeutete nicht unbedingt eine physische Reaktion auf physischen Mord, sondern einen Kampf, der erhobenen Hauptes und im Bewusstsein der eigenen Identität auf produktiven Gebieten wie Aufbau, Fortbestand und Erfindungsreichtum gegen den NS-Versuch, die Juden zu entmenschlichen, geführt werden konnte. Dieser Weg erwies sich als fruchtbar: Viele Überlebende haben wiederholt gesagt, dass ihr Festtagstisch mit zwanzig Mitgliedern der Familie, die sie im Land gegründet haben, ihre ganz persönliche Rache an Hitler und seinen Gefolgsleuten sei. Sie stellen das voller Trauer um die unwiederbringlich verlorene und voller Genugtuung über die neu geschaffene Familie fest.

Abschließend ein Rückgriff auf das bereits in der Einleitung herangezogene hebräische Wort für Wahrheit, über das der Midrasch sagt: *Emet* beginnt mit dem ersten Buchstaben des hebräischen Alphabets, dem *Aleph*; in der Mitte steht das *Mem*, der mittlere Buchstabe des hebräischen Alphabets, und am Ende der letzte Buchstabe, das *Taw*. Demnach verlangt die Suche nach Wahrheit, dass die Historikerin den ganzen Weg vom Anfang bis zum Ende geht. Sie muss Geschehenes erforschen, dokumentieren und analysieren. Für dieses spezielle Buch bedeutete es auch, Legenden, Begriffe und Symbole, die sich in der israelischen und jüdischen Öffentlichkeit um dieses Thema gerankt haben, einmal genau unter die Lupe zu nehmen. Nachdem das nach bestem Wissen und Gewissen unter Zuhilfenahme aller Quellen, bekannter und neu entdeckter, erfolgt ist, – was bleibt der Historikerin der auf diesen Seiten beschriebenen Saga von jungen Frauen und Männern, die sich anschickten, sechs Millionen Deutsche zur Sühne für sechs Millionen ermordete Juden ins Jenseits zu schicken, und denen diese Vorstellung von Vergeltung zum Lebenssinn wurde, nach getaner Arbeit hinzuzufügen?

Wer die Nokmim kennengelernt hat, kann nicht umhin, Sympathie für sie als Persönlichkeiten, als Juden, als Zionisten, als verantwortliche Familienmitglieder zu empfinden. Ich habe versucht, ihre tiefsten Motivationen zu verstehen, doch ich möchte noch einmal betonen, was in diesem Buch bereits einige Male gesagt wurde: Weder ich noch irgendein anderer Mensch auf der Welt kann Sympathie für den schrecklichen Plan aufbringen, den sie damals ausgebrütet haben. Noch einmal sei unterstrichen: Man kann freundschaftliche Gefühle für die Gruppenmitglieder hegen und muss doch die Vorstellung eines Massenmordes, der mit Sicherheit unschuldigen Männern, Frauen und Kindern das Leben gekostet hätte, auf das Schärfste ablehnen. Zwischen den menschlichen Qualitäten der Nokmim und ihrem Streben nach massenhafter Vergeltung klafft ein Abgrund. Das habe ich den Nokmim des Öfteren zu verstehen gegeben und damit jene unter ihnen, die diesen Plan bis heute verteidigen, zutiefst erzürnt.

Um ihre Motivation zu verstehen, müssen wir das Wissen über die Schoa heranziehen, das uns heute zur Verfügung steht, und uns die Demütigung und das Leid vor Augen führen, die diese Menschen als Heranwachsende erlitten. Die jüdische Generation, die zwischen den beiden Weltkriegen aufwuchs, erhielt ihre Erziehung in einem hervorragenden, vom europäischen Judentum gegründeten Schulsystem sowie in Jugendbewegungen, in denen sie sich heimisch fühlte. Dort waren sie aufgefordert worden, nationale und historische Verantwortung für das jüdische Schicksal zu übernehmen und nach Wegen zu suchen, wie die Pogrome vergangener Jahrhunderte in Zukunft verhindert werden könnten. Das Wesen der Geschichtsforschung besteht vor allem darin, die Motivationen der Handelnden zu ergründen, sich in die Menschen einer bestimmten Periode, die nicht die unsere ist, hineinzuversetzen und sich vorzustellen, was sie empfanden und wie sie auf das Zeitgeschehen reagierten.

„Zu unserem Bedauern ist es der Gruppe nicht gelungen, die selbst gestellte Aufgabe zu erfüllen“, schrieben mir einige der Kameraden, „aber allein die Gründung der Gruppe und das Bemühen, es den Deutschen heimzuzahlen, sind von hoher Wichtigkeit.“[54] Obwohl ihrem Unternehmen kein Erfolg beschieden war, fanden sie Trost im Gedanken, eine Legende hinterlassen zu haben, eine Art Mythos von einer Partisanenschar, die zum Äußersten bereit war. Schon das betrachten sie als Errungenschaft. Das entschlossen zum Ausdruck gebrachte Verlangen, der Ohnmacht des jüdischen Volkes jedwedem Angreifer gegenüber ein Ende zu setzen sowie das öffentliche Wissen um Kämpfer, die die Abschreckung zukünftiger Aggressoren anstrebten, kann bereits eine abschreckende Wirkung haben. Insofern ist dem Inhalt des Briefes jener Nokmim wie auch Vitka Kovner zuzustimmen, die über den Aufstand im Warschauer Getto und über die Nokmim wiederholt feststellte, das Wichtigste sei nicht das Ergebnis, sondern die Fähigkeit, sich unter schlimmsten Umständen zu organisieren und nach Wegen des Widerstands zu suchen. Was die Resultate betrifft, so ist bereits erklärt worden und soll auch hier noch einmal erklärt werden: Dass die angestrebten Ergebnisse wie durch ein Wunder ausblieben, hat sich letztlich als großer Segen für das ganze jüdische Volk erwiesen.

Die jüdischen Quellen weisen in zwei Richtungen: Sie sprechen sowohl von Vergeltung als auch vom Neuanfang. Das Rachestreben beseelte eine kleine, vertriebene, schwache Gemeinschaft, wohingegen der Neuanfang ein Leben voller Schaffensfreude und Zuversicht bedeutete. Eine der vollständigen Konkordanzen der Hebräischen Bibel listet beispielsweise ein sechzigmaliges Vorkommen der beiden Begriffe für „Rache" – *nakam* und *nekama* – auf; die Begriffe „Güte, Wahrheit, Erbarmen" dagegen erscheinen in dieser Zusammensetzung zweihundertsechzig Mal.[55]

Die große Mehrheit des jüdischen Volkes unternahm keine physischen Vergeltungsakte gegen die Deutschen und ihre Helfershelfer und wusste sehr wohl zwischen ihrem glühenden Bedürfnis und konkreten Handlungen zu unterscheiden, zwischen dem natürlichen Drang, den Mördern und Folterern Gleiches mit Gleichem zu vergelten und dem tatsächlichen Überschreiten des Rubikons; sie hielten an den Werten fest, die Hinrichtung ohne Gericht verbieten. Nicht nur die Überlebenden und nicht nur die Nokmim wünschten sich, den Deutschen die verdiente Strafe zu erteilen, auch die jüdische Öffentlichkeit in Palästina und ihre Leitung teilte diesen Wunsch. Doch als es darum ging, Prioritäten festzulegen, schob die Führungsriege diesen Gedanke bewusst beiseite. An erster Stelle stand das Wohl der Überlebenden, die betreut werden und nach Erez Israel gebracht werden mussten, und mit ihm einher ging die Notwendigkeit, eine staatliche Einheit zu schaffen, die Antwort und Abschreckung zugleich sein würde. Auf diese Weise wurden die Gründung des Staates Israel und der Aufbau einer Gemeinschaft zur Verkörperung der Vergeltung. Damit wurde die Ausübung einer archaischen Form der Rache, sowohl in der ersten Nachkriegszeit als auch später, verhindert. Die Festlegung dieser Prioritäten beweist geistig-seelische Größe, Lebensbejahung und Erfindungsreichtum einzelner Persönlichkeiten und der ganzen jüdischen Gemeinschaft. Desgleichen gibt sie ein Beispiel für die Politik nationaler und menschlicher Verantwortung, der sich die Führungsriege jener Generation verschrieb.

Amir Gilboa

Rachetau

[…] Ich gehe dir entgegen
In Schrecken.
Ich gehe dir entgegen
Wissentlich.
Ich gehe, dich zu verfluchen, in Zorn
Und Tränen,
Die bei deinem Hervorbrechen
Im verfluchten Licht
Gefangen sind.
Ich gehe in dein Inneres zu kommen,
Ich gehe in dein erkaltetes Feuer,
die Gewänder all deiner Zeuger zu zerreißen
und deine sterbende Härte
in der Unreinheit deiner brennenden Städte zu begraben.
– Dann heilige ich mich in der Heiligkeit meiner Zeuger,
Dann stehe ich allein und verstumme.
Tränen könnten mein Gesicht zerschneiden
Die Seele blökte einen Schrei
Wie aus einem Traum
Einen erstickten Schrei ohne Ekel
Vor dem Verwaistsein.
Dann finde ich meine Arme
Ausgestreckt in die Weite.
Vielleicht gen Himmel erhoben
Und auf den Händen – meiner Heiligen Vermächtnisse –
Rachetau!

(Aus dem Hebräischen von Almut Laufer)
Amir Gilboa, *Siehe, die Tage kommen*, Gedichte 1942–1946, herausgegeben und mit einem Nachwort versehen von Hagit Halperin, Tel Aiv 2007, S. 119.
Mit freundlicher Genehmigung des Verlags HaKibbuz Hame'uchad

Bildteil

Abb. 1: Eine Partisanengruppe nach der Befreiung der Region durch die Rote Armee im Juli 1944. Rechts: Vitka Kempner. Als Dritte: Ruzka Korczak. Daneben Abba Kovner. Das Bild wurde von der Fotografen-Einheit aufgenommen, die der sowjetische Schriftsteller und Journalist Il'ja Ėrenburg anführte.

Abb. 2: Ein Plakat von Otto Walisch vom Mai 1945, das die Jugend des Jischuw aufruft, in die Jüdische Brigade einzutreten um sich an den Deutschen zu rächen: „Rache und Vergeltung sind Mein". (Mit freundlicher Genehmigung des Künstlers)

 | DOI:10.30965/9783657791125_012

Abb. 3: Poldek (Yehuda Maimon) (zweiter v. r.) in der Uniform der Jüdischen Brigade unterwegs,um weitere Überlebende der Schoa zu sammeln (Juli 1945)

Abb. 4: Juli 1945: Nakam-Mitglieder unterstützen die Jüdische Briagde, indem sie deutsche Gefangene bewachen.

Abb. 5: Dezember 1945: Abba Kovner (oben rechts) an Bord der „Champollion“ unterwegs nach Europa mit Gift im Gepäck.

Abb. 6: US-Militär untersucht das Lager der Bäckerei in Nürnberg nach der Vergiftung des Brotes (16. April 1946).

Abb. 7: Die Rächer in Tradate (Italien) im Juni 1946, einen Monat nach der Abreise in den Jischuw. Obere Reihe von rechts: Grushka, Willek, Ruvke, Julek, Poldek, Jaschek, Manek, David, Ratner, Lidowski. Unten von rechts: Max, Leibke, Schimek, Machush, Genia, Dushia, Itka.

Abb. 8: Landgang in Haifa.

Abb. 9: Lenas Tagebuch

Abb. 10: Dora (Dorka) geb. Goldreich

Abb. 11: Jitzchak (Pascha) Avidov (Reichmann)

Abb. 12: Pinchas (Jaschek) Ben-Zur (Benzelowitsch)

Abb. 13: Dov (Bolek) Ben-Ja'akov (Gewirzmann)

Abb. 14: Irena Gelbblum

Abb. 15: Rachel Galperin-Glicksmann

Abb. 16: Siegmund (Zygi) Glicksmann

Abb. 17: Arie Leib (Leibke) Distel

Abb. 18: Helena (Lena) Setz-Hammel

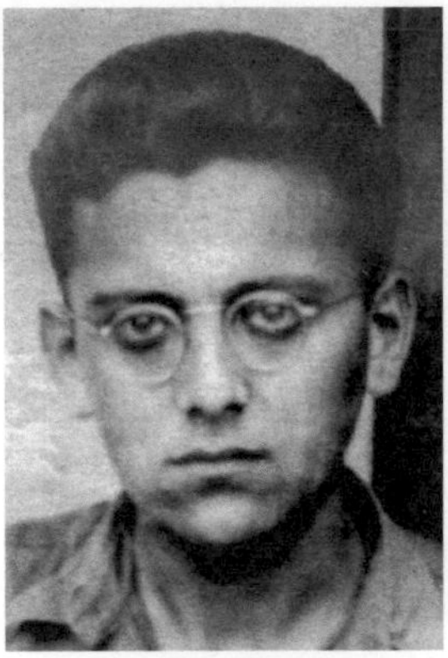

Abb. 19: Jitzchak Hammel

Abb. 20: Mira (Mirka) Verbin-Schabetzky

Abb. 21: Hasya Taubes-Warschewzyk

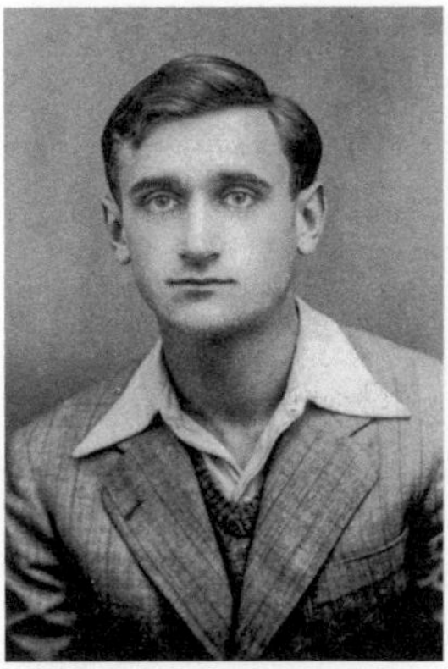

Abb. 22: Jechiel (Chilik) Warschewzyk

Abb. 23: Joseph (Julek) Harmatz

Abb. 24: Schimon (Schimek) Lustgarten

Abb. 25:Elieser Lidovski

Abb. 26: Levi Jitzchak (Ludwig) Meieranz

Abb. 27: Jehuda (Poldek) Maimon (Wassermann)

Abb. 28: Mosche (Manek) L.

Abb. 29: Zelda, Nisanilovitz, geb. Trager

Abb. 30: Natanel (Senka) Nisanilovitz

Abb. 31: Dan (Theodor, Dschunek) Arad (Hirschdorfer)

Abb. 32: Jehuda (Idek) Friedmann

Abb. 33: Abba Kovner

Abb. 34: Reisel (Ruzka) Korzcak-Merlo

Abb. 35: Vitka Kempner-Kovner

Abb. 36: Schlomo Kenet (Kantorowicz)

Abb. 37: Jechiel Dinur (Feiner), K. Zetnik

Abb. 38: Bezalel Kek Michaeli

Abb. 39: Ze'ev (Velvele) Rabinowitsch

Abb. 40: Zila (Cesia) Rosenberg Amit

Abb. 41: Simcha (Kazhik) Rotem (Ratajzer)

Abb. 42: Jitzchak Ratner

Abb. 43: Ze'ev (Willek) Schneur (Schutzreich)

Zeittafel

1944

Dezember:
Kovner trifft mit einer Gruppe aus Wilna in Lublin ein.
Ruzka Korczak trifft in Erez Israel ein.

1945

Februar:
Meir Ya'ari spricht zu den Angehörigen der „Deutschen Einheit“, die zwecks Vergeltung nach Europa geschickt werden soll.
Anfang März:
Die Aktivisten der Bricha und die Oberhäupter der Nakam-Gruppe begeben sich nach Bukarest.
März:
Chaim Weizmann reist aus Palästina ab.
April:
Die Deutsche Abteilung macht sich auf den Weg nach Europa.
8. Mai:
Ende des Krieges.
19. Mai:
Die Jüdische Brigade erreicht Tarvisio (Norditalien).
Juni:
Brief von Antek Zuckerman trifft in Erez Israel ein.
15. Juli:
Die Partisanen und Aktivisten der Bricha erreichen Tarvisio.
16. Juli:
Kovner spricht vor Soldaten und Überlebenden.
27. Juli:
Die Brigade zieht weiter durch Österreich und Deutschland nach Holland und Belgien, wo sie stationiert wird.
Kovner macht sich auf den Weg nach Erez Israel.
August:
Der Stab der Nakam-Gruppe trifft in München ein. Die Gruppe verteilt sich in Deutschland und bezieht Position.
Anfang August:
Kovner trifft in Palästina ein.

 | DOI:10.30965/9783657791125_013

September:
Jehuda Ben-Chorin trifft zu Beratungen in Erez Israel ein.
8. September:
Kovner weist die Kameraden in Europa per Brief an, sich vorrangig mit Plan B zu beschäftigen, ohne Plan A ganz fallenzulassen.
27. Oktober:
Das Hauptquartier der Nokmim wird nach Paris verlegt.
9. November:
Lord Moyne wird ermordet.
Zwischen dem 21. November und Mitte Dezember:
Kovner begegnet Ben-Gurion
14. Dezember:
Der britische Truppentransporter *Champollion* sticht von Ägypten aus nach Frankreich in See. Kovner befindet sich mit Gold und Gift im Gepäck an Bord.
18. Dezember:
Kovner und zwei Kameraden werden festgenommen und nach Kairo in ein Gefängnis zurückgebracht.

1946

12. Februar:
Nachum Shadmi trifft in Paris ein.
28. Februar:
Chaim Weizmann kehrt nach fünfmonatiger Abwesenheit ins Land zurück.
Ende Februar/Anfang März:
Kovner und zwei Mithäftlinge werden von Kairo ins Kischle-Gefängnis der Jerusalemer Altstadt verbracht und von dort ins Zentralgefängnis am Russenplatz.
15. März:
Kovner und zwei Mithäftlinge werden aus dem Gefängnis entlassen.
13. April:
Ausführung der Aktion in Nürnberg; Abbruch der Aktion in Dachau
Nachum Shadmi verschiebt seine Abreise nach Palästina bis nach der Aktion.
Juni/Juli:
Die Nokmim treffen in zwei Gruppen in Erez Israel ein
August 1945 bis Frühling 1947:
Schimon Avidan in Europa.

1947–1985

März 1947:
„Nacht der Spaltung“ in Ein HaChoresch.
Ende 1947–1950:
Die zweite Gruppe kehrt aus Europa zurück.
26. Oktober 1984:
Kovner gibt Levi Arieh Sarid ein ausführliches Interview.
28.–31. Oktober 1984:
Erste Versammlung aller Nokmim in Israel.

Die Gruppenmitglieder

Insgesamt gehörten der Nakam-Gruppe etwa fünfzig Frauen und Männer an. Im Buch von Levi Arieh Sarid *„BaMivchan haOnot we haPadot"* (Im Test der Jahreszeiten und der Auslösung) befindet sich im zweiten Band auf den Seiten 481 bis 482 eine von Jehuda (Poldek) Maimon zusammengestellte, vollständige Liste aller Mitglieder. Ich beschränke mich hier auf vierunddreißig der in diesem Buch als wichtige Aktivisten erwähnten Nokmim, die in den 1980er Jahren Interviews gaben und zu deren Angedenken Broschüren und Bücher geschrieben und veröffentlicht wurden. Die folgende Liste enthält im Buch selbst größtenteils nicht erwähnte Angaben zum Leben der Kameraden vor und nach ihrem Beitritt zur Nakam-Gruppe. Diese Angaben bestätigen die Beobachtung, dass die Biografien der Nokmim viele Ähnlichkeiten aufweisen. Alle erhielten eine jüdisch-zionistische Ausbildung, waren in Jugendbewegungen und schlossen sich in der Zeit der NS-Verfolgung dem Untergrund in den Gettos und Wäldern an. Sie verloren die meisten ihrer Angehörigen in der Schoa, sprangen aus Zügen oder flohen aus den Todesmärschen. In Erez Israel angekommen, kämpften sie im Unabhängigkeitskrieg und glänzten in verschiedenen Geheimdienstfunktionen. Dann gründeten sie Familien und bauten sich jeweils ein eigenes Leben auf.

Dora (Dorka) geb. Goldreich und Jitzchak (Pascha) Avidov (Reichmann): Pascha wurde 1917 in einem Stetl in der Nähe von Lodz geboren. Die Familie war religiös liberal und betrieb ein kleines Textilgeschäft. Nach einigen Jahren im *Cheder* und in der Grundschule musste Jitzchak zum Lebensunterhalt der Familie beitragen, die aufgrund der wirtschaftlichen Sanktionen gegen die polnischen Juden verarmte. Er arbeitete zunächst in einem Sägewerk im Stetl und später in einer Textilfabrik in Lodz. Seine Ausbildung setzte er abends fort und trat der in jüdischen Kreisen hochangesehenen Berufsgenossenschaft der Textilarbeiter sowie der Jugendorganisation der kommunistischen Partei Polens bei. Auf dem Weg, sich der Internationalen Brigade im Spanischen Bürgerkrieg anzuschließen, wurde seine Gruppe an der tschechischen Grenze angehalten und erreichte ihr Ziel nicht. Beim Einmarsch der Wehrmacht meldeten Pascha und sein Bruder sich freiwillig zur Verteidigung der Stadt Warschau und kehrten, als sie fiel, nach Lodz zurück. 1939 heiratete Pascha die 1915 in Lodz geborene Dorka Goldreich. Sein Großvater vollzog die Hochzeitszeremonie, bevor die beiden in die von der Sowjetunion besetzte Ukraine aufbrachen, um sich von dort aus am Kampf gegen die Wehrmacht zu beteiligen. Sie sollten ihre Familien nie wiedersehen. Nach Beginn der ‚Aktionen'

 | DOI:10.30965/9783657791125_014

schlossen sie sich dem Untergrund an, der sich in Poworsk in der Landschaft Wolhynien gebildet hatte. Sie konnten das Städtchen einige Tage vor dem letzten Massaker im Sommer 1942 verlassen. Im Wald stießen sie zu russischen Partisanen, dienten in verschiedenen Einheiten und waren an verschiedenen Kämpfen und Angriffen beteiligt. Jitzchak wurde verletzt und nur durch Doras beherztes Eingreifen gerettet. (Bei den *Partizinka* war es üblich, Verletzte zu erschießen, wenn man weiterziehen musste.) Im Rekrutierungsbüro der NKWD hatte Jitzchak u. a. die Aufgabe, nach nationalistischen ukrainischen Deserteuren zu suchen. Während des Umherziehens gelangten die beiden nach Rovno und verübten dort nach dem Krieg gemeinsam mit einer Gruppe Überlebender Racheakte an einheimischen Mördern. Diese Gruppe fand sich ebenfalls in Lublin ein und nahm an den Aktionen der Bricha teil. Die Avidovs kamen im Juni 1946 mit ihren Nakam-Kameraden in Erez Israel an. Pascha kämpfte im Unabhängigkeitskrieg in der Givati-Brigade. In den 1960er Jahren diente er drei Jahre lang in der israelischen Botschaft in Warschau. Nach seiner Rückkehr bekleidete er eine Führungsposition in der Firma *HaSneh*. In Paris half Dora aktiv bei der Herstellung des Giftstoffs, der auf die Brotlaibe aufgetragen wurde. In Israel arbeitete sie als Lehrerin für das Schneiderhandwerk. Sie verstarb im Jahr 2007, drei Jahre nach ihrem Mann.

Pinchas (Jaschek) Ben-Zur (Benzelowitsch): Geboren 1921 in Czestochowa, gestorben 2015 in Jerusalem. Jaschek stammte aus einer siebenköpfigen Familie, lernte im *Cheder* und am Jüdischen Gymnasium, sang im Chor der Synagoge und spielte im Schulorchester. Er war Mitglied der *Jüdischen Jugendbewegung*. Floh aus dem Getto seiner Stadt mit Kameraden der Organisation *Der Kämpfer* in den Wald von Koniecpol, wo sie als Partisanen kämpften. Er kämpfte ebenfalls in der sowjetischen *Partizinka* und im polnischen Untergrund, wo er sich als Nichtjude ausgab, und gelangte mit einer von Dov (Bolek) Ben-Ja'akov geführten Gruppe nach Lublin. Gemeinsam mit Schlomo Kenet (Kantorowitsch) begleitete Jaschek illegale Einwanderschiffe nach Palästina und kehrte einige Male nach Europa zurück, um weiter in der Bricha und in der Nakam-Gruppe aktiv zu sein. Im Unabhängigkeitskrieg meldete er sich zur *Palmach* und kämpfte mit der *Har-El-Brigade* in der *Porzim*-Einheit in den Schlachten um San Simon, das Castell und Nebi Samuel. Anschließend diente er in der Marine, auch im Inneren Sicherheitsdienst (*Schabak*) und beim Mossad, für den er im Auftrag der israelischen Botschaft in der Schweiz nach NS-Tätern und Spionen fahndete. Seine letzte Aufgabe nahm er im Erziehungsministerium als Beauftragter für Kindergärten in entlegenen Siedlungen wahr. Bis zu seiner Pensionierung blieb er ein aktiver Chorsänger.

Dov (Bolek) Ben-Ja'akov (Gewirzmann): Als Sohn einer wohlhabenden Familie in Czestochowa geboren, 1995 in Tel Aviv verstorben. Mitglied im HaSchomer HaZa'ir und in der Organisation *HeChalutz* (der Pionier). Bolek gehörte zu den Mitbegründern der Organisation *HaJehudi Halochem* (Der kämpfende Jude) im Getto Czestochowa und kümmerte sich um den Erwerb von Waffen für den Untergrund, befehligte eine Gruppe von Kämpfern, die in die Wälder von Koniecpol zogen, und beteiligte sich an Angriffen auf polnische Kollaborateure, auf Polizeistationen und Automobile. Seine Frau und sein Sohn wurden von den Deutschen ermordet, und das konnte er sein ganzes Leben lang nicht für einen Augenblick vergessen. Nach der Befreiung Ostpolens gelangte er nach Lublin, wo er sich der Nakam-Gruppe anschloss. Bolek gehörte zu jenen, die in Italien blieben, um sich weiterhin der Bricha zu widmen. Obendrein besorgte er die Geldmittel für die Kameraden und ihre Aktivitäten. Nach der Ankunft der Nokmim im Land drängten er und einige andere auf die Rückkehr nach Europa, um die Aktivitäten fortzusetzen. Als das abgelehnt wurde, spalteten sie sich von der Gruppe ab. Im November 1947 kehrte er mit sechs Gleichgesinnten zurück. Ihre Versuche blieben jedoch erfolglos, und sie reisten Anfang der 1950er Jahre heim nach Erez Israel. Zunächst wohnte Bolek in Ein HaChoresch, später in Tel Aviv, wo er dreißig Jahre lang das Archiv des Schriftstellerverbandes mit seinen zwei Abteilungen leitete: die Abteilung für Journalismus und Bibliografie sowie die Abteilung, die Briefe von Schriftstellern aus der Periode der Aufklärung bis heute aufbewahrt.

Irena Gelbblum: Geboren in Warschau. Irena fungierte als Kurier zwischen der Organisation *HaJehudi Halochem* (Der kämpfende Jude) im Getto Warschau und dem polnischen Untergrund. Spezialisierte sich im Getto und außerhalb auf die Fälschung von Dokumenten, die Übermittlung von Geldern und Waffen, ebenfalls an Konzentrationslager in Polen. Bot in ihrer auf der polnisch-christlichen Seite gelegenen Wohnung Überlebenden des Aufstands im Getto Warschau Zuflucht, u. a. Simcha (Kazhik) Rotem (Retheiser). Irena organisierte die Flucht von Rena Kokialka, Koordinatorin im *HAIL*, aus dem Gefängnis. Sie nahm ebenfalls am polnischen Aufstand im Sommer 1944 teil. Anfang 1945 brach sie mit Kazhik von Warschau nach Bukarest auf. Nach ihrer Mitwirkung in der Nakam-Gruppe gelangte sie an Bord des Schiffes *Biria* nach Palästina, kehrte jedoch innerhalb kurzer Zeit nach Polen zurück und trat dort in den Geheimdienst ein. Irena brach den Kontakt zu den Kameraden konsequent ab.

Rachel Galperin-Glicksmann und Siegmund (Zygi) Glicksmann. Rachel wurde 1924 in Wilna geboren, Sigmund 1918 in Czestochowa. Er starb 1994. Rachel genoss eine säkulare Erziehung in einer Montessori-Grundschule und anschließend in einem Gymnasium. Sie betätigte sich auf den Gebieten Kunst und Sport und war Mitglied in der Jugendbewegung *Benei Jehuda* (Kinder Jehudas). Nach dem Einfall der Deutschen musste die Familie ins Getto ziehen. Rachel und ihre Schwester schlossen sich einem Unterverband der *Vereinigten Partisanen Organisation*, der FPO, an, die für die Herstellung von Handgranaten zuständig war. Nach der Zerstörung des Gettos wurde Rachel mit ihrer Mutter und ihrer kleinen Schwester nach Kaiserwald gebracht, wo sie in einer Fabrik für Telefonkabel arbeitete. Im Herbst kamen alle drei ins KZ Stutthoff und leisteten ähnliche Zwangsarbeiten. Der Vater und die andere Schwester waren unterdessen ermordet worden. Im Januar 1945 wurden sie auf den Todesmarsch nach Deutschland geschickt, doch die Wachmänner flohen beim Herannahen der Roten Armee. Nach der Befreiung half Rachel bei der Bricha, insbesondere bei der Überbringung von Dokumenten und Geldern. Ihre Mutter und ihre Schwester gelangten nach Palästina, Rachel aber blieb in Europa, um sich der Nakam-Gruppe anzuschließen. Unter anderem erhielt sie den Auftrag, nach dem Anschlag in Nürnberg heimlich Erkundigungen über die Resultate einzuziehen. Im Juni 1946 kam sie mit den anderen Kameraden ins Land, verbrachte mit ihnen einige Zeit im britischen Internierungslager *Atlit* und ging dann mit allen nach Ein HaChoresch. Ein Jahr darauf zog sie zu ihrer Mutter nach Cholon und schloss sich der Hagana an. Im Mai 1948 wurde die Mutter beim Luftangriff auf den Bahnhof von einer ägyptischen Bombe getötet. Rachel studierte am Lehrerseminar der Kibbuzbewegung und wurde Lehrerin. 1951 heiratete sie Zygi Glicksmann. Zygi war in seiner Heimatstadt Mitglied des HaSchomer HaZa'ir und floh mit Freunden aus dem Getto in die Wälder zu einer Partisaneneinheit. Er wurde gefasst und in ein berüchtigtes KZ geschickt, aus dem er floh, um ins Getto zurückzukehren und dann wieder in die Wälder zu gehen – ein Leidensweg von Wunder zu Wunder. Auch er wurde in die Nakam-Gruppe aufgenommen, und man schickte ihn als Kurier zur Jüdischen Brigade, um Nachrichten aus Erez Israel in Empfang zu nehmen. Als die Akteure aus Nürnberg sich zurückzogen, organisierte Zygi einen Grenzübergang nach Frankreich. Auch er gelangte an Bord der *Biria* nach Palästina. Sein Bruder fiel im Unabhängigkeitskrieg beim ägyptischen Angriff auf den Kibbuz Jad Mordechai. Zygi verdiente seinen Unterhalt als Schildermaler.

Arie Leib (Leibke) Distel: 1922 in Wilna geboren, gestorben 2000 im Kibbuz Jakum. In seiner Jugend Mitglied im HaSchomer HaZa'ir, gehörte Leibke später zu den ersten in Wilna, die zur FPO stießen. Während er im Getto eingeschlossen war, wurde er zur Zwangsarbeit in eine deutsche Waffenfabrik geschickt, wo er Flugabwehrkanonen sabotierten konnte. Von draußen brachte er den Kameraden Waffen und Munition ins Getto. Er half mit, den Untergrundführer Joseph Gelsmann aus den Händen der jüdischen Polizei zu befreien. Im September 1943 wurde er mit weiteren Kameraden aus der Zweiten Untergrundeinheit festgenommen und ins Lager Stutthoff nach Estland geschickt. Nach Folterungen und Fluchtversuchen, die sich über ein Jahr erstreckten, brachte man ihn ins baden-württembergische KZ Dautmergen. Dem Todesmarsch entfloh er mit einem Gewicht von nur zweiundvierzig Kilo. Nachdem er sich etwas erholt hatte, trugen ihn Wilnaer Kameraden, die vor ihm eingetroffen waren, auf ihren Armen ins italienische Flüchtlingslager Pontebba, das in der Nachbarschaft der dort stationierten Jüdischen Brigade lag. Vitka nahm ihn in die Nakam-Gruppe auf, und er war einer der Drei, die in Nürnberg die Unterseite der Brotlaibe mit Gift bestrichen. Nach der Ankunft im Land ließ Leibke sich im Kibbuz Jakum nieder. Dort arbeitete er als Schlosser und war Mitglied verschiedener Kibbuzkomitees.

Helena (Lena) Setz-Hammel und Jitzchak Hammel: Lena wurde 1923 in Wilna geboren, Jitzchak im gleichen Jahr in Przemysl. Lena war seit ihrer Jugend Mitglied im HaSchomer HaZa'ir und besuchte ein polnisches Gymnasium. Sie schloss sich der FPO an und ging mit ihren Kameraden in den Wäldern von Rodniki in den Untergrund. Dort diente Helena als Partisanin in der von Kovner befehligten Einheit und freundete sich mit Hasya Taubes an. Nach der Befreiung betätigte sie sich in der Bricha, gelangte nach Bukarest und wurde in die Nakam-Gruppe aufgenommen. Im Rahmen der ihr erteilten Aufgaben reiste sie nach Frankfurt, Bad Ischl und Weimar, um herauszufinden, welche Möglichkeiten es gab, sich den Gefangenenlagern in Mauthausen und Buchenwald zu nähern. Nachdem sich solche Möglichkeiten nicht zeigten, war sie Aktivistin im Münchner Hauptquartier. Jitzchak wurde vom Getto seiner Stadt aus nach Auschwitz geschickt. Dort traf er Arad Hirschdorfer, durch dessen Vermittlung er sich einer Gruppe aus Krakow anschloss. Gemeinsam entkamen sie dem Todesmarsch. In Krakow fand er weitere Freunde, mit denen er nach Bukarest weiterzog. Hammel war ein besonders begabter Mann und gehörte zu den Computerpionieren im Land, als dieses Gebiet noch völliges Neuland war.

Mira (Mirka)Verbin-Schabetzky: 1919 in Wilna geboren, 2016 im Kibbuz Jakum gestorben. Als Jugendliche gehörte Mira dem Kibbuz *Mischmar* innerhalb des HaSchomer HaZa'ir an. Noch vor dem Krieg machte sie einen Vorbereitungskurs für die Einwanderung ins Land und gelangte nach dem Ausbruch des

Krieges erst nach dreiwöchigem Herumirren wieder nach Hause. Gegen Ende des Jahres 1939 wurden die Zöglinge und ihre Gruppenleiter aus ganz Polen in Wilna konzentriert. Miras Adresse wurde zur Anlaufstelle für Briefe von den in Polen zurückgebliebenen Angehörigen. So begann Miras Laufbahn als Koordinatorin. Die Briefe waren ein persönliches, familiäres und nationales Lebenszeichen und gleichzeitig ein Mittel, um der Welt zu erzählen, was geschah. Mira ging von Wohnung zu Wohnung, um Briefe auszuteilen und entgegenzunehmen. Im Getto stieß sie zum Untergrund der FPO und flüchtete mit einem Teil der Kameraden in die Wälder von Narocz. Dort kämpfte sie in der Einheit der jüdischen Partisanen, die vom sowjetischen Kommando schwer drangsaliert wurde. Nach Auflösung dieser Einheit aufgrund deutscher Belagerung konnte sie sich in die Wälder von Kasian retten. Als sie nach dem Krieg erfuhr, dass ihre ganze Familie umgekommen war, schloss sie sich der Nakam-Gruppe an und übernahm auch dort die Aufgabe einer ‚Informationszentrale'. 1946 kam sie mit weiteren Kameraden an Bord der *Biria* ins Land. Nach einem Aufenthalt in Ein HaChoresch ging sie mit Arie Distel in den Kibbuz Jakum. Dort wurde sie Köchin und koordinierte die Freizeitaktivitäten der Kinder und der erwachsenen Mitglieder, eine Aufgabe, die man damals „Kommuna'it" nannte.

Hasya Taubes-Warschewzyk und Jechiel (Chilik) Warschewzyk: Hasya wurde 1923 in Wilna geboren. Ihre Eltern waren infolge der russischen Revolution nach dem Ersten Weltkrieg nach Litauen geflohen. Sie besuchte ein Gymnasium, und lernte bereits von der ersten Klasse an Hebräisch. Mit zwölf Jahren trat sie dem HaSchomer HaZa'ir bei. Im Getto schloss sie sich dem FPO an und war Mitglied im Untergrund vom Tag seiner Gründung an. Gemeinsam mit ihren Kameraden verließ sie das Getto durch die Kanalisation und kämpfte mit ihnen bis zur Befreiung. Ihren zukünftigen Mann Jechiel, geboren 1925 in Wilna, lernte sie bei den Partisanen kennen. Sie gehörte zu denen, die das litauische Dorf Konieci in Brand setzten, dessen Einwohner ausgezogen waren, um die Juden Wilnas zu ermorden. Dabei erlitt Hasya ein Trauma: Seitdem ertrug sie den Anblick von Feuer nicht mehr. Als sie nach der Befreiung nach Wilna zurückkehrte, erfuhr Hasya, dass ihre Mutter irrtümlich gemeint hatte, die Tochter sei am Tag der Flucht in die Wälder von Deutschen erhängt worden. Daraufhin hatte die Mutter ihr Versteck verlassen und sich den Juden angeschlossen, die nach Rovno in den Tod getrieben wurden. Hasya musste während ihrer Tätigkeit für die Bricha sehr viel herumreisen, desgleichen später in Deutschland als Mitglied der Nakam-Gruppe. Nachdem Hasya und Chilik auf der *Biria* im Land eingetroffen waren und Zeit in Ein HaChoresch verbracht hatten, schlossen sie sich dem Gründungskern des Kibbuz Jakum an.

Chilik wurde im Unabhängigkeitskrieg zur Luftwaffe eingezogen. Hasya diente in der Wissenschaftsabteilung der Hagana, wo sie technische Zeichnungen von Flammenwerfern anfertigte und Uzi Gal beim Entwurf der nach ihm benannten Feuerwaffe *Uzi* assistierte. Später studierte Hasya Kriminologie und arbeitete in der Rehabilitation junger Gefangener und Straßenkinder. Die letzten dreiundzwanzig Arbeitsjahre verbrachte sie als Bibliothekarin. Chilik arbeitete in den 1950er Jahren in der Ansiedlungsabteilung der Jewish Agency, wo er verantwortlich für die Ausstattung der Einwanderer war. Später gründete er eine Transportfirma für Baumaterialien.

Joseph (Julek) Harmatz: 1925 in der litauischen Kleinstadt Rokisis als mittlerer von drei Söhnen in eine wohlhabende Familie hineingeboren. Lernte zunächst im *Cheder*, dann in der religiösen Grundschule *Javne* und besuchte anschließend ein litauisches Gymnasium. Nachdem die Sowjets Litauen besetzt hatten, trat Julek der kommunistischen Jugendbewegung *Der Komsomol* bei. Als das Geschäft der Eltern verstaatlicht wurde, zog die Familie nach Wilna. Nach dem Einmarsch der Deutschen schloss Julek sich dem Untergrund der FPO an. In den zwei schweren Jahren im Getto gelang es der Organisation, sich trotz der schlimmen Bedingungen auszudehnen. Am 23. September 1943, dem Tag der Zerstörung des Gettos, flohen die Kameraden unter dem Befehl von Abba Kovner durch die Kanalisation in die Wälder. Dort wurde Julek von der sowjetischen Kommandantur mit verantwortungsvollen Aufgaben betraut und konnte kraft seiner Position trotz seiner Jugend andere Kameraden, zu denen auch Kovner gehörte, vor den Sowjets schützen. In der Partisaneneinheit *Für den Sieg* sorgte er für die Explosionn von Zügen, sabotierte Geleise und Telegrafenlinien. Nach der Befreiung Wilnas durch die Rote Armee kehrte Julek 1944 in die Stadt zurück und erhielt einen verantwortungsvollen Posten in der Verwaltung, die für den Wiederaufbau zuständig war. Aufgrund der in den Wäldern geschlossenen Verbindungen und der Freundschaft zu Kovner wurde Julek allmählich zu einem überzeugten Zionisten und zog mit den Kameraden nach Bukarest. Dort traf er seine Mutter wieder, die als einziges Familienmitglied überlebt hatte. Julek trat in die Chativa ein, betätigte sich in der Bricha und schloss sich der Nakam-Gruppe an. Nach der von ihm befehligten Aktion in Nürnberg kamen er und seine Kameraden an Bord der *Josiah Wedgwood* ins Land und wurden ins britische Internierungslager *Atlit* geschickt. Im Unabhängigkeitskrieg kämpfte er mit der *Oded*-Brigade in *Mischmar HaJarden*. In den 1950er Jahren war er für den Mossad in Genf tätig und mietete die Schiffe an, auf denen etwa hunderttausend Menschen aus Ostereuropa und Nordafrika nach Israel gebracht wurden. Darauf wurde er Generaldirektor des ORT-Schulverbands, zuerst im Land und später weltweit.

In dieser Position gründete er Dutzende von technologischen Berufsschulen. Joseph Maimon verstarb 2017.

Schimon (Schimek) Lustgarten: 1921 in Krakow als Sohn einer traditionell-religiösen Familie geboren, 1985 in Haifa verstorben. Schimek trat mit sechzehn der religiös-zionistischen *Benei Akiwa*-Bewegung bei, wo er in der Gruppe *Scharon* ein Zögling von Schimschon Drenger war. Er besuchte die *Tachkemoni*-Schule der religiös-zionistischen *Misrachi*-Bewegung. Während Mitglieder der Gruppe *HeChalutz HaLochem* im Café Zygneria in Krakow ein Attentat auf deutsche Offiziere verübten, warfen Schimek und seine Kameraden Flugblätter in die Briefkästen, klebten die Blätter an deutsche Lastwagen und verteilten sie in den Straßen, um auf die Tat hinzuweisen und die Bevölkerung zum Aufstand aufzurufen. Nachdem seine ganze Familie in der ersten Aktion ins Todeslager Belzec gebracht wurde, machte Schimek deren Wohnung zum Hauptquartier der Bewegung und zur Kommandozentrale des Getto-Untergrunds. Nachdem die meisten der Kameraden gefasst worden waren, zogen die Übriggebliebenen ins Getto Buchnia, wo zwölf von ihnen sich in einem Bunker versteckten. Sie wurden entdeckt und in die Todeszellen des berüchtigten Krakower Gefängnisses *Montlofich* geschickt. Von dort wurde Schimek im April nach Auschwitz gebracht, wo er Eran Hirschdorfer und Poldek Maimon sowie andere Kameraden traf. Sie schlossen sich als Zionisten dem dortigen von Kommunisten geleiteten Untergrund an. Schimon organisierte Feiertagszeremonien für die jüdischen Feste, bei denen er sang und erzählte. Sie brachen aus dem Todesmarsch aus und fanden den Weg nach Krakow und von dort nach Rumänien, wo sie in die Nakam-Gruppe aufgenommen wurden. Schimon war Bricha-Aktivist auf den Routen von Polen nach Ungarn, nach Rumänien, Österreich und Italien. Im Land schloss er sich dem zur Akiwa-Bewegung gehörenden Kibbuz *Beit Jehoschua* an. Nach einem Jahr stieß er zur zweiten Nakam-Gruppe in Kiriat Chaim, fuhr jedoch nicht mit ihr nach Europa. Er heiratete seine Jugendliebe Schifra (Else); sie waren beide am selben Tag in Auschwitz eingetroffen. Später übernahm er einige Missionen in Europa, über die seine Kameraden bis heute Schweigen bewahren. 1948 kämpfte er im Unabhängigkeitskrieg. Er sorgte für die Übersetzung und Herausgabe des Buches *Justines Tagebuch*, verfasst von Gusta Drenger, der Ehefrau von Schimschon Drenger, sowie der Zeitung *HeChalutz HaLochem* des Getto-Untergrunds. Zum Gedenken an die Gefallenen seiner Bewegung organisierte er die Verleihung von Stipendien, veranstaltete Tagungen und hielt Vorträge über die Schoa in israelischen Schulen. Ab 1950 arbeitete er für die staatliche Reederei *ZIM* und war dort u. a. für die Verladung der französischen Waffen zuständig, die während des Sinai-Feldzugs im Land eintrafen.

Elieser Lidovski: 1906 im belarussischen Tschetel geboren, 1994 in Tel Aviv gestorben. Er gehörte zu den älteren unter den Kameraden und war der einzige Familienvater unter ihnen. Mitglied der Bewegung *Die Jugend von Zion* in Bernowitsch, wohin die Eltern gezogen waren. Elieser verbrachte zwei Jahre im Gefängnis des NKWD. Er gehörte zu den Begründern der *Dror* (Freiheit)-Bewegung und war in den 1920er Jahren einer der Leiter der Partei *Poalei Zion* (Arbeiter Zions). Als im Juni 1941 die Deutschen einmarschierten, flüchtete er mit den Russen nach Osten, wurde von den Deutschen gefasst und wieder eingesperrt, diesmal in einem Kriegsgefangenenlager, aus dem er fliehen und nach Hause zurückkehren konnte. 1942 zählte er zu den Mitbegründern der Gruppe *HaJehudi Halochem* (Der kämpfende Jude) im Getto Bernowitsch, der ca. zweihundert junge Leute angehörten. Nach der ‚Aktion' im Getto ging er, von seiner Frau bestärkt, zu den jüdischen Partisanen der *Pugatschow*-Einheit in den Wäldern von Kribuschin und führte kühne Sabotageaktionen aus. 1944 zog er mit den Kameraden und seiner Familie aus den Wäldern nach Rovno, wo sie Hilfe leisteten, nach verlorenen Kindern suchten, Überlebenden-Organisationen wie die *Pachach* (Partisanen, Soldaten, Pioniere) gründeten und nach Wegen ins Land Israel suchten. Später gelangte er nach Lublin und schloss sich den Bricha-Aktivisten und der Nakam-Gruppe an. 1947 reiste er an Bord der *Tikwa* nach Erez Israel, doch das Schiff wurde von den Briten abgefangen und nach Zypern dirigiert. Anfang 1948 traf er im Land ein und war dreißig Jahre lang als Zentralfigur der *Mapai*-Partei für die Aufnahme von Einwanderern tätig.

Levi Jtzchak (Ludwig) Meieranz: 1925 geboren, 1983 gestorben. Seine Familie, *Chassidei Gur*, überlebte den Krieg dank der Dokumente, die Ludwig meisterlich zu fälschen verstand. Nach dem Krieg schloss er sich der Nakam-Gruppe an und war aktiv in der Bricha. Nach Erez Israel gelangte er an Bord des Schiffes *Negba*. Zum Leid der Familie entfernte er sich von der Religion und wurde zum Mitarbeiter des Mossad. Er heiratete Paulette, die Tochter von Leah Rabinowitsch, in deren Wohnung das Pariser Hauptquartier der Nokmim untergebracht gewesen war. In den 1950er Jahren führte er verschiedene Aufgaben in Paris und Deutschland aus, u. a. Waffeneinkäufe für den Mossad während des Sinai-Feldzugs. Nach seiner Rückkehr ins Land betätigte er sich als Banker.

Jehuda (Poldek) Maimon (Wassermann): 1924 in Krakow geboren, sein erster Vorname lautete Leopold. Die weitverzweigte gutbürgerliche Familie wohnte in einem polnischen Viertel. Dennoch erhielten sein Bruder und er eine jüdische Erziehung, sowohl in der Grundschule als auch auf dem

Hebräischen Gymnasium. Mitglied des „*HaZofe*“ (der Späher), später Beitritt zu den *Benei Akiwa*. Poldeks Mutter wurde von einem deutschen Scharfschützen erschossen, der nur einmal sein Gewehr ausprobieren wollte. Sein Vater und seine Freundin wurden nach Belzec geschickt. 1942 trat er dem Untergrund im Getto bei, der den *HeChalutz HaLochem* gründete, wo er als Courier eingesetzt wurde und für seine Kommandanten Dolek Libeskind und Schimschon Drenger Aufgaben erfüllte. Am 22. Dezember 1942 nahm er an der ersten Aktion teil, die der Untergrund ausführte. Sie wurde *Die Nacht des Zigneria* genannt nach dem Café, das von deutschen Offizieren frequentiert wurde und in das ein Untergrundkommando eine Handgranate warf. 1943 wurde er mit Waffen in seinem Besitz verhaftet und ins furchterregende Krakower *Montelopich*-Gefängnis geworfen, schwer gefoltert und in die Todeszelle gebracht, von der aus die meisten Insassen, darunter viele Kameraden aus dem Untergrund, zur Hinrichtung geführt wurden. Poldek aber kam nach Auschwitz und wurde wegen seines heruntergekommenen körperlichen Zustands gleich fürs Krematorium eingeteilt. Davor bewahrten ihn Mitglieder des kommunistischen Untergrunds, dem Poldek sich anschloss, nachdem er halbwegs genesen war. Zu Beginn der Todesmärsche im Januar 1945 floh er mit weiteren Kameraden vom *HeChalutz HaLochem* und kehrte nach Krakow zurück. Dort musste er entdecken, dass von seiner weitverzweigten Familie keiner überlebt hatte. Er ging nach Warschau und erhielt dort von Jitzchak (Antek) Zuckerman Aufgaben innerhalb der Bricha, in deren Erfüllung er nach Bukarest gelangte und in die Nakam-Gruppe aufgenommen wurde. In Erez Israel trat er in die *Paljam*, die Marine-Abteilung der Palmach, ein und blieb bis zu den 1970er Jahren im Armeedienst, aus dem er als Oberstleutnant entlassen wurde. Seine Frau Aviva war ebenfalls in der *Paljam* tätig; sie half als Funkerin, Marineausrüstung ins Land zu bringen. Während seines Militärdienstes wurde er an *Nativ* überstellt und fungierte als Erster Sekretär in der israelischen Botschaft in Warschau und war anschließend in besonderer Mission in Wien befasst mit der Ermöglichung der Einwanderung polnischer und russischer Juden nach Israel. Jehuda Maimon wurde zum Ehrenbürger der Stadt Haifa erklärt, zum Ehrenmitglied der *Histradut,* des israelischen Gewerkschaftsverbandes, und erhielt vom polnischen Ministerpräsidenten das *Auschwitz-Kreuz* für sein Mitwirken als Zionist in der Untergrundorganisation des Lagers.

Mosche (Manek) L.: (Auf seinen Wunsch hin wird sein Name hier nicht ausgeschrieben.) Manek wurde 1926 in Bendin geboren und starb 2019 in Ramat Gan. Er war Mitglied in der zionistischen Jugendbewegung und besuchte das Gymnasium *Javne.* Manek wuchs mit vier Geschwistern in einer zionistisch orientierten Familie auf, die klassische Musik liebte. Im Frühling 1943 wurde er mit den übriggebliebenen Juden von Sosnowicz und Bendin in ein Getto geschickt, das in Kamionka neu eingerichtet worden war. Im Sommer 1943 Transport nach Auschwitz mit seinem Bruder Ze'ev und einigen Kameraden aus Bendin, unter ihnen Jechiel Dinur, der unter dem Pseudonym K. Zetnik ein bekannter Schriftsteller werden sollte. Die beiden Brüder flohen zusammen mit Jossele Rosensaft, der später zum Vorsitzenden der Vereinigung *Sche'erit HaPlita* (der Rest der Flüchtlinge) wurde. Man fasste sie und brachte sie in den Block Elf, aus dem in der Regel niemand zurückkehrte, aus dem sie jedoch aufgrund unerwarteter Umstände befreit wurden. 1944 wurde die Gruppe in das Nebenlager Günther-Grube verlegt. Zu ihnen gehörte ebenfalls Dov Judkovsky, der später die Tageszeitung *Jedioth Acharonot* gründete. Die Günther-Grube war nicht weit vom Hauptlager entfernt, doch es herrschten dort völlig andere Bedingungen. Dort blieben sie für ein Jahr. Als im Januar 1945 die Rote Armee näher rückte, wurden die Häftlinge auf einen Todesmarsch geschickt. Manek und seinem Bruder, Feiner, Judovsky, Rosensaft und noch einigen Kameraden gelang die Flucht, kurz bevor die Deutschen alle Verbleibenden erschossen. Manek kehrte nach Bendin zurück und ging von dort nach Bukarest, wo er als einer der ‚Auschwitz-Gruppe' eintraf. Er schloss Freundschaft mit Jechiel Di-Nur, der damals noch Zitinski hieß. Manek schloss sich der Nakam-Gruppe an und war einer der Giftaufstreicher in Nürnberg. Im Unabhängigkeitskrieg kämpfte er Seite an Seite mit Joseph (Julek) Harmatz in der *Oded*-Brigade im Norden. Nach dem Krieg studierte er Komposition bei Paul Ben-Haim, der ihn ohne Bezahlung unterrichtete. Später wurde er ein erfolgreicher Geschäftsmann und war in der Lage, seine Kameraden finanziell zu unterstützen.

Zelda, geborene Trager, und Natanel (Senka) Nisanilovitz: Zelda wurde 1920 im polnischen Semiaticz geboren, Senka im selben Jahr in Wilna. Nach dem Tod ihrer Mutter zog Zelda nach Wilna und besuchte dort das Seminar für Kindergärtnerinnen; auch schloss sie sich dem HaSchomer HaZa'ir an. Nach Abschluss der Ausbildung ging sie nach Czestochowa in ein Lager, in dem junge Leute auf die Einwanderung nach Erez Israel vorbereitet wurden. Mit dem Ausbruch des Krieges wurde das Lager geschlossen und Zelda kehrte nach Wilna zurück, wo viele Jugendbewegungen ihre Mitglieder versammelten, da Litauen für kurze Zeit unabhängig war. Im Getto musste sie mit weiteren zwanzig Personen in einem engen Raum zusammenleben. Am Morgen gingen sie alle zur Zwangsarbeit und verlegten Schienen. Nach einigen Wochen drohten ihre Kräfte zu versagen; es gelang ihr, aus dem Getto zu fliehen. Sieben Monate lang gab sie sich als Arierin mit dem Namen *Sophia Warzotzka* aus und streifte durch die Stadt und die umliegenden Dörfer. Dieser Name begleitete sie durch die ganze Kriegszeit. Dann erkrankte sie, und wieder versagten ihre Kräfte. Sie kehrte ins Getto zurück und schloss sich dem Untergrund an, in dem sie als Kurierin fungierte, die Botschaften, Dokumente und Waffen überbrachte. Als die Partisanen in den Wald zogen, diente sie in der *Nakam* genannten Einheit unter dem Befehl von Abba Kovner. Sie wurde zur zentralen Verbindungsperson, die Kontakt zwischen der Stadt und den Partisanen hielt. Achtzehnmal bewältigte sie als Bauerntochter verkleidet die Strecke durch Sümpfe und über zerbombte Brücken. Viermal wurde sie von Deutschen und Litauern gefasst, konnte aber entwischen. Sie überbrachte Anweisungen, Medikamente und Waffen, oft ein komplettes Maschinengewehr, manchmal auch Menschen, die sie aus ihren Verstecken hervorholte. Im Frühjahr 1944 zog sie mit ihren Kameraden aus, um Brücken zu sprengen und deutsche Züge mit Waffenladungen zu sabotieren. Ihren späteren Mann Natanel (Senka) Nisanilovitz lernte sie in den Wäldern kennen. Auch er war ein aktiver Partisan, der ein Dorf voller litauischer Mörder überfiel und an verschiedenen Orten Waffen entwendete, wofür er von der sowjetischen Kommandantur bestraft wurde. Im Sommer wurde Wilna befreit, und Zelda zog mit den Kameraden von Haus zu Haus, um versteckte Deutsche und Litauer, die jüdischen Familien Leid zugefügt hatten, aufzuspüren und zur Rechenschaft zu ziehen. Senka erhielt von der Partisanenkommandantur einen Posten bei der NKWD und fahndete monatelang nach Kollaborateuren, die anschließend exekutiert wurden. Trotz dieses Postens und in Aussicht gestellter guter Bedingungen schlossen Zelda und Senka sich der Bricha und der Nakam-Gruppe an. Der stämmige Senka schleppte auf seinem Rücken vier Funkgeräte, die die Abgesandten der Hagana in Polen für die Zwecke der Bricha brauchten, und überquerte dabei Grenzen mit gefälschten Papieren. Er blieb in Italien, um nach Finanzierungsmöglichkeiten für die Nakam-Aktivitäten zu suchen, während Zelda mit Poldek ausgeschickt wurde, um Fluchtwege für die Nürnberger Aktivisten vorzubereiten. Zelda und Senka kamen über Italien ins Land und gründeten eine Familie. Sie betrieben ein Delikatessengeschäft in der quirligen Tel Aviver Dizengoffstraße. Zelda verstarb 1987, Senka 1997.

Dan (Theodor, Dschunek) Arad (Hirschdorfer): 1921 in Krakow geboren, besuchte er das dortige Hebräische Gymnasium. Sein Vater war der Arzt des Gymnasiums, dazu Kunstmaler und gehörte zu den Spitzen der zionistischen Bewegung in der Stadt. Dan war gefangen in einem Getto in Galizien, das als Übergangslager für Juden diente und wo unter der Knute der Ukrainer sehr raue Bedingungen herrschten. (Bei seiner Befragung gab Dan weder den Namen noch die Lage dieses Gettos an.) Dort musste er den geraubten Besitz sortieren, bevor dieser nach Deutschland abtransportiert wurde. Seine ganze Familie kam um. Dan sprang aus dem Zug, der im Sommer 1943 die Überlebenden des Gettos nach Auschwitz transportierte, wurde von Dörflern verraten und nach Auschwitz gebracht. In Birkenau traf er auf Kameraden aus der Jugendorganisation, Jehuda (Poldek) Maimon und Jitzchak Hammel. Die Lebensbedingungen dort waren kaum erträglich. Da Dan Querflöte spielte, bat er, im Orchester mitwirken zu dürfen. Man fand jedoch kein passendes Instrument für ihn und wies ihn ab. Eine Minute darauf wurde das ganze Orchester von Maschinengewehrfeuer niedergemäht. Nach der Flucht aus dem Todesmarsch gelangte er nach Bukarest und schloss sich der Nakam-Gruppe an. Bevor er in Italien eintraf, geleitete er im Rahmen der Bricha jüdische Flüchtlinge von Budapest nach Graz. Er gehörte zu den Nokmim, die in Italien verblieben, um Geldmittel aufzutreiben und spezialisierte sich auf Geldwechsel und Grenzüberquerungen mit hohen Summen im Gepäck. Später wurde er nach Deutschland geschickt und fahndete aufgrund von Listen, die ihm ausgehändigt wurden, nach deutschen Kriegsverbrechern. Als ihm das nicht gelang, konzentrierte er sich auf das Auffinden von Gefangenenlagern mit deutschen Insassen. Er fungierte ebenfalls als Kourier zwischen den einzelnen Zellen und besorgte gefälschte Ausweise. Nach den Nakam-Aktivitäten richtete er Schiffe für die illegale Einwanderung her (Auffinden und Reparaturen im Maschinenraum). Im Land angekommen, ging er zur Kriegsmarine und brachte es zum Major. Später arbeitete er bei der Firma *Elbit* und in israelischen Werften.

Jehuda (Idek) Friedmann: 1919 in Krakow geboren als eins von sieben Geschwistern. Die Familie war religiös traditionell und weitverzweigt; seine Tante hatte zehn Kinder. Idek war Mitglied in der Jugendorganisation *Benei Akiwa* und machte in einer dem Hebräischen Gymnasium angegliederten Berufsschule eine Lehre als Automechaniker. Der Beruf sollte ihm das Leben retten, denn während seines Aufenthalts im Getto wurde er zur Arbeit in die Werkstätten beordert, in denen die Wagen der Deutschen instand gehalten wurden. Deswegen durfte er das Getto verlassen, was sehr hilfreich war, als er sich der Untergrundorganisation *HeChalutz HaLochem* anschloss. Er hätte aus der Werkstatt fliehen können, da er gute Kontakte zu einigen Deutschen hergestellt hatte, aber er war nicht bereit, seine Familie zu verlassen. Retten konnte er sie allerdings nicht: Alle wurden ins Lager Plaschow geschickt, wo sie sich ausziehen mussten und erschossen wurden. Eines Tages kam er von der Arbeit zurück und fand eine leere Wohnung vor. Nach der Befreiung schloss er sich einer Gruppe aus seiner Jugendorganisation an, zu der auch Jehuda (Poldek) Maimon, Schimon (Schimek) Lustgarten, Jitzchak Hammel und Dan Arad (Hirschdorfer) gehörten. Sie alle waren gemeinsam dem Todesmarsch entflohen, kurz in das befreite Krakow zurückgekehrt und hatten sich dann auf den Weg nach Bukarest gemacht. Dort angekommen, traten sie der

Nakam-Gruppe bei. Idek war für den Geldtransport verantwortlich und trug oft Rucksäcke voller Geldscheine von einem Ort zum anderen. Einmal wurde er von den Amerikanern festgenommen, von einem jüdischen Offizier, der als Armee-Rabbiner diente, jedoch wieder freigelassen. Er war auch im Rahmen der Bricha aktiv und schleuste einmal auf Bitten des Joint dreißig Kinder von Rumänien nach Ungarn. Gleich darauf ging er mit einem neuen Auftrag und gefälschten Papieren im Auftrag der Bricha nach Hamburg, unterstützt von Bolek Ben-Ja'akov und einigen Soldaten der Brigade. Dort gab er sich als Deutscher aus, da er bereits auf der Schule Deutsch gelernt hatte und es gut sprach. Im Unabhängigkeitskrieg kämpfte er in der *Carmeli*-Brigade in Galiläa und Safed. Nach dem Krieg eröffnete er eine Autowerkstatt in der Haifaer Bucht, dann eine größere in Akko und später eine weitere in Tel Aviv.

Abba Kovner: 1918 in Sewastopol geboren, 1987 in Ein HaChoresch gestorben. Abba besuchte das Gymnasium *Tarbut* in Wilna und verließ es ohne Abschluss, um sich den Aktivitäten im HaSchomer HaZa'ir zu widmen. Er stand einem Bezirk mit tausend Zöglingen vor, für die er trotz seiner Jugend ein bewunderter Anführer und Leiter wurde. Nachdem Sowjetrussland zu Beginn des Zweiten Weltkriegs Litauen annektierte, ging er mit seinen Kameraden in den Untergrund. Nach dem Einmarsch der Deutschen fanden sie Zuflucht in einem Kloster. Dort schrieb Abba Kovner angesichts der ‚Aktion' und der Einrichtung des Gettos den Aufruf: „Lasst uns nicht wie die Schafe zur Schlachtbank gehen!", der am 1. Januar 1942 den Überlebenden der Jugendbewegungen in der Stadt vorgelesen wurde. Hiermit wurde zum ersten Mal schriftlich niedergelegt, dass ein Plan existierte, demzufolge das ganze jüdische Volk ausgelöscht werden sollte, weswegen es keinen anderen Ausweg gab als sich zu verteidigen. Gleich darauf wurde Kovner zu einem der Mitbegründer des Getto-Untergrunds, der sich den Namen *Organisation der Vereinigten Partisanen* (FPO) gab. Kovner steckte seine ganze Energie in den Aufbau und das Trainieren des Untergrunds, doch nachdem die Kommandantur sich den Deutschen ergeben musste, die Zerstörung des Gettos näher rückte und die Gelegenheit, gegen die Deutschen zu kämpfen, versäumt worden war, ging er mit seinen Kameraden durch die Kanalisation in die Wälder von Rudniki. Dort wurde er zum Kommandanten von vier jüdischen Bataillonen ernannt, ein seltenes Vorkommnis in der Partizanka. Diese Bataillone trugen viel zum Sieg bei, der im Sommer 1944 zur Befreiung des Gebietes führte. Als sich herausstellte, dass eine Erneuerung des jüdischen Lebens unter sowjetischer Herrschaft unmöglich war, da einheimische Litauer überlebende Juden kurzerhand ermordeten, wandte Kovner sich Richtung Süden nach Lublin und von dort nach Bukarest. Damit war die erste Bricha-Route eingeweiht. Nach dem bewegenden Zusammentreffen mit der Jüdischen Brigade in Norditalien Mitte 1945 reiste Kovner nach Palästina, wo er Unterstützung für die von der Nakam-Gruppe ersonnenen Racheaktionen einholen wollte. Auf dem Rückweg wurde er festgenommen. Daraufhin verbrachte er drei Monate in britischen Gefängnissen, zuerst in Kairo, dann in Jerusalem. Nach seiner Entlassung kehrte er nach Ein HaChoresch zurück. Im Unabhängigkeitskrieg diente er als Kulturoffizier in der Givati-Brigade und verfasste in dieser Eigenschaft Kampfblätter für die Soldaten, darunter eins mit dem Titel *Niederlage* über die Kapitulation von Nizanim. Nach dem Krieg schrieb er eine lange Reihe von Lyrik- und Prosabänden, gründete Museen, vor allem das *Bet HaTefuzot* in Tel Aviv, wurde mit Preisen für sein schriftstellerisches Werk bedacht und galt als renommierter Intellektueller, dessen Stimme Gehör fand.

Reisel (Ruzka) Korzcak-Merlo: 1921 im polnischen Beilsek geboren, 1988 in Ein HaChoresch verstorben. Im Haus herrschte ein jüdisch-zionistischer Geist, in dem der Vater, ein Viehhändler, seine drei Töchter erzog. Da es im Städtchen keine jüdische Schule gab, wurde Ruzka auf eine polnische Schule geschickt, an der ein Rabbiner Hebräisch- und Bibelunterricht geben durfte, während ein Priester Religionsunterricht gab. Ruzkas erste Sprache war Jiddisch. 1935 zog die Familie nach Plotzk an der Weichsel. Für den weiteren Schulbesuch fehlte das Geld, und Ruzka arbeitete tagsüber, um zum Familienunterhalt beizutragen. Abends lernte und las sie. „Das war meine Universität", sagte sie oft. Sie trat dem HaSchomer HaZa'ir bei und fungierte bald als aktive Ausbilderin. Sie besuchte den Kibbuz *Ma'anit*, der Jugendliche auf die Einwanderung ins Land vorbereitete. Kurz nach dem Einmarsch der Deutschen ging Ruzka nach Wilna, wo die Jugendbewegungen ihre Mitglieder zusammenzogen. Dort lernte sie Abba Kovner wie auch Vitka Kempner kennen. Vitka wurde zu ihrer engsten Freundin. Nach der Einrichtung des Gettos schloss sie sich dem Untergrund an und ging mit den Kameraden in die Wälder Rudnikis. Sie war eine tatkräftige Partisanin und kümmerte sich zudem als Feldwebelin (russ: *Starschina*) um die täglichen Bedürfnisse der Kämpfer. Nach der Befreiung schickte Abba Kovner Ruzka in südliche Richtung mit dem Auftrag, eine Route nach Erez Israel zu erkunden. Sie kam bis nach Bukarest. Dort wurde sie von Abgesandten des Jischuws gebeten, im Land von den Ereignissen der Schoa zu berichten. Sie sprach an vielen Orten und in vielen Institutionen, und ihre Schilderungen wurden zu den wichtigsten Zeugnissen aus der Schoa überhaupt. Ruzka schloss sich ihren Freunden aus dem Kibbuz *Ma'anit* an, die ebenfalls ins Land gekommen waren und sich im Kibbuz *Eilon* niederließen. Dort schrieb sie ihr Buch *Lehavot baAfar* (Flammen in der Asche). Aus dem Land unterstützte sie die Nakam-Gruppe in Europa nach Kräften, doch es gelang ihr nicht, sich ihnen wieder anzuschließen. Als die Nokmim ins Land kamen, wurde auch Ruzka Mitglied des Kibbuz Ein HaChoresch und gründete dort eine Familie mit Avi Merlo, der bereits vor dem Krieg eingewandert war. Ruzka galt in ihrem Kibbuz und in der Kibbuzbewegung als allseits geschätzte Erzieherin.

Vitka Kempner-Kovner: Vitka (Rita oder Chaija) wurde 1920 im westpolnischen Kalisch geboren. Ihre Familie war jüdisch-zionistisch eingestellt. Dennoch lernte sie zuerst Polnisch und erst danach Hebräisch. Vitka bezeichnete sich selbst als polnische Partisanin. Sie legte die Reifeprüfung mit gutem Ergebnis ab und studierte in Warschau Judaistik bei den bekannten Professoren Meir Balaban und Mosche Schor. Bereits in der Schule war sie gemeinsam mit ihren Brüdern der *Beitar*-Bewegung beigetreten (der Vater war Revisionist) und erst danach dem HaSchomer HaZa'ir. Während ihres Studiums schloss sie sich der jüdischen Studentenorganisation *Avuka* an, in der es mehr um den Erwerb einer Ausbildung als um die Einwanderung nach Erez Israel ging. Als der Krieg ausbrach, war sie zu Hause in Kalisch bei ihren Eltern. Die Deutschen trieben die Juden der Stadt unter Beschimpfungen und Demütigungen in einer verlassenen Kirche zusammen. Vitka gelang es gemeinsam mit einigen Kameraden, durch ein Fenster zu fliehen. Sie sah ihre Familie nie wieder. Sie ging nach Wilna, wo sie Ruzka Korczak kennenlernte, mit der sie eine lebenslange Freundschaft verband. Auch Abba Kovner begegnete sie dort, doch die enge Verbindung zwischen ihnen entstand erst, nachdem seine Freundin Hadassa Kamianitzky ermordet worden war und Kovner den Untergrund gründete, dem Vitka sich anschloss. Kovner übertrug ihr schwere Aufgaben; so brachte sie mit zwei weiteren Kameraden Mitte 1942 einen deutschen Zug zum Entgleisen, die erste Entgleisung eines deutschen Zuges in Europa überhaupt. Als sie in die Wälder zogen und Kovner vier jüdische Einheiten befehligte, waren sie bereits ein Paar. Vitka wurde zur Kommandantin einer Späher-Einheit ernannt und nahm mit großer Kühnheit an Aktionen teil, die ihr den Orden *Heldin der Sowjetunion* eintrugen. (Sie nahm sich aber nicht die Zeit, ihn abzuholen.) Nach Beendigung der Kämpfe führte sie Reihen deutscher Kriegsgefangener in die vorgesehenen Lager, nahm an der Befreiung Wilnas teil und zog mit den Partisanen in die Stadt ein. Später war sie mit Kovner auf den Bricha-Strecken unterwegs und rekrutierte Kameraden für die Nakam-Gruppe. In Paris war sie Teil des Nakam-Hauptquartiers. Nach der Ankunft der Nokmim in Erez Israel waren sie und Kovner nach langen Monaten der Trennung endlich wieder vereint. Sie lebten in Ein HaChoresch bis zu Kovners Tod im Jahr 1987 zusammen, ohne zu heiraten. Vitka studierte Psychologie und wurde zu einer gefragten Psychologin, die eigene Behandlungssysteme entwickelte. An einem der Schoa-Gedenktage entzündete sie während der Hauptzeremonie eine Fackel, was in Israel als große Ehre gilt. Vitka starb 2012 und vermachte Abba Kovners Revolver der Gedenkstätte Yad Vashem.

Schlomo Kenet (Kantorowicz): 1921 in Wilna geboren, 2001 in Beit Sera verstorben. Seine Familie gehörte zum Kreis der Jiddischisten und Bundisten. Der Vater war Textilgroßhändler, die Mutter nähte Lederhandschuhe. Schlomo besuchte ein Real-Gymnasium und war Mitglied des HaSchomer HaZa'ir. Bei Kriegsausbruch hielt er sich in einem Vorbereitungslager in Kalisch auf und konnte über Warschau nach Wilna fliehen, wo er sich den Kameraden aus der Jugendbewegung wieder anschloss. Ab 1941 wurde die Familie ins Getto geschickt, wo sie in großer Enge lebte und aufgrund der beruflichen Fähigkeiten der Mutter, die zur Arbeit in eine Fabrik außerhalb des Gettos geschickt wurde, vorerst verschont blieb. Schlomo schloss sich 1942 der FPO an und befehligte eine Fünfer Gruppe, die Molotow-Cocktails herstellte. Er war verantwortlich für das sich ansammelnde Waffenlager und gehörte zu ersten Untergrund-Gruppe, die in die Wälder von Narocz zog. Dort schloss er sich als Teil der jüdischen *Nekama*-Einheit den von Fjodor Markow kommandierten Partisanen an. Aufgrund der zunehmenden Diskriminierung der jüdischen Kämpfer löste sich diese Einheit auf. Es folgte eine Zeit voller Schwierigkeiten und Ungewissheiten. Als kommunistisch orientierte Kämpfer aus Moskau eintrafen, änderte sich die Haltung den Juden gegenüber und Schlomo sowie einige seiner Kameraden stießen wieder zu Markows Brigade, wo sie in einer *HaMechassel* (der Exterminator) genannten Einheit dienten und an einigen Unternehmungen beteiligt waren. Schlomo trug bis zum Kriegsende Uniform. Er legte sie ab, nachdem er erfahren hatte, dass seine ganze Familie in Ponar ausgelöscht worden war. Seitdem betätigte er sich in der Bricha und führte jüdische Überlebende nach Süden. Nach einem Treffen mit Vitka in Norditalien trat er der Nakam-Gruppe bei. In Erez Israel angekommen, ließ er sich im Kibbuz *Sera* nieder und spielte Dutzende von Jahren lang eine wichtige Rolle in der Kibbuzgemeinschaft.

Jechiel Di-Nur (Feiner), K. Zetnik: 1909 in Sosnowiecz im Südwesten Polens geboren, verstorben 2001 in Tel Aviv. Als er ins Land kam, wählte er den Namen Di-Nur (aramäisch: Aus dem Feuer), und sein Schriftsteller Pseudonym K. Zetnik weist darauf hin, dass Jechiel den KZ-Lagern niemals wirklich entkommen ist (KZ-nik war der Spitzname, den die Lagerinsassen sich selbst gaben.) Jechiel Feiner entstammte einer chassidischen Familie, besuchte die berühmte *Jeschiwa* (Talmudschule) der Weisen Lublins und galt als besonders begabter Schüler. Seine Mutter starb, als er noch ein Kind war, und bereits damals begann er, Gedichte zu schreiben und einzelne davon zu veröffentlichen. Noch vor dem Krieg heiratete er seine Jugendliebe Senia Goldblum, die Schwester von Halinka Goldblum (später Prof. Jehudit Sela), die aus dem Getto Sosnowiecz nach Erez Israel geschickt wurde, um vom Geschehen in den Gettos zu berichten. Im Frühling 1943 wurde Di-Nur mit den Überlebenden aus Sosnowiecz und Bendin in das neu errichtete Getto von Kamionka gebracht und nach einigen Monaten weiter nach Auschwitz transportiert, wo er mit einer Gruppe von Freunden ein halbes Jahr verbrachte. Vom Schicksal seiner Frau Senia ist nichts bekannt. 1944 landete Di-Nur in der Nebenstelle Günther-Grube, wo die Lebensbedingungen erträglicher waren als in Auschwitz selbst. Als ein Jahr darauf die Rote Armee näher rückte, wurde das Lager aufgelöst. Di-Nur konnte fliehen, bevor die Deutschen alle Insassen ermordeten. Er und seine Freunde kehrten nach Sosnowiecz und Bendin zurück. Als sie ihre Familien nicht mehr fanden, wandten sie sich nach Bukarest, wo Di-Nur sich der Nakam-Gruppe anschloss und sein erstes Werk schrieb: *Salamandra*. Er zog mit den Kameraden nach Italien, nahm jedoch dort sein schriftstellerisches Werk wieder auf, ohne sich an den weiteren Nakam-Aktivitäten zu beteiligen. Nach seiner Ankunft in Erez Israel heiratete er die in Tel Aviv geborene Nina Aschermann. Er verarbeitete seine Geschichte und die seiner Familie in einem sechsbändigen literarischen Werk. Einige der Bände wurden zur Pflichtlektüre für die erste Generation des neuen Staates. Während seiner Zeugenaussage im Eichmann-Prozess fiel er in Ohnmacht. Bekannt wurde seine Feststellung: „Auschwitz war ein anderer Planet."

Bezalel Kek Michaeli: Geboren 1919 im wolhynischen Rokitno. Bezalel war Mitglied im HaSchomer HaZa'ir und besuchte ein *Tarbut*-Gymnasium. Mit Kriegsausbruch wurde er zur Roten Armee eingezogen. Während der Kämpfe geriet er in Gefangenschaft, konnte aber mit einigen Kameraden fliehen und kehrte in seine Stadt zurück. Im Getto von Rokitno gehörte er zu den Organisatoren des Aufstands, der ausbrach, als die Deutschen die letzten Übriggebliebenen ermorden wollten. Dabei bedienten die Aufständischen sich selbsthergestellter Molotow-Cocktails. Bezalel floh mit einigen Angehörigen in die Wälder, unter ihnen war auch sein Vater, der wegen einer Verwundung aus dem Ersten Weltkrieg den rauen Bedingungen des Partisanenlebens nicht gewachsen war. Er bat die jungen Kämpfer, ihn einfach zurückzulassen. Die Mutter und die Schwester fanden ein Versteck, wurden aber verraten. Aus den Wäldern gelangte Bezalel nach Rovno und schloss sich dort der Gruppe von Elieser Lidovski und Jitzchak (Pascha) Avidov an, die sich auf den Weg nach Lublin machten. Während der Nakam-Aktivitäten gehörte er zu den Mitgliedern, die sich über ganz Deutschland verteilten. Nach seiner Einwanderung ins Land diente er in der Alexandroni-Brigade, die in Obergaliläa kämpfte. Er verließ gemeinsam mit einem Kameraden die Stellung, um Wasser zu holen, und bei ihrer Rückkehr mussten sie feststellen, dass die anderen Soldaten alle von einem syrischen Kommando ermordet worden. Bazalel selbst meinte, in seinem Leben sei ein Wunder auf das andere gefolgt. Er lebte mit seiner im Land gegründeten Familie in Haifa, wo er die Vulkanisierungsanstalt leitete. Später war der Direktor der Gummifabrik *Gamid.*

Ze'ev (Velvele) Rabinowitsch: Gehörte zu den Jüngsten der Gruppe und war hauptsächlich in Paris tätig, wo er Verbindung zwischen dem Hauptquartier und seiner Tante Leah Rabinowitsch hielt, in deren Wohnung im 19. Arrondissement die Versammlungen des Hauptquartiers stattfanden. Er schloss sich der zweiten Gruppe an, die 1947 nach Europa zurückkehrte, blieb aber in Paris und war dort weiter für die Hagana und die illegale Einwanderung tätig.

Zila (Cesia) Rosenberg Amit: In der polnischen Stadt Ripin geboren, seit ihrer Jugend Mitglied im HaSchomer HaZa'ir. Cesia gelangte nach Kriegsausbruch als einzige ihrer Familie nach Lublin und schloss sich dem Untergrund an, der sich bereits zurzeit der sowjetischen Besatzung gebildet hatte, und ging später zur FPO. Im Sommer 1942 übertrug Kovner ihr und Sonia Madeisker eine geradezu fantastische Mission. Sie sollten an einem Durchbruch die Frontlinien überqueren und das Partisanenkommando im tausend Kilometer entfernten Moskau über die Ermordung der litauischen Juden in Ponar sowie über die Bildung eines kampfbereiten Untergrunds im Getto informieren. Die Mission scheiterte, die beiden fielen zweimal in die Hände der Deutschen und schafften es nur durch ein Wunder zurück ins Getto. Zila zog mit einem Teil der Kameraden in die Wälder von Narocz, wo die jüdischen Kämpfer unter der herabsetzenden Behandlung durch die sowjetischen Partisanen zu leiden hatten. Nach der Befreiung Wilnas erfuhren sie, dass etliche Mitglieder des HaSchomer HaZa'ir sich in Zentralasien aufhielten. Wieder wurde Cesia ausgesandt, um sie aufzuspüren. Diesmal gelangte sie nach Moskau, wo sie einige der Gesuchten traf und sie wissen ließ, dass sie zurückerwartet wurden. Cesia ging mit ihren Kameraden auf der Bricha-Route nach Lublin, wurde in die Nakam-Gruppe aufgenommen und später im Rahmen der Aktivitäten nach Deutschland geschickt. In Erez Israel schloss sie sich dem Kibbuz *Givat Brenner* an. Dort wirkte sie zunächst als Erzieherin und übernahm später die Verantwortung für die Schulbibliothek.

Simcha (Kazhik) Rotem (Ratajzer): 1924 in Warschau geboren, 2018 in Jerusalem verstorben. Kazhik entstammte einer religiös-zionistischen Familie. Sein Vater handelte mit Baumaterialien und Kurzwaren. Kazhik besuchte eine technische Berufsschule der jüdischen Gemeinde und trat bereits in jungen Jahren der Bewegung *Die Zionistische Jugend* bei, später dann der Bewegung *Benei Akiwa*. Beim Bombardement der deutschen Luftwaffe wurde das Haus der Familie zerstört. Sein Bruder und andere Angehörige fanden den Tod, Kazhik und seine Mutter wurden verletzt. Nachdem die Warschauer Juden ins Getto gepfercht und eingeschlossen wurden, schickten die Eltern Kazhik zu Verwandten in ein Dorf in der Nähe von Radom, er jedoch kehrte ins Getto zurück und schloss sich 1942 der Organisation *HaJehudi HaLochem* (der jüdische Kämpfer) an. Aufgrund seines arischen Aussehens fungierte er als Verbindungsmann zwischen den Bunkern des Getto-Untergrunds und der polnischen Seite. Während des Gettoaufstands im April und Mai 1943 kämpfte Kazhik im Bezirk der Bürstenmacher unter Marek Edelmann. Er konnte durch die Kanalisation aus dem brennenden Getto fliehen, zeigte anderen Kämpfern den Weg, unter ihnen Zivia Lubetkin und Marek Edelmann, und brachte sie in Verstecken in der Stadt oder im Wald unter. Kazhik betätigte sich auch 1944 beim polnischen Aufstand in Warschau als Verbindungsmann und wurde Anfang 1945 nach Lublin geschickt, um mit der dort residierenden polnischen Übergangsregierung Kontakt aufzunehmen. Dort wurde er dann zum Aktivisten in der Bricha und gelangte nach Bukarest, wo er nach einem Treffen mit Vitka Kempner der Nakam-Gruppe beitrat. Nach dem Abbruch der Aktion in Dachau, die er leitete, gelangte er mit seinen Kameraden an Bord der *Biria* von Marseille aus nach Erez Israel. Schloss sich der Hagana an und kämpfte im Unabhängigkeitskrieg. Nach der Staatsgründung wurde er auf mehrere Missionen geschickt, deren Einzelheiten er lieber für sich behielt. Später leitete er vierundzwanzig Jahre lang eine Supermarktkette (Co-op) in Jerusalem. Er gehörte in Yad Vashem dem Komitee an, das die „Gerechten der Welt“ auszeichnet. Vom polnischen Präsidenten Bronislaw Komorovski wurde Kazhik mit dem Großkreuz des Ordens *Polania Restituta* ausgezeichnet.

Jitzchak Ratner: Geboren in Wilna, von Beruf Chemiker. Jitzchak schloss sich im Getto der FPO an und lernte dort Kovner kennen. Nach der Befreiung der Stadt arbeitete Ratner in einer sowjetischen Gerberei-Kooperative, wo seine Chemiekenntnisse gebraucht wurden. Ende 1944 verließ er Wilna und ging nach Lublin, wo er auf Kovners Wunsch hin zu den Nokmim stieß. Als Ratner sich auf Zugreisen antisemitische Beschimpfungen anhören musste, sah er ein, dass für Juden in Europa kein Bleiben mehr war. In Italien angekommen, wurde er für die Bricha tätig und war Kassenwart der *Alija B.* Als Kovner von Palästina aus befahl, ihn als Chemiker für die Nakam-Gruppe einzusetzen, holten Poldek und Bolek ihn nach Paris. Dort gelang es ihm unter schwierigsten Bedingungen, einen Giftstoff herzustellen, der stark genug war, um Hunderttausende zu töten.

Ze'ev (Wilek) Schneur (Schotzreich): 1922 geboren, 1983 verstorben. Seine Familie führte ein gastfreundliches Haus, in dem auch der Dichter Mordechai Gebirtig verkehrte. Seine Angehörigen wurden 1942 in Belzec ermordet. Ze'ev trennte sich niemals von den Bildern seiner Eltern. Er war Mitglied einer Jugendorganisation und besuchte eine technische Oberschule, wo er das Installateur-Handwerk erlernte. Wurde als Zwangsarbeiter im Gestapo-Gefängnis des Gettos Krakow beschäftigt und wie durch ein Wunder gerettet. Fand gemeinsam mit seinen Leidensgenossen das von Gusta Drenger während ihrer dortigen Haftzeit geschriebene Werk *Justines Tagebuch.* Außer in der Nakam-Gruppe wirkte er in der Bricha mit. 1946 erreichte er Erez Israel auf dem Schiff *Josiah Wegdewood* und wurde Mitglied im Kibbuz *Neve Eitan.* Im Unabhängigkeitskrieg kämpfte er in der *Palmach* um die Befreiung der Stadt Haifa. Anschließend war er in der *Paljam* mit dem Transport illegaler Einwanderer beschäftigt. Später war er als Gesundheitsbeauftragter für sechzig Ansiedlungen im *Emek HaChefer* zuständig.

Nachwort

Das vorliegende Buch beschäftigt sich mit der Nakam-Gruppe, also jener Gruppe der Rächer, die vom Dichter Abba Kovner gegründet wurde. In der Nakam-Gruppe fanden sich etwa fünfzig junge Frauen und Männer wieder, die die Schrecken der Schoa überlebt hatten und nun entschlossen waren, zur Vergeltung sechs Millionen Deutsche in den Tod zu schicken.

Das Opfer eines Verbrechens zu sein, ist ein traumatisches Erlebnis. Schmerzen und Verlust zu erleiden, weckt den Wunsch nach Rache und Vergeltung. Moderne Gesellschaften haben nicht nur staatliche Kontrollen, sondern auch das staatliche Gewaltmonopol eingeführt, um den Zyklus von Gewalt und Gegengewalt zu durchbrechen und um den Opfern von Verbrechen Gerechtigkeit zukommen zu lassen. Aber was, wenn der Staat selbst zum Täter wird? Was, wenn der Staat selbst nicht nur zum Massenmörder wird, sondern das größte Verbrechen der Menschheitsgeschichte begeht? Was, wenn die Mehrheit der Bevölkerung eines Landes dieses Menschheitsverbrechen mitträgt? Wenn also nicht nur alle staatlichen Institutionen, die der Gerechtigkeit verschrieben sind, ihrer Aufgabe nicht gerecht werden, sondern mit der Unterstützung der Bevölkerung selbst das größte Verbrechen der Menschheitsgeschichte begehen?

Die Opfer der Schoa waren sich bewusst: Es gab kein Rechtssystem, welches dem von ihnen erlittenen Menschheitsverbrechen auch nur im Ansatz gerecht werden konnte. Wie sehr ihre Befürchtungen der Wahrheit entsprachen, zeigte sich später z. B. im Urteil des Bundesgerichtshofs vom 20. Mai 1969 (5 StR 658/68). Da die bundesdeutsche Justiz für die meisten NS-Verbrecher Schuldsprüche nur wegen „Beihilfe zum Mord“ verhängte, entschied das BGH an diesem Tag, dass solche Verbrechen seit dem Jahr 1960 verjährt seien. Zahllose Verfahren gegen die Schreibtischtäter der Schoa wurden daraufhin eingestellt.

Im Vergleich zu diesem eklatanten Versagen der deutschen Justiz kann das Todesurteil, welches das Jerusalemer Bezirksgericht am 15. Dezember 1961 über Adolf Eichmann verhängte, geradezu als Paradigma für den richtigen Umgang mit den Tätern der Schoa dienen. Bei aller Berechtigung und Notwendigkeit zeigt dieses Todesurteil aber auch, dass selbst die strengste Strafe, die ein Gericht verhängen kann, vor den Gräueln der Schoa und dem Ausmaß des Völkermordes verblasst. Selbst das beste aller Rechtsysteme konnte und kann den Opfern der Schoa keine Gerechtigkeit verschaffen, da das Ausmaß der Schoa Gerechtigkeit für die Opfer unmöglich macht.

Wie weit entfernt nicht nur Deutschland, sondern ganz Europa und die Welt nach der Schoa von einem idealen Rechtsystem waren, zeigt

 | DOI:10.30965/9783657791125_015

beispielsweise die Lebensgeschichte Wernher von Brauns. Der berühmte Ingenieur war zumindest in den Einsatz von KZ-Häftlingen zur Produktion deutscher Raketen im Lager Mittelbau Dora verstrickt, wenn nicht weit mehr in die Menschheitsverbrechen der Nazis involviert. Trotzdem wurde er nach Kriegsende von den USA aufgenommen und war dort schließlich in leitender Funktion im amerikanischen Raumfahrtprogramm aktiv. Von Strafe für seine Verbrechen keine Spur.

Die Leidensgeschichte der Opfer des größten Verbrechens der Menschheitsgeschichte ist für uns alle, die wir lange nach der Schoa geboren wurden, und für alle, die nicht Teil des Judentums sind, weder emotional noch rational nachzuvollziehen. Angesichts dieser Tatsachen den Wunsch nach Rache und Vergeltung selbst in die Hand nehmen zu wollen, ist nur allzu verständlich. Geradezu übermenschlich wäre, es diesen Wunsch nicht zu haben. Dina Porat erzählt die Geschichte eines solchen Wunsches. Sie erzählt wie die Maximen „Auge um Auge“ und „Zahn um Zahn“ zur Ratio des Verlangens der Opfer nach Gerechtigkeit wurden, wie nämlich eine Gruppe von „Rächern“ den Tod von 6 Millionen Opfern der Schoa mit dem Tod von 6 Millionen Deutschen vergelten wollte.

Das Buch erzählt aber auch eine andere Geschichte. Es erzählt eine Geschichte darüber, wie die Opfer der Schoa, das Judentum und der Staat Israel gerade nicht den Weg eines Massenmordes aus Vergeltung an den Deutschen und den Nazis gegangen sind. Es erzählt eine Geschichte, in der die Antwort auf die Schoa nicht ein erneuter Völkermord war. Es handelte sich um das Vorhaben einer kleinen Gruppe von Rächern und nicht um einen staatlich organisierten und durchgeführten Genozid. Das Judentum und der Staat Israel haben Genozid nicht mit Genozid beantwortet. Im Gegenteil: Die Antwort auf die Schoa war kein Genozid an den Deutschen, sondern die Gründung Israels als der einzigen Demokratie im Nahen Osten und als der Wiedergeburt des jüdischen Staates nach fast 2000 Jahren von Fremdherrschaft, Diaspora, Leiden und Verfolgung.

Dieser Verlauf der Geschichte macht die moralische Überlegenheit des Judentums über seine Verfolger deutlich. Mehr noch, sie zeigt, dass die Schoa nicht eine endlose Spirale genozidaler Gewalt in Gang setzte. Die Gründungsgeschichte des Staates Israel geht weit vor die Schoa zurück. Dennoch ist die Staatsgründung Israels gerade auch eine Antwort auf die Schoa. Sie zeigt, dass jüdische Geschichte keine Geschichte der Rache ist und dass jüdische Geschichte nicht nur Leidensgeschichte ist. Jüdische Geschichte ist gerade auch eine Geschichte von Erfolgen und Errungenschaften. Wenn Jüdinnen und Juden auf die Schoa mit der Gründung des einzigen demokratischen Staates im Nahen Osten reagierten und wenn Jüdinnen und Juden auf das größte Menschheitsverbrechen mit der Erschaffung eines Rechtsstaates reagierten, dann muss man das zu den größten Errungenschaften und Erfolgen des Judentums zählen. Die Opfer sind gerade nicht zu Tätern geworden. Die Geschichte der Rächer weist auf die Fähigkeit des Judentums hin, trotz unsäglicher Schmerzen und Leiden nach vorne und nicht in die Vergangenheit zu blicken.

Dina Porats Buch ist aber auch bedeutsam, weil es mit dem glühenden Wunsch nach Rache und Vergeltung für die Schoa auch die Leiden der Opfer der Schoa zur Sprache bringt. Deutsche Gewalt provozierte den Wunsch nach Gegengewalt. Die Größe dieses Wunsches illustriert auch die Intensität der Schmerzen und Verluste der Opfer der Schoa. Die Gruppe der „Rächer" und ihr Wunsch nach Vergeltung sollte also auch als ein Beispiel für das Leiden aller Opfer der Schoa verstanden werden.

Es ist wichtig, dass Dina Porats Werk über die Rächer in deutscher Übersetzung erscheint. Sie führt mit ihrem Buch dem Land der Täter auf ganz neue Weise das Leiden der Opfer der Schoa vor Augen. Dies ist umso notwendiger, als dass in Deutschland Schoa-Leugnung immer noch und schon wieder weit verbreitet ist und als dass in Deutschland gesellschaftliche Strukturen zunehmend von Schuldumkehr und Schuldverschiebung geprägt sind. Immer wieder aufs Neue für die Leiden der Opfer der Schoa und das Menschheitsverbrechen der Schoa zu sensibilisieren, ist daher unbedingt erforderlich.

Wenn Dina Porat die Geschichte einer nicht vollzogenen Rache erzählt, zeigt dies, dass Israels Bürgerinnen und Bürger in der Lage sind, sich sowohl mit den hellen und als auch den dunklen Seiten der Geschichte ihres Staates und des Judentums auseinanderzusetzen und sie in ihrer vielschichtigen Verwobenheit zu verstehen.

Armin Lange

Anmerkungen

Zitate Seite 5

1 Der vorgelesene Text wurde 1943 in der Dezemberausgabe der Zeitschrift der Bewegung *BaMivhan* veröffentlicht. Eine Zweitveröffentlichung erschien in Yitzhak Kafkafis Buch *Schnot HaMachanot HaOlim*, Band II, HaKibbuz HaMeuchad, 1995, S. 314.

2 Zitiert in *Rovno, ein Gedenkbuch*, herausgegeben von der Vereinigung der Israelis aus Rovno, Tel Aviv, S. 562.

Geleitwort

1 Das Gedicht findet sich digital wieder bei: http://hhp.uni-trier.de/Projekte/HHP/briefe/04baende/band20/showletter?letterid=W20B0118&lineref=A176_23&mode=1

Vorwort

1 I 34

2 G 32, S. 1068–1075

3 H 30, 1–5, S. 40–54; I 38, S. 35–106; I 39, S. 126–137

Einführung

1 E 2

2 B 15

3 Meine Definition, D.P.

4 B 15, i

5 J 20

6 J 6, S. 79

7 Ebd.

8 J 10, S. 14, 48–87

9 J 6, S. 95

10 Eine höchst umstrittene Publikation

11 J 6, S. 94

12 Ebd. S. 76

13 J 10, S. 41, 174

14 J 2, S. 768–769 und J 24, S. 316–318.

15 Gespräch mit Szita Szabolcs, 10.8.2012

16 F 24, S. 11; B 1f

17 H 2; K 3

18 I 36

19 D 4; I 5, S. 65–84
20 E 9; F 4, S. 69–73
21 D 3; J 15 S. 7
22 H 21; N 6, Bd. 4, S. 1235–1236; L 4, S. 159
23 N 1, S. 1416; N 8, N 6, S. 1077; N 3, S. 2615; N 2, S. 290; L 4, S. 371
24 N 5, Bd. V, S. 917–921; J 16
25 G 2, S. 55; J 15, S. 1–2
26 H 6; M 10; M 11, S. 33; J11, S. 68
27 L 12, S. 244; L 15, S. 139–140
28 L 13; J 22, S. 1–19
29 H 4
30 Ein Gespräch mit Wiesel, 10.8.2014; L 16, S. 233
31 G 2
32 H 24
33 J 18, S. 73–79
34 J 11, S. 1–13
35 M 3, S. 16–17
36 M 2, S. 240–241
37 J 15, S. 14–17
38 J 19, S. 2–3, 24, 30–36, 55, 281–2
39 F 21, S. 187–188
40 M 9, S. 167
41 F 22, S. 135
42 K 2
43 E 7a
44 F 37, S. 13–17
45 Ebd. S. 26; I 40
46 J 14, S. 91–110
47 M 5, S. 22–24
48 J 10, S. 226–230
49 J 15, S. 7–14
50 M 1, S. 138
51 M 12, S. 73–74

Kapitel 1

1 H 14
2 Ebd. und I 21, S. 20
3 H 24
4 I 28, S. 76
5 *Davar*, 30.11.1942; *Ha'aretz*, 26.11.1942, 2.12.1942; H 29; N 8, Bd. III, S. 500
6 I 29, S. 9–34; I 32, S. 23–43
7 I 30, S. 240–270
8 I 2, S. 161; I 3, S. 203–204
9 H 19; H 39
10 I 46, S. 426–442; H 1; L 5; H15; H 36

11 I 46, S. 443–446; I 20, S. 486–488
12 L 1, S. 11, 20
13 H 18; H 25
14 H 32
15 Davar, 7.8.1942
16 H 19
17 H 23
18 H 43
19 H 27
20 M 6
21 Ebd., S. 274
22 Ebd., S. 282
23 I 2, S. 169
24 I 2, S. 176–179
25 G14, S. 358; I 35, S. 56–58 und 65; H-43
26 I 35, S. 71
27 Ebd., S. 78
28 Brief an Ben-Gurion, 29.8.1944, CZA, S26/502
29 G 29, S. 131
30 Shertok, 22.4.1945, CZA
31 H 28; H 37
32 Davar, 5.10.1944
33 Treffen der Führungsriege, 22.4.1945 und 20.5.1945, CZA, S25/1782
34 I 2, S. 171, 172, 180

Kapitel 2

1 F 21, S. 38, S. 57, 59f; D 12.
2 J 13, Kap. *Retribution*, S. 41–62; G 6, Bd. I, S. 287
3 F 44, S. 521, 526; D 13a
4 B 15, 15g
5 I 18
6 I 11, S. 15–37
7 F 9, S. 107, 113
8 I 34, S. 224–253
9 B 1f
10 C 2, G 39
11 C 2; G 19, S. 129; I-29, S. 27
12 B 13a
13 B 17; B 6; B 19; B 8
14 B 15c
15 B 17b; B 16
16 I 45, S. 61
17 F 6, S. 25; G 26, S. 39–40; D 4.
18 H 2; K 3
19 G 19, S. 77–78; B 11; I 22, S. 17

20 B 8; F 32, S. 42
21 B 15e
22 B 1d; C 4 Avidov, C 4 Lidovski
23 I 34, S. 369
24 B 2
25 G 2, S. 25
26 S. Birmans Brief zwischen dem 7. und 8. Kap.
27 B 17b; G 26, S. 37
28 D 4
29 B 15c
30 F 27, S. 68
31 L 10, S. 321
32 B 15c, B 15g; G 36, S. 415–416; D 14; G 18, S. 312–314; I-45, p. 61
33 B 30a; B 13a; D 10; B 11d; B 27; D 6a; F-27, S. 79
34 I 37, S. 194
35 M 8, S. 30–37
36 G 13, S. 159
37 J 9, S. 245–261
38 B 15
39 I 44; I 7; J 6, S. 115; F 9, S. 122
40 Moreshet D.1.494 und D.2.262; J 9, S. 258; J 6, S. 86–87; I 44; I 12, S. 49
41 I 44; I 14, S. 300; G 35; Radio, Harmatz' Tagebuch, 17.1.1946; J 10, S. 224–225
42 B 15, 15a, 15b; G 15, S. 21
43 G 10, S. 101–103
44 I 37, S. 194; D 12
45 Ebd., S. 211
46 Ebd., S. 220–224; J 23, S. 134, 211
47 I 44; I 34, S. 171–190
48 G 36, Bd. II, S. 412
49 I 37, Kap. 11, S. 251–271
50 G 22
51 G 24, S. 3, 47
52 B 15g; I 9, S. 194–195; I 6
53 F 9, S. 144
54 B 15c, B 15 g
55 G 10, S. 98
56 B 1a, B 1b, B 1f; Kovner in C-2
57 I 38; B 17
58 F 22, S. 78, 80; B 15g
59 F 26, S. 184; I 38
60 F 23, S. 190–191, 201; G 15, S. 10–15.
61 B 15g
62 D 11
63 B 27
64 F 27, S. 83; B 13c
65 F 31, S. 12, 17; B 15g
66 I 44, S. 56; I 23, S. 244, 245; B 1d
67 F 23, S. 192

68 G 3, S. 211, 245; I 23, S. 252; B 1a, 1b, 1d
69 D 10
70 D 11; I 6, S. 27–36; I 22, S. 21–22
71 D 8; I 23, S. 256–257; D 11; B 13a; D 10
72 Eine von Jashek Ben-Zur angefertigte und überlassene Liste
73 D-13 und 13a; F 44, S. 488; I 17, S. 241
74 G 3, S. 153, G 15, S. 15
75 D 13 und 13a
76 D 13 und 13b; F 44, S. 488; B 1b; E 19
77 F 26, S. 185
78 B 16a; D 11
79 B 22
80 B 1a; B 15g; F 26, S. 184–185
81 F 10, S. 92
82 B 1a; B 15g; F 26, S. 184–185
83 G 8, S. 236, 237; G 27 S. 61, 71
84 F 23, S. 193–196
85 D 6a; D 10; B 11d; G 27, S. 61
86 F 29, S. 176
87 D 6a; B 19
88 F 40; S. 104–110

Kapitel 3

1 B 15g; I 9, 195; I 38, Sarid II, S. 63–65; D-11a; G-36, Bd. II, 415–431
2 B 15g
3 F 42, S. 76
4 F 27, S. 80–81
5 I 43
6 F 13, S. 138,140; G41, S. 76–77
7 B 13a
8 B 19, 19a
9 G 29, S. 177–200
10 I 43, S. 211–212; B 19, 19a; B 4; B 11d
11 L 6, S. 35
12 B 19; I 43, S. 196–211
13 I 43, S. 219, 235–237; B 19a
14 L 6, S. 38; I 43, S. 126–136; B 19a
15 B 19; F 16, S. 120–130
16 Harmatz kam darauf in all seinen Aussagen zurück.
17 B 12; B 17a; C 2, Kek
18 F 27, S. 82–83; B 30a
19 B 11a; G 31, S. 20; B 10
20 B 17d; B 1b; B 3a; I 22, S. 57
21 Ebd. S. 56

22 F 20, S. 192, 194
23 D-9
24 D 5
25 F 20, S. 196,197; C 2, Kovner; D 9
26 B 13b; B 6
27 F 42, S. 75
28 F 28, S. 138
29 F 42, S. 76
30 B 26; F 28, S. 78, 138
31 I 17, S. 257–280
32 B 22; I 17, S. 251; E19
33 I 41, Bd. I, S. 225; B 27; B 17b
34 F 44, S. 487, 491–493; B 22; D 6a
35 I 44; D 6a
36 G 24, S. 24, Hervorhebung von Lubetkin
37 I 17, S. 251
38 F 44, S. 521, 526; D 13a; G 27, S. 72; D 6a
39 D 13, 13a; G 41, S. 104
40 D 13, 13a; G 38, S. 36–38
41 D 13; F 44, S. 488
42 D 13
43 D 13a; G 40, S. 105–106; F 44, S. 485–486, 528; E 19
44 F 44, S. 526–533
45 F 44, S. 526–533
46 D 7; F 14, S. 123, 145
47 Ebd., S. 143.
48 G 29; I 9, S. 65; I 11, S. 43, 188
49 F 23, S. 211; G 29, S. 188; I 9, S. 141: alle 1300 leisteten den Eid
50 I 22, S. 55–56; E 31a; F 24, S. 108; I 38, Sarid II, S. 128: Nur die Neuen schworen; B 19; B 1g, S. 19
51 G 39, S. 692, 732
52 G 29, S. 185
53 A 6, der Nakam-Ordner
54 I 22, S. 71, Notiz 65
55 A 6
56 I 22, S. 55, Notiz 44; B 6; B 1a
57 F 28, S. 13–139; B 26
58 F 27, S. 82–83; B 30a
59 B 30, S. 14
60 B 15g; F 23, S. 223–224; F 24, S. 112–114
61 E 27a; B 22; B 12; B 10, 10a; F 23, S. 196; B-17c
62 B 12; B 17c; B 29; B 14a
63 B 7; B 8; F 11, S. 159–163; F 40, S. 104
64 B 9; B 15d
65 L 6, S. 15, 80, 84, 92
66 I 43, S. 258–259
67 Notiz im Moreshet-Archiv, D.1.5724

Kapitel 4

1 F 30, S. 211; F 5
2 G-23, S. 320
3 I 14; G 28; I 2, S. 173–175
4 G 23, S. 321
5 E 24; G 30, S. 238
6 F 30, S. 228
7 Churchill, 28.9.1944, online; G23, S. 53; Shertok, 29.4.1945, CZA; I 14, S. 303, 318–331
8 I 14, S. 318–331; I 2, S. 173–175
9 I 2, S. 173–175
10 J 25, S. 361, 375
11 I 24, S. 26; J 2, S. 768–9; J10, S. 163
12 L 15, S. 139; J 17, S. 80–81
13 F 43, S. 180–181; Die deutsche Radiosendung habe ich nicht gefunden, D.P.
14 H 10; B 3
15 G 16, S. 131; F 33
16 G 23, S. 324–327; G 16, S. 126; F 5, S. 158; G 32, S. 1071–1072
17 G 32, S. 1071–1072; E 7; F 43, S. 180–181; G 36, Bd. II., S. 139
18 L 3, S. 59–63, 116–117, 213; I 26, S. 85–110; G-5, S. 278; G 36, Bd. II, 139–140
19 G 16, S. 127, 145; I14, S. 306–307
20 L 3, S. 97–124; H 10; F 43, S. 182–185
21 H 12; F 12, S. 205; F 43, S. 179–182
22 I 14, S. 306–307; E 23, 23a; F 30, S. 229
23 E-6; E-31; I-25, S. 140; F-5, S. 160; E-16
24 G 32, S. 1072, wie auch in: F 5, S. 158–161; G 36, Bd. II, S. 140 wie auch in: I 25, S. 140–144; H 12; H 7; H 3; E 3; F 30, S. 229
25 E 14; E 24
26 E 7
27 E 7; E 23a
28 E 7; E 31; I 25, S. 140–141; E 12, 12b
29 H 11; H 13; I 14, S. 327; E 18
30 Brief an Shertok, 18.6.1945, CZA, S25/6064
31 E 31; F 5, S. 92–106; F 3, S. 53–59; E 21; I 25, S. 140; E 4; E 8
32 F 3, S. 73,74, 77, 81; E 24; E 25
33 E 17
34 E 24; H 13; E 18; E 8; H 3
35 H 11
36 H 7, H 11; F 5, S. 160
37 I 5, S. 37; F 30, S. 229
38 I 31, S. 91 111; F 5, S. 161; E 7; E 31; F 3, S. 74
39 F 5, S. 162–163; I 25, S. 141; F 30, S. 224
40 E 21
41 F 3, S. 73, 74
42 E 7
43 G 33, S. 143; B 11a; B 14a
44 G 33, S. 143; B 13a; F 27, S. 84–85

45 F 3, S. 81; G 12, S. 165–169
46 G 33, S. 148; F 41, S. 4–5
47 Vollständiger Text in Moreshet, A.388: G 20, S. 35–42
48 E 13; G 9, S. 254; G-16, S. 137
49 G 16, S. 137
50 E 18; B 11d; B 25
51 Kovners Brief, 29.5.1987, in Moreshet, C.61
52 E 29
53 E 18
54 E 30; I 22, S. 65, Notiz 37
55 Tubins Brief (1), 16.7.1945, Moreshet; B 15g
56 E 31a
57 G 7, S. 233; Tubins Brief (2), 18.7.1945, Moreshet; I 22, S. 68; Notizen 31, 50
58 G 3, S. 56; G 11, S. 143–144; E 13; Versammlungsprotokoll: Hagana, 125/3
59 E 13; F 7, S. 92, 97; G 11, S. 143–144
60 E 13; F 7, S. 92,97; G 11, S. 143–144
61 E 7
62 B 11a; B 22
63 F 19, S. 171–176
64 Pascha, C 2; F 30, p.230
65 Brief an Shertok, 4.6.1945, CZA, S25/6064
66 E 24; E 30; I 14, S. 328; F 12, S. 207, 208
67 F 27, S. 84–85; B 1b, 1c
68 F 3, S. 75, 80; G 23, S, 329–391; I 14, S. 357–530; Gelber in N-8, Vol .III, S. 500; E 20
69 G 23, S. 391
70 H 8; G 23, S. 322–323; L 3, 55–56; H 10; M 4, S. 26–36; I 14, S. 336
71 I 46, S. 433
72 Ebd., S. 435–436; Gedicht im Anschluss an den Epilog
73 F 3, S. 81; G 23, S. 391–395; Die Route: I 24, S. 335 und F 30, S. 236–238
74 I 25, S. 144–146; E 7; E 23a
75 E 18; F 36, S. 117; E 20; F 43, S. 208–209, 212
76 H 11; E 12a; E 31a
77 B 17c; B 7; B 14
78 E 29; B 11a; I 22, S. 66
79 Tubins Brief, 18.7.1945, Moreshet
80 B 13; F 41, S. 6; B 17c
81 K 2, S. 242; B 13a; Kovners Brief, 29.5.1987, in Moreshet, C.61
82 Ebd., Kovners Brief; B 13a; B 15g; A-6, Kovner an Vitka, 7.8.1945; B 17b
83 E-13, 13a; G 11, S. 143–144
84 G 29, 23.7.1945; I 22, S. 62, 66
85 I 11, S. 47, 188; G 36, S. 424–425; G 34, S. 15–54; G 33, S. 145
86 B-15g
87 E 31a
88 B 12; B 7; B 8
89 D 6a; B 1d, 1g
90 B 26b; B 19a; B 10a; B 6; B 17a; B 1d; B20
91 G 11, S. 143; Kovners Ausweis in Moreshet, D.1.5546.2; A 6, Kovner an Vitka, 7.8.1945

Kapitel 5

1 I 28, S. 15–22.
2 N 11, S. 43
3 The Future of Palestine, *The Times*, 14.11.1945
4 N 4, S. 206–230
5 B 15e; I 38, Sarid II, Vol. II, S. 142; I 45, S. 46
6 A 6, Kovner an Vitka, 28.8.1945 und Anfang September
7 B 15i
8 M 8, S. 110; I 29, S. 16
9 L 2, S. 66, 67
10 I 29, S. 10, 12
11 Ebd. S. 27
12 G 19, S. 96
13 I 29, S. 16, 27; E 8
14 Labor Sarty Archiv, Akten 159, 161, 3.9.1945
15 I 33, S. 259–274
16 Tubin an Ya'ari, Givat Haviva, 15.9.1945; G 33, S. 258–260
17 Ya'ari an Tubin, Givat Haviva, 24.7.1945; F 44, S. 494–498; Kovner, 29.5.1987, Moreshet C61; I 42, S. 325–354
18 Ya'ari an Tubin, Givat Haviva, 24.7.1945
19 B 31a; E 30; Tubins Briefe, Moreshet, 1–18.7.1945; B 17a; I 34, Kap. II
20 I 19, S. 278
21 Kovner an Gruner, Moreshet, C 61.40; G 19, S. 130, Brief B; I 29, S. 26
22 G 19, S. 133, letter E
23 G 36, S. 146; Tubin, Moreshet, D.S. 404; Ya'ari an Kovner, Givat Haviva, C.61.44
24 F 3, S. 70, 91; E 8
25 F 3, S. 92; Kovner, 29.5.1987, Moreshet, C61
26 D 7; E 7; B 15g
27 D 11
28 Zilbertal, Givat Haviva, 4.7.1946, 43/46
29 G 33, S. 261,267; I 19, S. 281–285
30 F 3, S. 92; E 8
31 G 6, S. 264, 294; D 11; B 15g
32 F 3, S. 92
33 Kovner, 29.5.1987, Moreshet, C61; Kovner in C2; B 15g
34 N 10; A 6, Nakam-Akte
35 A 6, Nakam-Akte, Brief 9
36 Ebd., Brief 7
37 G 19, S. 123–126; I 29, S. 15–16; F 18; I 8, Bd. II, S. 123
38 B 15g
39 J 12; Merav Segal, Direktorin des Weizmann-Archivs, zu Porat, 12.8.2012; I 8
40 Bauer ans Weizmann-Archiv, 13.4.1965; Segal zu Porat, 31.6.1998, 12.8.2012
41 F 35, S. 425, 430; F34, S. 323, 329; Kovner in C-2: März 15; G 1, S. 30–31: März 10.
42 E 22; Katzir in einem Brief an Porat, 19.8.1998; Kovner in C 2
43 E 22; F 17, S. 90
44 Kovner in C 2; Sarid in C 2; A 6, Nakam-Ordner, Brief 8
45 K 2, S. 236, keine Quellen; Liste in Kovner 29.5.1987, Moreshet, C61

46 in allen Aussagen Kovners, insbesondere B 15e
47 K 2, S. 236; H 40
48 Harmatz, C 2
49 E 5; Sarid, C 2, überpüft mit Avidan und Katzir; Harmatz erst 2014, F 15, S. 90, 91
50 B 15g; G 10, S. 98, 99
51 G 10, S. 100; D 7 und E 7: nur Plan B
52 E 28
53 Ruzkas Tochter Yonat Rotbein-Marla: „Sie waren ein Molekül"
54 Zur in I 45
55 E28
56 G 32, S. 1068, 1074
57 Ebd., S. 1070
58 I 29, S. 27
59 A 6, Nakam-Akte, Brief 7
60 A 6, Nakam-Akte, Briefe 10, 11, 12, 14; Ya'ari an Tubin, Givat Haviva, 10.12.1945
61 I 29, S. 27; G 19, S. 127, 140; A 6, Nakam-Akte, Briefe 10, 11
62 E 15, E 6; Stiefel: E 11
63 Gespräch mit Beit Halachmi, 5.8.1996; B 15h
64 F 41, S. 13; F 2, S. 15; E 6.
65 B 15e; B 15h; M 8, S. 111, 112; G 1, S. 30, 31; H 31; G 17, S. 11; Gespräch mit Yoram Tamir (Gefangenen-Museum), 4.11.2012; Zafrir Yedidya, Aussagen, keine Einzelheiten bekannt.
66 Von Golda Meirs Anteil wurde bei der Verleihung des Israel Preises an Kovner gesprochen.
67 B 15h; F 41, S. 17, 19; F 2, S. 16; E 6; E 11, 11a, 11b
68 F 41, S. 17, 19, 27, 50; H 40; Kovner in C 2
69 B 15g; E 11; G 10, S. 99
70 E 15; E 26; F 2, S. 15; I 14, S. 575, 576
71 Kovner to Gruner, Moreshet, C.61.42; A 6, letter 15; B 13e
72 B 1a
73 A 6, Nakam-Akte, Brief 16
74 Ebd., Zusatz zu Brief 16
75 Gespräch mit Binyamin Cohen, ohne Datum; B 13b; G 19, S. 136; A 6, Ruzka, 15.1.1946
76 F 41, S. 14; G 33, S. 267, 279, 286; A 6, Briefe 14, 15, 16
77 A 6, Briefe, wahrscheinlich vom Februar und März
78 A 6, Kovner etwas später, Mitte März und 28.3.1946
79 A 6, Jiddish, ohne Datum
80 G 1, S. 30, 31

Kapitel 6

1 E 27a; G 6, S. 271, 294
2 G 32, S. 1068–1070
3 F 1, S. 194
4 Gespräch mit Issachar Shadmi, Nahums Sohn, 9.9.20
5 G 32, Bd. III, Teil II; E 27a; Jehuda Ben David, Efal 156/37, nicht datiert
6 F 29, S. 175; G 3, S. 9, 29
7 G 32, S. 1971, 1073; das vollständige Gedicht findet sich im Anschluss an Kap. 6

8 G 32, S. 1072
9 Ben David, Efal, 156/37; I 44; E 27a; E 8
10 B 13b; E 31a
11 Sasha in C 2; G 33, S. 200, 203
12 E 31a; B 15f; G 33, S. 200, 207
13 B 17c; B 25; B 8
14 B 13e
15 B 13b; B 25; D 10; Sasha in C 2; B 15f
16 B 13a; B 13b
17 B 2; B 18
18 B 10a; B 18
19 B 13d
20 B 13d
21 A 6, Nakam-Akte, Briefe 10 11; G 19, S. 127 140; I 29, S. 27
22 G 3, S. 57; B 1d
23 B 19; B 1b; Sasha in C 2; b 1d.; in Ben-Gurions Unterlagen findet sich davon keine Spur
24 Pascha in C 2
25 B 1b
26 G 32, S. 1073; I 44; E 27b; E 27b; I 45, S. 46.
27 Pascha in C 2; Shadmi in G 15, S. 90 91; E 27b
28 Korrespondenz in Hagana, 26.2.1946
29 E-27; I-14, S. 7; I-14, S. 423; E-27b
30 F 30, S. 230; I 33, S. 259–274; Ben-Gurion, 22.11.1945, Archiv der Labor-Partei
31 Korrespondenz in Hagana, 26.2.1946; Shadmis Akte 1946, Hagana
32 G 3, S. 27; E 27b; B 1b
33 F 29, S. 176
34 Ebd.; E 27b
35 G 4, S. 62
36 Unterhaltung mit Issachar Shadmi, 9.9.2012; E 27b
37 Shadmi in G 15, S. 90, 91; Shadmis Terminkalender von 1946, Haganah
38 Eine Nachfolgerin der Organisation „Hebräischer Widerstand“ von 1946
39 F 1, S. 194 195; E 2; E 27b
40 D 10; B 11b, 11d
41 J 5
42 F 29, S. 177, 178; G 3, S. 57 (nicht bestätigt); E 27b
43 G 3, S. 57–58, E 27b
44 E 7; I 2, S. 173; G 3, S. 282; I 14, S. 666; G 36, Vol. II, S. 143; B 1d

Kapitel 7

1 B 7
2 J 3; J 6; J 13
3 D 11; B 29; B 30a
4 B 7; Harmatz in C 2; B 19a; A 8; D 13; F 44, S. 527; B 17c
5 B 29
6 D 11; A 6, Nakam-Akte, Brief 11

7 A 8, Juli 1945
8 F 28, S. 139
9 G 25, S. 255, 287; B 7; Gespräch am 3.8.2010; B 10A
10 B 8; B 17a, und bei jedem Treffen
11 A 3
12 B 19a; A 4, auf jeder Seite
13 B 29; B 30a; Shulamit in B 10a; B 17a
14 B 29; Shulamit in B 10a; B 13d; B 8; I 5, S. 39
15 B 30; G 31, S. 18; Harmatz in C 2; B 11b; F 16, S. 130
16 B 13d, 13b
17 B 27
18 D 11; B 19; F 24, S. 101 102; B 2; I 34, S. 164
19 B 12; B 14a; B 10a; B 30a; B 6; B 26; B 17a
20 B 30; B 14a; B 6; B 10a
21 B 13a; B 22; F 10, S. 92
22 B 12; A 8
23 B 19; B 30; B 13a; Harmatz in C 2; B 7
24 B 29
25 F 27, S. 88, 90; A 8
26 A 8, am 18.11.1945
27 B 1d; B 1a
28 B 17c
29 B 19; B 30; B 13a; Harmatz in C 2; B 7
30 F 29, S. 175; Poldek in G 31, S. 21; F 16, S. 132
31 Pascha in C 2
32 B 28; G 31, S. 5
33 Harmatz in G 31, S. 18; Poldek in G 31, S. 21; B 30a
34 B 30a; B 13d; B 13b; B 6, und Distel in der Nakam-Akte; B 1b
35 Shadmi-Akte, Abschlussbericht, Haganah, 7.10.1946
36 B 1d; B 1a
37 D 10
38 E 27b; A 4, Eintrag vom 18.10.1946
39 B 1d; B 11b; Shadmis Abschlussbericht und Korrespondenz vom 10.4.1946, 17.5.1946; E 27b.
40 E 3, E 3a; Pascha in C 2; Shadmis Abschlussbericht; G 36, Bd. II, S. 143; B 1g; E 12b
41 B 17c; B 30; B 13a; B 1b; B 11b; Shadmis Abschlussbericht; K 4, S. 52–56
42 B 6
43 Ebd., S. 28; F 16, S. 85; K 4, S. 12, 13
44 B 6, S. 29; A 4; K 4, Kap. 1; I 25, S. 149; Gespräch mit Manek, August 2017
45 F 11, S. 167; B 8; A 2, 29.4.1946
46 F 3, S. 92; NY Times, 20, 23.4.1946; Süddeutsche Zeitung, 24.4.1946; B 1b; I 5, S. 51 52; Sarid II, S. 161.
47 B 6; F 15, S. 87; B 1e; Sasha in C 2; Vitka – bei jedem Treffen
48 B 13b; B 6
49 F 3, S. 91, 92; Kovners Brief über Ben Chorins „wir“, Moreshet, 27.2.1975
50 Shadmis Berichte, Hagana, 7.10.1946
51 Zusammenfassung in der Akte Arsen-Vergiftung, 66070, 27.2.1947, US National Archiv
52 Ebd., The Sigma Aldrich, St. Louis, Missouri, über Arsen
53 Brief, mit freundlicher Genehmigung von Avi Avidov

54 US Untersuchungsakten, nicht datiert, nicht unterschrieben
55 F 42, S. 76, 77
56 B 26; B 1b
57 B 12d; Unterhaltung mit Porat, 5.10.14
58 F 42, S. 77
59 B 7
60 B 14a; Kenet in C 2
61 B 10a; B 1d; B 13b, S. 62
62 B 7; B 17c
63 Kazhik in C 2
64 B 19a; B 29; B 30a; B 13b, S. 62; B 8; B 17c; B 17d
65 G 3, S. 57; B 3
66 B 13d; B 14; Pascha in C 2; B 1a; B 1b; B 20
67 Pascha in C 2
68 B 7
69 B 11a; Kazhik: B 26a, B 26b
70 F 23, S. 245; B 16
71 F 23, S. 246, 253
72 B 19; B 6, S. 26; B 17a.
73 I 37, S. 230; F 8, Vol. II, S. 31
74 K 2, S. 252
75 J 5
76 F 29, S. 175, 177; B 19; B 20
77 I 2, S. 166 168; H 19; Ha'aretz, 22.11.1945; HaTzofe, 18.10.1946; Yediot Ahronot, 1.10.1946, 16.12,1945
78 Hagana-Korrespondenz, 17.5.1946
79 F 32, S 45, 67
80 Ebd., S. 45
81 Ebd., S. 111, 112
82 Ebd., S. 107
83 F 11, S. 172; A 2, am 16.4, 11.5.1946; Harmatz in C 2
84 B 12; B 10a; B 28; B 9
85 B 24; A 2, 25.5.1946; B 17c; G 10, S. 99, 100
86 B 15g
87 A 6, Nakam-Akte, 5.5.1946
88 F 32, S. 108; G 25, S. 281
89 F 27, S. 92; Rotbein in B 13d; B 26b; B 1g; F 11, S. 177; Brief 16 in A 6, Nakam-Akte
90 I 10, S. 9, 19; B 30; B 17c

Kapitel 8

1 F 11, S. 185; A 2, S. 15, August 1946; B 30, S. 16; B 6
2 B 6; B 13d; Gespräch mit Esther Orchan, 10.8.1993; B Id
3 G 36, Vol. II, S. 523, 529; Ya'aris Briefe, Givat Haviva, 22.10.1946, 6.3.1947
4 Anteks Brief, 20.6.1945, G 38, S. 82, 90; I 4, S. 76, 82
5 Ebd., S. 79; I 34, S. 251–252

6 L 8, S. 88
7 M 7, Gespräch mit Orchan, 10.8.1993; E 5
8 A 2, August und September 1946
9 B 17d; B 22; B 3a
10 B 13d; B 13b; B 17a
11 A 6, Nakam-Akte, 3.2.1946
12 G 3, S. 35,218; G 4, S. 21, 65–66; E 1a
13 G 10, S. 99
14 Ebd., S. 100; A 6, Nakam-Akte, 24.5.1946, Vitkas Antwort ohne Datum
15 G 10, S. 98
16 Ebd., S. 100
17 A 6, Nakam-Akte, Brief 18
18 A 6, Nakam-Akte, 22.10.1946
19 Ebd., Brief 21
20 E 1
21 G 10, S. 101
22 Ebd.; G 36, Bd. II, S. 1074; G 3, S. 64; E 1b
23 D 12. Tausend: eine Übertreibung
24 E 1; Rabinov in A 6, NakamAkte
25 E 1c; A 6, Nakam-Akte, Avidan in Brief 20
26 B 29a
27 B 17b; Zur in I 45; B 3a
28 B 17d; B 11b
29 D 6a; B 13b, S. 63; B 3
30 D 6a; B 14a; B 8; B 29; Sarid II, S. 169–170
31 Begründung in Kapitel 2
32 B 3
33 B 11, 11a
34 J 8 bestätigt Kovner und Avidan
35 „N“ Mission, Bericht, Moreshet, ohne Datum
36 Kovners Brief an Pascha, 14.5.1961, mit freundl. Genehmigung von Avi Avidov

Epilog

1 B 18; F 16, Kap. 7
2 B 1c, B 1b
3 Gespräch mit Poldek, 24.8.2015; B 10
4 Kovner an Moreshet, 29.5.1987, C 61
5 H 30
6 Harmatz in C 2; Kovner zum Gruppenkern: 14.3.1985
7 C 2; Treffen in Jakum, 11.7.1992, aufgezeichnet; Kovner zum Gruppenkern, 14.3.1985; Brief an Pascha: mit freundl. Genehmigung von Avi Avidov; C 4
8 B 26b; B 10a; L 9, S. 40
9 F 42, S. 76; B 26
10 F 27, S. 87
11 Ruzka in F 32, S. 71

12 B 27
13 B 19
14 B 29a
15 C 2; Gespräch mit Harmatz, 25.9.2010
16 B 14a; B 14, S. 73
17 B 30a
18 Distel in A 6, Nakam-Akte
19 Conversation with Poldek, 24.8.2015.
20 B 1d
21 L 6, S. 16
22 B 13; B 13e; B 13a
23 H 26
24 F 14, S. 142, 148–149
25 Ebd., S. 148
26 F 44, S. 532
27 D 11
28 Ebd.
29 E 27c; D 6a; D 10; F 29, S. 176
30 H 30; I 5, S. 86–90, ohne Namensnennung
31 K 4
32 H 22
33 G 33, S. 280, 284–286, Hervorherbung von Tubin
34 G 10, S. 102; E 1
35 I 25, Laskov und Zorea, S. 150; E 1c; Gichon in H 12
36 E 1c
37 Pascha in I 38, Sarid II, S. 172–173
38 G 32, S. 1074
39 Gespräch mit Shabtai Tevet, 24.9.1999
40 F 3, S. 92
41 J 6, S. 99
42 D 11; B 1d
43 Kovner in C 2
44 B 15g
45 I 34, S. 260–279
46 Kovners Brief in Moreshet, 27.2.1975, Hervorhebung von ihm
47 I 38, Sarid, S. 49, Hervorhebung von Sarid
48 Kovner an Moreshet, 29.5.1987, C 61
49 L 3, S. 108, 109, 117
50 E 5
51 L 7
52 L 4, S. 395
53 L 10
54 Poldek and Manek, Brief, 3.11.2018
55 Etnachta.co.il; J 16

Verzeichnis der Zitate und Gedichte

Im Anschluss an das erste Kapitel:

Avraham Slonsky, *Gelöbnis*, erschienen in der Tageszeitung *Haaretz* am 30. April 1943)

Im Anschluss an das zweite Kapitel:

Itzchak Katzenelson, *Letzte Schriften: Die hebräischen Jahre 5700–5704*; aus dem Jiddischen ins Hebräische übertragen von M.Z. Wolfovsky, Tel Aviv, HaKibbutz HaMe'uchad, 1956, S. 228

Im Anschluss an das dritte Kapitel:

Schwur, Jitzhak Zuckerman und Mosche Basok (Hrsg.), Sefer Milchamot HaGettaot: Ben Chomot, beMachnot, beJa'arot, (Das Buch der Gettokämpfe: Zwischen Mauern, in Lagern, in Wäldern, Verlag Hakibbuz Hame'uchad und Kibbuz der Gettokämpfer 1956, S. 692 (3. Auflage)
Mit freundlicher Genehmigung der Verlage

Im Anschluss an das vierte Kapitel:

Haim Gouri, Von jenem Brand, Sefer Milchamot HaGettaot (das Buch der Gettokriege), S. 696.
Mit Dank an Alisa Gouri

Im Anschluss an das fünfte Kapitel:

Nathan Alterman, *Rachegebet*, aus: Eine Augenfreude, Gedichte, 5. Aufl., Tel Aviv, *Hefte für die Literatur*, S. 67.
Mit Dank an Nathan Altermans Enkel, Nathan Slor

Im Anschluss an das sechste Kapitel:

Schaul Tschernichowski, *Baruch von Mainz*, Tschernichowski in drei Bänden, herausgegeben und übersetzt von Jörg Schulte, Edition Rugerup 2020, S. 337, 338
Mit freundlicher Genehmigung der Edition Rugerup

Im Anschluss an das siebente Kapitel:

Zippora Birman, *Vermächtnis*, Sefer Milchamot HaGettaot: Ben Chomot, beMachnot, beJa'arot, (Das Buch der Gettokämpfe: Zwischen Mauern, in Lagern, in Wäldern), S. 409

Im Anschluss an das achte Kapitel:

Mosche Tabenkin, *Ich bin ein Racheprophet, Schirim* (Gedichte), Ein Charod 1942, S. 122–123)

Im Anschluss an den Epilog:

Amir Gilboa, *Rachetau,* Siehe, die Tage kommen, Gedichte 1942–1946, herausgegeben und mit einem Nachwort versehen von Hagit Halperin, Tel Aviv 2007, S. 119.

Mit freundlicher Genehmigung des Verlags HaKibbuz Hame'uchad

Quellen- und Literaturverzeichnis

Anmerkungen zu den Quellen, der Bibliografie und den Fußnoten:
Da die meisten Quellen und Titel in der Bibliografie in hebräischer Sprache verfasst sind, habe ich sie in Sektionen unterteilt und innerhalb jeder Sektion nummeriert. Die Fußnoten enthalten die Sektion und die entsprechende Nummer. So verweist beispielsweise die Fußnote 4 der Einführung „E 2" – Sektion E, Nummer 2 – auf eine Aussage, die der Diplomat Ehud Avriel dem Historiker Jehuda Bauer gegenüber machte.
Sektionen:

A	Materialien aus dem Besitz der Nokmim und ihrer Familien
B	Aussagen der Gruppenmitglieder und ihrer Angehörigen
C	Gruppenaussagen
D	Aussagen von Überlebenden, Kämpfern und anderen Rächern
E	Aussagen von Hagana-Mitgliedern, Soldaten der Jüdischen Brigade, Soldaten der Deutschen Einheit und Aktivisten des Mossad für die Alija B
F	Erinnerungen
G	Gesammelte Aussagen und Dokumentationen
H	Presseartikel
I	Forschungsliteratur auf Hebräisch
J	Forschungsliteratur auf Englisch und Deutsch
K	Zwischen Forschung und Journalismus
L	Literatur und Poesie
M	Philosophie
N	Nachschlagewerke

Zwecks Wiederbelebung der hebräischen Sprache erschienen viele der Bücher ohne englische oder andere nicht-hebräische Titel und Autorennamen auf der Innenseite des Buches. Bis spät in die 1970er Jahre wurden die Bücher an die Nationalbibliothek in Jerusalem gesandt, anstatt an die Kongressbibliothek in den Vereinigten Staaten. Deshalb stammt die Übersetzung dieser Buchtitel meist von mir (D.P.). Die bibliografische Liste enthält keine Briefe oder Kurzgespräche; diese werden jedoch in den Fußnoten erwähnt.

Material, das ich als „überlassen" bezeichne, wurde mir oder manchmal auch meiner Mitarbeiterin Hava Zexer freundlicherweise von den Nokmim, Historikern oder Kollegen anvertraut. Materialien, deren Ort nicht angegeben ist, befinden sich in meiner Obhut.

Für die Übertragung von Eigennamen aus dem Hebräischen in andere Sprachen gibt es keine festen Regeln. Oft folgt die Schreibweise individuellen Wünschen der Träger: Arie, Aryeh, Arije, oder Jitzhak, Itzchak, Izhak sind Wahlmöglichkeiten, wie auch die

Endungen bei Nachnamen wie Kantorowicz oder Rabinowitsch oder Markovitch. Der Leser möge das nicht als Inkonsistenz betrachten. Es ist oft eine Frage der persönlichen Wahl.

Archivquellen

- The Ben-Gurion Heritage Institute Archives, Sde Boker
- The Central Zionist Archives, Jerusalem (Im folgenden: CZA)
- The Ghetto Fighters' House, Kibbuz Lochamei HaGettaot,
- The Gnazim Archive of the Hebrew Writers Association in Israel, Tel Aviv
- The Haganah Historical Archive, Tel Aviv (Im folgenden: Hagana)
- Das Hanoch Bartov Archiv im Kipp Center for Hebrew Literature und Culture, Tel Aviv University
- The IDF (Israeli Defense Forces) Archives, Kiryat Ono
- Das Interuniversitäre Projekt zum Studium der Ha'apalah, Tel Aviv University
- Das Israel Galili Archiv in Yad Tabenkin, Efal (Im folgenden: Efal)
- The Israel State Archive, Jerusalem
- The Jewish Legion Museum, Avichail
- Das Kibbuz-Archiv von Ein-HaChoresh
- Das Kovner-Familienarchiv in Givat Chaviva
- The Moshe Sharett Israel Labor Party Archive, Beit Berl, Kfar Saba
- The Lavon Institute for Labour Research, Tel Aviv
- Das Massuah Institut, Tel Jitzchak
- Das Moreshet und das HaSchomer Haza'ir (Ya'ari) Archiv, Givat Chaviva
- The Oral History Archives, Institute of Contemporary Jewry, Hebrew University, Jerusalem (Im folgenden: Oral HU)
- The Palmach House Archive, Tel Aviv
- The US National Archives, College Park, Maryland
- The Weizmann Archives, Weizmann Institut, Rehovot
- The Yad Vashem Archive
- YIVO, New York

A Materialien aus dem Besitz der Nokmim und ihrer Familien

1. Avidov (Reichman), Jitzhak (Pascha), von seinem Sohn Avi zur Verfügung gestelltes Material.
2. Galperin-Gliksman, Rachel, handgeschriebenes Tagebuch in Jiddisch und Hebräisch.

3. Hammel, Jitzhak, in Polnisch geschriebene Notizen an Lena Satz.
4. Harmatz, Josef (Julek), in Litauisch geschriebenes Tagebuch.
5. Kenet (Kantorowicz), Schlomo, im Kibbuz Beit Zera, seinem Wohnort, gesammeltes und von der Familie zur Verfügung gestelltes Material.
6. Kovner, Abba, der „Nakam"-Ordner, zur Verfügung gestellt von seiner Witwe Vitka Kempner-Kovner.
7. Mairanz, Ludwig, ein gefälschtes Einwanderungszertifikat, zur Verfügung gestellt von seiner Witwe Paulette.
8. Satz, Helena (Lena), Tagebuch in polnischer Sprache.

– Im Massuah Institute gemachte Aussagen, die für die Familien in Broschüren gedruckt wurden.
– Ausschließlich für die Angehörigen geschriebene und gedruckte Broschüren.
– Ausschnitte aus der amerikanischen und deutschen Presse aus dem Jahr 1946, die einige der Nokmim aufbewahrten.
– Aufnahmen von den Gruppentreffen.

B Aussagen der Gruppenmitglieder und ihrer Angehörign

1. Avidov (Reichman), Jitzhak (Pascha): 1a – an Jehuda Bauer und Aharon Keidar, 10. Jan. 1966, Moreshet, C.61/45; 1b – an Jehuda Ben-David und Naftali Sagi, 19. Jan. 1989, Efal, Akte 157; 1c – an Natan Beirak und Anita Tarsi, 30. Juli 1989, *Massuah*, Nr. 75; 1d – an Porat, 19. Sept. 1995; 1e – Aussagen vor Zexer, Sept. 2000; 1f – undatiert; 1g - an seinen Enkelsohn, undatiert; Moreshet, A.1587.02.
2. Avidov, Avi, Sohn von Avidov (Reichman), Jitzchak (Pascha), in einem Gespräch mit Zexer und Porat, Juli 2008 und 5. Juni 2009.
3. Ben-Ya'akov (Gewirtzman), Dov (Bolek), undatiert, Moreshet A.5871 und A.587.2; 3a – an Levi Arieh Sarid (im folgenden: Sarid), 21. Febr. 1984.
4. Ben-Zur (Bencelowicz), Pinchas (Jashek), an Zexer und Porat, 24. Dez. 2009.
5. De-Nur (Feiner), Jechiel (K. Zetnik) an Zvika Dror, 16. Mai 1990, zur Verfügung gestellt von Dror.
6. Distel, Arie (Leibke), *Days of Life*, gedruckte Zeugenaussage in Massuah, 7. Sept. 1984, A.11701.
7. Friedman, Jehuda (Idek) an Porat und Zexer 14. April 2010.
8. Galperin-Gliksman, Rachel an Zexer und Porat, 24. Okt. 2009.
9. Gliksman, Zygmunt (Zygi) an Levi Arieh Sarid (im folgenden: Sarid), 12. Aug. 1992, für die Familie gedruckt.
10. Hammel (Satz), Helena (Lena) an Zexer, 7. Jan. 1997; 10a mit Shulamit Wodislawski – an Zexer und Porat, 29. Jan. 2010 und 7. Juli 2020.

11. Harmatz, Josef (Juliek) an Porat 5. Mai 1994; 11a – 16. Juli 1996, 11b –20. Juli 2009; 11c –an den BBC, 4. Juli 1998; 11d – an Zexer, 27. April 1999.
12. Hershderfer (Arad), Theodore (Dan) an Beirak, 16. Juni 1994, Massuah Nr. 272.
13. Kempner-Kovner, Vitka, an Naftali Sagi, 21. Dez. 1988, Efal, Akte 157; 13a – an Porat für Yad Vashem, 10. Juli &17 Juli 2001, Tonband VT.3236; 13b – an Avraham Atzili, 1989, Moreshet, A.1742; 13c – an Danny Siton, 8 Nr. v 1995; 13d – an Porat mit Yonat Rotbein, 23. April 2009; 13e – an Porat, letzte Unterhaltung, 13. Aug. 2009; 13f – aus einer Rede am Schoa-Gedenktag, April 2000.
14. Kenet-Kantorowicz an Ayala Weiss aus Ein Harod Meuchad, Jan. 1998; 14a – an Beirak, nicht datiert, Massuah, A.1767, gedruckt unter „Lebensgeschichte“.
15. Kovner, Abba an Haim Gouri, 1. Febr. 1978, 5832/33, und Tonbänder Nr. 408 und 413, im Inter-University Project for the Study of the Ha'apalah, Tel Aviv University; 15a – an Shlomo Kless (1), 27. Okt. 1982, das Kovner-Familienarchiv und 15b – Shlomo Kless (2), 17. Dez. 1982, in Oral HU, 36(170); 15c – an Anita Shapira (1), Tel Aviv University, 22 Nr. v. 1982; 15d – an Shapira (2), 25. Juni 1985, Moreshet A. 1262/1; 15e – an Sarid, 26. Okt. 1984; 15f – Kovner und Kempner mit L. Weintraub und Y. Sela, 10. Juni 1986, Moreshet A.1258; 15g – an Jehuda Bauer, 5. März 1962, 10. Mai 1964, 16. Juni 1964, Kovner-Familienarchiv; 15h – an Zili Brendstater, 18. Sept. 1983, Efal, 25/159/30; 15i – im Sekretariat des HaSchomer Haza'ir, 16. Aug., 23 Aug. und 22. Sept. 1945, Givat Haviva (6)5.10–5.
16. Lidovski, Eliezer an Beirak und Tarsi, Massuah, nicht datiert, Nr.119; 16a – an Sarid, 22 Aug. 1983.
17. Maimon (Wasserman), Jehuda (Poldek), an Sarid, 21. Nov. 1985; 17a – an Beirak in Massuah, nicht datierte Broschüre; 17b – an Porat und Zexer, 18. März 2009; 17c – mit Yashek Ben-Zur an Porat und Zexer, 24. Dez. 2009; 17d – mit Rachel Galperin-Gliksman an Porat und Zexer, 30 Nov. 2010.
18. Mairanz, Paulette an Zexer und Porat, 1. Juli 2010.
19. Manek, L. (hat seinen vollen Namen nie genannt) an Porat, 10. Juli 2010; 14a –21. Mai 2014.
20. Michaeli-Kek, Bezalel an Yarin Kimor, 30. Nov. 1995, auf Video.
21. Nakdimon, Shlomo, Interviews mit zwei nicht identifizierten Rächern, aufgenommen für eine Reportage in *Jedioth Aharonoth*, 10. April 1966, Porat überlassen.
22. Nisanilovitz, Nathanel (Senka) an Porat, 20. Juni 1996.
23. Orchan, Esther, Gespräch mit Porat, 10. Aug. 1993.
24. Rabinowitsch, Ze'ev (Velvele) an Sarid, 16. Mai 1990.
25. Ratner, Jitzchak an Kovner, 24. Juni 1984, Nakam-Ordner.
26. Rotem (Rathajzer), Simcha (Kazhik) an Beirak und Tarsi, 24. März 1994, Massuah; 26a – an Zexer, 25. Juli 1995, 12. März 1997; 26b – an Porat 27. Dez. 1995, 16. Sept. 2009.

27. Schedlitz (Sedlis), Gavriel (Gabi) an Porat, Jan. 1996.
28. Shenar, Leah (Lucia), Witwe von Ze'ev Willek Shenar, an Porat, 16. Febr. 2010.
29. Taubes-Warchavchik, Hasya an Porat und Zexer, 5. Sept. 2009; 29a – 23. Juli 2012.
30. Verbin-Schabetzky, Mira (Mirka), *Miras Geschichte*, Ausdruck ihrer Zeugenaussage in Moreshet, A.1702; 30a – an Zexer und Porat, 6 Nov. 2009.

C Gruppenaussagen

1. Nokmim-Zusammenkunft bei Porat, 5. Aug. 2010.
2. Nokmim-Zusammenkunft am 25. und 31. Jan. 1985. Die 90 entschlüsselten Seiten wurden bei einem Treffen mit Sarid in Moreshet von ihm am 5. Sept. 1995 übergeben, Moreshet (4) 95-61-27.
3. Sarids Unterlagen: Aussagen, die Sarid Mitte der 1980er unnummeriert von Gruppenmitgliedern übergeben wurden, im Ghetto Fighters' House Archive.
4. Video-Aussagen in Massuah. Interviews – Nathan Beirak und Anita Tarsi: Eliezer Lidovski (58839), Arie (Leibke) Distel (59301), Mira Verbin-Schabetzky (59461), Jitzchak (Pascha) Avidov (58319), Simcha (Kazhik) Rotem (58428), und Dov (Bolek) Ben-Ja'akov.

D Aussagen von Überlebenden, Kämpfern und anderen an Vergeltungsaktionen Beteiligten

1. Averbuch, Israel, 20. Febr. 1956, Hagana, 148.9 (4227).
2. Blatt, Leon, 30. Jan. 1993, Massuah, 129.
3. Chanoch, Uri an Beirak und Tarsi, nicht datiert, Massuah, 334.
4. Diamant, Manos an Beirak und Levanah Frank, 22. Juli 1993, Massuah 100;7a – an Beirak und Tarsi, 30. Jan. 1993, Massuah 129.
5. Eichenwald, Israel an Jehuda Bauer, 5. Juli 1964, Moreshet, A.1548.
6. Gewissar, Menashe an Sarid, März 1986, Moreshet, A.1587.18; 5a – an Zexer, 31. März 1997, 12. Aug. 1997.
7. Grossman, Chaika an Naftali Sagi, 6. Juli 1989, Efal, 157.
8. Kless, Shlomo an Porat, Jan. 1995.
9. Lazar, Haim an Porat, 16. Juli 1996.
10. Meiri, Ben an Sarid, 17.–23. Aug. 1984.
11. Roseman, Mordechai an Porat, 24. Juni 1997, 30. Juli 2010; 11a – an Bauer, 23. Juni 1964, Oral HU (38)4.
12. Urman, Menachem an Zexer, 14. Aug. 1998.

13. Zuckerman, Jitzchak (Antek) an Aharon Keidar, 6. Febr. 1964, Oral HU, Band 542; 11a – an Zvika Dror, nicht datiert, übergeben von Dror; 11b – Tonbänder 34–35, the Ghetto Fighters' House 35431.20, übergeben von Itzik Nir.
14. Nicht identifizierter Rächer an Zvika Dror, übergeben von Dror.

E Aussagen von Hagana-Mitgliedern, Soldaten der Jüdischen Brigade, Soldaten der Deutschen Einheit und Aktivisten des Mossad für die Alija B.

1. Avidan, Shimon an Uri Brenner, 5. Mai 1953, Efal, 1/105/45; 1a – an Haya Ironi, 5 Mai 1953, Hagana, 150.89; 1b – an Bauer, 13. Sept. 1957, Efal, 150.91;1c – an Avraham Zohar, 20. Dez. 1982, Efal, 45/105/1.
2. Avriel, Ehud an Jehuda Bauer, 12. Mai 1964, Hagana, 149.3.
3. Baharav (Rabiovitch), Jehezkel an Porat, 3. April 1996; 3a – Gespräch mit seiner Tochter Yael, 10. Nov. 2014.
4. Bar-Tikva (Pasternak), Mondek (Moshe), 23. Aug. 1966, Hagana, 102.11.
5. Bartov, Hanoch an Porat, 26. April 1996; 5a – an Porat und Dan Laor, 23. Dez. 1991.
6. Barzilai (Eisen), Moshe an Yigal Wilfand, Aug. 1990, Moreshet, A. 1556. 6a Ben-Asher, Haim, Brief, 30.7.45 CZA, A 292/24.
7. Ben-Gal (Rabinovitch), Michael (James) an Aharon Keidar und Nana Nosinov, 13. Dez. 1967, Oral HU 95 (4).
8. Ben-Chorin, Jehuda, 13. Dez. 1966, Efal, 15-24/7/5, Interviewer nicht genannt.
9. Ben-Natan, Asher an Zexer, 3. April 1997.
10. Ben-Zvi, Issar an Haya Cohen-Tenenbaum, 2. Nov.1960, Hagana, 9.28
11. Carmeli (Rabinovitch), Moshe an Ezra Greenbaum, Okt. 1987, Palmach-Archiv, Aussagen, Band 2; 11a – 16. März 1963, Hagana 124.3, Interviewer nicht genannt; 11b – an Sarid, 27. Okt. 1993.
12. Carmi, Israel, ein Bericht, Efal, 36/14/4; 12a – ein Bericht, Hagana, 18.34, nicht datiert; 12b – an Ezra Greenbaum, Aug. 1991, Yigal Alon House.
13. Davidson, Meir (Meirke) an Ayala Dan, 22. Aug. 1955, Hagana, 97.34 (4308); 13a – 30. März 1967, Hagana, 80/158/3, Interviewer nicht genannt. 13b – an Porat, 10. Febr. 1995.
14. Giladi, Shalom, Hagana, 4758 (150.4).
15. Grudjinski, Ze'ev, 16. April 1951, Hagana, 193.9.
16. Gur (Grossman), Dov (Robert) an Haya Ironi, 29. Dez. 1953, Hagana, 12.36.
17. Gur Aryeh (Mirkis), Nachman an Zippi Dagan, 6. Nov. 2002, Hagana, 220.3.
18. Hadash, Mordechai (Motke) an Aharon Keidar, nicht datiert, Moreshet, A.1546.
19. Hellman, Jehuda (Judke) an Sarid, 9. Okt. 1990 (? unleserlich).
20. Hoter-Yishai, Aharon an Bauer und Keidar, 1965 (ohne Datum, Oral HU, 22 (4).

21. Kahana, Haim an Ayala Dan, 20. Nov.1967, Hagana, 138.28.
22. Katzir, Ephraim an Porat, 3. Juni 1998.
23. Kitt, Kalman, 16. Febr. 1950, Hagana 48.42; 23a – 31. März 1959, Hagana 19.17. Kein Interviewer genannt.
24. Laskov, Haim an Ayala Dan, 27. Dez. 1963, Hagana, 192.13.
25. Miller, Haim, 2. Sep 1988, Efal, 12-3/1/8; 25a – an Porat, 2. Juni 2013 und 10. Nov. 2014.
26. Ron (Singer), Shalom, Bericht, Hagana 176, nicht datiert.
27. Shadmi (Kremer), Nahum an Adir Cohen, 9. Sept. 1959, Hagana 165.39; 27a – an Jehuda Ben-David, 1. Aug. 1966, Hagana 37.33; 27b – an Jehuda Ben-David, 7. Nov. 1985, Efal 15-24/7/8; 27c – die Shadmi-Akte, Hagana 165.39; Shadmi, Issachar (Jiska, Nahums Sohn) an Porat, 9. Sept. 2012.
28. Sneh, Moshe an Jehuda Ben-David, 30. März 1967, Hagana 80/158/3.
29. Surkis, Mordechai an Naftali Sagi, 19. Dez. 1988, Efal, 156/23; 29a – 13. März 1986, Efal, 156, Interviewer nicht genannt.
30. Tubin, Jehuda an Porat, 24. Jan. 1995.
31. Weinberg, Jeshajahu (Schaike) an Aharon Keidar 14. Nov. 1967, Oral HU, 106(4); 31a – an Porat, 16. Juli 1996.
32. Zafrir, Yedidia, im Clandestine Immigration and Naval Museum gefundene Aussage, nicht datiert und nicht nummeriert.

F Erinnerungen (auf Hebräisch, außer 16, 21, 22, 37, 38 und 39)

1. Avriel, Ehud, *Öffnet die Tore*, Tel Aviv, Maariv Books, 1976.
2. Barzilai, Moshe, *Vom HaSchomer HaZa'ir in Brooklyn nach Ein Haschofet*, Bichtav, Ein Haschofet, 2006.
3. Ben-Chorin (Brieger), Jehuda, *Dank jener Tage*, Moreshet und Sifriat Poalim, Tel Aviv, 1975.
4. Ben-Natan, Asher, *Die Chuzpe zu leben: Lebensabschnitte*, Israel Ministry of Defense Publishing House (Im folgenden: MOD Bücher), Tel Aviv, 2002.
5. Carmi, Israel, *Auf dem Weg der Kämpfer*, Ma'arachot, Tel Aviv, 1960.
6. Davidsohn, Gusta, *Justines Tagebuch*, Ghetto Fighters' House und Hakibbutz Hameuchad, 1978.
7. Davidson, Meir, *Villa Fezana*, Ma'arachot, Tel Aviv, 1969.
8. Ehrenburg, Ilja, *Menschen, Jahre, Leben*, Bd. 1–2, Sifriat Poalim, Merhavia, 1961–1962.
9. Eichenwald, Israel, *Auf Straßen und Grenzen*, Moreshet und Sifriat Poalim, 1989.
10. Fried-Budenstein, Dina, *Ein unvergessliches Zeugnis*, Moreshet, Givat Haviva, 2008.

11. Galperin-Gliksman, *Mädele, weine nicht*, Holon Municipality, Holon, 2011.
11a ---, *Lächel, Mädele, Lächel*, Holon Municipality, Holon, 2015.
12. Gichon, Mordechai, *Mordechais Stab*, Efi Meltzer Ltd., Tel Aviv, 2008.
13. Grünspan-Frimer, Pnina, *Unsere Tage waren die Nächte*, Ghetto Fighters' House und Hakibbutz Hameuchad, 1984.
14. Grossman, Chaika, *Fast eine Beichte*, in: *Yalkut Moreshet*, 69, Mai 2000, S. 95–149.
15. Harmatz, Josef (Julek), *Eine Lebensgeschichte: Sag nie, das ist mein letzter Weg*, Docustory, Ra'anana, 2014.
16. ---, *From the Wings, A Long Journey: 1940–1960*, The Book Guild, Sussex, England, 1998.
17. Katzir, *Eine Lebensgeschichte*, Carmel, Jerusalem, 2008.
18. Korczak, Ruzka, „Meine Begegnung mit Weizmann nach der Schoa", *Me'asef*, 16, 1986, S. 151–153.
19. Kovner, Vitka, „Wege und Schicksale am Scheidepunkt", *Yalkut Moreshet* 43–44, Aug. 1987, S. 171–176.
20. Lazar-Litai, Haim, *Fluchtkapitel*, Jabotinsky House, Tel Aviv, 1986.
21. Levi, Primo, *Die Atempause*, dt. von Barbara und Robert Picht, München 1994.
22. ---, *Die Untergegangenen und die Geretteten*. Übers. Moshe Kahn. Hanser, München 1990
23. Lidovski, Eliezer, *Und der Feuerfunke ist nicht erloschen*, The Partisans' Association, Tel Aviv, 1986.
24. ---, *An der Schwelle zum Greisenalter, Eine Botschaft an die nächste Generation*, Brit Rishonim, Tel Aviv, 1990.
25. Meridor, Meir (Munya), *Auf geheimnisvoller Mission*, Ma'arachot, Tel Aviv, 1957.
26. Reznik, Nisan, *Knospen aus der Asche, Die Geschichte eines Mitglieds der Jugendgruppe HaNoar HaZioni im Getto Wilna*, Massuah und Yad Vashem, 2003.
27. Rosenberg-Amit, Zila (Cesia), *Die Menschlichkeit bewahren*, Moreshet, Ghetto Fighters' House und Hakibbutz Hameuchad, Tel Aviv. 1990.
28. Rotem, Simcha (Kazhik), *In mir ist die Vergangenheit – in der Jüdischen Kampforganisation*, Ghetto Fighters' House und Hakibbutz Hameuchad, Tel Aviv, 1984.
29. Shadmi, Nachum, *Eine gerade Linie im Lebenskreis*, MOD Bücher, Tel Aviv, 1995.
30. Shamir, Shlomo, *Drei Wunder und eine jüdische Fahne in den Streitkräften des Vereinigten Königreichs*, Tel Aviv, 2014.
31. Taubes-Warchavchik, Hasya, *Notizen an Giora*, Privatdruck, Ramat Gan, 1978.
32. Trager-Nisanilovitz, Zelda, *Zelda – Die Partisanin*, Moreshet und Sifriat Poalim, Tel Aviv, 1989.
33. Viernik, Ja'akov, *Ein Jahr in Treblinka*, The Histadrut, Tel Aviv, 1944.
34. Weizmann, Chaim, *Lebenskapitel*, The Zionist Library, Jerusalem, 1964.
35. ---, *Versuch und Irrtum*, Schocken, Jerusalem und Tel Aviv, 1953.

36. Wierzberg, Benni, *Vom Tal des Todes zum Kampf am Scha'ar HaGai*, Carmel, Jerusalem, 2008.
37. Wiesenthal, Simon, *Die Sonnenblume. Von Schuld und Vergebung*. Hoffmann und Campe, Hamburg 1970.
38. ---, *Gerechtigkeit, nicht Rache. Erinnerungen*. Ullstein, Frankfurt am Main / Berlin 1988.
39. Wodislawski, Schulamit und Henryk (Yechiel), *Erinnerungen an die Schoa*, Privatdruck, keine Einzelheiten bekannt.
40. Wodzislawski, Ja'acov, *Meine Rache*, Yad Vashem und Azrieli Fund, Jerusalem, 2008.
41. Yaron, Jacquo, *In Sorge und Angst: Mit Abba Kovner und einer Palmach-Gruppe auf dem Weg nach Europa*, Kibbutz Hatzor, 1995.
42. Yonat Sened, *Kazhik*, Hakibbutz Hameuchad, Tel Aviv, 2008.
43. Zilbertal, Moshe (Mijetek), *Wege und Begegnungen*, Sifriat Poalim, Merhavia, 1947.
44. Zuckerman, Jitzchak (Antek), *Jene sieben Jahre, 1939–1946*, Ghetto Fighters' House und Hakibbutz Hameuchad, Tel Aviv, 1990.

G Gesammelte Aussagen und Dokumentationen (alle auf Hebräisch außer 2 und 35)

1. Ashbel, Michael, *Auf die Barrikaden: Das Gefängnistagebuch von Michael Ashbel*, Hadar, Tel Aviv, 1976.
2. Bacharach, Zwi Walter, (Hrsg.) *Dies sind meine letzten Worte ...: Briefe aus der Schoa*. Aus dem Hebräischen von Maurice Tszorf. Wallstein, Göttingen 2006.
3. Ben-David, Jehuda, *Der Auftrag der Hagana in Europa*, Efal, 1995.
4. ---, *Mit dem Schwert in fremden Landen, Aktionen der „Hagana" in Europa 1945–1948*, MOD Bücher, Tel Aviv, 1978.
5. Ben-Dor, Israel, *Das erste Regimentsbuch der Jüdischen Brigade*, Efi Meltzer Ltd., Tel Aviv, 2000.
6. Ben-Gurion, David, *Besuche im Tal des Todes: Ben-Gurions Reisen nach Bulgarien, Schweden und in die DP-Lager in Deutschland*, Bde. 1–2, Hrsg. Tuvia Friling, The Ben-Gurion Institute, Beersheba, 2014.
7. Ben-Zion, Israeli, *Schriften und Reden von Ben-Zion Israeli von der Kinneret-Kommune*, Hrsg. Shlomo Yavne'eli, Am Oved und Kwutzat Kinneret, Tel Aviv, 1956.
8. Burger, Adolf, *Die Fälscher: Die Werkstatt des Teufels*, Contento De Semrik, Tel Aviv, 2009.

9. Dagan, Shaul, *Die Jüdische Brigade – Das Dritte Regiment*, The Veterans Association, Tel Aviv, 1996.
10. Dagan, Shaul und Yakir Eliyahu, *Schimon Avidan „Givati": Der Mann, aus dem eine ganze Brigade wurde*, Yad Ya'ari, Dalya, 1995.
11. Davidson, Meir, *Ein umstrittener General* (*Über Elijahu Ben-Hur*), Tel Aviv, 1990.
12. ---, *„Wir sind der letzte Rest"*, Yalkut Moreshet 43–44, Aug. 1987, S. 165–169.
13. Gefen, M., C. Grossman, S. Holavski, Y. Segal, A. Kovner, und R. Korczak (Hrsg.), *Das Buch von den jüdischen Partisanen*, Bde. I–II, Sifriat Poalim, Merhavia, 1958.
14. Golomb, Elijahu, *Die verborgene Macht*, Ayanot, Tel Aviv, 1954.
15. Grayek, Stephen Shalom, *Der Kampf ums Weiterleben: Die polnischen Juden 1945–1949*, Am Oved, Tel Aviv, 1989.
16. Hadash, Mordechai, *Motke: Im Auftrag des Herzens, Über und von Mordechai Hadash*, Tel Aviv, 1987.
17. Hagai, Avriel, *Lebenskapitel*, Kibbuz Maschabei Sade, 1973.
18. Korczak, Reisl (Ruzka), *Flamme in der Asche* (3. erweiterte Ausgabe), Moreshet und Sifriat Poalim, Merhavia, 1965.
19. Korczak-Marla, Ruzka, *Persönlichkeit und Lebensphilosophie einer Kämpferin*, Y. Tubin, L. Dror und Y. Rab (Hrsg.), Moreshet und Sifriat Poalim, Tel Aviv, 1988.
20. Kovner, Abba, „Der Auftrag der Letzten", *Yalkut Moreshet* 16, April 1973, S. 35–42.
21. ---, „Über den Anfang der ‚Bricha' als Massenbewegung", *Yalkut Moreshet* 37, Juni 1984, S.7–31 und 38, Dez. 1984, S. 133–146.
22. ---, *Ein Sendschreiben an die HaSchomer Haza'ir-Partisanen*, Moreshet, Tel Aviv 2002.
23. Lipschitz, Ja'acov, *Die Kämpfe und Rettungsaktionen der Jüdischen Brigade*, Yavne, Tel Aviv, 1947.
24. Lubetkin, Zivia, *Die Letzten auf der Mauer, Zeugenaussage im Kibbuz Jagur, 8. Juni 1946*, erschienen in: Jagur 14th Conference Book, Juni 1946.
25. Lustgarten, Schimon, *Schimek – Ein Mensch, Freund und Kämpfer*, privater Familiendruck, keine Einzelheiten bekannt.
26. Maimon, Jehuda et al. (Hrsg.), *Der kämpfende Pionier, Zeitschrift der Jüdischen Pionierjugend im Krakauer Untergrund*, Ghetto Fighters' House und Hakibbutz Hameuchad, Tel Aviv, 1984.
27. *Menashe Gewissar 1916–1999*, Privatdruck, keine Einzelheiten bekannt.
28. Naor, Mordechai, *Eine lebendige Brücke*, MOD Bücher, Tel Aviv, 1993.
29. Porat, Dina, „Die Brigade der Überlebenden aus Osteuropa – Sitzungsprotokolle vom 4. April – 23. Juli 1945", in: *Riegel des Schweigens, Die Überlebenden und Erez Israel*, Massuah Jahrbuch 28, 2000, S. 177–200.
30. Rupin, Rapha'el, *Das unvergleichliche Regiment*, MOD Bücher, Tel Aviv, 2000.
31. Shenar, Ze'ev, *Ein Mann auf dem Wasserkanal: Von den Ufern der Weichsel zu den Stränden des Mittelmeers*, Familiendruck, 2001.

32. Slutzki, Jehuda (Hrsg.), *Die Geschichte der Hagana*, Bd. 3, Teil II, Am Oved, Tel Aviv, 1973.
33. Tubin, Jehuda, *Vom Senio bis zum Bunker in der Mila Straße 18*, Moreshet und Sifriat Poalim, Tel Aviv, 1987.
34. –––, „Die Begegnung von Soldaten der Jüdischen Brigade mit den ersten Überlebenden", *Yalkut Moreshet* 39, Mai 1985, S. 15–54.
35. *West Germany Prepares War of Revenge: Facts on the Rebirth of German Militarism in the Bonn State*, New York: The Committee for German Unity, 1954. The YIVO Archives.
36. Ya'ari, Meir und Ja'acov Hazan (Hrsg.), *Das HaSchomer HaZa'ir Buch*, Bd. I: 1913–1945, (1956); Bd. II: 1939–1945, (1961), beide bei Sifriat Poalim, Merhavia.
37. Zilbertal, Moshe (Mijetek), *Zusammenfassung einer Mission*, HaSchomer Haza'ir Rundbrief, 4. Juli 1946, Givat Haviva, 43/46.
38. Zuckerman, Jitzchak, *Der Exodus aus Polen*, Ghetto Fighters' House und Hakibbutz Hameuchad, Tel Aviv, 1988.
39. Zuckerman, Jitzchak und Moshe Bassok (Hrsg.), *Das Buch der Gettokriege: Innerhalb der Mauern, in den Lagern und Wäldern*, Ghetto Fighters' House und Hakibbutz Hameuchad, Tel Aviv, 3. Auflage, 1956.
40. Zvika Dror (Hrsg.), *Zeugnisblätter: 96 Mitglieder vom Kibbutz der Gettokämpfer erzählen*, Ghetto Fighters' House und Hakibbutz Hameuchad, Tel Aviv, 1984.
41. –––, *Sie waren dort, bei Überlebenden*, Hakibbutz Hameuchad, Tel Aviv, 1992.

H Presseartikel (Alle auf Hebräisch)

1. „Das Autorenkomitee", *Davar*, 26. Nov. 1942.
2. Abramov, Eti, „Mutter und Vater, liquidieren,“ *Jedioth Aharonoth*, Wochenendbeilage, 27. Jan. 2012.
3. Aderet, Ofer, „Rache an den Deutschen", Nachruf für Jochanan (Yanush) Peltz (1917–2014), *Haaretz*, 3. Juli 2014.
4. –––, „Was unterscheidet diese Nacht", *Haaretz*, Galeria, 28. April 2016.
5. –––, Nachruf für Mordechai Gichon (1922–2016), *Haaretz*, 30 Sept. 2016.
6. Appelfeld, Aharon, in: *Auge um Auge*, eine Fernsehdokumentation von Yarin Kimor und Benny Uri, 10. März 1996, in: Mabat Scheni.
7. Arif, Ora, „Eine Rache, die nicht vom Teufel geschaffen wurde", *Jedioth Aharonoth*, 25. Febr. 1996.
8. *BaMa'avak* („Im Kampf", Zeitschrift der Jüdischen Brigade), 3. Juli 1945, IDF Archiv.
9. Baronovsky, Joram, *Haaretz*, 15. März 1996.

10. Bartov, Hanoch, „Der Vorwurf, wir seien der Schoa gegenüber gleichgültig gewesen, ist eine Verleumdung", *Iton 77*, 144–145, Jan.–Feb. 1999.
11. Ben-Chorin, Jitzchak, „Die Rächer", *Maariv*, Wochenendbeilage, 29. Mai 1987.
12. Bergman, Ronen, „Im Namen des Volkes", *Jedioth Aharonoth*, Sieben Tage, 17. Sept. 2010.
13. Capra, Michal, „Ich erschoss, erwürgte, tötete und kenne keine Reue", *Maariv*, Wochenendbeilage, 26. Nov.1993.
14. Carlebach, Ezriel, „Mein ist die Rache, die Vergeltung; für dann, da wankend wird ihr Fuß", *HaTzofe*, 16. Jan. 1942.
15. Fichman, Ja'akov, „Denn Tag und Nacht wird die Faust der Rache gestählt", *Davar*, 13. Nov. 1942.
16. Giladi, Shalom, „Die Jäger", *HaOlam HaZeh*, 29. März 1961.
17. Gilboa-Nachshon, Nachman, „Die letzten Rächer", *Das Grüne Blatt*, 25. Juni 2009.
18. Goldberg, Leah (al. Ada Grant), „Die Ägyptischen Plagen", *Mishmar* 4, 21. Jan. 1944.
19. Gotthelf, Jehuda, „Kleine und große Verbrechen", *Davar*, 19. Okt. 1945.
20. –––, „Gerechtigkeit oder Rache", *Davar*, 7. Okt. 1942.
21. Gringer, Matan, „Auge um Auge = Geld", *Makor Rishon*, 17. Dez. 2012.
22. Hadar, Roni, „Der Verdacht: Mord an SS-Offizieren", *Tel Aviv*, 3. März 2000.
23. Hartglas, Apollinaire, „Wege und Möglichkeiten der Reaktion und Rettung", *HaOlam*, 17. Dez. 1942.
24. Heilperin, Falk, „Rache wird es nicht geben", *Davar*, 18. Juni 1942.
25. Katzenelson-Shazar, Rachel, „Gedichte unserer Zeit", *Dvar HaPoelet* 106, 13. Juli 1944.
26. Kempner-Kovner, Vitka, in: *Etzleinu* (Zeitschrift von Ein HaChoresh) 18, 12. Mai 2000.
27. Kleinman, Mosche, „Das Problem der Rache", *HaOlam*, 31. Dez. 1942
28. Laski, Harold, „Was soll man mit Deutschland machen?" *Davar* 10. Okt. 1944.
29. *Masa'ot uMa'asim* (Zeitschrift der Transporteinheit 462 der Jüdischen Brigade), Febr. 1943, Hagana 86/200.
30. Nakdimon, Schlomo, „Die Rächer", *Jedioth Aharonoth*, 10. April 1966.
31. Porat, Elischa, „Wie ich die verlorene Ehre von Abba Kovner und seiner beiden Kameraden wiederherstellte", *Die Grüne Zeit*, 17. Jan. 2013.
32. Schoffman, Gershom, „Zwei, drei Zeilen", *Davar*, 27. Nov. 1942.
33. Segev, Tom, „Die Rache der letzten Juden" (A), *Haaretz*, 13. Sept. 1991; „Abba Kovners Rache" (B), 20. Sept. 1991; „Abba Kovners Rache" (C), 4. Okt. 1991; „Abba Kovners Rache" (D), 25. Okt. 1991.
34. –––, „Die Rächer geben sich zu erkennen", *Haaretz*, 26 Jun 1992.
35. Shelach, Menachem, „Wir unernahmen Aktionen, über die man am besten nicht spricht", *Chotam*, Al Hamishmar Beilage, 5. Juni 1966.

36. Shlonsky, Avraham, in der Kolumne „Leichte Betonung“, *Davar*, 12. Febr. 1943.
37. Vansittart, Robert, „Was soll man mit Deutschland machen?“ *Davar*, 12. Okt. 1944.
38. Weiss, Jehuda, „Als die Überlebenden loszogen“, Dokumente und Zeugnisse, *Hedim* 60, Jan. 1959.
39. Weltsch, Robert, „Der Prozess beginnt“, *Haaretz*, 12. Dez. 1945.
40. Wilfand, Yigal, „Rache“, *Das Grüne Blatt* 342, 3. März 1992.
41. ---, „Eine unvollendete Rache“, *Bemachaneh Nachal* 10, Dez. 1990.
42. Unbekannter Brief an die Redaktion von *Aschnav* (Zeitschrift der „Hagana“), 7. Dez. 1942.
43. Unbekannter Brief an die Redaktion von *HaOlam*, 31. Dez. 1942.

I Forschungsarbeiten (Alle auf Hebräisch)

1. Avizohar, Meir, „Ben-Gurions Besuch in den DP-Lagern und seine Auffassung zur Nation am Ende des Zweiten Weltkriegs“, in: Binyamin Pinkus (Hrsg.), *Das osteuropäische Judentum zwischen Schoa und Auferstehung 1944–1948*, Sde Boker, Ben-Gurion University of the Negev, 1987, S. 253–270.
2. Barzel, Neima, „Die Forderung im Jischuw nach Bestrafung Deutschlands 1944–1947“, in: *Cathedra* 73, Sept. 1994, S. 158–181.
3. ---, „Die Ehre, der Hass und die Erinnerung in der Debatte über die Entschädigungs- und Wiedergutmachungszahlungen in den 50er Jahren“, in: *Yad Vashem Studies* 24, 1995, S. 203–225.
4. ---, *Geopfert unerlöst, Die Gettokämpfer in der israelischen Gesellschaft*, The Zionist Library und Yad Ya'ari, Jerusalem 1998.
5. Bar-Zohar, Michael, *Die Rächer*, Levin-Epstein, Tel Aviv, 1969 (Zweite Auflage: *Am Tag der Rache – Das Kapitel der Jüdischen Rache an den Nazis*, Teper-Magal, Tel Aviv, 1991).
6. Bauer, Jehuda, *Flucht und Rettung: Bricha*, Moreshet und Sifriat Poalim, Tel Aviv, 1974 (Random House, New York, 1970).
7. Bender, Sarah, *In Feindesland, Die Juden von Kielce und Umgebung, 1939–1946*, Yad Vashem, Jerusalem 2012.
8. Ben-Nahum, Yizhar, *Der Träumer und der Vollender: Kapitel aus dem Leben von Mordechai Schenhavi*, Bd. II, Moreshet und Sifriat Poalim, Tel Aviv, 2011.
9. Cohen, Jochanan, *Operation „Bricha“ – Polen 1945–1946*, Zmora/Bitan und Massuah, Tel Aviv 1995.
10. Eldar, Meir, *Illegale Einwanderer auf der Biria*, Privatdruck, Jerusalem, Febr. 2003.
11. Engel, David, *Zwischen Befreiung und Flucht, Schoa-Überlebende in Polen und der Kampf um die Führungsriege 1944–1946*, Am Oved und Tel Aviv University, Tel Aviv, 1996.

12. ---, „Muster der anti-jüdischen Gewalt in Polen 1944–1946“, in: *Yad Vashem Studies*, 26, 1998, S. 35–70.
13. Freilich, Miri, *Die Partisanin: Vitka Kovners Lebensgeschichte*, Resling, Tel Aviv, 2013.
14. Gelber, Jo'av, *Geschichte der jüdischen Freiwilligeneinheit in der Britischen Armee in Palästina während des Zweiten Weltkriegs*, Bd. III, Yad Jitzchak Ben Zvi, Jerusalem, 1983.
15. ---, *Die Wurzeln der Lilie: Der jüdische Nachrichtendienst in Erez Israel 1918–1947*, Bd II, MOD Books, Tel Aviv, 1992.
16. Golan, Ze'ev, *Untergrund hinter Gittern: Die Geschichte des Jerusalemer Gefängnisses während der britischen Herrschaft 1917–1948*, Yair, Jerusalem, 2014.
17. Guterman, Bella, *Die eine Zivia: Das Leben von Zivia Lubetkin*, Yad Vashem und Hakibbutz Hameuchad, Tel Aviv, 2011.
18. Gutman, Israel, „Die Juden in Polen nach dem Krieg“, in: *Yalkut Moreshet* 33, Juni 1982, S. 62–102 und 34, Dez. 1982, S. 121–150.
19. Halamish, Aviva, *Meir Ya'ari: Eine kollektive Biografie, Die ersten fünfzig Jahre, 1897–1947*, Am Oved und Yad Ya'ari, Tel Aviv, 2009.
20. Halperin, Hagit, *Der Maestro: Leben und Werke von Avraham Shlonsky*, Tel Aviv UP, Tel Aviv, 2011.
21. Hausner, Gideon, „Intellektuelle im Dienst der Auslöschung“, in: *Massuah* 10, April 1982, S. 19–22.
22. Kless, Shlomo, *Auf unwegsamen Pfaden, Die Geschichte der Bricha 1944–1948*, Moreshet, Dalya, 1994.
23. ---, „*Überlebende aus den Wilnaer Nebenlagern erneut in Lublin,*“ *Yalkut Moreshet* 43–44, Aug. 1987, S. 231–262.
24. Margalit, Gilad, *Schuld, Leid und Erinnerung – Deutschland gedenkt seiner Toten vom Zweiten Weltkrieg*, Haifa UP, Jerusalem, 2007.
25. Naor, Mordechai, *Laskov*, Keter und MOD Books, Tel Aviv, 1988.
26. Nitza Ben-Dov, *Kriegsleben: Über die Armee, Rache, Trauer und die Gegenwart des Krieges in der israelischen Prosa*, Schocken, Tel Aviv und Jerusalem, 2016.
27. Pagis, Ada, *Tage des Finsternis, Momente der Gnade: Kapitel aus dem Leben Israel Gutmans*, Yad Vashem und Hakibbutz Hameuchad, Tel Aviv und Jerusalem, 2008.
28. Porat, Dina, Führerschaft in der Verstrickung, *Der Jischuw und die Schoa 1942–1945*, Am Oved and Tel Aviv UP, Tel Aviv, 1986 (*Der blaue und der gelbe Davidstern*, Harvard UP, 1990).
29. ---, „Mit Vergebung und Gnade: Die Begegnung zwischen Ruzka Korczak, dem Jischuw und seiner Führungsriege 1944–1946“, *Yalkut Moreshet* 52, April 1992, S. 9–33.

30. –––, „„Al-Domi‘: Intellektuelle in Palästina und die Schoa, 1943–1945“, in: *HaZionut* 8, 1983, S. 240–270.
31. –––, „Ein jüdisches Dreieck in Italien: Die Begegnung italienischer Juden mit Überlebenden auf der Flucht und mit Soladaten der Jüdischen Brigade, 1944–1946“, in: *Yalkut Moreshet* 50, April 1991, S. 91–111.
32. –––, *Vom Morgenkaffee stieg Rauchgeruch auf, Die Auseinandersetzung des Jischuw und der israelischen Gesellschaft mit der Schoa und den Überlebenden*, Am Oved und Yad Vashem, Jerusalem, 2011.
33. –––, „Die Rolle des europäischen Judentums in den Plänen der Zionistischen Bewegung während und nach dem Zweiten Weltkrieg“, in: *She'erit Hapletah, 1944–1948 – Rehabilitation und Politischer Kampf*, Yad Vashem, Jerusalem, 1990, S. 259–274.
34. –––, *Jenseits des Greifbaren: Leben und Wirken Abba Kovners*, Am Oved und Yad Vashem, Tel Aviv, 2000 (*Der Fall eines Sperlings*, Stanford UP, 2010).
35. Preis, Arieh, „Die Reaktion des jüdischen Untergrunds in Erez Israel auf die Auslöschung des europäischen Judentums“, in: *Massuah* 8, April 1980, S. 51–82.
36. Ronen, Avihu, „Alex Gatmon, Ein Kämpfer“, *Massuah* 19, 1991, S. 22–62.
37. Rubenstein, Joschua, *Unklare Loyalitäte, Ilja Ehrenburgs Leben und seine Zeit*, Mossad Bialik, Jerusalem, 2010.
38. Sarid, Levi Arieh, *„Die ‚Nakam‘-Organisation, ihre Geschichte, ihr Ruf und ihre Taten“*, *Yalkut Moreshet* 52, April 1992. Sarid II: Levi Arieh, Sarid, *Zerstörung und Erlösung, Die Pionierbewegung in Polen während der Schoa und in der Folgezeit 1939 bis 1949*, Bd. II: Wiederstehung aus der Asche, Morshet, Tel Aviv 1997, S. 114–178.
39. Segev, Tom, *Die siebte Million, Die Israelis und der Holocaust*, Keter, Jerusalem, 1991.
40. –––, *Simon Wiesenthal – Die Biografie*, Keter, Jerusalem, 2010.
41. Shalev, Ziva, *Chaika*, Moreshet, Tel Aviv, 2005.
42. Shapira, Anita, *Fluchtwege am Rande des Horizonts*, Ofakim/Am Oved, Tel Aviv, 1988.
43. Szeintuch, Yechiel, *Salamandra – Mythos und Geschichte in K. Zetniks Schriften*, Carmel, Jerusalem, 2009.
44. *The Hagana in Europe, Historikerkonferenz*, 8. Nov. 1988, Efal, 157/23.
45. Weiss, Ayala, *Jüdische Rächergruppen nach der Schoa: Wunsch und Realität*, Abiturarbeit in Ein Harod Meuchad ORT School, Jan 1998.
46. Werdyger-Stepak, Raquel, *Der Hebräische Schriftstellerverband in Erez Israel und seine Reaktion auf die Schoa 1939–1945*, PhD Thesis, Tel Aviv University, Mai 2011.
47. Zexer, Hava, *Rache nach der Schoa*, M.A. Thesis, Tel Aviv University, Nov. 1997.

J Forschungsliteratur (Auf Englisch und Deutsch)

1. Beckman, Morris, *The Jewish Brigade, an Army with Two Masters 1944–1945*, Spellmount, UK, 1998.
2. Beevor, Antony, *The Second World War*, Little, Brown & Co., New York – Boston – London, 2012.
3. Bessel, Richard, *Germany 1945, from War to Peace*, New York, Simon & Schuster, London 2009.
4. Blum, Howard, *The Brigade, An Epic Story of Vengeance, Salvation und World War Two*, Simon & Schuster, New York, 2001.
5. Bower, Tom, *Blind Eye to Murder, Britain, America and the Purging of Nazi Germany – A Pledge Betrayed,* Andre Deutsch Limited, Great Britain, 1981.
6. Buruma, Ian, *Year Zero, A History of 1945*, Penguin, New York, 2013.
7. Esrati, Stephen G., *Comrades, Avenge Us*, Xlibris Corp, 2000.
8. Goertemaker, Manfred und Christoph Safferling, *Die Akte Rosenburg. Das Bundesministerium der Justiz und die NS-Zeit,* C.H. Beck Verlag, München 2016.
9. Gross, Jan T., *Fear, Antisemitism in Poland after Auschwitz*, Random House, 2006.
10. Grossman Atina, *Jews, Germans und Allies: Close Encounters in Occupied Germany,* Princeton and Oxford: Princeton UP, 2007.
11. Jacoby, Susan, *Wild Justice – The Evolution of Revenge*, Harper & Row, New York, 1983.
12. Jensen, William B., Henry Fenishel, and Milton Orchin, *Scientist in the Service of Israel, the Life and Times of Ernst David Bergmann* (1903–1975), Magnes, Jerusalem, 2011.
13. Judt, Tony, *Postwar – A History of Europe since 1945*, Penguin, New York, 2005.
14. Kraft, Andreas, „Narratives of Jewish Revenge after the Holocaust“ in: *Revenge, Retribution und Reconciliation: Justice und Emotions between Conflict und Mediation: A Cross-Disciplinary Anthology*, eds. L. Jockush, A. Kraft und K. Wunschmann, Magnes, Jerusalem, 2016, pp. 91–110.
15. Lang, Berel, „Holocaust, Memory und Revenge: The Presence of the Past“ in: *Jewish Social Studies* 3, 1996, 1–20.
16. Peels, Hendrik G.L., *The Vengeance of God*, E.J. Brill, Leiden, 1995.
17. Roseman, Mark, „‚… But of Revenge not a Sign‘: Germans' Fears of Jewish Revenge after WWII,“ *Jahrbuch für Antisemitismusforschung*, vol. 22, 2013, S. 79–95.
18. Roseman, Mark, „‚No, Herr Fuehrer!‘: Jewish Revenge after the Holocaust: Between Fantasy and Reality,“ in: *Revenge, Retribution, Reconciliation: Justice und Emotions between Conflict und Mediation: A Cross-Disciplinary Anthology*, eds.: L. Jockush, A. Kraft, and K. Wunschmann, Magnes, Jerusalem, 2016, pp. 69–90.
19. Rosenbaum, Thane, *Payback – The Case for Revenge*, Chicago UP, Chicago und London, 2013.

20. Rosenfeld, Alvin H., *The End of the Holocaust*, Indiana UP, Bloomington and Indianapolis, 2011.
21. Sack, John, *An Eye for an Eye: The Untold Story of Jewish Revenge Against Germans in 1945*, Basic Books, 1993.
22. Seidman, Naomi, „*Elie Wiesel und the Scandal of Jewish Rage*", *Jewish Social Studies* 3/1, (1996), pp. 1–19.
23. Shneer, David, *Through Soviet Jewish Eyes: Photography, War, and the Holocaust*, Rutgers UP, 2011.
24. Snyder, Timothy, *Bloodlands, Europe between Hitler and Stalin*, Basic Books, New York, 2010.
25. Zimmermann Volker, *Die Sudetendeutschen im NS-Staat: Politik und Stimmung der Bevölkerung im Reichsgau Sudetenland (1938–1945)*, Klartext Verlag, Essen, 1999.

K Zwischen Forschung und Journalismus (Auf Englisch, Hebräisch und Deutsch)

1. Cohen, Rich, *The Avengers, a Jewish War Story*, Alfred A. Knopf, New York, 2000.
2. Elkins, Michael, *Forged in Fury*, Ballantine Books, New York, 1971.
3. Lavee, Simon, *Die Jüdische Schlägertruppe*, Gefen, Jerusalem, 2014. (He)
4. Tobias, Jim T. und Peter Zinke, *Nakam – Jüdische Rache an NS-Tätern*, Konkret Literatur Verlag, 2000.

L Literatur und Poesie (auf Hebräisch außer 11, 12, 13 und 16)

1. Alterman, Nathan, *Gedichte der Ägyptischen Plagen*, Mahbarot Lesifrut, Tel Aviv, 1960 (6. Auflage).
2. –––, *Freude der Armen, Gedichte*, Mahbarot Lesifrut, Tel Aviv, 1959.
3. Bartov, Hanoch, *In der Jüdischen Brigade*, Am Oved, Tel Aviv, 1965. Die Zitate stammen aus der 5. Auflage, 1972.
4. Bialik, Haim Nachman, *Alle Gedichte*, Dvir, Tel Aviv, 1960.
5. Broides, Avraham, „*Rache und abermals Rache*", Moznaim 15/5, Febr. 1943.
6. K. Zetnik, *Rache*, Tarmil, Tel Aviv, 1981.
7. Kovner, Abba, *Feuerrollen: Eine Nation kämpft um ihr Leben*, Keter, Jerusalem, 1981.
8. –––, *Sloan-Kettering*, Hakibbutz Hameuchad, Tel Aviv, 2002.
9. –––, *Meine kleine Schwester*, Sifriat Poalim, Merhavia, 1970.
10. Orland, Jakov, *27 Gedichte: Nathan hätte gesagt*, Hakibbutz Hameuchad, Tel Aviv, 1985.

11. Oz, Amos, *Eine Geschichte von Liebe und Finsternis*, Aus dem Hebräischen von Ruth Achlama, Frankfurt am Main, 2004.
12. Wiesel, Elie, *Un die velt hot geshvign*, Buenos Aires, 1956. (Jiddisch)
13. –––,: *La Nuit :Temoignage*, Les Editions de Minuit, Paris, 1958. (Fr)
14. –––, *Nacht*, ins Hebräische übertragen von Haim Gouri, Jedioth Aharonoth, Tel Aviv, 1964.
15. –––, *Alle Flüsse fließen ins Meer*, Jedioth Aharonoth & Hemed, Tel Aviv, 2005.
16. –––, Legends of Our Time, Bard Books (Avon), New York, 1968

M Philosophie (Auf Hebräisch außer 1, 2, 3 und 5)

1. Améry, Jean, *Jenseits von Schuld und Sühne: Bewältigungsversuche eines Überwältigten*, Stuttgart, Klett-Cotta, 7. Aufl.2012.
2. Arendt, Hannah, *The Human Condition* (second edition), Chicago UP, Chicago, 1998.
3. Bacon, Sir Francis, *The Essays or Counsels, Civill und Morall*, ed. Michael Kieman, Oxford: Clarendon Press, 1985.
4. Bartov, Hanoch, *Ich bin nicht der mythologische „Sabra"*, Am Oved, Tel Aviv, 1995.
5. Fackenheim, Emil L., *The Jewish Return to History*, Jerusalem und New York, Schocken Books, 1978.
6. Ginzberg, Shlomo, „Frieden ohne Rache?" *Moznaim,* 16. Juli–Sept. 1943, S. 273–282.
7. Kovner, Abba, „Representing the Honorary Doctorate Recipients," *Tel Aviv University Magazine*, June 1980.
8. –––, *Auf der schmalen Brücke, Essays*, Sifriat Poalim, Tel Aviv, 1981.
9. Levi, Primo, *Das periodische System*, Hakibbutz Hameuchad, Tel Aviv, 2000.
10. Neria, Moshe-Zvi, „Tage des Schreckens", *Zeraim,* Feb 1944.
11. –––, *Ein ererbtes Land: Schriftliche und mündliche Essays*, Kfar Haro'eh, 1994.
12. Nietzsche, Friedrich, *On the Genealogy of Morals*, ed. Walter Kaufmann, Vintage Books, New York, 1989.

N Nachschlagewerke (auf Hebräisch außer 1, 2, 3, 7 und 9)

1. *Cassell's Spanish–English, English–Spanish Dictionary*, Cassell, London (ohne Datumsangabe).
2. *Der Große Brockhaus, Enzyklopädie*, F.A. Brockhaus, Wiesbaden, 1980, Bd. 9.
3. *Dictionnaire de Théologie Catholique*, vol. 4, J. M. Alfred Vacant, 1899–1950, Editions Letouzey & Ané, Paris.

4. Eliyahu Stern (Hrsg.), *Die Geschichte des Neuen Jüdischen Jischuw in Erez Israel, 1936–1947, Eine Chronologie*, Yad Ben-Zvi, Jerusalem, 1974.
5. *Biblische Enzyklopädie*, Bd.V, Mossad Bialik, Jerusalem, 1968.
6. Even Shoshan, *Wörterbuch*, Bd. IV, The New Dictionary Inc., Tel Aviv, 2006.
7. *Funk & Wagnalls Standard Dictionary*, New York: Hill & Wang, 1996.
8. Gutman, Israel (Hrsg.), *Enzyklopädie der Schoa*, Yad Vashem und Sifriat Poalim, Tel Aviv, 1990.
9. Merriam-Webster, An Encyclopedia Britannica Company, online.
10. Rivlin, Gershon and Aliza (eds.), *A Stranger Will Not Understand, The Code Names Book, Secret Code Names in the Jewish Yishuv in the Land of Israel*, Efal, 1988.
11. Shifris, Amos, *Israel Galilee: Ideologie, Politik und politische Aktion 1935–1967*, Dissertation, Hebräische Universität, 2000.

Abbildungsnachweis

Die im Band verwendeten Abbildungen stammen aus dem Archiv der Verfasserin.

Biogramme

Dina Porat ist Professor Emerita des Fachbereichs Geschichte des Judentums an der Universität Tel Aviv, Vorsitzende des *Kantor Center for the Study of Contemporary European Jewry* an derselben Universität und seit 2011 Leitende Historikerin der Gedenk-und Studienstätte Yad Vashem; Spezialistin für die Erforschung des heutigen Antisemitismus und der Beziehungen zwischen dem Judentum und der katholischen Kirche nach der Schoa; Verfasserin von u. a. *Führung in der Falle* und *Über das Greifbare hinaus*, einer Biografie Abba Kovners (Jewish National Book Award). Ausgezeichnet mit dem Raoul Wallenberg-Preis (2012).

Michael Brenner lehrt als Professor jüdische Geschichte und Kultur an der Ludwig-Maximilian-Universität München. Zudem hält er den Seymour and Lillian Abensohn-Lehrstuhl für Israel-Studien an der American University in Washington DC. Brenner ist ferner der internationale Präsident des Leo Baeck Instituts. Tätigkeit als Mitglied der Bayerischen Akademie der Wissenschaften und der American Academy for Jewish Research. 2020 wurde ihm der Salo W. und Jeannette M. Baron Preis für wissenschaftliche Exzellenz der Knapp Family Foundation und der Universität Wien verliehen.

Armin Lange ist seit 2005 Professor für Judaistik und Antisemitismusforschung an der Universität Wien und seit 2012 korrespondierendes Mitglied der Österreichischen Akademie der Wissenschaften. Er war 2002–2004 Associate Professor for Hebrew Bible and Dead Sea Scrolls an der University of North Carolina at Chapel Hill. Seit 1998 ist er Mitglied des internationalen Herausgeber-Teams der Textfunde vom Toten Meer und Mitherausgeber der Zeitschriften, Buchreihen und Nachschlagewerke An End to Antisemitism, Journal of Ancient Judaism, Journal of Ancient Judaism Supplements, und der Textual History of the Bible.

Helene Seidler studierte Neuere Deutsche Literaturwissenschaft in Hamburg und Judaistik an der Hebräischen Universität in Jerusalem, wo sie lebt und sich als Übersetzerin hebräischer Literatur (David Grossman, Ayelet Gundar-Goshen, Batya Gur, Dror Moreh, Rivka Keren, Yishai Sarid, Dorit Rabinyan, Yoram Yovell) einen Namen gemacht hat.